Histoire
des institutions

DROIT FONDAMENTAL
COLLECTION DIRIGÉE PAR
STÉPHANE RIALS

DROIT POLITIQUE ET THÉORIQUE

Histoire des institutions
de l'époque franque à la Révolution

JEAN-LOUIS HAROUEL

PROFESSEUR
À L'UNIVERSITÉ DE PARIS II

JEAN BARBEY

PROFESSEUR
À LA FACULTÉ DE DROIT DU MANS

ÉRIC BOURNAZEL

PROFESSEUR À LA FACULTÉ
DE DROIT DE PARIS-NANTERRE

JACQUELINE THIBAUT-PAYEN

PROFESSEUR À LA FACULTÉ DE DROIT DU MANS

9e édition entièrement refondue

PRESSES UNIVERSITAIRES DE FRANCE

DES MÊMES AUTEURS

J. BARBEY :

— *La fonction royale (essence et légitimité),* Paris, NEL, 1983.
— avec Fréd. Bluche et S. Rials, *Lois fondamentales et succession de France,* Paris, Duc, 2e éd., 1984.
— *Être roi. Le roi et le gouvernement royal de Clovis à Louis XVI,* Paris, Fayard, 1992 (ouvrage couronné par l'Académie française).

É. BOURNAZEL :

— *Le gouvernement capétien au XIIe siècle,* Paris, PUF, 1975 (ouvrage couronné par l'Académie des inscriptions et belles-lettres, 2e prix Gobert).
— avec J.-P. Poly, *La mutation féodale (Xe-XIIe siècle),* Paris, PUF, 1980, 2e éd., 1991 (« Nouvelle Clio », 16) (ouvrage couronné par l'Académie des inscriptions et belles-lettres, 1er prix Gobert). Traductions : espagnole (Barcelone, Labor, 1983), italienne (Milan, Mursia, 1990), anglaise (New York, 1991).
— avec G. Vivien, M. Gounelle, P. Flandin-Bléty, *Les grandes dates de l'histoire de France,* Paris, Larousse, 1986, 3e éd., 1992.
— avec X. Barral i Altet, *Les hauts lieux du Moyen Âge en France,* Paris, Bordas, 1990.
— (dir.), Le Moyen Âge, in *Chronologie illustrée de l'histoire universelle* (avec F. Bournez, J.-L. Chassel, P. Texier), Paris, Eclectis, 1992.
— avec J.-P. Poly (dir.), *Les féodalités,* Paris, PUF, 1998, coll. « Histoire générale des systèmes politiques ».

J.-L. HAROUEL :

— *Les ateliers de charité dans la province de Haute-Guyenne,* Paris, PUF, 1969.
— *Les 40 000 heures, Fourastié : analyse critique,* Paris, Hatier, 1973.
— *Les désignations épiscopales dans le droit contemporain,* Paris, PUF, 1977.
— *Histoire de l'urbanisme,* Paris, PUF, 1981, « Que sais-je ? », n° 1892, 4e éd., 1993 ; trad. portugaise (1990), suédoise (1993).
— *Essai sur l'inégalité,* Paris, PUF, 1984 (ouvrage couronné par l'Académie des sciences morales et politiques).
— (dir.), *Histoire du droit social. Mélanges en hommage à Jean Imbert,* Paris, PUF, 1989.
— Contribution au *Dictionnaire du Grand Siècle,* dir. F. Bluche, Paris, Fayard, 1990.
— Contribution au *Dictionnaire de l'Ancien Régime,* dir. L. Bély, Paris, PUF, 1996.
— Contribution et direction de secteur au *Dictionnaire du XIXe siècle européen,* dir. M. Ambrière, Paris, PUF, 1998.
— *Les républiques sœurs,* Paris, PUF, 1997, « Que sais-je ? », n° 3209.
— *L'embellissement des villes (L'urbanisme français au XVIIIe siècle),* Paris, Picard, 1993.
— *Culture et contre-cultures,* Paris, PUF, 1994 (ouvrage couronné par l'Académie des sciences morales et politiques) ; éd. « Quadrige », 1998 (n° 260).
— avec G. Sautel, *Histoire des institutions publiques depuis la Révolution française,* Paris, Dalloz, 8e éd., 1997.
— *Histoire de l'expropriation,* Paris, PUF, 2000, « Que sais-je ? », n° 3580.

J. THIBAUT-PAYEN, *Les morts, l'Église et l'État dans le ressort du Parlement de Paris aux XVIIe et XVIIIe siècles,* Paris, Lanore, 1977.

ISBN 2 13 051536 3

Dépôt légal — 1re édition : 1987, août
9e édition entièrement refondue : 2001, mars

6, avenue Reille, 75014 Paris

Sommaire*

* Les quatre parties de cet ouvrage ont respectivement été rédigées par :

Jacqueline Thibaut-Payen : première partie, p. 15 à 104.
Éric Bournazel : deuxième partie, p. 105 à 267.
Jean Barbey : troisième partie, p. 269 à 414.
Jean-Louis Harouel : quatrième partie, p. 415 à 592.

TABLEAU DES ABRÉVIATIONS

AB	*Annales de Bourgogne*
ABPO	*Annales de Bretagne et des pays de l'Ouest*
AESC	*Annales, Économies, Sociétés, Civilisations*
AHFD	*Annales d'histoire des facultés de droit et de la science juridique*
AHR	*American Historical Review*
AM	*Annales du Midi*
AN	*Annales de Normandie*
APAE	*Anciens pays et Assemblées d'États*
BEC	*Bibliothèque de l'École des chartes*
BEHE	*Bibliothèque de l'École des hautes études*
BLE	*Bulletin de littérature ecclésiastique*
BPH	*Bulletin philologique et historique du Comité des travaux historiques*
BSAN	*Bulletin de la Société des antiquaires de Normandie*
BSHPF	*Bulletin de la Société historique du protestantisme fiançais*
CCM	*Cahiers de civilisation médiévale*
CRAIBL	*Comptes rendus des séances de l'Académie des inscriptions et belles-lettres*
EDCE	*Études et documents du Conseil d'État*
EHR	*English Historical Review*
IH	*L'Information historique*
HES	*Histoire, Économie et Société*
JS	*Journal des savants*
MA	*Le Moyen Âge*
MSHDB	*Mémoires de la Société pour l'histoire du droit et des institutions des anciens pays bourguignons, comtois et romands*
NRHD	*Nouvelle Revue historique de droit français et étranger*
PThEC	*Position des thèses de l'École des chartes*
RBPhH	*Revue belge de philologie et d'histoire*
RHE	*Revue d'histoire ecclésiastique*
RHA	*Revue historique des armées*
RHD	*Revue historique de droit français et étranger*

RH	*Revue historique*
RHEF	*Revue d'histoire de l'Église de France*
RHES	*Revue d'histoire économique et sociale*
RMAL	*Revue du Moyen Âge latin*
RN	*Revue du Nord*
Settimane... di Spoleto	*Settimane di studio del Centro di studi sull'alto medioevo*
Speculum	*Speculum. A journal of medieval studies*
TRHS	*Transactions of the Royal Historical Society*
TVR	*Tijdschrift voor Rechtsgeschiedenis*
ZSS	*Zeitschrift der Savigny Stiftung*

ORIENTATION BIBLIOGRAPHIQUE D'ENSEMBLE

Pour toute recherche, on se reportera à *Bibliographie en langue française d'histoire du droit,* annuellement publiée par M. Boulet-Sautel et G. Sautel ; et à *Bibliographie annuelle de l'histoire de France,* Paris, CNRS.

En ce qui concerne la législation royale, un très grand nombre de textes figurent dans Isambert *et al., Recueil général des anciennes lois françaises,* Paris, 1830.

L'on ne saurait trop rappeler l'importance des grands manuels classiques d'histoire du droit, et en particulier J. Brissaud, *Manuel d'histoire du droit français,* Paris, 1894-1904 ; A. Esmein, *Cours élémentaire d'histoire du droit français* (éd. mise à jour par R. Génestal), Paris, 1925 ; E. Chénon, *Histoire générale du droit français public et privé,* Paris, 1929 ; J. Declareuil, *Histoire générale du droit français des origines à 1789,* Paris, 1925 ; Fr. Olivier-Martin, *Histoire du droit français des origines à la Révolution,* Paris, 1948 (rééd. 1984).

On consultera également avec fruit les principaux manuels actuels d'histoire du droit, dans leur édition la plus récente : P.-C. Timbal et A. Castaldo, *Histoire des institutions et des faits sociaux* ; A. Dumas, *Histoire du droit français* ; J. Ellul, *Histoire des institutions* ; F. Garrisson, *Histoire du droit et des institutions* (t. 1 : *Le pouvoir* ; t. 2 : *La société*) ; M.-B. Bruguière, H. Gille et G. Sicard, *Introduction à l'histoire des institutions françaises des origines à 1792* ; J. Hilaire, *Histoire des institutions publiques et des faits sociaux (XI*[e]*-XIX*[e] *siècle)* ; J. Bastier, *La France monarchique (des origines à 1789)* ; G. Chianéa, *Histoire des institutions publiques de la France* (I. *Du démembrement à la reconstruction de l'État*) ; O. Devaux, *Histoire des institutions de la France (I*[er]*-XIV*[e] *siècle)* ; A. Leca, *Institutions publiques françaises (avant 1789)* ; N. Rouland, *L'État français et le pluralisme. Histoire politique des institutions publiques de 476 à 1792* ; J. Bouineau, *Histoire des institutions (I*[er]*-XV*[e] *siècle),* avec une dimension européenne ; J. Foviaux, *De l'Empire romain à la féodalité* ; Ph. Sueur, *Histoire du droit public français (XV*[e]*-XVIII*[e] *siècle),* 2 vol. ; J. Hudault, *Histoire des institutions de la France (Ancien Régime, Révolution, Empire).* Et parallèlement aux manuels, on utilisera les précieux recueils de textes de P.-C. Timbal, *Institutions et faits sociaux* ; J. Imbert, G. Sautel et M. Boulet-Sautel, *Histoire des institutions et des faits sociaux* ; ainsi que A. Lebigre, *Nouveau guide des exercices pratiques (Histoire des institutions)* ; B. Basdevant-Gaudemet, V. Goutal-Arnal, *Histoire du droit et des institutions : corrigés d'examens.*

On ne manquera pas de se reporter à la magistrale synthèse de J. Barbey : *Être roi. Le roi et le gouvernement royal de Clovis à Louis XVI,* Paris, 1992. Et, pour les institutions des XVIe-XVIIIe siècles, on interrogera systématiquement le manuel remarquablement informé et précis de B. Barbiche, *Les institutions de la monarchie française à l'époque moderne.*

Pour les idées politiques, on consultera, outre la grande étude dirigée par J. H. Burns : *Histoire de la pensée politique médiévale,* Paris, 1993 ; *Histoire de la pensée politique moderne,* Paris, 1997, et L. Strauss, J. Cropsey, *Histoire de la philosophie politique,* Paris, 1994 ; J.-J. Chevallier, *Histoire de la pensée politique* ; J. Touchard, *Histoire des idées politiques* ; M. Prélot et G. Lescuyer, *Histoire des idées politiques* ; J. Rouvier, *Les grandes idées politiques. Des origines à J.-J. Rousseau* ; A. Leca, *Histoire des idées politiques* ; J. Imbert, H. Morel, J.-R. Dupuy, *La pensée politique des origines à nos jours* (très utile recueil de textes). En ce qui concerne le droit privé : P. Ourliac et J.-L. Gazzaniga, *Histoire du droit privé français de l'An mil au Code civil* ; J. Gilissen, *Introduction historique au droit.* Pour le droit administratif : J.-L. Mestre, *Introduction historique au droit administratif français,* cette collection. Sur la justice et l'organisation judiciaire sous l'Ancien Régime, la première partie de J.-P. Royer, *Histoire de la justice en France,* 1995, cette collection. Quant au droit pénal : A. Laingui et A. Lebigre, *Histoire du droit pénal* ; J.-M. Carbasse, *Histoire du droit pénal et de la justice criminelle,* cette collection, 2000 ; J. Pradel, *Histoire des doctrines pénales,* Paris, 1989. En matière d'histoire économique : J. Imbert et H. Legohérel, *Histoire économique des origines à 1789* ; H. Richardot et B. Schnapper, *Histoire des faits économiques jusqu'à la fin du XVIII*^e^ *siècle.* En matière d'histoire ecclésiastique et religieuse, voir les deux très importantes collections : A. Fliche et V. Martin (dir.), *Histoire de l'Église* ; G. Le Bras et J. Gaudemet (dir.), *Histoire du droit et des institutions de l'Église en Occident* ; on y ajoutera J. Le Goff et R. Rémond (dir.), *Histoire de la France religieuse,* t. 1 et 2, Paris, 1988, ainsi que L. Milis (dir.), *La chrétienté des origines à la fin du Moyen Âge,* Paris, 1998. Et sur les hôpitaux : J. Imbert (dir.), *Histoire des hôpitaux en France,* Toulouse, 1982. Pour l'armée et la marine, on se reportera à : A. Corvisier (dir.), *Histoire militaire de la France* (t. 1 : *Des origines à 1715* ; t. 2 : *De 1715 à 1871*), Paris, 1992.

Parmi les ouvrages classiques dus à des professeurs d'histoire du droit, on ne peut manquer de citer J.-F. Lemarignier, *La France médiévale : institutions et société.* Réflexion reprise et prolongée par O. Guillot, Y. Sassier, A. Rigaudière, *Pouvoirs et institutions dans la France médiévale,* 2 vol., Paris, 1994. *Cf.* aussi, aux origines de l'État et des sources du droit, l'ouvrage très clair de R. Beauthier, *Droit et genèse de l'État,* Bruxelles, 1997. Par ailleurs, on se référera avec profit aux manuels qui commencent à la fin de l'Ancien Régime, et en particulier G. Sautel, J.-L. Harouel, *Histoire des institutions publiques depuis la Révolution française* ; R. Szramkiewicz, J. Bouineau, *Histoire des institutions (1750-1914)* ; P. Villard, *Histoire des institutions publiques de la France (de 1789 à nos jours)* ; F. Burdeau, *Histoire de l'administration française (du XVII*^e^ *au XX*^e^ *siècle)* ; P. Braud, F. Burdeau, *Histoire des idées politiques depuis la Révolution* ; M. Morabito, M. Bourmaud, *Histoire constitutionnelle et politique de la France (1789-1958)* ; M. Morabito, *Le Chef de l'État en France.* Et puis, bien sûr, la belle synthèse de G. Antonetti, *Histoire contemporaine politique et sociale,* Paris, cette collection, 2e éd., 1989.

On se gardera d'oublier les grands dictionnaires historiques récents : J. Favier, *Dictionnaire de la France médiévale,* Paris, 1993 ; et surtout : F. Bluche (dir.), *Dictionnaire du Grand Siècle,* Paris, 1990, où les questions juridiques et institutionnelles occupent une place importante. Même chose pour : L. Bély (dir.), *Dictionnaire de l'Ancien Régime,* Paris, 1996 ; P. Raynaud, S. Rials (dir.), *Dictionnaire de philosophie politique,* Paris, 1996.

On trouvera une analyse des grands thèmes de l'histoire institutionnelle de la France jusqu'à la Révolution dans l'ouvrage collectif dirigé par S. Rials, *Le miracle capétien,* Paris, 1987. Pour une vue d'ensemble de l'histoire institutionnelle française : H. Legohérel, *Histoire du droit public français,* Paris, 1986. Une grande étude de l'histoire de l'administration et plus généralement des institutions françaises est offerte dans : M. Pinet (dir.), *Histoire de la fonction publique en France,* Paris, 1993 (t. 1 : P. Riché, É. Bournazel, F. Autrand ; t. 2 : J. Imbert, J. Meyer).

L'intérêt d'une vision anthropologique appliquée à l'histoire du droit et des institutions se trouve remarquablement mis en évidence par N. Rouland, *Anthropologie juridique,* cette collection, 1988. Démarche qui inspire de manière originale et stimulante son manuel, par ailleurs parfaitement classique dans son contenu : *L'État français et le pluralisme,* Paris, 1995. On retrouvera la problématique anthropologique appliquée à l'histoire institutionnelle dans les pages novatrices que J. Poumarède consacre à cette spécificité de la France monarchique qu'est l'invention de la nation par l'État, dans N. Rouland, S. Pierré-Caps, J. Poumarède, *Droit des minorités et des peuples autochtones,* cette collection, 1996.

Pour replacer dans son contexte l'histoire des institutions, on consultera J. Favier (dir.), *Histoire de France* (t. 1 à 3), ainsi que les volumes dus à G. Duby et E. Le Roy Ladurie dans l'*Histoire de France* publiée par Hachette. Et on se reportera constamment au très utile ouvrage de É. Bournazel, G. Vivien, M. Gounelle, P. Flandin-Bléty, *Les grandes dates de l'histoire de France.* Dans une perspective comparatiste, on lira : Y.-M. Bercé (dir.), *Les monarchies,* Paris, 1997.

NB. — Sauf mention expresse, les références paginées concernent la première édition citée.

PREMIÈRE PARTIE

UNE AVENTURE D'UN DEMI-MILLÉNAIRE : LES FRANCS

Introduction

1 À partir du principat d'Auguste, la *pax romana* favorise en Gaule une brillante civilisation urbaine mais également rurale. Incontestée dans le Midi, cette romanisation profonde n'était guère soupçonnée dans les campagnes du Nord. L'archéologie aérienne des vingt dernières années a bouleversé cette doctrine. Les monumentales *villae,* découvertes notamment grâce à la sécheresse de 1976, apportent un témoignage irréfutable du rayonnement de l'*Urbs* jusqu'en Gaule septentrionale. L'adhésion enthousiaste des propriétaires terriens à une architecture rurale grandiose reflète leur ralliement aux conceptions des conquérants pour lesquels, comme le disait Cicéron, la pacification doit être suivie de l'embellissement.

Les célèbres routes romaines, construites en premier lieu pour assurer les déplacements des légions, serviront bien sûr le commerce ; mais elles vont être empruntées également par les apôtres de la foi qui diffuseront en Gaule le message évangélique au moment même où les premières fissures apparaissent dans la *pax romana.* Aux persécutions (177 premiers martyrs sur le sol gaulois à Lyon) succède la période de tolérance ouverte par Constantin (313), vite transformée en régime de faveur grâce auquel l'Église, tout au long du IVe siècle, pourra réaliser des progrès considérables.

L'institution conciliaire par exemple se développe. La première convocation d'un concile par l'empereur se fait en Gaule à Arles en 314 pour régler des problèmes dogmatiques, avant même le célèbre concile œcuménique de Nicée qui définit, contre l'arianisme, le symbole des apôtres, cœur du *Credo* catholique. Cette activité se poursuivra intensément au Ve siècle. Parallèlement, au IVe siècle, l'évangélisation des campagnes est entreprise sur une vaste échelle. À ce prodigieux élan missionnaire est lié le nom d'un ancien soldat originaire de Pannonie et devenu évêque de Tours : saint Martin († en 397). Fondateur des monastères de Ligugé et de Marmoutier, il prend place parmi les premiers propagateurs de l'ascèse monastique en Occident. Au sommet de l'Église la primauté pontificale, de son côté, s'affirme en tenant un rôle régulateur et directeur. Les évêques gaulois ne sont pas les derniers à le reconnaître, qui consultent le pape Damase (366-384) sur des problèmes disciplinaires embarrassants. Une telle fécondité des institutions et de la foi ne serait pas complète si la doctrine chrétienne n'en recevait le fruit. C'est en effet à la charnière des IVe et Ve siècles que s'épanouissent les plus beaux fleurons de la patristique avec saint Jérôme (traducteur de la Vulgate), saint Ambroise, le grand évêque de Milan qui ose tenir tête aux empereurs, et saint Augustin.

2 Mais déjà les Barbares, qui avaient dévasté l'Empire au IIIe siècle, contenus durant la majeure partie du IVe siècle par des empereurs énergiques, franchissent de nouveau les frontières. Sous la pression des Huns, les premiers contingents wisigothiques traversent le Danube en 376, pour se mettre sous la protection de Rome. En 406, c'est le passage du Rhin par des hordes de Vandales, d'Alains et de Suèves. À peine sont-ils partis porter leurs ravages en Espagne, qu'en 410 l'Occident est frappé par une nouvelle consternante : le sac de Rome par le wisigoth Alaric. Devant cet événement stupéfiant, les imprécations montent contre les chrétiens, accusés d'incivisme pour ne se préoccuper que de l'au-delà. Sensibilisé par l'afflux des réfugiés en Afrique du Nord, l'évêque d'Hippone, saint Augustin, entreprend la défense du christianisme en rédigeant l'extraordinaire ouvrage qu'est *La Cité de Dieu.* Lui-même mourra en 430, dans sa ville assiégée par les Vandales.

En 451, les Huns d'Attila sont repoussés aux champs Catalauniques, près de Troyes, grâce d'ailleurs à l'aide d'autres Barbares implantés en Gaule. En effet, une politique impériale délibérée a voulu mettre les Barbares au service de Rome. Divers traités leur donnent le statut de fédérés et les chargent de la défense de l'Empire. Cette politique va porter des fruits amers. Miné de l'intérieur, l'empire d'Occident ne va pas tarder à s'écrouler. Vacillant depuis 455 entre les mains d'empereurs éphémères, les insignes impériaux sont renvoyés à Byzance par le Barbare Odoacre, en même temps qu'il dépose le dernier empereur de la *pars occidentalis* (476).

3 Cependant l'Empire va se prolonger en Orient, avec des mutations profondes il est vrai, jusqu'en 1453. En 528, l'empereur Justinien, en prélude à la reconquête de l'Occident, ordonne la composition de ce que l'on a pu appeler le plus grand livre de l'Europe après la Bible : le *Corpus juris civilis*. Ce n'était pas la première compilation officielle puisque le Code Théodosien (438) contenait les constitutions impériales promulguées depuis Constantin. Mais le Corpus (appellation médiévale) est d'une portée exceptionnelle : il regroupe, outre le Code de Justinien, le Digeste (extraits des grands jurisconsultes classiques notamment Ulpien, Paul, Papinien) et les Institutes (manuel pour étudiants inspiré de celui de Gaïus, IIe s.) ; à quoi s'ajouteront les Novelles (constitutions impériales promulguées depuis le Code). Cette entreprise visait à restaurer le droit romain et à l'adapter à l'évolution sociale. On appellera ce droit « droit savant » par opposition au « droit vulgaire », c'est-à-dire celui des praticiens, contaminé par les usages provinciaux. Ce dernier, qui n'a pas encore livré tous ses secrets, était sans doute plus proche de l'esprit « barbare » que de celui du grand Justinien.

Aussi bien, publié en Orient, le Corpus ne sera que tardivement connu à l'Ouest qui voit naître, sur les débris d'un monde ancien, des royaumes au destin plus ou moins durable.

Pour aller plus loin

4 Sur les invasions barbares : P. Courcelle, *Histoire littéraire des grandes invasions germaniques,* Paris, 3e éd., 1964 ; L. Musset, *Les invasions, les vagues germaniques,* Paris, 1965 (coll. « Nouvelle Clio », 12) ; E. Demougeot, *La formation de l'Europe et les invasions barbares...,* Paris, 1969-1979, 2 vol. ; du même auteur, Le *conubium* dans les lois barbares du IVe siècle, *SHDE,* 1983, p. 69 et s., *cf.* aussi W. Goffart, *Barbarians and Romans, AD 418-584 : the techniques of accomodation,* Princeton, 1980, ouvrage polémique et incisif qui refuse de voir dans *l'hospitalitas* un partage de terre entre Barbares et indigènes et propose une explication fiscale, du même auteur, Rome, Constantinople and the Barbarians, *The American Historical Review,* 1981, LXXXVI, p. 275-306. La réflexion sur ce thème s'est poursuivie au Colloque de Zwettl : H. Wolfram und A. Schwarcz, *Anerkennung und Integration...,* 400-600, Wien, 1988 ; *cf.* notamment la stimulante contribution de J. Durliat, Le salaire de la paix sociale dans les royaumes barbares (Vᵉ-VIᵉ siècle), p. 21-72, qui précise les techniques de partage des revenus fiscaux et souligne la continuité entre l'Empire et les royaumes barbares en matière administrative et fiscale.

Sur la romanisation profonde de la Gaule, *cf.* R. Agache, Typologie et devenir des *villae* antiques dans les grandes plaines de la Gaule septentrionale, *Villa – Curtis – Grangia...* (« Beihefte der Francia », 11), Munich, 1983, p. 17-29. *Cf.* également le très riche colloque (Lyon, 1981) sur *La patrie gauloise d'Agrippa au VIᵉ siècle,* Lyon, 1983.

Depuis longtemps les Barbares voisinaient avec le monde romain puisque ce vocable, héritage grec, désigne ceux qui sont au-delà des frontières et qui ne participent ni à la culture grecque ni à la culture latine[1]. Pourtant le terme est ambigu. Trop général, il ne reflète ni l'extrême diversité ni le manque d'unité des peuples barbares. Du IVᵉ au Vᵉ siècle, ils s'affrontent en des rivalités féroces ; et plus, à l'intérieur d'une même tribu, un clan n'hésite pas à soutenir loyalement Rome tandis qu'une autre faction s'y oppose les armes à la main.

Dès le IIIᵉ siècle, les Barbares infiltrés dans l'Empire fournissent une main-d'œuvre paysanne et militaire. Cette politique prend de l'ampleur avec l'établissement de peuples fédérés *(fœdus* = traité). Cependant, même après l'effondrement de l'Empire en Occident, ils ne représenteront qu'un très faible pourcentage de la population en Gaule. Au surplus ces groupes tribaux, irrégulièrement répartis dans l'Empire, étaient largement frottés de romanité. Dès le IVᵉ siècle, les plus hauts commandements avaient été confiés à leurs chefs. Lorsque, au cours du Vᵉ siècle, leur présence comme auxiliaires armés se mue en domination politique, leurs rois sont très ouverts à la civilisation romaine. On en veut pour preuve les conseillers gallo-romains dont ils savent s'entourer et – note moins connue – la *civilitas* que leur reconnaissent les auteurs latins contemporains, tels Sidoine Apollinaire à propos de Théodoric II le Wisigoth et Cassiodore pour Théodoric le Grand (Ostrogoth). Or, ce mot possède une longue histoire : parmi les vertus d'Auguste, Suétone exaltait la *clementia* et la *civilitas,* dont les historiens du IVᵉ siècle pareront encore les empereurs. Dans l'idéologie impériale, soucieuse de sauvegarder les apparences de la liberté sénatoriale, cette terminologie rejoint l'utilisation du vocable *princeps* qui désigne, dès l'époque de Cicéron et d'Auguste, le premier citoyen *(civis),* celui qui respecte les lois, les institutions républicaines et sauve la patrie en danger. Et lorsque Sidoine ou Cassiodore font de la *civilitas* l'attribut de Théodoric II et de Théodoric le Grand, ils glorifient par là même leur assimilation aux valeurs civilisatrices et institutionnelles du monde romain.

5 Sur les institutions et le droit : R. Monier, J. Imbert, et G. Cardascia, *Histoire des institutions et des faits sociaux, des origines à l'aube du Moyen Âge,* Paris, 1956 ; J. Gaudemet, *Institutions de l'Antiquité,* Paris, 1967 ; du même auteur, *La formation du droit séculier et du droit de l'Église aux IVᵉ et Vᵉ siècles,* 2ᵉ éd., Paris, 1979 ; M. Humbert, *Institutions politiques et sociales de l'Antiquité,* Paris, 1984. Voir au Vᵉ siècle les aspects multiples de l'adaptation, du droit aux nouvelles conditions sociales et politiques chez M.-B. Bruguière, *Littérature et droit en Gaule au Vᵉ siècle,* Paris, 1974. *Cf.* également la thèse de R. Delmaire, *Les responsables de l'administration financière au Bas-Empire,* Paris IV, 1986, qui s'inscrit en faux contre le tableau catastrophique du Bas-

1. Notons que leur apport au monde romain fut très minime dans le domaine intellectuel mais remarquable en orfèvrerie et en métallurgie (leurs aciers trempés sont restés inégalés jusqu'au XIXᵉ s.).

Empire. Vision novatrice et positive également chez J. Durliat, Qu'est-ce que le Bas-Empire ? À propos de trois ouvrages récents, *Francia,* 16/I, 1989, p. 137-154.

Sur l'évolution des idées, la thèse très dense de M. Reydellet, *La royauté dans la littérature latine de Sidoine Apollinaire à Isidore de Séville,* Rome, 1981.

Sur l'Église au Bas-Empire, *cf.* l'ouvrage fondamental de J. Gaudemet, *L'Église dans l'Empire romain, IVe-Ve siècle,* Paris, 1959, réimpression avec mise à jour 1989 (« Histoire du droit et des institutions de l'Église en Occident », III). Parmi les articles récents : J. Fontaine, L'apport du christianisme à la prise de conscience de la « patrie gauloise » sous la dynastie théodosienne, *La patrie gauloise, op. cit.,* p. 183 et s. ; Ch. Piétri, Remarques sur la christianisation du nord de la Gaule (IVe-VIe s.), *Revue du Nord,* t. LXVI, 1984, p. 55 et s.

Chapitre 1
Les Mérovingiens

6 À l'avènement de Clovis en 481, comment se présente l'échiquier politique en Gaule ? Dans le Sud se sont implantés deux royaumes puissants et indépendants dès avant la chute de l'Empire romain d'Occident : celui des Burgondes et surtout celui des Wisigoths qu'Euric (466-485) a porté à son apogée et qui s'étend quasiment de la Loire au sud de l'Espagne. L'hégémonie en Gaule semble promise à ce peuple, les Gallo-Romains la redoutent parce que les Wisigoths, de foi arienne, ne manqueront pas d'étendre les persécutions qu'ils font déjà subir à leurs sujets catholiques.

Au Nord, les Francs qui ont fourni à l'Empire des auxiliaires d'élite et ont participé à la défense des populations contre les Huns d'Attila (451), puis contre les Saxons (469). Installés dans la province de Belgique seconde, ils sont voisins de la seule enclave romaine qui subsiste en Gaule (de Soissons à la Loire) : le territoire de Syagrius, fils du chef militaire gallo-romain Egidius, aux côtés de qui le père de Clovis, Childéric, avait combattu comme allié.

Selon la tradition, Clovis écrasera successivement Syagrius à Soissons (486), les Alamans à Tolbiac (496) et, pour terminer, Alaric II, roi des Wisigoths, près de Poitiers (Vouillé) en 507 ; son œuvre sera achevée par ses fils qui élimineront la royauté burgonde et occuperont la Provence. Dès lors, la Gaule est quasiment unifiée et les descendants de Clovis présideront à ses destinées jusqu'en 751.

7 Il faut rejeter l'image d'Épinal qui fait de ces trois siècles une sombre période de désolation, ils verront au contraire fleurir des institutions fondamentales pour l'avenir de tout l'Occident. Ces

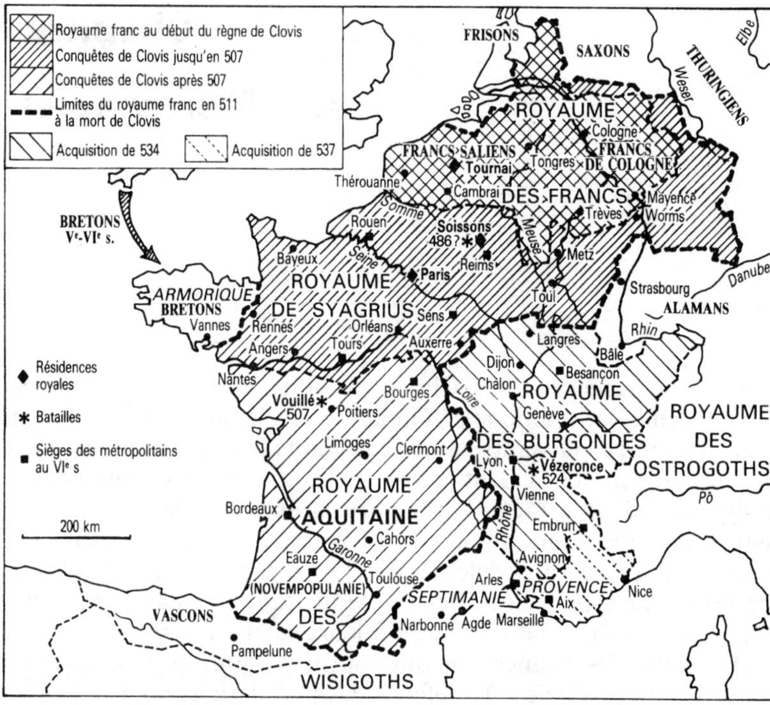

L'établissement du royaume franc

aspects bénéfiques sont masqués par un film politique apparemment chaotique.

On retient en effet les partages du royaume entre les descendants de Clovis (notamment en 511 et 561), mais on oublie qu'il y eut des périodes de réunification (de 558 à 561 sous Clotaire Ier, et de 613 à 639 sous les règnes de Clotaire II et de son fils Dagobert)[1]. On retient aussi les rivalités royales, parfois féroces (les luttes qui ont opposé Frédégonde et Brunehaut en sont l'image), mais on refuse de noter que ces déchirements n'ont pas nui à l'essor et à la richesse

1. Contemporain de Mahomet. Après la mort de celui-ci en 632, ses successeurs, en moins d'un siècle, étendent leur empire jusqu'à l'Indus, à l'est, et jusqu'aux Pyrénées, à l'ouest.

du pays. Il est indéniable toutefois que la royauté ne cesse de s'affaiblir dans les dernières décennies du VIIe siècle et au VIIIe siècle, et que, face aux rois qualifiés de « fainéants »[1], la puissance de l'aristocratie se développe. Les provinces périphériques glissent vers l'indépendance sous l'autorité de ducs qui transmettent leurs pouvoirs héréditairement.

Ces forces d'éclatement vont être contrecarrées par une dynastie naissante, les Pippinides, qui confisquera à son profit l'ensemble des mairies du palais. Figure marquante de cette lignée, Charles Martel entreprend d'éliminer le rival dangereux qu'est devenu le duc d'Aquitaine. Il se substitue à lui dans la défense de l'Occident chrétien et s'illustre en arrêtant l'invasion arabe à Poitiers (732). Son fils Pépin le Bref couronnera cette ascension politique en prenant le pouvoir en 751, après avoir déposé le dernier roi mérovingien.

Section I
La conception du pouvoir

8 ROMANITÉ ET BARBARIE. — Sur la nature du pouvoir des rois mérovingiens, les témoignages sont squelettiques et sujets à caution[2]. Certes, à première vue, la différence avec la *res publica* romaine peut paraître flagrante. Cette notion, fruit de la réflexion politique multiséculaire des Romains (nourrie elle-même à la pensée grecque), implique qu'existe au-dessus de celui qui gouverne une norme juridique supérieure. Mais de l'époque classique au Bas-Empire, la conception du pouvoir s'était largement altérée, de sorte que l'écart entre Auguste et les rois mérovingiens n'est pas plus important qu'entre lui-même et ses successeurs des IVe-Ve siècles[3].

1. *Cf.* J.-P. Poly, Les « cochonnales » de février, *Droit et sexualité* (Colloque Toulouse, octobre 1985), Lille, 1987.
2. Les grands écrivains et jurisconsultes romains faisant défaut, notre seule source provient des récits de Grégoire de Tours († en 593) ou des poèmes de Fortunat († en 609) qu'il faut lire en filigrane, en y joignant l'analyse de l'esprit des institutions.
3. Auguste (27 av. J.-C. - 14 apr. J.-C.) conserve la façade républicaine mais son *auctoritas* (pouvoir d'inspiration et de renforcement des actes des magistrats) étiole celle du Sénat et surpasse de loin la *potestas* des magistrats. Au Bas-Empire, le caractère autocratique de type oriental est prépondérant.

Fustel de Coulanges avait bien montré ce rapprochement entre Empire finissant et royauté barbare. Même les pratiques considérées comme typiquement barbares doivent être relativisées[1].

Enfin, si le chef barbare est la représentation vivante du groupe social duquel il est issu, les caractères germaniques se sont estompés lors de la conquête de la Gaule : chef de guerre, le roi mérovingien ne l'est plus essentiellement, et sa puissance s'étend à tous les habitants du *regnum,* qu'ils soient francs ou non.

Des caractères originaux seul persiste le port de la longue chevelure, signe de force et d'autorité. Perdre celle-là entraîne la confiscation de celle-ci, l'histoire mérovingienne n'est-elle pas jalonnée de coups de ciseaux politiques ? Le dernier exemple qui marque d'ailleurs la fin de la dynastie est celui de Childéric III, tondu et déposé en 751.

9 La légitimité royale.

1) *Une dynastie prédestinée.* — L'incontestable adhésion de l'aristocratie gallo-romaine aux *reges criniti,* à une famille considérée comme la plus noble de toutes, revêt une importance singulière car l'attachement dynastique n'était guère généralisé chez les autres peuples barbares. Ils n'ont en effet connu ni hérédité ni partages systématiques.

En Gaule donc, une seule famille, celle de Clovis, détient le monopole du pouvoir parce qu'elle seule possède le charisme qui permet de régner. Toutefois cette vocation génétique ne se réalise que si les héritiers ont la force d'assumer la royauté. Dès lors, lorsque cette force personnelle vient à manquer (période des rois fainéants où la réalité du pouvoir est exercée par les maires du palais), sonne l'heure du déclin. La dynastie mettra tout de même trois quarts de siècle à disparaître. En l'absence de cet élément vital du pouvoir, la race de Clovis se maintiendra encore, soutenue par une *aura.* Toutefois la force n'est pas seulement un attribut tangible qui désigne le roi. Elle lui permet de remplir sa mission, elle consolide, voire assoit sa légitimité.

1. Ainsi le rite d'origine germanique de l'élévation sur le pavois (les guerriers intronisent le chef en le hissant sur un bouclier) avait été, depuis Julien l'Apostat, emprunté par Rome qui inaugurait ainsi la carrière des empereurs. On le voit, le caractère militaire du pouvoir n'est pas seulement germanique !

2) *Une royauté nécessaire.* — « Garant de l'harmonie cosmique et de la paix » (Riché), le roi germanique doit protéger ses sujets. S'il y manque le royaume dépérit. Chez les Burgondes, ce sentiment était si profond qu'aux dires d'Ammien Marcellin le roi était déposé en cas de défaite ou de mauvaise récolte. Proche de la responsabilité du chef de famille, de clan, la fonction royale est tout à la fois « défensive à l'égard des ennemis, protectrice envers les amis, nourricière à l'égard des dépendants » (Devisse). La personne royale est auréolée aux yeux des populations d'une valeur quasi magique. Seule la race de Mérovée et de Clovis a le pouvoir de protéger les Francs et ce serait une malédiction de la voir s'éteindre. On voit éclater cette croyance dans le souhait exprimé par « les personnages les plus considérables... de Soissons et de Meaux » qui sollicitent du roi Childebert II la présence d'un enfant royal afin, disent-ils, « que, possédant chez nous un rejeton de ta lignée, nous résistions plus facilement, et que nous nous attachions plus vigoureusement à défendre le territoire de la ville ». Pourtant cet enfant n'avait que cinq ans. Significatives aussi sont les appellations. Le poète Fortunat n'appelle-t-il pas le roi « pater », non par assimilation au *pater familias* romain mais par référence à l'évêque protecteur et gardien de sa *civitas*.

10 DES ROIS FÉDÉRATEURS PARCE QUE CATHOLIQUES. — Dès son avènement, Clovis entretient, comme chef politique, des relations courtoises avec le clergé catholique. Issus en effet de la très puissante aristocratie sénatoriale, les évêques représentent une force qu'il cherche à se ménager, à l'inverse des rois wisigoths qui les persécutent au nom de l'arianisme. L'épisode du vase de Soissons illustre cette attitude[1]. Ensuite le baptême lui apporte un soutien quasi inconditionnel de l'épiscopat dont l'influence sur le peuple est considérable.

Au fond l'attitude de l'Église ne change pas. Avant comme après 476 elle reste rassemblée autour du *princeps.* Dès lors que la *pars occidentalis* de l'Empire est acéphale et que les rois se considèrent comme ses héritiers, le *princeps* n'est plus l'empereur mais le *rex Francorum.*

1. Clovis promet à un évêque de lui restituer un vase sacré faisant partie du butin. Un guerrier s'y étant opposé, Clovis s'incline mais l'année suivante lors d'une inspection militaire, lui reprochant l'état déplorable de ses armes, il l'exécute par surprise. Mais l'anecdote est discutée (H. Guillotel).

Les rois francs ont pu dès lors être fédérateurs des populations gallo-romaines. Celles-ci, qui ne se considèrent nullement comme un peuple soumis, trouvent au contraire avantage à cette protection plus efficace, plus proche que celle des empereurs – qui les avaient souvent abandonnées face aux invasions.

De tout ceci la liturgie témoigne : les prières sacramentelles des messes mérovingiennes appellent l'aide de Dieu sur le roi guerrier afin que ce dernier puisse préserver et protéger la paix et la sécurité du peuple. La substitution dynastique de 751 ne modifiera nullement sur ce point la sollicitude du clergé.

L'aide divine sera d'autant plus efficace que les rois se comporteront en princes chrétiens. Pour les aider à le devenir, les évêques exercent une sorte de préceptorat : ainsi la piété et l'humilité qui doivent éclairer la conduite royale sont prêchées tour à tour par Aurélien d'Arles à l'égard de Théodebert Ier, Grégoire de Tours pour Chilpéric et jusqu'au pape Grégoire le Grand qui ne manque pas, en écho à saint Augustin (« remota justicia, quid sunt regna nisi magna latrocinia »)[1], d'indiquer que le souverain bien pour les rois, c'est la justice.

11 L'AUTORITÉ DU ROI ET LES LIENS PERSONNELS.

1) *Mundium et bannum.* — Magnifiée par l'Église, la justice n'était pas pour autant inconnue du monde germanique, même si l'éclairage est fort différent. Elle est la conséquence du *mundium* du roi franc. De nature patriarcale ou dominicale, le *mundium* est à proprement parler la volonté du maître qui étend ou retire sa protection personnelle aux individus (isolément ou en groupe) et aux lieux. Y contrevenir c'est porter atteinte à la paix du roi et encourir des sanctions pécuniaires *(wergeld)* graduées selon la qualité de la protection accordée[2]. Celui qui refuse de payer l'amende est mis hors la loi, hors du ban, mot dérivé de *bannum* qui exprime le pouvoir de commandement du chef, en vertu duquel il légifère (décrets, édits), exige services ou prestations de ses sujets (convocation à

1. Sans la justice, que sont les royaumes, sinon de grands brigandages.
2. Il est typique que le meurtre d'un homme libre se rachète en versant un wergeld de 200 sous, alors que celui de l'antrustion (ce guerrier d'élite qui, ayant prêté serment dans la main du roi, met sa vie au service du prince) implique le versement de 600 sous.

l'armée et aux tribunaux). Ce pouvoir de contrainte est fort étendu puisque le refus d'obéissance place *ipso facto* le récalcitrant hors de la communauté, une excommunication civile en quelque sorte, qui permet à quiconque de mettre à mort impunément le forban.

2) *Leudes et « leudesamium »*. — Il est impossible de gouverner sans l'appui de l'aristocratie, aussi le roi mérovingien s'attache-t-il, par un serment prêté en sa présence, les personnages les plus influents qui deviennent ses leudes ou fidèles. « Ce serment est unilatéral, il ne suppose pas de réciprocité d'engagement » et les cadeaux royaux sont « laissés à la libre appréciation du bienfaiteur » (Magnou-Nortier). Dans cette optique, les membres de l'aristocratie franque ont tendance à soutenir le roi le plus généreux, ce que font les leudes du roi Racagnaire débauchés par Clovis à son profit. Lors des partages du royaume et des guerres qui s'ensuivent, les enchères montent pour attirer les fidèles de l'autre parti. Les leudes eux-mêmes peuvent spontanément transférer leur fidélité d'un roi à un autre.

Ces liens personnels ne concernent pas seulement les grands, ils furent élargis à la population car les rois demandèrent aux hommes libres un serment de fidélité[1], le *leudesamium*. De nature publique, ce serment est prêté, non plus devant le roi mais en présence d'un comte ou d'un duc, sur des reliques ou dans un lieu consacré. Cette pratique finit par tomber en désuétude. Sans doute la coutume des partages qui compliquait l'opération n'y est pas étrangère, mais surtout « lorsque quelques grands se partageront les lambeaux du *regnum Francorum*, ni le duc des Aquitains, ni les patrices de Provence ou de Bourgogne, ni les maires du palais ne souhaitaient faire prêter le vénérable *leudesamium* au nom du Mérovingien fantoche » (Poly, Bournazel).

12 Monopole dynastique et partages. — Selon la tradition franque, les rois mérovingiens divisaient leur royaume entre leurs fils, ainsi en fut-il après la mort de Clovis. Seul survivant de la seconde génération mérovingienne, Clotaire a su éliminer ses neveux, réussissant ainsi à réunir provisoirement le *regnum* que des partages ultérieurs disloqueront.

1. L'origine doit sans doute en être recherchée au Bas-Empire car les soldats fédérés et romains prêtaient fidélité au nouvel empereur. *Cf.* M. Rouche, *L'Aquitaine*, *op. cit.*, p. 364.

Ces partages sont-ils caractéristiques de la mentalité barbare qui, incapable de s'élever jusqu'à l'idée d'État, traiterait le royaume comme un simple patrimoine dont le roi pourrait disposer entre ses héritiers et même de son vivant en distribuant inconsidérément terres et privilèges : toutes pratiques traditionnellement flétries par l'expression « conception patrimoniale du pouvoir » ? Pourtant tous les peuples barbares[1] n'ont pas pratiqué les partages alors que l'Empire romain ne les a pas ignorés[2].

D'une part, les partages francs respectent l'individualité des entités territoriales, ainsi le fils aîné de Clovis, né d'une princesse de Cologne, reçut la Francia rhénane, tandis que ses puînés issus de la catholique Clotilde se partageaient le royaume occidental. D'autre part, les quatre frères prendront soin d'adopter des capitales proches les unes des autres (Reims, Paris, Orléans, Soissons). Un tel souci d'avoir une politique commune tempère l'aspect patrimonial du partage. Enfin, la patrimonialité n'a pas joué à l'infini. Des réalités géopolitiques s'enracinent : les noms d'Austrasie, à l'est, et Neustrie, à l'ouest, vont apparaître ; ces blocs, auxquels il faut joindre la Bourgogne, conserveront leur unité[3].

L'unité du *regnum Francorum* est préservée malgré les apparences et le « garant de cette unité, c'est la dynastie dont les membres seuls ont le droit d'être roi à l'est et à l'ouest » et ont vocation à régner sur l'ensemble[4]. Sans doute les partages répétés affaibliront la dynastie, mais cette conséquence désastreuse suffit à leur passif. Il n'est pas nécessaire de leur imputer de surcroît la méconnaissance de l'idée d'État. Cette notion s'était, au demeurant, dégradée dès la

1. *Cf.* notamment le cas des Vandales.
2. À Rome même, le système de la tétrarchie, instauré par Dioclétien en 285, place l'Empire sous l'autorité de deux Augustes et de deux Césars en créant un tandem pour l'Orient et un autre pour l'Occident. Pourtant, malgré ce partage des zones d'influence, on ne parle pas de dépérissement de l'idée d'État. On ne l'évoque pas davantage lorsque Constantin divise l'Empire entre ses trois fils qui – conséquence – ne manqueront pas de se livrer à des luttes fratricides jusqu'à l'élimination de deux d'entre eux. Pourquoi donc être si sévère pour les Mérovingiens ?
3. Le partage de l'Aquitaine entre les quatre frères n'est pas aussi incohérent qu'il semble ; d'une part, il coupait court aux velléités d'indépendance de cette région, d'autre part, si la division géographique déroute l'esprit moderne et paraît inextricable, cela correspondait à un partage rationnel des revenus fiscaux.
4. *Cf.* K. F. Werner, *Les origines,* p. 318-320. Chaque titulaire d'un royaume issu du fractionnement porte le titre de *rex Francorum.* M. Bloch soulignait déjà à propos des partages : ces pratiques « interprétées parfois bien à tort comme prouvant la prétendue assimilation de la royauté à un patrimoine » expriment « au contraire la participation de tous les descendants à un même privilège dynastique » (*La société féodale. Les classes et le gouvernement des hommes,* Paris, 1940, p. 157).

fin de l'Empire d'Occident mais le souvenir n'en était pas perdu et l'attirance exercée sur les rois francs par l'Empire romain contribuait à sa survie.

13 LA SÉDUCTION IMPÉRIALE. — Déjà pour les Ostrogoths, particulièrement pour Théodoric le Grand, dont l'idéal de gouvernement est connu, l'Empire était la grande valeur de référence : « Par-dessus tout, nous souhaitons que l'on se conduise bien dans les régions de la Gaule dans lesquelles les dévastations récentes rendent l'injustice intolérable et où, dès le début, il convient de bien établir la réputation de notre nom. Car la sécurité bien assurée des sujets répand au loin le renom du prince » (Cassiodore). Du *princeps* au sens romain bien évidemment. Qu'en est-il des rois mérovingiens ?

Clovis, gouverneur de la Belgique seconde, étend progressivement son autorité à la majeure partie de la Gaule. Après sa victoire sur les Wisigoths ariens en 507, il est considéré par l'empereur « comme s'il avait été consul » ; on le voit, l'influence romaine survit à la rupture de 476. Si l'on peut douter de l'initiative de Clovis à se parer des titres impériaux, il est indiscutable que les rois francs reprennent le titre de *princeps* qui marque le désir d'intégrer les pratiques politiques romaines et leurs titulatures, Rome ne cessant d'exercer une fascination sur l'esprit des chefs barbares. Y succombe également son petit-fils Théodebert qui, empiétant franchement sur les prérogatives impériales, fait frapper une monnaie à son effigie, au scandale de la cour de Constantinople. À la même époque, Chilpéric, en Neustrie, intervient comme les empereurs dans les matières théologiques, se mêle d'éducation comme l'empereur Claude (modification de l'alphabet) et, dans la tradition romaine, construit des cirques à Soissons et à Paris. L'imitation peut même prendre des tours moins plaisants puisque l'idée de faire crever les yeux des récalcitrants, si elle est barbare, est d'une barbarie byzantine[1].

S'il est loisible de préciser le degré de ces influences, l'historiographie contemporaine n'occulte plus cet héritage romain déjà souligné par Fustel de Coulanges.

1. Dans le domaine institutionnel, la chancellerie mérovingienne est également de facture romaine, nous le verrons.

Section II
L'administration

14 LE « PALATIUM ». — Le palais, c'est l'ensemble des familiers, dignitaires et conseillers qui suivent le roi dans ses déplacements ; sans oublier sa garde personnelle, les antrustions. Lieu où les carrières se décidaient, le palais a attiré, dés le VIIe siècle, les jeunes aristocrates de toute la Gaule ; leur famille les envoyait à la cour recevoir leur éducation et gagner la confiance royale. Didier de Cahors et ses frères (le futur saint Éloi), Dadon (le futur saint Ouen) ont fait partie de ces *nutriti,* phalange aristocratique élevée dans l'entourage royal. Même si les royaumes ne sont pas dépourvus de capitales qui leur donnent cohésion et structures (Paris, Soissons, Reims et Orléans sous les fils de Clovis)[1], le palais se déplace fréquemment d'un domaine royal à un autre, et les dignitaires qui sont chargés simultanément de mission publique et de services propres à la cour l'accompagnent, ainsi que le tribunal et le Trésor.

Ce trait n'est pas spécifiquement mérovingien, il a ses origines au Bas-Empire et se prolongera au Moyen Âge.

Parmi les officiers palatins, le maire du palais *(major domus)* occupe une place prépondérante, chargé de surveiller l'ensemble des serviteurs, il jouit de la confiance particulière du roi si bien que ses attributions, très étendues, prennent une tournure de plus en plus politique. Elles deviendront quasi illimitées jusqu'à supplanter celles du roi dans le gouvernement du royaume à la fin du VIIe et au VIIIe siècle, notamment à la faveur des minorités royales. Il finira même par rendre sa charge héréditaire (Pépin d'Héristal, le père de Charles Martel).

Au-dessous de ce grand personnage, le comte du palais reçoit souvent délégation du pouvoir judiciaire. Parmi les autres officiers (dignitaires), mentionnons encore le comte de l'écurie (*comes stabuli*

1. Ces trois dernières villes seront remplacées par Tournai, Chalon-sur-Saône et Metz après la mort de Clotaire Ier en 561.

évoqué par Grégoire de Tours, et qui deviendra le connétable), les trésoriers, le responsable des forêts royales.

La chancellerie, héritée des traditions romaines, est dirigée par un référendaire. Les actes sont rédigés en latin selon les formules diplomatiques antérieures par des scribes et des notaires. Cette compétence passera, à la fin de la période mérovingienne, des mains des laïques à celles des clercs désormais seuls capables d'établir les actes et de tenir les registres.

15 LES AGENTS TERRITORIAUX DU ROI. — Le comte est chargé d'administrer une circonscription qui correspond à l'ancienne *civitas* romaine ou à des subdivisions (la *civitas Carnotum* est divisée en cinq comtés – *pagi* – dont les chefs-lieux sont Chartres, Dreux, Poissy, Vendôme et Blois). Le sens politique des Francs les a conduits à tenir compte de la densité respective des différentes populations et les rois ont nommé une majorité (3 pour 2) de comtes gallo-romains au sud de la Loire, et une forte proportion de dignitaires à noms germaniques au nord (3 pour 1).

Si le cadre géographique est en grande partie un héritage romain, l'administration franque garde des traits spécifiques : sous les Mérovingiens on commence une carrière à la cour et on la termine en province, et, surtout, la séparation que Rome faisait entre pouvoirs civils et pouvoirs militaires a disparu, si bien que le comte exerce toutes les fonctions de l'autorité publique. Assisté par des auxiliaires (centeniers dans le Nord, viguiers dans le Midi), il rend la justice, administre, lève les impôts, commande les troupes. Son rôle premier consiste à faire régner la paix au sein des populations franques, romaines, burgondes ou autres. Il doit assurer la protection des faibles ; de là sa mission de justice on l'appelle d'ailleurs *judex publicus* – concrétisée par la présidence du tribunal *(mallus)*. Ses attributions comprennent aussi la sauvegarde des droits royaux : chaque année il apporte au Trésor royal ce qui est dû au fisc.

Dire que le programme qui lui incombait était toujours rempli traduirait un optimisme excessif, mal accordé aux plaintes que les cités chargeaient leurs évêques de porter au roi. Par là a pris corps l'ingérence progressive de l'épiscopat dans les pouvoirs comtaux[1].

1. *Cf.* n°s 16 et 28.

Finalement cette administration locale sera exercée par une aristocratie aussi bien laïque qu'ecclésiastique.

16 Les finances. — À l'époque mérovingienne la fiscalité du Bas-Empire perdure, tant sous sa forme directe (impôt foncier et capitation personnelle frappant les terres et les personnes) qu'indirecte (par ex. les nombreux tonlieux sur le transit des marchandises)[1]. Si ces derniers étaient perçus relativement aisément, les impôts directs étaient en revanche fort mal supportés, comme l'attestent les révoltes périodiques des populations contre la pression fiscale qui ne s'était pas allégée en passant du service de l'empereur à celui des rois francs. Parfois même, cela se termine par le massacre des dignitaires chargés de réajuster l'assiette de l'impôt[2].

L'administration fiscale ordinaire était celle du comte et de ses agents, une autre filière annexe se développe liée au privilège d'immunité dont le contenu a été beaucoup discuté : on a accusé les Mérovingiens de dilapider inconsidérément les ressources de l'État en accordant ce privilège, sa portée exacte doit être précisée. D'origine romaine, l'immunité conserve, aussi bien à l'époque mérovingienne que carolingienne, un caractère limité. Il ne s'agit nullement d'accorder aux églises qui en sont les principales bénéficiaires une exemption totale d'impôt – ce qui aurait progressivement privé l'État de ressources, dans la mesure même de l'accroissement du patrimoine ecclésiastique. Bien au contraire, c'est une technique administrative : l'interdiction faite aux agents royaux de pénétrer dans les territoires immunistes implique que les Églises concernées assurent par leurs propres agents la perception des revenus publics – à charge de les reverser au Trésor – en gardant pour elle la rémunération de cette tâche de gestion[3]. À ce mandat de droit public, si l'on peut dire, à ce privilège de gestion, s'ajoute pour l'essentiel un privilège judiciaire évitant aux immunistes de supporter la tenue du

1. Impôt douanier par excellence, le *teloneum* est la plupart du temps précisé par des impôts dont le nom illustre la nature : *sommaticum, barganaticum* – lorsqu'il s'agit du trafic au moyen de bêtes de somme, de barque –, etc. Le passage des troupeaux est, lui, grevé du *pulveraticum,* ainsi nommé à cause de la poussière soulevée, son inscription dans le Code Théodosien témoigne d'ailleurs de sa permanence.

2. Apprenant le décès du petit-fils de Clovis, Théodebert, les habitants de Trèves expriment leur soulagement en lapidant le patrice Parthenius.

3. *Cf.* n° 28.

plaid comtal qui était très coûteux, car le comte avec sa suite exerçait dans chaque localité le droit de gîte.

17 L'ARMÉE MÉROVINGIENNE. — Le service militaire est exigé de tous les hommes libres. Très rapidement les Gallo-Romains sont convoqués comme les Francs, alors que, dans l'Italie de Théodoric, le métier des armes est réservé aux Ostrogoths, et les métiers civils et la rhétorique aux Romains. Les guerriers ne reçoivent pas de solde et s'équipent à leurs frais. Les défaillants étaient frappés d'une lourde amende. « Le principe du recrutement général ne doit pas masquer la réalité. En fait, il y avait tout intérêt à appeler de préférence les riches » (Contamine). À cette fin Dagobert utilise un procédé pratiqué dans l'Italie byzantine et également en Espagne, en accordant à ses soldats les terres de monastères pour leur permettre de remplir leurs obligations à l'ost. Il ne faut pas oublier qu'une partie des biens d'Église avait une origine publique et que les monastères avaient largement profité des largesses des rois ; l'accroissement considérable des biens ecclésiastiques à cette époque apparaissait redoutable aux yeux des agents royaux laïques. Ces confiscations étant développées surtout à partir de 670, Charles Martel n'est donc pas l'inventeur de cette pratique qui le servira cependant grandement lors de ses luttes pour le pouvoir au sein du *regnum Francorum*. On reprit donc aux Églises les *fisci* donnés jadis, en les augmentant de terres d'autres provenances pour les constituer en dotations viagères – bénéfices – au profit des *vassi* des Pippinides[1].

Devant les protestations, une solution transactionnelle se dégage, les fils de Charles Martel (dont Pépin le Bref) restituent aux Églises la propriété des biens mais celles-ci s'engagent, en revanche, à en abandonner une substantielle partie aux *vassi* à titre de précaire, s'agit là de moyennant un cens recognitif dont l'importance économique était à l'origine loin d'être négligeable, mais qui perdra presque toute valeur financière par la suite. Il s'agit là de précaires sur ordre du roi : *precariae verbo regis*.

L'accession au pouvoir des Pippinides sera largement favorisée par les clientèles ainsi constituées.

1. À l'époque mérovingienne (mais connu principalement dans les régions australiennes et alémaniques), l'engagement vassalique implique un service privé auprès de grands personnages en qualité de guerrier. Les maires du palais attirent dans leur vassalité profitable des hommes d'un niveau social déjà élevé.

Section III
Droit et justice

18 LA PERSONNALITÉ DES LOIS DANS LE « REGNUM FRANCORUM ». — Les Barbares implantés en Gaule sont proportionnellement peu nombreux, cependant le mélange de populations de races différentes pose de délicats problèmes juridiques. Les Gallo-Romains avaient connu une organisation judiciaire hiérarchisée et vécu sous un droit romain teinté de provincialisme (droit vulgaire).

Les rois francs n'ont imposé leurs décisions que dans le domaine indispensable pour le pouvoir, celui du droit public, les rapports entre particuliers le droit privé et aussi le droit pénal qui est un droit encore essentiellement privé – sont régis par les différentes lois personnelles.

Les coutumes franques ne pouvaient rivaliser avec le droit romain infiniment supérieur. La dualité de régime juridique fut donc respectée au sein du royaume[1]. Au tribunal, une question liminaire était posée au plaideur : *sub qua lege vivis ?* sous quelle loi vis-tu ? La réponse *(professio legis)* déterminait l'application de la loi (romaine ou salique, par ex.). C'est ce qu'on appelle le système de la personnalité des lois, dans lequel chacun suit la « loi » de ses origines. Mais la solution des litiges devient fort complexe lorsque des parties d'origines différentes s'affrontent en justice. Cependant au fil des siècles, des contaminations se produisent entre les deux droits, barbare et romain.

19 L'ESPRIT DU DROIT BARBARE : VENGEANCE ET RACHAT. — La caractéristique dominante du droit barbare, c'est le droit à la vengeance *(faida)* de la victime ou de sa famille, car la solidarité familiale est très forte. Depuis un millénaire Rome avait éliminé cette forme de guerre privée. C'était au contraire un des grands

1. Suivant d'ailleurs les traditions romaines à l'égard des fédérés, ces contingents barbares conservaient leurs usages.

traits des mentalités germaniques. La *faida* peut certes s'accomplir, mais elle est aussi et surtout un chantage que l'on brandit pour obtenir la composition pécuniaire. En effet, les lois barbares contiennent le tarif des indemnités que le coupable ou son lignage doit verser afin d'éteindre tout droit à la vengeance[1].

Le pouvoir royal mérovingien semble d'ailleurs n'avoir été que peu soucieux d'éviter la *faida.* Il la pratiquait lui-même sans hésiter pour son propre compte. Les luttes célèbres entre Frédégonde, la Neustrienne, et Brunehaut, l'Austrasienne, en sont un aspect, ainsi que les exécutions sommaires de fils de roi ayant trahi la cause de leur père (mise à mort de Chramn, fils de Clotaire Ier).

Quant à l'Église, elle s'opposait certes au sang versé et se montrait favorable aux arbitrages et aux compositions ; mais cette idée de vengeance ne lui était pas complètement étrangère, ainsi Grégoire de Tours rappelle-t-il que la vengeance de Dieu doit frapper ceux qui ont commis des crimes spécialement horribles, comme le parricide. Cependant les évêques interviennent très souvent dans un but d'apaisement ou pour solliciter la grâce des condamnés à mort.

20 L'ÉVENTAIL DES TEXTES. — Outre quelques décrets et préceptes des rois, l'essentiel du droit est régi par des coutumes barbares (portant le nom de lois) et des textes romains.

1) *La loi salique.* — Parmi les nombreuses lois barbares rédigées du Ve au IXe siècle, la plus importante est la loi salique. C'est la mise par écrit, en latin (sous réserve de quelques gloses en tudesque), des règles coutumières élaborées par les Francs au cours de leur passé. Ce texte a connu plusieurs versions, la plus ancienne est peut-être antérieure au baptême de Clovis et une révision a encore été effectuée à l'époque de Charlemagne. La grande majorité des articles concerne le droit pénal et tarifie minutieusement l'extinction du droit à la vengeance. La précision de ces tarifs éliminait les discussions stériles qui pouvaient s'envenimer dangereusement.

Un tiers de la composition pécuniaire est versé au roi, c'est le *fredum ou* argent de la paix. Les indemnités varient avec la qualité de la victime et la gravité des coups et blessures. Le rachat du vol,

1. L'homicide (dont le prix de rachat – composition – portait le nom de *wergeld*) n'était pas la seule cause de *faida.* Tout dommage pouvait susciter la vengeance. Et c'est tout autant sa légitimité que la crainte des agents royaux qui conduisait au versement des tarifs prévus par la loi salique.

surtout du bétail, occupe une place primordiale montrant que ces usages se sont formés dans le cadre d'une société foncièrement rurale. En voici un exemple : « Si quelqu'un a volé un petit cochon de lait et que cela fût prouvé contre lui, qu'il soit jugé coupable de 120 deniers qui font trois sous. » On trouve aussi dans la loi salique quelques titres concernant la procédure et quelques dispositions relatives au droit privé, notamment aux successions (exclusion des filles de la terre des ancêtres, alleux)[1].

Plus tardive, mais proche de la loi salique, la loi ripuaire a été rédigée sur ordre de Dagobert au VIIe siècle, pour l'Austrasie.

2) *La loi Gombette.* — Rédigée sur ordre du roi burgonde, Gondebaud (474-516), cette loi a subi une forte influence du droit romain, mais les traits germaniques sont également présents : forte solidarité familiale, utilisation des cojureurs et de la vendetta collective, emploi du serment purgatoire et du duel judiciaire. L'évêque de Vienne, saint Avit, avait protesté contre l'insertion de ce mode de preuve dans la loi Gombette. Il ne disparaîtra pas pour autant et sera encore stigmatisé en plein IXe siècle, sans plus de succès, par Agobard de Lyon.

3) *Le Bréviaire d'Alaric.* — Pour se concilier les populations gallo-romaines catholiques longtemps persécutées au sein de ce royaume arien, le roi wisigoth, Alaric II, promulgua en 506 à Toulouse un texte qui bannissait les obscurités du droit. Principalement nourrie du Code Théodosien, cette compilation, qui reçut ultérieurement le nom de Bréviaire d'Alaric, connaîtra un grand succès en Gaule et finira par être utilisée par l'ensemble des populations gallo-romaines, sous forme de résumés de plus en plus brefs (épitomés), il est vrai. Encore en 768, Pépin le Bref reconnaîtra le droit de l'utiliser. Il est enfin important de noter que l'Église vit sous la loi romaine.

21 LES JURIDICTIONS. — Le tribunal de droit commun est le *mallus*. À première vue il semble marqué par les traditions judiciaires germaniques car les hommes libres participent à l'exercice de la justice ; leur présence est requise sous peine d'amende et ils approuvent ou désapprouvent la décision proposée ; mais en réalité

1. D'où l'on a tiré bien à tort au moment de la guerre de Cent Ans l'exclusion des femmes de la succession à la couronne de France.

cette présence joue un rôle secondaire. C'est le comte *(judex publicus)* entouré de notables désignés pour chaque session dans les diverses circonscriptions du *pagus* (comté), qui tranche le litige. Ces notables *(rachimbourgs* ou *boni vires),* diseurs de droit connaissant la coutume en raison de leur âge et expérience, qualifient les faits incriminés en se référant à la coutume applicable, de sorte que le comte n'a plus qu'à appliquer l'amende prévue. Toutefois de nombreuses affaires, relatées par Grégoire de Tours, montrent la toute-puissance comtale. Ce tribunal itinérant (le comte se déplace avec sa suite pour écouter les plaignants aux lieux accoutumés) est compétent aussi bien pour les affaires pénales que civiles, et à l'égard de tous les habitants de la circonscription, tant barbares que gallo-romains.

Quant au roi, il se réserve de juger au *tribunal du palais* les affaires le concernant (trahison, lèse-majesté, désertion...) et celles touchant les personnes placées sous sa protection (mainbour). La hiérarchie existant à Rome entre les différents tribunaux avec possibilité d'appel de l'un à l'autre n'existe plus. Cependant, en cas de déni de justice – si les rachimbourgs ont refusé de « dire la loi » – le plaignant peut s'adresser au roi qui ordonne au comte de rendre justice ou de renvoyer l'affaire au tribunal du palais. De même, en cas d'application injuste de la loi, un édit de Clotaire II prescrit que le tribunal du roi (ou en l'absence de ce dernier l'évêque) châtiera le coupable.

Cet édit de 614 entérine les canons du concile de Paris de la même année et précise la compétence de la juridiction épiscopale. Elle est très largement entendue à la fois sur les clercs et sur les laïcs. Non seulement la juridiction arbitrale[1] est confirmée, mais la juridiction disciplinaire s'élargit, les péchés publics en relèvent mais également tout ce qui touche aux sacrements et par extension, plus tard, le droit de la famille.

22 LA PROCÉDURE ET LES PREUVES. — La procédure est principalement accusatoire : le procès ne s'ouvre que lorsqu'un accusateur se déclare et porte le poids du procès[2]. Dès lors les plaideurs doivent comparaître en personne.

1. Suivant les conseils de saint Paul, les chrétiens soumettaient leurs litiges à l'arbitrage de l'évêque ; Constantin érige l'*audientia episcopalis* en juridiction officielle.
2. Cependant l'idée romaine d'une poursuite d'office des crimes et délits troublant gravement la paix publique n'a pas disparu (procédure inquisitoire).

Si les preuves rationnelles (écrit, aveu, témoignages) ne sont pas totalement éliminées, les preuves irrationnelles vont prendre le pas sur elles. Les droits barbares imposent à l'accusé de se disculper. Il le fait en prêtant serment assisté de cojureurs (parents ou voisins) de nombre variable selon les cas. Il ne s'agit nullement de témoins car ils ignorent tout de la matérialité des faits, ils se portent seulement garants de la moralité, de l'honorabilité de l'accusé. On voit là la force des liens familiaux ou tribaux. L'exemple le plus illustre est celui de Frédégonde se lavant du soupçon d'adultère assistée de trois cents cojureurs et trois évêques.

De manière subsidiaire, on peut faire jaillir la vérité en subissant avec succès certaines épreuves : les ordalies ou jugement de Dieu[1]. Lorsque le serment prêté avec les cojureurs était taxé de faux, on avait recours au duel judiciaire, ordalie bilatérale opposant les armes à la main les deux parties ou leurs champions ; prévu par la loi Gombette, il sera également utilisé assez rapidement chez les Francs qui l'ignoraient primitivement.

Les ordalies occupent une place limitée sous les Mérovingiens. Connues dans de nombreuses civilisations, elles avaient peut-être mené une existence occulte dans bien des provinces de l'Empire romain. Quoi qu'il en soit, elles se développeront beaucoup plus largement à partir du VIIIe siècle par crainte des faux serments. Elles reflètent une mentalité typique : la confiance absolue dans les signes donnés par la divinité s'accorde à l'esprit de défiance envers la raison humaine[2].

Section IV
Économie et société

23 Les villes. — Si la vie urbaine avait lourdement souffert de la grave crise politique et économique du IIIe siècle, il n'en est plus de même à notre époque, bien au contraire. La disparition de

1. La loi salique prescrit d'attraper au fond d'un chaudron d'eau bouillante une pierre ou un anneau ; si, après un délai, la cicatrice a bon aspect, l'individu a prouvé son bon droit ou est déclaré innocent.
2. À moins que leur utilisation ne traduise la réticence du juge « peut-être par crainte d'erreur, à utiliser la présomption comme mode de preuve, à défaut d'aveu et de témoignage » (A. Laingui, *Histoire du droit pénal*, p. 35).

villes romaines au nord de la Loire fut compensée par la naissance de nouveaux centres urbains le long des axes fluviaux. Entouré de remparts à la fin du Haut-Empire pour parer aux premières invasions barbares, l'espace intérieur reste modeste. Mais les agglomérations s'étendent au-delà de ces limites (par ex. vers 600, huit monastères et hôpitaux sont créés hors de l'enceinte du Mans). Cette extension qui a le mérite de la souplesse et répond à un climat de paix est vite abandonnée le danger survenant, car les populations se mettent à l'abri des murs ou fuient dans la campagne.

Les villes choisies comme capitales par les rois mérovingiens se chargent d'un coefficient politique et stratégique important[1]. Après sa victoire de Vouillé sur les Wisigoths, Clovis remplace Soissons par Paris qui lui permet de mieux surveiller ses rivaux en Gaule : Wisigoths et Burgondes. Autre capitale, Metz est devenue au VIIIe siècle une des premières villes du royaume. La quarantaine d'églises qui y est édifiée témoigne de son importance.

D'une façon générale, la fonction spirituelle devient primordiale, le foisonnement des lieux de culte l'atteste. L'évêque occupe une place de plus en plus prépondérante ; le rôle administratif et commercial des villes s'atrophie parfois, dans certaines régions, en raison du déplacement des axes commerciaux.

24 COMMERCE ET MONNAIE. — Après un Ve siècle marqué par les ravages des pirates (Vandales, Saxons, Hérules), le commerce maritime s'améliore au VIe siècle, aussi bien sur l'Océan qu'en Méditerranée. Toutefois ce n'est plus la navigation romaine, mais un simple cabotage sur des bateaux à faible charge, aptes à se plier facilement aux fluctuations de la demande. Les échanges lointains avec l'Orient persistent. Marseille, ville essentielle de la Gaule pour les Byzantins, accueille les produits orientaux qui, de là, se répandent dans le royaume par le couloir rhodanien. Cependant l'axe rhénan va l'emporter au dernier siècle mérovingien, sous l'influence de deux facteurs conjugués : le poids politique croissant du Nord et l'apparition en Méditerranée des flottilles musulmanes. Les circuits commerciaux s'orientent alors vers la Manche et la mer du Nord

1. Et encore les capitales du Nord ne sont-elles pour un temps qu'un pâle reflet des villes aquitaines ou ligériennes : Bordeaux, Cahors, Rodez, Bourges, Le Mans, Orléans...

(en direction de l'Irlande, de l'Angleterre désormais chrétienne, et des pays de la Baltique).

Le temps du commerce méditerranéen est marqué par la prépondérance de l'or[1]. L'orientation commerciale vers le nord le sera par le règne de la monnaie d'argent.

25 LES STRUCTURES SOCIALES. — Parmi les diverses catégories sociales, l'accent doit être mis sur la constitution d'une aristocratie, sur l'amélioration du sort des esclaves et sur les autres composantes de la paysannerie.

1) *L'aristocratie.* — Si, théoriquement, tous les hommes libres sont égaux dans la société mérovingienne, une hiérarchie existe avec à sa tête les nouveaux chefs militaires et l'ancienne noblesse sénatoriale[2]. Celle-ci conserve un rôle prépondérant, car les rois mérovingiens tiennent compte du poids social de ces *potentes* qui les destine, notamment dans le Midi et en Aquitaine, à assumer les grandes tâches administratives (épiscopales et comtales). À côté d'une noblesse d'occupation franque qui tient certaines villes (tel est le cas d'Angoulême où, après la conquête de Clovis, la ville est dotée d'un évêque et d'un comte de race franque), la noblesse sénatoriale se maintiendra bien au-delà de l'époque mérovingienne. Au nord, les palais mérovingiens servant de creuset, ce qui reste de la noblesse romaine est absorbé par l'aristocratie franque et se francise plus ou moins tardivement selon les régions[3].

1. Au VIe siècle, dans une Méditerranée ouverte où Byzance joue un rôle important, la monnaie d'or tient toujours une place capitale. Trois points de repère marquent l'évolution : 1 / le roi des Francs, Théodebert, petit-fils de Clovis, frappe des sous d'or ; 2 / au VIIe siècle on ne connaît plus que des tiers de sous, *triens* ; 3 / ensuite le pouvoir royal perd le monopole de la frappe qui s'éparpille en une multitude d'ateliers aussi bien dans l'Est que dans le Sud-Ouest. Comment interpréter ces phénomènes ? La frappe de *triens* n'est pas due à la raréfaction de l'or car les mines d'or continuent à être exploitées notamment en Aquitaine, pas davantage à une diminution du volume des échanges ; elle traduit la tentative de trouver une monnaie qui puisse être utilisée à la fois pour le grand commerce international vers l'Orient mais aussi s'adapter aux échanges régionaux et locaux. La multiplication des lieux de frappe manifeste l'importance de ce négoce intérieur.
2. Les réformes de Dioclétien et de Constantin avaient fait entrer au Sénat « la fleur de la bourgeoisie municipale d'Occident » (Chastagnol). Cette classe transmettait sa *nobilitas* à ses descendants et avait su se constituer un patrimoine foncier fabuleux ; il n'est que de voir ses *villae* plus grandes parfois que Versailles.
3. La fusion progressive se manifeste par un double phénomène : d'une part, les Gallo-Romains prendront, par conformisme ou intérêt, des noms germaniques ; d'autre part, les Francs rivaliseront avec la noblesse gallo-romaine en recherchant leur illustration aux mêmes sources. D'où la revendication de l'origine troyenne du peuple franc qui apparaît au milieu du VIIe siècle ; au VIIIe siècle, la rivalité se déplace sur le plan religieux : les familles sénatoriales s'enorgueillissaient de leurs saints

2) *L'esclavage.* — Les sources traditionnelles de l'esclavage subsistent : la naissance et la capture de guerre[1]. Lors des révoltes et conflits armés, l'échec se solde par la mort ou l'esclavage. Clovis promet aux évêques d'accepter favorablement leur intervention en faveur des prisonniers, mais la même mansuétude ne se rencontre pas chez ses successeurs qui considèrent l'Aquitaine comme un réservoir d'hommes. Chacun de ses soulèvements se solde par l'envoi en esclavage d'une partie de sa population dans le Nord. Un considérable trafic d'esclaves saxons transitant par Verdun existe également.

Note moins sombre : des fidèles animés par une profonde piété se donnent comme esclaves à l'Église. Il est vrai que cette dernière a toujours usé de son influence pour améliorer leur sort. Elle continue à encourager les affranchissements mais surtout elle affirme l'indissolubilité du mariage de l'esclave au même titre que celui des libres. Elle fait interdire (à la suite du concile de 614) de tuer un esclave sans jugement.

Favorable également, un mouvement amorcé au Bas-Empire se développe, le chasement : dans un souci de rentabilité économique, un lopin de terre est attribué de plus en plus souvent à l'esclave, ce qui lui permet certains profits. Surtout, cela fait reculer l'esclavage en chiourme des grands domaines. L'esclave chasé vit avec sa famille dans une habitation individuelle.

3) *La paysannerie (libres et demi-libres).* — Parmi les demi-libres, citons seulement les colons. Ces fermiers sont liés à la terre qu'ils cultivent de père en fils, ce qui restreint leur liberté, mais ils bénéficient des prérogatives des hommes libres : ils peuvent être témoins en justice et effectuer le service militaire.

Colons et esclaves sont les principaux tenanciers des grands domaines qui commencent à prendre au VIIe siècle, dans la partie

ancêtres, fondateurs du christianisme en Gaule ; dès lors, les Francs ripostent en opposant leur propre culte des martyrs au traitement ignominieux que les Romains ont fait subir aux premiers chrétiens. Le terrain sur lequel les deux noblesses pouvaient se retrouver et s'illustrer également était celui du service royal. *Cf.* J.-P. Poly et É. Bournazel, *La mutation féodale*, p. 324 et s.

1. Il faut ajouter à ces deux sources majeures le mariage avec un esclave et les condamnations pénales pour certains crimes (trahison, fausse monnaie, rapt). Des hommes libres, réduits au plus extrême dénuement, pouvaient même renoncer volontairement à la liberté en se vendant eux-mêmes soit pour se procurer des moyens de subsistance, soit pour désintéresser leurs créanciers.

septentrionale du royaume, leur visage « classique »[1]. Mais à côté se maintiennent de nombreux villages de paysans libres qui préfigurent les communautés alleutières. Variable selon les régions, cette moyenne et petite propriété est attestée par l'archéologie aérienne.

Section V
L'Église

26 Le baptême de Clovis et de 3 000 de ses guerriers, malgré l'importance qu'il revêt, n'est qu'un simple préambule. Un vaste effort missionnaire reste à accomplir tant chez les Francs que chez les Gallo-Romains qui, eux-mêmes, ne sont pas tous christianisés[2]. Pour cette œuvre d'évangélisation, le soutien du roi et de l'aristocratie[3] sera déterminant. Dans les territoires soumis à son autorité, le roi succède à l'empereur comme tuteur de l'Église. La formation de plusieurs royaumes barbares n'entraîne pas la rupture de l'unité de la chrétienté. La primauté de l'évêque de Rome est incontestée en Occident. Tout au long de la période, on rencontre des papes de haute valeur : Gélase (492-496), Grégoire le Grand (590-604). Après saint Paul et saint Augustin, ce dernier rappelle l'origine divine du pouvoir et souligne que le prince est au service de la foi et au service de ses sujets ; il doit donc aider l'Église dans son apostolat. Ce message fut entendu ; la protection royale s'étendit aussi bien au clergé séculier (qui vit dans le monde) qu'au clergé régulier (dont les membres ont choisi de vivre retirés du siècle, dans des monastères, en se soumettant à l'autorité d'une règle).

Dans le rôle du clergé, deux époques sont à distinguer : aux premiers siècles mérovingiens l'action de l'épiscopat est prééminente, puis les moines prendront le relais.

1. *Infra*, « L'économie carolingienne ».
2. Ils l'étaient davantage, par exemple, en Rhénanie, à cause de la présence des légions romaines, que dans l'actuelle Belgique. Le sud de la Gaule lui-même, pourtant très intégré au monde romain, n'était pas complètement christianisé au VIe siècle. En revanche, il semble qu'un certain nombre de Francs aient été chrétiens depuis longtemps.
3. Cela est facilité par l'appartenance de l'aristocratie laïque et du haut clergé aux mêmes familles.

I | UNE FIGURE DE PROUE : L'ÉVÊQUE MÉROVINGIEN, ARISTOCRATE CIVILISATEUR

Plus d'une centaine d'évêchés regroupés au sein des provinces ecclésiastiques[1] quadrillent la Gaule mérovingienne. Revêtu de la plénitude du sacerdoce, l'évêque a le pouvoir d'ordre : il peut seul consacrer un autre évêque et ordonner les prêtres. Il détient aussi un pouvoir de juridiction spirituelle sur le clergé et sur les fidèles. À côté de ce rôle spirituel, fondamental et inchangé, sa fonction sociale s'accroît. Porte-parole des populations comme au temps des invasions, les évêques sont des personnages considérables. Leur origine sociale n'y est pas étrangère.

27 LE CHOIX DE L'ÉVÊQUE. — Selon les règles canoniques, et comme au Bas-Empire, l'évêque est désigné *clero et populo,* c'est-à-dire par le clergé et le peuple de la cité où les grandes familles pèsent d'un poids prépondérant, les humbles se bornant à acclamer le candidat proposé. Discrètes à l'époque de Clovis, les interventions royales se font plus injonctives sous ses successeurs[2]. Aux Ve-VIe siècles, les familles sénatoriales du Midi bénéficient d'une « sorte de monopole des dignités épiscopales » (Platelle) et l'épiscopat couronne souvent une longue carrière laïque. Utilisant leur expérience, les évêques gallo-romains remplirent un rôle de grands administrateurs lettrés. Au VIIe siècle, les deux noblesses fusionnant progressivement, le recrutement s'élargit aux Francs. Ces nouveaux prélats ne sont pas inférieurs à leurs prédécesseurs gallo-romains sous l'angle de l'éducation. Ils l'ont reçue à la Cour (notamment celle de Clotaire II (613-629) et de Dagobert (629-639)). Mais leur profil est quelque peu différent car ils ont subi l'empreinte toute récente du mysticisme de saint Colomban.

1. Les cadres territoriaux de l'Église se sont coulés dans les cadres administratifs romains : province et *civitas.* À la tête des provinces siège le métropolitain dont le rôle tendra à décliner, conséquence, sans doute, des partages réitérés du royaume.
2. Le phénomène n'est pas vraiment neuf, puisque au Bas-Empire des hauts fonctionnaires étaient intervenus occasionnellement, mais de manière décisive, dans les élections. C'est à ce titre que saint Ambroise était intervenu à Milan, avant d'être lui-même promu évêque.

28 FONCTIONS DE L'ÉVÊQUE. — Son rôle pastoral est très lourd : célébration du culte divin, prédication, évangélisation, c'est-à-dire au premier chef éradication du paganisme des campagnes. Pour mener cette tâche à bien, il lui faut implanter des lieux de culte et multiplier l'encadrement par des créations de paroisses citadines et rurales dans les grands domaines. Ce faisant l'évêque devient un grand bâtisseur (édification des basiliques urbaines) et un grand administrateur.

Entre le comte qui administre la cité et le peuple, les évêques du VIe siècle avaient rempli un rôle d'intermédiaire. Aux siècles suivants, grâce aux immunités qui leur seront concédées, ils vont annexer peu à peu dans leurs villes les droits comtaux. De fait, un certain nombre d'églises ont reçu la charge de gérer les impôts publics de leur ressort (Saint-Martin de Tours, Reims et Le Mans). Cette politique n'est pas sans habileté car, aux yeux des populations, l'évêque est bien souvent le garant d'une meilleure justice fiscale. Promus gestionnaires des fonds publics, les évêques sont désormais en mesure de faire exécuter de véritables travaux publics, comme la construction ou réparations de remparts, l'adduction d'eau, que l'évêque de Cahors, Didier (630-655), a dirigées. Félix de Nantes, pour sa part, fait élever des digues contre les inondations de la Loire.

À côté de cette œuvre administrative, connue et encouragée par les rois, notamment Clotaire II et Dagobert, il convient de ne pas oublier la fonction sociale traditionnelle de l'Église que les évêques ne délaissent pas pour autant : instruction et assistance (soutien des veuves et des orphelins, soin des malades, rachat des prisonniers). Le type du héros varie selon les époques : aux premiers temps mérovingiens (VIe-VIIe siècle) c'est l'évêque qui l'incarne. On comprend aisément que le prélat bienfaisant soit souvent porté sur les autels. Nombre d'entre eux, de fait, prendront place dans la cohorte des saints.

Ce tableau s'assombrit ultérieurement. L'extension de la fonction épiscopale exerce un attrait sérieux sur les administrateurs laïcs, aussi bon nombre de comtes chercheront à devenir évêques – plus à cause de la puissance que de la sainteté. L'Église séculière va connaître une crise à la fin de la période : certains sièges épiscopaux sont à l'abandon alors que certains évêques cumulent plusieurs sièges. On passe de l'évêque administrateur, parce que pasteur, à l'évêque guerrier.

29 LE DROIT CANONIQUE. — Comme toute société, l'Église a besoin d'un droit. Forgé à partir des sources scripturaires (Ancien et Nouveau Testament), de sources patristiques, notamment saint Jérôme, saint Ambroise et saint Augustin, il est alimenté par les canons conciliaires et par les décrétales pontificales.

La Gaule mérovingienne connaît une intense activité conciliaire. Convoqués par le roi (là encore héritier de l'empereur), ou avec sa permission[1], les conciles cherchent à résoudre les problèmes posés par le développement des institutions ecclésiastiques[2]. Les évêques présents à un concile emportaient la copie des canons, leur assurant ainsi une certaine diffusion. Quant aux lettres pontificales, elles étaient communiquées par leurs destinataires aux prélats voisins. Cependant, en raison de l'étendue de la chrétienté, ces textes étaient très dispersés, et leur connaissance ne pouvait être assurée que par des recueils appelés collections canoniques. Leur audience géographique est variable car leurs objectifs diffèrent en fonction des soucis particuliers dont ces collections se font l'écho. En schématisant, on peut dire que l'Occident est soucieux d'organisation et de droit, le monde celte et anglo-saxon de morale, tandis que l'Orient est animé par des préoccupations théologiques.

Un grand destin attend la première d'entre elles, la *Dionysiana,* composée autour des années 500 à l'ombre de la papauté par le moine Denys le Petit[3]. En Espagne, au VIIe siècle, une autre très grande collection voit le jour, l'*Hispana.* La Gaule, de son côté, fournit un certain nombre de collections régionales mais leur portée est plus limitée. On terminera en mentionnant les pénitentiels nés

1. Des difficultés surgissent parfois lors des partages du *regnum* ; les rivalités qui en découlent n'incitent pas toujours les rois à autoriser un évêque à se rendre à un concile siégeant dans un autre royaume.
2. L'évangélisation exige un nombre accru de prêtres, leur formation est une question cruciale évoquée notamment aux conciles de Vaison en 529, sous l'influence de Césaire d'Arles, et d'Orléans (533). Les élections épiscopales préoccupent également les prélats qui s'inquiètent aussi de préserver l'Église de l'influence des laïques.
3. Cette collection est caractérisée par un esprit universaliste, insistant sur l'unité, la hiérarchie et la discipline. Sa valeur tient à l'ampleur des textes collationnés (non seulement des décrétales mais aussi le texte des grands conciles africains – notamment Carthage – et orientaux qui, traduits du grec en latin, sont ainsi mis à la portée des Occidentaux).

dans les pays d'outre-Manche (Irlande, Écosse, pays de Galles, Cornouailles). Ces régions, en pleine effervescence juridique au VIIe siècle, sont marquées par le monachisme celtique, lui-même obsédé par la mortification et la pénitence. Rien d'étonnant donc à ce que ces œuvres indiquent les procédés pour obtenir le pardon divin. De là vient la particularité de la pratique insulaire.

II | Le flambeau passe aux moines

Le stupéfiant essor du monachisme au VIIe siècle se traduit par plus de deux cents fondations qui, reflet du nouveau centre de gravité politique et économique, profitent principalement à la Gaule du Nord. Encouragé par les grands, ce phénomène, d'une importance colossale pour les destinées de l'Occident, prodigua ses bienfaits dans deux directions, religieuse bien sûr, mais aussi culturelle.

30 Les grands fondateurs. — Saint Benoît († 547), dans le premier tiers du VIe siècle, saint Colomban († 615) ont fondé chacun, à moins d'un siècle d'intervalle, des monastères d'esprit très dissemblable : ils proposent à ceux qui veulent se consacrer à Dieu des chemins différents. Pour ses moines du Mont-Cassin, aux portes de l'Italie méridionale, la mesure latine inspire à Benoît une règle d'un mysticisme équilibré et respectueuse de l'autorité épiscopale. Dans le cadre fixe du monastère, la vie entièrement orientée vers Dieu est harmonieusement répartie entre la prière, le travail intellectuel et le travail manuel. Animé par un ardent esprit missionnaire, l'Irlandais Colomban, recherchant les mortifications et l'exil, enseigne à ses émules un ascétisme héroïque qui ira parfois jusqu'au martyre. Le rattachement à la hiérarchie diocésaine est secondaire pour ce Celte, fidèle à la tradition de l'Église irlandaise où l'épiscopat avait une position effacée.

À partir de Luxeuil, au pied des Vosges, et de Bobbio, en Italie, la règle colombanienne connaît très vite un grand essor, alors que la propagation de la règle bénédictine en Gaule est tardive et plus lente, paradoxalement, d'ailleurs, sa diffusion est d'abord attestée dans le Nord. La concurrence entre ces deux règles est vive mais les filiations sont floues. Il faut remarquer, en effet, qu'à cette époque d'efflorescence monastique chaque abbé imposait son empreinte à la communauté qu'il dirigeait en utilisant des éléments pris aux différentes règles. Cependant, à partir du milieu du VIIe siècle, c'est la règle mixte colombano-bénédictine (éventuellement associée à une troisième règle) qui jouit de la plus grande vogue.

31 L'APPORT MONASTIQUE. — Si les monastères sont des centres de rayonnement locaux[1], l'élan missionnaire qui y prend sa source, ne se limite pas à l'environnement immédiat mais traverse les monts et les mers pour irriguer l'Occident. Les prodigieux voyages qu'entreprennent les moines afin d'évangéliser et de s'instruire ne correspondent à aucune logique géographique. C'est ainsi que les Aquitains, disciples de saint Martin, ont précédé saint Patrick en Irlande, en retour ce sont les Irlandais qui viendront revivifier la foi en Gaule du Nord[2].

Ces brassages et pérégrinations se doublent d'enrichissement culturel. Les Celtes et Anglo-Saxons vont puiser dans le trésor de manuscrits constitué à Rome par la papauté (notamment par Grégoire le Grand). Les Francs, de leur côté, se rendent en Angleterre et en Italie d'où ils rapportent des manuscrits tant sacrés que profanes. Ainsi munis, les *scriptoria* des abbayes pourront développer l'immense labeur des copistes obscurs, mais animés d'une foi inébranlable, qui sauveront, chemin faisant, une grande partie des œuvres de l'Antiquité.

32 L'APPUI DU POUVOIR ET DE L'ARISTOCRATIE. — Les moines qui en avaient à peine besoin reçoivent un appui souvent enthousiaste des chefs de la société. Le passage de saint Colomban a provoqué dans l'aristocratie une conversion en profondeur. Non seulement les grands donnent à profusion, mais eux-mêmes entrent parfois dans les monastères. Après avoir investi l'épiscopat, nous l'avons vu, ils sont gagnés par l'ascèse. Tel fut le cas de saint Wan-

1. Les moines s'établissent de préférence en milieu rural, parmi les *pagani*, païens et paysans, alors que l'action de l'Église séculière était surtout concentrée dans les villes.
2. Les Celtes (Bretons de Galles et de Cornouailles) n'étaient pas pressés de convertir les Anglo-Saxons car ils ne voulaient pas les retrouver au Ciel ! Finalement ceux-ci seront convertis par la mission envoyée par Grégoire le Grand.

drille qui quitte la Cour pour suivre la vie érémitique et fonder Fontenelle. Suivant son exemple, un de ses disciples sera à l'origine de Jumièges. Mais point n'est besoin de quitter le monde pour développer le monachisme. On pouvait y contribuer par des offrandes ou l'édification d'églises. Les premiers rois francs avaient été fort généreux[1], leurs successeurs le seront plus encore. Ainsi Clovis II et la reine Bathilde, ainsi encore leur fils Clotaire III qui dote Corbie vers 659 de plus de 20 000 ha de biens fonciers. Ces libéralités ne tardèrent pas à rejaillir en bienfaits multiples sur la société.

Centres de rayonnement culturels, spirituels et économiques, les monastères serviront encore la renaissance carolingienne. L'un des plus grands parmi les moines, saint Boniface, avait d'ailleurs souhaité la rénovation de l'Occident par l'alliance de la papauté et des Pippinides.

Pour aller plus loin

33 ÉTUDES D'ENSEMBLE. — C. Dawson, *Les origines de l'Europe et de la civilisation européenne,* Paris, 1934, rééd. sous le titre *Le Moyen Âge et les origines de l'Europe,* Paris, 1960 ; P. Riché, *Éducation et culture dans l'Occident barbare, VIe-VIIIe siècle,* Paris, 1962 ; G. Tessier, *Le baptême de Clovis,* Paris, 1964 (coll. « Trente journées qui ont fait la France », I) ; M. Rouche, *Clovis,* Paris, 1996 (novateur notamment sur la date du baptême) ; L. Génicot, *Les lignes de faîte du Moyen Âge,* Tournai, 6e éd., 1969 ; F. Lot, *Naissance de la France,* nouv. éd. par J. Boussard, Paris, 1970 ; G. Fournier, *L'Occident de la fin du Ve à la fin du IXe siècle,* Paris, 1970 (coll. « U ») ; du même auteur, *Les Mérovingiens,* Paris, 1966 (coll. « Que sais-je ? ») ; E. Ewig, *Spätantikes und fränkisches Gallien,* éd. par H. Atsma (« Beihefte der Francia », 3), 2 vol., Munich, 1976 et 1979 ; L. Musset, *Les invasions. Les vagues germaniques, op. cit.* ; M. Banniard, *Le haut Moyen Âge occidental,* Paris, 1980 (coll. « Que sais-je ? ») ; R. Fossier (sous la dir. de), *Le Moyen Âge,* t. I : *Les mondes nouveaux (350-950),* Paris, 1982 ; K.-F. Werner, *Les origines (avant l'an Mil),* t. 1 de l'*Histoire de France* dirigée par Jean Favier, Paris, 1984 ; E. James, *Les origines de la France, de Clovis à Hugues Capet,* Paris, 1986 ; E. Ewig, *Die Merovinger und das Frankenreich,* Stuttgart, 1988 ; P. Biché, *L'Europe barbare de 476 à 774,* Paris, 1989 ; M. Banniard, *Genèse culturelle de l'Europe, Ve-VIIe siècle,* Paris, 1989 (coll. « Points ») ; S. Lebecq, *Les origines franques, Ve-IXe siècle,* t. I de la *Nouvelle histoire*

1. Clovis fait élever à Paris sur le tombeau de sainte Geneviève (dont elle prendra finalement le nom) l'église des Saints-Apôtres. La dédicace de ce lieu, que le roi avait choisi pour sépulture, est d'autant plus riche de sens qu'à Constantinople le mausolée de l'empereur Constantin était placé sous le même patronage. Notons aussi que Paris doit Saint-Germain-des-Prés à Childebert Ier.

de la France médiévale, Paris, 1990 (coll. « Points »). Voir également M. Bouche, Les royaumes barbares, 476-774, *IH,* n° 1, 1989, p. 26-36 (dossier bibliographique).

À citer encore parce que riches bien au-delà des régions concernées : M. Bouche, *L'Aquitaine des Wisigoths aux Arabes (418-781). Naissance d'une région,* Paris, 1979 ; A. Chédeville et H. Guillotel, *La Bretagne des saints et des rois,* Rennes, 1984 ; *La Neustrie. Les pays au nord de la Loire de Dagobert à Charles le Chauve,* éd. P. Périn et L.-Ch. Feffer, Rouen, 1985 ; *La Neustrie. Les pays au nord de la Loire entre 650 et 850. Actes du colloque international,* Rouen, 1985, Sigmaringen, 1988, éd. H. Atsma (« Beihefte der Francia », 16^{1-2}).

De la même façon l'approche fiscale de J. Durliat, *Les finances publiques de Dioclétien aux Carolingiens, 284-889,* Sigmaringen, 1990 (« Beihefte der Francia », 21), dépasse le cadre annoncé et conduit à une reconsidération de la période franque.

Enfin, les cérémonies – à une date d'ailleurs discutable – du 1 500e anniversaire du baptême de Clovis ont donné lieu à toute une littérature dont on retiendra surtout, M. Rouche, *Clovis,* Paris, Fayard, 1996, et M. Rouche, *Clovis, histoire et mémoire,* 2 vol., Paris, Presses de l'Université de Paris-Sorbonne, 1997, et aussi L. Theis, *Clovis de l'histoire au mythe,* Paris, Éditions Complexe, 1996.

34 CONCEPTION DU POUVOIR. — Disparition des notions d'État et de droit public, voici des accusations bien souvent mises au passif des rois mérovingiens qu'on a noircis à plaisir. Tout récemment encore pour M. Bouche : « Les Francs n'ont jamais su acquérir la distinction fondamentale entre droit public et droit privé. Ils ont laissé l'impôt dégénérer en redevances privées, l'armée d'hommes libres en troupes de "satellites" personnels et les rois en gestionnaires de leur propre terre » (*L'Aquitaine..., op. cit.,* p. 384). À la suite de F. Lot, il dénonce une « incohérente politique de destruction par pans entiers du système fiscal ». Pour jauger si véritablement cette dynastie avait le sens de la chose publique, du bien public et, partant, de l'État, c'est effectivement sous l'angle fiscal qu'il convient de se placer. La bibliographie récente sur ce sujet ne manque pas d'intérêt, il est souhaitable de confronter sur ce point les analyses de R. Kaiser, Steuer und Zoll in der Merovingerzeit, *Francia,* t. 7, 1979, p. 1-17 ; du même auteur, Royauté et pouvoir épiscopal au nord de la Gaule (VIIe-IXe siècle), *La Neustrie, op. cit.,* t. 1, p. 143-159 ; M. Bouche, *L'Aquitaine,* p. 338-350 ; W. Goffart, Old and new in Merovingian taxation, *Past and Present,* 1982, n° 96, p. 3-21 ; du même, Merovingian Polyptychs..., *Francia,* t. 9, 1981, p. 55-77 ; E. Magnou-Nortier, De l'utilité de la sainteté à l'époque mérovingienne : les évêques et le fisc aux VIe et VIIe siècles, *Histoire et sainteté,* Angers, 1982, p. 13-21 ; du même auteur, Étude sur le privilège d'immunité du IVe au IXe siècle, R. Mabillon, t. 60, 1984, p. 465-512 ; P. Gasnault et J. Vezin, *Documents comptables de Saint-Martin de Tours à l'époque mérovingienne,* Paris, 1975. Si on est loin d'une parfaite concordance de détail entre ces auteurs, des jalons fermes émergent tout de même. W. Goffart souligne : « Comme des recherches récentes l'ont montré, il est erroné de supposer que les catégories de "public" et "privé" sont restées nettement distinguées dans (Empire romain tardif jusqu'à ce que la "crudity" des Mérovingiens la fasse voler en éclats » (*cf.* From roman taxation to medieval seigneurie : three notes, *Speculum,* 1972, p. 165-187, p. 373-394). Bouche avoue lui-même que « les efforts de Dagobert révèlent un sens aigu des nécessités de la puissance publique » (*op. cit.,* p. 373). Goffart relève, pour sa part, le sens de l'adaptation montré par les rois mérovingiens devant les révoltes et l'évasion fiscale. La pierre de touche du système financier est le régime de faveur accordé à la propriété ecclésiastique. Accorder des privilèges dans une direction précise est significatif d'une politique réfléchie (*cf.* Old and new, *loc. cit.*). E. Magnou-Nortier, particulièrement, propose une reconsidération totale du privilège d'immunité qui montre des rois « beaucoup plus avertis des lourdes responsabilités qui leur incombaient, beaucoup plus avisés dans l'octroi des privilèges qu'on ne l'avait laissé entendre », aussi bien en ce qui concerne les Mérovingiens que les Carolingiens (L'immunité..., *loc. cit.*). *Cf.* aussi, sur l'hypothétique « déchéance de l'État », J.-P. Poly, Le grain des Welches. Pouvoir et monnaie dans les royaumes mérovingiens, *Droit et cultures,* 12, 1986, p. 19-32. « C'est bien d'État et d'Administration qu'il faut parler du VIIe au IXe siècle » : J. Durliat, Qu'est-ce qu'un polyptyque ? À propos des documents de Tours..., dans *Media in Francia, Recueil de Mélanges offerts à K.-F. Werner...,* 1989, p. 129-138. C'est dans cette perspective que se situe l'ouvrage fondamental du même auteur : *Les finances publiques..., op. cit.*

Sur le pouvoir, on se référera encore à E. Ewig, La monocratie dans l'Europe occidentale du Ve au Xe siècle, *La monocratie,* II (Recueil de la Société Jean Bodin, XXI), Bruxelles, 1969, p. 57 et s. *Cf.* également J. M. Wallace-Hadrill, *Early germanic Kingship in England and on the Continent,* Oxford, 1971 ; R. Fédou, *L'État au Moyen Âge,* Paris, 1971 ; H.-C. Faussner, Die staatsrechtliche Grundlage des Rex Francorum, *ZSS, Germ. Abt.*, 1986, p. 42-103 ; F. Cardot, *L'espace et le pouvoir, étude sur l'Austrasie mérovingienne,* Paris, 1987 ; *cf.* aussi, J. Thibaut-Payen, Aux origines de la fortune capétienne : l'héritage mérovingien et carolingien, *Le miracle capétien, op. cit.,* p. 29-39.

On trouvera de multiples renseignements sur la royauté et sur le pouvoir vu par Fortunat et Grégoire de Tours, chez M. Reydellet, *La royauté..., op. cit.,* p. 297-437. J.-P. Poly, Le dernier des Meroing ou le passé du « premier roi de France », *RHD,* 1996, n° 3, p. 354 ; H. Guillotel, Les premières relations de Clovis avec l'Église, *Vu de Haut,* n° 6 (1987).

Sur la question controversée des partages, *cf.* notamment M. Rouche, *L'Aquitaine,* p. 52, 67, où ils sont jugés inextricables. E. Magnou-Nortier (De l'utilité de la sainteté, *loc. cit.,* p. 20) met l'accent sur le partage des revenus fiscaux. *Cf.* également M. Reydellet, *La royauté...,* p. 358 et s.

Des études récentes insistent sur la fascination impériale. Théodebert, dont on connaît la politique italienne, fait non seulement frapper des monnaies d'or à son effigie, mais en 546 ou 547 à son effigie en empereur vainqueur ; J.-P. Callu, *Pax et Libertas* : une légende monétaire de Théodebert Ier, dans *Mélanges... J. Lafaurie,* Paris, 1980, p. 180 et s. Cette représentation coïncide « avec la politique de Théodebert qui, après 546, prétendit être un *rex* ayant les mêmes droits souverains et les mêmes tâches de paix que l'empereur Justinien » (E. Demougeot, La Gaule selon Cassiodore et Procope, dans *La patrie gauloise..., op. cit.,* p. 375 et s.). Sur l'évolution de cette tentation impériale, *cf.* M. Reydellet, *op. cit.,* p. 604. *Cf.* aussi E. Ewig, *Die Merowinger und das Imperium,* Opladen, 1983 ; R. Collins, Théodebert Ier, *rex magnus Francorum,* dans *Studies... Wallace-Hadrill,* 1983, p. 7 et s. Sur l'utilisation du vocable *princeps, cf.* K.-F. Werner, Les principautés périphériques dans le monde franc du VIIIe siècle, *Structures politiques du monde franc* (VIe-XIIe s.), Londres, 1979, n° II.

35 ADMINISTRATION. — Celle-ci a souvent mauvaise presse. On aura intérêt à méditer la très riche introduction de K.-F. Werner, *Histoire comparée de l'administration (IVe-XVIIIe siècle). Actes du XIVe colloque historique franco-allemand, Tours,* 1977, Munich, 1980, p. IX et s. (« Beihefte der Francia », 9). Il s'insurge contre la vision résolument réductrice de l'historiographie qui a généralement jaugé avec une aune peu flatteuse le phénomène administratif franc. *Cf.* aussi, dans le même colloque, P. Riché, La formation des scribes dans le monde mérovingien et carolingien, p. 75 et s. ; J. Vezin, L'influence des actes des hauts fonctionnaires romains sur les actes de Gaule et d'Espagne au VIIe siècle, p. 70 et s. ; A. C. Murray, From roman to frankish Gaul : « centenarii » and « centenae » in the administration of the merovingian kingdom, *Traditio,* 1988, p. 59-100.

Cf. M. Fleury, Paris du Bas-Empire au début du XIIIe siècle, *Paris. Croissance d'une capitale,* Paris, 1961, p. 73-96 ; E. Ewig, Résidence et capitale pendant le haut Moyen

Âge, *RH,* 1963, repris dans *Spätantikes und Fränkisches Gallien, op. cit.,* t. I, p. 362-408 ; F. Millar, *The emperor in the Roman world,* Londres, 1979, remarque la mobilité croissante de la Cour au Bas-Empire.

Sur les finances et la déconcentration administrative au profit des évêques, outre les articles cités n° 34, voir J. Durliat, Les attributions civiles des évêques mérovingiens : l'exemple de Didier de Cahors (630-655), *AM,* t. 91, p. 237-254 ; H. Platelle, L'évêque mérovingien d'après un ouvrage récent, *RHE,* 1985, n° 2, p. 454-467.

On trouvera chez Ph. Contamine, *La guerre au Moyen Âge,* Paris, 1980 (coll. « Nouvelle Clio », 24), p. 19 et s., la bibliographie concernant l'armée. Sur le développement de la vassalité et la mise en place d'un système proto-féodal, *cf.* J.-P. Poly, Dépendances cavalières, *Les féodalités,* É. Bournazel et J.-P. Poly (dir.), Paris, PUF, 1998, coll. « Histoire générale des systèmes politiques », p. 46-83.

Sur l'immunité, outre les travaux anciens de M. Kroell, *L'immunité franque,* 1910 ; L. Levillain, Notes sur l'immunité mérovingienne, *RHD,* 1927, p. 38-67 ; on ajoutera à l'étude de F.-L. Ganshof, L'immunité dans la monarchie franque, *Les liens de vassalité et les immunités,* Bruxelles, 2e éd., 1958, p. 171-216 (Recueil de la Société Jean Bodin, t. I), l'article incisif de E. Magnou-Nortier, L'immunité..., *loc. cit.* De nombreux articles concernant la fiscalité ont été cités à propos du pouvoir.

36 DROIT ET JUSTICE. — Outre les manuels d'histoire des institutions, notamment E. Chénon, voir J. Gilissen, *Introduction historique au droit,* Bruxelles, 1979. Sur la procédure on se reportera au 2e volume de *La preuve* (Recueil de la Société Jean Bodin, t. XVII), Bruxelles, 1965 : J.-Ph. Lévy, L'évolution de la preuve, des origines à nos jours, p. 9-70 ; F.-L. Ganshof, La preuve dans le droit franc, p. 71-98 ; J. Gaudemet, Les ordalies au Moyen Âge : doctrine, législation et pratique canonique, p. 99-135 ; enfin, bien que ses développements portent surtout sur l'époque médiévale, M. Boulet-Sautel, Aperçu sur le système des preuves dans la France coutumière du Moyen Âge, p. 275-325. Également K.-F. Drew, *Law and society in early medieval Europe,* Londres, Variorum reprints, 1984 ; L.-F. Bruyning, Lawcourt proceedings in the Lombard Kingdom before and after the Frankish conquest, *Journal of medieval history,* 1985, n° 3, p. 193-214 On consultera aussi A. Laingui, *Histoire du droit pénal,* Paris, 1985 (coll. « Que sais-je ? ») ; A. Laingui et A. Lebigre, *La procédure criminelle* (*Histoire du droit pénal,* t. II), Paris, 1980 ; R. Bartlett, *Trial by fire and water. The Medieval Judicial Ordeal,* Oxford, 1986 ; J.-M. Carbasse, *Introduction historique au droit pénal,* Paris, 1990 (coll. « Droit fondamental »), p. 63 et s.

Sur la *faida* et les tarifs de composition, voir J. M. Wallace-Hadrill, The Bloodfeud of the Franks, dans *The Long-haired Kings,* Londres, 1962, p. 121-147, que l'on complétera par J.-P. Poly, Le grain des Welches..., *loc. cit.*

Quant au droit proprement dit : G. Chevrier, Les grands traits de la civilisation juridique de la Bourgogne mérovingienne, dans *Études mérovingiennes* (Actes des journées de Poitiers, 1952), Paris, 1953, p. 23-34 ; J. Gaudemet, Survivances romaines dans le droit de la monarchie franque du Ve au Xe siècle, *TVR,* 1955, p. 149-206. Enfin, malgré un titre restrictif, P. Ourliac et J.-L. Gazzaniga, *Histoire du droit privé français de l'an mil au Code civil,* Paris, 1985, évoquent également les origines.

37 Question toujours très controversée que celle du problème de la territorialité ou de la personnalité des lois. Lorsque sur un territoire cohabitent des peuples dont les mœurs et usages sont différents, deux solutions peuvent être envisagées (du moins théoriquement) : ou bien l'ensemble du territoire est soumis au même droit, ou bien les différentes populations suivent le droit de leurs origines. Si l'on sait avec certitude que sous les rois mérovingiens le système de la personnalité s'est appliqué, les historiens discutent toujours sur le cas des Wisigoths et des Burgondes.

Reposant pour l'esprit est le système de la personnalité des lois, haussé au niveau d'une théorie au début du XIXe siècle en Allemagne. Pour ses tenants, les rois barbares (wisigoths et burgondes) auraient fait rédiger pour leurs sujets deux séries de textes s'appliquant d'une part aux Gallo-Romains, d'autre part aux Barbares. Ainsi dans le Sud-Ouest, le Code d'Euric (vers 476) serait la mise par écrit des coutumes wisigothiques ; ultérieurement le Bréviaire d'Alaric aurait été promulgué pour les Gallo-Romains. Même parallélisme rassurant en Bourgogne où la *Lex romana burgundionum,* loi romaine des Burgondes baptisée Papien, déformation de Papinien, à la suite d'une erreur de copiste, aurait pour pendant la loi Gombette destinée aux Burgondes.

Cette belle symétrie a subi des attaques. Il semble désormais acquis que la *Lex romana burgundionum* ne serait qu'un recueil privé, largement tributaire du Code Théodosien ; si fait qu'il n'existerait qu'un seul texte officiel, la loi Gombette.

Les Wisigoths, quant à eux, ont-ils connu successivement le système de la personnalité puis, au VIIe siècle en Espagne, celui de la territorialité, ou bien celui-ci fut-il appliqué dès le Ve siècle en Gaule ? Le débat est encore obscurci par les doutes qui se sont élevés sur la paternité des textes wisigothiques.

Des trois textes échelonnés de la seconde moitié du Ve siècle au début du VIe siècle, seule l'attribution du Bréviaire à Alaric II ne prête pas à discussion. L'édit de Théodoric II, quant à lui, a été longtemps attribué à Théodoric le Grand. Plus récemment, on s'est interrogé sur la paternité véritable du Code d'Euric (466-484) ; ce texte émanerait peut-être de Théodoric II (453-466) (A. Garda-Gallo). Si le pseudo-Code d'Euric doit être rendu à Théodoric II dont Sidoine Apollinaire vante la *civilitas,* il n'y aurait rien de surprenant à ce que ce texte soit destiné autant aux Goths qu'aux Romains. Argument *a silentio,* l'absence de *professio legis* dans les textes wisigothiques a dès longtemps été avancée en faveur de la territorialité. Au demeurant, les usages goths qui avaient sans doute évolué depuis la période de voisinage pacifique avec Rome au milieu du IVe siècle, étaient-ils très éloignés du droit romain vulgaire – reflet lui-même de l'affaissement de la technique juridique et dans lequel dominent les coutumes locales ? Ce substrat indigène ne se reflète-t-il pas dans le *Querolus,* comédie gauloise du début du Ve siècle, écrite par un auteur anonyme dans le Sud-Ouest toulousain, n'y rencontre-t-on pas, énumérées de manière bouffonne, les indemnités auxquelles peut prétendre le parasite et souffre-douleur de *Querolus* pour les coups reçus lors des banquets : si ces vêtements sont déchirés, il recevra..., pour les bleus et les bosses..., les plaies vives, les os rompus... ! On songe déjà aux tarifs de la loi salique rédigée pourtant presque un siècle plus tard. *Cf.* M.-B. Bruguière, *Littérature et droit dans la Gaule du Ve siècle,* p. 21, 219 et s., 367 et s., qui défend la territorialité. M. Rouche (*L'Aquitaine,* p. 169 et s.) est partisan quant à lui de la personnalité, mais ses arguments sont-ils sur ce point toujours pertinents ? *Cf.* aussi J. Bastier, Droit wisigothique et droit germanique, *Mélanges Dauvillier,* Toulouse, 1979, p. 47-64, qui éclaire de manière très suggestive les arrière-plans idéologiques et donne la bibliographie de la question ; F. de Arvizu, La femme dans le Code d'Euric, *RIID,* 1984, p. 391-405. Voir aussi les très importants développements de G. Vismara, *Scritti di storia giuridica,* t. I : F*onti del diritto nei regni germanici,* p. 513-546, Milano, 1987.

38 ÉCONOMIE ET SOCIÉTÉ. — Ouvrages généraux : J. Imbert et H. Legohérel, *Histoire économique des origines à 1789, op. cit.* ; G. Duby et A. Wallon (sous la dir. de), *Histoire de la France rurale,* t. I ; *La formation des campagnes des origines à 1340,* Paris, 1975 ; G. Duby (sous la dir. de), *Histoire de la France urbaine,* t. I : *La ville antique des origines au IXe siècle,* t. II : *La ville médiévale des Carolingiens à la Renaissance,* Paris, 1980 ; G. Duby, *Guerriers et paysans, VIIe-XIIe siècle. Premier essor de l'économie européenne,* Paris, 1973 ; R. Doehaerd, *Le haut Moyen Âge occidental : économies et sociétés,* Paris, 2e éd., 1983 (coll. « Nouvelle Clio », 14) ; R. Fossier, *Histoire sociale de l'Occident* *médiéval,* Paris, 1970 (coll. « U ») ; G. Fourquin, *Histoire économique de l'Occident médiéval,* Paris, 3e éd., 1979 (coll. « U ») ; J. Lacour-Gayet (sous la dir. de), *Histoire du commerce,* t. II, livre II : *Le commerce médiéval européen,* Paris, 1950 ; R. Latouche, *Les origines de l'économie occidentale (IVe-XIe s.),* Paris, rééd. 1971 (coll. « Évolution de l'Humanité ») ; G. Antonetti, *L'économie médiévale,* Paris, 1975 (coll. « Que sais-je ? ») ; sans oublier les larges développements consacrés à l'économie, la société et les villes par R. Boutruche dans *Seigneurie et féodalité,* t. I : *Le premier âge des liens d'homme à homme,* Paris, 2e éd., 1968.

Il y a un demi-siècle, le grand historien belge Henri Pirenne ouvrait avec son *Mahomet et Charlemagne,* Paris, rééd. 1970, un débat qui n'est pas encore clos. Cherchant à situer la rupture entre le monde antique et le monde médiéval, il niait la responsabilité des invasions germaniques : les Barbares n'avaient pas voulu anéantir la civilisation romaine, mais s'en approprier les profits. À cet égard il démontrait la persistance des caractères essentiels de l'économie antique et méditerranéenne. La véritable coupure devait être recherchée, selon lui, dans « la brusque entrée en scène de l'Islam ». Venus avec une mystique adverse, les Arabes, par leur conquête progressive des rives, méditerranéennes depuis Mahomet († en 632), avaient transformé cet ancien « lac » romain en une mer hostile, fermée au commerce occidental. On trouvera un écho des discussions et recherches que cet ouvrage a suscitées dans la bibliographie critique établie par H. Van Werveke pour la réédition d'un autre livre de Pirenne, *Histoire économique et sociale du Moyen Âge,* Paris, 1963.

Parmi les travaux récents, M. Rouche *(L'Aquitaine..., op. cit.)* renforce, avec des nuances, la thèse de Pirenne en insistant sur la néo-romanité de l'Aquitaine des Wisigoths aux Arabes. Les critiques les plus vives actuellement portent sur la prétendue régression de l'économie carolingienne (*cf. infra,* nos 56 et 73) ; voir en dernier lieu J. Durliat, Économie politique et société gauloise durant le premier millénaire, *Comité pour l'histoire économique et financière, Études et Documents, III,* 1991, p. 3-38.

Sur la continuité d'occupation des sols entre les époques gallo-romaine et mérovingienne, *cf.* P. Périn, À propos de publications étrangères récentes concernant le peuplement en Gaule à l'époque mérovingienne : la « question franque », *Francia,* 8, 1980, p. 537-552 ; du même auteur, Le peuplement du diocèse de Reims à l'époque mérovingienne : aspects archéologiques et perspectives historiques, *Villa – Curtis – Grangia, op. cit.,* p. 62-80.

Sur la monnaie voir l'ouvrage de M. Rouche et les articles de J.-P. Callu, E. Demougeot, J.-P. Poly déjà cités pour la conception du pouvoir (*cf. supra,* n° 34), J. Lafaurie, Numismatique : des Mérovingiens aux Carolingiens, *Francia,* 3, 1975, p. 26-48.

Sur la société voir K.-F. Werner, Du nouveau sur un vieux thème. Les origines de la « noblesse » et de la « chevalerie », *CRAIBL,* janvier-mars 1985, p. 186-200 ; J.-P. Poly, *Agricola et ejus modi similes.* La noblesse romane à la fin des temps mérovingiens, *Haut Moyen Âge, culture, éducation et société. Études offertes à Pierre Riché,* Nanterre, 1990, p. 197-228 ; C. Verlinden, *L'esclavage dans l'Europe médiévale,* 2 vol., Gand, 1955-1977 ; A. Verhulst, Quelques remarques à propos des corvées de colons à l'époque du Bas-Empire et au haut Moyen Âge, *Revue de l'Université de Bruxelles,* 1977, I, p. 89-95 ; P. Bonnassie, Survie et extinction du régime esclavagiste dans l'Occident du haut Moyen Âge (IVe-XIe siècles), dans *Cahiers de civilisation médiévale,* 1985, n° 4, p. 307-343. *Cf.* la problématique novatrice de E. Magnou-Nortier, *Servus-servitium* :une enquête à poursuivre, *Media in Francia, op. cit.,* p. 199-223.

Sur les polyptyques : R. Fossier, *Polyptyques et censiers,* Turnhout, 1978 (coll. « Typologie des Sources du Moyen Âge occidental », fasc. 28), qui concerne aussi l'époque carolingienne. Pour une discussion, *cf.* W. Goffart, Merovingian Polyptychs..., *loc. cit. ; cf.* également : J. Durliat, Qu'est-ce qu'un polyptyque..., *loc. cit.*, et n° 71 *in fine.*

Sur le manse, voir F.-L. Ganshof, Observations sur le « manse » à l'époque mérovingienne, *RHD,* 1955, p. 633 et s. La nature du manse est discutée par E. Magnou-Nortier et J. Durliat (*cf. infra,* n°s 71 et 73).

39 L'ÉGLISE. — Ouvrages généraux : L. Bréhier et L. Aigrain, *Grégoire le Grand, les États barbares et la conquête arabe (590-757),* Paris, 1937 (coll. « Histoire de l'Église », 5) ; J. Daniélou et H.-I. Marrou, *Des origines à Grégoire le Grand,* Paris, 1963 (coll. « Nouvelle Histoire de l'Église », 7) ; M. D. Knowles et D. Obolensky, *Le Moyen Âge,* Paris, 1968 (*ibid.,* 2) ; J. Chélini, *Histoire religieuse de l'Occident médiéval,* Paris, 1968 (coll. « U ») ; J. Paul, *L'Église et la culture en Occident,* Paris, 1986 (coll. « Nouvelle Clio », 15).

Sur l'épiscopat : J. Champagne et R. Szramkiewicz, Recherches sur les conciles des temps mérovingiens, *RHD,* 1971, p. 5-49 ; M. Heinzelmann, *Bischofsherrschaft in Gallien (4.-7. Jahrhundert),* Munich, 1976 ; du même auteur, L'aristocratie et les évêchés entre Loire et Rhin jusqu'à la fin du VIIe siècle, *RHEF,* 1976, p. 75-90 ; G. Scheibelreiter, *Der Bischof in merowingischer Zeit,* Vienne, 1983 ; H. Platelle, L'évêque mérovingien..., *loc. cit.* ; E. Griffe, Les royautés barbares et l'épiscopat de 501 à 571, *Bulletin de littérature ecclésiastique,* 1978, LXXIX, p. 267-284 ; du même auteur, L'épiscopat gaulois de 481 à 561 : le choix des évêques, *ibid.,* p. 285-300 ; J. Gaudemet, *Les élections dans l'Église latine,* Paris, 1979 ; du même auteur, Charisme et droit. Le domaine de l'évêque, *ZSS. Kan. Abt.,* 1988, p. 44-70.

Sur le droit canonique : J. Gaudemet, *Les sources du droit de l'Église en Occident du IIe au VIIe siècle,* Paris, 1985 ; A. Garcia y Garcia, *Historia del derecho canonico,* t. I : *El primer milenio,* Salamanque, 1967 ; G. Fransen, *Les collections canoniques,* Turnhout, 1973 (coll. « Typologie des Sources du Moyen Âge occidental », fasc. 10) ; du même auteur, *Les décrétales et les collections de décrétales,* Turnhout, 1972 *(ibid.,* fasc. 2) ; C. de Clercq, J. Gaudemet et B. Basdevant, *Les canons des conciles mérovingiens, VIe-VIIe s.,* Paris, 1989 (coll. « Sources chrétiennes », vol. 353-354) ; O. Pontal, *Histoire des conciles mérovingiens,* Paris, 1989 ; G. Le Bras, Pénitentiels, *DTC,* t. XII, 2e part., col. 1160-1179. Au jugement sévère porté sur les pénitentiels par C. Vogel, *Les Libri paenitentiales,* Turnhout, 1978 (coll. « Typologie des Sources du Moyen Âge occidental », fasc. 27) surtout p. 112, s'oppose P. J. Payer, The humanism of the penitentials and the continuity of the penitential tradition, *Medieval studies,* 1984, XLVI, p. 340-354.

Sur le monachisme : G. Le Bras (sous la dir. de), *Les ordres religieux,* Paris, 1979-1980, 2 vol. ; *Columbanus and Merovingian monasticism* (Colloque Dublin, mai 1977), Oxford, 1981 ; G. Moyse, Monachisme et réglementation monastique en Gaule avant Benoît d'Aniane, *Sous la Règle de saint Benoît, structures monastiques et société en France du Moyen Âge à l'époque moderne,* Paris-Genève, 1982, p. 3-19 ; J.-F. Lemarignier, Quelques remarques sur l'organisation ecclésiastique en Gaule du VIIe à la fin du IXe siècle, *Settimane... di Spoleto,* XIII, 1965, p. 451-486 ; M. Rouche, La dotation foncière de l'abbaye de Corbie (657-661) d'après l'acte de fondation, *Revue du Nord,* 1973, p. 219-226 ; J. Heuclin, Les abbés des monastères neustriens 650-850, dans *La Neustrie, op. cit.,* t. 1, p. 321-340.

Sur la culture et le rôle social : P. Riché, *Éducation et culture dans l'Occident barbare (VIe-VIIIe s.),* Paris, 1962 ; du même auteur, *Écoles et enseignement dans le haut Moyen Âge,* Paris, 1979 ; J. Imbert (sous la dir. de), *Histoire des hôpitaux en France,* Toulouse, 1982 ; P. Timbal Duclaux de Martin, *Le droit d'asile,* Paris, 1939.

Christianisation et vie religieuse : K.-F. Werner, Le rôle de l'aristocratie dans la christianisation du nord-est de la Gaule, *RHEF,* 1976, p. 45-73, repris dans *Structures politiques du monde franc, op. cit.,* n° 1 ; L. Pietri, *La ville de Tours du IVe au VIe siècle, naissance d'une cité chrétienne,* Rome, 1983.

Chapitre 2

Les Carolingiens

40 L'histoire carolingienne, si l'on veut schématiser, se déroule en trois phases successives : l'essor (751-822), le temps des crises (822-888), l'élimination progressive de la dynastie (888-987).

La première, celle des « bâtisseurs d'Empire », couvre les règnes de Pépin le Bref (751-768), de Charlemagne (768-814) et le début de celui de Louis le Pieux. Bousculé sur plusieurs fronts, dès les premières décennies du VIIIe siècle (Arabes en Méditerranée et en Espagne, Frisons, Saxons et Alamans au Nord), l'Occident a trouvé son salut dans la résistance déployée par les derniers maires du palais, les Pippinides. Leurs héritiers, installés sur le trône des Francs, réussiront, quant à eux, à unifier l'Occident par des conquêtes militaires et la propagation de la foi catholique.

Au-delà du changement dynastique, la substitution des Carolingiens aux Mérovingiens apporte deux innovations capitales dans le domaine institutionnel : l'instauration du sacre en 751 par Pépin le Bref, et la restauration de l'Empire en 800 par Charlemagne.

41 Toutefois, à partir de 822, le règne de Louis le Pieux bascule sur la question épineuse de la succession à l'Empire. Divisés, le roi et ses fils s'affrontent, et jusqu'en 840 les luttes armées et les crises de régime ponctueront la fin du règne du troisième Carolingien. En 843, une entente scellée par le traité de Verdun cantonne chacun des trois fils dans une zone territoriale. À Charles le Chauve échoit la *Francia occidentalis,* configuration première de la France.

Formation et partage de l'Empire de Charlemagne

Les dangers extérieurs écartés grâce à l'action persévérante des premiers dynastes renaissent sous le règne de Louis le Pieux, notamment les incursions scandinaves qui s'exacerberont après 840. S'enfonçant de plus en plus profondément au cœur du royaume franc par les axes fluviaux, les Vikings mettent à feu et à sang toutes les régions qu'ils traversent. Le pillage, le tribut, l'occupation joints à la fulgurance des raids instaurent un climat de peur endémique qui ne régressera qu'après le traité de Saint-Clair-sur-Epte (911) conclu entre Charles le Simple et les Normands.

42 Après la mort de Charles le Chauve (877), ses successeurs n'auront qu'un règne éphémère. En 888 enfin, événement capital ; les grands élisent un roi en dehors de la lignée carolingienne : Eudes, de la famille des Robertiens, qui s'était illustré contre les Scandinaves.

Apparemment, comme à la fin des temps mérovingiens, la légitimité royale se mesure à l'aune de l'efficacité politique et militaire du roi. Pourtant la légitimité des descendants de Charlemagne, encore vivace, se maintiendra un siècle au cours duquel Carolingiens et Robertiens alterneront à la tête de la *Francia occidentalis.* En 987 l'avènement de Hugues Capet assure définitivement la primauté des Robertiens. Mais il s'en fallait que cet événement qui, à mille ans de distance, nous apparaît comme fondamental, fût ressenti comme tel par les contemporains. Pour eux, la faiblesse carolingienne du Xe siècle était toute relative, sans commune mesure avec celle des derniers Mérovingiens, et le poids de la dynastie robertienne, qui n'était d'ailleurs pas à son apogée avec Hugues Capet, sans comparaison avec la force politique que représentait Pépin le Bref en 751. Si les circonstances ont aidé à l'acte de 987, la longue durée historique a fait le reste et lui a donné sa dimension.

Ainsi donc trois époques fort différentes, de gloire très inégale, mais dont chacune a engendré un élément qui durera un millénaire et même plus pour l'un d'entre eux. La première a légué une institution : le sacre ; la deuxième, un territoire : la France ; la troisième, une race : les Capétiens.

Section I
La conception du pouvoir

43 751[1] : UN TOURNANT PRIS POUR UN MILLÉNAIRE, LE SACRE. — Soutenu par l'Église et une vaste clientèle aristocratique, appelé déjà *princeps Francorum* par le pape Grégoire III, le maire du palais Pépin le Bref attendra encore une dizaine d'années avant de mettre le droit en accord avec la situation politique, c'est-à-dire déposer le dernier Mérovingien – Childéric III – et prendre lui-même le titre de roi. Ce coup d'État avait été savamment préparé par des voies diplomatiques ; le pape Zacharie fut consulté pour savoir qui devait être roi. Celui qui en avait le titre ou celui qui en avait la puissance, selon la formule des Annales royales. La réponse est restée célèbre : « Il valait mieux appeler roi celui qui possédait le pouvoir plutôt que celui qui ne l'avait point, afin que l'ordre ne fût point bouleversé. » Le roi est fait pour gouverner, s'il ne remplit pas ce devoir, il est indigne du pouvoir.

Fort de l'assentiment pontifical, Pépin se fait élire roi par les grands. Pour rendre sa légitimité indiscutable, il a recours à un rite religieux d'investiture, le sacre, dont l'originalité repose sur une onction d'huile sainte, symbole de l'origine divine du pouvoir. En 672 les Wisigoths avaient repris cette cérémonie à la tradition juive, cet événement avait sans doute été connu des clercs carolingiens. Qu'ils aient puisé leur inspiration dans la lecture de la Bible ou chez les Wisigoths, les Carolingiens donneront au sacre toute son ampleur. Si les rois d'Israël avaient parfois été proposés comme modèles aux rois mérovingiens, le Carolingien devient leur héritier. Élu des grands, Pépin est surtout l'élu de Dieu. L'onction qui chez les rois wisigoths était un élément protecteur, va au cours du IXe-Xe siècle conférer une différence d'essence à celui qui l'a reçue. Le roi, « oint du seigneur », est désormais doté d'un charisme, d'une inspiration

1. Le sacre de 751 conféré peut-être par saint Boniface, en tout cas par l'épiscopat des Gaules, est renouvelé en 754 par le pape Étienne II (à la demande de Pépin, les fils du roi sont associés pour assurer la continuité dynastique).

spéciale pour gouverner. Il doit dès lors remplir une mission : guider le peuple chrétien, la théocratie royale trouve là son origine.

44 LE « MINISTERIUM REGIS ».

1) *Un concept mûri de longue date.* — Si la Gaule mérovingienne n'avait pas eu de véritables penseurs politiques, il y eut cependant à travers l'Occident chrétien des hommes – papes ou évêques qui, développant certaines idées en germe chez saint Augustin, avaient exprimé un idéal de gouvernement dont l'influence sera certaine sur la nouvelle dynastie. Le pape Gélase (492-496), peu après la chute de Rome, reconnaît l'autonomie du pouvoir temporel et du pouvoir spirituel tout en insistant sur la primauté du spirituel : les papes, détenant l'*auctoritas,* sont responsables devant Dieu des rois qui n'ont qu'une simple *potestas.* Un siècle plus tard, Grégoire le Grand (590-604) considère que la « puissance temporelle a un but essentiel... orienter les âmes vers le salut ». C'est au VIIe siècle en Espagne, avec Isidore de Séville, que l'idée de royauté connaît son élaboration la plus parfaite avant l'époque carolingienne[1].

2) *Formulation définitive et théocratie royale.* — Les doctrinaires carolingiens développeront constamment la mission du roi, son *ministerium*[2]. Déjà pour Alcuin, abbé de Saint-Martin de Tours et conseiller privilégié de Charlemagne, le roi est « vengeur des crimes, correcteur des erreurs et pacificateur ». Puis les évêques Jonas d'Orléans et Agobard de Lyon sous Louis le Pieux, Hincmar de Reims – « le plus remarquable auteur politique du IXe siècle » (Devisse) – sous Charles le Chauve, préciseront les axes du ministère

1. Pour le grand évêque Isidore de Séville, « la fonction religieuse des pouvoirs séculiers n'est plus seulement une obligation prééminente mais leur principale raison d'être... Leur droit naturel d'exister, d'exercer le pouvoir sans avoir à protéger l'Église, s'obscurcit et semble disparaître » (Arquillière). Sa pensée, destinée à influencer l'Espagne et au-delà tout l'Occident, apparaît nettement dans ses *Sentences :* « Dieu a donné l'autorité aux princes pour gouverner les peuples ; il a voulu que fussent à leur tête des hommes soumis comme eux à la loi de la naissance et de la mort. Le pouvoir doit donc être utile aux peuples et ne pas leur nuire ; ne pas les écraser de sa domination, mais veiller sur eux en se faisant leur égal, afin que soit vraiment utile cette marque du pouvoir et que le don de Dieu serve à la protection des membres du Christ et, lorsqu'on les gouverne de la meilleure façon par ce pouvoir que l'on reçoit, on ne fait que rendre à Dieu qui en est le dispensateur, une juste compensation. »

2. Ce sont d'ailleurs les conciles wisigothiques du VIIe siècle qui mettent en vedette le mot *ministerium* pour désigner la fonction royale. Il signifie que le roi reconnaît exercer un service pour le compte d'une puissance supérieure qui est Dieu.

royal. Superposé à l'ancienne conception germanique de protection générale des sujets, le *ministerium regis* doit s'exercer avec piété et justice, cette dernière tempérée par la charité : « Le roi n'est pleinement roi que si tous ses actes sont conformes à l'enseignement chrétien » (Devisse).

Allant plus loin encore, ils insistent sur la fonction religieuse du roi qui, choisi par Dieu, doit conduire le peuple chrétien vers son salut et protéger l'Église et les faibles. Dès lors le gouvernement carolingien est un régime théocratique qui ne sépare plus le domaine politique du domaine religieux, réalisant en cela les positions les plus poussées de saint Augustin. Sont-ce là des vues de théoriciens ? Pas seulement puisque, et ceci doit être souligné fortement, tous les rois carolingiens ont été intimement pénétrés du devoir qu'ils avaient à remplir. Le couronnement impérial de 800 donnera encore plus de force à cet idéal.

45 UNE RESTAURATION ÉPHÉMÈRE POUR LES FRANCS : LA « RENOVATIO IMPERII » ET LE COURONNEMENT IMPÉRIAL. — L'Empire s'oppose au *regnum* (royaume). Les royaumes sont délimités dans l'espace alors que l'Empire a, par essence, vocation à exercer un pouvoir universel. Ainsi l'Empire romain couvrait tout le monde civilisé. Sous l'influence de la lecture de saint Augustin qui a chanté les louanges des grands empereurs chrétiens – Constantin, Théodose – le souvenir de Rome fascine les esprits cultivés qui sont essentiellement les hommes d'Église.

En Occident, l'expansion franque, poursuivie par Charles Martel et Pépin le Bref, est achevée par Charlemagne. Ses victoires éclatantes étendent la domination carolingienne sur la Frise, la Saxe, la Bohême, la Bavière et une grande partie de l'Italie. Géographiquement, l'immensité des territoires conquis rapproche ce « royaume franc dilaté » (Folz) du modèle impérial romain et appelle une transformation institutionnelle.

Parallèlement, dans les esprits, la voie était frayée. Dès le VIIIe siècle les prières liturgiques avaient accoutumé les fidèles à placer Charlemagne immédiatement après l'empereur byzantin. Les idées d'Alcuin surtout seront déterminantes. Vers les années 798 naît sous sa plume l'expression *« imperium christianum »* derrière laquelle transparaît l'idée que Charles, qui est maître de presque toute la chrétienté occidentale et dès lors plus grand qu'un roi, doit être empereur, ce qui lui permettra de mieux assurer la défense du peuple chrétien. Une situation internationale favorable, en 800, va rendre possible le couronnement impérial[1].

La signification de cet événement n'est pas douteuse. Comme l'écrit l'évêque d'Auxerre : « Voici que la Rome d'or renaît. » L'Empire romain d'Occident était restauré. Immédiatement, Charlemagne tire la conséquence de cette *renovatio imperii* : il s'intitule désormais : « Sérénissime Auguste... gouvernant l'Empire romain », sans abandonner pour autant ses titres de roi des Francs et des Lombards...

46 LA TRANSMISSION DE L'EMPIRE.

1) *Louis le Pieux et la tentative d'une unité impériale.* — Charlemagne était prêt à voir son Empire partagé entre ses trois fils et le titre impérial disparaître (*Divisio imperii* de 806). Deux d'entre eux étant morts avant lui, il n'eut qu'un seul successeur, Louis le Pieux, à qui il transmit la couronne impériale. Sous l'influence de son état-major épiscopal, Louis abandonne ses titres royaux pour le seul titre impérial et établit un règlement successoral destiné à maintenir l'unité de l'Empire. C'est l'*ordinatio imperii* de 817. Ce texte dispose qu'au décès de l'empereur Louis son fils aîné, Lothaire, exercera seul la dignité impériale. Quant à ses cadets, ils recevront chacun un royaume mineur : Pépin, l'Aquitaine, et Louis, la Bavière agrandie des marches orientales, ils ne seront titulaires que d'un pouvoir diminué et demeureront dans l'ombre de leur aîné, l'empereur, et, à la mort de Lothaire, l'unité impériale sera à nouveau maintenue. Tout est prévu pour que l'Empire ne subisse aucune division. Mais cette belle construction ne tardera pas à s'effondrer.

2) *La prédominance de l'idée de partage : l'Empire démembré.* — À partir de 822, l'*ordinatio imperii* est remise en cause[2]. Il en résultera

1. D'une part, en Orient, l'Empire peut être considéré comme vacant à la suite de la déposition de l'empereur régnant par sa mère, l'impératrice Irène, en 797. D'autre part, en mai 799, le pape Léon III n'ayant échappé que de justesse à un attentat criminel se réfugie auprès du roi des Francs qui le réintègre sur son trône. C'est dans ce contexte que le 25 décembre 800, à Saint-Pierre de Rome, Charlemagne reçoit le diadème impérial.

2. D'un remariage avec une princesse bavaroise, Judith, Louis le Pieux eut en 822 un nouveau fils : le futur Charles le Chauve. C'est au nom de cet enfant que l'impératrice exigea la remise en cause du

un fractionnement de l'Empire à Verdun en 843. À l'ouest s'étend le royaume de Charles le Chauve *(Francia occidentalis)*. À l'est du Rhin, celui de Louis le Germanique. Entre les deux s'étire une longue bande étroite, qui va de l'Italie à la mer du Nord : la Lotharingie, du nom de Lothaire qui conserve en outre le titre impérial, mais ce n'est qu'une dignité sans substance car les trois rois sont totalement indépendants. Au surplus, le couloir médian n'est pas viable, il est destiné à se morceler et sera en grande partie absorbé par le royaume de Germanie (la future Allemagne) qui recueillera du même coup le titre impérial (avec Otton Ier en 962, après une longue éclipse).

Le traité de Verdun n'est pas seulement un partage entre Carolingiens mais « un règlement de paix acceptable pour l'aristocratie » (Werner). Aristocratie qui très vite ne songera plus qu'à satisfaire ses intérêts, et tendra de plus en plus à confondre les charges publiques dont elle est investie *(honor)* avec les biens privés dont elle est dotée pour assurer son service guerrier *(beneficium)* et qui sont, eux, une conséquence de la vassalité.

47 UN APPUI AMBIGU : LES LIENS PERSONNELS. — En effet, pour tenter de mieux faire respecter leur autorité, Charlemagne et ses successeurs reprendront, en les systématisant, des usages répandus dans la société.

1) *La vassalité.* — Les plus anciens renseignements que l'on ait au sujet de la vassalité pour les temps carolingiens concernent le duc de Bavière, Tassilon III : en 757, « selon la coutume franque » (cela est d'importance), le duc « se recommanda lui-même en vasselage par les mains dans les mains du roi ». En outre, Tassilon promit fidélité tant envers le roi qu'envers ses fils en jurant sur les reliques des saints. Les rites de cette cérémonie sont doubles : tout d'abord l'offrande des mains *(commendatio)*, signe de soumission personnelle auquel s'ajoute, innovation carolingienne, un serment de fidélité vassalique ; cette création s'inscrit dans la conception religieuse du pouvoir et vient renforcer l'engagement.

règlement successoral de 817, dans lequel sa place n'était naturellement pas prévue. L'empereur eut la faiblesse de céder. À partir de là les événements vont s'enchaîner : luttes entre l'aîné, Lothaire, et ses cadets ; puis luttes entre les fils et le père (829-840). Finalement, après la mort de Louis le Pieux, en 840, guerre entre les trois frères survivants : Lothaire, Louis le Germanique et Charles le Chauve, qui aboutira au traité de Verdun.

La politique carolingienne s'appuiera sur cette forme de dépendance. Les vassaux ou fidèles du roi se multiplient. Les *vassi regales* sont de deux sortes : ceux qui vivent dans la familiarité du roi – dans la tradition des antrustions – et qui peuvent être chargés de missions diverses[1], et surtout des personnages de très haute extraction qui peuvent être dotés de confortables domaines[2]. Cette pratique des bénéfices se développe : désignant à l'origine tout bienfait, le bénéfice prend de plus en plus la forme de dotations en terres, à titre temporaire, qui font retour au roi lorsque les liens de vassalité sont rompus. Pour accroître l'obéissance des comtes, le Carolingien les incitera à entrer dans sa vassalité, cela deviendra même une obligation. À un échelon social moins élevé, le même schéma se reproduit. Autour des grands – laïcs et surtout ecclésiastiques (*cf.* n°s 52 et 67) – sont groupés des vassaux, chasés ou non. L'encouragement royal fortifie ces liens de dépendance. Le capitulaire de Mersen (847) n'invite-t-il pas chaque homme libre du royaume à se choisir un seigneur parmi les fidèles du roi.

2) *La fidélité publique.* — Devant les menaces d'insurrection ou de trahison, Charlemagne a délibérément remis en vigueur l'ancien serment de fidélité publique. Il est exigé de tous les hommes libres en suivant l'ordre hiérarchique de la société. Dans une première étape, en 789 et en 793, le roi se contente d'une fidélité négative : ne lui causer aucun tort, respecter sa vie, ses biens, ne pas troubler le royaume. Dans une deuxième étape, qui suit le couronnement impérial, il exige davantage : que chacun de ses sujets comprenne « combien sont nombreuses et élevées les réalités contenues dans ce serment », exécute ponctuellement les ordres impériaux et surtout participe à l'armée. Désormais l'engagement implique une attitude positive analogue à celle « du vassal à l'égard de son seigneur » *(sicut homo domino suo)* selon la formule expressive du capitulaire de 802.

1. Ambassades et charges de *missi* avant 802. À partir de cette date on prend des personnages d'un rang plus élevé et possédant une fortune suffisante pour éviter qu'ils ne se laissent acheter.
2. La qualité de vassal royal conférait à certains, parmi les plus grands, un pouvoir de justice sur leurs domaines.

48 La défection des grands et le passage à un exercice contractuel du pouvoir. — En proie aux incursions normandes, aux luttes fratricides des fils de Louis le Pieux et aux désordres engendrés par l'ambition et la rapacité des grands laïcs, le royaume est en pleine désagrégation. Dès lors, la royauté de Charles le Chauve (840-877), qui s'efforce courageusement de faire face, n'est plus en état d'imposer. Elle doit se borner à composer. Le roi s'engage dans cette voie pour assurer la paix. Il inaugure une politique contractuelle tant avec ses frères Lothaire et Louis qu'avec les grands laïcs et ecclésiastiques. Par ces accords[1], Charles le Chauve s'affranchit de l'emprise épiscopale qui avait pesé trop fort sur le règne de Louis le Pieux. Jusqu'en 843, tout l'effort de l'Église tendait à moraliser la fonction royale, au risque de l'affaiblir, à partir de cette date, l'accent est mis sur le rôle d'arbitre, de garant de la stabilité. Chacun dans la société doit respecter la loi divine et les lois humaines pour autant que celles-ci sont justes[2]. Fortement pénétré de cet esprit à la formulation duquel il n'a pas peu contribué, l'archevêque de Reims Hincmar lui trouvera une expression solennelle avec la promesse du sacre que Charles le Chauve sera le premier roi à prêter en 869. Cet engagement sera repris par tous les Capétiens, et cette limitation volontaire que les rois acceptent scelle définitivement l'orientation de la monarchie : défense des églises, fidélité à l'égard des grands et du peuple, respect de la justice et maintien de la paix. La fonction royale des premiers Capétiens se définira dans la droite ligne du ministère royal carolingien.

Section II
L'administration

L'Empire comporte à la fois l'ancien *regnum francorum* mérovingien, y compris des régions comme l'Aquitaine dont les velléités d'indépendance ont été durement réprimées dès Charles Martel, et

1. Ces *convenientiae,* d'esprit romain, procèdent des institutions aquitaines et doivent sans doute aussi beaucoup à Hincmar.
2. Charles le Chauve ne promet pas autre chose à Coulaines en 843 : « J'accorde que, Dieu m'aidant, je respecterai la loi particulière de chacun, telle que l'ont connue ses ancêtres au temps de mes prédécesseurs. » Le roi doit être le serviteur de la loi.

les territoires conquis, soit environ un million de kilomètres carrés qui ne sont pas seulement incorporés mais gouvernés. Comment était-ce possible avec les moyens limités de l'époque ? On a souvent considéré que les Carolingiens gouvernaient cette immensité en parcourant incessamment l'Empire d'un bout à l'autre. Or, l'étude des pérégrinations de Charlemagne fait apparaître qu'il ne s'agit en aucun cas de déplacements administratifs[1]. Le secret est ailleurs.

49 L'ADMINISTRATION CENTRALE. — Les caractères du palais mérovingien sont conservés. D'une part, c'est toujours l'expression de l'entourage royal, d'autre part, cette cour est toujours largement itinérante même si, à partir de 794, Charlemagne attache une importance primordiale à Aix-la-Chapelle comme capitale.

Pépin le Bref devenu roi n'a pas jugé utile de maintenir un maire du palais. Connaissant trop bien la puissance de cette fonction pour l'avoir exercée avec profit, il se préserva de l'éventualité d'un rival redoutable. Trois personnages émergent alors. Le comte du palais qui est au sommet de la hiérarchie comtale et qui, dans le domaine judiciaire, introduit les causes susceptibles d'être portées devant le tribunal royal après avoir jugé de leur recevabilité. L'importance portée à la justice par les Carolingiens conduira rapidement à la saturation de cette instance. L'archichapelain, principal conseiller ecclésiastique, a une influence prépondérante en raison du contexte théocratique de l'époque. Le chancelier, enfin, qui est chargé de la rédaction des actes législatifs et des lettres royales, de la garde des archives et du sceau. Désormais le personnel de la chancellerie est presque exclusivement composé de clercs, le glissement amorcé sous la dynastie précédente n'ayant aucune raison de s'inverser. Enfin l'activité de ces bureaux témoigne d'une incontestable politique administrative dans laquelle l'écrit joue un rôle croissant sous Charlemagne et ses successeurs[2].

1. Les voyages sont de deux types. D'abord les campagnes militaires, et, dans ce cas, il ne s'agit alors nullement d'administrer les régions traversées. Ensuite les déplacements à but diplomatique dans la zone résidentielle (de la Seine au Rhin) pour rencontrer soit les grands dignitaires d'une région, soit des chefs politiques ou religieux tels le pape à Ponthion ou le chef saxon Widekind lorsque, finalement écrasé, il accepte de venir se faire baptiser à Attigny.
2. La comparaison des actes de Charlemagne avec ceux de Louis le Pieux montre un progrès constant qui ne cesse qu'après le règne de Charles le Chauve. « Sous Louis le Pieux... on constate que cer-

Outre ces conseillers insignes, d'autres grands responsables assurent la direction de services d'importance[1].

50 L'ADMINISTRATION LOCALE. — Mise sur pied dans la deuxième moitié du VIIIe siècle, parachevée au début du IXe siècle, elle est caractérisée par un souci réel d'efficacité. La structure de base, héritée de la période précédente, est le comté, mais l'inégalité règne. Certains ne sont que de tout petits *pagi,* d'autres, comme ceux de Reims ou de Poitiers, pèsent d'un grand poids. Enfin il arrive qu'un comte cumule plusieurs *pagi.* Au tournant du IXe siècle, une recension de tous les comtés conduit à un total de 600 ou 700. On comprend mieux dès lors les cumuls aux mains d'un groupe limité de grandes familles autochtones ou franques jouissant de la confiance royale. Le comte, certes, est nommé et révoqué par le roi mais, en pratique, celui-ci doit faire preuve de beaucoup de prudence eu égard à la puissance des lignages comtaux. Un élément dont il fallait tenir compte car leur soutien était, on s'en doute, conditionné par les perspectives suffisantes de carrière et d'enrichissement. Gouverner sans l'appui de l'aristocratie restait totalement impossible, sans parler des périodes troublées où les défections sont difficiles à juguler.

Comment faire parvenir les ordres et surveiller efficacement les représentants de cet échelon administratif local ? Il y avait certes les plaids, ces réunions de printemps, avant le départ de l'ost, à l'occasion desquels le roi rassemblait l'aristocratie laïque et ecclésiastique, ainsi que sa clientèle de guerriers.

Mais surtout il existait des échelons intermédiaires entre le pouvoir central et le pouvoir local.

Politiquement, l'Empire était composé de trois masses : un noyau central, des territoires soumis et enfin une zone frontalière, les marches. Bien que la division en comtés fût générale, le cœur historique (les *tria regna* d'Austrasie, de Neustrie et de Burgundie)

tains documents, entre autres des capitulaires, ont été rédigés en dix-sept, voire en trente-quatre exemplaires. Un effort fut fait pour conserver les textes de lois dans les archives du palais » (Dhondt). Ce seul détail souligne la préoccupation d'efficacité dans la diffusion de la législation et donc le souci d'une bonne administration.

1. Le sénéchal et le bouteiller ont la charge des domaines royaux. Le maréchal s'occupe des chevaux et de la garde. Le camérier de l'administration financière. « Ce n'est pas une "Maison"... c'est bel et bien une administration de la chose publique » (Werner).

connaissait un régime administratif particulier. À partir de 802, après le couronnement impérial et à l'apogée de la réflexion politique et administrative, cette zone est divisée en vastes ressorts administratifs et d'inspection, les *missatica* qui, le plus souvent sous Louis le Pieux, coïncident avec les provinces ecclésiastiques. À leur tête se trouve un groupe de *missi dominici* (envoyés du maître)[1], un grand ecclésiastique et un grand laïc. Le premier étant la plupart du temps le chef de la province ecclésiastique à savoir l'archevêque. Ces très grands agents royaux sont chargés de surveiller l'administration comtale et de transmettre les instructions de leur maître. Le pouvoir est dès lors assuré d'une efficacité remarquable pour la diffusion de ses ordres (notamment militaires) puisque tous les rouages de la hiérarchie ecclésiastique sont utilisés à cette fin.

Les zones intermédiaires plus tardivement soumises : Aquitaine, Septimanie, Frise, Provence... sont organisées en *regna* avec à leur tête un « roi adjoint », souvent un prince carolingien tel le petit Louis le Pieux, roi d'Aquitaine dès ses trois ans[2]. Dernière zone territoriale, les marches (comparables à l'ancien *limes* romain) étaient dirigées de diverses manières, souvent par un *praefectus limitis,* que l'on appellera ultérieurement *marchio*[3].

51 LES FINANCES CAROLINGIENNES. — La fiscalité romaine s'étant prétendument effondrée en grande partie avec la chute de l'Empire, et les Barbares étant considérés comme des arriérés, les Carolingiens n'auraient pas été capables non plus de mettre sur pied autre chose qu'un système rudimentaire.

Les éléments d'une révision commencent à percer. Parmi les dépenses les plus importantes assumées par la dynastie, il faut souligner le poids de l'armée, viennent ensuite le financement du palais, les libéralités aux églises et aux fidèles, les relations extérieures (pré-

1. L'institution des *missi,* quant à elle, est plus ancienne et remonte aux Mérovingiens : mais, d'occasionnelle et intermittente, elle devient permanente. Contrairement aux théories courantes, leur efficacité se prolonge encore sous Charles le Chauve, *cf.* Devisse, Hincmar..., *op. cit.,* p. 295.
2. La vertu du titre royal est vivante aux yeux des populations, le roi ayant conservé un pouvoir quasi magique de protection. La présence d'un « roi adjoint » flatte l'idée d'une relative indépendance : il est entouré d'un véritable palais où se côtoient aristocratie franque et aristocratie locale (les enfants étaient élevés à la cour impériale à la fois pour recevoir la formation les préparant à de hautes charges et pour servir, en tant qu'otages, de garants de la fidélité de leur famille).
3. Dans les *regna* et les marches, des *missi* peuvent être envoyés mais un véritable ressort territorial ne leur est pas réservé, du moins n'est pas véritablement organisé.

sents offerts par les ambassadeurs), les dépenses civiles locales (entretien des routes, des murailles, des acqueducs). Le Trésor est alimenté par les ressources casuelles : butin (*cf.* le prestigieux trésor des Avars en 796), tributs versés par les peuples soumis, profits résultant du monnayage, de l'exercice de la justice (le tiers des amendes est réservé au roi : le *fredus*). Il faut encore citer les taxes directes qui, selon un capitulaire de 805, doivent être perçues « partout où elles sont levées légitimement », et les taxes indirectes (tonlieux).

Mais le trait le plus original de la fiscalité se trouve ailleurs. Poursuivant un mouvement largement amorcé par leurs prédécesseurs, les Carolingiens ont progressivement fait peser la responsabilité de l'impôt sur l'évêque et les grands monastères en raison des biens considérables dont ils assuraient la gestion, jusqu'à faire d'eux, au IXe siècle, les plus gros percepteurs. Dans ces conditions, et en liaison avec le système de l'immunité, les polyptyques (inventaires des biens ecclésiastiques) pourraient n'être que des documents de la comptabilité publique, véritables « registres de l'impôt » (Durliat). L'habileté de l'État consistant alors à utiliser l'organisation ecclésiastique comme para-administration pour gérer certains secteurs des finances publiques.

52 L'ARMÉE CAROLINGIENNE. — Tant en ce qui concerne les effectifs que les techniques de mobilisation et de financement, l'armée carolingienne était organisée de manière efficace, du moins sous les premiers dynastes. Le principe franc selon lequel tout homme libre doit le service de l'ost est inchangé. Mais en pratique ne sont appelés sous les armes que ceux qui ont un revenu suffisant pour s'équiper, leur recensement se fait par comtés selon des critères fiscaux complexes utilisant le manse (*cf.* n° 65, n. 40). Les comtes sont chargés de rassembler puis d'acheminer les guerriers *(collectae)* et le matériel dus par le district au lieu fixé par l'empereur. Mais toutefois l'élément essentiel des structures militaires carolingiennes repose sur les clientèles de *vassi* des grands laïcs et surtout sur les équipes guerrières *(scarae)* entretenues par certains monastères.

On connaît presque complètement la liste des abbayes qui devaient fournir un contingent à l'armée à l'époque de Louis le Pieux, elles se situent au nord d'une ligne Tours-Besançon, ce qui prouve encore que les *tria regna* sont bien le poumon de l'Empire, et sur la route de l'Italie, pour des raisons stratégiques évidentes.

Des recherches sur Saint-Germain-des-Prés ont révélé que le monastère est responsable de *l'hostilicium* (impôt pour l'armée) ; à ce titre, il doit convertir les sommes reçues en chariots opérationnels, transportant armes et nourriture et conçus de telle sorte qu'ils pouvaient traverser les fleuves sans que l'eau endommage le chargement.

D'après des estimations, l'Empire pouvait mobiliser 35 000 cavaliers et 100 000 fantassins. Mais, le plus souvent, seules les troupes les plus proches du lieu d'opération étaient convoquées. À partir de Pépin le Bref, l'armée possédera une double cavalerie : l'une, légère, imitée des Basques et des Hispano-Wisigoths, l'autre, lourde, inspirée des Lombards.

L'équipement étant fort onéreux, seuls ceux qui avaient des revenus importants étaient en mesure de l'assurer. En développant le système du bénéfice, dotation foncière à charge de service, on augmenta les effectifs militaires puisque tous ceux qui en étaient pourvus devaient impérativement se rendre à l'ost.

Cette armée s'est forgée lors des luttes des Pippinides pour maîtriser les principautés périphériques. Charlemagne conduira 55 guerres en quarante-six années de règne, et ses successeurs Louis le Pieux et Charles le Chauve seront eux-mêmes de très bons chefs militaires. Supérieure à ses ennemis aussi longtemps qu'elle mènera des guerres offensives, l'armée carolingienne ne perdra sa supériorité tactique que lors des invasions normandes qui la condamneront à une position de défense, compromise de surcroît par les féroces dissensions de l'aristocratie.

Charles le Chauve pourtant, devant le harcèlement du royaume par les Vikings, prendra d'ingénieuses mesures stratégiques (création de ponts fortifiés qui malheureusement ne trouveront pas toujours de défenseurs, malgré leur efficacité notamment sur la Marne – déjà !). Il organisa aussi vers 860 de grands commandements régionaux pour parer à la fois aux invasions et aux révoltes comtales. Robert le Fort, l'ancêtre des Capétiens, recevra ainsi le commandement des régions d'Angers à Blois, ultérieurement muté en Bourgogne, puis de nouveau en Touraine, il meurt victime de son courage dans un combat contre les Normands. Baudoin, gendre du roi, sera chargé de défendre la Flandre. Mais, hormis quelques exceptions, la défaillance de l'aristocratie laïque est consternante dans la seconde moitié du IXe siècle. Cette situation émeut le « Poète saxon » : « Malheur à toi, malheur à qui manque à ce point de défenseurs, *Francia*... Voici que tu es ouverte de tous côtés à des nations féroces qui te ravagent. »

Section III
Droit et justice

Un des soucis majeurs de Charlemagne est de réaliser la paix chrétienne. Saint Augustin, grand inspirateur du règne, ne l'avait-il pas bien définie, sur le plan terrestre, comme étant un accord dans l'ordre ? Pour faire régner la concorde parfaite entre les dignitaires eux-mêmes : évêques, abbés, comtes, et protéger les hommes libres à la fois de l'oppression des grands et des exactions des agents royaux, le droit et la justice seront précisés et améliorés.

53 LE DROIT CAROLINGIEN. — II est contenu dans les capitulaires ; il s'agit de décrets divisés en petits chapitres *(capitula)*. Si un nombre infime de textes législatifs mérovingiens nous est parvenu (une dizaine au plus pour une période de près de trois siècles), on en recense plus de 200 pour les Carolingiens. Charlemagne, Louis le Pieux et Charles le Chauve ont fait preuve d'une activité considérable en ce domaine à la mesure des besoins de leur Empire[1].

Les décisions les plus importantes ont été souvent discutées dans des réunions groupant autour du Carolingien les grands ecclésiastiques et laïcs.

Les vieilles lois nationales sont éventuellement corrigées et complétées par les *capitula legibus addenda* ; ainsi la loi salique qui connaît une nouvelle rédaction peu après 800.

Quelques capitulaires traitent exclusivement d'une matière précise (par exemple le capitulaire *de villis* qui se préoccupe d'administration

1. Manifestation du *bannum*, l'ordre verbal du roi est primordial : sa mise par écrit dans un capitulaire est secondaire et n'est qu'un « simple mode de publication ».

domaniale), mais, le plus souvent, ces textes abordent des questions très diverses. C'est le cas des immenses capitulaires « programmatiques » qui ponctuent les moments clefs du règne de Charlemagne : qu'il s'agisse de crises (révoltes et tentatives d'assassinat, défaites comme celle de Roncevaux, 778), ou de triomphes comme le couronnement impérial qui donne lieu à une intense réflexion sur les nouvelles responsabilités de l'empereur et sur le sens élargi de sa mission. Enfin, il faut insister sur les *capitula missorum.* Destinés aux *missi dominici,* ils contiennent des instructions très détaillées concernant les domaines les plus variés, aussi bien laïques qu'ecclésiastiques.

Cependant la diversité et le nombre des textes ne donnaient pas de vue d'ensemble faute de recueils officiels. Pour y suppléer et procurer commodité aux administrateurs, des collections furent composées sur initiative privée[1].

54 LA JUSTICE. — Les habitudes de vengeance privée *(faida),* si profondément ancrées dans les mentalités, choquaient profondément Charlemagne. S'il ne pouvait songer à les interdire purement et simplement, du moins les réglementa-t-il d'une manière de plus en plus stricte (en 802, en 805), et le recours aux tribunaux fut sérieusement encouragé. Si la structure mérovingienne subsiste (tribunal du palais, *mallus*), une plus grande rationalisation est introduite dans l'administration de la justice. Deux points sont visés : limitation des abus, meilleure connaissance du droit.

D'une part, les hommes libres étaient tenus, en vertu de la tradition germanique de justice populaire, d'assister aux *placita* du *mallus.* Cela incitait le comte à multiplier les convocations dans l'espoir de toucher les lourdes amendes infligées aux absents ; en dépit de cette rigueur, l'assiduité n'était pas toujours exacte, il s'en faut. Afin de tenir compte des réalités, l'obligation de présence fut réduite à trois fois par an.

1. La première, constituée en 827 par l'abbé de Saint-Wandrille, Anségise, parut si commode qu'elle fut très vite utilisée au palais. Plus curieuse, la collection attribuée à Benoît le Lévite (vers le milieu du IXe siècle) et connue sous le nom de Faux capitulaires mêle textes authentiques et apocryphes. La méthode, répréhensible pour un esprit moderne, ne l'était pas dans un temps où l'écrit n'était pas gratifié du respect auquel nous sommes habitués. L'intention primait, et elle était louable. Devant les crises que traversaient le pouvoir et l'Église à la suite du partage de Verdun (843), et le déchaînement consécutif des appétits aristocratiques, il était impératif de défendre les biens de l'Église. Pour ce faire, quelle arme meilleure que des textes juridiques placés fictivement sous des patronages prestigieux ?

D'autre part, les assesseurs occasionnels (les rachimbourgs), nommés sans doute pour chaque séance du *mallus* par le comte, sont désormais remplacés par des assesseurs permanents (les *scabini*). Choisis parmi les plus riches propriétaires du comté, on attendait d'eux, à cause de leur fonction stable, une meilleure connaissance du droit coutumier.

À la fin, de son règne (811), Charlemagne introduit une dernière réforme : le comte ne préside plus le *mallus* que pour les causes importantes *(causae majores),* laissant les autres au *mallus* du vicaire ou centenier.

Cette réforme, qui traduisait dans les institutions une évolution déjà perceptible dans les faits, sera porteuse de conséquences notables. Là remonte en effet la distinction féodale entre la haute et la basse justice.

Et puis surtout, Charlemagne, doutant du zèle des comtes, fit surveiller leur justice par celle itinérante également des *missi dominici.* Les plaids qu'ils tiennent trois ou quatre fois par an dans leur ressort, plus vaste que celui du *pagus* (comté), permettent à la population de présenter ses plaintes et d'obtenir une justice plus rapide. Ils réforment les abus comtaux (en 782 le comte de Narbonne est contraint de restituer à l'Église plus de 50 propriétés). Détachés du palais, ils tirent de leur origine un pouvoir de même nature, illimité. Ils peuvent ainsi juger les affaires de ceux qui sont sous la mainbour (protection) royale, enfin, pouvoir exorbitant, utiliser les modes de preuve usités au palais comme d'ordonner une enquête générale *(inquisitio per testes)* lorsque les droits du roi sont en cause.

55 LES PREUVES. — Là aussi l'intervention royale est sensible même si les résultats laissent une impression contradictoire. Les conceptions des deux premiers empereurs divergent même si leurs réformes sont inspirées par une foi identique. Sur un point ils sont cependant à l'unisson, l'un et l'autre cherchent à rationaliser les modes de preuves en donnant corps à la procédure d'enquête.

Mais cette innovation reste limitée puisqu'elle ne s'exerce que lorsque les droits du roi (en matière de propriété immobilière et d'état des personnes) sont en cause.

Pour le reste, s'agissant des preuves communes, les ordalies ont connu un très grand développement sous les Carolingiens. En dépit des réticences de son entourage ecclésiastique, Charlemagne affiche une foi totale dans la solution qu'elles dégagent et interdit de douter de leur résultat. Il favorisera même une nouvelle ordalie, attitude paradoxale qui lui fut dictée par sa piété. En effet le développement des faux serments ne constituait-il pas une offense à l'égard de Dieu ?

Louis le Pieux, soucieux de ne pas défier la justice divine, sera plus réservé. À ses yeux le caractère irrationnel des ordalies plaide pour leur restriction, mais elles ne disparaîtront pas pour autant puisque à l'époque féodale leur carrière se continuera. Le même scrupule le conduira à étendre la procédure d'enquête aux Églises et à valoriser la preuve testimoniale en autorisant les deux parties à y recourir.

Ces tâtonnements (recherche de meilleurs juges et de meilleures preuves) traduisent bien les difficultés rencontrées dans l'exercice du *ministerium regis.* Au-delà du règne de Charlemagne, le mot d'Alcuin demeure pertinent : « Je suis certain de la bonne volonté du roi, bien que ses alliés au service de la justice soient moins nombreux que ceux qui la desservent. »

Section IV
L'économie

56 Un niveau économique longtemps méconnu. — Portant sur l'économie carolingienne un jugement beaucoup moins pessimiste que celui qui avait naguère unanimement cours, plusieurs auteurs se refusent à voir dans l'homme de ce temps « un affamé qui vit au milieu des bois » (Dhondt). Même s'il convient de distinguer selon les différents types d'exploitation ainsi que selon la qualité des sols, les rendements ne semblent pas inférieurs à ceux qu'avait connus l'Empire romain. Dans le Bassin parisien, ils se seraient élevés à 5 ou 7 pour 1 ; chiffre plancher valable pour la réserve seigneuriale et qui laisse augurer un rendement supérieur des tenures auxquelles les paysans consacraient plus d'efforts et plus de soin. Ainsi les famines contre lesquelles lutte le pouvoir carolingien ne sont pas imputables à une insuffisance chronique des rendements ou des échanges, mais à des aléas climatiques dont l'incidence est catastrophique dans toutes les sociétés traditionnelles. Quoi qu'il en soit, le niveau agricole – pas spécialement déficient – de cette économie a tout de même favorisé un essor du commerce local et international à la fois.

57 LA POLITIQUE ÉCONOMIQUE. — Les Carolingiens sont loin d'avoir négligé les facteurs économiques. Leur politique économique illustre leur sens des responsabilités envers le peuple chrétien. L'importance de la Cité de Dieu n'a pas masqué les réalités terrestres. Ainsi un contrôle des prix est établi pour assurer aux humbles les denrées de première nécessité. Appliqué d'abord aux céréales vendues au détail, le « maximum » décidé lors d'un concile de 794 s'étendra au pain cuit. Les années de disette (806-809) accentuent évidemment cette surveillance. Ce même souci de justice et de protection conduit en 789 à interdire l'usure aux laïcs[1]. C'est même la première fois que la législation séculière condamne – et lourdement – la spéculation sur les indigents.

Enfin, dépassant l'interdiction et ses insuffisances, l'État met en œuvre une véritable politique alimentaire grâce à la constitution de réserves et la mise en vente à prix réduits de l'*annona publica*.

Au surplus, les Carolingiens par leurs initiatives et leur législation ont encouragé la production et les échanges. Le capitulaire *de villis* en porte témoignage ; rédigé aux alentours des années 800, ce texte très détaillé donne des instructions pour la meilleure gestion des domaines impériaux. Souci de maître privé ? Pas seulement, car les fiscs impériaux n'ont pas vocation unique à nourrir « une cour errant de l'un à l'autre pour y trouver sa subsistance », mais ils jouent un rôle essentiel dans le système économique et fiscal. Politique d'envergure qui s'accorde avec les recherches théoriques, puisque la copie des agronomes latins effectuée dans les *scriptoria* monastiques démontre tout l'intérêt porté au meilleur type d'organisation agricole.

1. Charlemagne reprend sur ce point les canons du concile de Nicée et les décrétales pontificales contenues dans la *Dionysio-Hadriana* qu'il avait reçue des mains du pape Hadrien en 774. *Cf. infra.*

58 L'ÉCONOMIE DOMANIALE.

1) *L'impulsion du pouvoir.* — La « grande diversité du régime domanial selon les lieux et selon les temps » (Verhulst) ne permet pas de faire des domaines carolingiens une description stéréotypée. Cependant un type d'organisation agricole a été encouragé par les dirigeants carolingiens – roi, aristocratie ecclésiastique et à un moindre degré laïque –, c'est le domaine dit « classique » qui s'épanouit à la charnière des VIIIe-IXe siècles, de la Seine au Rhin[1]. Organisé pour produire les meilleurs rendements, en particulier céréaliers, sa surface est divisée en deux parties qui s'équilibrent : la réserve[2] (partie seigneuriale) et les tenures. Celles-ci sont concédées à des tenanciers de condition juridique diverse, mais qui ont pour commun dénominateur d'assurer l'exploitation de la réserve au moyen de corvées d'importance variable, sans doute plus légères qu'on ne le pensait naguère. Cette utilisation de service est la caractéristique essentielle du domaine classique. Le cadre fiscal que constitue le manse détermine le poids exact des prestations et sert de référence pour la corvée.

Esclaves chasés, colons ou hommes libres, ces tenanciers dont le statut personnel était primitivement différent, tendront à se niveler, à la fin de l'époque carolingienne, dans une dépendance de plus en plus marquée, qui conduira au servage médiéval. Les alleutiers n'y échapperont pas toujours car ce système d'exploitation a une vocation expansionniste, ils seront donc contraints de soumettre leurs terres antérieurement libres au régime uniforme de la tenure.

2) *La diversité domaniale.* — Ce domaine « classique » qui comporte lui-même des variantes est loin d'être universellement répandu dans l'Empire. Il est notamment inconnu au sud de la Loire et dans l'Ouest, d'autres types d'exploitation existent parallè-

1. C'est aussi le cadre des immenses possessions des Pippinides (Meuse, Aisne, Oise et Marne) ; leur richesse foncière, bien gérée selon le schéma classique, fut un élément de poids dans leur accession au pouvoir.

2. La réserve – *terra indominicata* ou *mansus indominicatus* – comporte deux éléments : un centre d'exploitation, *curtis,* cour où se trouvent non seulement la maison du maître ou de son intendant mais les granges, celliers, étables, écuries, ateliers et aussi des annexes : moulin, four à pain, pressoir. Elle comporte aussi de vastes champs (coutures ou condamines) appartenant au maître et qui sont principalement exploités par le travail des tenanciers.

lement dans lesquels la corvée joue un rôle négligeable, voire inexistant. Ces différences notables s'expliquent selon les régions et les cas soit par la persistance de l'esclavage dispensant de recourir aux services des tenanciers (Aquitaine, Maine...), soit par la faible dimension de la réserve, le maître étant alors moins un exploitant qu'un rentier du sol, soit enfin par l'utilisation d'une main-d'œuvre salariée (dans la viticulture du Midi). Les profits seigneuriaux peuvent aussi provenir de l'exploitation d'équipements collectifs (moulins).

Au total donc, une société économiquement très diverse mais où le poids du pouvoir s'est fait sentir, dans ses zones d'origine, en adoptant une technique de mise en valeur des sols efficace et adaptée aux riches terres céréalières.

59 Le commerce. — L'assainissement monétaire auquel ont œuvré les Carolingiens a favorisé le commerce[1]. Les axes ommerciaux s'étaient déplacés vers le nord au cours de l'époque mérovingienne, mais les échanges n'étaient pas pour autant taris.

1) *Le commerce intérieur.* — L'historiographie récente rejette l'idée d'une économie domaniale fermée et autarcique. Certes, le grand domaine peut se suffire à lui-même, son équipement très poussé (moulin, artisans, église...) le lui permet, mais il s'agit plus d'une commodité que d'une nécessité[2]. Les marchés existent, et Charlemagne conseille à ses régisseurs de veiller à ce que les cultivateurs n'y perdent pas de temps. Les foires se multiplient aussi. Les surplus domaniaux alimentent non seulement les marchés proches, mais sont également redistribués à moyenne ou grande distance. Ainsi en est-il pour la grande abbaye de Prüm dont les produits, grâce à l'organisation d'un ample réseau de transport, atteignent

1. Les Carolingiens ont eu incontestablement une politique monétaire. Elle se caractérise par un double phénomène. D'abord la reprise en main du monopole de la frappe décidée par Pépin le Bref, ce qui impliquait la suppression des ateliers monétaires émancipés. Ensuite l'adoption du monométallisme argent par Charlemagne, plus conforme à la situation internationale, notamment au poids monétaire des Arabes et de Byzance, et à la zone argent septentrionale. L'unité de compte est la livre (divisée en 20 sous), mais seul circule le denier (240 deniers = 1 livre).

2. D'ailleurs « les monastères, en tout temps, ont cherché à se suffire à eux-mêmes, suivant les recommandations formulées en 538 au concile d'Orléans, puis maintes fois renouvelées » (R. Boutruche, *Seigneurie et féodalité,* t. I, p. 63).

Cologne, Coblence, Francfort, Metz, Verdun... De même la célèbre abbaye de Saint-Germain-des-Prés ne se contente pas d'être un producteur important de vin, elle achète et revend les vins d'Anjou et de Loire et participe ainsi à la réputation internationale des vignobles francs. Au reste, céréales[1], sel, produits de l'élevage, textiles intéressent les échanges interrégionaux et le trafic à longue distance, lui aussi, fort actif.

2) *Le commerce international.* — Résultat indirect de la politique de conquête de Charlemagne, le recul des frontières septentrionales confère à la zone rhénane un poids économique accru, et l'annexion du royaume lombard permet l'accès à l'Adriatique[2]. Le grand axe Italie-Frise confirme son importance et, si à partir des années 840 la côte méditerranéenne subit les dévastations sarrazines, lui-même n'est que peu touché. Cette voie centrale trouve ses terminaux en Orient et en Scandinavie, un circuit existe de Byzance vers la Baltique, et la Suède est reliée au Bassin rhénan et à l'Angleterre. L'importation de produits de luxe (soieries, épices, parfums, ivoires) est compensée par l'exportation d'esclaves (souvent venus du monde slave d'où leur nom), de blé vers Byzance, de bois et d'armes vers le monde musulman. Arabes et Vikings prisent fort les armes et armures franques, et la contrebande ne chôme pas malgré la vigilance du pouvoir.

Dans la seconde moitié du IXe siècle, les incursions scandinaves désorganiseront les bases économiques domaniales et, par conséquent, la production et les échanges. Reflet de cette crise, les domaines des abbayes, qui avaient si largement servi la vie économique, ne seront plus éparpillés à travers l'Europe mais concentrés dans un cercle restreint. Une des bases du monde carolingien se désagrège de la sorte.

1. Exemple typique : le commerce du blé. Des négociants procèdent parfois à l'acquisition de récoltes sur pied, à Mayence, des marchands stockent les récoltes de Germanie (les besoins de l'armée ne sont pas étrangers à ces opérations). La région de Pavie approvisionne Venise, les Vénitiens exportent du blé vers Alexandrie...
2. Alors que Byzance et l'Islam sont en guerre, Venise, un moment carolingienne, puis de nouveau dans la sphère politique de l'empire d'Orient, réussit avec une diplomatie certaine à composer avec le monde arabe et à jouer sur les deux tableaux commerciaux : byzantin et musulman. Au sud de Naples, une politique analogue inspirera aussi Amalfi, centre d'une zone commerciale active tournée vers l'Afrique et l'Asie.

Section V
L'Église

I | « Rector populi christiani »[1]

60 Le programme de la théocratie royale. — Les Mérovingiens avaient appuyé l'action de l'Église ; les Carolingiens, allant plus loin, prennent personnellement en main la conversion en profondeur de la société. Leur législation sur la discipline ecclésiastique et leurs rappels aux évêques de lire Évangiles et Épîtres s'inscrivent dans cette perspective. Depuis la fin du VIIe siècle, l'Église avait subi une crise sévère et manquait de cohésion[2]. Cette évolution inquiète le palais, comme en témoigne l'aide que Carloman, fils de Charles Martel[3], sollicite de saint Boniface pour restaurer la foi. Cette initiative annonce déjà la conception que les Carolingiens se feront de leur pouvoir. « Qu'il médite la Bible ou saint Augustin, le roi carolingien aboutit à la même conclusion : élu du Seigneur, il a pour devoir de guider ses sujets vers la nouvelle Terre promise ou de bâtir avec eux la "cité de Dieu" » (Génicot). Restaurer l'Église, accroître le peuple de Dieu en unissant tous les sujets dans la même foi, tel est le programme que Charlemagne essaiera de réaliser par ses capitulaires. Et, juste retour, l'Église revivifiée servira l'œuvre gouvernementale des Carolingiens.

La caution donnée par le pape Zacharie au changement de dynastie et, plus encore, le sacre conféré en 754 par Étienne II à Pépin et à ses fils inaugurent une alliance étroite entre les Carolingiens et le Saint-Siège[4]. Les relations entre les deux pouvoirs auront

1. Alcuin, lettre à Charlemagne (799).
2. Le mauvais recrutement du clergé nuit à sa valeur, les prêtres, souvent choisis par le maître du domaine sur lequel l'église est érigée, sont peu instruits, et certains ignorent même les rites du baptême. La hiérarchie n'est pas mieux partagée, certains évêchés sont dépourvus de titulaires tandis que d'autres sont cumulés par les mêmes dignitaires. Si l'on se souvient que l'institution métropolitaine est en complet déclin, on comprendra que la discipline diocésaine s'en ressente fortement.
3. Et frère de Pépin le Bref.
4. Elle se traduira particulièrement par l'aide militaire que fourniront Pépin et Charlemagne contre le danger lombard. L'État pontifical, dont l'importance territoriale durera jusqu'en 1870, trouve ici son origine.

une tonalité différente selon les poids respectifs des pontifes et des rois. Elles sont excellentes entre Pépin et Étienne II, entre Hadrien et Charlemagne où l'égalité semble exister. En revanche face au faible Léon III, Charlemagne affirmera sa prééminence. La lettre qu'il lui adresse lors de son avènement sur le siège de saint Pierre l'exprime clairement : « À moi il appartient, avec l'aide de la divine piété, de défendre en tous lieux la sainte Église du Christ par les armes : au-dehors, contre les incursions des païens et les dévastations des infidèles ; au-dedans, en la protégeant par la diffusion de la foi catholique. À vous, très Saint-Père, il appartient, élevant les mains vers Dieu avec Moïse, d'aider par vos prières au succès de nos armes. » Cette définition des missions respectives laisse percer la mise en tutelle de la papauté[1].

61 La théocratie militante. — Charlemagne intervient sans hésitation dans les controverses théologiques de son temps (culte des images, définition de la Sainte Trinité). En 794, il contribue à la condamnation de l'hérésie adoptionniste. Quelques années plus tard, il prend parti, en parfait accord avec son clergé, dans la querelle du *filioque*[2].

Selon une tradition ancienne, reprise de l'Empire romain par les Mérovingiens, le roi autorise (ou provoque) la réunion des conciles. Ils sont de deux sortes : certains sont consacrés uniquement aux questions religieuses, d'autres sont mixtes, réunissant à la fois ecclésiastiques et laïcs, tant la frontière entre les questions spirituelles et politiques est mal distinguée. Sortes de conseils élargis, ils sont présidés par l'empereur, et leurs décisions sont promulguées par des capitulaires. Charlemagne participe ainsi au concile de Francfort de 794, qui réunit des représentants du pape et des évêques non seulement de tout le royaume, mais aussi d'Espagne, d'Italie, d'Angleterre et où, bien que non-prêtre, il obtient voix délibérative. Mais à la fin du règne de Charlemagne, on avance dans la voie de la distinction des domaines spirituels et temporels et « progressivement ce n'est plus l'empereur qui inspire la législation conciliaire

1. En revanche, un demi-siècle plus tard, l'Empire étant partagé, Nicolas Ier n'hésite pas à revendiquer les droits de Rome et proclame l'universalité de sa juridiction tant sur les laïcs que sur les clercs.
2. Le Saint-Esprit procède-t-il du Père (position orientale) ou du Père et du Fils (position du clergé carolingien) ? Cette version triompha dans le *Credo*.

mais les canons des pères qui influencent la législation du souverain » (Imbert). Cette tendance se confirmera sous Louis le Pieux.

En retour de la protection du pouvoir, le Saint-Siège prêtera son concours à la mission théocratique du roi – tant sur le plan législatif que liturgique.

Aux yeux de Charlemagne, la diversité des textes canoniques qui circulaient en Occident était une cause de désordre, aussi demande-t-il au pape des textes sûrs pour appuyer sa politique de réforme religieuse. Hadrien Ier « lui envoie alors, en 774, la collection compilée par Denys le Petit, mais enrichie de textes nouveaux, elle sera désormais connue sous le nom de *Dionysio-Hadriana.* Charlemagne y trouvera notamment les principaux textes sur la hiérarchie ecclésiastique, et il en reprendra de nombreux extraits dans les capitulaires promulgués à Aix-la-Chapelle en 802[1].

La liturgie elle-même, qui se doit d'édifier et d'instruire le clergé aussi bien que le peuple, ne pouvait être négligée dans la perspective théocratique. Dans ce domaine on procède par étapes en liaison avec Rome. Pépin le Bref porta une attention toute particulière à l'intégration du chant grégorien dans les rites religieux et à l'adoption de la liturgie romaine. Charlemagne, convaincu que la liturgie favorisait le développement d'une vie chrétienne plus fervente, multiplia les prescriptions comme celle que l'on trouve dans le *capitulare missorum* de 802, qui impose à chaque laïc d'apprendre par cœur le *Credo* et le *Pater.* C'est aussi le même souci qui lui fit demander à Hadrien le sacramentaire de l'Église de Rome, en réponse, ce grand pape lui fit parvenir une copie de son « missel » personnel[2] qui fut adapté aux besoins de l'Église franque, probablement par Benoît d'Aniane.

62 La réforme des structures.

1) *La hiérarchie.* — Le relèvement du clergé passe par la restauration de l'autorité diocésaine à laquelle sont soumis clercs et moi-

1. D'autres collections cependant connaissent une grande vogue au IXe siècle : l'*Hispana,* la *Dacheriana,* les Fausses décrétales.
2. Livre en vérité peu approprié à l'Église franque car il comprenait principalement les messes stationnales pour les basiliques de Rome. Charlemagne fut peut-être déçu mais pas le haut clergé, en particulier Alcuin qui trouvait les textes utilisés en Gaule excellents et ne voyait pas la nécessité de les changer.

nes. Encore convient-il de faire abandonner aux évêques leur genre de vie noble (chasse et guerre) et de leur redonner le sens de leurs devoirs pastoraux. Les premiers Carolingiens s'y emploient. Tout d'abord ils relèvent progressivement le pouvoir des métropolitains à la tête des provinces ecclésiastiques. Désormais, renouant avec la tradition antique, les archevêques reçoivent le *pallium* (vêtement liturgique signe de leur dignité) des mains du pape, leur supériorité est traduite par leur nouveau nom bien significatif, comme la subordination des évêques de leur province l'est par celui de suffragants. L'importance que Charlemagne accorde à cette restauration apparaît clairement en 811 dans son testament qui honore particulièrement les vingt et un métropolitains de son Empire.

Toutefois ce réaménagement des fonctions s'accompagne également d'un contrôle des désignations. Considérant que les évêques « étaient destinés à occuper des postes clés du système politico-administratif » (Werner), la sagesse imposait aux Carolingiens de surveiller étroitement le déroulement des élections épiscopales en déléguant un « visiteur ». Le roi, sur proposition de l'archichapelain (à la fois chef du clergé de la cour et sorte de ministre des Affaires ecclésiastiques), refusait ou agréait le candidat élu. Quand cela était, l'évêque recevait de lui son temporel en échange de sa fidélité. Après la mort de Louis le Pieux, les circonstances politiques aidant, une réaction se manifestera chez certains grands archevêques, comme Hincmar, jaloux de l'empiétement impérial sur leurs droits et prérogatives de métropolitains. Indépendance qui inspirera les grands chefs régionaux en veine d'autonomie.

Parallèlement le réseau paroissial (y compris doyennés et archidiaconés) s'étoffe et se structure[1].

2) *La vie monastique.* — Dans le monde des réguliers les idées de réforme pénètrent également. La diffusion de la règle de saint Benoît avait fait des progrès considérables sous les derniers Mérovingiens. Charlemagne avait une telle prédilection pour cette règle

1. Sa formation a été lente à l'instar de toutes les divisions administratives ecclésiastiques. Des initiatives diverses président à la fondation des paroisses : épiscopales, bien sûr, abbatiales aussi dans les terres monastiques ; mais il faut noter que les grands propriétaires laïques n'hésitent pas à implanter dans leur domaine des oratoires et chapelles dont ils demandent la consécration à l'évêque tout en se réservant le droit de présentation du desservant. Ce sera la source de difficultés multiples.

qu'à la fin de sa vie il discutait avec ses conseillers de la possibilité d'être moine sans la suivre. Lors de la diète tenue à Aix-la-Chapelle en 802, le texte en est lu publiquement et il est ordonné aux abbés et aux moines de s'y conformer. Cependant, c'est sous son successeur, Louis le Pieux, que, des mesures législatives aidant, l'unité est réalisée totalement[1].

Une œuvre analogue est accomplie pour les chanoines, quoique séculiers. Il s'agit de faire adopter au collège de prêtres desservant une cathédrale un mode de vie quasi monastique. À cet effet, l'évêque Chrodegand de Metz (742-766) compose la plus ancienne règle canoniale (inspirée de celle de saint Benoît).

II | L'Église clé de voûte de la société

63 La propagation de la foi. — L'élan intrépide des missionnaires des temps mérovingiens n'avait, on s'en souvient, touché profondément que l'aristocratie. Il revient aux rois carolingiens d'étendre à toutes les couches sociales cet approfondissement de la foi[2] et de l'exporter chez les peuples conquis. L'évangélisation des païens avait été largement inaugurée par les maires du palais et les Anglo-Saxons dès les débuts du VIIIe siècle. Saint Boniface a illustré cette pénétration de la foi en Germanie[3]. De plus la pacification des régions situées à l'est et au nord de la Gaule était d'une importance stratégique considérable, l'Empire romain l'avait funestement éprouvé. Mettant en accord leurs convictions religieuses et les nécessités politiques, très vite les Carolingiens associèrent conquête et conversion ; être efficace, aller vite : deux impératifs qui justifièrent l'emploi de la rigueur malgré les conseils d'Alcuin qui préconise une conversion effectuée dans la liberté. Mais peut-être la force était-elle

1. L'influence de Benoît d'Aniane fut décisive ici encore, à partir de 817, il réforme la règle de saint Benoît.
2. Initialement le christianisme des Francs avait un contenu doctrinal et théologique très faible et l'on se contentait souvent de pratiques extérieures.
3. Nouvel apôtre, il utilisera des moyens radicaux pour extirper le paganisme comme d'abattre un chêne sacré vénéré par les populations pour le transformer en autel dédié à saint Pierre. Et sur cet emplacement s'élèvera bientôt le monastère de Fritzlar. Les moines réussissaient là où les légions romaines avaient échoué puisque, à peine plus au nord, les légions de Varus avaient été anéanties par les tribus d'Arminius.

le seul langage que pouvaient comprendre les redoutables Saxons qui pratiquaient les sacrifices d'animaux, voire les sacrifices humains.

Des monastères s'élèvent sur les terres ainsi conquises au Christ[1], et des évêchés sont progressivement créés pour renforcer le rayonnement missionnaire.

Dans le *regnum,* l'évangélisation se développe simultanément. Cet objectif inspire la réforme intellectuelle mise sur pied par Pépin le Bref et ses successeurs[2].

64 ÉDUCATION ET CULTURE. — Poursuivant l'impulsion donnée sous les Mérovingiens, les manuscrits sont drainés de tous les foyers de culture (ecclésiastiques, cela va sans dire) européens pour être rediffusés par l'intermédiaire des *scriptoria* épiscopaux et monastiques. C'est non seulement la culture sacrée (Ancien et Nouveau Testament, livres liturgiques, Pères de l'Église, collections canoniques) qui est ainsi copiée, mais aussi la littérature profane antique parce qu'on est conscient qu'elle ouvre et assouplit l'intelligence et, ce faisant, prépare celle-ci à mieux recevoir les mystères de la foi. Dans ce travail les copistes des différents centres (Corbie, Tours, Reims, etc.) rivalisent de rapidité et de beauté. L'écriture réformée, mise au point sans doute par le monastère de Corbie, y contribue : l'élégante minuscule caroline qui prendra le nom d'italique lors de la Renaissance du XVIe siècle.

Tout naturellement ces bibliothèques servirent l'enseignement. Pépin le Bref et saint Boniface s'étaient surtout attachés à la régénération morale du clergé et à la suppression des superstitions païennes ; Charlemagne poursuivit ce programme mais le compléta très tôt par un souci d'éducation. L'*admonitio generalis* de 789 et les capitulaires ultérieurs précisent les devoirs des évêques à cet égard : les clercs ignorants en matière de foi et de liturgie doivent être déposés ; comment pourraient-ils enseigner ce qu'ils ne savent pas ? À ces fins, les études ne doivent pas être réservées à quelques centres

1. C'est à juste titre que saint Benoît est appelé Père de l'Occident.
2. Charlemagne lui-même vérifie la foi de ses sujets, voulant s'assurer que le baptême était correctement administré, il est consterné de constater que les parrains et marraines sont incapables de réciter sans erreur le *Pater* et le *Credo.* De là son œuvre en faveur de l'éducation des laïcs et aussi des clercs sans qui l'évangélisation ne pouvait avoir lieu.

comme aux temps précédents, elles doivent être au contraire organisées dans les écoles dont les évêchés et monastères se doteront. Ainsi formés les curés pourront dans les paroisses apprendre aux enfants l'écriture, le calcul, la lecture, le chant et, bien sûr, les rudiments de la Bible. Charlemagne, pour sa part, donne l'exemple en regroupant et formant au palais une élite sociale d'où sortiront évêques et abbés. Les maîtres y sont de qualité : ce sont les plus érudits et les plus célèbres de l'époque, en particulier l'Anglo-Saxon Alcuin qui conseillera remarquablement l'empereur en ces matières.

65 ASSISTANCE ET ÉCONOMIE : LE PATRIMOINE DE L'ÉGLISE. — Les grandes abbayes ne sont pas seulement les foyers intellectuels et religieux, elles sont aussi les centres principaux du travail matériel et de l'activité artistique et industrielle.

1) Alimentée par les oblations des fidèles et la dîme[1], la fortune de l'Église était constituée de biens-fonds considérables. D'une part, les moines, grands défricheurs, ont éclairci les forêts, asséché les marais, fondé des établissements florissants dans des lieux autrefois déserts et hostiles, d'autre part, tout au long de l'époque franque, les dons des rois, des grands et des fidèles ont copieusement augmenté le patrimoine ecclésiastique.

Le polyptyque (registre fiscal) rédigé sur ordre. royal vers 820 par l'abbé de Saint-Germain-des-Prés, Irminon, montre en effet que la célèbre abbaye assurait la gestion de dizaine de milliers d'hectares. Les exemples peuvent être multipliés avec Fulda, Lorsh, Corbie, Saint-Riquier... Le concile d'Aix-la-Chapelle de 816 classe les églises en trois catégories dégressives, selon le nombre de manses[2] qu'elles possèdent ou gèrent (de 3 000 à 8 000, de 1 000 à 2 000 et enfin les petites, de 200 à 300).

2) Organisés selon les règles de l'économie domaniale, les biens ecclésiastiques ont une double vocation : assurer le culte divin et donc l'entretien du clergé, mais aussi et surtout accomplir la charité chrétienne. Déjà le pape Gélase, à la fin du Ve siècle, avait recom-

1. Impôt versé par les laïcs et équivalent à environ un dixième de leurs revenus. Dérivée d'anciens usages hébraïques, son versement avait été fortement encouragé par les Pères de l'Église et les conciles mérovingiens de Tours et Mâcon (567-585) : les capitulaires de Charlemagne la rendront obligatoire sous menace de graves sanctions.
2. District foncier sur lequel repose l'assiette de l'impôt.

mandé de diviser les revenus en quatre parts affectées respectivement à l'évêque, au clergé, aux pauvres et aux bâtiments (édifices du culte et hôpitaux). Si des variantes ont pu exister dans la répartition, cet esprit subsiste. Pauvres, malades, orphelins, voyageurs, ces déshérités de tous les siècles sont l'objet de la sollicitude de Charlemagne[1] ; Hincmar de Reims rappellera également aux prêtres de son diocèse qu' « ils doivent les recevoir dans toute la mesure du possible à leur table chaque jour et leur attribuer d'une manière convenable un lieu de séjour ». Cela n'est pas resté lettre morte et ne doit pas être taxé de littérature, il s'en faut. Ainsi, à Corbie, la population monastique héberge 300 pauvres, malades ou voyageurs et 150 veuves. Fontenelle (Saint-Wandrille), Fleury et les autres monastères procèdent de même. Cette charité en acte n'est-elle pas d'ailleurs inscrite dans la règle bénédictine ?

Providence des miséreux, ces grands centres agricoles qui contiennent des ateliers, des greniers à vivres, des moulins, des bâtiments d'exploitation suscitent la création alentour de services artisanaux aussi nécessaires pour le monastère lui-même que pour les domaines voisins.

Au plan de l'économie générale, en tant qu'étapes sur les axes commerciaux, les établissements religieux offrent aux marchands l'hospitalité, et leur implantation contribue à la sécurité des échanges. Bien plus, ils les favorisent en créant, avec l'appui de la royauté et en appliquant une politique douanière attrayante, des foires autour des sanctuaires (Saint-Denis). Si l'on ajoute les services financiers qu'ils pouvaient rendre (dépôt des espèces monétaires encombrantes), on sera en mesure de juger de leur rôle moteur dans la société.

III | L'Église, pilier du pouvoir

Il faut à l'architecture sociale comme à celle des bâtiments des contreforts qui renvoient les forces et les appuient sur la base. L'Église sollicitée met ses structures au service de l'État.

1. En 789, il prescrit « qu'il y ait en divers endroits des hospices pour les voyageurs, des lieux d'accueil pour les pauvres dans les monastères et les communautés de clercs, car le Seigneur dira, lors de la rémunération du grand jour : J'étais un hôte et vous m'avez accueilli ».

66 LE RÔLE ADMINISTRATIF. — Les Mérovingiens, particulièrement Clotaire II et Dagobert, avaient déjà largement mis en place le processus en chargeant l'épiscopat du recouvrement des impôts et en utilisant les monastères comme « points d'appui régionaux du pouvoir ». Mais les crises du dernier siècle (guerre civile, lutte pour conquérir les mairies du palais) ne permettent pas d'en recueillir immédiatement les fruits ou, du moins, sont-ils momentanément oblitérés. Cette politique sera reprise et accentuée par les Carolingiens avec parfois des infléchissements et un rééquilibrage.

L'indépendance épiscopale qui s'était affermie jusqu'à former des principautés guerrières fut disciplinée par Charles Martel, après qu'il se fut appuyé sur elle.

Progressivement l'évêque est allégé de la charge des fonctions publiques qui font retour au comte[1]. En revanche la hiérarchie ecclésiastique, à tous ses degrés, unira les sujets à l'empereur. Pour réaliser ce dessein, les souverains prendront le contrôle des monastères et favoriseront l'élection d'évêques parmi leur clientèle austrasienne. Insérés dans l'administration missatique, ils le sont à deux titres : localement, dans leurs diocèses, comme délégués permanents ; mais aussi lorsqu'ils sont envoyés en mission, hors de leur ressort, collégialement avec les comtes. En fonction de leur nouvelle équation politique, et à cause d'elle, leurs pouvoirs sont augmentés. Des immunités leur sont à nouveau accordées et même mieux garanties que celles de la période mérovingienne[2]. Les ressources offertes par les abbayes ne sont pas pour autant négligées. Outre les services que les monastères rendaient à l'empereur, les abbés étaient également choisis comme *missi,* prélude à la fonction de chefs militaires qu'ils rempliront, comme les évêques d'ailleurs, à la fin de la période.

67 LE RÔLE MILITAIRE. — Au reste, sans anticiper, les abbayes sont réparties, selon un capitulaire de 817, en trois groupes. Certaines ne doivent que des « prières pour le salut de l'Empire », d'autres des dons, enfin le groupe le plus chargé, situé principalement dans le Nord ou, pour des raisons stratégiques, sur les routes conduisant en Italie, doit de surcroît mettre à la disposition de

1. Désormais la distinction est faite entre l'*episcopatum* et le *comitatum.*
2. Grâce à la présence de l'avoué qui, nommé par l'empereur, décharge le propriétaire immuniste de ses fonctions temporelles et fait mieux obstacle à l'ingérence des comtes.

l'État des équipes guerrières qui « ont probablement pesé aussi lourd dans les structures militaires carolingiennes que les clientèles des grands » (Poly, Bournazel). L'épiscopat fournit également son concours. Et la hiérarchie ecclésiastique est si bien intégrée aux structures administratives que l'efficacité des campagnes en dépend. L'exemple de la mobilisation éclair de 817-818 le confirme. La rapidité de l'offensive permit d'anéantir avant toute résistance la conjuration de Bernard d'Italie (neveu de Louis le Pieux)[1]. Cette organisation conçue par Charlemagne a admirablement servi son prestige militaire.

À ce rôle de transmission des ordres vient s'ajouter celui de relais fiscal déjà évoqué[2]. Enfin, l'implantation des abbayes doit être rappelée dans cette perspective de consolidation et d'extension de l'Empire.

68 LES BASTIONS RÉGIONAUX. — La fortune foncière de l'Église, qui connaissait des degrés, n'était pas géographiquement homogène : évêchés et monastères possédaient souvent, en effet, des biens situés hors de leur circonscription territoriale[3].

Les époques et la politique se retrouvent dans ces répartitions. Sous la première dynastie les églises du Nord sont largement possessionnées en Aquitaine pour tenter d'enrayer les tendances autonomistes. Les rois de la seconde race, eu égard aux dimensions de l'Empire, ont délibérément utilisé les grandes abbayes pour renforcer leur autorité sur les territoires conquis. On a longtemps pensé que la dispersion des biens monastiques était liée à l'anémie économique et constituait en quelque sorte un réseau commercial destiné à fournir en vivres l'établissement principal. L'historiographie récente ouvre une autre perspective, intégrée aux préoccupations politiques. Ainsi Saint-Denis, abbaye favorisée entre toutes, a-t-elle été dotée de terres de plus en plus éloignées pour appuyer la soumission de l'Alémanie et de la Souabe[4]. On constate le même phéno-

1. Un document émanant de l'archevêque de Trèves éclaire cette procédure : en une demi-journée les guerriers, prévenus par évêques et abbés, se mirent en marche pour passer les Alpes.
2. *Cf.* n° 52.
3. C'était déjà le cas de l'Église de Rome au Ve siècle.
4. On suit sa progression en Lorraine d'abord, puis au-delà des Vosges, enfin outre-Rhin. La Bretagne est également touchée par cette « pénétration pacifique » pour parachever les actions guerrières (H. Guillotel).

mène en Italie du Nord où sont implantées non seulement Saint-Denis et Saint-Martin de Tours, mais aussi Fulda, Saint-Gall et d'autres abbayes du sud de l'Allemagne. Des liens sont donc tissés, par l'intermédiaire des grands sanctuaires, initialement entre le noyau central et les terres conquises, puis finalement entre toutes les parties de l'Europe carolingienne qui réalise peu à peu son unité.

En revanche, après 843, en contrecoup des guerres et des invasions, les abbayes échangeront leurs possessions lointaines contre des biens plus proches. Ce repli des établissements monastiques battra son plein autour de l'an mil.

Au total, finances, armée, justice, administration proprement dite, élaboration de la loi, économie : il n'est pas un secteur des institutions qui ne soit touché et irrigué par cette action de l'Église, contrefort du pouvoir carolingien. Cependant certains prélats jugeaient ce rôle écrasant. L'évêque Arn de Salzbourg ne se plaint-il pas de toutes les tâches, y compris militaires, qui le détournent de sa mission spirituelle. Parallèlement se développe une ample réflexion sur la nature et la destination des biens d'Église, chez Agobard notamment, puis chez Hincmar de Reims. Patrimoine des pauvres, ils doivent échapper à l'appropriation par les laïcs ; le roi lui-même ne peut les détourner de leur destination en les distribuant inconsidérément à l'aristocratie laïque. « La fraction la plus réformiste du clergé carolingien a pris au sérieux cette vision monastique et collectiviste de l'usage des biens terrestres. »[1] Cette aspiration à se dégager des préoccupations temporelles remet en cause le système sur lequel s'appuyaient les premiers Carolingiens et se répercutera dangereusement sur le pouvoir à l'heure des périls intérieurs et scandinaves.

1. J. Revisse, *Hincmar*, p. 301. *Cf.* également p. 500 et s. Il faut replacer dans ce courant les extraordinaires « forgeries » du IXe siècle ; notamment les célèbres textes canoniques apocryphes (*cf.* les Fausses décrétales) ; également les falsifications des privilèges d'immunité, par remaniement de la formule originale et adjonction de nouveaux privilèges afin d'échapper aux charges publiques. *Cf.* E. Magnou-Nortier, L'immunité, *loc. cit.*, p. 503 et s.

Pour aller plus loin

69 ÉTUDES D'ENSEMBLE. — Outre n° 33 *supra.* L. Halphen, *Charlemagne et l'Empire carolingien* (1947), rééd. Paris, 1968 ; R. Folz, *Le couronnement impérial de Charlemagne,* Paris, 1964 (coll. « Trente journées qui ont fait la France », 3) ; *Karl der Grosse* (sous la dit. de W. Braunfels), Düsseldorf, 1965-1967, 4 vol. ; G. Tessier, *Charlemagne,* Paris, 1967 ; D. Bullough, *Le siècle de Charlemagne,* Paris, 1967 ; F.-L. Ganshof, *The Carolingiens and the Frankish Monarchy,* London, 1971 (16 articles) ; E. Perroy, *Le monde carolingien,* Paris, 1974 ; J. Dhondt, *Le haut Moyen Âge (VIIIe-XIe s.),* revu et mis à jour par M. Rouche, Paris, 1976 ; P. Riché, *La vie quotidienne dans l'Empire carolingien,* Paris, 1973, 2e éd., 1979 ; du même auteur, *Les Carolingiens. Une famille qui fit l'Europe,* Paris, 1983 ; J.-P. Poly et É. Bournazel, *La mutation féodale (Xe-XIIe siècle),* Paris, 1980, 2e éd. mise à jour, 1991 (coll. « Nouvelle Clio », 16), bien que consacré à la féodalité, comporte des développements nourris sur la période franque ; au-delà de l'intitulé restrictif, l'ouvrage monumental de J. Devisse, *Hincmar archevêque de Reims 845-882,* Genève, 1975-1976, 3 vol., concerne toute l'époque carolingienne ; remarque analogue pour H. Guillotel (en collaboration avec A. Chédeville), *La Bretagne, op. cit.* ; *cf.* enfin les larges développements de J.-L. Nelson, *Charles le Chauve,* Paris, Aubier, 1994, et aussi, M. Rouche, L'empire carolingien ou l'Europe avortée, *Les empires occidentaux de Rome à Berlin,* J. Tulard (dir.), Paris, PUF, 1997, coll. « Histoire générale des systèmes politiques », p. 225-246.

Enfin, le limpide et fondamental t. V de l' « Histoire du Droit et des Institutions de l'Église en Occident » (dir. G. Le Bras et J. Gaudemet) dû à J. Imbert : *Les Temps carolingiens (741-891)* (vol. I : *L'Église : Les institutions* ; vol. 2 : *La vie des fidèles*), Paris, 1994-1996, qui embrasse tous les aspects de la période.

70 LA CONCEPTION DU POUVOIR. — Sur les préliminaires de la théocratie : H.-X. Arquillière, *L'augustinisme politique,* Paris, 2e éd., 1971 ; M. Reydellet, *La royauté..., op. cit.,* p. 440 et s. ; J. Devisse, Le sacre et le pouvoir avant les Carolingiens, l'héritage wisigothique, *Le sacre des rois* (Colloque, Reims, 1975), Paris, 1985, p. 27-38 ; R.-H. Bautier, Sacres et couronnements sous les Carolingiens et les premiers Capétiens. Recherches sur la genèse du sacre royal français, *Ann. Bull. Soc. Hist. France,* 1989 (1987), p. 7-56.

Sur les conceptions politiques carolingiennes : M. Pacaut, *La théocratie. L'Église et le pouvoir au Moyen Âge,* Paris, 1957 ; R. Folz, *Le couronnement impérial..., op. cit.* ; H. Anton, *Fürstenspiegel und Herrschethos in der Karolingerzeit,* Bonn, 1968 ; Y.-M.-J. Congar, *L'Ecclésiologie du haut Moyen Âge,* Paris, 1968 ; J. Devisse, *Hincmar, op. cit.,* p. 671 et s. ; *cf.* aussi E. Delaruelle, En relisant le *De institutione regia* de Jonas d'Orléans. L'entrée en scène de l'épiscopat, *Mélanges Halphen,* Paris, 1951, p. 185 et s. ; et les nombreux articles de F.-L. Ganshof, réédités dans *The Carolingians..., op. cit.* (The impérial coronation of Charlemagne. Théories and facts (1949), Observations sur l'*Ordinatio imperii* de 817 (1955), L'Église et le pouvoir royal dans la monarchie franque (1960), Le programme de gouvernement impérial de Charlemagne (1961)) ; W. Goffart, Paul the Deacon's Gesta episcoporum Mettensium and the early design of Charlemagne's succession, *Traditio,* 1986, p. 59-93 ; K.-F. Werner, Hludovicus Augustus. Gouverner l'empire chrétien. Idées et réalités, *Charlemagne's hein...,* Oxford, 1990, p. 3-123 ; O. Guillot, Une *ordinatio* méconnue : le capitulaire de 823-825, *Charlemagne's heir, op. cit.,* p. 455-486.

M. David, *Le serment du sacre du IXe au XVe siècle,* Strasbourg, 1951 ; P. Riché, La Bible et la vie politique dans le haut Moyen Âge, *Le Moyen Âge et la Bible,* Paris, 1984, p. 385-400 (« Bible de tous les temps », 4) ; H.-W. Goetz, Regnum : Zum politischen Denken des Karolingerzeit, *ZSS, Germ. Abt.,* 1987, p. 110-189 ; D. Iogna-Prat, Le « baptême » du schéma des trois ordres fonctionnels : l'apport de l'École d'Auxerre dans la seconde moitié du IXe s., *AESC,* 1986, n° 1, p. 101-126.

Sur le délicat problème des liens personnels : F.-L. Ganshof, Les liens de vassalité dans la monarchie franque, *Les liens de vassalité et les immunités, op. cit.,* p. 153-169 ; E. Magnou-Nortier, *Foi et fidélité...* ; M. Rouche, *L'Aquitaine,* p. 378 et s. et 404 ; et compte rendu sur ces deux ouvrages par P. Ourliac, *RHD,* 1978, p. 100 et s. ; J.-P. Poly et É. Bournazel, *La mutation féodale,* p. 104 et s., 115 et s.

Sur l'organisation familiale de la noblesse autour des *honores* et son évolution en lignages, R. Le Jan, *Famille et pouvoir dans le monde franc (VIIe-Xe s.). Essai d'anthropologie sociale,* Paris, Publications de la Sorbonne, 1995, et aussi, R. Le Jan (éd.), *La royauté et les élites dans l'Europe carolingienne (du début du IXe aux environs de 920),* Lille, 1998.

71 ADMINISTRATION. — Voir L. Halphen, *Charlemagne et l'Empire carolingien, op. cit.,* p. 140 et s. ; F.-L. Ganshof, Charlemagne et les institutions de la monarchie franque, *Karl der Grosse, op. cit.,* t. I, p. 349-393 ; du même auteur, Charlemagne et l'usage de l'écrit en matière administrative, *MA,* 57, 1951, reprint dans *The Carolingians and the Frankish Monarchy, op. cit.* ; les doutes anciens sur l'efficacité de l'administration carolingienne (*cf.* Perroy et même Ganshof) semblent devoir être largement atténués par l'important article de K.-F. Werner, *Missus – Marchio – Comes.* Entre l'administration centrale et l'administration locale de l'Empire carolingien, *Histoire comparée de l'administration..., op. cit.,* p. 191-239. Ajouter à cette réhabilitation les remarques de J. Campbell, The significance of the Anglo-Norman State in the administrative history of the Western Europe, *ibid.,* en particulier p. 128 ; dans le même esprit voir aussi ce qui concerne la fiscalité, *infra.* Il faut insister sur la souplesse de l'administration carolingienne ; ainsi, lorsque le système administratif carolingien est introduit en Bretagne, en particulier dans le comté de Vannes, les habitudes des populations sont respectées, notamment avec le maintien des *machtierns* ; ces dignitaires, appartenant à des familles importantes, gardent leurs fonctions qui étaient essentiellement d'ordre judiciaire et fiscal. *Cf.* H. Guillotel, *La Bretagne des saints et des rois, op. cit.,* p. 212 et s. ; remarque analogue chez E. Magnou-Nortier qui, à propos du système vassalique, note le souci de Charlemagne vieillissant de ménager l'originalité des peuples de l'Empire (*Foi et fidélité...,* p. 57). Sur la prolongation de l'efficacité des *missi* sous Charles le Chauve : J. Devisse, *Hincmar..., op. cit.,* p. 295.

Sur le palais, D. Bullough, *Le siècle de Charlemagne, op. cit.,* p. 80 et s., est très suggestif ; on se référera aussi à C. R. Brülh, *Palatium und Civitas, Studien sur Profantopographie spätantiker Civitates vom 3. bis zum 13. Jahrhundert,* I : *Gallien,* Cologne-Vienne, 1975 ; *Charles the Bald : Court and kingdom* (Colloque, Londres, 1979), Oxford, 1981 ; J. Barbier, Palais et fisc à l'époque carolingienne : Attigny, *BEC,* t. 140, 1982, p. 133-161 ; du même auteur, Le système palatial franc : genèse et fonctionnement dans le nord-ouest du *Regnum, BEC,* t. 148, 1990, p. 245-299. Sur la chancellerie : P. Riché, La formation des scribes..., *loc. cit.* ; et aussi R.-H. Bautier, La chancellerie et les actes royaux dans les royaumes carolingiens, *BEC,* t. 142, 1984, p. 5-80 ; U. Nonn, *Pagus und Comitatus in Niederlothringen. Untersuchungen zur politischen Raumgliederung im früheren Mittelalter,* Bonn, 1983.

Sur l'armée, outre Ph. Contamine, *La guerre au Moyen Âge, op. cit.,* voir F.-L. Ganshof, L'armée sous les Carolingiens, *Settimane... di Spoleto,* 1968, I, p. 109-

130 ; K.-F. Werner, Heeresorganisation und Kriegsführung im deutschen Königreich des 10. und 11. Jahrhundert, *ibid.*, II, reprint dans *Structures politiques du monde franc,* n° III ; J.-P. Poly et É. Bournazel, *La mutation...*, p. 76 et s. ; F. E. Prinz, King, clergy and war at the time of the Carolingians, *Studies... Jones,* 1979, t. 2, p. 301-329 ; J. France, La guerre dans la France féodale à la fin du IXe et Xe siècle, *R. belge Hist. milit.*, 1979, t. 23, n° 3, p. 177-198 ; J.-F. Verbruggen, L'art militaire dans l'Empire carolingien, *ibid.*, t. 23, n° 4, p. 299-310 ; 1980, t. 23, n° 5, p. 393-412 ; S. C. Coupland, *Charles the Bald and the défense of west Frankish Kingdom against the Viking invasions, 840-877,* thèse, Oxford, Univ., 1987. *Cf.* aussi J.-P. Poly, Les *vassi* du nouvel empire, *Les féodalités,* É. Bournazel et J.-P. Poly (dir.), Paris, PUF, 1998, coll. « Histoire générale des systèmes politiques », p. 83-107. Sur l'évolution des idées sur la guerre, *cf.* J. Flori, *L'idéologie du glaive, aux origines de la chevalerie,* Genève, 1983. À ces travaux, on peut ajouter concernant la fiscalité et l'armée : J. Durliat, Le polyptyque d'Irminon et l'impôt pour l'armée, *BEC,* t. 141, 1983, p. 183-208 ; également E. Magnou-Nortier, Les *« pagenses »,* notables et fermiers du fisc durant le haut Moyen Âge, dans *RBPhH* 65, 1987 (2), p. 237-256.

Manse et fiscalité : les travaux suivants renouvellent totalement la problématique : E. Magnou-Nortier, La terre, la rente et le pouvoir dans les pays de Languedoc pendant le haut Moyen Âge, *Francia,* 9, 1981, p. 79-115 ; 10, 1982, p. 21-66 ; 11, 1983, p. 53-118. Du même auteur, À propos de la villa et du manse dans les sources méridionales du haut Moyen Âge, *AM,* t. 96, n° 165, janv.-mars 1984, p. 85-91 ; La gestion publique en Neustrie : les moyens et les hommes (VIIe-IXe s.), dans *La Neustrie, op. cit.*, t. I, p. 271 à 318. *Cf.* aussi J. Durliat, Le polyptyque d'Irminon, *loc. cit.* ; Le Manse dans le polyptyque d'Irminon : nouvel essai d'histoire quantitative, dans *La Neustrie, op. cit.*, t. 1, p. 467-503. Sur les finances ajouter R. Kaiser, *Teloneum episcopi,* du tonlieu royal au tonlieu épiscopal dans les *civitates* de la Gaule (VIe-XVe s.), *Histoire comparée de l'administration..., op. cit.,* p. 469-485.

72 DROIT ET JUSTICE. — Voir F.-L. Ganshof, *Recherches sur les Capitulaires,* Paris, 1958 ; du même auteur, Contribution à l'étude de l'application du droit romain et des capitulaires dans la monarchie franque sous les Carolingiens, *Studi... E. Volterra,* III, Milan, 1969, p. 585 et s. ; J. Imbert, Le droit romain dans les textes juridiques carolingiens, *Studi... de Francisci,* III, Milan, 1956, p. 61 et s. ; J.-F. Lemarignier, Les actes de droit privé de Saint-Bertin au haut Moyen Âge. Survivances et déclin du droit romain dans la pratique franque, *Mélanges... F. de Visscher,* IV, 1950, p. 35 et s. ; C. de Clercq, *Neuf capitulaires de Charlemagne concernant son œuvre réformatrice par les « missi »,* Milan, 1968 ; J. Devisse, *Hincmar et la loi,* Dakar, 1962. Voir également E. Magnou-Nortier, *Lex et consuetudo.* Enquête dans les sources législatives carolingiennes, *Coutumes et libertés,* dans *Rec. Mém. Trav. soc. Hist. Droit,* 1988, fasc. 14, p. 197-207 ; du même auteur, Note sur l'expression *iusticiam facere* dans les capitulaires carolingiens, *Haut Moyen Âge... Études offertes à Pierre Riché, op. cit.*, p. 249-264. Ces deux articles abordent les implications administratives et fiscales. Sur le rôle des *potentes* dans la création du droit, *cf.* P. Ourliac, Réflexions sur l'origine de la coutume, *Études d'histoire du droit médiéval en souvenir de Josette Metman,* dans *MSHDB,* 1988, fasc. 45, p. 341-354.

Sur les Fausses décrétales et les recueils pseudo-isidoriens, *cf.* P. Fournier et G. Le Bras, *Histoire des collections canoniques en Occident depuis les Fausses décrétales jusqu'au Décret de Gratien,* t. I, Paris, 1931, p. 127 et s. ; S. Williams, *Codices PseudoIsidoriani,* New York, 1971 ; H. Furhmann, *Einfluss und Verbreitung der Pseudo-isidorischen Fälschungen. Von ihrem Auftauchen bis in die neuere Zeit,* Stuttgart, 1972-1974, 3 vol. ; J. Gaudemet, La Bible dans les Collections canoniques, *Le Moyen Âge et la Bible,* Paris, 1984, p. 327-369 (« Bible de tous les temps », 4).

Sur les institutions judiciaires, outre les manuels d'histoire du droit, voir F.-L. Ganshof, Charlemagne et l'administration de la justice dans la monarchie franque, *Karl der Grosse,* I, *op. cit.,* p. 394-419 ; du même auteur, Les réformes judiciaires de Louis le Pieux, *CRAIBL,* 1965, p. 418-427 ; D. Barthélémy, Présence de l'aveu dans le déroulement des ordalies (IXe-XIIIe s.), *Aveu. Antiquité et Moyen Âge,* dans *Publications de l'École française de Rome,* 1988, p. 191-214 ; du même auteur, Diversité des ordalies médiévales, *RH,* 1988, p. 3-25 ; G. Sicard, Sur l'organisation judiciaire carolingienne en Languedoc, *Études... Noël Didier,* 1960, p. 293-299 ; J.-P. Poly, *La Provence et la société féodale, 879-1166,* Paris, 1976, p. 44 et s. ; M. Palasse, Le paradoxe de l' *« inquisitio »* franque, *Études... Petot,* Paris, 1959, p. 423-430.

Sur l'évolution de l'application de la personnalité des lois, *cf.* J.-P. Poly et É. Bournazel, *La mutation féodale,* p. 328 et s. ; le Nord et le Midi évoluent différemment. Dans le courant du IXe siècle, lorsqu'il s'agit d'appliquer la loi romaine dans le Nord, on a quelque peine à trouver un juge la connaissant. Lyon fait figure de plaque tournante entre Francs, Burgondes et Romains ; c'est ainsi qu'Agobard dénonce le système de la personnalité des lois qui conduit à traiter différemment des chrétiens qui sont uns dans le Christ. Quant au Midi, si on prend soin jusqu'au Xe siècle de demander aux parties sous quelles lois elles vivent et si les conseillers du juge sont qualifiés de *romani, salici* et *gothi,* il est indiscutable que la loi romaine, sous la forme du Bréviaire d'Alaric, est celle de la majorité de la population, ce qui ne retire pas aux Francs implantés dans ces régions l'usage de la loi salique. Tant qu'il n'y a pas fusion totale des aristocraties dans le Midi, la personnalité des lois persiste ; avec une chronologie différente selon les régions, elle s'estompera au profit de la territorialité, totalement acquise au XIe siècle (développement des coutumes, *cf.* nos 94-95).

73 ÉCONOMIE ET SOCIÉTÉ. — Outre les ouvrages cités pour la période mérovingienne, voir G. Duby, *L'économie rurale et la vie des campagnes dans l'Occident médiéval,* 2 vol., Paris, 1962 ; J. Dhondt, *Le haut Moyen Âge (VIIIe-XIe s.), op. cit.* ; M. Lombard, *Espaces et réseaux du haut Moyen Âge,* Paris, 1972 ; du même auteur, *Études d'économie médiévale. Les métaux dans l'ancien monde du Ve au XIe siècle,* Paris - La Haye, 1974 ; S. Lebecq, *Marchands et navigateurs frisons du haut Moyen Âge,* 2 t., Lille, 1983 ; Dans l'Europe du Nord des VIIe-IXe siècles : commerce frison ou commerce franco-frison ?, *AESC,* 1986, no 1, p. 361-377.

Si la volonté d'action du pouvoir est généralement admise, le niveau réellement atteint par l'économie carolingienne est encore controversé. Aux pessimistes (G. Duby, *L'économie rurale..., op. cit.,* R. Fossier, Les tendances de l'économie : stagnation ou croissance ?, *Settimane... di Spoleto,* XXVII, 1981, p. 261-290) successeurs de M. Bloch (*Les caractères originaux de l'histoire rurale française,* 3e éd., Paris, 1968), une série d'articles récents oppose une vision beaucoup moins sombre ; A. Verhulst appelle à « une reconsidération fondamentale de l'économie carolingienne vis-à-vis des vues catastrophiques de Pirenne, de Duby et de Fossier » (*cf.* L'Histoire rurale de la Belgique jusqu'à la fin de l'Ancien Régime, *RH,* no 550, avril-juin 1984, p. 435-436). Parmi les articles qui mettent en évidence le niveau honorable de l'économie carolingienne, *cf.* R. Delatouche, Regards sur l'agriculture aux temps carolingiens, *JS,* 1977, p. 73-100 ; J.-P. Devroey, Un monastère dans l'économie d'échanges : les services de transport à l'abbaye Saint-Germain-des-Prés au IXe siècle, *AESC,* 1984, no 3, p. 570-589 ; du même auteur : Réflexions sur l'économie des premiers temps carolingiens (768-877) : Grands domaines et action politique entre Seine et Rhin, *Francia,* 13, 1985, p. 475-488 ; E. Magnou-Nortier, Capitulaire *« De villis et curtis imperialibus »* (vers 810-813). Texte, traduction et commentaire, *Revue historique,* CCXCIX/3, 1998, p. 643-689 ; A. Lombard-Jourdan, Foires de l'abbaye de Saint-Denis, Revue des données et révision des opinions admises, *BEC,* t. 145, 1987,

p. 273-338 ; J. Durliat, La vigne et le vin dans la région parisienne au début du IXe siècle d'après le polyptyque d'Irminon, *MA*, XXIV, 1968, p. 387-419 ; du même auteur, Le polyptyque d'Irminon..., *loc. cit.* ; du même, *De conlaboratu* : faux rendements et vraie comptabilité publique à l'époque carolingienne, *RHD*, 1978, n° 3, p. 445-457 : cet article fait partie des travaux récents qui éclairent différemment l'inventaire du fisc impérial d'Annapes ; de la liste limitée des outils en fer recensés par l'inventaire, on avait tiré des conclusions hâtives sur la pauvreté de l'équipement carolingien. « La découverte récente d'une agglomération importante d'époque carolingienne, près du confluent de la Seine et de l'Yonne, a livré un grand nombre d'excellents outils de toutes sortes. Là encore une légende s'écroule » (K.-F. Werner, *Les origines..., op. cit.*, p. 430). Notons également que, contrairement aux idées reçues, ce n'est pas au XIe siècle qu'il faut rattacher la diffusion du moulin à eau : « Dès la seconde moitié du VIIIe siècle et bien souvent avant [il] est solidement implanté dans l'ensemble des vallées comprises entre la Loire et l'Escaut » : D. Lohrmann, Le moulin à eau dans le cadre de l'économie rurale de la Neustrie (VIIe-IXe s.), dans *La Neustrie, op. cit.*, I, p. 367-398. Il faut reconnaître que « le dynamisme commercial du cœur de l'Empire franc entre Loire et Rhin... est inséparable d'une prospérité des campagnes du IXe siècle qu'un nombre croissant d'historiens est prêt à admettre aujourd'hui » (J.-P. Devroey, Un monastère..., *loc. cit.*, p. 584).

Sur le régime domanial : sa diversité au nord de la Loire, *cf.* A. Verhulst, La diversité du régime domanial entre Loire et Rhin à l'époque carolingienne, *Villa – Curtis – Grangia..., op. cit.*, p. 133-148 (bibliographie très importante) ; sur l'absence de véritable régime domanial – avec relation étroite entre réserve et tenures – en Provence, *cf.* J.-P. Poly, *La Provence...*, p. 99 et s. ; du même auteur, Régime domanial et rapports de production « féodalistes » dans le midi de la France (VIIIe-Xe s.), *Structures féodales et, féodalisme dans l'Occident méditerranéen,* Colloque, Rome, 1978 ; B.-F. Ennas, Il *« capitulare » de villis,* Milan, 1981 ; *Le grand domaine aux époques mérovingienne et carolingienne... Actes du colloque international, Gand, 1983,* Gand, 1985 (publ. du Centre belge d'hist. rurale, n° 81), à confronter avec E. Magnou-Nortier, La gestion publique en Neustrie..., *loc. cit.* ; et du même auteur, Le grand domaine, des maîtres, des doctrines, des questions, *Francia,* 15, 1988, p. 659-700 ; J. Durliat, *Les finances publiques..., op. cit.*

Sur la monnaie : Ph. Grierson, Money and coinage under Charlemagne, *Karl der Grosse, op. cit.*, t. I, p. 501-536 ; J. Lafaurie, La surveillance des ateliers monétaires au IXe siècle, *Histoire comparée de l'administration..., op. cit.*, p. 486-496 ; S. Coupland, Money and coinage under Louis the Pious, *Francia,* 17-1, 1991, p. 23-54.

Cf. aussi l'amusante querelle de M. Rouche et J.-Cl. Hoquet sur les rations des moines carolingiens : J.-Cl. Hoquet, Le pain, le vin et la juste mesure à la table des moines carolingiens, *AESC,* 1985, n° 3, p. 661-686 ; réponse de Rouche, p. 687-688, et postface de Hoquet, p. 689-690 (à propos des travaux de M. Rouche, La faim à l'époque carolingienne, essai sur quelques types de rations alimentaires, *RH,* n° 508, oct.-déc. 1973, p. 295-320 ; du même auteur, Les repas de fêtes à l'époque carolingienne, *Manger et boire au Moyen Âge* (Colloque, Nice, 1982), Paris, 1984, p. 265 et s.). On ferraille ferme, on pourrait même dire qu'on s'embroche. *Cf.* également J.-P. Poly, Entreprises agricoles et pain quotidien dans le haut Moyen Âge, *Mélanges... Vigneux,* 1981, t. 2, p. 635-657 ; P. Bonnassie, Consommation d'aliments immondes et cannibalisme de survie dans l'Occident du haut Moyen Âge, *AESC,* 1989, n° 5, p. 1035-1056.

74 L'ÉGLISE. — Ajouter à la bibliographie citée pour la période mérovingienne : J. Imbert, *Les Temps carolingiens, op. cit.*, n° 69 ; E. Amann, *L'Époque carolingienne,* Paris, 1941 (coll. « Histoire de l'Église », 6) ; R. McKitterick, *The frankish Church and the carolingian reforms, 789-895,* Londres, 1977 ; J. M. Wallace-Hadrill, *The frankish Church,* Oxford, 1983 ; F.-L. Ganshof, L'Église et le pouvoir royal dans la monarchie franque sous Pépin III et Charlemagne, *Settimane... di Spoleto,* VII, 1960, traduit dans *The Carolingians and the frankish monarchy, op. cit.*, n° XI ; R. Kaiser, *Bischofsherrschaft zwischen Königtum und Fürstenmaeht... im frühen und höhen Mittelalter,* Bonn, 1981 ; Imbart de La Tour, *Les paroisses rurales du IVe au XIe siècle,* Paris, réimpression, 1979 ; M. Aubrun, *Histoire de la paroisse rurale au Moyen Âge,* Paris, 1983 ; L. Musset, Signification et destinée des domaines excentriques pour les abbayes de la moitié septentrionale de la Gaule jusqu'au XIe siècle, *Sous la règle de saint Benoît, op. cit.*, p. 167-182 ; A. Dierkiens, *Abbayes et chapitres entre Sambre et Meuse (VIIe-XIe s.)...,* Sigmaringen, 1985 ; A. Goulet, Les invasions normandes entre Loire et Seine (840-930). Leurs répercussions sur les établissements monastiques, *Positions Thèses École des Chartes,* 1989, p. 85-94.

Sur le droit canonique : P. Fournier et G. Le Bras, *Histoire des collections canoniques en Occident, op. cit.* ; J. Imbert, Le pouvoir législatif dans l'Église carolingienne, *L'Année canonique,* XVII, 1973 *(Mélanges... Andrieu-Guittrancourt),* p. 589-601.

Sur la nature des biens ecclésiastiques : E. Lesne, *Histoire de la propriété ecclésiastique en France,* Lille, 1910-1943, 6 t. en 8 vol. ; J. Devisse, *Hincmar..., op. cit.,* p. 297 et s., 322 et s., 500 et s., 718 et s. ; du même auteur, Le sacre et le pouvoir avant les Carolingiens..., *loc. cit.,* p. 37 ; J. Durliat, Le polyptyque d'Irminon, *loc. cit.* ; W. Goffart, *The Le Mans forgeries, a chapter from the history of church property in the ninth century,* Cambridge (Mass.), 1966 ; Ph. Le Maître, L'œuvre d'Aldric du Mans et sa signification (832-857), *Francia,* 8, 1980, p. 43-64 ; E. Magnou-Nortier, L'immunité..., *loc. cit.* ; J.-P. Poly, *La Provence..., op. cit.,* p. 77 et s.

Sur la culture : P. Riché, *Instruction et vie religieuse dans le haut Moyen Âge,* Londres, 1981 (23 articles) ; L.-H. Parias (sous la dir. de), *Histoire générale de l'enseignement et de l'éducation en France,* t. I par M. Rouche, Paris, 1981 ; R. McKitterick, Charles the Bald (823-877) and his library : the patronage of learning, *English Historical Review,* 1980, n° 374, p. 28-47.

Chapitre 3
« Mort et transfiguration »

L'historien grec Polybe le soulignait déjà, la ruine d'un État peut provenir de causes extérieures ou de crises intérieures. L'élimination de la dynastie carolingienne offre un exemple de la conjonction de ces deux dangers. Sans insister ici sur l'énorme impact politique et économique des invasions (scandinaves, sarrasines, puis hongroises), il convient de décrire le double triomphe des princes territoriaux, à la fois dans leurs seigneuries et par l'accession de l'un des leurs au trône.

I | Prélude et étapes du morcellement territorial

75 877 : Quierzy-sur-Oise. — Sous Charles le Chauve, la possibilité pour le roi de révoquer le titulaire d'un « honneur » (c'est-à-dire une charge publique comtale, abbatiale ou épiscopale) existe toujours et connaît des applications, même si sa mise en œuvre devient de plus en plus difficile. Lorsque devenu empereur, Charles le Chauve prépare une expédition en Italie pour défendre le pape, il règle avec l'accord des grands la situation du royaume en son absence. L'un des points discutés lors du plaid général tenu à Quierzy-sur-Oise concerne l'éventualité du décès d'un comte, dans cette hypothèse, le capitulaire de Quierzy prévoit que son fils lui succédera provisoirement dans sa charge. Le roi n'entend apporter aucune modification aux règles concernant les nominations comtales dont il veut rester maître. Mais il est clair que les grands escomptent, aussi bien pour les comtés que pour les bénéfices[1], la possibilité d'une transmission héréditaire. C'est ce qui va se réaliser pendant les règnes fort brefs des successeurs de Charles le Chauve qui meurt au cours de cette expédition.

76 LE TRIOMPHE DES PRINCES TERRITORIAUX. — Les tendances centrifuges des territoires périphériques avaient été matées par les premiers Carolingiens. En sens inverse, les crises des dernières décennies du IXe siècle favorisent l'apparition de principautés autonomes.

1. Les grands commandements créés par Charles le Chauve sont souvent à l'origine de ce phénomène. Ainsi, le fils de Baudoin Bras-de-Fer[2] profite-t-il des conséquences désastreuses des offensives normandes pour acquérir la stature de prince territorial. Cela lui est d'autant plus aisé que l'administration royale a été pulvérisée en Flandre. En Aquitaine, Bernard Plantevelue connaît un succès encore plus spectaculaire ; outre la maîtrise de l'Auvergne, du Limousin, du Berry, il acquiert celle du Toulousain et de la Gothie auxquels il faut encore ajouter Mâconnais et Lyonnais. En 888, son fils Guillaume le Pieux lui succède ; même si l'assise géographique de son pouvoir s'est quelque peu effritée, il use en 898 du titre de duc d'Aquitaine qui traduit son indépendance à l'égard du roi. À partir de 927, cette principauté échoit au comte de Poitiers, Guillaume Tête-d'Étoupe qui s'intitule « duc de toute l'Aquitaine », mais qui, dans sa lutte pour s'établir, perd le contrôle d'une partie de l'Auvergne et le nord du Berry. Après une ascension remarquable et l'élimination de ses rivaux, Richard le Justicier exerce toutes les prérogatives royales en Bourgogne ; son autorité est d'ailleurs reconnue par le roi Charles le Simple.

1. Rappelons la tendance à confondre les « honneurs » avec les bénéfices « dont les détenteurs ont la jouissance en qualité de vassaux du roi » (Halphen). Elle se développe vigoureusement désormais.
2. Ce personnage s'était imposé comme gendre à Charles le Chauve en enlevant sa fille Judith. Notons, chemin faisant, pendant cette période les surnoms respectifs des grands et des rois. D'un côté l'on recense « le Chauve », « le Bègue », « le Simple », tandis que les grands peuvent se prévaloir de « Bras-de-Fer », « Plantevelue », « Longue-Épée » ; l'impression laissée est toute différente.

L'Ouest est, lui aussi, le théâtre d'indépendances analogues, même si leur origine peut être distinguée de celle des trois grandes seigneuries précitées[1].

Les origines de la principauté bretonne sont caractérisées par un fait majeur ; pour la première fois le titre royal est accordé à un chef qu'aucun lien ne rattache à la souche carolingienne. En effet, dans le climat souvent orageux qui marquera, dès 843, les relations de cette province avec la *Francia occidentalis,* Charles le Chauve devra accepter l'organisation d'un royaume subordonné (d'abord en 851 en faveur du chef breton Érispoé, puis de Salomon son cousin en 868). Si cette pratique n'était pas inconnue des institutions carolingiennes, « la Bretagne fut la première à être gouvernée par quelqu'un issu d'un lignage différent de celui des Carolingiens »[2]. Au début du Xe siècle, cette région souffrira particulièrement de l'établissement à demeure des Vikings. La situation s'inverse progressivement à partir de 936, date à laquelle Alain Barbetorte prend le pouvoir avec le titre ducal. Dans la seconde moitié du Xe siècle, la province retrouvera une paix appréciable sinon totale, et « le principe dynastique qui jusque-là avait fait défaut » triomphera.

Cette émergence de principautés à l'Ouest est complétée, si l'on peut dire, par le traité de Saint-Clair-sur-Epte en 911, par lequel Charles le Simple accorde au chef normand Rollon le commandement du comté de Rouen. Cette intégration au système administratif carolingien masque un abandon redoutable pour éviter les pillages exercés par les Scandinaves ; cependant, quelque chose d'essentiel est sauvegardé car, en échange, les Vikings accepteront de recevoir la foi du Christ. Rollon, devenu Robert par le baptême, et son fils Guillaume Longue-Épée assurent leur maîtrise sur la région qui formera la Normandie (terre des hommes du Nord).

Si, en France mineure[3], la formation d'une principauté est contrariée par la lutte entre les Carolingiens, Herbert de Vermandois

1. Les premiers Carolingiens appliquent les techniques de soumission utilisées pour toutes les zones périphériques : expéditions militaires et pénétration pacifique par l'entremise de grands sanctuaires. Louis le Pieux recueille les fruits de cette action persévérante et, de 831 à 840, sous le missaticat du chef breton Noménoé, les institutions carolingiennes se diffusent en Bretagne et la réforme monastique de Benoît d'Aniane rayonne à partir de Redon. *Cf.* H. Guillotel, *La Bretagne..., op. cit.,* p. 223 et s.
2. *Ibid.,* p. 294. *Cf.* aussi p. 284, 319, 353.
3. Le cœur du royaume qui, de la Loire à la Meuse, s'étend entre les grandes principautés périphériques.

(bâtard carolingien) et les descendants de Robert le Fort, dans le Midi la naissance des principautés résulte surtout de la fusion des deux aristocraties naguère rivales : les survivants de la vieille noblesse gallo-romaine et la noblesse d'origine franque qui s'entendent désormais pour monopoliser les charges publiques et se partager les terres méridionales.

Dans le demi-siècle qui suit Quierzy-sur-Oise (877), toutes les provinces de la périphérie du royaume sont devenues autonomes, il est clair d'ailleurs que les particularismes régionaux ont favorisé ce processus.

2. Dans ces grandes seigneuries, le prince exerce à titre héréditaire et à son profit tous les pouvoirs anciennement dévolus ail roi. Fort suggestif est à cet égard l'emploi du terme *princeps* à partir des années 890 ; « jusque-là réservé au seul roi carolingien (il) commence à être utilisé dans les actes juridiques ou dans les chroniques pour désigner une poignée de très hauts personnages, détenteurs d'un pouvoir quasi royal au sein de certaines régions du royaume franc » (Sassier). Politique intérieure et extérieure, guerre et justice relèvent désormais de l'autorité du prince, indice très significatif, la monnaie est frappée à son nom, évêchés et abbayes passent sous sa domination. Seul le rattache encore au roi le lien personnel, plus ou moins distendu et intermittent, de la vassalité.

Mais la dissociation politique ne s'arrête pas avec l'indépendance des principautés, leur puissance va, à son tour, être minée car l'ambition des comtes et vicomtes s'aiguise.

77 L'APPARITION DES COMTÉS AUTONOMES. — Ce phénomène se manifeste à la fois à la périphérie de la France mineure et à celle des grandes seigneuries. À la faveur des luttes entre les familles robertienne et carolingienne, un certain nombre de comtes s'émancipent. Déjà, vers 920, en Anjou, le vicomte Foulque le Roux obtient le titre comtal, suivi peu après par Thibaud de Blois dont le pouvoir s'étend sur les régions de Tours, Chartres et Châteaudun, signe éclatant de ce qu'il a su s'emparer des prérogatives régaliennes, la construction de donjons dans ces villes. Naguère monopole royal, le droit de fortification, déjà aux mains des princes, est maintenant usurpé par les comtes. Ils ne se contentent plus d'être des administrateurs, ils s'érigent, eux aussi, en chefs politiques désormais héréditaires. La dislocation poli-

tique touche également les franges des principautés. Exemples parmi bien d'autres : les comtés de Mâcon, Nevers, Auxerre se détachent de la Bourgogne ; au sud de l'Aquitaine, ceux de Toulouse, puis de Comminges deviennent indépendants.

Cependant, cette désagration s'arrête en Normandie et en Flandre ; dans ces provinces, les chefs territoriaux ont su garder entre leurs mains toutes les prérogatives de la puissance publique.

Le succès des princes territoriaux, menacé pour certains, durable pour d'autres, aboutit de 888 à 987 au triomphe du principe électif.

II | Le chassé-croisé Robertiens-Carolingiens

78 Une royauté désormais élective. — Que le roi, en raison de son jeune âge ou de son incapacité face aux envahisseurs (Charles le Gros), se révèle inapte à remplir sa mission, et les grands, au mépris des droits héréditaires, sont prêts à prendre la relève. En 888, l'assemblée des grands, principalement composée de Francs du Nord, procède à l'élection du fils de Robert le Fort, Eudes, auréolé par sa défense de Paris contre les Normands, il est sacré roi à Compiègne par l'archevêque de Sens. À la même époque, en Germanie, un roi carolingien est déposé.

Cependant la légitimité carolingienne demeure encore importante, car à la mort d'Eudes en 898, à sa demande d'ailleurs, le pouvoir fait retour au jeune Carolingien, Charles le Simple. Mais, ultime étape de la dégradation du principe héréditaire, en 922 les grands déposent Charles le Simple, et désignent pour roi le frère d'Eudes, Robert. Lorsqu'en 936 la royauté fait retour, pour un demi-siècle, aux Carolingiens en la personne de Louis IV d'Outre-Mer (ainsi baptisé car on l'a rappelé d'Angleterre), seuls trois princes viennent à sa rencontre lui prêter serment de fidélité. Ce n'est qu'ultérieurement que les ducs de Bourgogne, Aquitaine et Gothie... se soumettront à cette cérémonie primordiale, selon les nécessités de leur politique. On mesure là le déclin de la puissance royale et la manifestation de l'indépendance des grands. En 987, à l'instigation d'Adalbéron de Reims, le choix se porte de nouveau sur un Robertien, Hugues Capet. Seul aspect bénéfique de ce mode de désignation du roi : la disparition des partages qui s'étaient révélés si nuisibles aux deux premières dynasties.

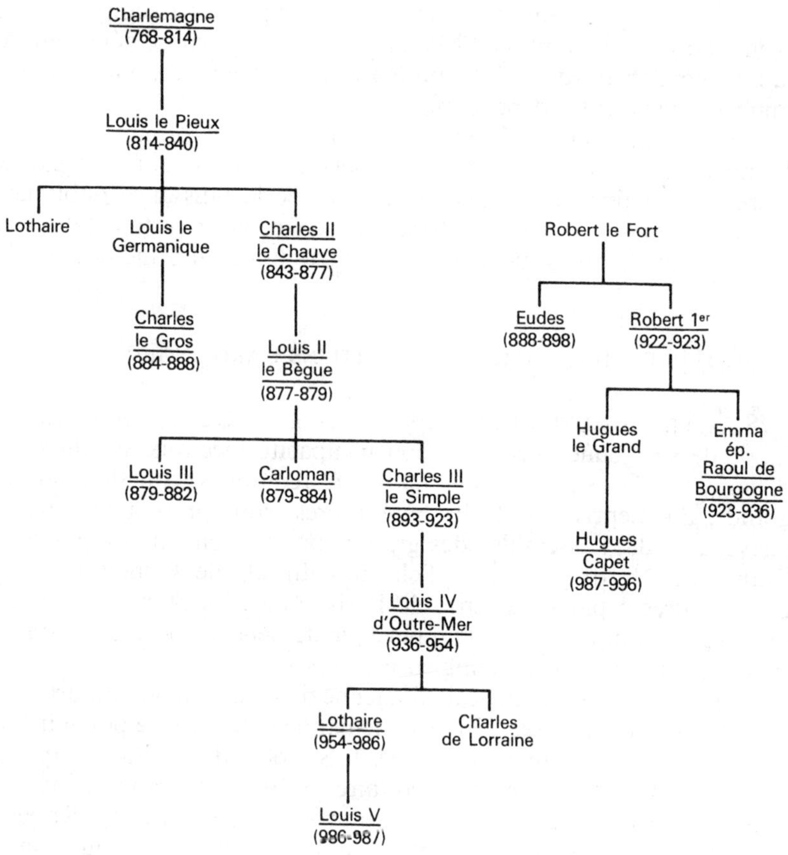

Carolingiens et Robertiens

(Les dates indiquées sont celles des règnes, deux rois ayant parfois régné ensemble ou l'un contre l'autre, sur la Francie occidentale)

79 L'HÉRITAGE CAROLINGIEN. — Par-delà l'échec politique que constitue la rupture avec le principe dynastique, les Carolingiens ont marqué durablement l'Occident. Outre le sacre, dont les Capétiens sauront faire le meilleur usage et qui permettra un ultérieur redressement du pouvoir royal, évoquons la poursuite de la tradition carolingienne. En Germanie d'abord, après quelque soixante-dix ans d'éclipse, le titre impérial est restauré en 962, au profit d'Otton Ier (roi depuis 936). La dynastie ottonienne élèvera à la hauteur d'un système l'art d'équilibrer la féodalité laïque par l'Église. Les empereurs concèdent les droits de la puissance publique aux églises majeures, épiscopales et monastiques, et ils veillent avec le plus grand soin à la désignation des grands dignitaires ecclésiastiques.

Quant à la Normandie, le duc, malgré quelques vicissitudes, a su garder toute son autorité : il a conservé le monopole de la guerre et des châteaux, le droit de battre monnaie, les droits de justice ; il se réserve les cas ducaux – procès touchant le duc et les personnes placées sous sa protection, pèlerins et marchands en font partie ; cela traduit un renouveau économique qui se manifestera également par la création de Caen en 1059[1]. Les Normands transplantent outre-Manche, après la victoire de Guillaume le Conquérant à Hastings en 1066, des méthodes administratives qui diffèrent peu du modèle carolingien. Il suffit de mentionner le système de levée des troupes et des impôts, les méthodes d'enquête, l'exigence en 1086 d'un serment de fidélité au Conquérant, prêté dans des termes très analogues à ceux qu'imposait Charlemagne à ses sujets. Peut-on dès lors parler d'échec carolingien ?

Autre héritage franc et non des moindres, les princes territoriaux seront eux aussi bien souvent grands fondateurs monastiques. C'est ainsi qu'en 910 Guillaume d'Aquitaine crée l'abbaye de Cluny qui allait couvrir l'Occident de maisons filiales et servir de point d'appui à la papauté lorsque sonnera l'heure de la réforme de l'Église[2].

Pour aller plus loin

80 Sur les invasions, on se reportera notamment à L. Musset, *Les invasions. Le second assaut contre l'Europe chrétienne (VIIe-XIe s.)*, Paris, 1966 (coll. « Nouvelle Clio », 12 *bis*) ; Ph. Sawyer, *Kings and Vikings : Scandinavia and Europe, AD 700-1700*, New York, 1982 ; J.-P. Poly, *La Provence, op. cit.*, p. 4 et s.

1. On rencontre une situation identique en Flandre où le pouvoir princier a su conserver son autorité qu'il manifeste par la création de Lille en 1054.
2. Réforme grégorienne dans la deuxième moitié du XIe siècle.

En ce qui concerne la politique contractuelle et les accords de Quierzy de 877, *cf.* J. Devisse, *Hincmar, op. cit.*, p. 818 et s., et E. Magnou-Nortier, *Foi et fidélité, op. cit.*, p. 115 et s.

Sur les principautés et le morcellement territorial : M. de Boüard, De la Neustrie carolingienne à la Normandie nodale : continuité ou discontinuité ?, *Bull. of the Institut of Hist. Research,* 1955 ; P. Bonnassie, *La Catalogne du milieu du Xe siècle à la fin du XIe siècle ; croissance et mutations d'une société,* Toulouse, 1975 ; M. Bur, *La formation du comté de Champagne, v. 950 - v. 1150,* Nancy, 1977 ; M. Chaume, *Les origines du duché de Bourgogne,* Dijon, 1925-1931 ; G. Devailly, *Le Berry du Xe siècle au milieu du XIIIe. Études politique, religieuse, sociale et économique,* Paris, 1973 ; J. Dhondt, *Études sur la naissance des principautés en France (IXe-Xe s.),* Bruges, 1948, à compléter par M. Rouche, La crise de l'Europe au cours de la deuxième moitié du VIIe siècle et la naissance des régionalismes, *AESC,* 1986, p. 347-360 ; A. Dumas, L'église de Reims au temps des luttes entre Carolingiens et Robertiens, *RHEF,* 1944 ; F. Dumas-Dubourg, *Le trésor de Fécamp et le monnayage en Francie occidentale pendant la seconde moitié du Xe siècle,* Paris, 1971 ; O. Guillot, *Le comte d'Anjou et son entourage au XIe siècle,* Paris, 1972 ; du même auteur, La conversion des Normands peu après 911 : des reflets contemporains à l'historiographie ultérieure (X^e^-XIe s.), *Cahiers de Civilisation médiév.,* 1981, n°s 2, 3-4 ; H. Guillotel, Le Ier siècle du pouvoir ducal breton (936-1040), *Actes du CIII^e^ Congrès national des Sociétés savantes (1978),* Paris, 1979, p. 63 et s. ; *La Bretagne des saints et des rois, op. cit.* ; L'exode du clergé breton devant les invasions scandinaves, *Mém. Soc. Hist. Archéol. Bretagne,* t. LIX, 1982, p. 269 et s. ; E. Magnou-Nortier, *La société laïque et l'Église dans la province ecclésiastique de Narbonne de la fin du VIIIe siècle à la fin du XIe siècle,* Toulouse, 1974 ; J.-P. Poly, *La Provence* ; J.-P. Poly et É. Bournazel, *La mutation féodale*, p. 62 et s., 342 et s., 355 et s. ; J. Richard, *Les ducs de Bourgogne et la formation du duché du XIe au XIVe siècle,* Dijon, 1954 ; Y. Sassier, *Recherches sur le pouvoir comtal en Auxerrois du Xe au début du XIIIe siècle,* Auxerre, 1980 ; K.-F. Werner, Quelques observations au sujet des débuts du « duché » de Normandie, *Structures politiques du monde franc,* n° IV ; Ch. Lauranson-Rosaz, *L'Auvergne et ses marges (Velay, Gévaudan) du VIIIe au XIe siècle. La fin du monde antique ?,* Le Puy-en-Velay, 1987 ; O. Guyotjeannin, *Episcopus et comes. Affirmation et déclin de la seigneurie épiscopale au nord du royaume de France (Beauvais-Noyon, X^e^ - début XIIIe siècle),* Genève-Paris, 1987 (Mémoires et documents pub. par la Soc. de l'École des Chartes, 30) ; K.-F. Werner, Observations sur le rôle des évêques dans le mouvement de paix aux Xe et XIe siècles, *Mediaevalia Christiana, Xe-XIIIe siècles. Hommage à Raymonde Foreville,* Tournai, 1989, p. 155-195.

Sur la place du roi pendant le chassé-croisé Robertiens-Carolingiens, *cf.* en dernier lieu le très bel ouvrage de Y. Sassier, *Hugues Capet,* Paris, 1987. On se reportera aussi à J.-F. Lemarignier, Les fidèles du roi de France, *Recueil... Clovis Brunel,* Paris, 1955, t. II, p. 138 et s. ; Autour de la date du sacre d'Hugues Capet, *Mélanges Niermeyer,* Groningue, 1967, p. 125 et s., *cf.* aussi K.-F. Werner, Avant les Capétiens, dans *L'élection du Chef de l'État en France de Hugues Capet à nos jours,* Paris, 1988 ; M. Sot, Hérédité royale et pouvoir sacré avant 987, *AESC,* mai-juin 1988 ; O. Guillot, Les étapes de l'accession d'Eudes au pouvoir royal, dans *Media in Francia..., op. cit.,* p. 199-223 ; A.-W. Lewis, Successions ottoniennes et robertiennes : un essai de comparaison, *Le roi de France en son royaume autour de l'an mil,* Paris, 1992, p. 47-53.

DEUXIÈME PARTIE

LES TEMPS FÉODAUX (FIN X^e - FIN XIIIe SIÈCLE)

81 987 : AVÈNEMENT D'HUGUES CAPET. — Une fois encore, depuis 888, « Dieu avait fait son choix » pour un ultime chassé-croisé dynastique, attribuant à nouveau le gouvernement de la Francie occidentale aux descendants de Robert le Fort, ces princes de l'ancienne Neustrie, maîtres de Paris et ducs des Francs, forts de leurs succès contre les Normands et du soutien de quelques grands monastères : Marmoutier, Saint-Riquier, Fleury-sur-Loire, Saint-Maur-des-Fossés, Saint-Germain-des-Prés, à Tours, le sanctuaire de saint Martin dont Hugues portait peut-être le manteau / la *cappa* et tira son surnom, Saint-Denis également dont ils avaient fait leur nécropole et par lequel ils pouvaient se situer dans la « lignée » de Dagobert, Charlemagne et Charles le Chauve. Mais, en 987, le domaine du Capétien se réduit à quelques possessions entre Orléans, Senlis, Laon, et le territoire sur lequel il exerce réellement son pouvoir ne va guère au-delà. La royauté est alors entourée d'îlots hostiles ou indifférents : les principautés dans leur forme première (Flandre, Normandie, Bourgogne, Aquitaine, Toulouse/Gothie) et, depuis le milieu du Xe siècle, les comtés autonomes apparus à la périphérie de celles-ci ou des anciens *regna* et jusqu'au cœur de l'Île-de-France, dans le cadre déjà menacé des anciens *pagi*.

Pourtant, le développement des principautés comme l'apparition des comtés n'ont pas fondamentalement bouleversé les institutions antérieures : à leur niveau et pour leur profit, princes et comtes exercent les prérogatives d'une fonction qu'on peut encore qualifier de publique, secondés par des administrateurs (vicomtes normands, viguiers angevins, châtelains flamands...) qui les représentent localement. Dans les campagnes, passées sous leur contrôle, coexistent encore grand domaine et collectivités d'hommes libres dont la sociabilité s'exprime toujours, plus ou moins régulièrement, ainsi lors des réunions du *mallun*.

82 À partir de la fin du Xᵉ siècle, commence réellement ce qu'il est convenu d'appeler (tant la structure féodale a réussi à éclipser toutes les autres dans l'imaginaire historique) les temps féodaux. Cette époque, que nous serions tentés de qualifier : « temps seigneuriaux », se caractérise, en effet, par la poursuite du morcellement territorial et aussi la dispersion, le détournement jusqu'à la dénaturation des anciens droits régaliens et la mise en dépendance, qui en résulte, de la plupart des communautés paysannes libres.

En tant que tel, le « système féodal » aura des prolongements tardifs (4 août 1789 : abolition des droits dits féodaux) ; toutefois, selon les aspects retenus, les temps féodaux ou seigneuriaux durent plus ou moins. La victoire de Philippe-Auguste à Bouvines, en 1214, sur une coalition des grands princes emmenés par Jean sans Terre, duc de Normandie et d'Aquitaine, roi d'Angleterre, et soutenus par l'empereur d'Allemagne Otton IV, consacre la fin d'une certaine forme dominante de la féodalité, mais il faudra attendre la fin du XIIIᵉ siècle et l'avènement de Philippe le Bel, pour que la royauté, dépassant les cadres et structures féodales sur lesquels elle s'était d'abord efforcée de s'appuyer, renoue avec la plénitude de ses prérogatives et commence à imposer son autorité souveraine sur toutes les forces vives du royaume.

83 Jusqu'au milieu du XIIᵉ siècle, le roi n'était, à bien des égards, qu'un seigneur entre les seigneurs. Comme eux, sa politique se réduisait le plus souvent aux dimensions de ses possessions, il exerçait, et pour cause, les mêmes prérogatives, s'appuyant sur les mêmes officiers, percevant et levant les mêmes redevances et coutumes. Comme eux, il contrôlait certains châteaux ou certaines villes fortifiées et avait, en ses terres, ses clientèles de vassaux. Mais le roi de France n'était pas un seigneur comme les autres. Les princes et les comtes les plus puissants tenaient de lui leurs droits, comme en Île-de-France, de moindres seigneurs. Le Capétien était le seul dans le royaume à être sacré, à avoir reçu cette *aura* mystérieuse que conférait l'onction qui l'élevait au-dessus des autres et faisait de lui, dans sa fonction, le continuateur de l'idéal carolingien. Surtout, les Capétiens, ces rois de la troisième race, ont réussi à imposer leur lignée. Ils ont pu rivaliser avec ces dynastes qui jusque-là, au gré de leurs intérêts, faisaient et défaisaient la royauté. Depuis le milieu du XIIe siècle, les Capétiens ayant reconstitué leur territoire de puissance au détriment des sires et châtelains locaux, sont prêts à recouvrer la plénitude de leur fonction de roi, en affrontant les grands féodaux sur leur terrain.

L'histoire des institutions publiques, de la fin du Xe à la fin du XIIIe siècle, se confond, par bien des aspects, avec celle de la royauté : de son abaissement, puis de son renouveau, dans une société en pleine mutation où, en face des puissances seigneuriales, de l'Église et de ses prétentions, émergent d'autres forces politiques, ainsi des villes, qui, à leur tour, revendiquent un pouvoir d'administration plus ou moins autonome.

Pour aller plus loin

84 OUVRAGES FONDAMENTAUX ET GRANDES SYNTHÈSES SUR LA PÉRIODE. — Ancienne, mais toujours très utile, la collection *« Monumenta historiae »* (Lavisse), rééditée chez Tallandier, avec A. Luchaire, *Les premiers Capétiens (987-1137),* 1911 (rééd. 1980) ; *Philippe-Auguste et son temps (1137-1226),* 1902 (1980), qui englobe les règnes de Louis VII et de Louis VIII, Ch.-V. Langlois, *Saint Louis, Philippe le Bel, les derniers Capétiens directs (1226-1328),* réédit. 1978, avec quelques courts développements sur « Le temps de Philippe III ». *Cf.* aussi M. Bloch, *La société féodale,* Paris, 1939, point de départ d'une nouvelle réflexion sur notre période ; on peut aussi utilement consulter *La France sous les derniers Capétiens (1233-1328),* Paris, 1971, notes pour un cours destiné aux agrégatifs (1937-1938) publiées par les *Cahiers des Annales* (13) sous la direction de F. Braudel ; F.-L. Ganshof, *Qu'est-ce que la féodalité ?,* Bruxelles, 1957, 5e éd., Paris, 1982 ; R. Boutruche, *Seigneurie et féodalité,* 2 vol., Paris, 1968-1970. *Cf.* également, parmi les travaux de G. Duby, à l'origine d'un véritable renouveau des études médiévales : *La société aux XIe et XIIe siècles dans la région mâconnaise,* Paris, 1953 (réimpr. 1982) ; *Guerriers et paysans, VIIIe-XIIe siècle,* Paris, 1973 ; *Les trois ordres ou l'imaginaire du féodalisme,* Paris, 1978 ; pour une illustration de ce « renouveau », on se reportera aux travaux dédiés à ce grand maître, *Histoire et société. Mélanges offerts à Georges Duby,* Aix-en-Provence, 1992, 4 vol., et *Georges Duby : L'écriture de l'histoire,* Bruxelles, De Boeck Université, « Bibliothèque du Moyen Âge », 6, 1996. *Cf.* encore J. Le Goff, *Pour un autre Moyen Âge,* Paris, 1977, et pour une « réhabilitation » de la période, J. Heers, *Le Moyen Âge, une imposture,* Paris, 1992. *Cf.* aussi la vaste synthèse sous la direction de R. Fossier, *Le Moyen Âge* (qui fait une impasse quasi générale sur l'histoire des royautés et souvent sur les problèmes institutionnels), plus particulièrement le tome II, *L'éveil de l'Europe (950-1250),* Paris, 1982, et aussi III, *Le temps des crises (1250-1520),* Paris, 1983. *Cf.* enfin J.-P. Poly et E. Bournazel, *La mutation féodale (Xe-XIIe siècle),* Paris (coll. « Nouvelle Clio », 16), 1980, rééd. et mise à jour 1991, où l'on pourra trouver d'utiles compléments bibliographiques ; dans la même collection, Ph. Contamine, *La guerre au Moyen Âge,* Paris, 1980, rééd. mise à jour 1992, à compléter par *Histoire militaire de la France,* 1 : *Des origines à 1715,* Paris, 1992, notamment p. 43-123, et aussi A. Corvisier (dir.), *Dictionnaire d'art et d'histoire militaires,* Paris, 1988. *Cf.* aussi *Hugues Capet (987-996). La France de l'An Mil,* I : *Religion et culture,* Paris, 1989 ; II : *Le roi et son pouvoir,* Paris, 1990 ; III : *La Catalogne et la France méridionale,* Barcelone, 1989. Une version abrégée de ces travaux du Millénaire capétien, *La France de l'An Mil* (dir. R. Delort), est publiée au Seuil (1990), coll. « Points-Histoire » ; dans cette même collection, *cf.* également la *Nouvelle histoire de la France médiévale* (6 vol.), et notamment, 3, la belle synthèse de D. Barthélemy, *L'ordre seigneurial, XIe-XIIe siècles,* Paris, 1990 ; É. Bournazel, Société féodale et fonction publique (fin Xe siècle - milieu XIIIe siècle), in *Histoire de la fonction publique en France,* t. I : *Des origines au XVe siècle,* Paris, 1993, p. 115-309. Pour une précieuse approche complémentaire à l'histoire des institutions et des faits sociaux, *cf.* G. Duby, *Le Moyen Âge,* Genève, 1984, 3 vol., et le bel ouvrage collectif (direct. X. Banal i Altet), *Le paysage monumental de la France autour de l'An Mil,* Paris, 1987. Et pour une approche archéologique, M. Colardelle et E. Verdel, *Chevaliers paysans de l'An Mil, Au lac Paladru,* Paris, 1993.

Pour une synthèse sur le système féodal en Occident et l'élargissement du concept de féodalité au Proche-Orient et en Extrême-Orient, *cf.* É. Bournazel et J.-P. Poly (dir.), *Les féodalités,* Paris, PUF, coll. « Histoire générale des systèmes politiques », 1998.

85 SUR LA ROYAUTÉ. — Il y a relativement peu de travaux synthétiques sur l'exercice du pouvoir capétien durant notre période, mais plutôt des études par règne, parfois anciennes et sous forme de catalogue d'actes précédé d'une introduction plus ou moins large. *Cf.* cependant Ch. Petit-Dutaillis, *La monarchie féodale en France et en Angleterre (Xe-XIIIe siècle),* Paris, 1933 (1971) ; R. Fawtier, *Les Capétiens et la France,* Paris, 1942 ; J.-F. Lemarignier, *Le gouvernement royal aux premiers temps capétiens (987-1108),* Paris, 1965 ; É. Bournazel, *Le gouvernement capétien au XIIe siècle,* Paris, 1975 ; A. W. Lewis, *Le sang royal. La famille capétienne et l'État, France, Xe-XIVe siècle,* Paris, 1986 ; S. Rials, *Le miracle capétien, 987-1789,* Paris, 1987 ; E. Magnou-Nortier (dir.), *Pouvoirs et libertés au temps des premiers Capétiens,* Lille, 1992. *Cf.* aussi le beau livre de J. Krynen, *L'empire du roi. Idées et croyances politiques en France, XIIIe-XVe siècle,* Paris, 1993 ; *cf.* aussi l'originale contribution de C. Beaune, Les monarchies médiévales, *Les monarchies* (dir. Y.-M. Bercé), Paris, PUF, coll. « Histoire générale des systèmes politiques », 1997, p. 83-225, et É. Bournazel, La royauté féodale en France et en Angleterre, *Les féodalités,* p. 389-510. Pour le règne d'Hugues Capet, F. Lot, *Études sur le règne d'Hugues Capet,* Paris, 1903 ; E. Pognon, *Hugues Capet, roi de France,* Paris, 1966 ; L. Theis, *L'avènement d'Hugues Capet* (coll. « Trente journées qui ont fait la France »), Paris, 1984 ; Y. Sassier, *Hugues Capet,* Paris, 1987 ; J. Schneider, Retours sur Hugues Capet, *Pouvoirs et libertés, op. cit.,* p. 11 et s. ; Ch. Pfister, *Études sur le règne de Robert le Pieux (996-1031),* Paris, 1885 ; J. Dhondt, Quelques aspects du règne d'Henri Ier, roi de France, *Mélanges L. Halphen,* Paris, 1951, p. 200-208 ; A. Fliche, *Le règne de Philippe Ier, roi de France (1060-1108),* Paris, 1912 ; A. Luchaire, *Louis VI le Gros. Annales de sa vie et de son règne,* Paris, 1890 ; *Études sur les actes de Louis VII,* Paris, 1885 ; M. Pacaut, *Louis VII et son royaume,* Paris, 1964 ; Y. Sassier, *Louis VII,* Paris, 1991 ; R.-M. Bautier (sous la dir. de), *La France de Philippe Auguste,* Paris, 1982 (Actes du Colloque international CNRS, sept.-oct. 1980, Paris) ; J. W. Baldwin, *Philippe Auguste et son* *gouvernement,* Paris, 1991 ; J. Richard, *Saint Louis,* Paris, 1983 ; G. Sivéry, *Saint Louis et son siècle,* Paris, 1983 ; J. Le Goff, *Saint Louis,* Paris, 1996 ; Ch. Petit-Dutaillis, *Étude sur la vie et le règne de Louis VIII (1187-1226),* Paris, 1894 ; G. Sivéry, *Louis VIII le Lion,* Paris, 1995 ; Ch.-V. Langlois, *Le règne de Philippe III le Hardi,* Paris, 1887.

86 ÉCONOMIE ET SOCIÉTÉ. — R. Latouche, *Les origines de l'économie occidentale,* Paris, 1956 (1970) ; L. Genicot, *Le XIIIe siècle européen,* Paris (coll. « Nouvelle Clio »), 1968 ; G. Duby, *L'économie rurale et la vie dans les campagnes dans l'Occident médiéval (France, Angleterre, Empire, IXe-XVe siècle),* Paris, 1962 ; *Histoire de la civilisation française,* t. I, Paris (coll. « U ») ; *Hommes et structures du Moyen Âge,* Paris, 1975 ; *Le temps des cathédrales,* Paris, 1978 ; *Le chevalier, la femme et le prêtre,* Paris, 1981 ; *Mâle Moyen Âge,* Paris, 1988 ; G. Fourquin, *Histoire économique de l'Occident médiéval,* Paris (coll. « U »), 1969 ; R. Doehaerd, *Le haut Moyen Âge occidental,* Paris (coll. « Nouvelle Clio »), 1971 ; Ph. Contamine, *L'économie médiévale,* Paris, 1993 ; *L'argent au Moyen Âge,* Paris, Publications de la Sorbonne, 1998 ; R. Fossier, *L'histoire sociale de l'Occident médiéval,* Paris (coll. « U »), 1973, et une vaste fresque, *Enfance de l'Europe, aspects économiques et sociaux,* 2 vol., I : *L'homme et son espace,* II : *Structures et problèmes,* Paris (coll. « Nouvelle Clio »), 1982 ; M.-Th. Lorcin, *La France au XIIIe siècle,* Paris, 1975 ; P. Dockes, *La libération médiévale,* Paris, 1979 ; E. Pognon, *La vie quotidienne en l'an mil,* Paris, 1981 ; R. Delort, *La vie au Moyen Âge,* Paris, 1982 ; *Campagnes médiévales : l'homme et son espace. Études offertes à Robert Fossier,* Paris, Publications de la Sorbonne, 1995, et, pour une approche médiévale de l'histoire de l'environnement, *Milieux naturels, espaces sociaux. Études offertes à Robert Delort,* Paris, Publications de la Sorbonne, 1997. Pour le Midi, *cf. Structures féodales et féodalisme dans l'Occident méditerranéen (Xe-XIIIe siècle), Bilan et perspectives de recherches,* Congrès École française de Rome (oct. 1978), Rome, 1980 ; *Histoire et archéologie des terres catalanes au Moyen Âge,* Presses Universitaires de Perpignan, 1995. Pour une histoire sociale et des mentalités, *cf. Les malheurs des temps. Histoire des fléaux et des calamités en France* (dir. J. Delumeau et Y. Lequin), Paris, 1987, et *La mosaïque France. Histoire des étrangers et de l'immigration en France* (dir. Y. Lequin), Paris, 1988 ; *Anthropologies juridiques. Mélanges Pierre Braun,* PULIM, 1998.

87 MANUELS GÉNÉRAUX, NOTAMMENT D'HISTOIRE INSTITUTIONNELLE. — Anciens, mais toujours très précieux et d'ailleurs souvent pillés : A. Luchaire, *Histoire des institutions monarchiques de la France sous les premiers Capétiens (987-1180),* 2e éd., Paris, 1891, 2 vol. ; *Manuel des institutions françaises (Période des Capétiens directs),* Paris, 1892 ; E. Chénon, *Histoire générale du droit français, public et privé,* Paris, 1926, 2 vol. À consulter également F. Lot et R. Fawtier (dir.), *Histoire des institutions françaises au Moyen Âge,* I : *Institutions seigneuriales,* Paris, 1957, avec des contributions très inégales ; II : *Institutions royales,* Paris, 1958, relativement imprécis pour notre période, et surtout, III : *Institutions ecclésiastiques,* Paris, 1962, avec les importantes contributions de J.-F. Lemarignier et de J. Gaudemet. De J.-F. Lemarignier, à qui l'histoire du Moyen Âge dans les facultés de droit doit tant, *La France médiévale, institutions et société,* Paris (coll. « U »), 1970 ; dans cette même collection et lignée, O. Guillot, Y. Sassier, *Pouvoirs et institutions dans la France médiévale,* t. I : Des *origines à l'époque féodale,* et A. Rigaudière, t. II : *Des temps féodaux aux temps de l'État,* Paris, 1994. Pour une vision très personnelle, aux horizons élargis, et souvent riche, J. Bouineau, *Histoire des institutions Ier-XVe siècle,* Paris, 1994 ; A. Leca, *Institutions publiques françaises (avant 1789),* Aix-Marseille, 1994 ; toujours précieux, J. Dhondt (et M. Rouche), *Le haut Moyen Âge (VIIIe-XIe siècle),* Paris, 1976 ; P. Ourliac et J.-L. Gazzaniga, *Histoire du droit privé français (de l'an mille au Code civil),* Paris, 1958 ; J.-L. Mestre, *Introduction histo-*

rique au droit administratif français, Paris (coll. « Droit fondamental »), 1985, et dans cette collection, A.-M. Patault, *Introduction historique au droit des biens,* Paris, 1989, et J.-M. Carbasse, *Introduction historique au droit pénal,* Paris, 1990. *Cf.* enfin les brillantes synthèses in *Histoire de France* (dir. J. Favier) de K.-F. Werner, I : *Les origines (avant l'an mille),* Paris, 1984, et de J. Favier, II : *Le temps des principautés (de l'an mille à 1515),* Paris, 1984.

COMME INSTRUMENTS DE TRAVAIL COMPLÉMENTAIRES. — Pour faciliter la recherche ou pour approfondir certaines connaissances : J. Favier, *Dictionnaire de la France médiévale,* Paris, 1993 ; P. Bonnassie, *Les cinquante mots clefs de l'histoire médiévale,* Toulouse, 1981 ; É. Bournazel, G. Vivien, M. Gounelle, P. Flandin-Blety, *Les grandes dates de l'histoire de France,* Paris, 1986 ; Ch.-M. de Laroncière, Ph. Contamine, R. Delort, M. Rouche, *L'Europe au Moyen Âge,* Paris (coll. « U »), 1969, documents expliqués ; R. Delort, *Introduction aux sciences auxiliaires de l'histoire,* Paris (coll. « U »), 1969 ; G. Tessier, *Diplomatique royale française,* Paris, 1962 ; S. Stienon, *Paléographie du Moyen Âge,* Paris (coll. « U »), 1973 ; M. de Boüard, *Manuel d'archéologie médiévale,* Paris, 1975 ; M. Pastoureau, *Traité d'héraldique,* Paris, 1979 ; J.-Ch. Payen, *Littérature française,* I : *Le Moyen Âge,* Paris, 1984 ; É. Bournazel et X. Banal i Alter, *Les hauts lieux du Moyen Âge,* Paris, 1990.

Chapitre 1
Le système féodal

88 Au cours du Xe siècle, de nombreux chefs politiques traditionnels (prince, comte ou même roi) éprouvent de sérieuses difficultés à se faire obéir et à imposer partout leur autorité. Dans leurs principautés ou comtés, des zones territoriales, plus ou moins vastes et cohérentes, échappent à leur emprise. Le mouvement qui résulte d'un bouleversement, autour des châteaux, des rapports de force ne se rencontre pas ou peu en Normandie, en Flandre, ou dans une certaine mesure en Anjou, là où les gouvernants ont conservé suffisamment de puissance. En revanche, il se développe en des régions plus sensibles, comme l'Île-de-France, autour de la Bourgogne, en Mâconnais, en Auvergne, en Aquitaine, en Catalogne, voire en Provence ou en Italie, avec une même concordance dans le temps, à la fin du Xe et au début du XIe siècle.

La dislocation du *pagus* et le surgissement, au seuil de l'an mille, des seigneuries – justicières ou banales[1] – constituent la rupture majeure avec le passé. La seigneurie représente la structure essentielle des temps féodaux : celle où se réalise le programme manqué des grands propriétaires carolingiens du Nord, la mise en coupe réglée des campagnes et la transformation qui sera plus ou moins réussie, selon les lieux – des hommes libres du terroir en de véritables serfs, dépendant corps et biens du seigneur local, le sire. Une nouvelle forme de pouvoir que sous-tend la diffusion plus ou moins orchestrée, dans la société dominante, des liens de vassalité.

1. Selon que l'on met l'accent sur les prérogatives judiciaires ou le pouvoir général de commandement exercés par les sires et châtelains, *cf. infra.*

Section I
L'espace seigneurial

I | L'ENCHÂTELLEMENT

89 CHÂTEAUX ET GARNISONS CASTRALES. — À la fin des temps carolingiens, pour faire face à l'insécurité et aux risques engendrés par les raids pillards, s'élèvent dans les campagnes des places fortifiées. Ces châteaux s'établissent encore à l'initiative du roi ou sous son contrôle, puis passent sous la maîtrise des princes et des comtes, auxquels ils ne tardent pas à échapper, à la fin du xe siècle. Surtout, ces fertés se multiplient – souvent sous la forme de simples tours en bois d'un étage flanquées de quelques palissades – au début du xie siècle, précisément au moment où la seconde vague d'invasions (normande, hongroise ou sarrasine) n'est plus à redouter. Ces châteaux sont désormais aux mains, soit d'anciens administrateurs carolingiens (vicomtes, viguiers ou avoués) passés au service des grands, soit, notamment au Midi, de gros propriétaires alleutiers. Autour d'eux, ils ont constitué des bandes d'hommes en armes, de *milites,* ou *de caballers,* des soldats, des chevaliers qui sont le plus souvent leurs vassaux. Au Nord, ils ont généralement recruté leur troupe parmi d'anciens dépendants des grands domaines carolingiens désagrégés. Au Sud, ils ont su récupérer les services de paysans libres qui préfèrent se ranger du côté de la force plutôt que d'être liquidés. Forts de la puissance que leur confère la maîtrise d'un ou plusieurs châteaux et de la garnison castrale, ils peuvent résister à la tutelle politique du prince ou du comte, fortifier de nouvelles roches pour mieux quadriller les campagnes et fonder, sur les terroirs à l'entour, leur propre domination autonome : leur seigneurie où ils exercent maintenant, pour leur compte, les droits de la puissance publique, notamment le *ban,* le pouvoir de commandement et la justice. De là, l'appellation de seigneuries banales ou justicières, qui désigne cette forme nouvelle d'exercice des fonctions publiques et les lieux sur lesquels elle s'exprime.

90 AVOUERIE ET COMMENDISE. — L'origine de ces seigneuries indépendantes et de ce détournement au profit des sires et châtelains des anciens droits régaliens se trouve souvent, au Nord, dans la vieille institution carolingienne de l'avouerie, cette protection laïque imposée par les Carolingiens aux grandes abbayes immunistes et qui entraînait des prérogatives de justice et de commandement militaire. Récupérée par les princes et les comtes, elle fut, dans bien des cas, sous-traitée par eux à des sous-avoués qui en profitèrent pour s'emparer de certains domaines qu'ils étaient censés protéger, et y usurper l'exercice des fonctions publiques. Le même privilège d'immunité est aussi à l'origine de la constitution de seigneuries banales d'Églises au cours des Xe et XIe siècles, nombre de propriétaires immunistes s'affranchissent à leur tour de tout contrôle et exercent, en leur nom, souvent au cœur de leur domaine, autour de l'église – du monastère ou du bourg – les prérogatives de contrainte et de commandements qui, autrefois, leur étaient conférées. Au sud de la Loire, du Berry à la Septimanie, où le système de l'avouerie ne s'était pas développé comme au nord, de nombreuses seigneuries dérivent de la pratique de la *commendise* : une sorte de contrat de gestion et de protection de certains domaines ecclésiastiques ou de quelques communautés villageoises par les puissants locaux, en leur commendise – *sauvement,* parfois – ceux-ci, par délégation ou de leur propre chef, se veulent désormais les seules « autorités publiques » et prétendent percevoir les profits des fonctions qu'ils se sont arrogées, généralement à l'entour de leur propre possession.

II | LA VIOLENCE ET LE DROIT

91 LE TERRORISME SEIGNEURIAL. — Le pouvoir seigneurial ne s'est pas imposé sans heurt et l'établissement de la seigneurie a correspondu bien souvent à une phase de terrorisme. Les prétentions nouvelles des sires, en effet, ne faisaient guère l'affaire des communautés paysannes, ou des propriétaires locaux. Contre eux, contre leurs villages, le seigneur et ses gens multiplient les raids dévastateurs, brûlant les chaumières, pillant les réserves, ravissant

gages et otages. Les récalcitrants sont pendus, massacrés ou brûlés, d'autres seulement – si l'on peut dire – mutilés ou torturés. Ces résistances des ruraux, on les entrevoit mais on les connaît mal. Les ecclésiastiques qui pourraient nous renseigner – et le font parfois, en incidentes – ne sont pas du tout favorables à ces révoltes ou à ses sursauts qu'ils considèrent comme des actes de pure folie, venant remettre en cause l'harmonie d'un ordre que d'aucuns affirment immuable. Ainsi, un clerc relate, en ces termes, des troubles du XIe siècle : « Ils (les paysans) se sont mis à brûler des châteaux. Sans raison... »

Il faudrait donc en finir avec la vision lénifiante du bon seigneur protégeant ses paysans démunis contre la violence. Si cette protection a pu jouer, ce ne fut certes pas contre de lointains envahisseurs, mais plutôt contre les empiétements et dévastations, en son détroit, de quelques tristes sires voisins, ses semblables socialement. Le terme même de district/détroit qui désigne aussi le ressort territorial des châteaux est forgé sur celui de *districtio* qui évoque la contrainte. Mais la violence recouvre aussi des rapports plus juridiques, ou plutôt qui se fondent et se justifient dans le droit.

92 LE BAN. — Son pouvoir de commandement et d'oppression, le seigneur le tire essentiellement de l'accaparement et de l'exercice des anciennes prérogatives publiques des rois francs, plus récemment confisquées par les comtes. Maître du ban désormais, le sire édicte les règlements dans le cadre de la seigneurie et charge les agents (ministériaux) qui le représentent (prévôts, sergents, forestiers), ou ses chevaliers de faire respecter ses décisions. Il administre la justice – la justice du sang, celle des causes majeures : homicide, rapt, incendie, vol –, perçoit les amendes et en profite pour extorquer des cadeaux. Les hommes du détroit sont dits *in potestate,* en son pouvoir, en sa « poesté », et placés d'autorité sous sa surveillance et sa coûteuse protection ; en contrepartie, en effet, ils paient une taxe : la taille/*talleata*/*tolta* – ou encore, en termes euphémiques, *precatura*/*precaria*/prière dans le Nord, ou *quista*/quête, en Mâconnais ou en Provence. Il peut exiger d'eux des contributions à l'édification ou à l'entretien de la forteresse, voire un service de garde. Il procède aussi à d'autres réquisitions ou corvées pour la construction de routes, de chemins ou de ponts. Il perçoit pour lui et ses hommes des droits de gîte/d'albergue. Lorsqu'il est suffisamment puissant, il frappe monnaie à sa propre effigie ; c'est là encore source de profit, ne serait-ce qu'en jouant sur les mutations monétaires.

93 LES BANALITÉS. — Ces prérogatives ont leur prolongement économique. En plus de ces diverses exactions, le sire, par l'entremise de ses gens, s'efforce de tirer ou plutôt de soutirer le maximum de ceux qui vivent sous sa loi. Il perçoit des droits de péage, de transit, d'entrepôt, sur les marchandises qui circulent par terre ou par eau dans sa seigneurie, comme il contrôle les foires et marchés. Il taxe les étrangers/aubains de passage. Surtout, à partir de la fin du XIe siècle, apparaissent les banalités – un terme forgé sur celui de ban – qui détournent vers ses coffres ou ses greniers toute une part de la production, c'est-à-dire des subsistances paysannes contre redevance, les ruraux devront venir moudre leur grain en son moulin, cuire leur pain en son four, porter leur raisin en son pressoir, pour vendre certaines récoltes, ainsi de vin, ils attendront qu'il ait au préalable écoulé les siennes. Le système seigneurial, on le voit, repose essentiellement sur la rente et accessoirement sur la corvée.

94 LES COUTUMES. — Ces droits seigneuriaux dérivaient pour l'essentiel des pouvoirs de commandement jadis exercés par le roi ou en son nom. À partir du XIe siècle, on perd le souvenir de leur origine régalienne : leur exercice répété par le seigneur en a fait des coutumes, fondées sur l'habitude, la tradition[1]. Maintenant, le terme recouvre aussi des droits de nature domaniale qui découlaient, comme le cens, de l'exploitation de la terre, et cette généralisation révèle leur patrimonialisation : toutes ces prérogatives, entendues comme des coutumes, peuvent faire l'objet de transactions privées, être données, vendues, léguées, concédées en fief. Mais cette notion coutumière exprime aussi l'idée d'un équilibre entre les prétentions du sire et les possibilités des rustres.

1. Dès leur apparition, autour de l'an mil, ces coutumes sont souvent qualifiées de « mauvaises » : un terme qui exprime la crise seigneuriale, la dénaturation des vieux droits publics et leurs extensions « tyranniques » – notamment au détriment des domaines d'Église – dénoncées par les conciles de Paix, *cf.* n° 126. Sur ces thèmes, *cf.* O. Guillot, Les *consuetudines* au sens d'exactions dans la France des premiers Capétiens, *Pouvoirs et libertés..., op. cit.*, p. 231 et s.

III | L'ÉQUILIBRE COUTUMIER

95 Tout en imposant leur autorité, les puissants ont été amenés, par la force des choses, à composer avec leurs paysans, sauf à faire quelques exemples. Le seigneur a besoin de main-d'œuvre comme de revenus, il ne peut massacrer tous les hommes du détroit, et il est un seuil d'exactions qu'il ne peut dépasser. De cet équilibre indispensable, entre violence et efficacité, naît un état de droit qui constitue la limite suprême – même si elle est parfois variable – à l'arbitraire et à la cupidité du sire et de ses sbires. Cette limite est exprimée par la coutume, cet ensemble de traditions, d'habitudes, de gestes, de comportements, d'attitudes, répétés et à force acceptés, enregistrés aussi dans la mémoire individuelle et collective.

Ces coutumes qui, peu à peu, se sont établies dans la seigneurie régissent aussi bien les relations des manants entre eux que leurs rapports avec le seigneur. Elles sont le droit applicable sur le territoire, dans le ressort, des châteaux. Elles reposent sur l'idée que certains droits ou prélèvements sont légitimes parce qu'ils ont « toujours » existé ou, inversement, que le sire ne peut pas aller contre les habitudes. Comme telles, elles sont aussi susceptibles d'évolution. À un moment donné, un usage, jusque-là accepté, peut apparaître intolérable, parce que les conditions d'origine et les circonstances auront changé. On parlera alors encore, au cours du XIe et au XIIe siècle, de mauvaises coutumes, et on verra des seigneurs y renoncer, sur la pression des assujettis et souvent contre rachat ou redevances.

Tous ces usages, ces coutumes, applicables en un détroit donné, ne se retrouvent pas nécessairement, tels quels, dans un autre, même voisin, ce qui n'empêche pas des constantes et des traits communs. Selon les seigneuries, on aura des ressorts plus ou moins vastes de traditions plus ou moins variées. Ainsi, en Île-de-France, où le morcellement a été particulièrement poussé, existent de minuscules territoires de coutumes différentes ; inversement, dans les régions, comme la Normandie, où l'autorité s'est maintenue à un très haut niveau, les ressorts coutumiers sont plus étendus et correspondent aux horizons de la principauté ou du comté.

Section II
Les nouveaux rapports sociaux

96 L'apparition de la seigneurie banale ou justicière ne peut pas être seulement considérée comme l'ultime étape de la dissociation territoriale. Elle traduit également un bouleversement fondamental des rapports sociaux, des comportements et des relations, non seulement entre dominants et dominés, mais aussi des dominants entre eux.

I | Vilains et villenages

La seigneurie a accéléré le processus carolingien de dégradation du système domanial qui, originellement, prétendait lier le statut des hommes à celui des terres. Elle est devenue le creuset où s'opère une certaine uniformisation des conditions paysannes, essentiellement au détriment de ceux qui se voulaient encore libres. Avec des degrés, avec des différences selon les temps et les lieux, ceux-ci sont repoussés vers un régime d'incapacités, qui les rapproche des anciens *servi*/esclaves et les attache de plus en plus à la terre. Au contraire, en Normandie, où le système seigneurial est peu développé, le servage disparaît au XIe siècle.

97 Les incapacités. - Selon le droit de *mainmorte,* le seigneur prétend hériter seul de son serf, de la même façon qu'il recueille la succession des aubains (étrangers) décédés sur son territoire, ou celle des enfants naturels (droits de bâtardise). La mainmorte ne s'exerce pas toujours dans toute sa rigueur : elle peut se limiter aux seuls biens mobiliers ou à certains d'entre eux (« meilleur catel ») ; ou encore, elle ne s'applique qu'en ligne collatérale, ou lorsque les héritiers sont extérieurs à la seigneurie. Ce même souci de préserver les intérêts patrimoniaux du sire se retrouve dans l'interdiction de *formariage* : le seigneur doit consentir au mariage de ses ressortissants et peut, donc, l'interdire hors de son détroit, car une telle union entraînerait pour lui une perte de main-d'œuvre (existante ou à naître). Le *chevage (capaticium),* enfin, est une redevance, généralement de quatre deniers, recognitive de la condition servile. Mais en bien des régions, ainsi en Poitou ou en Chartrain, de telles incapacités pèsent aussi bien sur des serfs que sur des hommes réputés libres. Le chevage, à l'origine, s'attachait à ces libres qui se plaçaient sous la protection d'une église (sainteurs ou cheveciers). Inversement, au XIe siècle, des serfs sont autorisés à témoigner et à combattre en justice. En réalité, la seigneurie unit dans une commune dépendance à l'égard du *dominus* des gens de conditions diverses, soumis désormais aux mêmes interdits, redevances et corvées. Mais cette unification permit aussi à la paysannerie de prendre conscience de sa force, économique notamment, ainsi dans le cadre restreint des paroisses qui se généralisent alors pour devenir au XIIe siècle « la cellule la plus vivante de la société paysanne »[1], alors même qu'on assiste à un morcellement des dominations territoriales (n° 108).

98 FRANCHISES ET NOUVEAU SERVAGE. — Le renouveau économique – amorcé depuis le Xe siècle et qui porte maintenant ses fruits (n° 202) –, l'accroissement démographique, l'extension des surfaces cultivables (défrichements) que facilite l'essor des techniques sont désormais mis à profit par les ruraux. Depuis le XIIe siècle, en bien des régions, les incapacités réputées serviles se sont transformées en taxes, et leur rachat est devenu un droit coutumier, des communautés villageoises obtiennent leur affranchissement ou parviennent à limiter l'arbitraire du seigneur en obtenant allégement des charges et exactions qui pesaient sur elles. C'est le temps où se rédigent et se fixent les coutumes de villages, bien souvent adoucies à la faveur des rivalités seigneuriales qui s'en disputent la maîtrise ; le temps aussi de l'émigration vers les villes et les libertés des bourgeois (n° 184).

99 À l'inverse, la condition de ceux qui, en certains îlots ou dans de plus larges zones (Est et Centre), n'ont pu obtenir de franchises individuelles ou collectives se durcit, aggravée encore par

1. G. Duby, *La société, op. cit.*, p. 440.

la renaissance des droits savants (romain notamment). Au vilain s'oppose désormais le *servus,* le serf, qu'en certaine région, ainsi dans le Nord, on désigne par les termes d' « homme de corps », lié personnellement à son seigneur. Le serf n'est pas un esclave, un instrument ; il peut se marier, avoir un patrimoine mais il reste soumis, sauf certains tempéraments, à des lourdes obligations (chevage, taille et corvée en principe « à merci » mais qui, en pratique, peuvent être limitées) et incapacités (formariage, mainmorte) ; il ne peut ni combattre ni témoigner en justice contre les hommes libres, ni recevoir les ordres, s'il vient à s'enfuir, il s'expose au droit de poursuite de son seigneur. Au Midi, on rencontre plutôt des serfs dits d'héritage ou de « casalage », dont la qualité attachée à la terre qu'ils exploitent est plus favorable, puisqu'ils la perdent en désavouant leur seigneur et en abandonnant leur tenure, et ne sont pas soumis au droit de suite.

On devient généralement serf par la naissance (serf d'ourine/origine) lorsque les parents sont tous les deux de condition servile, en cas de mariage mixte, la solution coutumière dominante est que « le pire emporte le bon », alors que l'Église, en 1187, s'est prononcée pour la liberté. La dédition volontaire en servitude pour soi et sa descendancc est aussi admise, avec, dans les régions méridionales, l'accomplissement préalable d'un « hommage servile ». La qualité de serf se perd par l'affranchissement qui prend souvent la forme d'un rachat, par un séjour plus ou moins prolongé dans un lieu franc (ainsi dans certaines villes) et parfois, pour la femme, par le mariage avec un homme libre (Bourgogne, Champagne).

100 LES TENURES PAYSANNES. — Dans la seigneurie, l'augmentation de la population paysanne, l'extension des terroirs cultivables ont engendré la généralisation du système des tenures, issu de la dislocation des anciens cadres domaniaux (réserve ou manse) et des vieilles pratiques précaristes (n° 17). La terre paysanne est de plus en plus tenue d'un seigneur foncier qui, bien souvent, se confond avec le seigneur banal ou tient de lui ses droits. La *tenure servile,* comme son nom l'indique, est librement concédée à un serf par un seigneur qui peut déterminer, à son gré, ou modifier les redevances et corvées qui y sont attachées, en principe, elle n'est pas héréditaire, mais, dans la réalité, le maître a plutôt intérêt à laisser aux enfants la tenure paternelle. La *tenure roturière* est, comme le fief, concédée à charge de services, ici exclusivement économiques. Elle résulte normalement d'un contrat qui, selon les régions, peut prendre des formes diverses (bail à complant, emphytéose) dont le bail à cens (au Midi, bail à fief) semble la plus répandue. La *censive* est une concession perpétuelle d'un immeuble (terre ou maison) moyennant un cens ordinairement en argent, mais aussi en denrées, déterminées à l'avance ou portant sur une quote-part *(champart)* de la récolte ; le concessionnaire qui bénéficie de la jouissance de la tenure et de la protection du concédant doit en outre à celui-ci des corvées de nature domaniale qui, au XIIe siècle, sont transformées en redevance en argent. Le non-respect de ses obligations (non-paiement du cens notamment) l'expose à la saisie du bien qui, au XIIIe siècle, est remplacée par une amende. Très tôt, dès le XIe siècle, la censive est devenue héréditaire, et les cadets ou les femmes peuvent y succéder, avec parfois une préférence pour les enfants qui ont cultivé la tenure avec leurs parents. En cas de partage, le cens reste indivisible et peut être exigé en totalité d'un seul tenancier. À l'origine, la succession supposait une « mise en saisine » du concédant ; celui-ci percevait à cette occasion une taxe qui disparaîtra avec l'idée suivant laquelle « le mort saisit le vif » et non pas le seigneur. Enfin, l'aliénabilité de la censive, notamment par le jeu de vente, s'est imposée dès la fin du XIe siècle, moyennant un droit de mutation (*lods* et *ventes* : généralement du douzième du prix déclaré) versé au seigneur.

Avec l'apport des concepts juridiques, puisés aux sources du droit romain, la tenure paysanne (villenage), quelle que soit sa forme (borderies, mas, censive), comme d'ailleurs la tenure noble (fief), prend place, au XIIIe siècle, dans une construction savante articulée autour de l'idée d'un double domaine : au concédant, un *domaine éminent,* direct, qui lui confère le droit de recevoir l'hommage et de procéder à l'investiture voire à la commise ou de mettre en saisine et de percevoir cens et droits de mutation ; au concessionnaire, le *domaine utile* auquel sont attachés les droits de jouir du bien, d'en recueillir les fruits et profits et de l'aliéner, à cause de mort ou entre vifs, plus ou moins librement.

101 LES ALLEUX PAYSANS[1]. — Le développement de la seigneurie s'est incontestablement traduit par une régression générale du système allodial, notamment dans le Nord mais aussi au Midi. Le terme d'alleux ne recouvre plus, comme par le passé, la possession collective de quelque communauté villageoise mais certaines catégories de terres, parfois morcelées à l'extrême et qui sont soustraites à toute sujétion féodale (taille, cens, etc.) tout en restant englobées dans des ressorts seigneuriaux. Avec le temps, ces alleux ou terres indépendantes tendent à être intégrés, absorbés parfois, dans le système féodal, en dépit des résistances qui, géographiquement, aboutirent plus ou moins. Au XIIIe siècle, en certaines régions comme la Bretagne, le Blésois ou le Beauvaisis, prévaut la règle « Nulle terre sans seigneur » : la présomption féodale est entendue de manière absolue, qui implique la disparition totale de l'alleu. Au contraire, en Normandie et Anjou, en Île-de-France ou dans le Vermandois, la présomption féodale est seulement relative, et l'alleutier peut valablement administrer la preuve contraire en produisant un titre qui établit ses droits : ici, « Nul alleu sans titre ». Enfin, dans les régions méridionales où la féodalité était moins contraignante et les alleux plus nombreux, car de petite taille, s'applique la règle « Nul seigneur sans titre » qui laisse présumer de la liberté de la terre.

II | CHEVALIERS ET FIEFS

102 À son tour, le groupe chevaleresque – frange détachée ou « dévoyée » de la paysannerie, associée aux profits seigneuriaux – sera enserré dans une structure de dépendance (le lien féodo-vassalique) dont les éléments existaient déjà mais dont la définition juridique se précise à notre époque. Dans le même temps, cette forme, plus ou moins acceptée, de soumission jugée « honorable »

1. À côté de ces alleux paysans, roturiers ou encore alleux simples, il existe deux autres catégories allodiales : l'alleu souverain, ou sorte de principauté réduite, dont le titulaire détient des prérogatives de puissance publique (ainsi le royaume d'Yvetot qui se maintiendra jusqu'en 1553 ou encore la principauté de Monaco) ; l'alleu justicier conférant à son titulaire des prérogatives de justice qui, au XIIIe siècle, seront considérées comme tenues en fief du roi (n° 277). Les uns et les autres eurent d'ailleurs à subir les pressions du système féodal.

se diffuse à tous les degrés de la société des puissants, contribuant à rapprocher tous ceux que pouvait rassembler, dans un même genre de vie guerrière, le commun exercice du pouvoir, même s'il subsistait entre eux des différences considérables de niveaux. Par là, la chevalerie rejoignait la noblesse en un nouvel état, consacré par l'Église (n° 128) et renforcé par le droit.

103 LA VASSALITÉ. — Elle résulte d'un contrat par lequel un homme (le vassal) s'engage dans la dépendance d'un autre homme (le seigneur / l'ancien / le puissant). La cérémonie, dont les formes sont juridiquement achevées au début du XIIe siècle, commence par l'hommage *(hommagium/hominium)* qui désigne, au XIe siècle, l'ancienne *commendatio* de l'époque franque. La dédition du vassal se fait à genoux, les mains jointes dans celles de son futur seigneur *(datio manuum, immixtio manuum)*. Ils échangent les paroles qui obligent : « je deviens ton homme », « je te reçois et prends à homme ». Parfois le seigneur, relevant son vassal, lui donne sur la bouche le baiser de paix *(osculum pacis)*. Le rite engendre entre eux des obligations réciproques, encore que souvent inégales. « L'ancien » devra protéger « le gars » / *vassus* qui s'est confié à lui, procurer à celui-ci de quoi subsister, soit en l'hébergeant, soit en l'installant, en le « casant », par une concession de fief, qui le consolera – comme disent les textes – de son nouvel état ; le cas échéant, il lui portera secours de tous ses moyens. Le vassal, en retour, devra l'assister et le servir de toutes ses forces, avec respect et loyauté, dans un dévouement total et désintéressé. Ainsi, au XIe siècle, le duc Guillaume d'Aquitaine affirmait à son vassal Hugues, sire de Lusignan : « Tu dépends tellement de moi que si je te disais de prendre pour seigneur un rustre, tu devrais le faire », et le duc de Normandie prétendait pouvoir donner un vassal « comme un cheval ou un bœuf ».

Le rituel de la fidélité vient immédiatement après l'hommage. Le vassal relevé jure sur la Bible ou les reliques des saints d'être fidèle à son seigneur. S'il venait à manquer à la foi jurée, il serait non seulement félon mais parjure, avec les châtiments que cela implique ici-bas et dans l'au-delà. Seul le vassal prête serment et seul il est tenu des engagements qui en découlent et sont essentiellement négatifs. Une lettre fameuse, en forme de consultation juridique, de Fulbert, évêque de Chartres, nous révèle le détail de ces obligations : le duc Guillaume V d'Aquitaine, comte de Poitiers, a du mal à tenir ses grands vassaux poitevins, notamment Hugues de Lusignan, et, pour renforcer ses arguments, il s'est adressé au prélat qui, dans les années 1020, lui répond dans le sens attendu : « Celui qui a juré fidélité... doit s'abstenir de nuire à son seigneur. » Et l'auteur développe : « Ne pas nuire, c'est ne pas porter atteinte aux biens et aux possessions du seigneur (le secret de ses châteaux) ; à sa personne physique, à son honneur (à sa position sociale), à ses prérogatives s'il exerce les droits de la puissance publique (justice). » Fulbert insiste sur le serment – sans évoquer l'hommage – non seulement parce qu'il est homme d'Église mais sans doute parce que la tradition de fidélité est mieux ancrée dans le Midi.

Quelles que soient les précautions et les sanctions, l'idée carolingienne (n° 47) de dévouement sans bornes du vassal, parfois récompensé, s'estompe au cours des Xe-XIe siècles, lorsque le fief devient la condition de l'engagement vassalique.

104 LE FIEF. — Le terme, latinisé en *fevum* ou *feodum, feù/feo* au Midi, qui désignait dans la Germanie ancienne les cadeaux échangés entre les clans pour renforcer la paix et qui s'était plaqué sur le vieil usage romain d'accorder des tenures militaires, supplante à partir du XIe siècle et sous l'influence méridionale, semble-t-il, l'ancien mot de *beneficium*/bienfait, récompense. À notre époque, « ce cadeau qui oblige », ce don contraignant est généralement constitué par une terre, avec parfois, mais pas nécessairement, l'exercice sur celle-ci des droits de la puissance publique. Au XIe, et surtout, avec le développement d'une économie monétaire, au cours du XIIe siècle, certains vassaux reçoivent en fiefs des revenus fixes en argent, des rentes, (rentes en fief ou *fiefs-rentes*). Quelle que soit sa nature, le fief est une concession du seigneur à charge de services dits nobles ; il apparaît aussi, et de plus en plus, comme un élément du patrimoine du vassal.

La concession résulte de l'investiture : un acte solennel, formaliste, par lequel celui qui vient de prêter hommage et fidélité est mis en possession, en saisine du fief par son seigneur. Soit celui-ci présente sur place (montrée) la terre à son vassal et, si elle n'est pas trop vaste, ils feront le tour à cheval pour bien marquer les limites ;

soit il remet un objet symbolique (baguette de bois, poignée de terre, fétu de paille – survivances peut-être d'anciens rites de prise de possession du sol). Au XIIe siècle, on ajoutera parfois un écrit, une sorte d'inventaire (aveu et dénombrement) de ce que recèle le fief, en biens et en hommes.

L'importance, à notre époque, de la détention de la terre a rejailli sur l'institution du fief auquel, de plus en plus, on tend à rattacher les principales obligations du vassal ; celles qui, par le passé, découlaient de l'hommage et se résumaient dans l'idée de servir. Désormais, le fief est moins la récompense du dévouement que le prix du service, le résultat d'un marché conclu entre seigneurs et vassaux, la contrepartie presque nécessaire de l'hommage et de la fidélité. « Pour mériter son fief – écrit Fulbert de Chartres – le vassal doit fournir fidèlement à son seigneur aide et conseil. » L'aide/*auxilium* est – service noble oblige – d'abord militaire, sous forme d'estage (garde au château), de chevauchée ou ost (simples raids ou combat d'envergure) ; elle consiste également en des secours en argent dont les hypothèses (cas) se sont précisées au cours du XIe siècle, avec des variantes régionales : payer la rançon du seigneur prisonnier, les frais d'adoubement (n° 128) de son fils aîné, la dot de sa fille et, plus tardivement, financer son départ pour la croisade lorsque le vassal n'est pas de l'expédition. Le conseil/*consilium,* c'est le service de cour, lorsque le seigneur demande l'avis de ses vassaux sur le gouvernement de sa seigneurie ou la gestion de ses domaines. Cette cour seigneuriale est aussi compétente en matière féodale, pour tout ce qui touche aux relations féodo-vassaliques ; c'est une justice paritaire : le vassal, comme le seigneur à un niveau supérieur, n'est jugé que par ses semblables, ses égaux.

L'homme auquel son seigneur aura gravement manqué pourra se plaindre au supérieur de celui-ci (le *suzerain*) qui, s'il lui semble opportun, convoquera le fautif à sa cour pour le faire juger par ses autres vassaux. La sanction encourue est le *désaveu* qui consiste, sans perte du fief, à briser le lien unissant le vassal à son précédent seigneur, pour le reconstituer au profit du suzerain, devenu, de ce fait, son seigneur direct. À notre époque, une telle procédure est rare. Si le vassal, lui, manque à ses obligations, il encourt la confiscation temporaire (saisie) ou définitive *(commise)* de son fief. Dans ce cas, on procède au rite inverse de l'investiture : le *dévest* du vassal. Là encore, la sanction est relativement théorique ; elle suppose que le seigneur soit assez puissant et pour faire prononcer la sentence, et surtout pour la faire exécuter. Ainsi, vers 1023, le roi Robert menace de commise un de ses vassaux, le comte Eudes II de Blois-Champagne, mais il se garde de réunir sa cour à cet effet, renonçant à reprendre un « bénéfice » qui apparaît de plus en plus comme un héritage insaisissable.

105 LA DIFFUSION DU LIEN FÉODO-VASSALIQUE. — Au XIe siècle, les *milites* de la garnison castrale ont normalement reçu un fief, souvent modeste : un *casamentum*/chasement, au titre duquel ils doivent leur service, notamment la garde du château. Mais tous les vassaux du sire ne sont pas nécessairement des chevaliers chasés/*milites casati.* La puissance nouvelle du seigneur attire vers lui des dévouements, plus ou moins intéressés, qu'il s'efforce d'ailleurs de susciter et d'entretenir. De petits propriétaires, des hobereaux de village, pour lui emprunter un peu de son pouvoir et bénéficier de sa protection, n'hésitent pas à rejoindre le cercle des *casati* et à entrer dans sa vassalité. Certains, pour mériter leur future condition, lui abandonnent leurs terres, jusque-là libres (alleux) et les reçoivent en retour en fiefs : c'est le système du *fief de reprise* qui se développe en Mâconnais, dans les années 1020, et se diffuse par la suite en d'autres régions.

Le service de ces nouveaux feudataires est moins uniforme que celui de la garnison castrale ; souvent, il est proportionné à l'importance de la tenure et parfois se marchande : ainsi, tel vassal d'une abbaye bourguignonne acceptait d'affronter uniquement ceux dont il était l'égal en lignage, voire de plus faibles... Qu'importe au demeurant : cette diffusion du lien féodal parmi les couches les plus aisées de la paysannerie permet aux grands châtelains de mener à la guerre des osts plus nombreux, cependant qu'à leur tour ils sont englobés dans la vassalité des princes. Au tout début du Xe siècle, un Géraud d'Aurillac pouvait refuser d'entrer dans la fidélité du duc Guillaume, parce qu'il était vassal royal ; quelques décennies plus tard, les seigneurs d'Auvergne sont tous les vassaux du duc d'Aquitaine. Le phénomène est identique en Poitou, en Anjou, en Normandie, en Flandre, en Mâconnais ou en Provence : les aristocraties locales sont passées sous le contrôle des princes et des comtes. Surtout, du bénéfice des grands au moindre chasement, le fief – plus stable, on le verra, que la relation vassalique – est devenu aux XIe et XIIe siècles l'unité commune de référence. Il n'est plus le cadeau du seigneur mais un élément du patrimoine du vassal.

106 La patrimonialisation du fief. — L'hérédité qui avait accompagné la formation des principautés, comtés et seigneuries, gagne les moindres fiefs : en ligne directe, dès le XIe siècle, puis en ligne collatérale au début du XIIe. Le processus comportait nécessairement un risque pour le seigneur qui, ayant choisi le père, se trouvait obligé d'accepter pour homme le fils ou le neveu. Pour limiter cet inconvénient, on rétablit entre lui et l'héritier le lien qui l'unissait au vassal défunt, à la mort du titulaire le fief revient au seigneur qui en investit le successeur, après que celui-ci aura prêté hommage et fidélité. Le nouveau vassal offre alors un cadeau qui, à partir du XIIe siècle, est devenu une véritable taxe de mutation (le *relief* dont le montant varie avec l'importance de la concession. Si l'héritier est mineur, s'il n'est pas en âge de porter les armes, de devenir chevalier pour s'acquitter des obligations liées au fief, on organise un système de garde *(bail)* : jusqu'à la majorité du vassal (quinze ou vingt et un ans) le fief est confié à un gardien (baillistre). À l'origine, ce rôle revenait au seigneur, mais ce système de garde seigneuriale ne se maintiendra guère qu'en Normandie. Ailleurs, on recourt à une garde familiale, confiée au plus proche héritier du mineur : le gardien qui prête hommage reçoit l'investiture du fief dont il perçoit les revenus et acquitte les services jusqu'à la majorité du futur vassal, dont l'éducation est généralement confiée à un autre parent. Autre problème, lorsque, faute d'héritier, le fief est dévolu à une femme (s'il « tombe en quenouille »). Dans un premier temps, celle-ci, considérée comme incapable de rendre les services obligés, fut écartée de la succession. Puis, l'hérédité l'a emporté, notamment à partir de la croisade. Si l'héritière est déjà mariée, son époux prête hommage et accomplit les obligations. Si elle ne l'est pas, le seigneur peut lui présenter trois candidats entre lesquels elle doit se prononcer, sous peine de commise ; si elle choisit par elle-même son conjoint, l'agrément du seigneur reste indispensable.

107 L'aliénabilité, la faculté pour un vassal de disposer de son fief (par donation, vente ou constitution de gage), s'est établie moins aisément que l'hérédité. On a d'abord accepté, avec le consentement du seigneur, certaines pratiques de donation en « franche aumône » à des établissements religieux – qui faisaient échapper la terre concédée à toute sujétion féodale ou encore « de sous-inféodation » pour une meilleure administration du fief – qui consistait à sous-traiter une partie de la tenure et qui fut parfois à l'origine de certaines seigneuries autonomes. Quant aux aliénations dont les motivations étaient purement financières et qui apparaissent à la fin du XIe siècle, elles ne furent d'abord admises que si elles portaient sur de faibles portions de la tenure et ne nuisaient pas au bon accomplissement des services, ces *abrègements* du fief étaient cependant soumis à l'autorisation préalable du seigneur. L'aliénation totale – sous forme généralement de vente – résulte des difficultés économiques que rencontre, au XIIe siècle, la petite noblesse (n° 109). Dans un premier temps, elle fut subordonnée au consentement discrétionnaire du seigneur, puis, à la fin du siècle, et sauf en certaines régions comme la Normandie ou la Bourgogne, le vassal reste libre de sa décision. On procède alors au devest de l'ancien feudataire puis à l'investiture de l'acquéreur après qu'il aura engagé sa foi au seigneur, celui-ci prélève sa part sur le prix de la vente, généralement le cinquième (droit de *quint*). Assez souvent, au XIIIe siècle, ces fiefs sont rachetés par d'anciens officiers seigneuriaux, enrichis au détriment de leur maître, voire par des bourgeois des villes parvenus par le négoce, qui aspirent maintenant au rang que peuvent leur conférer ces domaines « nobles »[1]. Une ordonnance de Philippe le Hardi, en 1275, limitera en le monnayant le droit des roturiers à tenir un fief et leur possibilité d'accéder de ce fait à la noblesse.

108 LE MODÈLE LIGNAGER. — Aux XIe-XIIe siècles, dans « le monde des nobles... devenu pour l'essentiel celui des fiefs »[2], les structures de parenté se resserrent autour d'une terre, d'un com-

1. *Cf.* certains recueils de coutumes (*Le livre de jostice et de plet.* ou les *Conseils à un ami*) qui considèrent que le fief confère la noblesse à celui qui l'a acquis. Dans le même sens, les *Établissements de Saint Louis* : acquisition de la noblesse après la « tierce fois » (à la troisième génération).
2. J.-P. Poly, L'Europe de l'an mille, *Le Moyen Âge, op. cit.*, II : *L'éveil de l'Europe*, p. 54.

mandement, pour maintenir la cohésion du patrimoine familial que mettent en péril l'essor démographique et l'hérédité. Alors que dans la société paysanne le partage et l'égalité entre les héritiers sont plutôt de règle, avec des variantes régionales, la noblesse tend à s'articuler autour d'une ligne unique, masculine – un lignage – ordonné à partir de son chef naturel, l'ancien. Sa succession reviendra de préférence, et pour la plus grande part, à un seul de ses enfants légitimes, généralement l'aîné[1]. En présence d'hoir mâle, les filles même plus âgées sont écartées, si elles se marient, elles recevront une dot. On organise aussi des systèmes d'indivision, de *parage,* tenu solidairement par tous les héritiers, représentés auprès du seigneur par l'aîné, qui prête hommage et reçoit l'investiture du fief.

Ce modèle lignager qui se répand au Nord comme au Midi va de pair avec une politique de restriction des mariages au profit du seul aîné. Quant à ses cadets, ces « jeunes », ces « bacheliers », non encore établis, ils seront contraints de vivre en sa maison, à moins qu'ils ne trouvent asile, aventure et fortune dans la *familia* (maisonnée) de quelques grands seigneurs (dont le roi, n° 213) ou réussissent à épouser une riche héritière. Toutefois, le poids des structures de parenté n'est pas partout et toujours aussi contraignant. Au Midi, par exemple, on rencontre fréquemment des systèmes de *pariages,* où une même seigneurie, un fief, est tenue simultanément par plusieurs seigneurs, on voit même de petits chevaliers se partager les revenus d'un village ou d'un terroir en fractions parfois minimes. Au Nord enfin, dès la fin du XIIe siècle et au XIIIe siècle, la pression démographique et familiale des cadets est souvent telle que les anciens sont obligés, en morcelant leurs patrimoines, de les établir en quelques seigneuries de village ou de paroisse.

109 LA NOBLESSE. – la petite noblesse surtout – devient de plus en plus vulnérable, même si un unique code de valeur chevaleresque l'unit encore et si, à partir du XIIIe siècle, son statut juridique (conditions d'accès, ou de perte, privilèges notamment fiscaux) véritablement se définit, pour mieux barrer l'accès aux intrus.

1. Le droit d'aînesse s'applique essentiellement en ligne directe, sauf en certaines coutumes dites d'aînesse forte (pays de l'Ouest) où il joue également en ligne collatérale, et même entre les filles lorsqu'il n'y a qu'elles pour succéder.

Pour nombre de seigneurs et châtelains et *a fortiori* de nouveaux sires « au petit pied », il est déjà trop tard. Depuis longtemps, ils ont cessé d'être des producteurs et ne peuvent prétendre bénéficier de l'accroissement général des richesses, au cours du XIIe siècle. Les profits de leurs seigneuries, détournés par leurs ministériaux, leur échappent. Le système des rentes, figé bien souvent par la coutume, la dépréciation constante de leur monnaie ne leur permettent plus guère de faire face à la nouvelle conjoncture économique, à la montée des prix, à l'apparition aussi dans la société nobiliaire, depuis la croisade, de nouveaux goûts et besoins. Pour tenir un rang de plus en plus menacé, ils en sont réduits à emprunter en donnant en gage leurs terres, l'assise de leur puissance passée, ou encore à vendre directement par bribes ou pans entiers leurs biens et leurs droits. Ils tombent alors à la merci de tous ceux qu'enrichissent les grands courants renaissants de productions et d'échanges : leurs anciens agents, les bourgeois et surtout les principaux représentants de ce monde aristocratique auxquels ils s'accrochent : les rois et les princes.

Section III
L'ordre féodal

I | Anarchie ou hiérarchie ?

110 Au temps carolingien et jusqu'à la fin du IXe siècle, la règle était qu'un vassal n'eût qu'un seul seigneur. Aux Xe et XIe siècles, il y a une prolifération des liens vassaliques à tous les niveaux de la société des puissants ; et notamment entre ceux qui, à un titre ou à un autre, participaient à l'exercice du pouvoir seigneurial. À l'exception de certaines régions comme la Normandie, où le duc maintient dans l'ensemble son autorité féodale, il n'est plus rare désormais pour un même vassal d'avoir plusieurs seigneurs. De là, certains efforts pour remédier à cette diffusion des vassalités multiples, source apparente de désordre.

111 LES VASSALITÉS MULTIPLES. — Le premier exemple connu date de 895 : un certain *Patericus*/Patri vassal à la fois du comte du Mans et du duc Robert, frère du roi Eudes. Le phénomène ne tarde pas à se généraliser encouragé parfois par quelques princes ou comtes qui, tout en faisant entrer les sires dans leur vassalité, s'efforcent d'entretenir entre eux une concurrence destinée à les affaiblir. Tel est le cas du comte de Poitiers, duc d'Aquitaine, au début du XIe siècle, qui, faute d'avoir pu empêcher l'avènement du système seigneurial, s'efforce encore de le contrôler. Il veille à l'éparpillement des *honores* tenus par les grands châtelains, de préférence à l'écart de leurs domaines familiaux, et multiplie entre eux les pariages pour une moitié ou un quart de certaines forteresses. Surtout, il interpose, entre ses vassaux et lui, des comtes fidèles voisins ou des évêques, en dispersant là encore ces seigneuries médiates[1]. Ainsi, Hugues de Lusignan tient la moitié du château de Vivonne de l'évêque de Poitiers et Confolens du comte d'Angoulême. Dans cet enchevêtrement orchestré des fidélités, par lequel se maintient ici la paix ducale, le seul élément stable – en dehors du duc, du moins tant qu'il maîtrise le système – reste la garnison castrale. Contrôler une seigneurie, une forteresse, c'est d'abord s'assurer de la fidélité des chevaliers de la place. L'évêque Fulbert de Chartres, de qui le comte Renaud tient en fief le château de Vendôme, obtient de ce dernier que les *milites castri* lui prêtent également hommage et fidélité ; s'il vient, avec l'accord du comte, à occuper le château, ses chevaliers chartrains engageront aussi leur foi vis-à-vis de Renaud. Ainsi se crée entre deux groupes guerriers et leurs chefs respectifs un véritable chiasme vassalique, un système d'alliances croisées.

Au hasard des luttes d'influence pour la domination des châtellenies, avec aussi les démembrements du fief, le phénomène des vassalités multiples se répand, échappant bien souvent à tout contrôle des puissants qui, eux-mêmes, n'hésitent pas à en profiter. Au XIe siècle, le comte d'Anjou, fidèle du roi pour son comté, devient vassal du duc d'Aquitaine pour quelques seigneuries en Poitou et en Saintonge. Au milieu du XIIe siècle, le comte de Champagne a prêté hommage à une dizaine de seigneurs dont le roi de France, le duc

1. *Cf.* Poly, Bournazel, *La mutation féodale, op. cit.*, p. 137 et s.

de Bourgogne, l'archevêque de Reims. Inversement, au début du XIIe siècle, Orderic Vital, chanoine et chroniqueur normand, fait tenir au comte d'Évreux le discours suivant : « Je chéris le roi (d'Angleterre, Henri Ier) et le duc (de Normandie, Robert Courte-reuse), mais je ferai hommage à l'un des deux seulement et je le servirai comme mon seigneur conformément au droit. »[1] Un idéal qui, à cette époque, est rarement réalisé. Une telle dispersion généralisée des engagements profite le plus souvent au vassal qui récupère de la sorte fiefs et seigneuries. Homme de plusieurs seigneurs, il peut choisir entre eux celui qu'il servira et, à la limite, se conduire comme s'il n'était le vassal de personne.

112 LES SAUVEGARDES HIÉRARCHIQUES. — Très tôt, les théoriciens, les juristes, ont déployé des efforts pour concilier et ordonner ces pluralités d'engagements, au moment même parfois où elles apparaissaient, en mettant l'accent sur l'un ou l'autre élément de la relation vassalique.

Au début du XIe siècle, apparaît la clause dite « de réserve de fidélité » : le vassal d'un premier seigneur ne devient l'homme d'un second qu'en subordonnant la foi nouvelle qu'il engage à celle qu'il doit déjà. Dès 1008, l'évêque Fulbert impose cette pratique à ses vassaux qui sont en même temps ceux du roi de France : ils ne seront les hommes de cette Église que sauf la fidélité due au roi. De même, en 1101, le comte de Flandre devient vassal du roi d'Angleterre, « sauve la fidélité » qu'il doit d'abord au capétien, Philippe Ier.

D'autres modalités insistent sur l'hommage et les services qui en dépendent. Vers le milieu du XIe siècle, s'élabore la distinction entre hommage *lige,* impliquant au profit de celui qui en a bénéficié un service prioritaire, et hommage *plain* (ou *plane*), aux effets secondaires. Mais nombre de vassaux se mirent alors à prêter plusieurs hommages liges à des seigneurs différents. Pour corriger cette multiplication des *ligesses* (ou des *ligences*), on lia la priorité du service, soit à l'ancienneté de l'engagement, soit à l'importance de la concession en fief, qui, de plus en plus, détermine l'aide et le conseil dus.

1. Cité par F.-L. Ganshof, *Qu'est-ce que la féodalité ?,* p. 162.

Tous ces efforts pour établir une hiérarchie des personnes ne furent guère concluants. D'une part, il existe toujours des vassalités multiples, et cette pluralité de seigneurs pour un même vassal ne va pas dans le sens de l'ordre. D'autre part, et surtout, cette construction personnelle reste limitée. Certes, tout le monde s'accorde à penser qu'au sommet elle part du roi. L'abbé de Saint-Denis, Suger, familier de Louis VI et de Louis VII, a beaucoup insisté sur ce thème : le roi est au faîte de la pyramide féodale et, du haut de sa grandeur, de sa majesté, il contemple et domine tous les grands du royaume. Mais, le schéma, pour être complet, devrait s'ordonner et descendre de degrés en degrés, jusques aux moindres arrière-vassaux. Encore au XIIe siècle, le Capétien n'a d'emprise – et encore théorique – que sur ceux qui lui ont personnellement prêté hommage et fidélité : les princes territoriaux ou les comtes qui tiennent de lui, pour tout ou partie, leurs principautés ou comtés et, en Île-de-France, de petits seigneurs et châtelains, voire de simples chevaliers. En dehors de ce dernier cas où le roi atteint directement les plus bas niveaux de la société féodale, il ne contrôle pas les vassaux de ses vassaux. Contre lui – comme d'ailleurs n'importe quel seigneur, sauf le duc normand – joue l'adage : « Le vassal de mon vassal n'est pas mon vassal. » Les vassaux forment donc écran entre le suzerain et les *vavasseurs* (arrière-vassaux).

Aussi, vers le milieu du XIIe siècle, on mettra l'accent dans l'entourage royal sur une construction établie à partir des terres (n° 231). On assiste alors à un mouvement général de féodalisation qui tend à englober les différents terroirs conçus comme des fiefs dans des jeux emboîtés de tenures qui procèdent les unes des autres. Qu'importe alors si un même vassal a plusieurs seigneurs et se trouve engagé dans un réseau complexe et entrecroisé d'obligations et de services ; la terre qui conditionne son hommage ne peut procéder que d'une autre, plus vaste, dont elle a été démembrée.

C'est en conjuguant ces différentes notions, personnelles et réelles, que quelques princes, à l'instar des ducs de Normandie ou de Bourgogne, vont consolider ou reconstituer leur autorité territoriale aux dépens des sires et châtelains de leur province, alors souvent en difficulté.

II | Les princes de la renaissance féodale

113 L'Empire plantagenêt. — Depuis la conquête en 1066 de l'Angleterre par Guillaume le Conquérant, le duc de Normandie est devenu l'égal en dignité royale du roi de France, pourtant son seigneur. Au milieu du XIIe siècle, le royaume d'Angleterre et le duché normand tombent aux mains d'Henri II Plantagenêt, prince angevin, qui ajoute à ses possessions l'Aquitaine, par son mariage en 1153 avec Aliénor, divorcée de Louis VII, et étend sa maîtrise, après 1158, sur la Bretagne. L'Empire plantagenêt est alors constitué à partir de territoires plus ou moins disparates et de traditions différentes, sur lesquels le roi duc s'efforce d'imposer une autorité unique.

Les structures féodales sur lesquelles Henri II et, après lui, ses héritiers, Richard Cœur de Lion, puis Jean sans Terre, s'appuient sont alors relativement cohérentes en Anjou et surtout, on l'a vu, en Normandie. Là, le duc a pour vassaux directs les tenants en chefs – comtes, titulaires d'honneurs et autres puissants seigneurs qui lui doivent le service de moindres chevaliers dépendant d'eux et auxquels ils concèdent des fiefs dits de chevalier ou de haubert, voire de simples vavasseurs, titulaires de plus modestes tenures nobles ou roturières et astreints aux seules obligations de chevauchées épisodiques et journalières. Fort de sa puissance féodale, le duc peut continuer la politique de ses prédécesseurs en renforçant les structures et les cadres de sa fonction princière. En son absence, le duché est gouverné par des officiers de sa maison, le sénéchal surtout, puis à partir des années 1173-1174, par le *justicier* de Normandie, fonctionnaire révocable qui bénéficie de délégation permanente de pouvoirs. Au plus haut niveau, la justice est administrée par la cour ducale, présidée par le duc ou son représentant, qui, lorsqu'elle siège à Caen, porte le nom d'Échiquier[1], mais qui tient aussi périodiquement des assises locales. Depuis l'époque de Guillaume le Conqué-

1. Le terme d'Échiquier désigne aussi la Chambre des comptes, qu'il ne faut pas confondre avec le tribunal du même nom, même s'il y a une certaine communauté de personnel et si le contentieux fiscal peut constituer un lien. La cour, dans sa fonction financière, siège à Caen, deux fois par an, et vérifie les comptes des agents locaux, dont les recettes seront versées au Trésor.

rant s'est développée l'idée qu'un certain nombre de causes relèvent de la seule justice du prince : parmi ces « cas ducaux » qui ressortissent aux « plaids de l'épée » figurent au XIIe siècle les atteintes aux pouvoirs du duc (sa paix, ses monopoles fiscaux, ses prérogatives militaires) et aussi les quatre grands crimes contre les particuliers (incendie, homicide, roberie (vol de grand chemin), rapt). L'administration locale, à la fin du XIIe siècle, est aux mains de *baillis,* agents révocables rétribués par gages, qui supplantent alors l'ancienne institution territoriale des vicomtes devenus héréditaires. En Anjou, vieux bastion familial, le roi et comte est représenté par le sénéchal qui exerce par délégation son autorité, relayée localement par des voyers et surtout des prévôts aux multiples attributions militaires, domaniales et financières, de police et de justice.

Cette réussite administrative en Anjou et surtout en Normandie ne se retrouve pas identique dans les terres plus récemment acquises, particulièrement en Aquitaine. Certes, le duc s'efforce de déployer des structures cohérentes de représentation par l'intermédiaire de sénéchaux ou en confiant le gouvernement du duché à sa femme, Aliénor, et à son jeune fils, Richard. En fait, le Plantagenêt va se heurter aux traditions méridionales d'une féodalité moins contraignante parce que historiquement plus éclatée, où tenures et relations vassaliques s'enchevêtrent les unes aux autres. Henri II aura à batailler ferme pour consolider sa place de seigneur éminent et obtenir les hommages et fidélités prioritaires qui devaient lui revenir, en matant les révoltes des grands châtelains indociles, soutenus souvent par son rival, le roi de France, et parfois entraînés par ses propres enfants.

114 LE DUCHÉ DE BOURGOGNE. — Au cours du XIe siècle, dans le duché capétien de Bourgogne, l'autorité ducale s'était éparpillée entre les différentes puissances comtales et seigneuriales, laïques ou ecclésiastiques. Brutalement ou insensiblement, le prince avait perdu la maîtrise sur un certain nombre de comtés (Nevers, Tonnerre, Auxerre, Troyes, Chalon, Mâcon) ne conservant avec leurs titulaires que des liens vassaliques assez distendus. À partir du début du XIIe siècle, on assiste au renouveau du pouvoir bourguignon dans un cadre territorial restructuré (même s'il n'est plus toujours celui du passé) et dans la normalisation, au profit du duc, des relations féodales.

Avant 1150, le prince reprend place à Chalon en rachetant la forteresse de la cité – le châtelet avec les fiefs des chevaliers chalonnais. Le comté de Grignon – démembré de celui d'Auxerre – est rattaché au domaine ducal. L'œuvre de consolidation domaniale se poursuit ensuite autour de Dijon, au détriment de certaines seigneuries épiscopales, comme celle de l'évêque de Langres. Le comte de Nevers qui refusait l'hommage est soumis, et le pouvoir du duc s'étend sur une partie de la Bresse. Même si le prince échoue, en 1186, dans ses velléités d'indépendance à l'égard de la royauté française, il réussit à étendre sa domination territoriale vers le Sud, tout en veillant à garantir l'intégrité du duché contre les empiétements de ses puissants voisins, roi de France, comtes de Champagne ou de Nevers.

Dans le même temps, le prince s'est préoccupé de resserrer les liens qui l'unissaient aux maîtres des châteaux, s'assurant, au cours du XIIe siècle, de leur hommage lige et de la disposition de leurs forteresses en cas de guerre. Au XIIIe siècle, devant la multiplication et donc l'affaiblissement des ligences, le duc développe une politique de reprise en fief des terres allodiales, souvent moyennant finance. Il veille sur son privilège d'autoriser les aliénations et notamment les abrègements de fief, sanctionnant par la commise ceux qui passent outre. Enfin, il étend son contrôle sur nombre de seigneuries ecclésiastiques par le jeu de pariages et aussi du droit de garde que lui confère son rôle de protecteur suprême du temporel des églises. Ainsi, sur des bases essentiellement féodales, se reconstituait le pouvoir éminent du prince sur tout le duché, cependant qu'il en consolidait les organes du gouvernement (hôtel et surtout conseil) et d'administration locale (*viers,* baillis, châtelains).

Ce mouvement de concentration territoriale et de restructuration des pouvoirs se retrouve à partir du XIIe siècle aussi bien en Flandre qu'en Champagne, avec des emprunts institutionnels (baillis notamment) d'une région à l'autre. On peut toutefois noter qu'au Midi, en Aquitaine et en Gascogne, en Toulousain et aussi en Provence, il fut peut-être moins net pour des raisons qui tenaient au développement historique des structures féodo-vassaliques. De là, la vulnérabilité de certaines terres méridionales, lorsque les guerriers du Nord descendront au Midi, sous prétexte de croisade, au début du XIe siècle, pour le compte d'une royauté affermie. En effet, la mutation des principautés, par la remise en ordre préalable de l'autorité féodale des princes sur les puissances seigneuriales et la généralisation du système des tenures, profitait en dernier ressort au Capétien ; les ducs et les comtes ne pouvant refuser au roi ce qu'ils exigeaient de leurs propres fidèles.

Pour aller plus loin

115 SUR LE CHÂTEAU ET LES PHÉNOMÈNES D'ENCHÂTELLEMENT. — *Cf.* R. Aubenas, Les châteaux forts des Xe et XIe siècles, *RHD*, 1938, p. 548 ; R. Richard, Châteaux, châtelains et vassaux en Bourgogne aux XIe et XIIe siècles, *CCM*, 3, 1960, p. 433 ; P. Heliot, Les châteaux forts en France du Xe au XIIe siècle à la lumière de travaux récents, *Journal des Savants*, 1965, p. 483 ; F. Fino, *Forteresses de la France médiévale*, Paris, 1969, et surtout la synthèse de G. Fournier, *Le château dans la France médiévale*, Paris, 1978. L'heureux terme d'enchâtellement est emprunté à P. Toubert qui, avec l'historiographie italienne, parle *d'incastellamento*, dans son monumental ouvrage, *Les structures du Latium médiéval. Le Latium méridional et la Sabine du IXe à la fin du XIIe siècle*, Paris, Rome, 1973 ; il correspond en tout cas davantage à la réalité sociopolitique et aux mentalités du temps que le vocable « encellulement » – lancé par Robert Fossier – aux connotations par trop carcérales ou monastiques...

Sur le développement du système castral et la naissance des seigneuries banales, *cf.* G. Duby, *La société... mâconnaise, op. cit.*, p. 135 et s. : « Le temps des châtellenies indépendantes, 980-1160 » ; J. Richard, *Les ducs de Bourgogne et la formation du duché (du XIe au XIVe siècle)*, Dijon, 1954, p. 50 et s. ; M. Garaud, *Les châtelains de Poitou et l'avènement du régime féodal, XIe et XIIe siècles*, Poitiers, 1967, une précieuse approche institutionnelle, que l'on peut compléter « géographiquement » par la thèse publiée d'A. Debord, *La société laïque dans les pays de la Charente, Xe-XIIe siècle*, Paris, 1984, notamment la Ire partie : « Les châteaux (Xe-XIe siècles) », p. 61 et s. *Cf.* aussi G. Louise, *La seigneurie de Bellême (Xe-XIIe siècle)*, 2 vol., Flers, 1993. Plus généralement, *cf. Seigneurs et seigneuries au Moyen Âge*, Paris, 1993, et aussi *Les structures sociales de l'Aquitaine, du Languedoc et de l'Espagne au premier âge féodal* (congrès de Toulouse, 1968), Paris, 1969 ; *Structures féodales et féodalisme dans l'Occident méditerranéen* (colloque CNRS, Rome, 1978), Rome, 1980. Pour le Midi encore, *cf.* J.-P. Poly, *La Provence et la société féodale (879-1166)*, Paris, 1976, p. 112 et s. ; et les fortes analyses de P. Bonassie, *La Catalogne (du milieu du Xe à la fin du XIe siècle)*, 2 vol., Toulouse, 1976, particulièrement le t. II, IIIe partie : « Une société en crise (1020-1060) », p. 539 et s. ; *cf.* également P. Ourliac, *Les pays de Garonne vers l'an mil. La société et le droit*, Toulouse, Privat, 1995, et B. Cursente, *Les Castelnaux de la Gascogne médiévale, Gascogne gersoise*, Bordeaux, 1980, qui révèle, vers 1050, un mouvement de construction de forteresses (souvent des châteaux sur mottes, sommairement construits) à l'initiative des comtes, vicomtes et de quelques gros alleutiers ; *cf.* enfin la belle thèse de C. Lauranson-Rosaz, *L'Auvergne et ses marges (Velay, Gévaudan) du VIIIe au XIe siècle*, Le Puy-en-Velay, 1987, chap. V : « Des structures antiques aux structures dites féodales », p. 309 et s. Pour le Nord, on se reportera, entre autres, à la belle étude de O. Guillot, *Le comte d'Anjou et son entourage au* XI*e siècle,* Paris, 1972, plus particulièrement chap. IV : « Les châteaux », p. 281 et s., consacré aux châteaux comtaux et à l'apparition des seigneuries châtelaines ; G. Devailly, *Le Berry du Xe au milieu du* XIII*e siècle,* Paris, 1973 ; A. Chédeville, *Chartres et ses campagnes (*XI*e-*XIII*e siècle),* Paris, 1973, p. 268 et s. ; M. Bur, *La formation du comté de Champagne (v. 950 – v. 1190),* Nancy, 1977 ; R. Fossier, *La terre et les hommes en Picardie jusqu'à la fin du* XIII*e siècle,* Paris-Louvain, 1968, et sur l'organisation de la production dans le cadre seigneurial et le développement de la « rente seigneuriale », *Enfance de l'Europe, op. cit.,* II, p. 614 et s. ; B. Bedos, *La châtellenie de Montmorency des origines à 1368,* Paris, 1981 ; pour une nouvelle et riche réflexion, *cf.* D. Barthélemy, *Les deux âges de la seigneurie banale, Coucy (*XI*e-*XIII*e siècle),* Paris, 1985, et son énorme travail, *La société dans le comté de Vendôme, de l'An Mil au* XIV*e siècle,* notamment p. 273 et s. ; *cf.* aussi Y. Sassier, *Recherches sur le pouvoir comtal en Auxerrois du Xe au début du* XIII*e siècle,* Auxerre, 1980, avec de précieux développements p. 80 et s. sur les seigneuries laïques et p. 124 et s. sur les seigneuries ecclésiastiques. Sur ce dernier thème, *cf.* J.-F. Lemarignier, De l'immunité à la seigneurie ecclésiastique, *Études d'histoire du droit canonique dédiées à G. Le Bras,* Paris, 1965, I, p. 619 et s. ; H. Platelle, *Le temporel de l'abbaye de Saint-Amand des origines à 1340,* Paris, 1962, et *La justice seigneuriale de l'abbaye de Saint-Amand, son organisation judiciaire, sa procédure et sa compétence du* XI*e au* XVI*e siècle,* Louvain, 1965. Et aussi, O. Guyotjeannin, *Episcopus et comes. Affirmation et déclin de la seigneurie épiscopale au nord du royaume (Beauvais-Noyon, Xe - début* XIII*e siècle),* Genève-Paris, 1987. Plus généralement, *cf.* M. Block, *La société, op. cit.,* p. 334 ; R. Fossier, *Enfance de l'Europe, op. cit.,* I, p. 364 et s. ; Poly et Bournazel, *La mutation féodale, op. cit.,* p. 63 et s. et 369 et s. ; D. Barthélemy, *L'ordre seigneurial, op. cit.,* p. 13 et s. ; Ph. Contamine, *La guerre au Moyen Âge, op. cit.,* p. 51 et s. (bibliographie) et p. 128 et s. *Cf.,* enfin, pour une approche souvent plus économique, *Seigneurs et seigneuries au Moyen Âge,* Actes du CXVIIe Congrès national des sociétés savantes, Clermont-Ferrand, 1992, Paris, 1993, et *Campagnes médiévales : l'homme et son espace. Études offertes à Robert Fossier,* Paris, 1995.

Sur la « mutation » ou la « révolution » féodale, certains auteurs, ainsi Dominique Barthélemy à partir de sa monumentale étude sur le Vendômois *(op. cit.),* de quelques textes du XIIe siècle et d'une redatation un peu rapide des coutumes de Vendôme, refusent l'idée d'une mutation violente de la société autour de l'An Mil et préfèrent la notion d' « ajustements progressifs », *cf.* D. B., La mutation féodale a-t-elle eu lieu, *Annales,* 1992, p. 767 et s., et *La mutation de l'an mil a-t-elle eu lieu,* Paris, Fayard, 1997, un recueil d'anciens articles qui n'ajoute rien à la question. Nous lui concédons volontiers qu'en certains lieux – et pourquoi pas en Vendômois – le passage à la seigneurie avait peut-être déjà été préparé – notamment, par le grand domaine carolingien – et s'est effectué disons sans trop de heurts ; mais cet « idéal » est loin d'être partout réalisé. De même, il y a eu des décalages dans le temps, suivant les lieux, pour la constitution des seigneuries banales. Enfin, s'il n'y a pas de violences et d'exactions seigneuriales, les mouvements de Paix et de Trêve de Dieu (nos 126 et 127) n'ont pas de raison d'être ou ne sont que « rêveries » de moines... Pour tenter d'en finir avec cette fausse querelle, *cf.* J.-P. Poly et É. Bournazel, Que faut-il préférer au « mutationnisme » ? ou le problème du changement social, *RHD,* 1994, p. 401 et s., et surtout É. Bournazel et J.-P. Poly (dir.), *Les féodalités,* Paris, PUF, coll. « Histoire générale des systèmes politiques », 1998, et notamment la contribution décisive de J.-P. Poly, chap. II : « La crise, la paysannerie libre et la féodalité », p. 111-206. *Cf.* enfin, la belle synthèse de P. Ourliac, La féodalité et son histoire, *RHD,* 1995, p. 1 et s., notamment p. 9, n. 39, et surtout, J.-P. Poly, Le commencement et la fin. La crise de l'An Mil chez ses contemporains, *Georges Duby : l'écriture de l'histoire,* Bruxelles, De Boeck Université, « Bibliothèque du Moyen Âge », 6, 1996, p. 191 et s., et

P. Bonnassie, Le rapport de l'homme à la terre ou les deux sens du mot « culture », *ibid.*, p. 87, notamment p. 95 et s.

116 SUR LES JUSTICES SEIGNEURIALES ET FÉODALES. — Nous renvoyons d'une manière générale aux différentes monographies régionales ou locales et à F. Lot et R. Fawtier, *Histoire des institutions,* II : *Institutions seigneuriales.* Pour une synthèse sur la période, Y. Bongert, *Recherches sur les cours laïques du Xe au XIIIe siècle,* Paris, 1949, et J.-M. Carbasse, *Introduction historique au droit pénal, op. cit.*, p. 79 et s. *Cf.* aussi L. Halphen, La justice en France au XIIIe siècle, *À travers l'histoire du Moyen Âge*, p. 175 ; F.-L. Ganshof, *Recherches sur les tribunaux de châtellenies en Flandre avant le milieu du XIIIe siècle,* Anvers, 1932, Étude sur l'administration de la justice dans la région bourguignonne de la fin du Xe au début du XIIIe siècle, *Rev. hist.*, 1920, p. 193, Note sur la compétence des cours féodales en France, *Mélanges d'histoire offerts à Henri Pirenne,* t. I, Bruxelles, 1926, p. 161, Contribution à l'étude des origines des cours féodales en France, *RHD,* 1928, p. 644 ; B. Althoffer, *Les scabins,* Nancy, 1938, notamment la IIIe partie : « Quelques notes rapides sur la disparition des scabins carolingiens et les transformations du *mallus* à l'époque féodale en Bourgogne et dans le Midi », p. 141 ; H. Platelle, *La justice seigneuriale de l'abbaye de Saint-Amand, op. cit.* ; G. Duby, Recherches sur l'évolution des institutions judiciaires pendant le Xe et le XIe siècle dans le sud de la Bourgogne, *Hommes et structures du Moyen Âge,* p. 7 ; G. Sicard, Sur l'organisation judiciaire en Languedoc (milieu du Xe siècle - milieu du XIIe siècle), *Annales Faculté de droit d'Alger,* 1961, p. 1.

117 POUR UNE ANALYSE DE LA TRANSFORMATION DES RAPPORTS SOCIAUX DANS LE CADRE DE LA SEIGNEURIE. — *Cf.* J.-P. Poly et É. Bournazel, *La mutation féodale,* notamment aux chap. III : « Nobles et chevaliers », et IV : « Serfs ou libres ? » ; *cf.* aussi *Villages et villageois au Moyen Âge,* ouvr. coll., Paris, 1992 ; D. Barthélemy, *L'ordre seigneurial,* p. 127 et s. ; P. Bonnassie, D'une servitude à l'autre, *La France de l'An Mil,* p. 125-141, et J.-P. Poly, L'aubain, le serf et le marchand, *La mosaïque France, op. cit.*, p. 133 et s. Sur l'importante question du servage, *cf.* M. Bloch, *La société féodale,* p. 355 et s., *Rois et serfs, un chapitre d'histoire capétienne,* Paris, 1920, et ses articles réunis dans les *Mélanges historiques,* 2 vol., Paris, 1963, p. 261 et s. (Le servage dans la société européenne), l'intéressante approche de P. Dockes, *La libération médiévale, op. cit.*, et la remarquable mise au point de P. Bonnassie, Survie et extinction du régime esclavagiste dans l'Occident du Moyen Âge (IVe-XIe s.), *CCM,* 4, 1985, p. 309. *Cf.* aussi, entre autres, les développements de M. Garaud, *Les châtelains de Poitou,* p. 203 et s., et surtout de A. Chédeville, *Chartres...*, p. 355 et s. Également, D. Barthélemy, *Vendôme... op. cit.*, p. 474 et s. ; Y. Sassier, *Pouvoirs et institutions,* 1, *op. cit.*, p. 186 et s. Sur le statut juridique du serf et son évolution durant notre période, *cf.* les manuels généraux d'histoire du droit et des institutions, notamment E. Chenon, *op. cit.*, IIe partie, p. 44 et s. ; F. Olivier-Martin, *Histoire de la coutume de la prévôté et de la vicomté de Paris,* Paris, réimpr., 1981, t. I, p. 153 et s., et P. Ourliac et J.-L. Gazzaniga, *Histoire du droit privé français, op. cit.*, p. 183 et s., avec une excellente bibliographie. Parmi les « maîtres » de la question, rappelons quelques travaux de P. Petot, L'origine de la mainmorte servile, *RHD,* 1941, p. 275 ; Licence de mariage et formariage, *Annales d'histoire du droit,* Posnam, 1949, p. 199 ; L'évolution numérique de la classe servile en France du IXe au XIVe siècle, *Recueil Jean Bodin,* II, 1959, p. 159 ; Serf d'Église habilité à témoigner en justice, *CCM,* 1960, p. 191 ; sur ce thème, O. Guillot, La participation au duel judiciaire de témoins de condition serve dans l'Île-de-France du XIe siècle : autour d'un faux diplôme d'Henri Ier, *Droit privé et institutions régionales. Études historiques offertes à Jean Yver,* Rouen, 1976, p. 345. Un exemple intéressant : celui de 336 serfs de l'abbaye de Saint-Pierre-le-Vif de Sens qui, en 1257, « achètent leur liberté », *cf.* W. Ch. Jordan, *From*

Servitude to Freedorn. Manumission in the Senonais in the Thirteenth Century, Philadelphie, 1986.

118 Depuis M. Bloch, *La société, op. cit.,* p. 395 et s., et ses développements, au demeurant discutables, sur la transformation d'une noblesse de fait (des Xe-XIe siècles) en noblesse de droit (à partir du XIIe siècle), les travaux consacrés à la noblesse, son implantation géographique, ses liens avec la chevalerie, ses structures familiales, sont particulièrement nombreux et riches. Citons, entre autres parmi les plus récents, les articles de G. Duby, réunis in *Hommes et structures du Moyen Âge, op. cit.,* les actes du Colloque de Paris (juin 1974), *Famille et parenté dans l'Occident médiéval,* Paris-Rome, 1977, et sous la dir. de P. Contamine, *La noblesse au Moyen Âge,* Paris, 1976. *Cf.* aussi une présentation générale de la question *in* Fossier, *op. cit.,* t. III, chap. II, p. 951 et s. : « Féodalité et noblesse » ; Poly et Bournazel, *op. cit.,* p. 155 et s. ; D. Barthélemy, *Vendôme..., op. cit.,* p. 507 et s., et Noblesse, chevalerie et lignage dans le Vendômois et les régions voisines aux XIe et XIIe siècles, *Georges Duby : L'écriture de l'histoire, op. cit.,* p. 121 et s. *Cf.* également l'intéressant article de S. Weinberger, Nobles et noblesse dans la Provence médiévale (ca. 850-1100), *AESC,* 1981, p. 913 et s., à compléter par la belle étude de M. Aurell, *Une famille de la noblesse provençale au Moyen Âge : les Porcelet,* Avignon (« Archives du Sud »), 1986. *Cf.* enfin l'important ouvrage de M. Parisse, *Noblesse et chevalerie en Lorraine médiévale, les familles nobles du XIe au XIIIe siècle,* Nancy, 1982. Pour une approche plus spécifiquement juridique, notamment sur les problèmes de succession, *cf.* Chenon, *op. cit.,* t. II, chap. III : « Histoire du droit privé », consacré à la période féodale et coutumière (Xe-XVIe siècle) ; F. Olivier-Martin, *op. cit.,* I, p. 137 et s., sur *l'état des personnes,* et bien sûr l'ouvrage de P. Ourliac et J.-C. Gazzaniga, déjà cité. *Cf.* aussi M. Garaud, *op. cit.,* p. 216 et s. ; G. Duby, *La société..., op. cit.,* p. 215 et s. *Cf.* encore les travaux de R. Genestal, *Le parage normand,* Caen, 1911 ; La formation du droit d'aînesse dans la coutume de Normandie, *Normannia,* 1928, p. 157 ; L. Gallet, *Les traites de pariages,* Paris, 1935 ; H. Legohérel, Le parage en Touraine-Anjou au Moyen Âge, *RHD,* 1965, p. 222 ; J. Yver, *Égalité entre héritiers et exclusion des enfants dotés. Essai de géographie coutumière,* Paris, 1966 ; R. Jacob, Le droit familial de la noblesse, essai de géographie coutumière du groupe picard-wallon, *Revue du Nord,* 1978, p. 175 et s. Sur ce dernier thème de la formation des coutumes, on consultera aussi J.-F. Lemarignier, La dislocation du *pagus* et le problème des *consuetudines* (Xe-XIe siècles), *Mélanges L. Halphen,* p. 401 et s., et aussi C. Lauranson-Rosaz, Les mauvaises coutumes d'Auvergne, *Annales du Midi,* 1989. Sur les « politiques ou les stratégies matrimoniales » de la noblesse, aux dépens notamment des cadets, *cf.* H. Vidal, Les mariages dans la famille des Guillems, seigneurs de Montpellier, *RHD,* 1984, p. 231, et sur les problèmes de « la réserve » dans les successions (réserve noble des deux tiers notamment), *cf.* l'art. très documenté et avec une excellente bibliographie de J.-L. Thireau, Les origines de la réserve héréditaire dans les coutumes du groupe angevin, *RHD,* 1986, p. 351. Plus généralement, sur le régime des biens, *cf.* A.-M. Patault, *Introduction historique au droit des biens, op. cit.,* p. 41 et s.

119 SUR LA FORMATION ET LE DÉVELOPPEMENT DES RELATIONS FÉODO-VASSALIQUES. — Les deux ouvrages fondamentaux restent ceux de M. Bloch, *La société féodale, op. cit.,* et F.-L. Ganshof, *Qu'est-ce que la féodalité ?,* dans la dernière édition, avec une bibliographie complémentaire, p. 277 et s. De manière générale, *cf.* Poly et Bournazel, *La mutation féodale, op. cit.,* chap. II : « La dépendance honorable » et bibliogr., p. 31. Également, Y. Sassier, *Pouvoirs et institutions,* 1, *op. cit.,* p. 190 et s. ou encore, D. Barthélemy, *Vendôme..., op. cit.,* p. 557 et s. *Cf.* aussi les analyses souvent très personnelles de E. Magnou-Nortier, Note sur le sens du mot *fevum* en Septimanie et dans la marche d'Espagne, *AM,* 1964, p. 141, et Fidélités et féodalité méridionale d'après les serments de fidélité (Xe - début XIIIe siècle), *Structures... de l'Aquitaine, op. cit.,* p. 115 et s., et *La société laïque et l'Église dans la province ecclésiastique de Narbonne, de la fin du VIIIe siècle à la fin du XIIe siècle,* Toulouse, 1974. Toujours très précieux, les travaux de H. Richardot, Le fief roturier à Toulouse aux XIIe et XIIIe siècles, *RHD,* 1935, p. 307 et 495, Francs fiefs, essai sur l'exemption totale ou partielle des services de fief, *RHD,* 1949, p. 28 et 229, Note sur les roturiers possesseurs de fiefs nobles, *Annales de la Fac. de droit d'Aix-en-Provence,* 1950, p. 3. Sur le sujet délicat et relativement peu exploré des hommages serviles, P. Ourliac, L'hommage servile dans la région toulousaine, *Mélanges... L. Halphen,* Paris, 1951. Sur les rites de la vassalité, J. Le Goff, Le rituel symbolique de la vassalité, *Pour un autre Moyen Âge, op. cit.,* p. 249, qui reprend et approfondit les analyses de M. Bloch, Les formes de rupture de l'hommage dans l'ancien droit féodal, *Mélanges, op. cit.,* I, p. 189. Sur le système des fiefs rentes, M. Sczaniecki, *Essai sur les fiefs rentes,* Paris, 1946, et B. D. Lyon, *From fief to identure. The transition from feudal to non feudal contract in Western Europe,* Cambridge (Mass.), 1957 ; également P. Spufford, Le rôle de la monnaie dans la révolution commerciale du XIIIe siècle, *Études d'histoire monétaire* (dir. J. Day), Lille, 1984, p. 355, notamment p. 368.

120 SUR LE DÉVELOPPEMENT DES PRINCIPAUTÉS « NOUVELLE MANIÈRE » ET L'EXPLOITATION PAR LES PRINCES DU SYSTÈME FÉODAL. — *Cf.* Ch. Petit-Dutaillis, *La monarchie féodale en France et en Angleterre, op. cit.,* et É. Bournazel, La royauté féodale en France et en Angleterre, *Les féodalités,* p. 389-510 ; F. Lot et R. Fawtier, *Institutions seigneuriales, op. cit.* ; J. Favier, *Le temps des principautés, op. cit.* ; *cf.* aussi *Les princes et le pouvoir au Moyen Âge,* Paris, Publ. de la Sorbonne, 1993, et D. Barthélemy, *L'ordre seigneurial,* p. 199 et s. Sur la Normandie, on se reportera aux articles de J. Yver, entre autres, Les châteaux forts en Normandie jusqu'au milieu du XIIe siècle, *BSAN,* 1955-1956, p. 28, Contribution à l'étude du développement de la compétence ducale en Normandie, *AN,* 1958, p. 139, Les premières institutions du duché de Normandie, *Settimane... di Spolete,* 1969, p. 299, Le « très ancien coutumier » de Normandie, miroir de la législation ducale ? Contribution à l'étude de l'ordre public normand à la fin du XIIe siècle, *TVR,* 1971, p. 333 ; L. Musset, J.-M. Bouvris et J.-M. Maillefer, *Autour du pouvoir ducal normand, Xe-XIIe siècle,* Caen, 1985 (*Cahiers des Annales de Normandie,* 17). Toujours utile également, le travail de P. Andrieu-Guitrancourt, *Histoire de l'Empire normand et de sa civilisation,* Paris, 1984 (qui reproduit le texte de l'édition de 1952), notamment chap. VIII, L'État normand, p. 214 et s. Sur l'Empire plantagenêt, J. Boussard, *Le comté d'Anjou sous Henri Plantagenêt et ses fils* (1151-1204), Paris, 1978, et *Le gouvernement d'Henri II Plantagenêt,* Paris, 1956, à compléter par A. Debord, *La société laïque dans les pays de la Charente, op. cit.,* p. 364 et s. Plus généralement, *cf.* le numéro spécial des *CCM,* t. XXIX, 1986, qui édite les communications des Actes du Colloque d'histoire médiévale (Fontevraud, 1984) : « Y a-t-il une civilisation du Monde plantagenêt ? », avec notamment les articles de J. W. Baldwin (L'apport plantagenêt aux Capétiens), J.-M. Bienvenu (Aliénor d'Aquitaine et Fontevraud), R. A. Brown (Les châteaux féodaux), F. Dumas (La monnaie), F. Foreville (Le monachisme) et P.-R. Gaussin (La politique monastique), J.-C. Holy (Aliénor, Jean sans Terre et la succession de 1199), O. Pontal (Les évêques) et la conclusion de R.-H. Bautier (« Empire plantagenêt » ou « espace Plantagenêt ») qui préfère la seconde formule à la première, tant la construction anglo-angevine apparaît comme une « juxtaposition de groupements féodaux dont le seul point fort était la solide monarchie anglo-normande ». Pour la Bourgogne, J. Richard, *Les ducs de Bourgogne et la formation du duché du XIe au XIVe siècle,* Paris, 1954, et aussi *Histoire de la Bourgogne* (coll. « Que sais-je ? »), Paris, 1965. Pour la Champagne, M. Bur, *La formation du comté de Champagne, v. 950 - v. 1150, op. cit.,* et sur le Nord et la Flandre, la contribution de F.-L. Ganshof, *Institutions seigneuriales* (dir. F. Lot, R. Fawtier), *op. cit.*, p. 343 et s., et L. Genicot, *Études sur les principautés lotharingiennes*, Louvain, 1975. Pour la Bretagne, notamment sous la domination des Plantagenêts, on peut se référer aux anciens travaux édités récemment de M. Planiol, *Histoire des institutions de la Bretagne*, rééd. Mayenne, 1981, 3 vol. ; on lui doit aussi, en 1896, l'édition de la *Très ancienne coutume de Bretagne*. Sur la formation et le développement du comté de Savoie, entre le XIe et le XIVe siècle, *cf.* R. Brondy, B. Demotz, J.-P. Leguay, *La Savoie de l'An Mil à la Réforme* (*Histoire de la Savoie*, t. 2, coll. « Ouest-France-Université »), 1985. Sur la Provence et le Dauphiné, *cf.* G. Giordanengo, *Le droit nodal dans les pays de droit écrit. L'exemple de la Provence et du Dauphiné, XIIe - début XIVe siècle*, Paris-Rome, 1988. Plus généralement, *Les princes et le pouvoir au Moyen Âge*, Paris, 1993, ouvrage collectif qui dépasse largement le cadre du royaume de France.

Chapitre 2

L'Église et le siècle

121 Les évêques et les moines. — L'Église carolingienne avait été dominée par les évêques ; celle du début des temps féodaux le sera par les moines dont les grandes fondations – Cluny, en Bourgogne, Gorze et Brogne en Lorraine, Le Bec et Fécamp en Normandie – furent des pépinières de réformateurs. L'opposition entre le parti des évêques et celui des moines se manifeste dès 991, lors du Concile royal de Saint-Basle de Verzy. Hugues Capet, soutenu par son épiscopat (celui de la France du Nord), y dépose l'archevêque Arnoul de Reims, un Carolingien accusé de trahison. Contre cette manifestation éclatante de la théocratie royale qui faisait du roi le protecteur juge de l'Église de France, s'élève, avec Abbon de Fleury-sur-Loire, la voix des moines qui dénoncent l'incompétence du Concile et prétendent en appeler à Rome. En 996-997, l'abbé obtenait de la papauté un privilège qui soustrayait son monastère au pouvoir de coercition de l'évêque. Deux ans plus tard, Grégoire V accorde à Cluny – placé dès son origine (910) sous la protection de Rome – la pleine *exemption* (soustraction aux pouvoirs d'ordre et de coercition du diocésain) qui sera, dans une large mesure, étendue à ses filiales en 1024.

L'essor de l'exemption au XIe siècle, lié au renouveau du monachisme (notamment clunisien), ne traduit pas seulement le déclin de l'épiscopat et au-delà celui de la royauté ; il est une remise en cause fondamentale des structures carolingiennes d'une Église trop marquée par le siècle et qui eut bien du mal à surmonter la crise seigneuriale.

122 L'ÉGLISE AUX MAINS DES LAÏQUES. — Depuis le Xe siècle, en leur territoire de puissance, les princes et les comtes se sont emparés des fonctions et des biens ecclésiastiques, imposant leurs candidats (souvent leurs parents) sur les sièges épiscopaux ou abbatiaux et dans les collégiales de chanoines. Au plus haut niveau, la papauté elle-même, après avoir été le jouet des grandes familles romaines, est tombée sous l'emprise de l'empereur d'Allemagne. Évêques ou abbés sont investis de leurs dignités et de leurs possessions temporelles, comme le sont des vassaux. La plupart sont, d'ailleurs, devenus de véritables seigneurs, qui exercent les droits de la puissance publique et gouvernent leurs terroirs avec leurs clientèles chevaleresques. Passé l'an mil, les sires et châtelains, prolongeant un mouvement qui remontait aux grands propriétaires carolingiens, s'approprient, à leur tour, des églises paroissiales, y nomment des desservants et accaparent les profits. Les fondations seigneuriales (abbatiales, collégiales), souvent considérées comme des nécropoles familiales, se multiplient. Les églises, avec leurs droits, leurs dîmes, leur casuel, font l'objet de transactions privées : donations, partages, concession en fief, conduisent à la dispersion voire à l'émiettement des patrimoines ecclésiastiques. Plus, le terme de coutumes/*consuetudines* recouvre aussi au XIe siècle des droits ecclésiastiques comme ceux de visite et de synode qui exprimaient le pouvoir de juridiction des évêques. Nombre de monastères furent également atteints dont l'administration fut confiée à des abbés laïques et les biens exploités, inféodés souvent à des avoués ou sous-avoués sans scrupule. Mais dans l'ensemble le monachisme a mieux résisté à l'emprise féodo-seigneuriale.

123 RÉFORMATEURS ET PRÉRÉFORMATEURS. — Dès le début du XIe siècle, certains princes, à l'instar des ducs de Normandie et de Bourgogne ou du comte de Flandre, le roi lui-même un peu plus tard, favorisent tout un mouvement de restauration monastique[1], alors fortement influencé par Cluny. Ce courant réformateur

1. *Cf.* en Normandie, au temps de Richard II, l'action de Guillaume de Volpiano, « clunisien d'esprit non d'obédience », qui, depuis Fécamp, réforme Saint-Ouen de Rouen, Jumièges, le Mont-Saint-Michel et fonde Bernay ; un essor monastique qui se prolonge à l'époque de Guillaume le Conquérant. En 1079, Saint-Martin-des-Champs, selon la volonté de Philippe Ier, devient un prieuré clunisien.

répondait à la sécularisation de l'Église comme plus généralement il allait de proposer d'endiguer la montée des violences chevaleresques. Il préparait incontestablement le terrain à la grande réforme religieuse, entreprise par la papauté sous l'égide de Grégoire VII à la fin du XIe siècle, et au mouvement de réorganisation de l'Église qui s'ensuivit. Si les Clunisiens ne constituèrent pas toujours les relais espérés par les Grégoriens, ils témoignèrent cependant d'une neutralité bienveillante à l'égard des initiatives romaines.

124 LES VOIES NOUVELLES. — Au seuil du XIIe, les voies du salut sont diverses et parfois inquiétantes pour une Église dans l'incertitude. Alors que Cluny commence à s'essouffler, prisonnier à son tour de sa trop grande puissance temporelle, on assiste à une quête d'autres formes de spiritualité. C'est le temps du renouveau érémitique, avec La Chaise-Dieu, Grandmont et surtout la Chartreuse ; celui de l'essor des collégiales réformées de chanoines réguliers observant tous la règle dite de saint Augustin (ordre des Prémontrés fondé en 1120 par saint Norbert), celui – rayonnant – de Cîteaux et de ses filiales, fondé par Robert de Molesme en 1098 et illustré au XIIe siècle par saint Bernard de Clairvaux ; celui des ordres charitables, confréries laïques ou religieuses, des ordres militaires aussi (Hospitaliers, Templiers qui adoptent en 1128 une règle adaptée de celle de saint Benoît) ; celui des moniales (Fontevraud[1], le Paraclet) et, au XIIIe siècle, des ordres mendiants : Dominicains (Frères prêcheurs) et Franciscains (Frères mineurs). Autant de réponses par l'ascèse, la solitude, le travail, l'étude, le mépris du monde, le combat des armes, la charité, proposées aux aspirations d'une société, aux alentours de l'an mil, en pleine mutation, voire en crise, où certains mouvements que l'Église n'allait pas tarder à qualifier d'hérétiques trouvent des terrains propices à leur épanouissement, depuis les clercs lettrés jusque chez les plus humbles. Ainsi en fut-il de ceux que les clercs appellent « Manichéens » (qui se nommeront bientôt *Cathares*/Purifiés) qui, depuis la Champagne et l'entourage royal, essaimeront au XIIe siècle en terres méridionales, fustigeant les désordres et l'hypocrisie de l'Église établie. De fait,

1. En réalité Fontevraud est un monastère double de moines et de moniales, mais dirigé par une abbesse.

c'est l'époque de l'effervescence missionnaire, des prédicateurs vagabonds et errants, marginaux ou hérétiques, s'adressant aux hommes et aux femmes de toutes conditions, suscitant enthousiasme et adeptes. Où la culture, enfin, ranimée par les grégoriens, se transforme et se déplace des écoles monastiques du XIe siècle vers les évêchés et les collégiales (Saint-Victor) jusque dans l'université du XIIIe siècle avec les disputes savantes des nouveaux maîtres du savoir.

Section I
L'Église et la société féodale

125 Les Clunisiens ont développé une forme militante de monachisme où la prière est conçue comme une arme brandie par des moines, « avant-garde du peuple de Dieu déjà parvenue aux portes du Royaume »[1]. On le leur reprochera d'ailleurs, et l'évêque carolingien Adalbéron de Laon raille, vers 1027, cette « milice tapageuse » des moines que commande l'abbé, « le roi Odilon de Cluny ». Tant il est vrai que les moines, aux alentours de l'an mil, revendiquent la direction de la société des guerriers et prétendent canaliser les ardeurs belliqueuses de la classe chevaleresque.

126 LA PAIX DE DIEU. — Le mouvement de paix, en réaction avec les violences du siècle, porté par des évêques et des moines réformateurs proches de Cluny, se propage au Midi dans ces terres de plus en plus sans roi. Il commence par un concile local, tenu au Puy en 987, puis gagne le Poitou en 989 (Charroux) et la Septimanie (Narbonne) l'année suivante. En 994, un nouveau concile qui, cette fois, se veut général, se tient encore au Puy et trouvera amplification et prolongement en Limousin et en Lyonnais (Anse). Dans les années 1020, on assiste en Bourgogne (Concile de Verdun-sur-le-Doubs) à une relance de la paix, reprise ouvertement par les Clunisiens qui s'efforcent de l'étendre au nord de la Loire dans le domaine capétien (assemblée de Compiègne, devant le roi

1. A. Vauchez, *La spiritualité du Moyen Âge occidental, VIIIe-XIIe siècle,* Paris, 1975, p. 45.

Robert, mai 1023) avec, passé 1030, une extension en Aquitaine (1031 : Conciles de Limoges et de Bourges). La paix de Dieu, ainsi instituée, interdisait sous peine de châtiments (censures) ecclésiastiques de forcer l'enceinte des églises et d'y prélever quoi que ce fût, de s'attaquer à la personne des clercs non armés, d'arrêter vilains et vilaines et de les rançonner, de s'en prendre aux marchands et à leurs biens. C'est tout le système seigneurial que, passé la crise qui l'établit, l'Église entend normaliser, régulariser, en limitant prélèvements et abus. Les principaux fauteurs de troubles, les chevaliers, sont invités, lors des assemblées de paix, à jurer sur les reliques sacrées, en présence des grands, qu'ils observeront ces prescriptions. Certains évêques, comme celui de Bourges, constituent des milices paysannes, en 1038, pour lutter contre les débordements des châtelains ; d'autres, dans le Nord, de tradition carolingienne, à l'instar d'Adalbéron de Laon ou de Gérard de Cambrai, préfèrent s'en remettre à la royauté ou à l'empereur pour tenir le rôle d'arbitre et de pacificateur suprême et refusent l'introduction de la paix en leur diocèse, sans toutefois arriver à en freiner l'élan général.

127 La trêve de Dieu. — Esquissé dans les années 1022-1023, le système de la trêve, qui complétait l'institution de la paix, se généralise en 1040-1041 à partir de la Bourgogne et de la Provence où il est proclamé. La trêve, un terme d'origine germanique, reprenait de vieux interdits de poursuite de la vengeance *(faida)* (n° 19), conjugués avec l'obligation de respecter le jour dominical ; elle les élargit surtout, lors de divers conciles, aux temps et fêtes liturgiques. (Avent et Noël, Carême et Pâques, Pentecôte) et aux jours saints (du jeudi au dimanche) durant lesquels toute violence ou combat était proscrit. Sans doute, le mouvement a connu des variantes régionales : dans les textes bourguignons et catalans on insiste plus sur la protection des gens sans armes ; en Flandre, on verra plutôt dans la trêve un moyen d'éteindre les guerres lignagères qui décimaient les parentèles chevaleresques ; mais il s'est, comme pour la paix, également propagé du Midi au nord, à la faveur des réseaux d'Églises et d'amitiés clunisiennes. Il sera même adopté, sans réticence, par les évêques septentrionaux, à partir du moment où – avec le concours de certains princes territoriaux, comme le comte de Flandre, ou du roi – ils pouvaient en prendre la tête et s'en servir pour étendre ou consolider leur justice pénitentielle.

La société des clercs n'entendait plus seulement préserver ses gens et ses biens, elle prétendait aussi dominer et gouverner le monde féodal dont, à bien des égards, elle-même était issue, en l'unissant dans une commune mystique au service de Dieu.

128 LA CHEVALERIE. — Dans les textes de la France du Nord, le chevalier est désigné par le terme de *miles*/soldat (en l'occurrence le combattant à cheval) avec pour correspondant méridional *caballarius*/*caballers*/cavalier. On entre dans ce groupe de guerriers par un rite d'initiation, l'adoubement : une vieille cérémonie de remise solennelle des armes par un ancien après l'accomplissement d'épreuves qui consacrait l'entrée parmi les adultes. Au début du Xe siècle, le terme de *miles* ne se confond pas avec celui de *nobilis*/noble ; le plus souvent, il désigne la garnison castrale, princière ou seigneuriale, les hommes de main du sire. Toutefois, des traits communs commencent à rassembler noblesse et groupe chevaleresque : situation sociale privilégiée, activité guerrière, exercice collectif et héréditaire du pouvoir dans le cadre de la seigneurie ou du fief.

L'Église va contribuer à accélérer ce processus de rapprochement et aussi de récupération. À partir des églises épiscopales de Reims et de Chartres, où les évêques étaient entourés de chevaliers urbains qui étaient leurs vassaux, l'adoubement se transforme, dès la fin du XIe siècle, en un véritable rituel liturgique. Une veillée de purification et de prière précède la remise des armes, maintenant bénites, que suit un serment de protéger et de défendre l'Église, la veuve et l'orphelin, d'observer les règles chrétiennes de la guerre, d'aimer la paix et de combattre seulement pour extirper le mal. Ainsi se combinaient chevalerie et vassalité, puisque aussi bien l'adoubement – moment de l'accession à la majorité – précédait, en bien des cas, l'engagement vassalique.

Dans sa première vague, jusque dans les années 1020, le mouvement de paix ne s'adressait qu'au monde des princes et des sires, c'est-à-dire des nobles. Lors de la seconde, avec les Conciles de Bourges et de Limoges (1031), puis de Saint-Gilles, l'Église vise l'ensemble des guerriers, nobles et chevaliers, réunis quel que soit leur rang en un seul groupe, la *militia*/chevalerie, dans une même conception du combat par un code identique de morale chevaleresque. Même si des différences de niveau social subsistaient toujours, noblesse et chevalerie, états également honorables, à la fois hiérarchisés et homogènes pouvaient se rejoindre et se confondre, dans la fonction guerrière qui leur était désormais assignée.

129 LES TROIS ORDRES. — L'idée d'une tripartition fonctionnelle de la société se perd peut-être dans la nuit des temps « indoeuropéens ». Au IXe siècle, en tout cas, on la trouve formulée par les écolâtres de la cathédrale d'Auxerre, Haymon et son disciple Héric.

En 891-901, un récit attribué au roi saxon Alfred le Grand, et peut-être influencé par les moines de Saint-Bertin, reprend l'image : pour gouverner avec vertu et efficacité, le roi doit avoir « des hommes de prière, des hommes de guerre et des hommes de labeur ». Il s'agit là encore d'une réflexion purement théorique et non d'une représentation réaliste du corps social, mais qui dépasse d'ores et déjà le traditionnel clivage, clercs/laïcs, pour exalter une conception de type carolingien du pouvoir. Rien d'étonnant alors à ce que ce discours ternaire soit employé, avec infiniment de vigueur au début du XIe siècle, par les évêques Gérard de Cambrai et Adalbéron de Laon, adversaires de cette paix qui se développe en dehors de la royauté. « Le genre humain, explique Gérard, est depuis le commencement divisé en trois, les orants, les cultivateurs, les guerriers. » Mais l'un comme l'autre réduisaient les *bellatores,* les combattants, à l'ordre des puissants. Paradoxalement, c'est dans le sillage des mouvements pacifistes, unissant maintenant nobles et chevaliers dans une même idéologie guerrière, que le modèle trifonctionnel, infléchi au profit des clercs, va commencer à prendre quelque réalité. Sous la direction non plus du roi mais des orants, le peuple de Dieu se définissait en trois ordres, selon leur genre de vie : les *oratores,* ceux qui prient et par leur prière guident le monde des laïques ; les *bellatores,* ceux qui combattent, mais dans le sens où la foi et l'Église le permettent ; les *laboratores,* ceux qui travaillent pour nourrir les premiers et les seconds. Une telle construction, en prétendant remonter aux origines de la Création, immobilisait le devenir social ; elle constituait une arme redoutable qui condamnait par avance toute évolution, en conférant à l'Église la garde et la définition des places, des rôles, des fonctions ainsi assignées de toute éternité aux laïques. Parmi eux, elle isolait les plus humbles, dans l'expiation des tares originelles qui les condamnaient au labeur, et pensait les protéger en enrégimentant tous les guerriers sous la bannière du Christ.

130 En un combat divin. — On a pu écrire que le système de la trêve transformait le pacte social chevaleresque en un « pacte avec Dieu », dans l'ascèse d'un renoncement collectif au plaisir interdit de la guerre, « comme il était strictement défendu aux clercs d'acheter des dignités ecclésiastiques à prix d'argent et d'avoir des relations sexuelles »[1]. Mais la perspective, même envisagée de manière proche, du Jugement dernier et des châtiments célestes n'était pas toujours suffisante pour contenir la violence féodale. Une ultime étape consistera à exalter cette fois la prouesse guerrière mais en la détournant vers de plus nobles assauts, au service de Dieu et de la chrétienté tout entière. Vers le milieu du xie siècle, à l'appel encore de Cluny et de la papauté, les chevaliers occidentaux sont invités à venir reconquérir l'Espagne musulmane. Un peu plus tard, dans une assemblée de paix réunie à Clermont, en 1095, le pape Urbain II prêchait la première croisade, pour délivrer le tombeau du Christ et les chrétiens d'Orient opprimés par l'Islam. Le combat des armes devenait l'instrument de la restauration de la foi et la croisade, à la fois pèlerinage et pénitence, le chemin le plus sûr du salut de la classe nobiliaire sans qu'elle renonçât à sa vocation militaire.

Dès l'origine, la croisade, cette quête terrestre de la Jérusalem céleste, conçue comme un *opus Dei,* apparaît comme « la guerre de la papauté », et elle conservera toujours ce trait, même lorsque les rois y participeront à leur tour : le pape délivre des privilèges pour protéger la personne et les biens (voire les royaumes) de ceux qui y participent, de même qu'il prendra sous sa garde les États chrétiens établis au Proche-Orient (royaume latin de Jérusalem, principauté normande d'Antioche ou toulousaine de Tripoli). Il reste qu'en 1095 la papauté s'était adressée directement aux laïques et d'abord à la

1. *Cf.* A. Vauchez, Naissance d'une chrétienté (milieu du xe - fin du xie siècle), *Le Moyen Âge,* t. II : *L'éveil de l'Europe (950-1250)*, p. 94. Mais, y avait-il déjà dans la paix autre chose qu'un contrat avec l'Église et au-delà avec Dieu ?

chevalerie – même « si ce fut la piétaille qui partit la première et qui joua un rôle décisif... jusqu'à la prise de Jérusalem » en 1099 – sans passer par l'intermédiaire des rois. Dès lors, elle revendiquait, outre la direction et l'organisation de l'Église, la conduite générale des affaires de la chrétienté par-dessus les puissances du siècle.

Section II
Les structures religieuses

131 Aux crises et soubresauts qui agitaient société et Église, au seuil du XIe siècle, ceux qu'on appellera du nom de grégoriens entendirent apporter une réponse unique et globale, venue d'en haut, de la papauté, elle-même réformée avant de se vouloir réformatrice. Le mouvement qui anime l'Église romaine dans la seconde moitié du XIe siècle aura une incidence profonde et durable non seulement sur l'agencement des structures ecclésiastiques post-carolingiennes mais encore sur les relations entre le monde des clercs et celui des laïques.

I | La réforme grégorienne

132 La primauté romaine. — Entre 1049 et 1059, dans l'entourage de Léon IX et sous la direction du moine Humbert de Moyenmoutier, la papauté réunit et forge les armes théoriques pour affirmer la primauté romaine sur toutes les Églises. Tous les textes en ce sens sont rassemblés en une collection canonique : la *Collection en 74 titres* qui faisait de Rome « le lieu d'élection choisi par le Seigneur » et tirait toutes les conséquences de la mission confiée par le Christ à Pierre : « Tu es Pierre et sur cette pierre je bâtirai mon Église. » Le Saint-Siège se proclame « la tête et le gond *(caput et cardo)* de toutes les églises » et revendique leur direction. De telles prétentions ravivent le vieux conflit avec l'Église chrétienne d'Orient, de tradition impériale et surtout conciliaire. La rupture est consommée le 16 juillet 1054, lorsque le légat Humbert de Moyenmoutier, envoyé à Constantinople pour affirmer la supériorité et les droits de Rome, excommunie le patriarche Michel Cérulaire, chef des Églises d'Orient. L'entreprise de régénération et d'unification religieuses, sous l'égide romaine, débutait paradoxalement par un schisme, expression d'une intransigeance doctrinale qui allait marquer tout le combat grégorien.

133 L'ÉLECTION PONTIFICALE. — Le pape, évêque de Rome, était en principe élu par le clergé et le peuple de la cité, en fait, depuis la fin du Xe siècle, l'empereur dirigeait l'élection. Par un décret, pris en synode au Latran, en 1059, Nicolas II réforme la procédure électorale. La désignation du pape est confiée aux seuls « cardinaux » de l'Église romaine, désormais constitués en Sacré Collège[1]. Après quoi, l'élu sera acclamé par le clergé et le peuple, puis intronisé. L'empereur est écarté de l'élection et ne conserve qu'un rôle purement honorifique au moment de l'intronisation. Il est enfin prévu, pour déjouer les intrigues romaines, qu'élection et intronisation peuvent avoir lieu en dehors de Rome et porter sur un non-Romain. Appliquée pour la première fois en 1061, sans susciter de trop vives réactions, la nouvelle procédure libérait la papauté de la tutelle impériale.

134 LA CONDAMNATION DE L'INVESTITURE LAÏQUE. — Pour les réformateurs, les maux dont souffre l'Église – essentiellement la simonie (trafic des fonctions ecclésiastiques) et le nicolaïsme (mariage des prêtres) – étaient liés à la mainmise des laïques sur les institutions religieuses. Dès 1059, le Concile du Latran interdit qu' « aucun clerc ou prêtre ne reçoive d'aucune façon une église des mains d'un laïque, ni gratuitement ni pour de l'argent ». Mais les légats envoyés peu après en France se montrent plus soucieux, semble-t-il, de restaurer l'autorité des prélats et de développer la centralisation romaine que d'appliquer à la lettre les termes du décret romain. Toutefois, dès cette époque, des évêques simoniaques

1. Le collège des cardinaux (terme forgé sur *cardo* : le gond) apparaît à cette époque. Les sept cardinaux-évêques des cités voisines de Rome (évêchés suburbicaires) préparent l'élection à laquelle participeront aussi les 26 cardinaux-prêtres, curés des basiliques romaines, et les 7 cardinaux-diacres titulaires des diaconies romaines.

se démettent ou sont déposés. Avec l'élection en 1073 de Grégoire VII, la position des réformateurs se durcit. En février 1075, le pape prend une mesure radicale, pour défendre à quiconque de recevoir d'un laïque évêché ou abbaye sous peine de n'être pas considéré comme évêque ou abbé, et l'assortit d'une interdiction au métropolitain de consacrer un élu qui aurait reçu « don de l'évêché ». En agissant de la sorte, Grégoire VII affirmait en revenir à l'Église primitive, de libre élection par le clergé et le peuple. Mais il heurtait une tradition, vieille de plusieurs siècles : la désignation par les rois des évêques et des abbés qui, dans l'Allemagne impériale, avait été élevée à la hauteur d'un véritable système de gouvernement. À la coutume, devenue le maître mot de la société et de l'Église féodale, le pape opposait la Vérité du Christ dont il se voulait l'unique interprète, rabaissant les rois et les empereurs sacrés au rang de simples laïques.

135 La querelle des investitures. — Commençait alors avec l'empereur un conflit de nature éminemment politique. Dans les mois qui suivent le décret pontifical, Henri IV d'Allemagne nomme, comme par le passé, aux évêchés de Cologne, de Liège et de Spire. Le pape réagit en formulant par 27 propositions, les *Dictatus papae,* la position officielle de l'Église romaine : « seul le pape peut déposer ou absoudre les évêques », « seul, il peut envoyer des légats ayant pouvoir de donner des ordres aux évêques », « seul, il peut établir de nouvelles lois », « aucun texte canonique n'existe en dehors de son autorité ». La papauté ne se contente pas d'affirmer sa supériorité religieuse, elle revendique aussi, au nom de la primauté du spirituel sur le temporel, la suprématie du sacerdoce sur les princes du siècle et d'abord sur l'empereur. « Seul, le pape peut user des insignes impériaux », affirme la proposition 8, ce qui a pour conséquence la douzième proposition : « Il est permis au pape de déposer les empereurs. » Et même si la dernière proclamation semble plus large : « Le pape peut délier les sujets du serment de fidélité fait aux injustes » ; c'est surtout l'investiture impériale et au-delà le système ottonien qui est condamné et combattu. La papauté, en effet, ne tient pas à se battre sur tous les fronts, même si le gouvernement du roi de France, Philippe Ier, « vénal en ce qui concerne les choses de Dieu » ne lui inspire que dégoût et mépris.

La réaction de l'empereur est à la mesure de la violence de l'attaque pontificale. En janvier 1076, un concile d'évêques germaniques réuni par Henri IV à Worms dépose le « faux moine Hildebrand », ce pape destructeur de la paix de l'Église et du peuple chrétien, qui avait rompu l'union entre les deux pouvoirs, sacerdotal et royal, en se substituant abusivement à Dieu, de qui, par le sacre, les rois tenaient leur royaume. Grégoire VII, à son tour, excommunie et dépose l'empereur que lâchent alors certains princes allemands et nombre d'évêques, déliés de leur serment de fidélité. Henri IV, abandonné de ses principaux soutiens, est obligé de faire amende honorable, à Canossa, en janvier 1077.

136 La théocratie pontificale. — Rompant avec les constructions carolingiennes, la papauté revendique pour elle seule la direction du peuple chrétien et entend subordonner à son autorité *(auctoritas)* supérieure, les puissances séculières dotées d'une simple *potestas* (pouvoir second de coercition). Dès l'époque de Grégoire VII, cette prétention est illustrée par l'image des deux glaives (saint Luc, XXII, 38) passés du Seigneur au pape, qui garde en sa main le glaive spirituel et confie l'autre, temporel, aux rois. Le thème de la dépendance directe sera encore renforcé aux XIIe et XIIIe siècles, lorsque certains rois (Angleterre, Aragon, Pologne, Hongrie, Bulgarie) reconnaissent tenir féodalement leur royaume du pape auquel ils prêtent hommage et versent un cens recognitif. Enfin, au début du XIIIe siècle, le pape Innocent III, en conflit avec Philippe-Auguste, développe la théorie du pouvoir indirect et entend, au titre du péché *(ratione peccati)* dont l'appréciation est de sa compétence, surveiller les gouvernements terrestres.

137 Le concordat de Worms. — En jouant sur la « néodistinction » du spirituel et du temporel, les grégoriens modérés Urbain II puis Calixte V vont trouver avec les puissances du siècle un terrain d'entente déjà préparé par les constructions d'un Lanfranc du Bec – moine italien passé au service de Guillaume le Conquérant – ou de son disciple, Yves évêque de Chartres (1091-1116). Pour celui-ci, il convenait dans un évêché de faire la séparation entre la part purement spirituelle des fonctions et prérogatives religieuses de l'évêque et la part temporelle des biens et des droits, notamment de puissance publique, attachés à la dignité ecclésiastique. L'une est du ressort de l'élection canonique, l'autre de la concession – au sens féodal du terme – des rois. L'idée aboutit finalement en 1122, lors du concordat de Worms passé entre le pape Calixte V et l'empereur Henri V, mais qui valait pour toute l'Église. L'évêque serait désormais librement élu, comme le pape, par un collège de chanoines de l'Église cathédrale et de quelques hauts dignitaires du diocèse. Il serait ensuite consacré par le métropolitain, assisté de deux évêques, qui lui remettrait les insignes de son pouvoir spirituel : la crosse et l'anneau. Enfin, il serait investi par le pape, ou le roi, des biens et prérogatives *(regalia)* liés à l'évêché. Devait-il alors prêter hommage ? Le Concile de Clermont en 1095 l'interdisait formellement mais la pratique des royaumes anglo-normands ou français n'avait pas toujours suivi cette prescription. En fait, il semble – et c'était conforme à l'opinion d'Yves de Chartres – qu'on s'en soit généralement tenu au seul serment de fidélité, mais il y eut bien des exceptions au cours du XIIe siècle.

138 LE CENTRALISME GRÉGORIEN. — Dans leur combat les grégoriens, même s'ils n'ont pas répondu à toutes les aspirations religieuses, se sont efforcés de jouer sur plusieurs registres et soutiens possibles. Dès l'origine, les réformateurs ont souhaité s'appuyer sur le réseau clunisien des abbayes exemptes, et incontestablement la première vague de restitution des dîmes et des églises appropriées par les fidèles joua, bien souvent, en faveur des abbayes. La papauté s'appuyait aussi sur les mouvements évangélistes qui, de leur côté, rejetaient l'implication des moines – et notamment de Cluny – dans la société féodale dont ils avaient, par la paix, justifié l'existence. Enfin, la distinction du spirituel et du temporel avait été inspirée par les évêques qui trouvaient dans le concordat un compromis pour résoudre leurs problèmes de relations avec les autorités laïques et, dans la réforme, un moyen de renforcer leurs seigneuries épiscopales. En réalité, la papauté a surtout cherché à imposer sa vision globale d'une société chrétienne qu'elle entendait discipliner et moraliser sous son égide, comme elle prétendait à la direction politique des puissances du siècle, au nom de sa primauté spirituelle. Elle ne s'est pas contentée d'exalter la suprématie du pape et la possibilité d'en appeler à Rome, source et référence suprême ; elle s'est appliquée à traduire dans les faits ses exigences religieuses. À la fin du XIe siècle, pour vaincre les résistances, le pape agit par l'intermédiaire de légats qu'il nomme et qui le représentent de manière temporaire puis permanente[1].

II | L'Église de France. L'organisation ecclésiastique

On s'accorde à considérer que l'action des grégoriens, dès la fin du XIe siècle, a été efficace, contribuant à régulariser la vie religieuse et à diminuer la mainmise laïque sur l'Église.

139 La population religieuse. — Les clercs constituent les cadres de l'Église, sa hiérarchie, c'est là une population nombreuse, supérieure en tout cas aux nécessités du ministère ecclésiastique, qui se définit par un état de droit, un statut. Pour devenir clerc, il faut être né d'un mariage légitime (pour éviter l'ordination des fils de prêtres), être de condition libre et posséder l'instruction requise pour recevoir la tonsure, l'habit et les ordres. Les ordres mineurs n'imposent pas le célibat mais interdisent le remariage (bigamie cléricale) ; ils permettent d'accéder aux ordres majeurs (sous-diaconat, diaconat et prêtrise) qui, eux, entraînent le célibat ou la continence pour ceux qui étaient déjà mariés. Le clerc est soumis au pouvoir disciplinaire de son évêque (ordinaire du diocèse). De par son statut, il est normalement justiciable des tribunaux d'Église (privilège du *for*), exempt de service armé et d'impôt, sa personne est protégée (privilège du canon) ; seul, il peut accéder aux fonctions, dignités et bénéfices ecclésiastiques. Il perd sa qualité par décision des autorités religieuses (dégradation) et dès l'instant où il

1. Les légats ont été l'instrument par excellence du centralisme pontifical et des progrès de la réforme. Au moins au temps de Grégoire VII, ils disposent du pouvoir de déposer les prélats : ils jugent en appel des archevêques et des évêques et peuvent par évocation se saisir au fond de toutes causes, ainsi lors d'une procédure d'enquête. Au plus haut niveau, ils sont eux-mêmes contrôlés par le pape, juge souverain, qui n'hésite pas à casser leurs décisions et se réserve « l'ultime ressort du contentieux des élections ecclésiastiques ». Dans la première moitié du XIIe siècle, même s'ils n'interviennent plus que de manière assez épisodique, en tant que chargés de mission, ils restent un des rouages les plus importants des hiérarchies développées par la papauté dans les différentes églises.

ne mène pas une vie conforme à son état. Le même statut de clerc s'applique aux moines (ou aux moniales), après une période de noviciat, dès qu'ils ont fait profession religieuse : « L'habit ne fait pas le moine, mais la profession » (Clément XIII). Celle-ci, en dépit de quelques variantes, se résume en trois vœux fondamentaux : de chasteté (même pour les clercs mineurs ou pour les moniales qui n'ont pas, elles, accès aux ordres), de pauvreté (ne rien posséder en propre), d'obéissance à la hiérarchie (abbé/abbesse ; prieur/prieure)[1].

140 L'ÉGLISE RÉGULIÈRE. — L'organisation des ordres réguliers varie en fonction de leur finalité religieuse ou de leur insertion dans le siècle, néanmoins, on retrouve un certain nombre de constantes. Dans les monastères bénédictins traditionnels, l'abbé ou le prieur est en principe élu par le chapitre conventuel, ce qui n'exclut pas, d'ailleurs, les interventions extérieures, seigneuriales ou royales. L'élu reçoit ensuite l'investiture canonique de l'évêque diocésain et la délivrance du temporel par le seigneur ou le roi. Généralement, l'abbé s'entoure d'auxiliaires qu'il choisit et nomme : prieur, chambrier, trésorier, chantre, cellérier. Avec les principaux dignitaires, il bénéficie pour assurer sa subsistance d'une part des biens monastiques : les revenus de la *mense abbatiale* ; le reste de la communauté puise ses ressources dans la *mense conventuelle,* également inaliénable.

Avec le monachisme clunisien se développe une tendance très nette à la centralisation, à laquelle s'opposeront certaines abbayes comme Vézelay, Saint-Martial de Limoges ou Moissac. L'ordre clunisien se présente comme une organisation très structurée depuis l'abbaye mère jusqu'aux différentes maisons et prieurés qui lui sont rattachés et qui seront regroupés en *provinces,* au cours du XIIIe siècle. L'abbé de Cluny assume la direction du système, assisté d'un chapitre général où sont représentés les monastères qui relèvent directement de l'ordre.

1. Dans nombre de monastères ou de communautés religieuses, coexistent clercs et laïques. Parfois, les frères « lais », qui travaillent pour la subsistance des moines ou des chanoines, sont les plus nombreux (ainsi dans l'ordre de Grandmont ou dans les monastères érémitiques de l'Artige et d'Obazine). Au cours du XIIe siècle, ces laïques sont un peu considérés comme des religieux de second plan : les convers, chargés des besognes matérielles et notamment des travaux des champs. Ils vivent à l'intérieur du monastère, mais dans des dortoirs et réfectoires séparés ; ils ne participent pas activement aux offices qu'ils suivent seulement le dimanche et les jours de fête ; tout au plus, sont-ils astreints à réciter quelques patenôtres.

Ces structures hiérarchisées, assez conformes aux idées grégoriennes, se retrouvent dans les fondations nouvelles. Chez les Cisterciens[1], l'ordre est gouverné par l'abbé de Cîteaux (abbaye mère ou chef d'ordre) aidé des abbés des quatre abbayes filles (Clairvaux, La Ferté, Pontigny et Morimont) qui ont elles-mêmes leurs propres filles, et du chapitre général annuel qui désigne, comme à Cluny, des *visiteurs* chargés de faire respecter la discipline. Les Templiers ou les Hospitaliers de Saint-Jean de Jérusalem, dont la sphère d'activité est la Terre sainte, ont également des maisons ou commanderies en Occident qui se regroupent en provinces ou en nations. Les congrégations réformées de chanoines réguliers ont adopté le modèle cistercien de la filiation des maisons religieuses (Prémontré) et du chapitre général (Saint-Victor de Paris) avec pouvoir sur l'ensemble de l'ordre.

Enfin chez les Dominicains et les Franciscains, la centralisation est encore plus poussée puisque tous les religieux font partie de l'ordre dans son ensemble, sans appartenir à une maison de façon définitive. Chaque couvent a un prieur ou un gardien et un chapitre conventuel. Les chapitres provinciaux regroupent les supérieurs des monastères et des élus de l'ensemble des religieux. Enfin, un chapitre général, élu sur le même système, dirige l'ensemble de l'ordre avec le concours d'un maître général (dominicain) ou d'un ministre général (franciscain).

Tous ces monastères constituent dans l'ensemble des forces communautaires cohérentes et organisées, riches bien souvent de leur puissance temporelle, en dépit de leur vocation à la pauvreté. Le privilège d'exemption dont nombre d'entre eux bénéficient (Cluny, Cîteaux, Chartreuse, Prémontré) renforce la centralisation romaine, mais engendre parfois des conflits avec les hiérarchies séculières. Enfin la vie monastique, sous ces diverses formes, semble connaître au XIIIe siècle une période de crise intense (de discipline notamment) qui amènera la papauté à intervenir et interdire la création d'ordres nouveaux sans son autorisation.

141 L'ÉGLISE SÉCULIÈRE. — Les unités religieuses de base sont toujours les paroisses, urbaines ou rurales, qui se multiplient aux XIIe-XIIIe siècles du fait de l'essor des villes et des vagues

1. On oppose traditionnellement le « fédéralisme » de l'ordre cistercien à la « centralisation » clunisienne.

de défrichement. Le curé qui dessert la paroisse est désigné par l'évêque du diocèse, mais les anciens propriétaires d'une église, après l'avoir restituée, peuvent conserver un droit de patronage et notamment de présentation d'un candidat à la collation de l'évêque. Le desservant exerce seul son ministère (célébration des offices, administration des sacrements, etc.) et est normalement astreint à résidence. Comme ressource, il dispose des dîmes (dont la quotité de prélèvement est en réalité variable, du dixième au quarantième) dans la mesure où elles ont été rendues par laïques, et où il arrive à les faire rentrer, malgré les résistances des paroissiens ; il dispose également du *casuel,* rétribution par les fidèles des actes de son ministère. Il règle les dépenses paroissiales : frais du culte, entretien des bâtiments, œuvres charitables, école, pension et aussi les taxes ecclésiastiques perçues par l'évêque ou la papauté. Au début du XIIIe siècle, apparaissent en France les *fabriques* qui sont des groupements de fidèles associés à l'administration du patrimoine paroissial.

Au niveau supérieur, le diocèse dirigé par l'évêque apparaît comme le cadre essentiel de l'administration religieuse. Depuis la réforme grégorienne, le rôle des métropolitains s'est en effet réduit à la confirmation des élections épiscopales et à la convocation (annuelle) des conciles provinciaux, l'archevêque juge aussi en appel des instances épiscopales. En réalité, c'est surtout par l'intermédiaire des évêques que la papauté – qui a modéré les pouvoirs de visite et de surveillance diocésaine des archevêques – entend gouverner l'Église. À partir du Concile de Latran de 1215, qui écarte l'intervention des dignitaires des ordres religieux du diocèse, l'évêque est normalement élu par le seul chapitre cathédral. Mais, comme pour les abbés, les droits des puissances du siècle (roi ou princes) dont dépendent les temporels épiscopaux sont bien souvent préservés. De son côté, la papauté ne se prive pas d'intervenir, au risque d'entrer en conflit avec la royauté, pour imposer ses candidats ; en 1265, Clément IV se réserve même la collation des bénéfices dont les titulaires seraient décédés ou auraient été promus alors qu'ils se trouvaient à Rome.

Responsable spirituel et temporel du diocèse, l'évêque est, dans sa tâche, entouré d'auxiliaires. Depuis les Xe-XIe siècles, dans certains diocèses, les archidiacres exercent leurs prérogatives de surveillance et de coercition sur les curés, dans le cadre, d'ailleurs variable, de circonscriptions (archidiaconés) qui regroupent plusieurs paroisses, où ils disposent d'un pouvoir propre de juridiction. À la faveur des temps féodaux, ils se sont souvent rendus presque indépendants et la papauté a dû intervenir aux XIIe et XIIIe siècles pour mettre fin aux conflits qui les opposaient à l'évêque et préciser leurs attributions en collaboration avec les prélats. Les archiprêtres ou doyens de chrétienté, nommés par les évêques ou les archidiacres, constituent aussi, essentiellement dans les campagnes, les relais de l'autorité épiscopale auprès des curés des paroisses de leur ressort.

L'évêque, enfin, est assisté par un chapitre composé des chanoines chargés du service religieux de l'église cathédrale. Contrairement aux membres des différentes collégiales dont le rôle est surtout liturgique et paroissial, le chapitre prend une part importante dans l'administration du diocèse, notamment en période de vacance du siège et dans l'élection épiscopale. Les chanoines sont élus par le chapitre ou nommés par l'évêque ou quelques puissances laïques. Ils constituent un véritable corps qui élit en général tout ou partie de ses dignitaires (doyen, chantre, écolâtre, chancelier, trésorier, le prévôt étant nommé par l'évêque) et dispose souvent d'un patrimoine considérable, divisé en *prébendes* pour assurer la subsistance des chanoines. Au XIIIe siècle, les chapitres qui, dans bien des cas, ont obtenu du pape le privilège d'exemption, apparaissent comme des puissances rivales de l'évêque, même si celui-ci reste normalement le maître du diocèse.

Dans la période qui suit la réforme grégorienne, les diverses structures de l'Église de France paraissent relativement centralisées, même si la multiplication des hiérarchies, la concurrence des pouvoirs et des ordres nuisent à la cohésion et à l'efficacité de l'ensemble. Mais sans doute, cette complexité organisée permettait-elle à la papauté de mieux exercer son contrôle, en divisant pour régner. Elle ouvrait ou laissait libre, en tout cas, d'autres possibilités d'interventions, et notamment celles de la royauté, en dépit des canons grégoriens.

III | La royauté et l'Église

142 La garde des églises. — La protection des églises qui, en bien des régions, était tombée aux mains des féodaux, sous couvert d'avouerie, est revendiquée, à partir de la seconde moitié du XIIe siècle, par la royauté, fidèle aux engagements du sacre. « Le devoir et la dignité royale et la pratique de la religion chrétienne exigent que nous conservions les droits appartenant aux églises de Dieu situées dans notre royaume », rappelle un acte de Louis VII en 1163. Le roi n'hésite plus à intervenir, parfois en personne, bien au-delà de son domaine, pour délivrer des établissements menacés par les seigneurs voisins ou les communes, et octroyer des confirmations de biens, concessions de droits, diplômes de protection qui constituaient pour les bénéficiaires autant de titres d'indépendance à l'égard des puissances locales. Cette politique de ralliement de l'Église de France témoignait du rayonnement retrouvé de la royauté, comme elle préparait les durables rattachements au domaine qui seront opérés à la fin du XIIe et au XIIIe siècle, notamment au Midi aquitain ou provençal.

Dès le XIIe siècle, cette protection, limitée au temporel, est exprimée par l'idée de *garde,* considérée comme un devoir qui permet en contrepartie au gardien (seigneur ou roi) de percevoir des taxes, de lever des hommes ou d'utiliser les châteaux dépendants des églises. Au cours du XIIIe siècle, on a considéré que les barons[1] n'avaient en leur territoire qu'une garde spéciale. Le roi, lui, se considère investi d'une garde générale qui se superpose à celle des barons et lui permet d'intervenir (quand il le juge opportun) en cas de carence du gardien spécial, et même de se substituer à ce dernier, pour faire respecter les biens et prérogatives ecclésiastiques.

143 La liberté des élections. — Contrairement à Henri II Plantagenêt qui n'hésite pas à imposer de manière directe et parfois brutale ses candidats, le Capétien respecte dans l'ensemble le

1. Terme qui désigne alors tout seigneur exerçant les droits de la puissance publique, *cf.* nos 229 et 279.

principe de « libre » élection, épiscopale ou abbatiale, sauf à influer sur celle-ci pour faire désigner des titulaires de son choix. Lorsqu'un siège épiscopal (ou abbatial) devient vacant, le chapitre doit demander au roi la permission de procéder à une élection libre, *licencia eligendi.* En général, celui-ci l'accorde sans difficulté, et va jusqu'à consentir des dispenses lorsque les circonstances l'exigent, mais il ne tolère pas que ses droits soient bafoués. Le résultat de l'élection sera ensuite notifié au roi qui aura à exprimer son approbation, puis investira le nouvel élu de son temporel qu'il délivrera de la *régale.*

144 LA RÉGALE. — Durant la vacance d'un évêché ou d'une abbaye, l'administration et la jouissance des biens et revenus temporels revenaient au roi ou au seigneur local (au moins jusqu'à l'époque de Saint Louis). C'est là une source de revenus considérables, et la royauté, parfois, n'hésite pas à en prolonger l'exercice bien au-delà de l'élection du nouveau titulaire qui doit en demander la délivrance, considérée comme une « grâce » au XIIIe siècle. Innocent IV est ainsi intervenu à plusieurs reprises auprès de Blanche de Castille ou de Saint Louis pour qu'ils ne fassent pas durer de manière excessive et indue certaines régales. Inversement, le Capétien n'hésite pas à renoncer à ce droit, pour se concilier le clergé local, ou encore à monnayer son renoncement[1].

145 LA DÉPOUILLE. — À la mort d'un évêque, le roi ou le seigneur dont dépendait l'évêché s'était arrogé le droit de s'emparer des biens meubles du défunt. Cette pratique, condamnée par les grégoriens, dégénérait souvent en un véritable pillage de l'évêché auquel se livraient officiers royaux ou seigneuriaux et aussi la population. La royauté est intervenue à plusieurs reprises, soit pour renoncer à exercer ce droit ou confirmer des renonciations seigneuriales, soit pour en limiter l'étendue et surtout les abus.

146 L'AMORTISSEMENT. — L'Église, lorsqu'elle détient des fiefs, est un vassal qui, par définition, ne meurt jamais et en principe n'aliène pas ses biens. De là, des manques à gagner, en droit de relief

1. Il ne faut pas confondre cette régale temporelle et la régale spirituelle, privilège quasi exclusif de la royauté pour certains évêchés : qui permettait au roi « de disposer dans certaines églises cathédrales ou collégiales de bénéfices n'ayant pas charge d'âmes qui viendraient à vaquer, lorsque le siège épiscopal était lui-même vacant » (J. Gaudemet, *Institutions ecclésiastiques,* p. 290).

notamment, pour le seigneur féodal. Pour compenser, divers systèmes furent envisagés : revente forcée du bien ; titulaire fictif du fief (« homme vivant et mourant ») à la mort duquel l'Église s'acquittait des droits. Plus simple, le système de l'amortissement permettait de payer les droits de mutation en une fois ou sous la forme d'une rente perpétuelle. Mais il fallait aussi préserver les intérêts des seigneurs supérieurs de qui en cascade était tenu le fief. Une ordonnance de Philippe III le Hardi réglementa le montant de l'amortissement et limita à trois degrés le nombre de seigneurs à indemniser.

Section III
L'Église et la renaissance juridique

I | Le renouveau intellectuel

147 Aux XIIe-XIIIe siècles, on assiste à une extension de la connaissance rationnelle et de la réflexion. Dans cette société en mutation, la culture se transforme, elle n'est plus tout à fait le privilège des clercs et gagne les couches sociales les plus diverses, des cours princières au monde des villes. En même temps, ses thèmes se renouvellent et s'élargissent en devenant plus profanes. C'était là une conséquence de la réforme grégorienne qui entendait réserver à l'Église le monopole du sacré, et aussi le résultat des contacts avec d'autres civilisations, à l'occasion des croisades ou d'échanges commerciaux. Par l'intermédiaire des Arabes, on renoue avec la philosophie d'Aristote et plus généralement avec les modes de pensées et de réflexions antiques[1]. La dialectique s'impose comme système de raisonnement, et Abélard s'illustre, avec d'autres maîtres, dans l'art de la rhétorique.

148 Des écoles à l'Université. — À partir de la fin du XIe et du début du XIIe siècle, les écoles qui n'existaient auparavant que dans quelques monastères, se sont développées dans les

1. Ainsi l'école de Chartres correspond avec les traducteurs juifs de Tolède.

villes, autour de certaines églises épiscopales ou collégiales. À Paris, les écoles se fixent, en dehors de la Cité, sur la montagne Sainte-Geneviève. Aux alentours de 1200, elles se regroupent en un organisme unique, « l'Université des maîtres et des écoliers de l'Étude de Paris », une association, un corps, qui a son autonomie administrative (un sceau à partir de 1246), ses privilèges, notamment de juridiction sur ses membres (écoliers, clercs et tonsurés ; maîtres qui ont obtenu du chancelier épiscopal la *licentia docendi* / permission d'enseigner). Dès le début du XIIIe siècle, l'Université parisienne passe sous le contrôle de la papauté qui la réglemente, la protège par le jeu de l'exemption, arbitre ses différends avec l'évêque ou le roi et la surveille par l'intermédiaire du légat. Elle bénéficie aussi dans l'ensemble de la protection de la royauté, et Paris devient la capitale du savoir qui attire maîtres et étudiants de toute l'Europe (regroupés en *Nations*), pour le plus grand profit des bourgeois. Depuis la fin du XIIe siècle, des établissements religieux ou des particuliers ont fondé des collèges pour accueillir, nourrir et loger les écoliers (collège des Dix-Huit en 1180, collège de Robert de Sorbon, chapelain de Saint Louis, en 1257). Au cours du XIIIe siècle, l'Université se scinde en différentes facultés suivant les disciplines étudiées : faculté des arts (logique, dialectique, grammaire, calcul) qui prépare à celles de théologie, de droit canon, de médecine.

L'Université de Paris avec notamment son école théologique où s'illustrèrent des maîtres brillants – ainsi les dominicains Albert le Grand (de 1242 à 1248) et surtout son disciple Thomas d'Aquin (de 1252-1256 à 1259 puis de 1268 à 1272) – constituait pour la papauté une pépinière de défenseurs de l'orthodoxie romaine. En 1229, dans la ligne de saint Dominique et à l'initiative du cardinal légat de Saint-Ange, une université sur le modèle parisien est créée à Toulouse, pour mieux extirper les racines de l'hérésie albigeoise ; mais ce fut un échec, sinon pour le droit, du moins pour la théologie, ainsi que les tentatives du même ordre à Narbonne (en 1243-1245) et à Pamiers, dernier réduit cathare (1295). La seule véritable réussite est la création, en 1289, de l'Université de Montpellier qui regroupait les trois facultés de droit civil et canonique, médecine et arts, la théologie étant enseignée à part chez les Franciscains et aussi les Cisterciens.

149 ESSOR DES DROITS SAVANTS. — Dans leur recherche scripturaire pour affirmer la primauté pontificale, les grégoriens ont retrouvé des manuscrits des compilations de Justinien. Le droit romain est alors enseigné et commenté, selon la méthode de la glose (commentaire littéral après *lectio*/lecture) en Italie à l'Université de Bologne où enseigne *Irnerius* (1088-1125), à Rome et à Pise, en Provence, à Avignon (Saint-Ruf dès 1127), à Montpellier avec Placentin et au milieu du XIIe siècle, à Paris, mais, en 1219, à la demande du roi qui craignait l'étude, dans sa capitale, de textes exaltant indirectement la puissance de son rival l'empereur d'Allemagne, le pape Honorius III interdit son enseignement qui se déplace alors vers Orléans[1]. Néanmoins, dès la fin du XIIe siècle, les juristes de l'entourage royal connaissent le droit romain, annonçant ceux qu'on appellera plus tard les légistes ; et la royauté, au cours du XIIIe siècle, ne se privera pas d'utiliser l'arsenal juridique techniquement élaboré qu'il procurait.

L'essor du droit canon est lié à l'effort de centralisation doctrinale des grégoriens et à l'élaboration d'un corps de législation unitaire, substitué aux multiples collections régionales. Vers 1140, Gratien, moine de Bologne, faisant appel aux techniques de la dialectique, du *pro* et *contra,* rédige un recueil d'ensemble : le *Décret* qui réunit en une somme méthodiquement classée les anciens textes de droit, et sera abondamment glosé et commenté par les « décrétistes ». Ce premier élément de ce qu'on a appelé le *Corpus juris canonici* (monument qui faisait le pendant pour l'Église du *Corpus juris civilis* romain) sera complété ensuite par les *Décrétales de Grégoire IX* (1234), compilation cette fois officielle de textes pontificaux postérieurs au *Décret,* et qui sera étudiée par les « décrétalistes »[2].

150 RÉDACTION DES DROITS COUTUMIERS. — Cette rédaction des diverses coutumes, locales ou régionales, issues du morcellement territorial, est en réalité une mise en forme savante, au nord comme d'ailleurs au Midi, d'un droit jusque-là oral et difficile à

1. Ville également royale.
2. Ces décrétales extérieures au *Décret* ou « Extravagantes », réunies en cinq livres, furent complétées par le « Sexte » (recueil de décrétales entre 1234 et 1298, promulgué par Boniface VIII), puis par les « Clémentines » publiées en 1313 par Clément V, par les *Extravagantes* de Jean XXII et enfin les *Extravagantes communes* (74 décrétales entre 1261 et 1484).

prouver. Elle est l'œuvre généralement de praticiens (et notamment de baillis et de sénéchaux royaux ou princiers), des gens instruits qui introduisent dans leurs écrits des réflexions personnelles et générales, et notamment des considérations en faveur de la royauté. Au nord, le mouvement de rédaction commence en Normandie, à la fin du XIIe siècle, avec le *Très ancien coutumier normand,* il se poursuit, au milieu du XIIIe siècle, avec le *Grand coutumier normand* et dans les régions voisines, avec pour le Vermandois, le *Conseil à un ami* du bailli Pierre de Fontaine, dans l'Orléanais, *Le livre de jostice et de Plet,* en Touraine-Anjou, les *Établissements de Saint Louis,* ou enfin, à la fin du XIIIe siècle, le célèbre recueil des coutumes de la comté de Clermont-en-Beauvaisis, composé par le bailli Philippe de Remi, sire de Beaumanoir. Dans le Midi, les premières coutumes rédigées se rattachent à certaines villes et aux terroirs alentour : statuts d'Avignon et d'Arles (milieu XIIe siècle), coutumes de Montpellier (1204-1205), statuts de Marseille (v. 1250), coutumes de Cahors (v. 1260) ou de Toulouse (1285). Les usages y sont davantage pénétrés par le droit romain. Ainsi se crée, au XIIIe siècle, la séparation entre pays de coutumes (rédigées) du Nord et pays de droit écrit (romanisé) au Sud[1]. En Provence, au XIIIe siècle, pour régler les problèmes féodaux, on recourt également aux *Libri feudorum* (livres des fiefs), compilation d'origine lombarde de droit coutumier féodal qui fut annexée au *Corpus* de Justinien.

II | La juridiction ecclésiastique

151 Les officialités. — Certains dignitaires ecclésiastiques, en leur qualité de seigneurs, exercent, comme leurs semblables, les droits démembrés de la justice régalienne. Mais la justice propre à l'Église, qui nous intéresse ici, englobe à la fois le for interne (juridiction spirituelle) et le for externe (juridiction temporelle), sans que la ligne de partage entre les deux soit toujours très nette. À la fin du XIIe siècle, avec le développement des techniques procédurales et le

1. La limite passait depuis le nord de la Saintonge et du Limousin, à travers l'Auvergne, au nord du Lyonnais, du Mâconnais, de la Bresse et du Bugey.

renouveau du droit, l'évêque, juge ordinaire du diocèse, délègue sa fonction judiciaire à un officier spécialisé, issu de sa curie, qu'il peut également révoquer : l'*official.* Celui-ci juge en ses lieu et place, généralement entouré d'assesseurs ; il donnera son nom *(officialité)* à ces cours d'Églises en plein essor au XIIIe siècle, du fait notamment de leur technicité en face de l'archaïsme de certaines juridictions seigneuriales. Il existe, également, des officiaux de chapitre, ou même d'archidiacre et des officiaux forains, statuant dans certaines localités du diocèse.

152 LA COMPÉTENCE DES COURS D'ÉGLISE. — Elle est à la mesure de la puissance de l'institution religieuse dans la société et s'étend très largement au détriment des autres justices. Au civil comme au criminel, et sauf en matière féodale, l'officialité juge les clercs séculiers, majeurs ou mineurs, qui bénéficient du privilège du *for* et aussi, si elles souhaitent s'en prévaloir, les *miserabiles personnae,* veuves et orphelins, les croisés et les écoliers des universités. En matière civile, les cours épiscopales ont une connaissance exclusive de tout ce qui touche aux biens d'Églises (bénéfices, dîmes) non inféodés et, bien sûr, à la foi et aux sacrements : ainsi du mariage et par extension des fiançailles, de la légitimité des enfants, de la séparation de corps ; également des problèmes de dot et de douaire, en concurrence avec les juridictions laïques, de même que pour l'exécution des conventions confirmées par serment ou de celle des testaments, dans les pays de coutume. En matière criminelle, leur compétence est exclusive pour les crimes et délits commis dans les lieux saints, le trafic des sacrements (simonie), les infractions à la trêve de Dieu et les crimes contre la foi (hérésie, sorcellerie) et concurrente pour le sacrilège, le blasphème, l'adultère et l'usure.

Dès le début du XIIIe siècle, la royauté intervient pour limiter l'extension des cours d'Église. Une ordonnance de 1204 revendique la protection de la justice royale pour les veuves qui voudraient la saisir. Elle limite les prétentions de l'Église qui prétendait juger en matière féodale à raison du serment de fidélité des vassaux, en transposant la distinction du spirituel et du temporel : aux officialités la connaissance du parjure, aux cours laïques celle de la question féodale. Elle précise les cas dans lesquels le juge laïque peut arrêter les clercs criminels, surpris en flagrant délit, à condition de les rendre à l'Église qui les jugera et restreindra même provisoirement en 1215 les privilèges judiciaires des croisés en matière criminelle. Enfin, le roi n'hésite pas à soutenir et à exploiter, aux temps de Louis VIII et de Saint Louis, le mécontentement des barons exaspérés par les revendications et les empiétements des juridictions religieuses.

153 La procédure. — En matière civile, les tribunaux d'Église, empruntant au droit romain du Bas-Empire, ont élaboré la procédure dite romano-canonique. Le demandeur saisit la cour par un *libelle,* souvent rédigé par un avocat, où il désigne son adversaire et l'objet de la demande. Le juge cite les parties à comparaître et les invite à produire leurs preuves, administrables par différents moyens : aveu, serment et de plus en plus témoignage et écrit. La sentence, qui peut aussi être rendue par défaut (après trois citations ou une péremptoire), est toujours susceptible d'appel.

En matière criminelle, et pour les crimes les plus graves, jusqu'à la fin du XIIIe siècle, seule existe la procédure dite accusatoire dont les règles sont calquées sur celles de la procédure civile. L'action est déclenchée, contre un individu déterminé, par un accusateur (la victime ou ses proches) qui aura à rapporter ses preuves. Après avoir entendu les parties ou leur avocat, le juge tranchera, absolvant ou condamnant, sanctionnant le cas échéant l'accusateur malveillant. En 1199, avec Innocent III, apparaît la procédure inquisitoire, elle aussi empruntée au droit romain. Le juge, alerté par une dénonciation ou par la rumeur publique ou par un fait matériel (découverte d'un cadavre), peut alors se saisir d'office contre l'accusé ainsi désigné. Il conduit l'enquête lui-même, ou avec l'aide du dénonciateur, interroge l'accusé, les témoins, se transporte sur les lieux ou ordonne une expertise, après audition des arguments du prévenu, il rend sa sentence. Les peines prononcées (correctionnelles) sont destinées à amender le coupable : pénitence publique (alors en régression), excommunication (dont l'Église abusera au XIIIe siècle) majeure ou mineure, jusqu'à absolution, pèlerinage, amende, emprisonnement. L'Église ne condamne pas à mort mais remet le coupable au bras séculier.

154 L'inquisition. — Le terme désigne une procédure particulière de recherche et de combat de l'hérésie qui fut d'abord du ressort des évêques, puis des légats et, à partir de 1198, des Cisterciens. Il recouvre ensuite, depuis 1233, la juridiction d'exception (Saint-Office) créée à l'issue de la croisade albigeoise, par délégation du pape Grégoire IX et confiée aux Dominicains. Le juge peut y entendre tout témoin (même ceux, excommuniés, hérétiques, infâmes ou déjà condamnés, qui n'auraient pas été admis devant la justice ordinaire), dont le nom est tenu secret. Le ministère d'avocat est refusé. Enfin, pour que les accusés confessent plus rapidement leurs erreurs et dénoncent leurs complices, Urbain IV ordonne, en 1252, qu'ils soient soumis à la torture (savant emprunt au Digeste et au Code de Justinien dont s'inspireront par la suite largement les juridictions séculières) pieusement administrée là encore par les autorités laïques. Les peines généralement prononcées vont de l'emprisonnement temporaire ou perpétuel pour les laïques à la mort par le feu pour les clercs et les laïques relaps (déjà condamnés et retombés dans l'hérésie). Un châtiment dont le but était moins de sauver l'âme de l'accusé, que « de procurer le bien public et de terroriser le peuple »[1].

Pour aller plus loin

155 GÉNÉRALITÉS. — Le nombre des travaux consacrés à l'Église ou aux institutions religieuses est trop important pour que nous puissions tous les indiquer, même les plus récents. Nous nous contenterons de renvoyer aux principaux ouvrages qui eux-mêmes contiennent de nombreuses références bibliographiques pour aborder de manière plus détaillée telle ou telle question. Pour notre période, *cf.* les volumes correspondants de l'*Histoire de l'Église* (direct. A. Fliche et V. Martin) ; M. Chelini, *L'Église au temps des schismes,* Paris (coll. « U »), 1982. Sur les institutions ecclésiastiques, *cf. Histoire des institutions françaises au Moyen Âge,* III : *Institutions ecclésiastiques, op. cit.*, les importantes contributions de J.-F. Lemarignier (de la fin du Xe au milieu du XVe siècle) et de J. Gaudemet (du milieu du XIIe au début du XIVe siècle) ; *cf.* aussi les volumes déjà parus ou à paraître de l'*Histoire du droit et des institutions de l'Église en Occident* (direct. G. Le Bras et J. Gaudemet), notamment, le t. VII, *L'âge classique 1140-1378, Sources et théorie du droit,* Paris, 1965, avec de savants développements sur le *Décret* de Gratien et les « décrétistes » et sur le droit pontifical (décrétales, conciles œcuméniques) et de J. Gaudemet, le vol. 2 du t. VIII, *Le gouvernement de l'Église à l'époque classique,* Paris, 1979, qui traite dans un titre premier de l'évêque et du diocèse et dans un second, de la paroisse (sur ce dernier thème, *cf.* la réimpr. de l'ouvrage classique de Imbart de La Tour, *Les paroisses rurales du IVe au Ve siècle,* Paris (1900), 1979) ; A. Friedmann, *Recherches sur les*

1. L. Sala-Molins, *Le manuel des inquisiteurs,* Paris, 1973, p. 130.

origines et l'évolution des circonscriptions paroissiales de Paris au Moyen Âge, Paris, 1959 ; J. Gaudemet, *Église et société en Occident au Moyen Âge,* Londres, 1984, qui rassemble de précieux articles, entre autres sur les écoles et les universités de Paris et de Bologne, sur l'influence du droit romain et canonique sur le droit coutumier et sur les problèmes des élections épiscopales, du célibat ecclésiastique... *Cf.* aussi D. Barthélemy, *L'ordre seigneurial,* chap. 2 : « L'Église dans le monde seigneurial du XIe siècle », p. 53, et chap. 5 : « Les nouveaux pouvoirs de l'Église au XIIe siècle », p. 159 ; Y. Sassier, *Pouvoirs et institutions,* 1, *op. cit.,* p. 203 et s. ; R. Beauthier, *Droit et genèse de l'État,* Bruxelles, Éditions de l'Université de Bruxelles, 1997, p. 91 : « Le rôle de l'Église : vers une théocratie pontificale », et L. Milis (dir.), *La chrétienté, des origines à la fin du Moyen Âge,* Paris, Belin-De Boeck, 1998, les chap. 4, p. 93 : « La chrétienté aux XIe et XIIe siècles » (L. Milis), et 5, p. 129 : « La chrétienté au XIIIe siècle » (A. Vauchez). *Cf.* enfin la très riche synthèse doctrinale de J. Pelikan, *La tradition chrétienne. Histoire du développement de la doctrine,* Paris, 1994, notamment le volume III *(600-1300). Cf.* enfin les contributions de dom J. Dubois, Au temps des premiers Capétiens, les moines en pleine expansion affirment leurs libertés, et de O. Guyot-Jeannin, L'épiscopat dans le domaine capétien (XIe-XIIe siècles), *Pouvoirs et libertés, op. cit.,* p. 197 et s., 215 et s.

156 SUR LA RÉFORME GRÉGORIENNE. — A. Fliche, *La réforme grégorienne,* 3 vol., Louvain, 1924-1937 ; H.-X. Arquillière, *Saint Grégoire VII. Essai sur sa conception du pouvoir pontifical,* Paris, 1934 ; E. Amann et A. Dumas, *L'Église au pouvoir des laïcs (888-1057), Histoire de l'Église, op. cit.,* t. VII ; J.-F. Lemarignier, *L'exemption monastique et les origines de la réforme grégorienne, Congrès scientifique de Cluny,* Mâcon, 1950, p. 288 (également sur l'exemption, *Étude sur les privilèges d'exemption et de juridiction ecclésiastique des abbayes normandes depuis les origines jusqu'à 1140,* Paris, 1937, et Le monachisme et l'encadrement religieux des campagnes... au nord de la Loire, de la fin du Xe à la fin du XIe siècle, *Le istuzioni ecclesiastiche delta « societas christiana » dei secoli XI-XII, Diocesi, pievi e parrochie,* Atti... Settimana internazionale di studio, Milano, sett. 1974, Milan, 1977, p. 358), et *Institutions ecclésiastiques, op. cit.,* chap. III, p. 78, « L'influence de la réforme grégorienne » ; H. E. J. Cowdrey, *The cluniacs and the gregorian reform,* Oxford, 1970 ; M. Pacaut, *La papauté des origines au Concile de Trente,* Paris, 1976, p. 123 et s. Sur les incidences de la réforme, *cf.* T. Schieffer, Cluny et la querelle des investitures, *RH,* 1961, p. 47 ; J.-M. Bienvenu, Les caractères originaux de la réforme grégorienne dans le diocèse d'Angers, *BPH,* 1968, p. 545 ; G. Devailly, Le clergé régulier et le ministère paroissial, *Aspects de la vie conventuelle aux XIe-XIIe siècles, Cahiers d'histoire,* 1975, p. 151. Parmi les acteurs des débuts de la réforme romaine, *cf.* B. de Vregille, *Hugues de Salins, archevêque de Besançon 1031-1066,* Besançon, 1981 ; et encore sur les problèmes de l'introduction de la législation pontificale (Conciles de Latran III, 1179, et IV, 1215), dans les terres des Plantagenêts, *cf.* la thèse de J. Avril, *Le gouvernement des évêques et la vie religieuse dans le diocèse d'Angers* (1148-1240), Paris, 1984, 2 vol., et aussi celle de B. Delmaire, *Le diocèse d'Arras de 1093 au milieu du XIVe siècle. Recherches sur la vie religieuse dans le nord de la France au Moyen Âge,* Arras, 1994, 2 vol. ; l'ouvrage d'O. Guyot-Jeannin, *Episcopus et comes. Affirmation et déclin de la seigneurie épiscopale au nord du royaume (Beauvais-Noyon, Xe - début XIIIe siècle), op. cit.,* et les variations de J. Gaudemet sur ces thèmes, À travers l'histoire des diocèses médiévaux (à propos de l'exemple d'Arras), *RHD,* 1995, p. 89 et s.

157 SUR LES ORDRES RELIGIEUX ET LEURS FONDATEURS. — Là encore, la littérature de base est parfois ancienne, *cf.* Gratien, *Histoire de la fondation et de l'évolution des frères mineurs au XIIIe siècle,* Paris, 1928 ; F. de Sessevalle, *Histoire générale de l'ordre de saint François,* t. I : *Le Moyen Âge (1209-1517),* Paris, 1935 ; G. de

Valous, *Le monachisme clunisien des origines au XVe siècle,* 3 vol., 1935 ; P. Racinet, Implantation et expansion clunisiennes au nord-est de Paris (XIe-XIIe siècles), *MA,* 1984, p. 5 et M. Pacaut, *L'ordre de Cluny,* Paris, 1986 ; Dom Ph. Smith, *Histoire de l'ordre de saint Benoît,* 1948 ; *Sous la règle de saint Benoît, Structures monastiques et sociétés en France du Moyen Âge à l'époque moderne,* ouvr. collectif (colloque de Paris, oct. 1980), Genève, 1981 ; F. Petit, *La spiritualité des Prémontrés aux XIIe et XIIIe siècles,* Paris, 1945, et Ch. Dereine, Les origines de Prémontré, *RHE,* 1947, p. 352 ; J.-B. Mahn, *L'ordre cistercien et son gouvernement des origines au milieu du XIIIe siècle,* Paris, 1945 ; *Bernard de Clairvaux* (ouvr. collectif, commission d'histoire de l'ordre de Cîteaux, III), Paris, 1953. *Cf.* aussi *Les ordres religieux, la vie et l'art* (direct. G. Le Bras), t. I, Paris, 1979 ; M. Pacaut, *Les ordres monastiques et religieux au Moyen Âge,* Paris, 1970, et son rapport introductif ; Structures monastiques, société et Église en Occident aux XIe et XIIe siècles, *Aspect de la vie conventuelle,* p. 11. Dans ce même recueil, *cf.* B. Bligny, *Les Chartreux dans la société occidentale du XIIe siècle,* p. 29 ; R. Locatelli, *L'implantation cistercienne dans le comté de Bourgogne jusqu'au milieu du XIIe siècle,* p. 59 ; J.-M. Bienvenu, *Robert d'Arbrissel et la fondation de Fontevraud (1101),* p. 119. Sur le fondateur de Fontevraud, *cf.* les importants et tout récents travaux de J. Dalarun, Robert d'Arbrissel et les femmes, *AESC,* 1984, p. 1140, *L'impossible sainteté, la vie retrouvée de Robert d'Arbrissel (v. 1045-1116), fondateur de Fontevraud,* Paris, 1985, et *Robert d'Arbrissel, fondateur de Fontevraud,* Paris, 1986 ; É. Bournazel, Étienne et Robert : la tentation des femmes, *Anthropologies juridiques. Mélanges Pierre Braun,* PULIM, 1998, p. 55-65. *Cf.* aussi, aux confins de la Normandie et du Perche, B. Beck, *Saint Bernard de Tiron, l'ermite, le moine et le monde,* Cormeilles-le-Royal, Éditions La Mandragore, 1998. Sur les moniales, *cf.* J. Verdon, Les moniales dans la France de l'Ouest aux XIe et XIIe siècles, *CCM,* 1976, p. 247, et M. Parisse, Les chanoinesses séculières, *Cahiers d'histoire,* 1975, p. 145, et *Les nonnes au Moyen Âge,* Paris, 1983. Sur les Templiers, *cf.* A. Demurger, *Vie et mort de l'ordre du Temple,* Paris, 1989.

158 SUR LA VIE RELIGIEUSE, LA SPIRITUALITÉ, LES CROYANCES ET LES MENTALITÉS. — *Cf.* les travaux de A. Vauchez, *La spiritualité du Moyen Âge occidental, VIIIe-XIIe siècle,* Paris, 1975, *Religion et sociétés dans l'Occident médiéval,* Turin, 1980 (rec. d'articles), *La sainteté en Occident aux derniers siècles du Moyen Âge, d'après les procès de canonisation et les documents hagiographiques,* Rome, 1981, une étude des critères, au demeurant variables selon les époques, de la sainteté et des manifestations de la piété populaire, Naissance d'une chrétienté, milieu X^e - fin XIe, in *Le Moyen Âge, op. cit.,* II, p. 79, *Les Laïcs au Moyen Âge. Pratiques et expériences religieuses,* Paris, 1987 ; *L'Église et le siècle de l'an mil au début du XIIe siècle* (Actes du Congrès... des historiens médiévistes de l'Enseignement supérieur public, Poitiers, 1983), *CCM,* 1984.

Sur l'effervescence mystique et les craintes engendrées par l'approche du Ier millénaire, *cf.* les textes réunis et traduits par C. Carozzi et H. Taviani-Carozzi, *La fin des temps. Terreurs et prophéties au Moyen Âge,* Paris, 1982 ; *La cristianità dei secoli XIe-XIIe in Occidente : coscienza e struttura di una societa* (Atti... Settimana, Mendola, 1980), Milan, 1983, recueil fort riche, avec entre autres des articles sur la « Reconquête espagnole » (U. Martorelli), les Trois ordres et la royauté (C. Carozzi), la conscience chrétienne des nobles (M. Parisse), l'enfant dans la société chrétienne (P. Riché). Sur le développement des institutions charitables et notamment au XIIIe siècle des Maisons-Dieu ou Hôtels-Dieu, *cf. Histoire des hôpitaux en France* (direct. J. Imbert), Toulouse, 1982 ; *cf.* aussi, M. Mollat, *Les pauvres au Moyen Âge,* Paris, 1978 ; J. Legoff, *La naissance du Purgatoire,* Paris, 1981 ; E. Megier, Deux exemples de purgatoire chez les historiens, *CCM,* 1985, p. 45 ; J. Longère, *La prédication médiévale,* Paris, 1983. Pour une approche « spirituelle » de certaines attitudes médiévales (en fait, le point de vue de quelques moines savants) concernant la sexualité et l'amour, *cf.* Dom J. Leclercq, *Le mariage vu par les moines au XIIe siècle* et *L'Amour vu par les moines au XIIe siècle,* 2 vol., Paris, 1983. Sur la formation d'un véritable droit des reliques entre le XIIe et le XIIIe siècle surtout, *cf.* N. Hermann-Mascard, *Les reliques des saints,* Paris, 1975 ; P.-A. Sigal, *L'homme et le miracle dans la France médiévale (XIe-XIIe siècles),* Paris, 1985 ; J. Chelini et H. Bonhomme, *Les chemins de Dieu. Histoire des pèlerinages chrétiens des origines à nos jours,* Paris, 1982.

159 SUR LES CROISADES. — P. Alphandéry et A. Dupront, *La chrétienté et l'idée de croisade,* 2 vol., Paris, 1954-1959 ; Z. Oldembourg, *Les croisades,* Paris, 1965 ; E. Perroy, *Les croisades et l'Orient latin (1095-1204),* Paris, CDU, 1973 ; C. Cahen, *Orient et Occident aux temps des croisades,* Paris, 1983. Sur l'idée de croisade mais aussi d'autres thèmes (saints militaires, paix de Dieu, templiers et hospitaliers, fondation de l'Université de Toulouse), *cf.* les articles du chanoine E. Delaruelle, *L'idée de croisade au Moyen Âge,* Turin, 1980. *Cf.* enfin, la réunion d'un certain nombre d'articles de J. Richard, *Croisés, missionnaires et voyageurs. Les perspectives orientales du monde latin médiéval,* Londres, 1983 ; *Autour de la première croisade,* Paris, Publications de la Sorbonne, 1996, et *Le Concile de Clermont de 1095 et l'appel à la croisade,* Paris, collection de l'École française de Rome, 236, 1997. Sur la « Reconquista » de l'Espagne, *cf.* A. Rucquoi, *Histoire médiévale de la péninsule Ibérique,* Paris, 1993, notamment p. 204 et s., et aussi *Les croisades,* ouvr. coll. avec une introd. de R. Delort, Paris, 1988.

160 SUR LE THÈME DES « TROIS ORDRES ». — La littérature est abondante et riche, notamment depuis la magistrale synthèse de G. Duby, *Les trois ordres ou l'imaginaire du féodalisme,* Paris, 1978. Antérieurement, *cf.* J. Batany, Des « trois fonctions » aux trois « états », *AESC,* 1963, p. 933, et les recherches de C. Carozzi, La tripartition sociale et l'idée de paix au XIe siècle, *Actes du CIe Congrès des Soc. savantes,* Lille, 1976, p. 9, Les fondements de la tripartition sociale chez Adalbéron de Laon, *AESC,* 1978, p. 682. *Cf.* également Poly et Bournazel, *La mutation,* p. 224 ; M. Bur, Les trois ordres dans la chronique de Mouzon, *CCM,* 1983, p. 287, et l'art. de D. Iogna-Prat, Le « baptême » du schéma des trois ordres fonctionnels : l'apport de l'école d'Auxerre dans la seconde moitié du IXe siècle, *AESC,* 1986, p. 101, qui retrouve les racines carolingiennes de l'apparition du schéma tripartite. *Cf.* encore J. Krynen, *L'empire du roi, op. cit.,* p. 1 et s. : « Robert le Pieux, le roi des trois ordres » ; É. Bournazel, Les deux Pierre, ou l'imaginaire des ordres, *Georges Duby : l'écriture de l'histoire,* Bruxelles, De Boeck Université, « Bibliothèque du Moyen Âge », 6, 1996, p. 231-238.

161 SUR L'HÉRÉSIE DITE « MANICHÉENNE » OU CATHARE. — Là encore, la littérature est abondante et souvent trop « passionnelle ». Le courant dominant de l'historiographie actuelle tend à opposer deux vagues hérétiques, distinctes, l'une du XIe et l'autre du XIIe siècle, séparée par une sorte de vide. En réalité, nous pensons avec J.-P. Poly, *La mutation,* chap. IX : « Psychomachie », p. 382, qu'il s'agit là d'un même et profond mouvement ; *cf.* aussi bibliographie, p. 53. Sur ces problèmes, *cf. Hérésies et sociétés* (colloque de Royaumont, 1962), Paris, 1968 ; J. Duvernoy, *Le Catharisme,* I : *La religion des cathares,* Toulouse, 1976, II : *L'histoire des cathares,* Toulouse, 1980 ; Ch. Thouzelier, *Catharisme et valdéisme en Languedoc,* Paris, 1966 ; H. Taviani, Le mariage dans l'hérésie de l'an mil, *AESC,* 1977, p. 1074, et Du refus au défi : essai sur la psychologie hérétique au début du XIe siècle en Occident, *Actes du CIIIe Congrès national des Sociétés savantes,* Limoges, 1977, II, p. 175 ; R.-H. Bautier, L'hérésie d'Orléans et le mouvement intellectuel au début du XIe siècle, documents et hypothèses, *Comité des trav. hist. sect. de philolog. et d'hist.,* Paris, 1975, p. 63.

162 SUR LES MOUVEMENTS DE PAIX, PAIX ET TRÊVE DE DIEU. — *Cf.* les importants travaux de R. Bonnaud-Delamare, Les institutions de paix dans la province ecclésiastique de Reims au XIe siècle, *BPH,* 1955-1956, La paix en Flandre pendant la première croisade, *Revue du Nord,* 1957, p. 147, Les institutions de paix en Aquitaine au XIe siècle, *Recueil de la Société Jean-Bodin,* XIV, Bruxelles, 1962, p. 415 ; M. de Boüard, À propos des origines de la Trêve de Dieu en Normandie, *Annales de Normandie,* 1963, p. 329, et J.-F. Lemarignier, Paix et réforme monastique en Flandre et en Normandie autour de l'année 1020, *Études... J. Yver,* Paris, 1976 ; G. Duby, Les laïcs et la paix de Dieu, *Hommes et structures du Moyen Âge, op. cit.,* p. 227. Pour une redatation et une géographie du mouvement de paix et de trêve, *cf. La mutation féodale,* p. 235 et s., et C. Lauranson, *L'Auvergne et ses marges, op. cit.,* p. 409 et s., et aussi : La paix populaire dans les montagnes d'Auvergne au Xe siècle, *La France de l'an mil, op. cit. Cf.* également les travaux et idées d'E. Magnou-Nortier, Les évêques et la paix dans l'espace franc (VIe-XIe siècle), *L'évêque dans l'histoire de l'Église,* t. 7, Angers, 1984, p. 33, et Les évêques, les princes et la paix dans le royaume de France (IXe - début XIIe siècle), *Actes du colloque de Mayence,* 1985 ; M. Rouche, Les princes d'Aquitaine autour de l'an mil, *Pouvoirs et libertés, op. cit.,* p. 78 et s.

163 SUR LES ORIGINES DE LA CHEVALERIE, SES LIENS AVEC LA NOBLESSE, SES RITES CONSTITUTIFS. — *Cf.* les travaux de G. Duby, *Hommes et structures du Moyen Âge,* et La diffusion du titre chevaleresque sur le versant méditerranéen de la chrétienté latine, *La noblesse au Moyen Âge* (direct. P. Contamine), *op. cit.,* p. 39, *Guillaume le Maréchal,* Paris, 1985 ; P. Van Luyn, Les *milites* dans la France du XIe siècle, *MA,* 1971, p. 5 et 193 ; Poly, Bournazel, *La mutation féodale,* notamment p. 172 et s. Plus particulièrement sur le rituel chevaleresque et l'adoubement, *cf.* J. Flori, Chevalerie et liturgie. Remise des armes et vocabulaire « chevaleresque » dans les sources liturgiques du IXe au XIIIe siècle, *MA,* 1978, p. 247 ; Les origines de l'adoubement chevaleresque : étude dans les sources historiques latines jusqu'au début du XIIIe siècle, *Traditio,* 35, 1979, p. 209 ; La chevalerie selon Jean de Salisbury (nature, fonction, idéologie), *RHE,* 77, 1982, p. 35 ; *L'essor de la chevalerie, XIe-XIIe siècles,* Genève, 1986. *Cf.* enfin, *Le combattant au Moyen Âge,* ouvr. coll., Paris, 1991.

164 SUR LE RENOUVEAU INTELLECTUEL. — *Cf.* les importants travaux consacrés à l'essor de l'enseignement, des écoles et universités, de P. Riché, La Renaissance intellectuelle du Xe siècle en Occident, *Cahiers d'histoire,* XXI, 1976, p. 22, *École et enseignement dans le haut Moyen Âge,* Paris, 1979, et aussi M. Rouche, *Histoire générale de l'enseignement et de l'éducation en France,* t. I ; *Des origines à la Renaissance,* Paris, NLF, 1981. Sur les universités, toujours très utiles les études de A. Luchaire, *La société au temps de Philippe Auguste,* chap. III, et de L. Halphen, Les origines de l'Université de Paris et les universités au XIIIe siècle, *À travers l'histoire du Moyen Âge* ; J. Verger, *Les Universités au Moyen Âge,* Paris, 1973, et Des écoles à l'Université : la mutation institutionnelle, *La France de Philippe Auguste,* p. 817 ; S. Guenée, *Bibliographie de l'histoire des universités,* I : *Généralités, Université de Paris,* Paris, 1981. Sur les maîtres, *cf.* les ouvrages désormais classiques de J. Le Goff, *Les intellectuels au Moyen Âge,* Paris, 1957, et J. W. Baldwin, *Masters, princes and merchants. The social views of Peter the Chantre and his circle,* Princeton, 1970, Masters at Paris from 1179 to 1215, *Renaissance and Renewal in the Twelfth Century,* Cambridge (Mass.), 1982, p. 138 ; également, *Abélard en son temps* (Actes du colloque du neuvième centenaire de la naissance d'Abélard, mai 1979), Paris, 1981 ; *Le Moyen Âge et la Bible* (direct. P. Riché, C. Lobrichon), Paris, 1984 ; J.-P. Poly, Les écoles, les maîtres et les écoliers, *La Mosaïque France, op. cit.,* p. 146 et s.

165 SUR L'ESSOR DES DROITS SAVANTS, CANONIQUE ET ROMAIN. — Quelques indications bibliographiques, P. Legendre, *La pénétration du droit romain dans le droit canonique classique de Gratien à Innocent IV (1140-1254),* Paris, 1964. Les études de R. Metz (entre 1951 et 1976) ont été récemment publiées sous le titre *La femme et l'enfant dans le droit canonique médiéval,* Londres, 1985 ; *cf.* aussi B. Basdevant-Gaudemet, Le mariage d'après la correspondance d'Yves de Chartres, *RHD,* 1983, p. 195 et l'étude plus générale de J. Gaudemet, *Le mariage en Occident, les murs et le droit,* Paris, 1987 ; *cf.* encore l'art. de Y. Le Roy, Les conciles gaulois et le *Décret* de Gratien, *RHD,* 1984, p. 553, qui montre et analyse l'existence d'une certaine continuité de la législation conciliaire depuis les Conciles d'Agde (506) et Orléans (511) jusqu'au *Décret* ; A. Gouron, La science juridique française aux XIe et XIIe siècles : diffusion du droit de Justinien et influences canoniques jusqu'à Gratien, *Jus romanum Medii Aevi,* I, 4, Milan, 1978 ; là encore, les précieux articles de l'auteur notamment sur la diffusion et le rayonnement du droit romain dans le Midi, les maîtres et les écoles ont été rassemblés : *La science du droit dans le midi de la France,* Paris, 1984. Sur les mêmes thèmes, *cf.* J.-P. Poly, Les légistes provençaux, *Mélanges... R. Aubenas,* Montpellier, 1974, p. 613, Les Maîtres de Saint-Ruf, pratique et enseignement du droit dans la France méridionale, XIIe siècle, *Annales de la Fac. de droit, des sciences sociales et politiques... de Bordeaux,* 1978, p. 183 ; *cf.* aussi G. Giordamengo, Vocabulaire et formulaires féodaux en Provence et en Dauphiné (XIIe-XIIIe siècle), *Structures féodales et féodalisme dans l'Occident méditerranéen,* p. 85, qui montre pour la Provence, l'influence du droit savant sur le droit des fiefs et comment celui-ci devient l'affaire des juristes professionnels ; également, Vocabulaire romanisant et réalité féodale en Provence, *Provence historique,* 25, 1975, p. 255 et surtout, *Le droit féodal dans les pays du droit écrit. L'exemple de la Provence et du Dauphiné. XIIe-début XIVe siècle,* Paris, 1988 ; P. Ourliac, La tradition romaine dans les actes toulousains des Xe-XIe siècles, *RHD,* 1982, p. 577, les nombreux travaux de P. Ourliac, notamment sur le droit privé méridional, ont été réunis en 2 vol. *Études d'histoire du droit médiéval,* Paris, 1979, et *Études de droit et d'histoire,* Paris, 1980. Sur le maintien de pratiques juridiques romaines aux XIe et XIIe siècles, M. Rouche, *Les survivances antiques dans trois cartulaires du sud-ouest de la France aux Xe et XIe siècles, CCM,* 1980, p. 93. Sur l'école d'Orléans et Jacques de Revigny qui y enseigna entre 1260 et 1270, *cf.* L. Waelkens, *La théorie de la coutume chez Jacques de Revigny,* Leiden, 1984 (étude savante des modes de formation de la coutume et des règlements des conflits de coutumes). *Cf.* enfin J. Krynen et A. Rigaudière (dir.), *Droits savants et pratiques françaises du pouvoir (XIe-XVe siècle),* ouvr. coll., Bordeaux, 1992, et J. Krynen, *L'empire du roi, op. cit.,* p. 384 et s.

166 SUR LE DROIT COUTUMIER ET LA RÉDACTION DES COUTUMES. — F. Olivier Martin, *Histoire de la coutume de la prévôté et vicomté de Paris, op. cit.,* P. Petot, Le droit commun en France selon les coutumiers, *RHD,* 1960, p. 412 ; J. Yver, *Égalité entre héritiers et exclusion des enfants dotés, Essai de géographie coutumière,* Paris, 1966 ; M. Boulet-Sautel, Aperçu sur le système des preuves dans la France coutumière du Moyen Âge, *Recueil... Jean-Bodin* (La preuve II), XVII, Bruxelles, 1965, p. 275 ; P. Timbal, *Un conflit d'annexion au Moyen Âge. L'application de la coutume de Paris au pays albigeois,* Paris, 1950. Sur la rédaction des coutumes méridionales, *cf.* P. Ourliac et M. Gilles, I : *Les coutumes de Marmande,* Paris, 1979, et II : *Les coutumes de l'Agenais,* Paris, 1981 (influence des sénéchaux et de l'administration d'Alphonse de Poitiers) ; P. Ourliac, Législation, coutumes et coutumiers au temps de Philippe Auguste, *La France de Philippe Auguste,* p. 471, et Beaumanoir et les coutumes de Beauvaisis, *Actes du colloque international Philippe de Beaumanoir et les coutumes de Beauvaisis (1283-1983), Aspect de la vie au XIIIe siècle. Histoire. Droit. Littérature,* Beauvais, GEMOB, 1984, p. 75. *Cf.* aussi dans le même recueil : O. Guillot, « Le jeu de la seigneurie et du fief chez Phi-

lippe de Beaumanoir », p. 69, M. Boulet-Sautel, « La voie de justice selon Beaumanoir », p. 81 et sur les conflits de justices laïques et ecclésiastiques, O. Guyot-Jeannin, « Les évêques de Beauvais et le comte de Clermont au Moyen Âge : territoires et justice », p. 45.

167 SUR LA JUSTICE D'ÉGLISE. — La littérature fondamentale est ancienne, mais toujours précieuse, ainsi P. Fournier, *Les officialités au Moyen Âge,* Paris, 1880, ou R. Genestal, *Le « Privilegium fori », en France du « Décret » de Gratien à la fin du XIVe siècle,* 2 vol., Paris, 1921-1924. Plus proche, un intéressant art. (sur le développement de la justice ecclésiastique et sa technicité croissante) de W. Uruszczak, Les juges délégués du pape et la procédure romano-canonique à Reims dans la seconde moitié du XIIe siècle, *TVR,* 1985, p. 27. Sur l'appel direct à la papauté, J.-L. Gazzaniga, L'appel « omisso medio » au pape et l'autorité pontificale au Moyen Âge, *RHD,* 1982, p. 395. Sur la toujours délicate question de l'inquisition, H. Maisonneuve, *Étude sur l'origine de l'Inquisition,* Paris, 1961, L. Sala-Molins, *Le manuel des inquisiteurs, op. cit.,* et la réimpr. de H.-C. Léa, *Histoire de l'inquisition au Moyen Âge,* Paris (1900), 1986, avec une présentation de L. Sala-Molins.

Chapitre 3
Les institutions urbaines

168 Au XIIIe siècle, dans bien des régions, en face des donjons et des tours castrales se dressent les beffrois des villes, elles aussi fortifiées. Face aux puissances seigneuriales, laïques ou ecclésiastiques, de nouvelles forces politiques se sont ainsi constituées et parfois imposées, dans les vieilles cités renaissantes, les bourgs monastiques ou castraux, ou même plus modestement dans le cadre de « villes neuves ». Ces communautés urbaines ou semi-villageoises, issues du renouveau économique et du développement des échanges aux XIe-XIIe siècles, aspirent à s'émanciper de la tutelle seigneuriale, trop étrangère à leurs intérêts, pour fonder leur pouvoir autonome et revendiquer des prérogatives que, depuis bien des décennies, les sires s'étaient arrogées. Ce mouvement général d'émancipation municipale n'aboutira pas toujours et partout de la même façon, ni avec la même intensité libératrice. Passé une phase d'incertitudes, voire de troubles et de conflits, des modèles d'organisation urbaine tendent à se fixer, où se détermine et se règle l'exercice des fonctions municipales.

Section I
L'établissement des pouvoirs urbains

Le développement des collectivités urbaines, notamment sous la forme communale et consulaire, était par essence « révolutionnaire » puisqu'il portait en lui le rejet du système seigneurial. Personne ne pouvait s'y tromper, et surtout pas l'Église – au moins celle du Nord – qui verra généralement dans les premières conjurations communales des pactes de sédition contre l'ordre public établi. Cette opposition est cependant loin d'être générale : ce qui est vrai, à des degrés divers, pour les villes de Flandre, de Picardie ou d'Île-de-France, l'est beaucoup moins dans les vieilles cités méridionales, où les chevaliers, fidèles des évêques, ont su, très tôt, participer au renouveau des échanges. Quels que fussent ses promoteurs, bourgeois ou chevaliers, un même mouvement, par des chemins multiples, portait les gens des villes vers l'édification de leur propre pouvoir.

I | Les formes de l'émancipation

169 Communes et consulat. — L'originalité du mouvement communal réside dans sa vocation à s'administrer, voire à se gouverner, de manière autonome. La forme juridique qui correspond le mieux à ces aspirations est celle de la commune, et notamment de la commune jurée, si fréquente dans les régions septentrionales mais qu'on retrouve aussi dans les pays du Centre et également au Midi. La commune est ici le résultat d'une *conjuratio* : une association dont les membres sont unis, liés entre eux par un serment qui en est le fondement essentiel et lui confère son unité et sa force. Cette collectivité, ainsi créée, ne tardera pas à devenir une entité distincte – *communia*/commune, *communitas*/communauté ; *universitas*/université – dépassant ses auteurs et englobant la direction de toute la population urbaine. À ce titre, elle bénéficie sur son territoire (ville, faubourgs et souvent banlieue) d'une réelle autonomie juridique qui se manifeste par l'exercice de prérogatives de puissance publique confiées à des administrateurs qu'elle s'est choisis. Un tel statut est consacré par des chartes, concédées par les puissances seigneuriales locales, laïques ou ecclésiastiques, qui reconnaissaient l'existence de la commune et ses prétentions administratives et qui devront, le cas échéant, être confirmées par les seigneurs supérieurs, lorsque ces concessions constituent des abrègements des fiefs dépendant d'eux.

170 Les consulats du Midi sont également des associations, dirigées par des magistrats municipaux appelés consuls, reconnues et confirmées par des chartes seigneuriales, et qui se proposent de gérer leur collectivité urbaine de manière autonome. En ce sens, ils constituent bien des communes et se présentent d'ailleurs comme tels ; au moins pour le Midi provençal – Avignon, Arles – il s'agit même d'association jurée dans une forme analogue à celle rencontrée un peu plus tôt au Nord[1]. En réalité, la particularité des régions méridionales réside dans la participation active de la noblesse, et notamment des chevaliers citadins, à la genèse et au développement des institutions urbaines et à l'exercice des fonctions publiques municipales.

171 LE SYSTÈME DES FRANCHISES. — Les villes dites de franchises ou de prévôtés du nord de la Loire ou encore celles de syndicat au Midi ne s'administrent pas de manière autonome contrairement aux communes ou aux consulats. Elles se voient reconnaître des privilèges parfois étendus, de droit privé (liberté des bourgeois, avantages commerciaux) ou public (service militaire réduit, garanties judiciaires, fiscalité adaptée) mais elles restent sous l'autorité du seigneur, directement ou par l'intermédiaire de son représentant, du prévôt notamment. Toutefois, la représentation de la collectivité urbaine est souvent organisée par le truchement de prud'hommes ou de syndics généralement élus et, au-delà de cette concertation, une véritable collaboration dans l'exercice des fonctions municipales pourra être instituée. On notera, enfin, que de telles formules juridiques concernent généralement de petites localités ou bourgades ; ce qui est aussi le cas de certains consulats du Languedoc à autonomie réduite.

II | LES ACTEURS

172 LES BOURGEOIS DU NORD. — Des régions septentrionales jusqu'aux villes du Centre et de l'Est, le mouvement communal a été dans l'ensemble porté par ceux que depuis l'an mille on

1. En Languedoc, la formule d'association jurée semble relativement exceptionnelle. Dans le Toulousain, elle sera expressément interdite en 1152 par le comte, ce qui prouve qu'il y avait de fortes tentations ; le consulat d'Aurillac, à la fin du XIIIe siècle, est assurément une commune jurée.

appelle les bourgeois. Le terme a d'abord désigné les habitants de certains bourgs, notamment monastiques, avant de recouvrir les gens des villes et des vieilles cités. Très tôt, il implique aussi un « état » qui n'est pas celui des clercs et des chevaliers, et des activités qui ne sont pas celles des paysans, même s'il n'y a pas de rupture toujours nette entre ville et campagne avant le milieu du XIIe siècle. Au cours du XIe siècle, des communautés de commerçants, de négociants, d'artisans se développent, prennent conscience de leurs intérêts communs et de la force qu'ils commencent à représenter. Ils opposent aux puissances seigneuriales, laïques ou ecclésiastiques, un réel pouvoir politique déjà plus ou moins organisé.

173 LES GHILDES. — Dès le XIe siècle, les marchands de Flandre, comme plus au nord ceux de Frise, sont regroupés en *ghildes* : associations d'entraide et de défense mutuelles qui, depuis l'époque franque, ressuscitaient ou continuaient les vieilles fraternités païennes. Tout en conservant leur caractère religieux et leurs anciens rites constitutifs de libations ou de beuveries – maintenant en l'honneur de saints dûment répertoriés par l'Église –, ces associations ou confréries (nouées par serment) ont aussi les préoccupations économiques de ceux qui les animent et se servent d'elles pour la défense de leurs intérêts commerciaux. La ghilde, en tant que telle, participe parfois à l'administration de la ville, à l'entretien des places, des remparts ou des portes. Pour ces membres, commerçants surtout, elle a obtenu des privilèges, notamment judiciaires : de ne pas être soumis au duel pour régler certains litiges mais de recourir aux serments et aux témoins. Bien souvent, ainsi à Valenciennes, à Arras ou à Saint-Omer, les communes ultérieures sortiront de ces pratiques associatives, de ces solidarités que créaient ghildes, confréries, charités ou fraternités.

174 LES ASSOCIATIONS DE PAIX. — À l'origine de certaines constitutions urbaines, on retrouve des associations de paix, encouragées par des évêques, et qui, en principe, regroupaient l'ensemble de la population des cités, nobles et chevaliers inclus. La commune diocésaine de Bourges, au début du XIIe siècle, est une émanation de l'assemblée de paix, constituée en 1038 à l'initiative de l'archevêque. Au demeurant, les communes comme les consulats ne sont pas autre chose que des institutions de paix que garantit le serment collectif de leurs membres « Pour la paix du pays », « Pour la conservation de la paix », « eu égard à la paix qui devra être observée à l'avenir » : ce sont là des formules qui reviennent régulièrement dans les préambules des chartes communales des XIIe et XIIIe siècles. La loi municipale d'Aurillac se présente expressément sous la forme de « paix de la ville ». Mais cette paix réclamée, notamment par les plus actifs des bourgeois pour favoriser l'essor de leurs négoces ou le développement de leurs entreprises, est-elle encore celle de l'Église, au service d'une société d'ordre figée, même si elle s'inscrit dans une recherche semblable de sécurité collective ?

175 ÉCHEVINS ET PRUD'HOMMES. — La pratique souvent ancienne de fonction de représentation de la collectivité, notamment en matière de justice, a également favorisé les mouvements de regroupement communal. Les échevins, des régions du Nord et de l'Est, qui dérivaient des anciens *scabini* carolingiens, continuaient à assister le comte ou son représentant dans ses prérogatives judiciaires et avec eux constituaient le tribunal du comté. À côté de ces échevinages territoriaux, sont apparus, ainsi en Flandre au XIe siècle, des échevinages urbains dont la compétence se réduisait à la ville et à ses habitants. Tout en dépendant étroitement du prince qui les nomme et de son agent qui dirige leurs débats, ces échevins sont aussi, déjà, les porte-parole de la communauté bourgeoise qui les élit. Au cours du XIIe siècle, alors que certains conservent leurs attributions initiales, d'autres, comme à Arras ou à Saint-Omer, y ajoutent des fonctions d'administration municipale, en prenant la tête de l'organisation communale.

Plus au sud, un rôle judiciaire semblable était tenu par ceux que l'on appelle les *boni hommes* / bons hommes ou *probi homines* / prud'hommes ou hommes honnêtes. À Bourges, il y avait toujours au XIIe siècle quatre prud'hommes élus par les habitants, dont la juridiction criminelle sera reconnue dès 1121 par Louis VI, malgré la présence d'un prévôt. Dans les villes où ils constituent des groupes de notables et figurent assez souvent parmi les « premiers » ou les « grands », eux aussi prendront une part active aux tentatives plus ou moins achevées, selon les temps et les lieux, d'émancipation urbaine. En Provence, le terme de prud'hommes ou d'homme honnête désigne les bourgeois enrichis, surtout par le commerce (drap, blé, épices) ou l'industrie (minotiers) qui, à la fin du XIIe et au début du XIIIe siècle, parviennent à se glisser dans les institutions consulaires, déjà établies par les chevaliers, et partagent avec eux le gouvernement urbain.

176 LES CHEVALIERS PROVENÇAUX. — Depuis l'an mil, ceux-ci sont installés dans les cités dont ils ont contribué, à la fin du XIe siècle, à chasser les sires, laissant la maîtrise des villes partagée, en un système de coseigneurie, entre comtes et évêques. Certains d'entre eux (à Arles, Nîmes, Carcassonne) ont obtenu la garde des noyaux urbains fortifiés (portes, tours, châteaux), qui leur confère une puissance locale que renforcent encore leurs alliances familiales. Ces lignages chevaleresques – quelques dizaines – ont pris très tôt conscience de ce qu'ils représentent[1]. Dès le début du XIIe siècle, ils ont l'habitude de se réunir, souvent autour de l'évêque, en des groupes déjà noués par serment, et le terme de *communia* désigne depuis longtemps leur association. Avant le milieu du siècle, ils sont suffisamment forts et organisés pour s'ériger en « commune » et se choisir des chefs issus de leur rang, les consuls. Nombre de consulats, à l'instar de celui d'Avignon, apparaissent à l'origine comme des « espèces de compagnies chargées de faire valoir la seigneurie épiscopale », encouragées en ce sens par les prélats. Mais, consacrée par le droit, la commune/consulat est aussi une entité qui cherche à faire prévaloir ses propres intérêts, son autonomie. Et l'on retrouve peut-être ici l'influence institutionnelle de certains modèles italiens qui la devancèrent, ainsi de Gênes et de Pise, avec lesquelles des villes comme Nice ou Grasse, Arles et Marseille entretiennent depuis longtemps des relations étroites.

Quant aux confréries provençales que l'on rencontre par exemple à Avignon ou à Marseille, elles ne semblent guère avoir influencé la formation communale. Elles furent plutôt un moyen, pour ceux qui n'étaient pas chevaliers, les prud'hommes, de s'organiser à leur tour, pour mieux pénétrer au XIIIe siècle les structures consulaires.

1. Leur prospérité ne provient pas d'alleux ; ils en sont généralement démunis, mais ils tiennent des fiefs – souvent à proximité de la cité, où ils ont terrains et maisons – dont l'exploitation les associe directement à l'essor général de la production agricole, maintenant drainée vers la ville. Ils ont aussi reçu des évêques ou des comtes la perception des tonlieux et taxes diverses sur la circulation ou la vente des richesses et sont, pour leurs activités, exemptés de ces charges. Ils sont donc les premiers bénéficiaires des profits du commerce renaissant.

III | Les chemins du pouvoir

177 La formation des communes et des consulats, comme l'obtention de franchises plus ou moins étendues, qu'elle soit le fait principal, ici des bourgeois, là des chevaliers, ou résulte de la conjugaison d'intérêts semblables, répondait à un certain nombre d'aspirations collectives de paix, de justice, de liberté, nées du développement de la conjoncture économique. Par des chemins divers, et souvent détournés, où la violence ouverte ne fut pas toujours la caractéristique dominante, progressait l'institution urbaine dont, paradoxalement, la reconnaissance seigneuriale consacrait la réussite.

178 « Commune ! commune ! » — Une vision romantique de l'histoire, nourrie aux sources de l'anticléricalisme, a retenu ce cri des bourgeois des basses villes révoltés contre leur seigneur évêque. Pourtant, un des soulèvements les plus anciens est celui qui opposa, en 1070, les artisans du Mans réunis « en une conjuration qu'ils appelaient commune » et soutenus par l'évêque et ses chevaliers, à Geoffroy de Mayenne et Hugues de Sillé. Mais la participation des clercs et des nobles ne semble guère avoir été spontanée. En 1077, à Cambrai, en terre d'Empire, éclate l'insurrection : les marchands les plus riches du faubourg, profitant de l'absence de leur prélat, entraînent avec eux les petites gens et, unis dans une même *conjuratio,* se soulèvent, s'emparent des portes de la ville et proclament la commune « désirée et complotée depuis longtemps ». Succès éphémère !

La révolte la plus célèbre reste assurément celle qui opposa en avril 1112 à leur seigneur évêque, Gaudry, de sinistre mémoire, les bourgeois de Laon[1]. Le roi n'interviendra que l'année suivante pour

1. Ceux-ci, pour échapper aux multiples exactions dont ils étaient l'objet – et qu'ils répercutaient parfois sur les paysans voisins qui s'aventuraient en ville –, souhaitaient, à l'instar des gens de Noyon et de Beauvais, se donner une commune jurée : une de ces « conspirations turbulentes » dont les pactes, selon Yves de Chartres, étaient « nuls de plein droit » car « contraires aux canons et aux décisions des saints Pères ». Profitant de l'absence de l'évêque, ils achètent « au clergé et aux archidiacres »... la permission de créer une commune, moyennant une somme honnête. Un serment collectif d'aide mutuelle est prêté « par le clergé, les grands et le peuple ». À son retour, l'évêque,

châtier les auteurs de ces violences qu'il avait d'ailleurs contribué à allumer. Quelques années plus tard, en 1128, il concédera aux habitants de Laon non une commune mais, ce qui revenait un peu au même, « une institution de paix » et accordera aux facteurs de troubles un pardon quasi général.

De tels soulèvements se retrouvent également au Midi. En 1150 et 1156, il y eut à Arles dont la seigneurie était partagée entre l'archevêque et le comte de Provence, des révoltes contre celui-ci. À la même époque, la commune/consulat de Nice qui compte au moins trois seigneurs entre en conflit avec son évêque : les consuls entendaient percevoir des impôts, même sur les clercs. Devant les protestations de ceux-ci, ils en viennent aux voies de fait, pillant greniers et biens ecclésiastiques, envahissant les églises et les maisons des chanoines. Un peu partout, le dessaisissement des droits et prérogatives qu'impliquait l'institution municipale est une source de troubles qui, à chaque instant, peut dégénérer en émeute. Toutefois, ces insurrections communales ou même consulaires ne doivent pas masquer les origines moins ouvertement mouvementées de certaines associations urbaines.

179 L'EXPLOITATION DES RAPPORTS DE FORCE. — Bien souvent, le corps de ville est suffisamment fort et constitué pour imposer ses volontés par la seule pression que constitue sa présence ou pour tirer habilement parti des circonstances politiques. Exemplaires à cet égard furent les bourgeois de Flandre qui, dans les années 1127-1128, exploitent les troubles de succession au comté pour faire reconnaître leurs communes par les compétiteurs en présence : Guillaume Cliton, prétendant du roi de France, et Thierry d'Alsace qui finalement l'emportera. La ville de Saint-Quentin avait obtenu d'Herbert de Vermandois, vers 1086, l'autorisation de former une commune. Au cours du XIIe siècle, les bourgeois profitent

moyennant une grande quantité d'or et d'argent, jure de respecter les droits de la commune, qu'il s'empresse de violer. En avril 1112, lors des fêtes de Pâques, les bourgeois achètent pour 400 livres la protection de Louis VI, mais Gaudry fait de la surenchère auprès des familiers royaux et la commune est abolie. Les boutiques se ferment, les étaux se vident : l'émeute éclate le 26 avril, les chevaliers de l'évêque sont massacrés, le palais épiscopal est pris d'assaut et Gaudry haché sur place ; les maisons nobles sont pillées et incendiées. Sur la relation de cette révolte par Guibert abbé de Nogent-sous-Coucy et l'utilisation de ce récit par les historiens du XIXe et début du XXe siècle, D. Barthélemy, Lecture de Guibert de Nogent, *Autobiographie* III, 1-11, *Actes du Congrès de l'Association des Médiévistes,* Rouen, *op. cit.*

des absences du comte ou de sa maladie pour accroître leurs privilèges communaux au point de se proposer en modèle. Vers 1151, pour répondre à une consultation des habitants de la ville d'Eu, ils leur adressent un document *(Les Établissements de Saint-Quentin)* où sont exposées les libertés acquises par la commune. À la fin du siècle, la ville passe sous la tutelle du comte de Flandre et les Saint-Quentinois durent rabattre de leurs prétentions. En 1182, le Vermandois revient par héritage à la comtesse de Beaumont-sur-Oise, qui ne réussit à s'en emparer qu'en 1191, avec l'appui du roi de France ; elle fut obligée de concéder à Saint-Quentin une charte communale (un peu en retrait, il est vrai, par rapport aux Établissements mais qui consacrait l'émancipation urbaine) confirmée en 1195 par Philippe Auguste.

Dans le Midi provençal, des cités comme Avignon renforcent leur autonomie en exploitant les conflits qui opposent Toulouse à Barcelone, au début du XIIe siècle, pour la maîtrise de la Provence. La municipalité de Toulouse est née, elle, de la fidélité et du soutien de la ville au comte pris entre les ambitions acquitaines et le grand rêve d'hégémonie catalane. Dès 1152, une charte comtale reconnaît l'existence d'un commun conseil de la ville et du faubourg de Toulouse, constitué autour de six *capitulatiis* (appelés consuls en 1176 et plus tard capitouls) de quatre juges et de deux avocats. Le pouvoir consulaire pourra alors se développer (en dépit d'une période de réaction comtale en 1181-1182) mettant à profit la guerre qui oppose le comte Raimond à Richard Cœur de Lion, pour obtenir une véritable autonomie entre 1189 et 1208. Cette « république toulousaine » sombrera avec la croisade des Albigeois, le gouvernement de Simon de Montfort et le traité de Paris de 1229.

180 L'INITIATIVE SEIGNEURIALE. — Depuis le XIe siècle, nombre de seigneurs laïques ecclésiastiques s'efforcent d'attirer la population rurale vers des localités qu'ils ont créées ou qu'ils souhaitent développer. En contrepartie, ils s'engagent par des chartes à assurer la protection et à garantir les droits de ceux qui viendront s'installer sur ces territoires, souvent matérialisés par des croix, des bornes ou des barrières et ainsi distingués des campagnes environnantes. Les bourgeois n'ont guère participé à l'élaboration du statut de leur communauté et nulle part, avant 1150, ils ne sont vraiment associés à la gestion de leur bourg, même si une certaine représentation de la collectivité vis-à-vis du seigneur est organisée. Nous sommes là dans un système de concession mesurée aux origines des villes de franchises ou de prévôtés, qui favorise les intérêts économiques des seigneurs tout en ménageant leur puissance politique. C'est celui dont bénéficièrent les bourgades ou bourgs ruraux de la Normandie, du Maine ou de l'Anjou, les sauvetés de l'Aquitaine et nombre de villes neuves du Bassin parisien.

Une des chartes de peuplement les plus célèbres est celle accordée aux habitants de Louis en Gâtinais par Louis VI et confirmée par son père Louis VII en 1155 et par Philippe Auguste en 1187. Les libertés octroyées (protection contre les abus des prévôts et sergents royaux, dispenses de guet et d'ost, abolition de la plupart des corvées, diminution du cens des terres ou des maisons, exemption de taille et de redevances diverses sur les grains récoltés ou le vin produit, sauvegarde des marchands se rendant à la foire) ont pour principal but d'encourager le développement de l'agriculture et du commerce ; elles laissent la localité sous la domination du roi et de ses agents. La formule connaîtra pourtant un certain succès puisque la charte des bourgeois de Lorris sera, aux XIIe et XIIIe siècles, largement diffusée dans le centre de la France, aussi bien par le Capétien en son domaine que par des seigneurs voisins. Un autre modèle également répandu dans les régions de l'Est et du Nord est celui de la loi octroyée en 1182 à la ville neuve de Beaumont-en-Argonne par l'archevêque de Reims, Guillaume de Champagne, en plus de certaines franchises, elle accordait aux représentants élus des bourgeois certains pouvoirs administratifs et judiciaires sous le contrôle du seigneur.

À un tout autre niveau, dans les pays de l'Ouest, sous domination anglo-normande où le fait urbain se confond souvent avec celui du prince, le régime municipal est celui des *Établissements de Rouen,* octroyés entre 1160 et 1170 par Henri II Plantagenêt. Le roi, sans créer à proprement parler la commune qui remontait plus haut, en définit les statuts qui seront d'ailleurs remaniés à plusieurs reprises. Les *Établissements* organisent un système hybride de commune jurée, placée sous le contrôle direct du prince, où la priorité donnée à son service tempérait fortement les libertés et franchises accordées aux bourgeois. À la fin du XIIe et au XIIIe siècle, cette construction est progressivement étendue aux principales villes de l'Empire Plantagenêt, avec des aménagements qui peuvent se retrouver d'une cité à l'autre et diffèrent plus ou moins du type rouennais initial[1].

181 L'EMPIRISME CAPÉTIEN. — On a depuis longtemps, souligné l'attitude, d'ailleurs faussement incohérente, vis-à-vis du mouvement communal, de la royauté, partagée entre ses intérêts propres, le respect des interdits de l'Église et son souci grandissant d'affaiblir ses voisins féodaux. En son domaine, le Capétien concède plutôt des libertés tempérées ; il n'est guère favorable à la constitution de communes à l'autonomie trop prononcée, notamment à Paris, qui depuis la fin du XIIe siècle est devenue sa capitale. À son avènement, Louis VII intervient même avec brutalité pour réprimer les conjurations d'Orléans et aussi de Poitiers (qu'il tenait du chef de sa femme) qui prétendait former une confédération communale avec les autres villes du Poitou. Mais, notamment à l'époque de Philippe Auguste, le roi encourage et confirme volontiers celles qui se forment chez ses principaux rivaux, sauf à intervenir ici ou là, à la demande de quelques prélats fidèles, pour briser les revendications de l'institution urbaine.

182 GÉOGRAPHIE MUNICIPALE. — Un peu plus tôt au nord, un peu plus tard au Midi, le régime municipal, sous ses diverses espèces, est constitué. Certes, il ne demeurera pas tel quel et échappe bien souvent à toute classification. Dans une même aire géographique, divers systèmes peuvent coexister avec cependant certains modèles qui, passé la seconde moitié du XIIe siècle, se retrouvent ici ou là comme autant de constantes. Dans les pays du Nord et de l'Est, dans les principautés de Flandre et de Champagne notamment, domine l'institution communale avec là aussi des traits identiques, des influences qui se retrouvent d'une ville à l'autre. À la fin du XIIe siècle, le type communal soissonnais sera même introduit, contre finances, par le duc de Bourgogne à Dijon, puis diffusé et adapté à certaines villes du duché. En Île-de-France, le Capétien

1. Entre 1172 et 1178, La Rochelle reçoit une commune sur le type rouennais que l'on retrouve également en 1204 à Niort, Saint-Jean-d'Angély, Angoulême, Poitiers et très amélioré à Bordeaux en 1224. Les *Établissements* de Saintes (1199), Oléron (1205), Bayonne (1215) sont calqués sur le modèle rochelais et ceux de Cognac (1225) sur celui de Niort.

conjugue au gré de ses intérêts commune aux pouvoirs plus ou moins développés et système de franchises, que l'on retrouve également dans le Centre et dans l'Ouest, ainsi sous la forme de villes de prévôté. Au Midi, en dehors des villes de syndicat, la forme urbaine dominante est celle des consulats. Depuis la Provence et le Languedoc, les structures consulaires – sous des formes diverses – ont régulièrement progressé à partir du milieu du XIIe et au XIIIe siècle. Les limites extrêmes du mouvement sont constituées par les vallées alpines (Grenoble), le Lyonnais, le Bourbonnais, le Nivernais, l'Auvergne, le Périgord et la Gascogne toulousaine. Plus à l'ouest, la puissance du Plantagenêt et le système des Établissements sur le modèle rouennais en ont limité l'expansion.

Section II
L'organisation municipale

L'organisation municipale est bien évidemment fonction du degré de liberté et d'autonomie dont bénéficie la ville. Les mêmes mots, les mêmes institutions ne recouvrent pas nécessairement des structures et prérogatives identiques. Toutefois, les différentes villes, quels que soient leurs statuts, peuvent s'analyser en un certain nombre de corps qui procèdent les uns des autres, se superposent ou se recoupent.

I | Le corps de ville

183 Le serment communal. — Les membres fondateurs de la commune ou du consulat sont ceux qui ont prêté le serment constitutif, scellé ensemble le pacte de paix. Au nord, on les appelle parfois les *jurés (jurati)* au sens large du terme, ou encore les « citains » lorsqu'ils habitent une ville épiscopale, et de plus en plus les bourgeois. Les clercs et chevaliers qui ont seulement juré de respecter l'institution communale n'en font point partie, de même que leurs gens et serviteurs. Au Midi, également, les « gens de maison », valets et servantes des chevaliers ou des prud'hommes, et plus généralement les « viles personnes » sont exclues de l'association urbaine. Une fois la commune constituée, deviendront bourgeois les descendants des premiers jurés, ou ceux qui viennent s'établir dans la ville et sont admis à ce titre, généralement avec certaines conditions de durée de séjour. Là encore, les uns et les autres, pour s'agréger au corps communal, doivent prêter serment devant les magistrats. Les étrangers à la ville sont appelés *forains*. Durant leur séjour, sur le territoire municipal, ils sont soumis au contrôle et à la police des autorités urbaines ; lorsqu'il s'agit de marchands contribuant à la prospérité de la collectivité, ils peuvent bénéficier de franchises commerciales, sous condition souvent de réciprocité dans leur ville d'origine.

184 La liberté urbaine. — L'institution urbaine, quel que soit son degré d'autonomie, se caractérise par une recherche de liberté qui, bien souvent, se conjugue au pluriel. Ces libertés qui sont inscrites dans le statut collectif de l'association constituent les privilèges de ses membres, elles sont la contrepartie des obligations qui pèsent sur eux (dépenses, défense, réquisitions) et résultent des renonciations seigneuriales. Ainsi, la terre est généralement affranchie de toute sujétion et redevance féodale (cens foncier ou cens des maisons notamment). Nombre de communiers, établis en ville, possédant biens et maisons, bénéficient de la pleine liberté personnelle ; celle-ci se traduit par l'absence d'incapacités (formariage, mainmorte) et l'affranchissement de taille, chevage ou corvées qui pesaient ordinairement sur les ressortissants de la seigneurie. Dans bien des cas, un serf en rupture de ban seigneurial, réfugié en ville, échappe aux poursuites de son maître ; après un certain délai, il pourra perdre sa qualité servile et devenir à son tour bourgeois. C'est ce qu'exprime l'adage, fort répandu dans les villes médiévales : « L'air de la ville rend libre. »

Toutefois, la liberté n'est pas toujours et partout absolue, loin de là. Dans bien des communes et consulats comme dans les villes franches, les habitants devront lutter pour obtenir des autorités laïques ou ecclésiastiques, souvent moyennant finances (rachat ou abonnement), franchises personnelles, limitation ou exemption des droits et exactions seigneuriales.

185 L'ASSEMBLÉE GÉNÉRALE. — Le caractère collectif de l'association urbaine s'exprime dans l'assemblée générale. Celle-ci, comme à Senlis ou dans d'autres villes de commune ou de franchises, semble réunir l'ensemble des bourgeois. À Toulouse, le parlement public ou assemblée de l'université regroupe tous les habitants. Assez souvent, dans les villes de consulat, l'assemblée ne réunit qu'un nombre restreint de participants : représentants des métiers, notables, chef des principales familles, bourgeoises et nobles. Dans le système rouennais, le corps de ville se réduit à cent pairs qui constituent une sorte d'aristocratie urbaine héréditaire. Le rôle des assemblées dont certaines semblent avoir préexisté à l'organisation municipale proprement dite (Aurillac) varie d'un modèle urbain à un autre. Il est peut-être plus développé dans les consulats méridionaux où elles paraissent associées aux grandes décisions qui engagent l'avenir de la cité et disposent d'un pouvoir de ratification des mesures consulaires[1]. Nombre d'indices montrent cependant que, dans bien des communes, des consultations populaires réunissant tous les habitants, à l'appel de la cloche de ville, peuvent être organisées sur des sujets d'intérêt général ou en cas de menace. Mais la fonction principale de ces assemblées est sans doute de procéder à la désignation, sous forme d'élection ou de proposition, de ceux qui seront habilités à représenter la communauté, voire à la diriger.

II | LES MAGISTRATURES URBAINES

A - Les magistrats communaux

186 Les fonctions municipales sont généralement assumées par des organes collectifs, des collèges, qui réunissent sur un pied d'égalité, les magistrats communaux. Ceux-ci, au nord comme au

1. Il faut se garder, toutefois, d'une vision trop « démocratique » de l'institution. À Avignon, les simples « citoyens », les gens des métiers, sont rassemblés trois fois l'an. « Ils jurent le serment de commune qu'il faut renouveler ; ils entendent celui que prêtent les nouveaux consuls ; ils écoutent ce que ceux-ci ont à leur dire, notamment d'éventuelles modifications des statuts, code et règlement sommaires de la cité. Le cas échéant, ils acclament et approuvent une alliance ou une guerre projetée » (J.-P. Poly).

midi, sont assistés par de véritables fonctionnaires qu'ils nomment et rémunèrent souvent sous forme de gages. Des clercs, notaires ou greffiers rédigent les actes et conservent les archives de la ville. Des argentiers ou des claviers remplissent les fonctions de receveurs et trésoriers, percevant les recettes et payant les dépenses de la ville. Il y a aussi des portiers, des guetteurs et des sergents, à la fois huissiers et agents de la police municipale.

187 Échevins, jurés et pairs : le système communal. — Au début du XIIe siècle, les véritables représentants des communautés urbaines du Nord et notamment de Flandre sont les jurés, généralement au nombre de 12, alors que les échevins apparaissent plutôt comme les hommes du comte – souvent nommés à vie après élection des bourgeois – aux attributions presque exclusivement judiciaires. Vers la fin du siècle, les fonctions du collège des échevins (12 ou 13 également) s'élargissent à l'administration communale. Le système du renouvellement le plus souvent annuel se répand et aussi celui de l'élection, peut être à plusieurs degrés, leur nomination appartenant aux échevins sortants et en bien des cas au prince. Le rôle des jurés dès lors se transforme : ils apparaissent surtout comme des notables ayant un rôle de témoins privilégiés dans les procédures judiciaires. Au début du XIIIe siècle, ils disparaissent de l'organisation communale absorbée par les échevins[1].

188 Le modèle rouennais. — Le système qui domine ici est celui de la superposition des conseils. Les cent pairs qui ont aussi des fonctions judiciaires et un rôle de témoins privilégiés, élisent chaque année en leur sein 24 jurés, qui, comme eux, au début de leur magistrature jurent fidélité au roi et à l'Église, s'engagent à juger en équité et à n'accepter ni deniers ni cadeaux. Ces jurés sont subdivisés en deux corps. Un premier collège est formé par les

1. Dans d'autres villes de commune, ainsi à Compiègne, Noyon ou Senlis, le conseil des jurés est l'équivalent du collège scabinal de Flandre. Leur nom provient sans doute du serment qu'ils prêtent lors de leur entrée en charge de respecter les droits de la communauté ; mais on les appelle, également, les pairs *(pares)*. Leur nombre peut varier de 12 (Senlis, Laon, Beauvais) à 24 (Amiens). Pour le XIIe et le XIIIe siècle, encore, on est mal renseigné sur la manière dont étaient désignés ces magistrats qui avaient pour fonction, comme les échevins. de faire appliquer la charte communale. Le mode le plus vraisemblable demeure l'élection, combinée parfois avec le tirage au sort. Dans bien des cas, c'est l'assemblée générale qui procède au choix mais on ne sait si le suffrage comportait un ou plusieurs degrés et si tous les communiers étaient partout admis au vote.

12 échevins qui, avec le maire, constituent les magistrats les plus importants, assistés dans leur tâche d'administrateurs et de juges par un second corps de 12 conseillers.

189 Le maire. — Dans nombre de villes franches du Nord, le maire, souvent choisi par la communauté, est l'équivalent du syndic méridional, chargé de représenter les intérêts de la collectivité auprès du seigneur. Dans bien des communes, il apparaît comme le premier magistrat de la ville, désigné soit par les jurés, soit par l'assemblée générale. À Dijon, il est élu tous les ans, sous le contrôle des échevins et prête serment de conserver les prérogatives du duc et de respecter les privilèges de la commune. Le maire réunit et préside les séances du conseil communal dont les délibérations doivent rester secrètes et apparaît souvent, vis-à-vis des jurés ou des pairs, comme le *primus inter pares*. En revanche, dans le système rouennais, le maire choisi par le roi entre 3 candidats désignés par les 100 pairs parmi les notables, fait figure de représentant de l'autorité royale auprès des autres magistrats de la ville.

190 Consuls et conseillers méridionaux. — Le nombre des consuls varie de 2 à 24, selon les lieux et les temps, mais l'on observe une tendance à la croissance, liée au développement de la ville ou à ses difficultés. À Avignon, jusque vers 1170, il n'y a que 4 consuls, tous chevaliers que complètent ensuite 4 autres en principe roturiers ; mais des chevaliers peuvent aussi exercer les fonctions de consul prud'homme. À Nîmes, ils sont d'abord 4 chevaliers pour le château des arènes en 1144 qui fusionneront en un seul consulat (1207) avec les 4 consuls prud'hommes de la cité, apparus en 1198. Au xiiiᵉ siècle, le nombre des consuls est souvent de 12, ainsi à Albi, Carcassonne, Montpellier, Arles ou Lyon. À Toulouse, les capitouls furent d'abord 6, puis 24 dès 1180 : 12 pour la cité (un par quartier) et 12 pour le bourg, il en est de même à Narbonne. Leur mode de désignation est extrêmement varié[1].

1. Le plus démocratique est l'élection par l'assemblée générale (Alès, Carcassonne ou les petits consulats de la Gascogne toulousaine) qui a lieu parfois à deux degrés (Nîmes). Dans bien des villes (Arles, Privas, Agen), les consuls sont élus ou cooptés par les sortants, assistés parfois par les conseillers. En Avignon, il y eut un temps un système complexe qui mêla élection et tirage au sort.

Le corps consulaire est assisté dans sa tâche par un conseil, « conseil restreint » ou « commun conseil » (Toulouse), organe consultatif ou délibérant. Ses membres conseillers, parfois jurats *(jurati),* sont en nombre variable qui, là encore, a tendance à croître[1]. Leur rôle est de donner leur avis et parfois leur consentement aux décisions consulaires et souvent ils participent au choix des consuls.

191 LE PODESTAT. — Dans la première moitié du XIIIe siècle, notamment avec les répercussions de la crise albigeoise, le régime du consulat provençal connaît bien des difficultés, déchiré entre les factions internes qui opposent chevaliers, bourgeois et menu peuple. Pour sortir de la crise, on fait alors appel à un podestat (institution d'origine italienne), magistrat unique, professionnel, généralement étranger à la ville, qui se substitue (en principe pour un an) au pouvoir consulaire et devient le chef unique de la commune. Le premier fut institué à Nice en 1215, un autre à Arles en 1221, à Marseille l'année suivante, et en 1225 à Avignon. Dans cette cité, on assiste même à partir de 1228 à une alternance entre consulat et podestatie (1232, 1235, 1237, 1240) ; à partir de 1243, les statuts d'Avignon laissent le soin au « conseil général » de décider chaque année si l'on optait pour l'un ou l'autre système, celui du podestat étant adopté une dernière fois en 1246.

192 LES JUGES MÉRIDIONAUX. — Les juges assistent les consuls dans l'administration de la justice et parfois se substituent à eux, au point de former comme à Beaucaire ou à Toulouse, passé 1214, une sorte de collège autonome. Techniciens du droit, véritables professionnels de la justice, ils sont issus pour une bonne part des écoles réputées du Midi, où se recrutent également les notaires. Célèbres à cet égard, les légistes avignonnais formés à l'école roma-

On relève aussi des pressions seigneuriales : au début du XIIIe siècle, le comte Raymond VI obtient le droit de nommer les consuls de Toulouse, Moissac et Castelsarrasin, mais son successeur dut y renoncer. En principe, les consuls sont désignés pour un an (deux exceptionnellement à Lyon).

1. À Avignon, il passe d'une douzaine en 1198 à une centaine dans les années 1220 et près de 200 vers 1240. À Arles, au XIIIe siècle, ils sont 120 (60 chevaliers et 60 prud'hommes), près de 90 à Marseille, 46 à Nice. 130 à Toulouse, parmi lesquels des juges et techniciens du droit comme on en trouve à Avignon ou à Arles. À l'origine, les conseillers étaient peut-être désignés par les seigneurs ; désormais, ils le sont (généralement pour un an) par les consuls ou par cooptation, ou encore élus par un groupe plus ou moins restreint de notables et même par l'assemblée générale (Nice).

niste des chanoines de Saint-Ruf qui fournissent des juges à leur propre ville et à d'autres cités, comme à Arles. On leur doit les premiers statuts d'Avignon, ceux de l'évêque Jouffrey (1143-1178), qui inspireront les statuts arlésiens et qui, complétés, enrichis, formeront au XIIIᵉ siècle un véritable Code de droit municipal.

B - Les fonctions municipales

193 Les pouvoirs de la ville, constatés par la charte ou les statuts, dépendent du degré d'indépendance obtenue, en sachant que celui-ci, susceptible d'évolution, n'est pas nécessairement lié à la nature juridique de l'association urbaine. Ils se résument en un certain nombre de fonctions publiques, d'intérêt général, qui sont exercées par les magistrats municipaux et bien souvent partagées avec les autorités seigneuriales.

194 La justice. — La plupart des villes de franchises ou de prévôtés, comme dans le Centre, sont dépourvues de toute juridiction ; la charte constitutive organise seulement un système de garanties judiciaires (interdiction de la détention préventive, tarification des amendes) et de représentation des intérêts de la communauté, ainsi par l'intermédiaire de prud'hommes. À l'inverse, dans de nombreuses communes du Nord, de la Flandre, du Hainaut ou de l'Artois, la compétence des échevins et du maire s'étend non seulement à tous les bourgeois dont c'est le privilège d'être jugé par leurs pairs, mais encore à toutes les causes civiles ou criminelles (haute et basse justice), à l'exclusion de celles qui ressortissent à la justice ecclésiastique[1]. La juridiction municipale s'étend aussi à quiconque se trouve sur le territoire de la commune et plus largement à tous ceux qui acceptent, bon gré mal gré, de s'y soumettre, notamment pour les litiges commerciaux. La gamme des peines encourues va de la mort pour les cas les plus graves (meurtre, viol, vol au moins en flagrant délit) jusqu'aux mutilations, à l'exposition (pilori) et aux amendes. Le bannissement apparaît comme une

1. À Saint-Omer : effraction d'une église ou d'un cloître, crime ou délit sur la personne d'un clerc, rapt ou viol d'une femme ; cependant, lorsqu'un bourgeois est justiciable du tribunal ecclésiastique, celui-ci, présidé par l'évêque, est composé alors de clercs et d'échevins.

peine de substitution à d'autres que le condamné ne veut ou ne peut subir, la prison est rarement utilisée sauf contre les individus dangereux et en cas de non-paiement des amendes. La destruction *(abattis)* des maisons et des biens des coupables sanctionne les atteintes aux prérogatives communales. Un certain nombre de consulats (Arles, Avignon ou Perpignan) possèdent la pleine juridiction. À Toulouse, les consuls l'exercent en matière civile, notamment pour les problèmes de dettes et de successions ; après 1189, ils reçoivent la connaissance des affaires criminelles, mais le viguier du comte assiste au jugement.

En réalité, dans beaucoup de communes et de consulats, le pouvoir de justice est partagé avec les puissances seigneuriales, en fonction de critères qui varient selon les temps et lieux et constituent souvent des sources de conflit. Bien souvent, la connaissance des affaires civiles est pleinement abandonnée à la justice municipale, mais il en est rarement de même au pénal. Tantôt les seigneurs se réservent les cas de haute justice (vol, rapt, incendie, meurtre) et abandonnent la basse justice aux magistrats urbains ; tantôt, au contraire, ceux-ci se voient reconnaître une compétence partielle en matière de haute justice (vol notamment et plus généralement toutes les infractions portant atteinte à l'harmonie ou à l'intégrité communales), parfois sous la surveillance de l'autorité seigneuriale.

Les magistrats de la communauté ont généralement un rôle de témoin privilégié. Aussi, l'habitude se répand chez les particuliers de passer leurs actes devant eux. De la sorte, s'est développée, au XIIe et au XIIIe siècle, une juridiction gracieuse, exercée par les édiles municipaux. Les instruments rédigés par leurs soins ou estampillés par eux sont ainsi authentifiés. Ils peuvent être également scellés du sceau municipal, qui, avec les clés et le coffre (l'*arche* où sont conservées les archives), fait partie des emblèmes symboliques de la ville et marque son indépendance.

195 ADMINISTRATION ET POLICE. — Les autorités communales ou consulaires indépendantes disposent, souvent sous la forme de bans municipaux, d'un pouvoir général de réglementation de la voirie, des activités commerciales et industrielles, des métiers, de fixation des impôts et redevances, de détermination des services et réquisitions publics. Les magistrats, ou leurs officiers, veillent au respect des prescriptions communales, au maintien de l'ordre. Ils exercent aussi des fonctions de police économique : de régulation du marché, de surveillance des places d'échanges, de définition des poids et mesures ; certaines communes comme Saint-Omer ont même reçu un temps le droit de battre monnaie. Enfin, les représentants de la communauté assurent la garde de ses privilèges commerciaux (exemption de taxes et péages), qui constituent souvent l'essentiel des libertés reconnues à certaines villes de franchises.

196 FINANCE. — L'indépendance des communes ou consulats se mesure à son degré d'autonomie financière. Dans bien des cas, les villes sont propriétaires et gestionnaires d'un important patrimoine public (routes, rues, chaussées, ponts, places) sur lequel les magistrats peuvent établir des droits de péages et tonlieux sur les marchandises ou les marchands, ou sur les ventes de certains produits. Elles disposent également de biens immobiliers, terrains ou maisons, échoppes, moulins, qu'elles acensent à des corporations ou à des particuliers. Elles bénéficient, aussi, dans certains cas, des amendes et profits de justice et de droits de sceau. Ces ressources « ordinaires » peuvent être complétées par des « tailles bourgeoises », pesant sur tous les membres de la communauté urbaine, ou sur ceux qui possèdent en ville maisons ou d'autres biens, avec des possibilités d'exemption pour les nobles et les clercs. Certaines villes perçoivent aussi des droits d'entrée dans la communauté, ou droit de bourgeoisie. Enfin, communes et consulats n'hésitent pas à recourir à l'emprunt, notamment dans la seconde moitié du XIIIe siècle, lorsque la conjoncture économique devient plus délicate.

Au premier rang des dépenses municipales figurent souvent les rentes, généralement annuelles, que les villes doivent verser à leur ancien seigneur, en contrepartie de leur renonciation à certains droits. Acquittées à date fixe sous peine d'amende, celles-ci constituaient le coût, élevé et durable, de la liberté communale. Par ailleurs, la ville doit assumer toutes sortes de dépenses courantes, indispensables à sa bonne administration : verser les salaires ou les gages de ses officiers et agents, payer des frais de représentation, procéder à la construction ou la réfection des bâtiments communaux, des ponts, des chaussées, des voies ou des rues. L'édification des remparts ou l'entretien des murailles et fossés – pour lesquels des corvées sont parfois exigées des habitants – coûte aussi fort cher aux villes, tout en garantissant leur indépendance.

197 DÉFENSE. — En nombre de villes franches, c'est encore souvent le seigneur, ou son représentant, qui garantit la protection de la ville, se contentant de réquisitionner les habitants pour des tours de garde ou de guet, souvent limités par la charte, et dont parfois ils peuvent se racheter. Inversement, bien des communautés urbaines parvenues à une certaine autonomie revendiquent et assument par elles-mêmes, sous la direction de leurs magistrats, leur propre sécurité collective[1]. Pour défendre leur ville, les bourgeois des communes ou les « citoyens » des consulats forment des milices permanentes sous le commandement du maire et des échevins, ou des consuls. Ces milices assument des tours de ronde et de guet aux remparts ou aux portes. À Rouen, c'est le maire, de concert avec les échevins, qui surveille le guet et décide des tours de garde. À Montpellier, l'obligation de commune défense pèse au XIIIe siècle sur toutes les catégories socioprofessionnelles[2].

Ces devoirs militaires sont assortis de sanctions qui peuvent aller de l'amende jusqu'à l'abattis de maison, et il en est de même de l'obligation de participer hors la ville à certaines expéditions, notamment à l'appel du seigneur, prince ou roi, dont dépend la communauté urbaine. À Saint-Omer, d'après les chartes de 1127 et de 1168, la milice bourgeoise pouvait seulement être requise par le comte pour défendre le sol de Flandre en cas d'invasion, elle était alors commandée par le maire et les jurés qui pouvaient dispenser certains bourgeois de faire partie de l'expédition. Dans le système rouennais, c'est le maire, qui, sur l'ordre du roi, convoque *(semons)* la commune et la conduit à l'ost, décidant de ceux qui restent pour

1. Sur le sceau communal de Senlis, gravé peu après la promulgation de la commune, on voit un personnage (le maire, sans doute) debout, armé de pied en cap, brandissant une épée.
2. Chaque jour de la semaine est affecté à un groupe de *métiers* appelé à se partager la garde des murailles et des portes : le dimanche, c'est le tour des avocats et notaires et aussi des bouchers, poissonniers, saigneurs et barbiers, peintres et logeurs de pèlerins, teinturiers, parcheminiers et puiseurs d'eau, boutonniers et merciers, fourniers, pétrisseurs, bluteurs et éleveurs de poulets ; le groupe du mardi réunit les laboureurs qui, à eux seuls, veillent sur cinq portes, aidés seulement pour les autres par les merciers, tanneurs, chapeliers et apprêteurs de vair.

assurer la sécurité de la ville. Les « communes du roi », tels Amiens, Beauvais, Noyon, Compiègne, Saint-Quentin, devaient au Capétien le service d'ost et de chevauchée[1].

Certes, en bien des villes communales ou consulaires, comme dans celles de franchises, il y eut des limitations dans le temps ou dans l'espace, des obligations militaires incombant aux bourgeois, et même des possibilités de rachat, à prix d'argent, en payant une « taille de l'ost » : à la fin du XIIe siècle, Arras s'est racheté pour 3 000 livres comme Bourges, Beauvais pour 5 000 et Paris pour 4 000. Mais on constate aussi qu'un certain nombre de communautés urbaines, au nord comme au midi, notamment dans le domaine capétien ou celui du Plantagenêt, sont désormais considérées, en tant que telles, comme des vassaux collectifs pour lesquels les magistrats municipaux prêtent hommage, et souvent hommage lige, à leur seigneur respectif, c'est à ce titre qu'elles lui doivent l'aide non seulement militaire (sauf rachat) mais aussi pécuniaire, selon les quatre cas prévus par la coutume. Désormais, la ville dont la naissance et l'expansion s'étaient faites au détriment des puissances seigneuriales venait à s'intégrer dans la construction féodale qui, à cette époque, profite aux princes et de plus en plus au roi. Ainsi, les milices communales apporteront à Philippe Auguste une aide précieuse lors de sa victoire de Bouvines, en 1214.

III | Les corps de métiers

198 L'ORGANISATION CORPORATISTE. — Aux XIIe-XIIIe siècles, se met en place un système d'organisation professionnelle qui se prolongera dans toute l'ancienne France. C'est le temps du regroupement des différents métiers en associations souvent puissantes, scellées parfois par serment, dotées de règles propres et de pouvoirs spécifiques, notamment sur leurs membres. Vers 1268, Étienne Boileau, prévôt royal de Paris, fait rédiger les coutumes et règlements d'une centaine de métiers parisiens organisés. Ces asso-

1. Au temps de Philippe Auguste, en cas de guerre, Senlis devait mettre à sa disposition 100 « sergents » (ou hommes armés) et 3 chariots ; Sens et Laon, 300 sergents et 6 chariots ; Noyon, 150 sergents et 2 chariots.

ciations ou corporations d'artisans se doublent généralement de confréries (placées sous la protection d'un saint patron) qui en furent quelquefois à l'origine, de même que les ghildes ou hanses de marchands. Ces organisations collectives sont contrôlées et surveillées par les autorités municipales (échevins ou consuls), seigneuriales et bien sûr royales. Dans bien des cas, les corps de métiers, ainsi dans les villes du Nord, ont largement contribué à l'émancipation communale. Ils interviennent souvent directement dans les élections municipales et pèsent sur les institutions urbaines pour obtenir une meilleure représentation ou des privilèges, notamment économiques et commerciaux. Cette influence des corps ou communautés de métiers se retrouve également au Midi, où elle se manifeste peut-être de manière plus tardive, au moins en Provence. Là aussi, les « métiers » qui ont obtenu statuts et privilèges s'efforcent de pénétrer les institutions consulaires, non sans difficulté, car les associations ou confréries qui leur permettraient de se regrouper sont dans bien des cas interdites par l'autorité seigneuriale ou municipale. Toutefois, au cours du XIIIe siècle, par le jeu d'alliance avec les prud'hommes qui représentent les milieux négociants et commerçants, ou même en s'opposant à eux, les gens des métiers accèdent aux magistratures consulaires ou au conseil de ville.

199 MÉTIERS RÉGLÉS OU MÉTIERS JURÉS. — Un certain nombre de métiers sont dépourvus, à notre époque, d'organisation corporative, ils sont dits libres mais demeurent généralement soumis à des règlements établis par les municipalités, parfois par les seigneurs, d'où leur appellation de métiers réglés. Les métiers jurés, à l'instar de ceux de Paris, apparaissent comme de véritables corps, dans lesquels on entrait par serment, et qui sont dotés d'une assez large autonomie administrative. La communauté réunit trois groupes distincts : les maîtres, qui ont fait leur preuve (chef-d'œuvre), payé un droit d'entrée et prêté un serment spécial, les compagnons, salariés déjà formés bénéficiant d'un contrat d'embauche qui assistent le patron dans ses activités ; les apprentis engagés eux aussi par contrat pour apprendre le métier. Une assemblée générale regroupe les membres du métier, en l'occurrence les maîtres et les compagnons. Elle fixe les statuts qui déterminent les règles de la profession (condition d'accès, normes de production) dans un souci de loyauté et de qualité du travail. Un collège de représentants (gardes, jurés, prud'hommes, bayles, syndics) généralement élu pour un an, parfois nommé par « l'autorité de tutelle » sur présentation du métier, en assure la police et veille au respect des règlements, à charge de déférer les contrevenants devant les juridictions compétentes. Comme telles, ces corporations apparaissent bien souvent comme des relais de l'autorité publique.

200 LES MARCHANDS DE L'EAU PARISIENS. — Au XIIe et au XIIIe siècle, la corporation ou hanse des marchands de l'eau parisiens, qui cumule batellerie et négoce, éclipse les autres corps organisés. Elle a obtenu de la royauté un quasi-monopole sur le transport fluvial des marchandises, le commerce des vins, les « criages » de Paris, la vérification des poids et mesures. Elle a un pouvoir de juridiction sur ses employés ou ses agents et aussi le droit de juger des infractions faites à ses privilèges ou des délits commis par ses membres (sauf vol, blessure ou meurtre). La hanse parisienne est administrée par quatre échevins et dirigée par un élu : « maître des échevins », ou encore « prévôt des marchands de l'eau », ou « prévôt de la confrérie aux marchands ». Le rôle de la corporation dépasse en fait la seule gestion des intérêts commerciaux pour s'étendre à l'administration de la ville. Paris, en effet, connaît un système d'organisation municipale relativement hybride où le prévôt des marchands, assisté par les échevins, collabore avec le prévôt royal, installé au Châtelet.

201 L'OLIGARCHIE MUNICIPALE. — Dans la seconde moitié du XIIIe siècle, on constate que nombre de villes du Nord ou du Midi sont finalement aux mains d'une aristocratie bourgeoise, essentiellement commerçante, grossie parfois de quelques puissants représentants de certains métiers artisans. Les mécanismes normaux de représentation et de réglementation des diverses professions sont bien souvent faussés par les maîtres qui les dirigent. Des luttes éclatent entre un patriciat urbain qui monopolise les dignités et fonctions municipales et le menu peuple, les *populares*/populaire, assez souvent opprimé et pressuré. Une telle situation, aggravée aux dernières décennies du siècle par la crise économique et souvent la mauvaise gestion de villes trop endettées, conduit dans bien des cas la royauté à intervenir, au détriment des libertés et de l'autonomie urbaine. Commence alors à se mettre en place un système de gestion municipale contrôlée, qui déjà annonce celui des « bonnes villes du royaume »[1].

Pour aller plus loin

202 ESSOR ÉCONOMIQUE ET PROSPÉRITÉ DÉMOGRAPHIQUE. — On a beaucoup écrit pour expliquer l'élan économique des XIe-XIIe siècles, le développement des échanges et le renouveau urbain, *cf.* nos indications bibliographiques générales auxquelles il faut ajouter R. Latouche, *Les origines de l'économie occidentale,* Paris (1956), 1970, p. 233 et 239 ; L. White, *Technologie médiévale et transformations sociales,* Paris, 1969 ; M. Le Mené, *L'économie médiévale,* Paris, 1977 ; Poly, Bournazel, *La mutation féodale, op. cit.,* chap. VIII : « Pouvoir et production », p. 350, et aussi les grandes collections « Histoire générale du travail » (direct. L. H. Parias), II, Paris, 1960 et « Histoire de la France rurale » (direct. G. Duby et A. Wallon), I et II, Paris, 1975. Certains auteurs ont mis en avant l'esprit d'entreprise du seigneur, d'autres sa rapacité, qui seraient aux origines d'une extension des surfaces cultivables, par le jeu de défrichement notamment, et d'une augmentation des rendements, par la mise en œuvre de certains progrès techniques. De là, un accroissement et une amélioration sensibles des subsistances qui se seraient traduits par une notable poussée démographique, engendrant de nouveaux besoins qui, à leur tour, auraient entretenu et stimulé la dynamique économique. On trouvera un utile et critique résumé des différentes thèses et explications sur les facteurs et moteurs de l'évolution générale dans la thèse ronéot. de I. Johsua, *L'hypothèse productiviste : le test médiéval,* Paris-Dauphine, 1986. *Cf.* aussi R. Fossier, *Enfance de l'Europe, op. cit.* ; et *Paysans d'Occident, XIe-XIVe siècle,* Paris, 1984 ; et, plus généralement, Ph. Contamine, M. Bompaire, S. Lebecq, J.-L. Sarrazin, *L'économie médiévale,* Paris, 1993, notamment IIe partie : La croissance (milieu X^{e} - début XIVe siècle), p. 135-267 ; *Campagnes médiévales : l'homme et son espace, op. cit.,* et *Seigneurs et seigneuries au Moyen Âge, op. cit.* ; Ph. Contamine, *L'économie médiévale, op. cit.,* notamment p. 135 et s. ; C. Vincent, *Introduction à l'histoire de l'Occident médiéval,* Paris, 1995, p. 71 et s.

Original et neuf, le point de vue de J.-P. Poly : l'élan démographique (considéré comme l'élément moteur de l'essor économique) serait à mettre en relation avec l'encadrement paroissial des campagnes (lié au développement du pouvoir seigneurial).

1. Dès la fin du règne de Saint Louis, la royauté tend à uniformiser les statuts urbains des communes et des villes franches du domaine en instituant la notion de « bonne ville » ; les premières y perdant de leur indépendance (judiciaire et financière notamment), les secondes y gagnant un peu plus d'autonomie administrative. En 1256, le roi ordonne le renouvellement annuel des maires (le 29 octobre) et exige que l'ancien vienne avec le nouveau et quatre prud'hommes, à Paris, justifier de leur gestion (*cf.* G. Sivery, *Saint Louis et son siècle,* p. 558). L'ordonnance de 1262 s'efforce également de lutter contre la « confiscation du pouvoir municipal par les oligarchies urbaines et leur jeu d'alliances familiales » (J. Favier, *Le temps des principautés,* p. 197).

Ainsi, l'action conjuguée de l'Église et de la seigneurie aurait fait progressivement disparaître un certain nombre de pratiques « païennes », de limitation des naissances, maintenant dénoncées comme actes de sorcellerie au prêtre de la paroisse. « Croissez et multipliez, un autre choix devenait dangereux ou impossible. De là, la création d'une démographie "naturelle" » (*L'Europe de l'an mil, Le Moyen Âge,* I, *op. cit.,* p. 70 et s.).

203 LE RENOUVEAU URBAIN. — Là encore, on a beaucoup écrit pour retrouver les causes de cette « renaissance » des villes anciennes et de l'essor des villes nouvelles ou de moindres collectivités. L'étude des communes du Nord, dans une vision parfois romantique, a éclipsé dans un premier temps les autres centres de recherche et a contribué à alimenter le thème – au demeurant juste pour les régions septentrionales – de l'opposition fondamentale entre ville et Église. Les fortes études de ces dernières années sur ce qu'il est convenu d'appeler les « consulats » méridionaux ont beaucoup contribué à nuancer (notamment pour la Provence) une telle vision, comme elles permettent de remettre en cause une opposition institutionnelle trop tranchée entre commune et consulat. D'une manière générale, on peut se reporter aux grands classiques : P. Viollet, *Les communes françaises au Moyen Âge,* Paris, 1900 (réimpr. Genève, 1977) ; A. Luchaire, *Les communes françaises à l'époque des Capétiens directs,* Paris, 1911 ; H. Pirenne, *Les villes et institutions urbaines,* Bruxelles, 1939, 2 vol., qui rassemblent les multiples travaux, ou plutôt les thèses souvent très personnelles du grand historien belge ; A. Vermeesh, *Essai sur les origines et la signification de la commune dans le nord de la France (XIe-XIIe siècles),* Namur, 1966 ; et enfin Ch. Petit-Dutaillis, *Les communes françaises,* réédit., Paris, 1970. Indispensables également les trois tomes des *Recueils de la Société Jean-Bodin* consacrés à la ville : VI : *Institutions administratives et judiciaires* (1954), VII : *Institutions économiques et sociales* (1955), VIII : *Le droit privé* (1957). De nombreux colloques ont été consacrés à la ville, ainsi : *Les libertés urbaines et rurales* (colloque de Spa, sept. 1966), Bruxelles, 1966, avec une introduction générale (du XIe au XIIe siècle) de F. Vercauteren, p. 13-25 ; et, plus récemment, le congrès de la Société des Médiévistes, Rouen, 1985, sur le thème des « Franchises urbaines », dont les actes ne sont pas encore publiés. Sur l'ensemble des problèmes liés au phénomène urbain, au sens le plus large, sujet éminemment délicat, vu l'ampleur, la dispersion et la diversité (pas seulement géographique) des sources, *cf.* la magistrale synthèse réalisée par A. Chédeville, J. Le Goff et J. Rossiaud, *La ville médiévale,* t. II de l'*Histoire de la France urbaine* (direct. G. Duby), Paris, 1980, avec une importante bibliographie. *Cf.* également les belles pages consacrées, dans notre collection, aux « Statut et attributions des autorités municipales » par J.-L. Mestre, *Introduction historique au droit administratif français,* Paris, 1985, chap. II, p. 35 avec un très riche « Pour aller plus loin », p. 82. *Cf.* enfin, J.-L. Harouel, *Histoire de l'urbanisme* (coll. « Que sais-je ? »), Paris, 1981 ; D. Barthélemy, *L'ordre seigneurial, op. cit.,* p. 105, et J. W. Baldwin, *Philippe Auguste,* p. 90 et 212 ; Ph. Contamine, *L'économie médiévale,* p. 185 et s.

204 SUR LES COMMUNES ET LES VILLES DU NORD ET DE L'EST. — Les monographies sont généralement anciennes, mais souvent précieuses. Ainsi, dans la collection de la « Bibliothèque de l'École des hautes études » : A. Giry, *Histoire de la ville de Saint-Omer et de ses institutions jusqu'au XIVe siècle,* Paris, 1877, et *Les Établissements de Rouen, études sur l'histoire des institutions municipales* (Rouen, Falaise, Pont-Audemer, Verneuil, La Rochelle, Saintes, Oléron, Bayonne, Tours, Niort, Cognac, Saint-Jean-d'Angély, Angoulême, Poitiers, etc.), 2 vol., Paris, 1883 et 1885, dont le second est consacré aux sources, et aussi *Étude sur les origines de la commune de Saint-Quentin,* Saint-Quentin, 1888, et *Documents sur les relations de la royauté avec les villes en France de 1180 à 1314,* Paris, réimpr. 1974 ; P. Desportes, Les origines de la commune d'Amiens,

Pouvoirs et libertés, op. cit., p. 247 et s. ; H. Flammermont, *Histoire des institutions municipales de Senlis,* Paris, 1881, à compléter par L. Carolus-Barré, Les origines de la commune de Senlis (1173-1202), *Société d'Histoire et d'Archéologie de Senlis, 1976,* Senlis, 1978, p. 33 (de ce dernier, *cf.* également Le gouvernement communal d'après le *Livre de Jostice et de Plet, RHD,* 1940-1941, p. 136, et Philippe Auguste et les villes de commune, *La France de Philippe Auguste, op. cit.*, p. 677) ; A. Lefranc, *Histoire de la ville de Noyon et de ses institutions jusqu'à la fin du XIIIe siècle,* Paris, 1887 ; G. Bourgin, *La commune de Soissons et le groupe communal soissonnais,* Paris, 1908, qui analyse les ressemblances et les influences sur d'autres villes : Compiègne, Senlis, Tournai, Crépy-en-Valois, Meaux et les communes de Champagne, Sens, les communes de Bourgogne. J. Schneider, *La ville de Metz aux XIIIe et XIVe siècles,* thèse lettre, Paris, 1950 ; P. Rolland, *Les origines de la commune de Tournai. Histoire intérieure de la seigneurie épiscopale tournaisienne,* Bruxelles, 1931 ; R. Latouche, La commune du Mans (1070), *Études médiévales,* Paris, 1966, p. 121 ; G. Espinas, *La vie urbaine à Douai au Moyen Âge,* Paris, 1913. Sur la Bourgogne, *cf.* J. Garnier, *Chartes de communes et d'affranchissements en Bourgogne,* Dijon, 1867, et G. Chevrier, Les villes du duché de Bourgogne du XIIe à la fin du XVe siècle, *Rec. Jean Bodin,* VI : *La Ville,* I, *op. cit.*, p. 407 ; J. Turlan, *La commune et le corps de ville de Sens (1146-1789),* thèse droit, Paris, 1942. Plus généralement sur les villes du centre de la France, tant de communes que de franchises, *cf.* M. Boulet-Sautel, L'émancipation urbaine dans les villes du centre de la France, *Rec. Jean-Bodin, op. cit.*, VI, p. 373, et VII, p. 357, et aussi B. Chevalier, La cité de Tours et Châteauneuf, du Xe au XIIIe siècle, étude sur l'échec du mouvement communal dans le centre de la France, *Cahiers d'Histoire,* 1972, p. 237 ; P. Desportes, *Reims et les Rémois aux XIIIe et XIVe siècles,* Paris, 1979, notamment la première partie, *L'essor des XIIe-XIIIe siècles,* avec des développements sur la « Willelmine », charte accordée en 1182 aux bourgeois par Guillaume aux blanches mains (1176-1202), beau-frère de Louis VII. *Cf.* aussi *Histoire de Laon* (dir. M. Bur), Toulouse, 1986.

205 SUR LES FRANCHISES ET LES VILLES FRANCHES. — J. Schneider, L'origine des chartes de franchises dans le royaume de France (XIe-XIIe siècles), *Libertés urbaines et rurales, op. cit.*, p. 25 ; A. Joris, *Muy et sa charte de franchise, 1066,* Bruxelles, 1966 ; M. Prou, Les coutumes de Lorris et leur propagation aux XIIe et XIIIe siècles, *RHD,* 1884, p. 137 et 267 ; Bonvalot, *Le Tiers État d'après la charte de Beaumont-en-Argonne et ses filiales,* Paris, 1884 ; L. Musset, Peuplement en bourgade et bourgs ruraux en Normandie, *CCM,* 1966, p. 177 ; R. Fossier, *Charte de coutumes de Picardie (XIe-XIIIe s.),* Paris, 1964 ; R. Gandilhon, *Catalogue des actes de franchise du Berry,* Reims, 1940 ; R. Sève, Les franchises de Clermont à la fin du XIIe siècle, *Recueil de travaux offerts à M. Clovis Brunel,* Paris, 1955, II, p. 521 ; M. Gouron, *Les chartes de franchises de Guyenne et de Gascogne,* Paris, 1935 ; J. Ramière de Fortanier, *Chartes de franchises du Lauragais,* Paris, 1939 ; P. Ourliac, Les sauvetés de Comminges, *Études d'histoire du droit médiéval, op. cit.*, I, p. 31, et sur le lien entre sauvetés, immunité et paix, E. Magnou-Nortier, À l'origine de l'essor urbain et villageois : le rôle de la fiscalité et de la paix (XIe-XIIe siècles), *Colloque de Rouen,* 1985, *op. cit.*, à paraître ; J.-P. Poussou, Introduction à l'étude des chartes de franchise de l'Agenais et du Brulhois (XIIe-XIVe s.), *Rev. de l'Agenais,* 1964, p. 115 et 207 ; Ch. E. Perrin, Les chartes de franchise de la France. État des recherches, le Dauphiné et la Savoie, *Rev. hist.*, 1964, p. 27 ; R. Mariotte-Lober, *Ville et seigneurie. Les chartes de franchise des comtes de Savoie, fin XIIe - 1343,* Annecy, 1973 ; P. Vaillant, *Les libertés des communautés dauphinoises, des origines jusqu'au 5 janvier 1355,* Paris, 1951 ; Y. Sassier, Pierre de Courtenay et l'affranchissement des habitants d'Auxerre, *Bull. soc. des sciences hist. de l'Yonne,* 1985, p. 15 ; D. Barthélemy, *Les deux âges, op. cit.*, p. 269 et s.

206 SUR LES CONSULATS ET LES VILLES DU MIDI. — Sur la spécificité du consulat par rapport à la commune, *cf.* l'art. fondamental de P.-C. Timbal, Les villes de consulat dans le midi de la France, *Rec. Jean-Bodin, op. cit.*, VI, p. 344 ; *contra* J.-P. Poly, *La Provence et la société féodale, op. cit.*, chap. III, Les communes et la liberté des cités, p. 256 et s., et Avignon des âges sombres (600-1250), *Histoire d'Avignon,* p. 158 et s. *Cf.* aussi *Rec. Jean-Bodin,* VIII, G. Sautel, Les villes du Midi méditerranéen au Moyen Âge, aspects économiques et sociaux (IXe-XIIIe siècle), p. 313, et VIII, l'art. de P.-C. Timbal et de P. Ourliac, Le droit privé dans les villes du midi de la France, p. 115 et 125. Sur les rapports entre Église, chevaliers et villes, *cf.* G. Duby, Les villes du sud-est de la Gaule, *Hommes et structures, op. cit.*, p. 111 ; *cf.* aussi P. Wolff, La noblesse toulousaine, *La noblesse au Moyen Âge, op. cit.*, p. 153, et M. Aurell, *Une famille de la noblesse provençale... : les Porcelet, op. cit.*

Plus précisément, on peut se reporter à un certain nombre de monographies, au demeurant d'une inégale valeur institutionnelle : R. Limosin Lamothe, *La commune de Toulouse,* thèse lettres, Toulouse, 1932 ; également *Histoire de Toulouse* (direct. Ph. Wolff), Toulouse, 1974, notamment p. 94 et s. Dans cette même collection Privat, consacrée à l'histoire des pays et villes de France, *cf.* aussi *Histoire de Rodez* (direct. H. Enjalbert), Toulouse, 1981, p. 64 et s. ; L. Bernard, *Une ville de consulat, Millau en Rouergue,* Millau, 1938 ; R. Grand, *Les « paix » d'Aurillac,* Paris, 1945 ; H. Delsol, *Le consulat de Brive-la-Gaillarde,* Brive, 1936 ; J.-L. Lemaître, *Ussel, une ville de consulat du XIIIe au XVe siècle,* Tulle, 1969 ; P. Ducourtieux, *Histoire de Limoges,* Limoges, 1925 ; point de vue novateur avec P. Flandin-Bléty, Aux sources médiévales d'un droit de l'urbanisme : le cas de Limoges, *Anthropologies juridiques. Mélanges Pierre Braun,* PULIM, 1998, p. 279-297 ; et G. Veyrinaud, *Histoire de Limoges,* Limoges, 1985 ; A. Rigaudière, *Saint-Flour, ville d'Auvergne au bas Moyen Âge. Étude d'histoire administrative et financière,* Paris, 1982, 2 vol. ; bel ouvrage d'un éminent spécialiste mais un peu tardif pour notre période ; *cf.* aussi pour une révision de la typologie des régimes urbains : *Universitas, corpus, communitas et consulatus* dans les chartes des villes et bourgs d'Auvergne du XIIe au XVe siècle, *RHD,* 1958, p. 337 et s. ; A. Castaldo, *Seigneurs, villes et pouvoir royal en Languedoc : le consulat médiéval d'Agde (XIIIe-XIVe siècles),* Paris, 1974 ; A. d'Oriola, *Les consuls de Perpignan,* thèse droit, Toulouse, 1912 ; et *Histoire de Perpignan* (direct. Ph. Wolff), Toulouse, 1985 ; *Histoire de Montpellier* (direct. G. Cholvy), Toulouse, 1984 ; A. Angelras, *Le consulat nîmois, Histoire de son organisation,* thèse droit, Montpellier, 1912 ; A. Dupont, L'évolution des institutions municipales de Beaucaire du début du XIIIe à la fin du XVe siècle, *AM,* 1965, p. 251 ; C. Fredet-Delebecque, Le consulat de Tarascon. Les dernières luttes pour l'indépendance 1229-1256, *Mélanges Busquet, Provence historique,* 1956, p. 64 ; Ch. Jaillet, *Histoire consulaire de la ville de Vienne, du XIIIe au XVIe siècle,* 2 vol., Vienne, 1932-1947 ; *Histoire de Marseille* (direct. E. Baratier), Toulouse, 1973 ; *Histoire de Lyon et du Lyonnais* (direct. A. Latreille et R. Gascon), Toulouse, 1975. Enfin, sur le régime municipal un peu particulier de Bordeaux, C. Bemont, Les institutions municipales de Bordeaux au Moyen Âge, *RH,* 1916, p. 1 et 252, et aussi *Histoire de Bordeaux* (direct. Ch. Higounet), Toulouse, 1980 ; au XIIIe siècle, l'organisation municipale comprend trois degrés : une assemblée de 300 bourgeois réunis dans les cas graves (impôt par ex.), la Jurade (réunion de jurés qui prêtent un serment spécial et qui sont désignés par les prédécesseurs) qui administre la ville sous la direction d'un maire. Sur la commune de Poitiers, *cf.* Histoire de Poitiers (direct. R. Favreau), *Histoire de Poitiers,* Toulouse, 1985, p. 122 s. et sur celle de La Rochelle, R. Favreau, Les débuts de la ville de La Rochelle, *CCM,* 1987, 30, p. 3.

207 SUR PARIS. — E. Piccarda, *Les marchands de l'eau, hanse parisienne et compagnie française,* Paris, 1901 ; A. Vidier, Les origines de la municipalité parisienne, *Mém. Soc. de l'Hist. de Paris,* 1927, p. 256 ; *Paris, fonction d'une capitale,* Colloque des Cahiers de civilisation, 1961 ; R.-H. Bautier, Quand et comment Paris devient capitale, *Bull. Soc. d'Hist. de Paris et de l'Île-de-France* ; P. Lavedan, *Histoire de Paris* (coll. « Que sais-je ? »), Paris, 1967 (très sommaire) ; F. Cazelles, *Nouvelle histoire de Paris, Paris de la fin du règne de Philippe Auguste à la mort de Charles V,* Paris, 1972 ; M.-Th. Lorcin, *La France au XIIIe siècle,* p. 144 et s. ; J. Le Goff, *Saint Louis, op. cit.*, p. 662 et s. *Cf.* enfin le bel ouvrage d'A. Lombard-Jourdan, *Aux origines de Paris, la genèse de la rive droite jusqu'en 1223,* Paris, 1985, dont le chap. VI, p. 115, est consacré au « Commun des bourgeois », et aussi, Les foires de l'abbaye de Saint-Denis, *BEC,* 1987, p. 273. *Cf.* aussi J. W. Baldwin, *Philippe Auguste,* p. 433 et s.

208 SUR L'ORGANISATION DES MÉTIERS. — E. Coornaert, *Les corporations en France avant 1789,* Paris, 1941, et Les ghildes médiévales, *RH,* 1948, p. 22 et 214 ; *Histoire générale* du *travail* (direct. L. H. Parias), Paris, 1960 ; Fr. Olivier-Martin, *Histoire du droit français, op. cit.*, p. 170 et s. *Cf.* aussi l'édition par R. de Lespinasse d'Étienne Boileau, *Le livre des mestiers,* Paris, 1879 ; A. Gouron, *La réglementation des métiers en Languedoc au Moyen Âge,* Genève, 1958 ; A. Rigaudière, Hiérarchie socioprofessionnelle et gestion municipale dans les villes du midi de la France au bas Moyen Âge, *RH,* 1983, p. 25 ; Ph. Contamine, *L'économie médiévale,* p. 214 ; G. Sivéry, *Saint Louis, op. cit.*, p. 581 et s. ; M.-Th. Lorcin, *La France au XIIIe siècle,* p. 90 et s.

Sur l'évolution du contre-sceau, liée au développement de la juridiction urbaine gracieuse, à partir du milieu du XIIIe siècle, *cf.* B. Bedos, L'emploi du contre-sceau au Moyen Âge, l'exemple de la sigillographie urbaine, *BEC,* 138, 1980, p. 161-177.

Chapitre 4

Le renouveau capétien

209 Au temps d'Hugues Capet, Abbon de Fleury-sur-Loire disserte dans sa collection canonique, et sur le genre déjà ancien et classique des *Miroirs du prince,* à propos de l'institution royale. Après un chapitre dédié à « La fonction de roi », il en consacre un autre, signe des temps, à la fidélité qui est due à celui-ci. Et il écrit : « Comme la fonction de roi est de régler les affaires du royaume en son ensemble, comment pourra-t-il pourvoir à de telles tâches, si les évêques et les grands du royaume ne sont pas d'accord avec lui ? Comment exercera-t-il sa fonction si les grands du royaume ne lui fournissent pas, par l'aide et le conseil, l'honneur et le respect qui lui sont dus ? »

Sans doute, la mission royale demeure-t-elle, aux yeux des clercs savants, ce qu'elle était par le passé. Mais l'infléchissement du vocabulaire (« aide », « conseil ») est aussi très net qui traduit l'influence de la réalité féodo-seigneuriale avec laquelle le Capétien doit compter désormais dans le gouvernement du royaume. Surtout, l'idéal théocratique ne suffit plus à lui seul à exprimer ce que pourrait ou devrait être la fonction régalienne. À partir du XIe siècle, les théoriciens de la royauté sont contraints de puiser à d'autres sources, plus profanes, pour exprimer le mystère royal et transcender l'action du seigneur roi.

Section I
Le gouvernement capétien

L'histoire du gouvernement capétien du Xe au XIIe siècle est moins celle de ses structures que celle des hommes qui les animent. Sans doute, de vieilles pratiques carolingiennes subsistent, comme les assemblées solennelles ou l'institution des grands officiers. Ce qui importe c'est de savoir qui, maintenant, vient à ces réunions ou qui détient ces charges. Durant cette période, on constate un abaissement constant du niveau social de l'entourage royal, qui tombera progressivement à celui des petits chevaliers de la France mineure. Toutefois, en dépit de cette dégradation, ou plus sûrement à cause d'elle, le roi réussira à mieux s'organiser, à stabiliser son pouvoir et, par là, à préparer des redressements futurs.

I | Dégradation de l'entourage royal

Comme l'a bien montré Jean-François Lemarignier[1], ce mouvement de déclin commence à la fin du Xe siècle et se poursuit jusqu'à la fin du XIe et même au-delà. Il se traduit par la défection progressive de la plus haute aristocratie, des princes, des évêques ou des comtes, et par l'appui que le roi doit alors rechercher des seigneurs et châtelains de l'Île-de-France.

210 Les princes. — Entre les princes territoriaux les plus puissants (Normandie, Flandre, Bourgogne, Aquitaine) et le Capétien, « un climat d'oubli réciproque » s'est instauré depuis la fin du Xe siècle. Les grands qui ont moins de prise sur le pouvoir royal avec le déclin de l'élection se désintéressent d'une royauté qui leur échappe et dont les préoccupations ne sont guère différentes des leurs. Ils voient rarement le roi et, s'ils lui prêtent hommage, quand

1. J.-F. Lemarignier, *Le gouvernement royal aux premiers temps capétiens (987-1108), op. cit.*

d'aventure ils le rencontrent, ils ne sont pas pressés de lui porter aide et conseil[1]. Pis : ici et là, l'hommage est l'objet d'interprétations et parfois de refus. Dans les années 1015-1026, un clerc au service du duc normand, Dudon de Saint-Quentin, refait à sa manière l'histoire du duché. Selon lui, Rollon a bien fait *commendatio* à Charles le Simple mais la seule obligation positive qu'il ait souscrite était de se faire baptiser ; il a reçu la Normandie en terre libre (alleu) – pour laquelle aucun service n'est dû – et ses successeurs tiennent le duché de leur père et non du roi. Les hommages du duc au roi ne sont que des *hommages en marche,* prêtés aux frontières de leurs territoires respectifs ; ce sont des hommages qui procèdent de la paix conclue lorsque les différends, sans cesse renouvelés, s'apaisent pour un temps, et le serment qui les accompagne prend, pour Dudon, la forme d'une *securitas* / d'un asseurement, un pacte de non-agression. Qu'importe le peu de fondement historique, à partir de la fin du XIe siècle se développe une véritable coutume des hommages en marche entre le roi et certains princes – comme le duc normand ou celui de Bourgogne – et aussi entre les ducs et les comtes. Après 1066, les prétentions normandes s'accentuent : le duc, roi d'Angleterre, ne saurait prêter hommage au roi de France puisqu'il est son égal. En 1108, à l'avènement de Louis VI, il y eut même un mouvement de refus d'hommage de la part des princes de Normandie, d'Aquitaine et de Bourgogne ; mais il s'agissait là d'attitudes conjoncturelles extrêmes.

Dans l'ensemble, les grands n'ont jamais véritablement perdu le sentiment d'appartenir au royaume et de dépendre du roi. Ils viennent assez souvent au sacre, même si leur rôle n'y est plus déterminant. C'est au cours de cette cérémonie qu'ils prêtent au nouveau roi hommage et fidélité quitte à les renouveler en marche – lui manifestant ainsi cette *reverentia,* ce respect un peu vague dont parlait Abbon de Fleury et qui ne les engageait guère.

211 LES COMTES ET ÉVÊQUES. — Malgré l'éloignement des princes et les revendications de certains, l'entourage royal reste, à la fin du Xe et au début du XIe siècle, d'un assez haut niveau. Y figurent, au premier chef et relativement nombreux, des archevêques et

1. Sur l'aide militaire notamment, *cf.* Ph. Contamine, *La guerre au Moyen Âge,* Paris, 1980.

des évêques, même si presque tous viennent de l'Île-de-France. Ces prélats sont, eux aussi, des seigneurs féodaux, investis par le roi de leur temporel. Mais ils sont là également, dans la tradition antérieure, au titre d'auxiliaires de la fonction royale, pour seconder dans sa tâche le roi sacré. Avec les anciens titulaires des *honores* ecclésiastiques, on trouve aussi des comtes, ceux de la France mineure essentiellement : comtes d'Anjou, de Blois, d'Amiens ou de Vermandois, de Soissons, de Beauvais ou de Dreux. Toute cette haute aristocratie ecclésiastique et laïque qui entoure le Capétien et souscrit en bonne place ses diplômes[1] est unie par des relations de famille, témoignant de l'importance de lignages dont la réussite remonte souvent aux temps carolingiens.

Les uns et les autres sont assurément les fidèles du roi, mais leur fidélité est parfois redoutable, et ils savent, eux aussi, mesurer leurs services et définir leurs liens par rapport à la royauté. Dans les années 1020, un conflit éclate entre Robert le Pieux et son vassal, Eudes II, comte de Blois qui vient d'hériter le comté de Troyes et enserre à l'ouest et à l'est le domaine capétien. Profitant d'une querelle avec son vassal, à propos de l'exercice des droits comtaux *(comitatus)* à Reims que le roi souhaitait voir revenir à l'archevêque de cette cité, Robert essaie de faire procéder à la commise (confiscation) de tous les bénéfices tenus par Eudes. Celui-ci, pour sa défense, a fait appel à l'évêque de Chartres, Fulbert, qui s'efforce de démontrer qu'en l'espèce une telle sanction ne peut être envisagée. Selon le prélat, en effet, tous les fiefs, toutes les fonctions exercées par Eudes ne procèdent pas du domaine royal (du fisc) : ce sont des *honores* qui lui ont été dévolus, certes, « par la grâce du roi », mais surtout par droit héréditaire et dont on ne peut le dépouiller. Quant aux services qui y sont normalement attachés, d'aide et de conseil, le comte s'en est toujours acquitté ; si, ces derniers temps, il est venu à y manquer, c'est contraint par la nécessité, parce que le roi lui avait arbitrairement retiré sa faveur. Un peu à la manière de Dudon, le comte de Blois, par la plume de l'évêque Ful-

1. Ces diplômes sont des actes de portée territoriale restreinte, qui dans leur teneur formelle révèlent certaines limites du pouvoir capétien : jusqu'au XIIe siècle, ces actes sont souscrits – portent le seing – par les personnes présentes autour du roi au moment où ils sont « expédiés ». De telles mentions, influencées par la pratique des chartes privées, nous permettent de reconstituer l'entourage royal.

bert, insiste sur l'irréversibilité du démembrement des prérogatives publiques, passées dans les héritages des grands, et proportionne le service dû à la situation plus générale de concorde existant entre ceux-ci et la royauté. Au reste, Eudes en appelle à « la justice et à la paix qui constituent la racine et le fruit de l'office royal », tout en faisant savoir qu'il préférait mourir « honoré » que vivre sans « honneur », privé autrement dit de ses fonctions et de ses biens. Le roi ne s'y risqua pas et renonça à son dessein immédiat. Il faudra attendre 1043 pour qu'Henri Ier fasse reculer la menace bléso-champenoise.

212 LES SIRES. — Passé 1025, le phénomène seigneurial se répercute au niveau de l'entourage du Capétien et plus largement sur la royauté elle-même : les sires et châtelains des régions d'influence royale figurent à leur tour dans les diplômes à souscriptions multiples, tels les Montfort, les Montmorency, les Gallardon, les vicomtes de Dreux, de Nogent ou de Châteaudun. Commencent à apparaître aussi de plus humbles comparants : de simples chevaliers, d'obscurs prévôts, des maires de villages ou de domaine, qui interviennent quelquefois en qualité de témoins *(testes),* se mêlant pour un jour, en un lieu, à la suite royale. Ce mouvement amorcé à la fin du règne de Robert le Pieux se poursuit avec Henri Ier (1031-1060) et Philippe Ier (1060-1108). Malgré l'irruption des châtelains dans l'entourage du Capétien, au milieu du XIe siècle, des évêques, des abbés, quelques comtes aussi s'opposent par leur présence à l'envahissement des milieux sociaux mineurs, au moins encore au début du règne de Philippe Ier. Les uns et les autres représentent de plus en plus le cœur de la *Francia.* Pour les évêques, ils proviennent d'un triangle, Orléans, Amiens, Châlons, avec maintenant pour centre, Paris. Quant aux comtes, ce sont ceux de Chartres, de Ponthieu, de Meulan, de Corbeil, de Dammartin, de Brienne ou de Vexin et avec eux figurent aussi des châtelains dont la récente titulature comtale témoigne de la réussite, comme Yves de Beaumont-sur-Oise ou Geudoin de Breteuil. Dans un ultime prolongement, quelques cours royales particulièrement solennelles réunissent encore, notamment lors des grandes fêtes religieuses, des archevêques et des évêques, un ou deux princes et des comtes d'envergure, et peuvent donner l'illusion, par ces pratiques carolingiennes, que le roi gouverne en s'appuyant sur des fidèles de haut rang.

À partir de 1077, les efforts de la papauté grégorienne pour arracher l'Église à l'emprise seigneuriale chassent de l'entourage du roi les évêques appelés maintenant vers d'autres tâches, en principe plus conformes à leur état. Cette fuite des évêques s'accompagne de celle de la plupart des comtes. Ils ne reviendront, eux aussi, qu'épisodiquement et encore pas tous, soit pour le sacre, soit à l'occasion de grandes assemblées. Cependant, ils se rendent assez régulièrement à l'ost, notamment au XIIe siècle, parce que déjà le roi est plus fort.

Désormais, les sires de l'Île-de-France, avec quelques comtes « tardifs », occupent une place à part dans le gouvernement capétien, comme en témoignent leurs interventions répétées au bas des actes, que ce soit en qualité de fidèles ou de témoins. Une nouvelle étape est franchie : le roi ne peut compter dans sa tâche que sur l'aide de ses vassaux de moindre rang, des alliés souvent redoutables. Qu'importe, c'est à eux que le roi confie maintenant, en soin palais, les charges de grands officiers – sénéchal, surtout, mais aussi connétable, chambrier ou bouteiller – qui, depuis Henri Ier, jouent un rôle de plus en plus important auprès du Capétien.

En théorie, sans doute le Capétien gouverne tout le royaume. En fait, son champ réel d'action ne va guère au-delà de son domaine, au cœur de l'Île-de-France ; là où il a ses biens, ses châteaux (Poissy, Mantes), ses villes fortifiées (Semis, Orléans, Paris). C'est là le véritable champ clos de sa puissance et les seuls actes qui émanent alors de lui, les diplômes, s'arrêtent, dans la seconde moitié du XIe siècle, aux confins des possessions royales. Capital était de ramener d'abord l'ordre à ce niveau, de contrer par la ruse ou la force les maîtres des châteaux voisins et de préparer en ces terres de solides appuis. Dans cette entreprise, préalable indispensable à toute aventure extérieure, le roi ne fera pas uniquement confiance aux sires, encore trop redoutables. À partir du XIIe siècle, il s'appuie ouvertement sur des personnages de plus bas niveau social : de simples chevaliers des villes ou des gros châteaux, des hommes dont le « dénuement », à la mesure de la détresse de la royauté, était le gage le plus sûr de leur dévouement, puisque sa réussite était aussi la leur.

II | La mesnie royale

213 À leur avènement, Louis VI et Louis VII apparaissent entourés d'une bande de jeunes gens, de jeunes chevaliers, qui constituent leur suite, les accompagnent dans leurs déplacements et les assistent dans leurs choix politiques. Ce groupe est appelé la *familia regis* : en langue vulgaire, la « mesnie », la maisonnée royale. Une telle institution n'est pas propre au roi de France, d'autres princes ont autour d'eux semblables compagnies, mais le Capétien l'élèvera en système de gouvernement.

214 Des jeunes. — Les *milites regii,* chevaliers de la maison royale, sont avant tout des *juvenes*/jeunes[1]. Nombre d'entre eux sont d'ailleurs des cadets de famille et beaucoup, vieillissant avec leur maître, garderont longtemps leur « jeunesse ». Aussi, comme leurs semblables des mesnies princières, la chasse à la riche héritière, l'appât de l'or et l'argent ne sont pas leurs moindres défauts. Pour la plupart, ils sont issus des cités et des châteaux que le roi contrôle : milieu modeste, descendants d'obscurs prévôts du XIe siècle ou de gardiens de fortifications royales. Parfois, leur extraction est encore moins relevée et sur certains pèse le soupçon de servitude : Henri le Lorrain, familier de Louis VI, qui se dit chevalier, est accusé d'être serf du côté de son père, et il devra publiquement se justifier. De fait, certains maires des domaines royaux et même de plus humbles personnages font assurément partie de la *familia regis.* Les ennemis de Suger, abbé de Saint-Denis, ami et biographe des rois Louis VI et Louis VII, lui reprochaient la bassesse de sa naissance ; de Gautier, le chambellan, on rapporte qu'il « fut plus noble par ses actes que par ses origines ».

Les gens de la mesnie tiennent assez souvent du roi quelques fiefs, généralement groupés en leur terroir d'origine, et quand l'un d'eux trahit la confiance de son maître, ses biens sont confisqués. Les plus huppés d'entre eux ont parfois reçu la garde de certains

1. *Cf.* n° 108. Dans la société féodale, le terme signifie qu'ils ne sont pas établis, qu'ils n'ont pas suffisamment de biens, de fiefs, pour subsister par eux-mêmes, et sont obligés d'entrer dans la clientèle d'un puissant seigneur, ici le roi.

châteaux. Ils ont aussi des fours, des pressoirs, des moulins, mais en nombre insuffisant pour leur assurer de confortables revenus. Ce qui fait leur fortune, c'est la proximité du roi.

215 LES OFFICES. — Certains familiers détiennent des fonctions de grands officiers (sénéchal, connétable, bouteiller, chambrier, chancelier). On considère souvent, dans une vision empruntée au palais carolingien, que ces charges recouvrent des attributions bien déterminées : au sénéchal, le commandement de l'armée royale, la surveillance des agents domaniaux et la bonne administration de la justice ; au bouteiller, la gestion des vignobles et de leurs revenus ; au connétable, la surveillance des écuries et des prérogatives militaires ; au chambrier, le soin des palais ou des gîtes royaux et la garde du trésor. Pour notre époque, une telle vision est trop organique, l'importance et le contenu de l'office dépendent essentiellement de la personnalité de son titulaire, dont le prestige naturellement rejaillira sur sa charge. Ainsi le sénéchalat est tenu, au XIIe siècle, par des personnages de tout premier plan qui font figure de véritables lieutenants de la royauté : à ce titre, ils passent légitimement pour les chefs naturels de l'ost ou remplacent le roi dans ses fonctions de justice. En réalité, il n'y a pas de répartition spécifique des rôles : au gouvernement, comme à la guerre, les tâches peuvent être également remplies par tous et, selon la volonté royale, le chambrier commandera l'armée comme pourrait le faire le sénéchal. Il en est de même pour l'office de chancelier, dont les attributions, *a priori*, semblent mieux définies : surveiller la rédaction des actes par les notaires de la chancellerie. Là encore, le contenu de la charge est plus large : Étienne de Garlande, chancelier de Louis VI, et en même temps sénéchal, préside en fait à toutes les affaires de la royauté.

Avec les grands officiers, demeurent dans la maisonnée royale d'autres serviteurs, officiers inférieurs, clercs ou simples chevaliers, réunis autour d'un certain nombre de nécessités : le pain et la viande, le vin, et aussi le sommeil et la prière. De certains, comme les pannetiers ou les queux, les échansons, nous ne savons presque rien. En revanche, nous sommes un peu mieux renseignés sur le groupe des chambellans qui composent la *camera*/la chambre, et au-delà la garde personnelle du roi. Leur rôle, en effet, est d'assurer la sécurité de leur maître et, la nuit, ils se relaient autour de la chambre où le Capétien repose, là où est entreposé son trésor. Cette veille nocturne se poursuivra pour certains d'entre eux, symbolique, jusque dans l'au-delà : le chambellan Gautier sera enterré aux pieds de Louis VII dans l'abbaye de Barbeaux et Pierre de Villebéon inhumé près de Saint Louis à Saint-Denis.

Un autre ensemble est celui de la chapelle royale : les chapelains, qui fournissent également à la royauté ses notaires et ses chanceliers, accomplissent ses ambassades, prêchent ses chevaliers et prient dans ses batailles pour ses entreprises. Ces clercs sont pourvus de chapelles dans les villes où le roi dispose de palais ou de résidence, et se voient à ce titre attribuer, en plus des offrandes, un véritable traitement dont les modalités peuvent être augmentées lorsque le roi, la reine, ou leurs enfants, séjournent dans la localité. Certains, sans pour cela cesser de percevoir les revenus qui leur sont assignés, accompagnent la suite royale. Ceux-ci bénéficient au premier chef des attentions du Capétien qui dispose en leur faveur des bénéfices cathédraux à sa collation, et le cumul des prébendes est souvent le signe le plus sûr de la familiarité avec le maître.

Quelques indices montrent que la haute main sur ces groupes était confiée aux grands officiers. Le bouteiller dans certains textes est dit « maître des échansons » ; le chancelier est depuis longtemps archichapelain. On peut raisonnablement penser que le chambrier domine les chambellans, et le connétable, les maréchaux. Là, peut-être réside l'éventuelle spécialisation des fonctions. Et, sans doute, est-ce cela la *familia regis,* la maisonnée royale au XIIe siècle : cette somme de différents groupes d'officiers, d'officiers inférieurs, de simples clercs et autres chevaliers, qui constituent l'entourage capétien apparemment dominé alors par le sénéchal. Comme telle, elle forme un ensemble relativement homogène et pleinement associé à la conduite des affaires publiques.

216 FIEFS ET GAGES. — Les fonctions exercées rapportent à leur titulaire, car certains revenus, assez souvent des fiefs, sont affectés à ces offices. Cela ne signifie, en aucun cas, que la charge elle-même soit tenue en fief. Les profits retirés sont parfois considérables : Étienne de Garlande qui cumulait les ressources de nombreuses dignités ecclésiastiques, amassera durant son passage dans la compagnie royale des biens importants qui tranchaient avec l'origine modeste de son lignage. Plus généralement, les chevaliers de la maison du roi reçoivent chaque année, à date fixe, des vêtements et des cadeaux, et aussi une solde/*stipendium,* sous la forme de fiefs-rentes, dont la pratique coutumière est attestée dès la première moitié du XIIe siècle.

Les familiers ne se contentent pas d'accumuler, chaque fois qu'ils le peuvent, les richesses de ce monde : ils s'efforcent de les faire fructifier. Ils sont en relation avec les marchands et financiers établis dans les villes renaissantes du XIIe siècle ; ils ont marié leurs filles à des changeurs italiens ou des bourgeois parisiens. Henri le Lorrain est un véritable prêteur à gages dont les clients sont les églises parisiennes. Le clerc Cadurc, chapelain puis chancelier de Louis VII, abbé de Saint-Sulpice de Bourges, chanoine de Sainte-Croix d'Orléans, lui, subventionne la royauté : en 1148, il écrit à Suger – alors régent du royaume durant la croisade du roi – pour que lui soient remboursées les avances consenties au Capétien. Des liens étroits unissent la mesnie au monde de l'argent et d'autant plus que les familiers, conseillers écoutés, n'hésitent pas à monnayer leur influence. Comme le déplore Guibert, abbé de Nogent-sous-Coucy, résumant assez bien l'opinion de ses contemporains : « Le roi prête trop son oreille et son esprit à des personnes viles et corrompues par l'appât du gain. »

217 L'AIDE. — Les *milites regii* sont d'abord des guerriers : le Capétien peut compter sur eux pour rétablir l'ordre en ses domaines, pour ramener à la raison les sires et châtelains querelleurs. Ils sont peu nombreux : 300 à 500 dans les grandes circonstances, souvent une poignée. Qu'importe ! Leur bravoure est redoutée, car, dans la bataille, c'est le prestige de la chevalerie royale qu'ils défendent. Sur le terrain, ils revivent en permanence les hauts faits guerriers de l'empereur Charlemagne, dont le souvenir, depuis la fin du XIe siècle, s'était largement diffusé, porté par les chansons de geste. Le vieil empereur constitue pour le roi et ses compagnons un modèle. À Saint-Denis, sanctuaire de prédilection de la mesnie royale (n° 227), la dévotion à l'égard de l'empereur a trouvé, chez les moines, des serviteurs enthousiastes autant qu'intéressés : des faux sont forgés, des récits fabriqués, qui tous rappellent la dévotion de Charles envers le saint et expliquent la prédilection du Capétien, son continuateur, et des siens à l'égard de Denis, devenu avec Suger, non seulement le protecteur du roi mais celui du royaume. C'est à Saint-Denis que sont déposés la lance, l'épée et aussi l'étendard de Charlemagne : « Montjoie », cette bannière rouge comme l'or (la flamme d'or / l'oriflamme) que le roi, dans les circonstances périlleuses – ainsi, en 1124, lors de la menace d'invasion de l'empereur germanique –, vient chercher solennellement sur l'autel de l'abbaye, et qui décuplera l'ardeur des combattants. La légende ici se confond avec la réalité, au moment de pousser leur cri de guerre : « Montjoie ! », c'est, en même temps qu'à Dieu et à Denis, à l'empereur Charles que se recommandent les chevaliers royaux.

218 LE CONSEIL. — Les chevaliers royaux ne sont pas seulement des guerriers efficaces qui passent leur temps, avec quelque succès, à pacifier le domaine ; ils prennent aussi une part active aux décisions, et leur présence continuelle fait privilégier leur conseil. C'est avec l'ensemble de ses compagnons que le roi rend la justice, et non avec tel ou tel de ses officiers. Sur leur avis, il décide des expéditions, pardonne à des comtes rebelles ou octroie des diplômes. Parfois, le Capétien réunit de grandes assemblées où seront conviés les vassaux les plus importants : il ne le fait qu'après avoir consulté, au préalable, les gens de sa maison. Les familiers sont à l'origine de toutes les expressions de la politique royale, quelle que soit son ampleur. Lorsque Philippe, fils aîné de Louis VI meurt, ce sont eux qui insistent auprès du père affligé pour qu'il fasse sacrer, au plus vite, son cadet, Louis, à Reims. De même, en 1137, c'est sur leur conseil que Louis VI, à la veille de sa mort, décide de marier son fils, Louis VII, à Aliénor, fille du duc d'Aquitaine et héritière du duché, ainsi réuni au domaine royal. C'est un avis privilégié que celui des chevaliers royaux ; les gens de l'extérieur ne s'y trompent pas, qui essaient d'acheter à prix d'or l'intervention des familiers. Aussi, il arrive, vers le milieu du XIIe siècle, que certains, parmi les intimes du roi et les membres les plus influents de la *familia,* fassent figure de véritables conseillers de la royauté : tels Étienne de Garlande et son frère, Anseau, qui fut un temps sénéchal, ou encore Suger.

C'est là aussi, à partir de ces réunions, souvent informelles et parfois débridées, de la mesnie royale sous le signe de la jeunesse, et dans les sanctuaires familiers, tel Saint-Denis – où le roi descendait « comme dans sa chambre » – que se forgent les nouvelles images et définitions du pouvoir capétien au fur et à mesure que le roi étend et affermit son autorité, en renouant notamment, passé 1150, avec les plus grands du royaume.

Section II
La construction capétienne

219 « Grâce à nos prières, tu deviendras roi de la Gaule, et par la suite, ta lignée tiendra le gouvernement de tout le royaume jusqu'à la septième génération. » Comme l'a finement noté Laurent Theis[1], ce qui frappe dans la célèbre prophétie – mise en forme dans les années 1040 – de saint Valéry, apparu à Hugues Capet, ce n'est pas qu'elle annonce alors l'avènement de ce roi, mais qu'elle insiste sur la continuité de sa lignée. Elle révèle aussi au passage le caractère surnaturel, voire merveilleux, dès son origine, de la royauté capétienne au cœur des réalités féodales.

I | Royauté sacrale

220 Le sacre anticipé. — Au mois de juin 987, quelques grands du royaume, réunis à Senlis à l'initiative de l'archevêque Adalbéron de Reims, écartent le prétendant carolingien Charles de Lorraine, oncle du défunt Louis V, au prétexte que le trône ne pouvait s'acquérir par droit héréditaire. Ils élisent le robertien Hugues Capet qui est sacré le 3 juillet à Noyon. Quelques mois plus tard Hugues, arguant d'un éventuel déplacement en Espagne pour

1. L. Theis, *L'avènement d'Hugues Capet, op. cit.*, p. 204 ; vers 1088, les moines de Saint-Riquier revendiquent pour leur saint la légende de cette apparition prophétique (A. W. Lewis, *Le sang royal, op. cit.*, p. 81).

répondre à l'appel du comte de Barcelone, Borel, assiégé par les Musulmans, fait élire et sacrer, à Orléans le jour de Noël, son fils Robert qu'il associe immédiatement au gouvernement du royaume. Cette pratique qui consistait à oindre du vivant du roi régnant son fils et successeur et à préserver par là les droits de celui-ci fut continuée par les descendants d'Hugues Capet : de Robert (le Pieux) à Philippe (Auguste), six rois de sa lignée se succèdent de père en fils, par le moyen de l'élection et du sacre anticipé, accomplissant en quelque sorte la prophétie.

221 LA RÈGLE DE PRIMOGÉNITURE. — Au cours de son histoire, la royauté capétienne ne s'est jamais enfermée à l'avance dans un corps de règles constitutionnelles trop rigides. Avec empirisme et souplesse, sagesse aussi, elle a résolu les difficultés au fur et à mesure qu'elles se présentaient ; la solution, ainsi ponctuellement retenue, constituait un précédent pour l'avenir, chaque fois qu'un cas semblable se produisait. Hugues Capet, n'ayant qu'un héritier, sa succession n'avait pas posé de problème. Robert le Pieux eut un premier fils, Hugues, que tout jeune il fit sacrer. Celui-ci meurt quelques années plus tard, il reste deux enfants au roi. La reine Constance a une préférence pour le cadet, mais Robert, conseillé par l'épiscopat, décida qu'il fallait s'en tenir à l'ordre des naissances : en 1027, il fit sacrer le plus âgé des deux, Henri. Une des premières lois – qu'on dira plus tard « fondamentales » – du royaume était ainsi posée : la succession au trône se ferait en ligne masculine par ordre de primogéniture.

Les efforts du Capétien pour installer sa dynastie ont suscité à l'origine quelques réticences parmi les grands vassaux. Les princes ne viennent pas tous aux assemblées convoquées pour l'élection, mais ces réunions furent toujours assez « nombreuses » pour que leur résultat ne puisse pas être sérieusement contesté. Au demeurant, avec la pratique de l'anticipation, l'hérédité s'impose, et l'élection, échappant aux grands, finit par s'insérer dans la cérémonie du sacre.

222 LE PRIVILÈGE RÉMOIS. — Depuis Hincmar, le sacre est normalement le privilège personnel du métropolitain de Reims, même s'il peut se dérouler ailleurs que dans cette cité, traditionnellement carolingienne, et s'il fut parfois revendiqué et administré par l'archevêque de Sens (en 888 et en 923). À partir du XIe siècle, il devient, sauf exception (ainsi en 1108 à l'avènement de Louis VI), le privilège réel de l'Église de Reims. Désormais, c'est l'archevêque consécrateur qui élit le roi, après que celui-ci aura prononcé la promesse l'engageant vis-à-vis de l'Église et des princes du siècle ; puis il se tourne vers les évêques et les grands qui, à son appel, approuvent cette désignation. Ensuite, le roi reçoit l'onction qui fait de lui l'élu du Seigneur et le constitue pleinement dans sa fonction régalienne. Le prélat lui remet alors l'anneau – gage de l'alliance avec son peuple –, l'épée – afin de combattre pour la paix et contre les ennemis de la foi –, la couronne – qui rehausse la majesté royale –, et le sceptre – signe de son pouvoir et de sa puissance. Il reçoit enfin l'hommage et la fidélité des princes ecclésiastiques et laïques.

223 LE *MINISTERIUM REGIS*. — Comme aux temps carolingiens, le sacre recommence à faire le roi ; il est redevenu le rite créateur par excellence de la royauté, il procure au Capétien sa légitimité. Par le miracle toujours renouvelé de l'onction, Dieu élève le roi au-dessus des autres mortels ; il lui confère cette aura mystérieuse, ce pouvoir charismatique qui le place en position d'arbitre, bien au-delà des querelles et des factions partisanes. Comme par le passé, il fait de lui un prêtre chargé de gouverner le peuple de Dieu, par la recherche de la paix et de la justice. En cette période de dissociation territoriale et de dislocation de l'autorité publique, les théoriciens du pouvoir mettent toujours l'accent sur la mission théocratique du roi sacré, sur le *ministerium regis* / le ministère royal, cher à Abbon, qui reste « de régler jusqu'au bout les affaires du royaume ».

Quels que soient les efforts développés par les grégoriens et leur prétention à vouloir rabaisser le roi au rang d'un laïque, l'entourage capétien veut continuer à ignorer ces distinctions des canonistes qui aboutiront, au seuil du XIIIe siècle, à opposer le sacre du roi à celui des évêques, seul considéré comme un sacrement majeur. « Nous savons – écrit Louis VII – de par l'autorité de l'Ancien Testament et de notre temps, d'après l'institution ecclésiastique, que seuls les rois et les prêtres sont sacrés par l'onction du saint chrême. Il convient donc qu'eux seuls, au-dessus de tous les autres, associés par cette sacro-sainte onction, travaillent à gouverner le peuple de Dieu. » Et même si l'idée d'un « office royal », dans une conception plus laïque, commence à se répandre, il restera toujours que dans la fonction de roi, il y a une part religieuse, liée au sacre, qui fait du Capétien le gardien et le protecteur naturel des églises du royaume et de la religion.

224 LE MIRACLE CAPÉTIEN. — L'hérédité royale constitutionnelle portait en elle-même ses propres craintes d'autant qu'il fallait, conformément à la règle de primogéniture, que le roi ait toujours un héritier en mesure de lui succéder. Tel fut le cas à notre époque, et c'est tout le « miracle capétien ». Par la magie du sacre, le Capétien a hérité des facultés thaumaturgiques de Marcoul, un saint abbé du Cotentin au VIe siècle dont les reliques, après les invasions normandes, avaient trouvé refuge dans le domaine de Corbény, une dépendance du monastère de Saint-Rémi de Reims où est conservée la sainte ampoule contenant l'huile pour l'onction royale. Dans l'imaginaire paysan, ce saint se confond avec un loup mystérieux, *Meark-wolf* : le loup de la forêt – la forêt de Vois, non loin de Corbény. Un loup auquel était associée la mort étrange des deux derniers Carolingiens, Louis IV et Lothaire – emportés par un mal tuberculeux dont ils portaient les stigmates purulents, l'un au cou, l'autre à l'aine – comme une sorte de malédiction attachée à une fin de règne et de race...

À partir de Robert le Pieux, ou à tout le moins de Philippe Ier et de Louis VI[1], le Capétien a, comme le « saint », le pouvoir de guérir les écrouelles, c'est-à-dire l'adénite tuberculeuse qui se traduit par une inflammation des ganglions du cou et n'est souvent que le signe apparent d'une tuberculose génitale : une des principales causes de la stérilité. Un tel pouvoir est assurément lié au sacre et à la conduite religieuse du roi : ainsi Philippe Ier l'aurait perdu sur la fin de ses jours où il menait une vie dissolue, mais son fils Louis VI et ses descendants purent l'exercer sans conteste. C'est un pouvoir éga-

1. Robert le Pieux apparaît plutôt comme « un guérisseur généraliste ». Philippe Ier et Louis VI sont donc les premiers rois de France à guérir les écrouelles et cela nous renvoie à Arnoul, abbé de Saint-Médard de Soissons, également protégé du loup, qui fit annoncer à la reine Berthe, femme de Philippe Ier, la naissance tant attendue d'un héritier qu'elle devait appeler : « Louis ». *Cf.* J.-P. Poly, Le miracle capétien, *La France de l'An Mil, op. cit.*

lement magique dont les rois, sur leur lit de mort, se transmettent mystérieusement la formule et qui attire vers la personne royale les dévotions d'une population, notamment rurale, toujours éprise, aux XIIe-XIIIe siècles, de surnaturel et de merveilleux. C'est enfin un pouvoir qui permet à son titulaire de dépasser ses éventuelles insuffisances et de conjurer ses affres personnelles dans l'accomplissement de sa fonction dynastique.

225 LE SACRE « MANQUÉ ». — Quelques jours avant son sacre, le 15 août 1179, Philippe – le futur Auguste – se perdit au cours d'une chasse dans la forêt de Cuise où il erra, seul, pendant deux jours et une nuit. Il fut sauvé grâce à ses prières à Dieu et à Marie, et naturellement par son appel à Denis, « patron et protecteur des rois de France », qui plaça opportunément sur son chemin un charbonnier, pour le reconduire au palais de Compiègne. Mais il fut tellement choqué, traumatisé, culpabilisé, par sa mésaventure, que la date de son avènement solennel dut être différée : par son fait, sa faute, « passa le jour pour le sacre fixé ». Il fallut organiser une nouvelle cérémonie qui eut lieu à la Toussaint, en toute hâte, car le vieux roi, Louis VII, était mourant. L'historiographie officielle essaiera de masquer la défaillance du prince et expliquera, plus tard, que cette épreuve avait été voulue par Dieu pour réfréner sa juvénile turbulence et le rendre plus attentif à ses devoirs royaux. Il reste que Philippe, à un moment fatidique de son existence – ce moment capital et angoissant où s'accomplissait rituellement le renouvellement de la royauté et qui faisait de l'héritier au trône l'égal de son père – n'a pas été en état, physique et mental, d'assumer le rôle qui lui incombait : la succession pour laquelle il avait été désigné.

À partir de son règne, plus aucun prince capétien ne sera sacré du vivant de son père. Mais est-ce seulement parce que la royauté se sentait alors plus forte et que l'hérédité était bien installée, que l'anticipation, source parfois de tant de tourments, fut abandonnée ? Juridiquement désormais, le sacre ne fait plus totalement le roi, puisqu'il s'écoule nécessairement un laps de temps entre la mort du titulaire de la couronne et l'onction de son successeur. Néanmoins, le sacre demeurera un rite constitutif important – même s'il n'est plus le seul – de la royauté, qui imprègne toute la substance de l'action royale, puisqu'il reste la marque du choix divin. Surtout, aux yeux des populations, de l'opinion, il conserve une force toute particulière et confère toujours au roi ses pouvoirs surnaturels, thaumaturges, signes et récompense de sa haute conduite religieuse.

II | ROYAUTÉ LÉGENDAIRE

226 La royauté des XIe-XIIe siècles n'est pas seulement sacrale, elle est aussi à bien des égards légendaire, en ce sens qu'elle a su récupérer, canaliser vers elle, tout un courant de croyances populaires ou savantes et forger autour d'elles un nouvel imaginaire. Ainsi en est-il des relations tissées entre le roi de France et Denis, ce saint mystérieux flanqué de ses deux compagnons, Rustique (le paysan) et Eleuthère (le libre), vénéré par les paysans de l'Île-de-France et qui portait en lui, protecteur de la jeunesse, les aspirations des membres les plus humbles de la suite royale et les espérances de leur jeune maître.

227 DENIS ET CHARLES. – Depuis la fin du XIe siècle, se manifeste tout un mouvement pour rattacher, par l'intermédiaire de saint Denis, la royauté capétienne à la dynastie carolingienne et plus particulièrement – on l'a vu – au vieil empereur Charlemagne. Avec Louis VI et Louis VII, les Capétiens reprennent des noms qui appartenaient à la souche de Charles et revendiquent, au temps de Philippe Auguste, une parenté avec les Carolingiens. Par là, le roi de France pouvait s'opposer aux éventuelles prétentions de l'empereur d'Allemagne, en se posant en continuateur d'une glorieuse tradition nationale. Dans la première moitié du XIIe siècle, les moines de Saint-Denis s'étaient approprié une *Histoire de Charlemagne et de Roland,* attribuée à l'archevêque Turpin, compagnon légendaire de Charles et connu sous le nom de *Pseudo-Turpin.* Cet ouvrage, fruit de remaniements successifs, avait été profondément marqué, à la fin du XIe et au tout début du XIIe siècle, par les clunisiens qui, alors solidement implantés dans l'Espagne reconquise sur les Maures, en avaient fait une arme pour affirmer la primauté de Saint-Jacques-de-Compostelle au détriment des autres églises espagnoles et notamment de Tolède. Dans leur récit, les dionysiens reprennent et transposent en faveur de leur saint le modèle compostellan, en faisant assigner au martyr Denis la place que l'apôtre Jacques était censé tenir dans le royaume ibérique. Un peu avant le milieu du XIIe siècle, les moines forgent un diplôme de donation de Charlemagne à leur abbaye, étroitement calqué sur le « Pseudo-Turpin », et qui propose l'expression achevée de la théorie de la fonction royale selon saint Denis.

228 « SERVIR DIEU, C'EST RÉGNER ». — Dans la « pseudo-donation », Charlemagne affirmait tenir son royaume de Dieu par l'intermédiaire de Denis. En signe de reconnaissance de cette seigneurie éminente, il déposait la couronne sur l'autel du martyr et confiait au monastère la garde des insignes royaux. En symbole de soumission, l'empereur déposait sur l'autel les quatre pièces rituelles : ici des besants d'or, royauté oblige. Image audacieuse, à l'époque où le chevage est de plus en plus interprété comme une marque de servage. Mais la servitude à l'égard du saint n'a rien de déshonorant, comme le rappelle le Pseudo-Charlemagne : « Je prie et supplie tous les rois, nos successeurs, qu'ils fassent de même chaque année et offrent ces quatre besants... en inclinant la tête et en se prosternant ; ce n'est point se soumettre à une obéissance humaine, mais plutôt à la divine obéissance qu'on doit appeler liberté souveraine. » Le modèle proposé est celui d'un roi serf qui s'abaisse pour vaincre, le « roi de Saint-Denis » des chansons de geste, grandi et libéré par le service du martyr, seigneur de toute la France. Légende ? Dès Philippe Auguste, le roi donnait à saint Denis, lors d'une fête solennelle, les quatre pièces qui lui revenaient. Ce que faisait le Capétien, les grands et les nobles étaient invités à le faire : à verser, chacun pour sa maison, les quatre pièces d'or, l'offrande qui « émancipait et rendait libres à toujours tous les hommes réduits en servitude ». Étonnant modèle qui réunissait dans une même conception du service du roi, confondu avec celui du saint, les obscurs familiers de sa suite et les grands du royaume.

229 LES BARONS. — Jusqu'au milieu du XIIe siècle, les notaires royaux, respectueux des usages, utilisaient – en dépit du glissement social intervenu dans l'entourage capétien – les termes de *proceres, optimates, fideles* (qui jadis s'appliquaient aux seuls grands) pour désigner tous ceux qui intervenaient auprès du roi. À partir des années 1150, les scribes abandonnent cette terminologie, authentiquement carolingienne, pour lui substituer, avec le mot de baron, celle contemporaine, des chansons de geste. Baron est un vocable fort ancien qui, à l'origine, désignait l'homme – par opposition à la femme – et qui survivra encore au XIIIe siècle dans cette acception. Très tôt aussi, dès la fin des temps mérovingiens, le mot acquiert un sens dérivé, celui de serviteur, il connaît alors une évolution identique à celle du terme *vassus* qui, lui aussi, initialement signifiait « homme ». Dans la langue populaire et dès le XIe siècle dans les chartes des princes, le terme désigne ces forts hommes de la contrée qui tiennent d'eux. De là, baron va glisser avec son double sens (homme viril / homme d'un autre) dans les chansons de geste, puisque aussi bien leurs compositeurs, en relatant pour leur public chevaleresque les exploits du passé, restituent ce qu'ils voient dans les cours des châteaux. Dans leurs récits, Charlemagne est représenté entouré de ses barons qui lui apportent l'aide et le conseil.

En reproduisant ce même vocabulaire, les clercs de la chancellerie royale transforment la fiction en réalité institutionnelle. Comme était censé le faire son héroïque prédécesseur, le Capétien gouverne sur le conseil de ses prélats et barons, et le terme, dans les actes royaux, englobe aussi bien les plus grands du royaume que les sires et châtelains. Certes, il n'était guère reluisant pour les princes d'envergure de se voir qualifier du même mot qu'ils réservaient à leurs hommes. Mais la référence au grand empereur et à ses vassaux pouvait justifier l'emploi du vocable, en impliquant un service honorable. Au XIIIe siècle, dans une acception restreinte, le terme de baron s'insère dans la hiérarchie des valeurs nobiliaires pour exprimer, entre vicomtes et châtelains, un des degrés de l'échelle des relations féodo-vassaliques établies au profit du Capétiens[1]. Mais il conserve toujours son sens originel générique des diplômes et ordonnances royaux qui confondent dans un même baronnage tous ceux qui participent à l'exercice de la fonction publique, comme si le

1. « Duc, comte, vicomte, baron, châtelain, vavassor... et tous sont sous la main du roi », *cf.* n°s 240 et 241.

roi n'entretenait de rapports privilégiés qu'avec l'ensemble de la classe chevaleresque grandie par son service, et non avec les seuls grands.

230 Les pairs. — La fiction toutefois était difficile à maintenir, surtout lorsqu'il s'agissait des princes qui, à partir de la seconde moitié du xiie siècle, renouent avec une royauté plus forte et revendiquent, à ses côtés, une place digne de leur rang. Là encore, la légende carolingienne procurait un modèle : les douze pairs, douze héros fidèles – présentés parfois comme les neveux du roi – qui avaient au conseil un même droit éminent à la parole. Les princes ecclésiastiques acceptèrent d'entrer les premiers dans la « cène » solennelle qui s'ordonne alors autour du roi, et ce n'est pas un hasard si le premier pair de France connu, en 1171, est le duc archevêque de Reims, par ailleurs frère du roi. Dès le début du xiiie siècle, le collège des douze pairs est constitué : six ecclésiastiques (les ducs archevêques ou évêques de Reims, Laon, Langres et les comtes évêques de Beauvais, Noyon, Châlons-sur-Marne) et six laïques (les ducs ou comtes de Normandie, Bourgogne, Aquitaine, Flandre, Toulouse et Champagne). En fait, il s'agit plutôt de douze pairies dont certaines, comme l'Aquitaine et la Normandie, peuvent être cumulées par un même personnage, ou même disparaîtront avec leur rattachement au domaine. Jamais les pairs existants ne seront véritablement réunis au complet auprès du roi pour accomplir le rôle juridictionnel qui leur est dévolu : trancher les litiges intéressant l'un d'entre eux ou mettant en cause de puissants personnages. Surtout, la cour formée par les pairs ne compose jamais à elle seule le tribunal que le roi assemble pour la circonstance. En 1224, les pairs tentent d'éliminer les grands officiers et les maîtres de l'hôtel que le roi leur avait adjoints pour examiner le litige opposant la comtesse Jeanne de Flandre à son vassal Jean de Nesles. La cour du roi – Louis VIII et ses conseillers les plus intimes – leur répondit par un arrêt que, « selon la coutume de France », ces prétentions n'étaient pas fondées et que de toute ancienneté officiers et ministériaux de l'hôtel avaient fonction de concourir avec les pairs au jugement de ceux-ci.

Dans la liturgie monarchique qui s'esquisse alors, le modèle légendaire est devenu le cadre réel où s'exerce la fonction royale, en assignant au roi comme à ceux qui l'approchent ou le servent, à un degré ou à un autre, la place qui leur revient, tout en les enserrant dans les rets d'une fidélité de plus en plus contraignante.

III | Royauté féodale

Aux XIIe-XIIIe siècles, la royauté devient véritablement féodale en récupérant les structures engendrées par la féodalité, pour reconstruire sa propre puissance. Peu à peu, s'édifie le modèle d'une construction hiérarchique, établie, fixée à partir du fief, et dont le roi occupe le sommet.

231 La mouvance. — Faute de pouvoir établir une totale hiérarchie des hommes, du fait des phénomènes de vassalité multiple, les théoriciens du pouvoir royal ont mis l'accent sur les terres, sur l'élément réel, devenu au XIIe siècle la condition essentielle de l'engagement vassalique. Une telle conception s'exprime par l'idée de mouvance, selon laquelle chaque fief procède (se meut) nécessairement d'un autre plus vaste dont il a été démembré et, en remontant la chaîne des tenures, du royaume d'où à l'origine le morcellement était issu. Cette théorie s'ébauche avec Suger qui, dès 1144, dans sa *Vie de Louis VI,* utilise le terme de fief pour désigner les principautés : « Par la généreuse libéralité du roi de France, votre activité (Henri Ier d'Angleterre) a reçu le duché de Normandie, en fief propre, tenu de sa dextre munificente » ; ou encore, « Le roi de France, fort de la haute situation d'où il dominait le roi d'Angleterre et duc de Normandie, s'élevait toujours au-dessus de lui, comme de son feudataire. » Dans un autre passage, il fait adresser à Louis VI, par le duc d'Aquitaine, le discours suivant : « Quant au comte d'Auvergne, puisqu'il tient de moi l'Auvergne que je tiens de vous, s'il a commis quelques fautes, c'est à moi, sur votre ordre, de le faire comparaître à votre cour. » Sans doute, l'accent est encore mis sur le lien personnel (« qu'il tient de moi... » « que je tiens de vous ») ; mais l'hommage s'enracine ici dans un support territorial, considéré comme un tout : l'Aquitaine, l'Auvergne... De fait, à partir du XIIe siècle, les grands qui, naguère, faisaient hommage au titre de leurs *honores,* ou encore pour telle ville ou pour tels châteaux, le prêtent désormais pour l'ensemble de leurs principauté ou comté, des entités définies comme des fiefs mouvants, à un degré ou à un autre, du royaume.

232 COURONNE ET ROYAUME. — Tant dans les écrits de Suger que dans les actes royaux, la notion de royaume, autour des années 1150, insensiblement se relie à celle de couronne. Jusque-là le terme désignait l'insigne matériel de la royauté : ce cercle de métal précieux et de pierreries que conservait pieusement l'abbaye de Saint-Denis. Maintenant, la couronne est aussi conçue comme une entité, une abstraction, distincte de la personne physique et mortelle du roi régnant. Elle est le véritable titulaire du pouvoir, des droits et obligations exercés par le Capétien dans le royaume. Dès 1149, Suger fait de la fidélité engagée au roi et au royaume, la condition coutumière de la remise des *regalia* à l'évêque de Chartres. En 1150, il invite l'évêque de Beauvais, Henri, frère de Louis VII (alors en croisade) à ne rien entreprendre contre le roi et la couronne dont tous, prélats et barons, dépendent ; ou encore, il évoque la fidélité que les uns et les autres doivent au royaume et à la couronne. Où l'on voit au passage que l'idée moderne d'État qui procède de celle de couronne, ne s'est pas construite contre la « féodalité » mais bien à partir d'elle.

233 HIÉRARCHIE ET MODÈLES. — Au sommet de la hiérarchie des terres, au degré suprême de la mouvance, il y a le royaume. Au-dessus de la pyramide des hommes, se trouve le roi et, sur son chef, la couronne, qui à la fois le rehausse et le dépasse, en donnant à la fonction royale sa nécessaire continuité. Une telle théorie a de multiples sources. On a souligné le succès de l'idée hiérarchique développée dans l'Église par les grégoriens ou le modèle fourni par le développement des ordres monastiques de Cluny et Cîteaux, avec l'étagement ordonné des abbayes mères et des abbayes filles. On peut également songer au système dionysien de ces *villae* hiérarchisées auxquelles se rattachent les sires et chevaliers feudataires du sanctuaire. Une fois de plus, nous sommes ramenés à Saint-Denis : le monastère détient depuis les temps carolingiens un traité attribué au « trois fois béni Denis » : « L'univers y était conçu comme une succession de degrés qui menaient à Dieu en une pyramide de lumière. »

Ainsi s'imposait l'idée d'une royauté suzeraine, supérieure à toutes les forces féodo-seigneuriales, qui dominait les hommes parce qu'elle dominait les terres. Mais pour que la construction soit pleinement achevée, il ne fallait pas que le roi fût lui-même intégré dans la chaîne des tenures, ou que les règles inhérentes au système vassalique vinssent entraver son autorité.

234 LE REFUS DE L'HOMMAGE. — Lorsque, au hasard des démembrements féodaux, un fief échouait au roi, celui-ci, en position de vassal, se trouvait en situation de prêter hommage et fidélité au seigneur de cette terre. La question s'était posée à propos du Vexin, une terre de Saint-Denis qui formait un rempart naturel entre le domaine royal et les possessions normandes et dont le roi, depuis le début du XIIe siècle, était le feudataire. Selon Suger, le Capétien est bien le vassal de Saint-Denis, et la prise sur l'autel de l'étendard aux vertus magiques est interprétée comme un acte d'investiture. En cette qualité vassalique, Louis VI aurait dû prêter hommage, « s'il n'était le roi » : la dignité royale dispensait le Capétien du rituel, malgré tout humiliant, de la vassalité. Ce que formulait Suger n'était pas nécessairement une nouveauté, ce qui est neuf en revanche, c'est que le roi se reconnaisse le feudataire d'une abbaye, même si les rapports privilégiés entre le Capétien et Denis pouvaient justifier le fait. En 1185 cependant, le principe est à nouveau affirmé, cette fois sans ambiguïté puisqu'il s'agit de l'église d'Amiens. Philippe Auguste, qui vient de reprendre en main le comté, reconnaît le tenir de cette église : « Alors que ce fief appartient à cette église pour ce qu'elle l'a de notre régale et qu'elle doit en recevoir l'hommage, elle accepta et consentit volontiers de nous laisser tenir son fief, sans faire hommage, étant donné que nous ne pouvons ni ne devons faire hommage à personne. » Même s'il ne prête pas hommage, le roi tient en fief : il occupe une place seconde et intermédiaire dans la chaîne des tenures, alors même qu'il prétend se situer au sommet de celle-ci.

235 LE REFUS DU FIEF. — Quelques années plus tard, le pas décisif sera franchi à propos du château de Luzarches que les sires de Beaumont tenaient des comtes de Clermont, qui eux-mêmes le tenaient de l'Église de Paris. En 1192, à la mort du comte, Philippe Auguste récupère, au moins pour partie, le domaine de celui-ci. Le sire de Beaumont, vassal du défunt, vint alors lui porter hommage pour le château de Luzarches. Le roi lui déclara « qu'il ne recevrait pas son hommage car il ne voulait pas être l'homme de l'évêque de Paris », et il l'envoya faire hommage de Luzarches à l'évêque. Le roi préfère renoncer à l'hommage et refuser le fief qui en dépend, plutôt que de s'intégrer dans l'échelle des mouvances.

236 COMPENSATION OU SUBSTITUTION. — Dans les années qui suivent, le système sera encore affiné pour que le Capétien, tout en restant au niveau suprême qui doit être le sien, évite de renoncer aux fiefs et seigneuries qui l'intéressaient, sans pour autant les tenir de quiconque ; quitte pour cela à dédommager d'une manière ou d'une autre les intéressés éventuels. En 1226, Louis VIII, à l'issue de sa croisade en Languedoc, récupère d'immenses domaines confisqués aux hérétiques albigeois et tenus de divers seigneurs locaux. Au nombre de ceux-ci, figurait l'archevêque de Narbonne qui reconnaît : « que tous les fiefs et domaines saisis sur les hérétiques... appartiennent en propre et doivent être dévolus au roi Louis. Or, comme celui-ci n'est tenu de prêter hommage à personne, il a bien voulu, pour compenser ce fait, que tous les fiefs et domaines qui mouvaient jusqu'alors de nous et de notre église de Narbonne et qui... vont désormais lui appartenir en toute liberté et sans aucun hommage ni service... nous donner et concéder à nous et à ladite église une rente perpétuelle de 400 livres tournois ».

Une autre voie apparaît à la fin du XIIIe siècle, lorsque le futur Philippe IV le Bel épouse la reine Jeanne de Navarre, héritière du comté de Champagne. Du chef de sa femme, il devenait le vassal de l'évêque de Langres pour un certain nombre de biens. Il fut prévu que, si Philippe accédait au trône, son hommage « sera réputé nul » et qu'il devra alors, soit indemniser l'évêque, soit lui donner un vassal qui tiendra le fief à sa place et prêtera hommage. Une possibilité d'option qui sera d'ailleurs conservée dans l'avenir.

237 LE ROI NE TIENT DE PERSONNE. — Le terme de cette évolution institutionnelle est inscrit dans les coutumiers de la France du Nord, dès la seconde moitié du XIIIe siècle. « Li rois ne doit tenir de nuil / le roi ne doit tenir de personne », affirme *Le livre de Jostice et de Plet* au chapitre consacré à l'office royal ; et d'autres lui font écho : « Le roi ne tient que de lui et de Dieu. » Une telle formule a un double sens. Vis-à-vis de l'extérieur du royaume, elle marque l'indépendance du Capétien qui ne dépend d'aucune autre puissance, empire ou papauté. C'est d'ailleurs ce que reconnaît expressément Innocent III lorsqu'il écrit au temps de Philippe Auguste : « Étant donné que le roi de France ne reconnaît absolument pas de supérieur au temporel. » La maxime vaut aussi vis-à-vis de l'intérieur en exprimant la position éminemment suzeraine du Capétien, au-dessus des seigneurs et des fiefs.

Mais, jusqu'au début du XIIIe siècle, le roi n'a d'emprise – et encore pas totale – que sur ses vassaux directs qui eux-mêmes font écran entre lui et ses arrière-vassaux conformément au principe : « Le vassal de mon vassal n'est pas mon vassal. »

238 LA MULTIPLICATION DES VASSAUX DIRECTS. — Le roi s'est efforcé de multiplier ses fidèles immédiats. Tout naturellement, lors qu'il récupérait certaines seigneuries, il se substituait aux anciens maîtres et devenait le seigneur direct de leurs vassaux. Également, le Capétien n'hésite pas à débaucher certaines clientèles vassaliques en leur offrant des fiefs, généralement sous forme de rentes (plus faciles – le cas échéant – à suspendre). Nombre de petits châtelains, affaiblis par la nouvelle conjoncture économique, trouvèrent là un moyen de résoudre leurs difficultés financières. Parfois, le roi élargit son réseau d'obligés, d'influences, jusqu'en terre étrangère : Philippe Auguste, devenu maître du Vermandois, se ménage d'importants vassaux directs, dans le comté voisin de Hainaut, pourtant terre d'Empire. Lorsque les nouveaux vassaux ainsi récupérés sont déjà les fidèles d'autres seigneurs, le roi exigera d'eux un hommage lige. S'ils sont déjà les hommes liges de quelqu'un, il s'efforce d'obtenir une priorité de ligence, généralement en augmentant le fief des intéressés, là encore par le jeu de fiefs-rentes.

239 LA NEUTRALISATION DES VASSAUX ET ARRIÈRE-VASSAUX. — Comme certains engagements préférentiels continuaient à jouer contre le roi, les conseillers royaux se sont attachés à en diminuer les conséquences. En 1186, le duc de Bourgogne, déjà vassal du roi, devient celui de l'empereur. Il fut alors prévu, en cas de guerre entre ses deux seigneurs, qu'il aiderait militairement celui qui aurait été agressé par l'autre – ou plutôt qu'il considérerait comme tel. Au vassal donc, d'apprécier le rapport de forces ; mais, à notre époque, la conjoncture générale est plutôt en faveur du roi de France. Dans un cas semblable, en 1215, il fut admis que le vassal ne devait faire au roi qu'une guerre défensive, en se contentant de garder ses châteaux. Quant aux arrière vassaux, on s'est d'abord efforcé de prévenir leur entrée en guerre contre le roi, leur suzerain, dans l'hypothèse d'un conflit entre ce dernier et leur seigneur direct. Le vassal concerné devait s'assurer au préalable que le roi était réellement dans son tort, quitte à aller s'enquérir auprès de lui des motifs de la discorde. Si le seigneur était dans son droit, le vassal faisait son devoir et l'assistait militairement. Dans le cas contraire, il s'abstenait de l'aider. Au vassal encore de bien apprécier la situation...

240 LE RENVERSEMENT DU PRINCIPE. — Depuis le début du XIIIe siècle, le Capétien s'est emparé de l'essentiel des possessions du Plantegenêt en France. Il a su alors s'inspirer des pratiques anglo-normandes d'une féodalité aux structures plus cohérentes, où la règle « le vassal de mon vassal... » ne pouvait jouer en Normandie contre le duc, ou en Angleterre contre le roi. Peut-être faut-il aussi compter avec l'influence du droit romain, exploité par les légistes royaux pour renforcer l'autorité territoriale du prince. Avant 1250, on assiste au renversement, au profit du roi, de l'ancien principe, comme l'exprime clairement là encore, *Le livre de Jostice et de Plet* : « Duc, comte, vicomte, baron... peuvent tenir les uns des autres et devenir hommes, sauf la dignité du roi contre qui hommage ne vaut rien. » Les rapports féodo-vassaliques existants peuvent jouer entre les différents seigneurs, mais plus contre le roi dont l'autorité s'impose pleinement à tous les échelons et niveaux de la pyramide féodale.

241 DE LA SUZERAINETÉ À LA SOUVERAINETÉ. — D'un point de vue théorique, le passage de la suzeraineté – supériorité du roi sur le monde des seigneurs et de leurs vassaux – à la souveraineté royale – supériorité du Capétien sur l'ensemble de ses sujets dans le royaume – allait presque de soi, tant maîtriser les uns revenait à atteindre les autres qui depuis trois siècles leur étaient soumis. *Le livre de Jostice et de Plet* exprime tout naturellement ce glissement, lorsque, après avoir affirmé la puissance du roi sur les degrés supérieurs de la hiérarchie féodale, il ajoute : « Chastelain, vavassor, citaen (gens des villes), vilains (gens des campagnes) sunt souzmis à cels (duc, comte, etc.) que nos avons devant nomez. Et tuit sont soz la main au roi. »

Dans la réalité, il faudra que le Capétien, tout au long du XIe siècle, se donne les structures et organes nécessaires pour passer au-dessus de tous ces barons – quelle que soit leur envergure – qui, dans leurs seigneuries, faisaient toujours obstacle entre lui et leurs ressortissants.

Pour aller plus loin

242 La légitimité capétienne. — En 754, lors du second sacre, à Saint-Denis, de Pépin le Bref, le pape Étienne II avait interdit aux Francs de se choisir un roi issu d'une autre famille « que celle que la divine Providence a daigné élire, élever au pouvoir royal et consacrer par l'onction très sainte ». La désignation d'Hugues Capet, en 987, et l'établissement de l'hérédité de sa lignée posaient assurément des problèmes de légitimité : sur cette importante question et au-delà sur les relations entre la France et la Germanie, avec l'accession à l'Empire de la dynastie des Ottons en 962, *cf.* L. Theis, *L'avènement d'Hugues Capet, op. cit.*, également R. Folz, *La naissance du Saint-Empire*, Paris, 1967. Sur ces thèmes, *cf.* aussi C. Brühl, *Naissance de deux peuples, Français et Allemands (IXe-XIe siècle)*, Paris, 1994, ainsi chap. IX : « La différenciation progressive de la Francie occidentale et de la Francie orientale (973-1002) », p. 243 et s. ; K.-F. Werner, *Histoire de France. Les origines*, notamment chap. XVII : « Restauration et chute des Carolingiens », p. 463 et s., et Les sources de la légitimité royale à l'avènement des Capétiens (X[e]-XIe siècles), *Les sacres royaux* (Colloque de Reims, 1975), Paris, 1985, p. 57. *Cf.* également le beau livre de Y. Sassier, *Hugues Capet, naissance d'une dynastie*, notamment chap. III : « La royauté d'Hugues Capet : persistance d'une idéologie », p. 267. Sur le « retour à la souche de Charles », si important dans la mentalité et au-delà les institutions capétiennes, *cf.* G. Spiegel, The *« Reditus ad stirpem Karoli Magni »* : a new look, *French Historical Studies*, VII, 2, 1971, p. 145, et aussi A. W. Lewis, *Le sang royal, op. cit.*, chap. IV : « Le développement du sentiment dynastique capétien », p. 143 et s., et ses développements sur droits du sang et ascendance carolingienne. Pour une conception personnelle et anthropologique du pouvoir royal au haut Moyen Âge, M. Sot, Hérédité royale et pouvoir sacré avant 987, *Annales*, 1988, p. 705. *Cf.* également B. Guenée, Les généalogies entre l'histoire et la politique : la fierté d'être capétien en France, au Moyen Âge, *AESC*, 1978, p. 450, repris dans *Politique et histoire au Moyen Âge*, Paris, 1981. Sur les emblèmes capétiens, M. Pastoureaux, La fleur de lis, emblème royal, symbole marial ou thème graphique, *La monnaie, miroir des rois,* Paris, 1978, p. 251, et La diffusion des armoiries et les débuts de l'héraldique, *La France de Philippe Auguste,* p. 737. Enfin, la célébration du « Millénaire » de l'avènement d'Hugues Capet a apporté de nombreux et nouveaux développements sur toutes ces questions, *La France de l'An Mil, op. cit.*

243 ROYAUTÉ SACRALE, ROYAUTÉ LÉGENDAIRE, INSTITUTIONS ET REPRÉSENTATIONS MENTALES. — Nous sommes, là encore, dans un domaine où l'histoire des mentalités et celle des institutions se confondent pour l'élaboration d'une « histoire totale » chère entre autres à Marc Bloch, à Jacques Le Goff ou à Georges Duby.

Sur les pouvoirs guérisseurs des rois de France, à partir de Robert II le Pieux, le point de départ de toute réflexion et interprétation reste le monument de Marc Bloch, *Les rois thaumaturges,* Paris, 1961, rééd. de Gallimard, 1983, dans la « Bibliothèque des Histoires », avec une intéressante préface de J. Le Goff. Pour quelques réflexions complémentaires, *cf.* l'ouvrage antérieur de J.-P. Poly et É. Bournazel, *La mutation, féodale, op. cit.,* p. 463 et s. Sur « Reims, ville du Sacre », *cf.* la contribution de J. Le Goff, *Les Lieux de la mémoire,* II : *La Nation,* t. 1, Paris, 1986, p. 89 et s., et, plus généralement, Aspect religieux et sacré de la monarchie française du Xe au XIIIe siècle, *Pouvoirs et libertés, op. cit.,* p. 309 et s., ou encore *Saint Louis, op. cit.,* p. 826 et s. : « Saint Louis, roi sacré, thaumaturge et saint ».

Sur les relations du Capétien avec saint Denis et son monastère, *cf.* G. Spiegel, The cult of saint Denis and capetian kingship, *Journal of Medieval History,* 1975, p. 43, et *The Chronicle Tradition of Saint Denis : a Survey,* Brookline (Mass.) and Leyden, 1978 ; J.-P. Poly et É. Bournazel, *La mutation,* p. 288 et s. ; D. Barthélemy, *L'ordre seigneurial,* p. 233 et s. *Cf.* aussi A. Erlande-Brandenbourg, *Le roi est mort. Étude sur les funérailles, les sépultures et les tombeaux des rois de France jusqu'à la fin du XIIIe siècle,* Genève, 1975, et E. Panofsky, *Abbot Suger, on the abbey church of Saint Denis and its art treasures,* 2e éd., Princeton, 1979. Plus généralement, *Abbot Suger and Saint Denis* (Symposium, New York, avril 1981), éd. P. Gerson, The Metropolitan Museum of Art, New York, 1986, et M. Bur, *Suger, abbé de Saint-Denis, régent de France,* Paris, 1991, avec, du même auteur, la traduction présentée des œuvres principales de l'abbé de Saint-Denis, *Suger, La geste de Louis VI et autres œuvres,* Paris, 1994. *Cf.* enfin les intéressants développements de C. Beaune, dans son beau livre, *Naissance de la nation France,* 1985, p. 83 et s. (même si les sources utilisées sont parfois un peu tardives pour notre période) et aussi, *Les sanctuaires royaux, La Nation, op. cit.,* p. 57 et s., et Les Capétiens et la naissance d'une histoire nationale, *Le miracle capétien, op. cit.,* p. 68 et s.

Sur le problème plus particulier des relations vassaliques entre le roi et l'abbaye, R. Barroux, L'abbé Suger et la vassalité du Vexin, en 1124, *MA,* 1958, p. 1 ; C. Van de Kieft, Deux diplômes faux de Charlemagne pour Saint-Denis au XIIe siècle, *MA,* 1958, p. 409 ; J.-P. Poly et É. Bournazel, Couronne et mouvance, institutions et représentations mentales, *La France de Philippe Auguste, op. cit.,* p. 217 et s., et *La mutation,* p. 302 ; É. Bournazel, Suger and the Capetians, *Abbot Suger and Saint-Denis, op. cit.,* p. 55.

Sur les incidences de la réforme grégorienne sur la conception du pouvoir capétien, *cf.* J.-F. Lemarignier et J. Gaudemet, *Institutions ecclésiastiques, op. cit.* ; V. Martin, *Les origines du gallicanisme,* Paris, 1939, 2 vol. ; M. David, *Le serment du sacre du IXe au XVe siècle,* Strasbourg, 1951, *La souveraineté et les limites juridiques du pouvoir monarchique du IXe au XVe siècle,* Paris, 1954 ; M. Pacaut, *La théocratie. L'Église et le pouvoir au Moyen Âge,* Paris, 1957, *Louis VII et les élections épiscopales dans le royaume de France,* Paris, 1957, *Louis VII et son royaume, op. cit.,* p. 34 et s. et p. 68 et s. ; C. Carozzi, D'Adalbéron de Laon à Humbert de Moyenmoutiers, la désacralisation de la royauté, *La cristianita dei secoli XI e XII in Occidente : coscienza e struttura di una societa* (Atti Settimana... Mendola, 1980), Milan, 1983, p. 67 et s.

Sur l'affermissement de la royauté. On peut consulter l'art. de D. Boutet, Les chansons de geste et l'affermissement du pouvoir royal (1100-1250), *AESC,* 1982, en dépit de la faiblesse de ses références bibliographiques, notamment institutionnelles. *Cf.* également, la très intéressante étude de E. Carpentier, Histoire et informatique. Recherches sur le vocabulaire des biographies royales françaises, *CCM,* 1982, p. 3 ; à travers les « vies » de Robert le Pieux (Helgaud de Fleury), Louis VI le Gros (Suger), Philippe Auguste (Rigord et Guillaume le Breton), de précieuses notations entre autres sur l'évolution du terme *regnum* conçu chez Suger et Rigord « comme une véritable personne (à qui l'on peut par exemple engager sa foi) ». Sur la notion de royaume, *cf.* Wood, *Regnum Franciae,* a problem in capetian administrative usage, *Traditio,* 1967, p. 117 ; D. Barthélemy, *op. cit.,* p. 239 et s. ; J. W. Baldwin, *Philippe Auguste,* p. 448 et s. ; É. Bournazel, Rome, *Regnum,* Empire, aux premiers temps capétiens, *Méditerranées,* n° 5, 1995, p. 39-50.

244 SUR LES RELATIONS FÉODO-VASSALIQUES ET L'ÉTABLISSEMENT D'UNE « ROYAUTÉ FÉODALE ». — F. Lot, *Fidèles ou vassaux. Essai sur la nature juridique du lien qui unissait les grands vassaux à la royauté, depuis le milieu du IXe jusqu'à la fin du XIIIe siècle,* Paris, 1904 ; L. Halphen, La royauté française au XIe siècle, La lettre d'Eudes II de Blois au roi Robert, et La place de la royauté dans le système féodal, *À travers l'histoire du Moyen Âge,* p. 226, 241 et 266 ; J.-F. Lemarignier, *Recherches sur l'hommage en marge et les frontières féodales,* Lille, 1945, Autour de la royauté française du IXe au XIIIe siècle, *BEC,* 1955, p. 5, Hiérarchie monastique et hiérarchie féodale, *RHD,* 1953, p. 171 ; G. Duby, Le gouvernement royal aux premiers temps capétiens, *MA,* 1966 ; M. Pacaut, *Louis VII et son royaume,* p. 161 et s. ; J.-P. Poly et É. Bournazel, Couronne et mouvance, *op. cit.,* et *La mutation,* p. 150 et s., et chap. VI, p. 275 et s. ; A. W. Lewis, *Le sang royal,* p. 128 ; J. W. Baldwin, *Philippe Auguste,* p. 333 et s. *Cf.* aussi O. Guillot, Les premiers Capétiens et la féodalité, *Le miracle capétien, op. cit.,* p. 40 et s., et J. Krynen, *L'empire du roi, op. cit.,* p. 42 et s.

245 SUR L'ENTOURAGE ROYAL, LE GOUVERNEMENT, LES INSTITUTIONS. — Nous renvoyons ici aux différentes monographies déjà indiquées sur les premiers Capétiens (n° 85). *Cf.* surtout J.-F. Lemarignier, *Le gouvernement royal aux premiers temps capétiens (987-1108)* ; *cf.* aussi É. Bournazel, *Le gouvernement capétien au XIIe siècle. Structures sociales et mutations institutionnelles (1108-1180),* et *La mutation féodale,* p. 277 et s. ; M. Bur, *Suger,* p. 142 et s. ; Y. Sassier, *Louis VII,* p. 401 et s. ; et J. W. Baldwin, *Philippe Auguste,* p. 141 et s. ; J. Richard, *Saint Louis,* p. 277 et s. ; G. Sivéry, *Saint Louis,* p. 19 et s., et *Louis VIII,* p. 261 et s. Sur l'origine de la Cour des pairs, F. Lot, Quelques mots sur l'origine des pairs de France, *Rev. hist.,* 1984, p. 34 ; G. de Manteyer, L'origine des douze pairs de France, *Études d'histoire du Moyen Âge dédiées à Gabriel Monod,* Paris, 1898, p. 187 ; *cf.* également M. Boulet-Sautel, Le rôle juridictionnel de la Cour des pairs aux XIIIe et XIVe siècles, *Mélanges... Clovis Brunel,* Paris, 1955, p. 577.

Chapitre 5
Les institutions royales

246 « Je suis à Paris – écrit Gui de Basoches, à la fin du XIIe siècle – dans cette ville royale où l'abondance de biens naturels ne retient pas seulement ceux qui l'habitent, mais invite et attire ceux qui sont loin... Dans l'île, à côté du palais des rois qui domine toute la ville, on voit celui de la philosophie où l'étude règne seule, en souveraine, citadelle de lumière et d'immortalité. » Depuis l'époque de Philippe Auguste, Paris est devenu la capitale du royaume, le lieu où, sous les auspices du savoir renaissant, se mettent en place, au XIIIe siècle, les divers structures et services qu'implique l'exercice retrouvé d'une certaine plénitude des fonctions régaliennes.

Section I
L'administration centrale

La royauté capétienne ne se contente pas de revendiquer la haute direction du royaume. Pour se donner les moyens de ses ambitions, elle développe les rouages qui pourront à la fois recevoir et traiter les multiples affaires désormais portées à sa connaissance, et transmettre en retour les impulsions nécessaires. L'augmentation et la complexité croissante des problèmes de gouvernement et d'administration engendrent la spécialisation fonctionnelle des institutions royales. Du palais, devenu maintenant la cour, des organes progressivement se distinguent ou se détachent : maison du roi ou hôtel, cour dans sa fonction de conseil, de justice, de finance, mais, par-delà la spécificité grandissante des tâches, les réunissent encore une communauté de personnel et une même conception exigeante du service royal.

I | L'HÔTEL-LE-ROI

247 LE SERVICE NOURRICIER. — Au sens restreint du terme, l'hôtel réunit tous les officiers subalternes, chargés du quotidien et du service nourricier. Ils se regroupent – selon une ordonnance de Saint Louis de 1261 – en six métiers *(ministeria)* : la panneterie, l'échansonnerie, la cuisine, la fruiterie, l'écurie et la chambre, elle-même remplacée par la fourrière. Dès cette époque, l'hôtel a son administration financière : une caisse particulière, alimentée par le Trésor, et une comptabilité distincte, tenue par un clerc ou un chambellan. Les serviteurs de l'hôtel sont rémunérés à raison de leur fonction sous des formes diverses de traitements, de gages, de rentes, de prébendes. Les revenus de certains fiefs sont également attachés à l'exercice d'offices, qu'il s'agisse d'ailleurs des charges des grands officiers ou de celles des veneurs royaux. Enfin, comme par le passé, les gens de l'hôtel reçoivent des dons annuels en vêtements (notamment des manteaux de soie : « pailes ») et des cadeaux en argent ou en pierres précieuses, à la mesure des services rendus.

248 LES GRANDS OFFICIERS. — Depuis la seconde moitié du XIIᵉ siècle, le Capétien attire volontiers les plus grands à sa table et n'hésite pas à leur confier certaines charges en sa maison. Mais il s'efforce de préciser le contenu des offices, en insistant sur les prérogatives domestiques et honorifiques : au sénéchal de servir les plats à table et de trancher les viandes. Plus encore, le roi inaugure une politique de vacance des fonctions qui ira jusqu'à leur suppression, lorsqu'elles sont jugées trop dangereuses. À la mort du sénéchal – le comte Thibaud V de Champagne – en 1191, l'office ne sera plus pourvu. Qu'il s'agisse du connétable, du chambrier ou du bouteiller, on ne les voit guère, au XIIIe siècle, exercer d'attributions définies et continues dans les domaines militaires ou financiers. Leur activité dépend plus, là encore, de leur familiarité avec le Capétien que de leur office proprement dit. Assez souvent, les charges sont d'ailleurs laissées sans titulaire.

En 1172, Louis VII retire l'office de chancelier à Hugues de Champfleury, évêque de Soissons, qui, en poste depuis plus de vingt ans, a fini par occuper une place trop importante dans le gouvernement royal en pleine mutation. Hugues du Puiset le remplace seulement en 1179 ; en 1185, la charge est supprimée – sauf un court rétablissement sous le règne de Louis VIII. Mais la fonction elle-même ne pouvait être ignorée dans cette période où on assiste à un développement général de l'écrit, et notamment des écrits royaux. Elle sera remplie par un simple gardescel qui surveille la rédaction des actes par les clercs notaires de la chancellerie et en assure l'authenticité en apposant le sceau royal.

249 LES OFFICIERS ORDINAIRES. – Ce déclin relatif des grands officiers correspond au développement des offices ordinaires de l'hôtel. Ainsi, au temps de Philippe Auguste et de Saint Louis, le groupe des maréchaux ou des chambellans apparaît assez actif et peut-être peut-on esquisser là avec J. Baldwin une distinction entre les premiers dont « le service était principalement militaire » et les seconds dont « la contribution était surtout administrative ». Si la chapelle ne constitue pas à proprement parler un métier distinct de l'hôtel, elle en fait assurément partie. Parmi les clercs et chapelains, certains remplissent les fonctions de notaires à la chancellerie. S'ils travaillent sous les ordres du chancelier en titre, ils sont choisis, nommés et aussi rémunérés par le roi. Quelques scribes semblent plus particulièrement attachés au service personnel du Capétien : ceux notamment qui rédigent sa correspondance particulière – ce qu'on appellera « les lettres closes » – sur lesquelles le roi appose son sceau personnel ou signet. Dès le temps de Saint Louis, enfin, des clercs de confiance sont plus spécialement chargés de recevoir toutes plaintes et requêtes, ces *placets* que les particuliers souhaitent adresser au roi. On les appelle les « clercs poursuivant le roi » et déjà certains reçoivent le pouvoir de conduire et de trancher l'affaire. Nous sommes là aux origines des maîtres des requêtes.

Même si quelques traits se précisent, surtout au niveau inférieur, l'hôtel apparaît avant tout comme une pépinière de grands ou de moindres officiers, de fonctionnaires subalternes, voire de simples clercs et chevaliers dépourvus de dignité spécifique, où se révèlent et se découvrent les talents. C'est un vivier où le Capétien puise, souvent parmi de véritables dynasties de vieux serviteurs, et aussi dans des milieux déjà plus instruits et savants, les plus dévoués à sa personne et à son office, pour les associer plus étroitement encore à l'exercice de sa fonction. Inversement, le roi pourra donner à de fidèles conseillers des charges en son hôtel.

II | Le conseil

250 Passé 1150, on assiste à la naissance d'un véritable conseil, issu des réunions naguère informelles de la *familia,* et qui apparaît dans les actes royaux comme une entité distincte, ayant une existence propre. Une apparition à mettre en relation avec la transformation de la notion de service royal, où se conjuguent familiarité conviviale, obligation féodale et transposition religieuse. Selon une règle qui dominera le gouvernement monarchique de toute l'ancienne France, le roi peut appeler qui il veut auprès de lui, à sa cour, pour le seconder dans sa tâche et le guider dans ses choix. Dès lors, la composition du conseil, au gré des circonstances et de la volonté capétienne, sera toujours extrêmement variable.

250 ***bis*** L'ÉLÉMENT ARISTOCRATIQUE. - Les historiens considèrent traditionnellement qu'au XIIIe siècle la reine régnante comme la reine mère ne semblent pas avoir eu de rôle politique déterminant, sauf en période de minorité royale[1] et sous le règne relativement effacé de Philippe III. Au conseil, la famille royale est plutôt représentée par l'héritier (« premier-né du seigneur roi ») et aussi par ces princes, frères et fils cadets du Capétien, qui

1. *Cf.* n° 252. La reine est couronnée avec le roi et sacrée – au moins à partir de la fin du XIIe siècle ; elle s'intitule « reine par la grâce de Dieu » et dispose d'un sceau particulier. Elle reçoit un douaire, constitué par un domaine et des revenus propres. Elle a, en outre, sa « maison » avec ses officiers, sur le modèle de celle du roi, pour laquelle elle reçoit une importante dotation.

s'intitulent « fils du roi de France » et portent de plus en plus la fleur de lys sur leur blason. Ils sont souvent au centre d'intrigues, et le roi qui se méfie de leur impatience et de leur ambition, ne les appelle pas systématiquement auprès de lui. Enfin, le Capétien dont les objectifs dépassent désormais le cadre du domaine et qui prétend effectivement gouverner pour la « commodité » ou l' « utilité du royaume » ne peut pas encore se passer du concours des grands, laïques et ecclésiastiques. Aussi, il n'hésite pas à multiplier les réunions particulièrement solennelles où les princes, convoqués au titre de l'aide et du conseil, acceptent de faire leurs les mesures royales et s'engagent à les exécuter (n° 268).

251 LES LÉGISTES. — Depuis la fin du XIIe siècle, des chevaliers et des clercs de la *familia* entretiennent des liens étroits avec le monde, alors en plein essor, des écoles parisiennes. En 1164, les conseillers royaux saisis d'un litige survenu entre la vicomtesse de Narbonne et un petit châtelain du Midi écartent, après quelques hésitations, l'application du droit romain au profit de la coutume du royaume. Au XIIIe siècle, le roi a autour de lui des gens qui connaissent les « us et coutumes de France » – même si le terme désigne souvent le droit applicable autour de Paris – et qui sont capables d'argumenter juridiquement ses décisions. Ce sont pour la plupart des légistes, au sens où ils ont étudié la *lex* – c'est-à-dire le droit romain – à l'Université. Certes, le Capétien éprouvera quelques réticences à l'utilisation d'un droit qui exaltait par trop la puissance de son rival, l'empereur d'Allemagne (n° 149) ; ce qui n'empêchait pas, bien au contraire, de le connaître. Mais la royauté ne pouvait pas non plus se priver d'un tel arsenal juridique pour exprimer son pouvoir renaissant. Dès la seconde moitié du XIIIe siècle, l'idée commence à s'imposer que le roi de France est « prince – *princeps,* au sens romain du terme – en son royaume », où il jouit à ce titre d'une autorité et de prérogatives comparables à celles de l'empereur. Ces maîtres, « ces chevaliers ès lois » du conseil, issus généralement d'un milieu de petite noblesse, sont pour la plupart membres de l'hôtel. Ils forment, autour du roi, un ensemble compétent de techniciens qui mettent préalablement en état les questions que l'opportunité politique commande alors de soumettre aux plus grands du royaume. En face, de l'élément féodal ou aristocratique, ils constituent par leur permanence auprès du Capétien, souvent d'un règne à l'autre, le noyau stable du conseil et incarnent la continuité de la fonction royale.

252 LA CONTINUITÉ ROYALE. — Il faut attendre la fin du XIIIe siècle et deux ordonnances de Philippe III le Hardi, de 1270 et 1271, pour que la majorité du roi soit fixée à 14 ans révolus. Jusque-là, on retenait plutôt le moment, en vérité variable, de son accession à la chevalerie : 14 ans (Philippe Ier, Philippe Auguste), 17 ans (Louis VI), 21 ans (Louis IX) et même 22 ans (Louis VIII). Durant la minorité du jeune roi, il fallait pourvoir au gouvernement du royaume, en organisant ce qui fut appelé plus tard une régence, peut-être sur le modèle du bail féodal. Au XIe siècle, celui-ci était plutôt confié au collatéral le plus proche du « sous-âgé » : en 1060, Baudoin V, comte de Flandre, fut désigné par Henri Ier pour assurer la tutelle de son neveu, Philippe Ier. Au XIIIe siècle, la régence est en général donnée à la reine mère : ainsi, à Blanche de Castille qui, pendant la minorité de Saint Louis, saura affronter victorieusement deux graves coalitions de hauts feudataires en 1226 et en 1228.

En principe, le (ou la) régen(te) exerce, en son nom propre, la totalité des pouvoirs régaliens, en s'appuyant généralement sur les principaux conseillers du défunt. Il n'en est pas exactement de même, en cas d'absence du Capétien, pour cause de croisade notamment. Assez souvent, le roi procède là à une répartition et à un contrôle des attributions qu'il délègue et tient, même à distance, à demeurer informé de l'usage qui en est fait. En 1147, lors du départ de Louis VII en Terre sainte, la garde du royaume fut surtout confiée à Suger qui puisait dans la caution du pape[1] comme dans les prérogatives conférées par la Pseudo-donation de Charlemagne à Saint-Denis (« tête de toutes les églises du royaume ») une autorité renforcée (n° 228). En 1190, Philippe Auguste, avant de partir en croisade, fait rédiger sur le conseil de ses amis et familiers une ordonnance – connue sous le nom de *Testament* – pour « pourvoir aux besoins de ses sujets » durant son voyage, et

1. L'abbé n'accepta sa mission qu'après avoir été également désigné par le pape ; l'archevêque de Reims et le sénéchal Raoul de Vermandois, qui avaient été choisis en même temps que lui, n'ont guère joué qu'un rôle effacé.

s'il ne revenait pas. Sa mère, la reine Adèle, et son oncle, Guillaume de Champagne, archevêque de Reims, exerceront la régence, mais devront rendre compte, trois fois par an, au roi de « l'état du royaume ». Leurs prérogatives sont soigneusement détaillées et, surtout, le roi leur impose comme auxiliaires ses fidèles conseillers palatins, ainsi le clerc Adam et Guillaume de Garlande pour veiller sur les recettes royales et la garde du Trésor, avec le concours de six bourgeois parisiens. Saint Louis qui avait donné la régence à sa mère en 1248, à son départ pour la croisade, ne la laissera pas en 1269 à sa femme, Marguerite de Provence, dont il redoutait l'ambition : il confie ce soin à deux de ses principaux conseillers.

253 UNE VOCATION GÉNÉRALE. — Même s'il n'a qu'un rôle consultatif et si la décision appartient toujours au roi en dernier ressort, le conseil a une vocation générale à connaître de toutes les questions intéressant le gouvernement et l'administration du royaume, dans la paix comme dans la guerre. Le roi y reçoit les ambassadeurs et signe les traités. Il y nomme les administrateurs qui le représentent territorialement et y arrête les instructions ou injonctions qui leur sont adressées, depuis le XIIe siècle sous la forme de « mandements ». Là sont délibérées les ordonnances qui expriment le pouvoir législatif retrouvé du roi. Le Capétien y exerce au plus haut niveau sa justice personnelle, celle liée à l'activité des maîtres des requêtes qu'il se réserve : la justice « retenue » par opposition à celle qu'il peut déléguer à certaines personnes ou institutions. Suivant les affaires qui y sont évoquées ou traitées, le roi appelle plus ou moins de monde en son conseil. Dès le XIIIe siècle, on peut ainsi distinguer suivant sa formation un *conseil étroit* ou *secret* où n'assiste qu'un nombre restreint de fidèles conseillers, parmi lesquels les légistes, et un conseil plus largement ouvert qui prend parfois la forme de grande assemblée. Dès cette époque aussi, le roi commence à s'entourer de l'avis des représentants de certains corps sociaux, des ecclésiastiques ou des nobles bien sûr, et aussi, assez fréquemment, des gens des villes. Ainsi, alors même que le conseil commence peu à peu, selon les circonstances, à réunir les différentes forces vives du royaume, une certaine spécialisation se dessine au sein de l'institution.

III | Le Parlement

254 La naissance du parlement, au milieu du XIIIe siècle, est liée au progrès de la justice royale et à la multiplication des affaires portées à la connaissance de la royauté. Peu à peu, autour notamment des clercs « maîtres ès lois » de l'hôtel, se constitue un organisme distinct aux sessions régulières[1] : la cour dans sa fonction de justice, *la curia in parlamento* / la cour en parlement que Saint Louis établira dans la cité, à côté du palais royal, et qui recevra sa première réglementation générale en 1278, par une ordonnance de Philippe III le Hardi.

255 Un organe spécialisé. — Émanation de la cour du roi, le parlement en reflète l'évolution. Jusqu'à la fin du XIIIe siècle, on y retrouve des prélats et barons du royaume, notamment des pairs, convoqués en tant que vassaux, au titre de l'aide et du conseil. Y siègent également des officiers palatins et aussi des agents locaux (baillis ou sénéchaux surtout) du roi qui peuvent être appelés à y répondre de certaines affaires et qui prennent part aux délibérations. Enfin, il y a l'élément purement professionnel, stable, autour duquel les autres viennent s'agréger : les « maîtres (ou conseillers) du parlement » recrutés pour l'essentiel parmi les légistes du conseil, sur qui repose l'institution et qui ne tarderont pas à éclipser les autres membres, d'ailleurs souvent rebutés par la technicité croissante des procédures.

Très tôt, le parlement commence à se spécialiser aussi dans ses structures, comme il ressort déjà de l'ordonnance de 1278 qui distingue plusieurs sections ou chambres : celle des requêtes qui reçoit et examine les demandes des parties ; celle des enquêtes où certains maîtres sont chargés de recueillir les informations nécessaires à certaines affaires et peuvent en délibérer, enfin, la « chambre au plaid », origine de la grande chambre, devant laquelle sont jugés en principe tous les procès.

1. Quatre sessions sous Saint Louis qui seront ramenées à trois par Philippe le Hardi.

256 Une compétence universelle et souveraine. — Le parlement est l'organe par excellence de *justice déléguée.* Dès lors qu'il représente au plus haut niveau le roi dans ses prérogatives judiciaires, sa compétence s'étend à tout le royaume. En 1278, fut même instituée une section plus spécialement chargée d'instruire et de juger les causes venues « de la terre qui est gouvernée par droit écrit » (pour le Midi, le futur Auditoire). En première instance, la cour juge, dans la tradition féodale, toutes les causes concernant les vassaux du roi ; à partir de 1278, celles-ci sont plutôt du ressort des baillis et des sénéchaux, et seuls les grands féodaux, ou ceux qui ont reçu un privilège du roi, sont justiciables de la cour. Depuis Saint Louis, le parlement est plutôt une juridiction d'appel aussi bien à l'égard des juridictions royales inférieures (tribunaux de prévôté ou de bailliage) que des justices seigneuriales[1].

Les décisions du parlement sont souveraines au sens où il n'y a pas de juridictions supérieures auxquelles en appeler. Mais le roi ne s'est pas dessaisi pour autant de son pouvoir judiciaire *(justice retenue).* Il peut présider la cour, infléchir ou aggraver les sentences de celle-ci, arrêter l'action de la justice, évoquer l'affaire par-devers lui, en son conseil. Surtout, le justiciable mécontent d'un arrêt peut saisir le roi, par l'intermédiaire des maîtres des requêtes de l'hôtel, d'une « proposition d'erreur » : si le roi ou le conseil considère qu'effectivement le parlement s'est trompé dans son jugement, il cassera l'arrêt, généralement sans examiner l'affaire au fond, et la renvoie devant la cour pour qu'il y soit statué à nouveau. Telle est l'origine de notre moderne cassation.

257 Une compétence extra-judiciaire. — Comme les liens sont toujours étroits entre le conseil et le parlement et qu'une communauté de personnel souvent les réunit, la compétence de l'une et l'autre institution n'est pas toujours bien séparée. Des enquêteurs issus de la cour surveillent les administrateurs locaux. Des ordonnances royales seront préparées aussi bien en conseil que devant le parlement qui non seulement les enregistre pour les conserver, mais n'hésite pas à les interpréter. Déjà aussi, la cour commence à formuler des règles générales (futurs *arrêts de règle-*

1. Sur le développement de l'appel, *cf.* n° 274.

ment) – applicables à tous sauf opposition royale –, notamment pour combler les lacunes du droit ou fixer la procédure.

258 La procédure en cours royales. — L'apparition et le développement du parlement sont liés à une transformation d'ensemble de la procédure devant toutes les juridictions royales qui jusqu'alors fonctionnaient selon les règles formalistes des diverses cours féodo-seigneuriales : absence de représentation (« Nul ne plaide par procureur ») et archaïsme du système de preuves. En 1274, une ordonnance de Philippe III le Hardi – inspirée du statut, tiré du droit romain, des officialités – autorise la représentation par avocat devant les cours royales (parlement, tribunaux de bailliage) et définit les règles déontologiques de la profession (serment d'accès, défense des justes causes, ministère loyal, honoraires limités). Dès 1281 apparaît, parmi « les gens du roi » au parlement, le procureur du roi, mais celui-ci ne s'occupe pas exclusivement des intérêts royaux.

En matière de preuve, la grande réforme fut celle de Saint Louis qui, en 1258, abolit le recours au duel judiciaire pour lui substituer une procédure d'enquête, empruntée aux usages normands et aux règles romano-canoniques. Une telle innovation – très mal accueillie par les grands féodaux qui y voyaient la disparition d'un de leurs privilèges – modifiait fondamentalement l'ordre ordinaire du procès. Pour le procès civil, demandeur et défendeur, sur un pied d'égalité, produisaient leurs preuves (par témoins ou par chartes, avec une prépondérance pour le premier mode selon l'adage « Témoins passent lettres ») qui en cas de contestation étaient vérifiées par le juge, par voie d'enquête. En matière criminelle, la procédure pouvait être également accusatoire, avec production des preuves de chacune des parties, accusateur et accusé, et débats contradictoires ; dès le XIIIe siècle, elle devient de plus en plus inquisitoire, à l'imitation du droit canonique : le juge se saisit lui-même d'office et ouvre une information qu'il conduit dans le secret (sauf le nom des témoins).

258 *bis* Les *olim*. — Depuis le XIIe siècle, les écrits produits en cour royale étaient conservés de même que les accords des parties ou les décisions des juges. À partir de 1263, les principaux arrêts et enquêtes du parlement depuis 1254, jusque-là consignés sur des « rôles » (rouleaux de parchemin) selon le modèle normand, sont transcrits pour tout ou partie par Jean de Montluçon, greffier de la cour, sur deux registres distincts qu'on appellera *olim,* du mot (jadis) qui débutait l'un d'eux. Son œuvre fut ensuite continuée, vraisemblablement à partir de 1274, par Nicolas de Chartres, dont seul le « Livre des arrêts » (jusqu'en 1298) nous est parvenu[1].

IV | Les comptes royaux

259 Ressources et trésor. — Les ressources ordinaires de la royauté sont constituées pour l'essentiel par les produits du domaine : cens, tailles, revenus des terres et forêts, péages et tonlieux ; produits de la monnaie et de la justice (amendes surtout, droit de sceau) ; droits seigneuriaux (relief, régale, etc.). À cela, il faut ajouter des contributions extraordinaires que le Capétien essaiera souvent de transformer en imposition ordinaire : aide levée pour la croisade ou pour le rachat du service d'ost (abonnement des villes notamment) ; décimes prélevés sur le clergé à partir de 1188 (dixième des revenus ecclésiastiques) pour financer en principe de saintes expéditions, impôt sur les juifs ou sur les lombards, emprunts divers. Les recettes perçues par les agents royaux sont – déduction faite de leurs dépenses – versées au Trésor royal dont la garde depuis 1146 est confiée aux Templiers de Paris.

260 Le bureau des comptes. — Dès la fin du règne de Louis VII et surtout à partir de Philippe Auguste, on assiste à un effort pour mettre de l'ordre dans les comptes des domaines royaux et dans la gestion financière des prévôts et des baillis ou sénéchaux. En 1190, Philippe Auguste institue un véritable bureau de comptabilité où son clerc Adam, avec l'aide d'un maréchal et de six bourgeois de Paris, enregistrait les revenus que les agents locaux apportaient au Temple trois fois l'an. À partir de là, le perfectionne-

1. Le livre des enquêtes, perdu, a été reconstitué grâce aux savants travaux de L. Delisle et de Ch.-V. Langlois.

ment des techniques comptables est indiscutable comme il ressort du premier compte qui nous a été conservé, celui de 1202-1203. Les recettes et dépenses y sont distinguées dans chaque rubrique pour chacun des trois termes prévus pour le versement (Chandeleur, Ascension, Toussaint) ; l'ensemble des comptes est divisé en quatre parties : comptes des prévôts, des baillis, des marches (chapitre consacré au financement des armées qui, aux frontières de la Normandie, en préparent l'invasion) et compte des sergents qui comprenait la taxe (« prisée des sergents ») payée depuis 1194 par nombre de villes et de monastères en remplacement du service d'ost. À partir de 1226, ces progrès comptables permirent l'élaboration d'un compte général.

260 *bis* VERS LA CHAMBRE DES COMPTES. — Les clercs du roi, spécialisés dans la tenue des comptes royaux, sont qualifiés dès 1256 de « gens députés aux comptes », puis de « maîtres des comptes » en 1278. La Chambre des comptes proprement dite n'existe sans doute pas encore, mais, dès cette époque, l'institution est bien en germe dans cette section de spécialistes qui tenaient leurs sessions au Temple, procédaient à des enquêtes, rendaient des jugements en matière financière et plus généralement surveillaient la gestion des administrateurs locaux.

Section II
L'administration locale

261 LE DOMAINE ROYAL. — Juridiquement, le domaine royal se définit comme l'ensemble des propriétés foncières, droits et prérogatives, dont le roi jouit dans le royaume. À partir du règne de Louis VII, le Capétien met en œuvre une politique systématique d'extension territoriale, au détriment notamment des grands fiefs. Par son mariage avec Aliénor, en 1137, Louis VII avait mis la main sur le duché d'Aquitaine, que son divorce, en 1151, lui fit perdre. En épousant Isabelle de Hainaut, nièce du comte de Flandre, Philippe II récupéra en dot le Boulenois et l'Artois et, par succession, l'Amiénois et le Vermandois. En avril 1202, la cour royale prononce la commise des fiefs de Jean sans Terre pour manquement à ses devoirs féodaux : le roi s'empare de la Normandie, du Maine, de l'Anjou et du Poitou et son fils, Louis VIII, consolidera ces conquêtes. En 1229, par le traité de Paris avec Raimon VII de Toulouse, Louis IX rattache au domaine les futures sénéchaussées de Beaucaire-Nîmes et de Carcassonne, prolongeant l'emprise sur le Midi ouverte par la croisade des Albigeois à l'époque de Philippe Auguste ; en 1239, il achète le comté de Mâcon. En août 1279, à la mort d'Alphonse de Poitiers et de Jeanne de Toulouse, l'héritage toulousain est incorporé au domaine royal, en application d'une clause de leur contrat de mariage.

L'annexion de provinces et seigneuries aux traditions propres et aux particularismes accusés, administrée selon les lieux par des châtelains, des vicomtes, des juges, des bayles ou des viguiers, pose naturellement le problème de leur intégration au domaine. Le temps n'est plus, comme aux XIe et XIIe siècles, où le roi, seigneur entre les seigneurs, pouvait se contenter de quelques obscurs prévôts et ministériaux pour gérer ses possessions au cœur de l'Île-de-France. Désormais, la royauté met en place une véritable administration territoriale, rouage et relais de son autorité, dont le rôle dépasse la seule gestion domaniale. Enfin, au fur et à mesure de son accroissement, en se rapprochant du royaume, le domaine tend à être considéré comme le support de la couronne, la véritable assise de la puissance du Capétien, qu'il importe particulièrement de protéger et peut-être d'abord contre le roi lui-même.

262 LES PRÉVÔTS ET LES BAYLES. — Aux XIe et XIIe siècles, les domaines royaux étaient exploités par des prévôts. Ils sont avant tout des agents seigneuriaux, dont les circonscriptions ne sont pas territorialement bien définies, et qui exercent les pouvoirs et les droits que le roi possède localement ou est en mesure de revendiquer, voire d'imposer. Ils exercent des fonctions d'administration et de police (publication et respect des règlements royaux, maintien de la paix, protection des communautés villageoises, surveillance des foires et marchés), de justice (depuis la répression des délits forestiers jusqu'aux crimes les plus graves), finances (perception des tailles, cens, péages – entretien des châteaux et demeures royaux, paiement des rentes) et aussi des attributions militaires (levée de contingents à conduire à l'ost). Pour cette période, on ignore leur mode de nomination et la manière dont ils étaient rémunérés. Sans doute, faisaient-ils comme leurs semblables des diverses seigneuries et prélevaient-ils arbitrairement ce qui leur revenait, sauf à leur maître à leur faire rendre gorge.

Avec l'expansion du domaine, le nombre des prévôtés augmente considérablement (41 en 1179, 51 en 1185, 62 vers 1203 et plus de 80 en 1285), et leur ressort apparaît mieux délimité. Également, les prévôts du Nord trouvent leurs correspondants dans les bayles du Midi, d'anciens agents princiers ou seigneuriaux, passés au service du roi avec l'annexion de leur territoire. De même, semblent mieux définis et souvent limités (notamment à l'égard des communautés urbaines) les pouvoirs qu'ils exercent par délégation du roi, et combattue leur tendance à se maintenir héréditairement dans leur charge. Surtout, à partir de la seconde moitié du XIIe siècle, se développe – peut-être à l'imitation de la Normandie – le système de la *ferme.* La prévôté ou la baylie étaient données à ferme au plus offrant, le bail étant généralement concédé pour un temps assez court : trois ans souvent, parfois moins, jamais plus. Aux trois termes fixés (Toussaint, Chandeleur, Ascension), l'adjudicataire versait au Trésor la somme promise. Un tel système incitait le fermier, pour assurer ou augmenter ses bénéfices (différence entre les recettes qu'il collectait, les dépenses qui lui incombaient et le montant fixe du fermage), à pressurer ses administrés par toutes sortes d'abus et d'exactions. On voit ainsi nombre de communes au XIIIe siècle, pour éviter ces malversations, racheter au roi la charge prévôtale. Depuis 1260, se développe le système de la *garde* : la prévôté était donnée à un gardien nommé et appointé par le roi (qui pouvait le révoquer). Le prévôt devait prêter serment et fournir régulièrement des comptes de sa gestion.

263 LES BAILLIS ET SÉNÉCHAUX.

1) *Les origines.* — Il y a une concordance dans le temps entre les tentatives de réformation des prévôtés, l'accroissement du domaine et la création, à partir de 1184, d'un type nouveau de fonctionnaires : les baillis, peut-être là encore sur le modèle anglo-normand. À l'origine, ce sont des envoyés du roi, détachés en mission de sa cour

ou de son hôtel, pour surveiller les prévôts et tenir localement des sessions judiciaires. Les ressorts (ou bailliages) dans lesquels ils interviennent restèrent longtemps variables, comme le nombre des prévôtés soumises à leur contrôle. À partir de 1230, leurs tournées, maintenant individuelles, deviennent plus fréquentes et plus longues et déjà se dessinent des circonscriptions aux contours plus précis, auxquels ils commencent à être normalement attachés. Passé 1260, ils apparaissent comme des agents territoriaux, établis dans des ressorts déterminés.

Les sénéchaux que l'on rencontre dans l'ouest et le sud du royaume sont issus des grands officiers des cours seigneuriales dont les princes avaient fait leurs représentants locaux. Lorsque le Capétien récupéra leur territoire, il s'efforce de ménager des transitions en laissant subsister ces charges – tenues souvent par de puissants seigneurs agissant à titre héréditaire – pour mieux les récupérer et les transformer progressivement en offices révocables.

Au milieu du XIIIe siècle ; baillis et sénéchaux apparaissent comme des fonctionnaires interchangeables[1], dépendant du roi qui les nomme en son conseil, n'hésite pas à les déplacer, et les rémunère sous forme de gage. Généralement, ils sont choisis dans les milieux fidèles de petite noblesse, voire parmi les bourgeois, et nombre d'entre eux ont fait des études, notamment de droit.

2) *Attributions.* — Le bailli, comme le sénéchal, représente le roi dans toute l'étendue de ses prérogatives, exerçant ses attributions aussi bien vis-à-vis des agents qui lui sont subordonnés (prévôts ou bayles) qu'auprès des villes et collectivités d'habitants et des vassaux royaux dont il reçoit l'hommage. Déjà aussi ses interventions dépassent le cadre strict du domaine pour empiéter sur les seigneuries voisines.

Dans l'ordre administratif, il publie les actes royaux, les complète le cas échéant par des règlements et veille à leur exécution comme à celle des jugements civils ou criminels. Il a une mission générale de police, de maintien de la paix et de protection de certaines personnes ou communautés. Il est aussi chargé de la conserva-

1. Ainsi Beaumanoir, après avoir été bailli seigneurial de l'apanage du comte de Clermont (1279 à 1283), deviendra sénéchal royal de Poitou (1284-1287), puis de Saintonge (1287-1288), bailli royal de Vermandois (1289-1291), de Touraine (1291-1292) et enfin de Senlis (1292-1296).

tion et de l'exploitation du domaine et, à ce titre, il a d'importantes attributions financières. Il perçoit ainsi des revenus que le roi ne souhaite plus affermer aux prévôts : ceux des forêts et des vignes, produits des amendes de justice. Il reçoit également les profits des confiscations, des droits de mutation (relief des grands fiefs), les régales, les droits de sceau, les redevances sur les juifs et les revenus des ateliers monétaires. Sur ces rentrées, il prélève le paiement de ses gages, paie ceux qui reviennent à certains officiers et serviteurs royaux, et acquitte les rentes, dépenses et travaux divers assignés sur les revenus dont il a la charge. De plus en plus, les baillis sont responsables des recettes des prévôtés de leur ressort qui, depuis 1238, sont comptabilisées avec les leurs. Eux aussi viennent trois fois l'an rendre leurs comptes.

Leurs prérogatives militaires sont considérables, non seulement ils veillent à l'entretien et au ravitaillement des places fortes, villes et châteaux, et de leur garnison, mais encore ils convoquent à l'ost les grands vassaux, lèvent le ban et l'arrière-ban, rassemblent les nobles de leur ressort et les contingents des communes qu'ils conduisent à l'armée.

Enfin, dans le domaine judiciaire, en cette période de développement de la justice royale, leur rôle est essentiel. Le tribunal de bailliage présidé par le bailli, assisté de prud'hommes, devient la juridiction de droit commun du royaume. En première instance, baillis et sénéchaux se réservent souvent les litiges concernant les nobles et jugent des affaires relatives aux fiefs et aux droits féodaux. Surtout, ils interviennent en appel des cours royales inférieures (prévôtés notamment) et, de plus en plus, des justices seigneuriales et même princières. Plus généralement, ils sont activement mêlés à la lutte que mène, dès le XIIe siècle, le Capétien contre les juridictions qui ne sont pas les siennes.

3) *Le prévôt de Paris.* — Depuis au moins le XIIe siècle, et sans doute avant, Paris est administré par un prévôt dont l'autorité s'exerce sur tout le domaine royal non inféodé et les seigneuries, nombreuses et importantes, relevant du château de Paris. À la fin du XIIe et au début du XIIIe siècle, la charge paraît avoir été annuellement affermée plutôt à des bourgeois, surveillés, semble-t-il, par des baillis délégués de la cour. À partir de 1261, la prévôté de Paris,

qui cessa d'être concédée à ferme et fut donnée en garde à Étienne Boileau, se transforme en véritable bailliage – même si le prévôt de Paris conserve son titre – qui juge en appel des différentes prévôtés environnantes. Dès la fin du XIIIe siècle, apparaît la *coutume de la prévôté de Paris.*

264 LES ENQUÊTEURS ROYAUX. — Depuis la fin du règne de Philippe Auguste, le Capétien multiplie les enquêtes administratives pour mieux connaître l'effectivité et l'étendue exacte de ses droits, et aussi pour surveiller ses agents locaux et notamment ses baillis, lors qu'ils furent sédentarisés. Assez souvent, celles-ci sont diligentées par des familiers de sa cour, membres de son hôtel. En janvier 1247, avant de partir en Égypte et afin de ne laisser derrière lui aucun abus, Saint Louis ordonne une enquête générale dont il confie le soin à de saintes personnes, entre autres « pour écouter, noter par écrit et examiner... les plaintes pour injustices et exactions, réquisitions indues de services et tous autres préjudices, s'il en a été commis ou perpétré aux dépens de certains par nos baillis, prévôts, verdiers, sergents et leurs serviteurs au temps de notre règne ». À l'issue de cette enquête de 1247-1249, où les plaintes pour abus de pouvoir, malversation, concussions, extorsions concerneront plutôt les officiers inférieurs, la royauté procédera à un vaste mouvement administratif, prélude à des réformes plus profondes : une vingtaine de baillis et de sénéchaux sont alors déplacés ou même révoqués[1]. Par la suite, des enquêteurs sont régulièrement envoyés en tournées, notamment dans les provinces méridionales dont l'éloignement était source d'abus. Sous le règne de Philippe le Hardi, leur pouvoir d'intervention et de coercition à l'égard tant des baillis et sénéchaux que des grands seigneurs fut même renforcé.

265 LES « GRANDS JOURS ». — En annexant au domaine certaines grandes seigneuries, la royauté s'efforce de prolonger à son profit l'action de centralisation judiciaire conduite par les princes dans la seconde moitié du XIIe siècle. Après la réunion de la

1. La grande ordonnance administrative de 1256 (qui reprend pour tous les bailliages et sénéchaussées du royaume, celle de 1254 pour le seul Midi royal) définit strictement les obligations statutaires non seulement des baillis et sénéchaux, mais aussi des officiers de rang inférieur (*cf.* G. Sivery, *Saint Louis et son siècle,* p. 536 et s.).

Normandie, Philippe Auguste maintient la cour ducale de l'Échiquier. Régulièrement, deux fois l'an, des commissaires de la *curia regis,* choisis parmi les conseillers du roi, se rendent en Normandie pour tenir des assises judiciaires – on parlera plus tard de Grands Jours – qui, dès le milieu du XIIIe siècle, forment la cour de justice supérieure de la province qui juge en appel des sentences rendues par les baillis ou par les barons normands. Amenés à appliquer le droit, c'est-à-dire la coutume de Normandie, une des premières à avoir été rédigée au seuil du XIIIe siècle, les familiers royaux purent s'imprégner des pratiques judiciaires normandes pour les transposer au profit de leur maître. Depuis 1234, le comte Thibaud IV de Champagne tenait des sessions judiciaires – « Grands jours de Troyes » – où assistaient les barons de la province et quelques légistes, des baillis surtout. De 1278 à 1284, durant la minorité de Jeanne (l'héritière du comté fiancée à Philippe le Bel), Philippe III le Hardi, sans modifier la composition de ces Grands Jours, envoie pour y assister des membres de sa cour. Par la suite, ces sessions provinciales, élargies à d'autres anciennes principautés, seront plutôt tenues par des maîtres du parlement, et certaines seront à l'origine de la constitution de véritables parlements provinciaux.

266 LES APANAGES. — C'était une pratique ancienne de la royauté capétienne de concéder aux princes royaux, pour subvenir à leurs besoins, des dotations en terres ou apanages (*ad panem :* pour le pain). Dès le XIe siècle, Henri Ier avait donné à son frère la Bourgogne récemment acquise. À partir du XIIIe siècle, ces concessions se multiplient. En 1225, Louis VIII accorde à son deuxième fils l'Artois, au troisième l'Anjou et la Touraine, et le comté de Poitou au quatrième. Il s'agissait là d'amputations majeures du domaine, où l'autorité et l'administration des princes se substituaient à celles du roi. Certes, leur gouvernement dans des provinces récemment réunies pouvait ménager d'utiles transitions : tel fut le cas, par exemple, avec le frère de Saint Louis, Alphonse de Poitiers, qui, en 1249, récupéra du chef de sa femme le comté de Toulouse et développa en ses provinces des institutions sur le modèle royal. Mais le risque était grand également de recréer une néo-féodalité apanagiste au moment où le Capétien luttait contre la puissance toujours menaçante des grands, comme en témoignent leurs révoltes durant la minorité de Louis IX. Toutefois, dès 1225, est prévue une clause de réversion de l'apanage au domaine en l'absence d'hoir mâle, à la fin du XIIIe siècle, le parlement considérera que, comme la couronne, l'apanage est indivisible et doit revenir au domaine en l'absence d'héritier direct de l'apanagiste. Au demeurant, Saint Louis ne concéda que des apanages réduits, ainsi à son fils Robert le comté de Clermont en Beauvaisis, qu'administra Beaumanoir, et Philippe III en fit de même en accordant, à l'est de Senlis, le minuscule comté de Valois à Charles, son puîné.

Section III
Le droit royal

267 Dans le temps où le roi détourne, à son profit, les conceptions et structures féodales pour fonder la théorie de son pouvoir suzerain, il s'efforce de récupérer l'essentiel de ses prérogatives jadis dispersées. Dans cette lutte pour imposer un droit désormais royal, où le combat des armes soutient celui des idées, la royauté doit encore et toujours compter avec les multiples forces seigneuriales. Mais elle oppose à leurs intérêts considérés à bien des égards comme particuliers celui supérieur du royaume : l'intérêt public dont le roi, dans la plénitude progressivement retrouvée de sa fonction, se voudrait l'unique interprète et gardien, le seul juge et dépositaire suprême.

I | Les ordonnances royales

À partir du milieu du XIIe siècle, la royauté renoue avec une pratique législative depuis longtemps abandonnée. Les mesures de portée générale qui surgissent alors sous forme d'ordonnances (on dit encore établissements, édits, statuts, constitutions) apparaissent à la fois comme la manifestation de la supériorité proclamée du roi sur l'ensemble du royaume et aussi comme l'instrument de progression de cette autorité renaissante. Car le Capétien a dû procéder par étape pour faire reconnaître, accepter et appliquer les décisions adoptées en son conseil par tous les princes et les comtes – barons souverains en leurs terres – dont le concours était plus qu'une obligation : une nécessité.

268 LE CONSENTEMENT DES VASSAUX. — En 1147, avant de partir pour la croisade, Louis VII avait arrêté un certain nombre de mesures indispensables à la paix et à la bonne organisation du voyage, par serment et en engageant leur foi, les grands les ont confirmées, mais ajoute, non sans ironie, le chroniqueur Eudes de Deuil : « Parce qu'ils ne les tinrent pas bien, je ne les ai pas retenues. » Plus sérieusement, une procédure semblable est suivie le 10 juin 1155 à Soissons. Le roi, à la demande des clercs et avec l'assentiment des barons, y instituait pour dix ans la paix dans le royaume et ce texte peut être considéré comme la première véritable ordonnance royale. Les grands assemblés – le duc de Bourgogne, les comtes de Flandre, de Champagne, de Nevers et de Soissons – jurent d'observer la paix ; les prélats – les archevêques de Sens et de Reims et leurs suffragants – promettent sur les reliques de la maintenir de toutes leurs forces. Le roi légifère, mais du consentement de ses vassaux. Sans leur assentiment, la portée de la décision royale ne dépasserait pas le cadre du domaine. Les grands restent toujours les maîtres en leur terre et le Capétien ne peut pas y imposer ses décisions, « y mettre son ban », sans leur autorisation. Une telle procédure qui exprime parfaitement les limites de l'autorité capétienne se poursuivra jusqu'à la fin du règne de Philippe Auguste.

De Louis VIII à Philippe III le Hardi, la fonction législative du roi s'affirme davantage. Une première ordonnance de 1223, sur les juifs[1], souscrite par plus de vingt barons, décide que la mesure s'appliquera « tant à ceux qui ont juré l'établissement qu'à ceux qui ne l'ont pas juré ». Une seconde, en 1230 (qui interdisait l'usure en général et la rétention des juifs d'un autre seigneur), est encore plus précise. Elle a été arrêtée « pour l'utilité de tout le royaume », de la volonté du roi et « du commun conseil des barons » ; il est en outre prévu « que si quelque baron ne veut pas l'observer, le roi et les

1. L'objet du texte était d'empêcher un seigneur de retenir les juifs d'un autre : la mesure était fiscalement intéressée puisque les juifs, entre autres prélèvements et redevances, payaient un cens au seigneur de la terre.

autres barons l'y contraindront ». Ainsi l'idée chemine selon laquelle les établissements royaux, ou du moins certains, doivent être généralement appliqués et que le roi peut s'en tenir au consentement d'une majorité des vassaux pour faire respecter ses décisions. Peu à peu, la chancellerie perd l'habitude de mentionner dans les ordonnances le nom des barons présents et se contente de signaler leur majoritaire adhésion.

269 LA THÉORIE DE BEAUMANOIR. — Progressivement, le Capétien superpose son autorité à celle des princes et seigneurs ; certes, ceux-ci continuent à légiférer en leurs baronnies, mais pardessus leurs lois commence à s'imposer la législation royale. À la fin du XIIIe siècle, Beaumanoir formule une théorie générale de l'ordonnance royale, directement inspirée des canonistes et du droit romain. En temps de guerre ou « de nécessité », le roi peut faire tout établissement « pour le commun profit ». En temps de paix, l'auteur assortit le pouvoir royal de légiférer pour tout le royaume de trois conditions : l'ordonnance doit être faite « par grand conseil », mais nous savons qu'alors les légistes y prédominent, « pour le commun profit », c'est-à-dire le bien commun (idée développée alors par saint Thomas d'Aquin reprenant Aristote), « pour raisonnable cause », en conformité avec la loi divine et morale. En définitive, le pouvoir législatif que Beaumanoir relie à la notion de « garde générale du royaume » est laissé à l'appréciation du roi (« comme il lui plaît »)[1], maître de la composition de son conseil et donc seul interprète, au plus haut niveau, de l'intérêt général.

II | LA PAIX DU ROI

270 UNE PAIX GÉNÉRALE ? — À partir de la seconde moitié du XIIe siècle, le Capétien, conformément au rôle que lui confère sa dignité, entend substituer la paix du roi à celle de l'Église ou des princes. Gardien d'un ordre qui désormais se veut « public », il s'efforce de mettre un terme aux multiples guerres seigneuriales et

1. Une telle formule, empruntée aux jurisconsultes romains – ainsi, Ulpien, « *quod principi placuit legis habet vigorem* / ce que le prince estime bon a force de loi » – annonce déjà le « car tel est notre plaisir » de l'Ancien Régime.

notamment à ces pratiques prolongées de vengeance familiale, sous forme de guerres dites privées, de plus en plus revendiquées par la noblesse comme un privilège de classe. La première ordonnance qui nous soit parvenue concernait, en 1155, l'établissement de la paix dans tout le royaume. En réalité, il s'agissait à la fois d'une mesure de trêve qui interdisait, pour dix ans, les guerres privées, et de paix qui soustrayait aux conflits les églises et leurs biens, les cultivateurs et leurs troupeaux, et aussi les marchands. Mais on sait que le consentement des barons présents était indispensable à l'application de la mesure. De plus, l'absence d'Henri II Plantagenêt diminuait singulièrement la portée du texte puisque près de la moitié du royaume échappait à ses dispositions. La tentative trop générale était encore prématurée. Avec plus de réalisme, le roi se contente alors d'intervenir de manière plus ponctuelle.

271 DES PAIX SPÉCIALES. — Si l'on en croit Beaumanoir, c'est Philippe Auguste qui aurait institué la *Quarantaine-le-Roi,* et sans doute cette mesure fut-elle renouvelée par Saint Louis. Les guerres privées entraînaient nécessairement dans le sillage des belligérants leurs parentèles respectives. Certains parents qui ignoraient tout de l'offense et du défi engagé pouvaient être surpris par le conflit. Pour leur laisser le temps de s'y préparer (ou d'y échapper), le roi leur accorde un délai de quarante jours durant lequel ils ne pouvaient pas être attaqués. La violation de cette « trêve légale » imposée constituait une trahison et relevait des cas de haute justice. En vérité, le roi espérait que ce répit forcé serait mis à profit pour que les esprits échauffés s'apaisent et que, d'une manière ou d'une autre – trêve, asseurement, ou paix définitive –, il soit mis fin à la « faide ». De tels espoirs furent souvent déçus.

L'*asseurement* est une pratique ancienne que l'on voit ressurgir au XIIe et au XIIIe siècle. Deux parties passaient devant un officier royal, ou seigneurial, un pacte solennel de non-agression. Cet engagement était à l'origine librement consenti par les intéressés. Le roi, notamment au temps de Saint Louis et sur son domaine, s'est efforcé de le faire imposer par ses agents dès l'instant où une partie le demandait ; également, les officiers royaux pouvaient l'ordonner, sans attendre d'être requis, principalement quand les personnes menacées étaient des roturiers. La violation de l'asseurement donné, ou même refusé lorsqu'il avait été requis, constituait le crime de « bris d'asseurement » ou « trêve enfreinte », considéré comme une « grande trahison » et puni de mort, c'est, du moins, ce qui ressort des *Établissements de Saint Louis* (coutumier de Touraine-Anjou d'environ 1270) qui précisait en outre que, si l'asseurement avait été donné par-devant un officier royal, la justice du roi était nécessairement compétente, même si le coupable relevait d'une autre seigneurie.

Un autre moyen également efficace était la *sauvegarde,* qui, elle aussi, se situait dans une vieille tradition de protection accordée par le roi à certains établissements ou individus. À partir de Philippe Auguste, ces mesures jusque-là exceptionnelles se multiplient. La sauvegarde du roi s'adresse naturellement aux églises et à leurs biens, notamment aux fondations royales. De plus en plus, en bénéficient aussi des communautés villageoises, des habitants des bourgs et des villes. Assez souvent, la protection du Capétien est octroyée aux confins du domaine, permettant ainsi aux agents royaux d'y étendre leur influence. Également, quiconque fait appel à la justice du roi (pendant la durée de la procédure) ou est en instance d'asseurement, et plus généralement tous ceux (bourgeois ou marchands) qui peuvent l'acheter seront personnellement placés sous la sauvegarde royale dont la violation, considérée comme une injure au roi, était punie d'une amende arbitraire.

272 Au temps de Saint Louis. — Avant de partir pour sa première croisade, Louis IX adressa à ses baillis les instructions suivantes : « Nous vous mandons et prescrivons que pour toutes les guerres et faîdes de votre baillie, vous preniez et fassiez donner de notre part de justes trêves... ; ces trêves devront durer cinq ans à partir de la prochaine nativité de saint Jean-Baptiste, et n'attendez pas que les parties vous en requièrent. » Après son retour, le roi impose une mesure encore plus radicale, puisque, en 1258, il interdit dans tout le royaume « les guerres, les incendies, les destructions de charrue... ». Cette prohibition, encore trop générale, se heurta à l'opposition des nobles[1] et dut être renouvelée à plusieurs reprises. Mais la volonté royale était affirmée, qui bientôt porterait ses fruits.

1. Les nobles revendiquent comme un privilège le monopole de la guerre et aussi du port d'arme. Contre toute évidence d'ailleurs, puisque depuis la seconde moitié du XIIe siècle des mercenaires généralement gens « sans aveu » et noblesse sont utilisés massivement dans les conflits, aussi bien par les rois que par les princes, fussent-ils d'Église.

III | La justice royale

273 Au XIIIe siècle, et particulièrement à partir du règne de Saint Louis, la justice royale se développe au détriment des multiples juridictions concurrentes, ecclésiastiques (no 151) et surtout seigneuriales ou municipales (nos 92 et 194). Dans cette lutte pour imposer son droit tant aux seigneurs du domaine qu'aux barons du royaume, le Capétien s'appuie sur les structures techniquement perfectionnées que parallèlement il développe, et exploite à son profit les possibilités offertes par le renouveau juridique. Plus précisément, la royauté s'efforce de contrôler et de subordonner les justices seigneuriales en mettant en œuvre trois voies de procédure.

274 L'appel. — Le système de l'appel emprunte au droit féodal (appel au suzerain), canonique (appel au pape) et romain (appel à l'empereur). À partir de l'ordonnance de 1258 (sur le duel) il se généralise, d'abord sous la forme d'appel « pour faux jugement » qui consistait plutôt en une prise à partie des juges, avant d'évoluer en un nouveau procès entre les parties. Déjà, on considère que le juge seigneurial a nécessairement une justice secondaire, démembrée des prérogatives régaliennes : il ne peut donc trancher en dernier ressort. Au-dessus de lui, il y a toujours possibilité d'appeler de ses décisions devant les justices royales. Mais, naturellement, l'appel n'enlevait pas aux juges seigneuriaux la connaissance des affaires en première instance.

275 La prévention. — Un juge royal pouvait « pré-venir » le juge seigneurial, se saisir avant lui d'une affaire, soit en cas de négligence de ce dernier, soit parce qu'il avait été directement saisi par une partie. En principe, la prévention était relative et si le juge seigneurial réclamait la cause avant qu'elle ne fût tranchée, la justice royale devait s'en dessaisir ; mais souvent l'officier du roi se hâtait de rendre sa sentence. Dès la fin du XIIIe siècle, et dans certains cas méritant prompte justice[1], la prévention était absolue et le juge royal gardait l'affaire.

1. Ainsi dans les actions possessoires engagées en cas de « dessaisine » par quelqu'un qui avait été spolié de ses droits.

276 LES CAS ROYAUX. — Au XIIIe siècle, les légistes transposent au profit du roi de France le système normand des « cas ducaux », qui réservait à la haute justice du prince un certain nombre de causes (n° 113). Ainsi s'établit le principe d'une compétence supérieure réservée à la justice royale. La liste des « cas royaux » ne fut jamais définitive, et les officiers du Capétien eurent naturellement tendance à l'étendre. Ainsi ressortaient de la seule justice royale tous les faits qui « touchaient le roi », le lésant dans sa personne, dans ses biens, dans son autorité ou celle de ses agents ; également l'atteinte aux personnes placées sous sa sauvegarde ou le bris d'asseurement juré devant ses officiers...

277 LE ROI, SOURCE DE TOUTE JUSTICE. — À la fin du XIIIe siècle, Beaumanoir peut rappeler que toute justice laïque dans le royaume « est tenue en fief ou en arrière-fief du roi ». Les justices seigneuriales (ou municipales) ne sont donc que des justices subalternes, dépendantes, subordonnées aux juridictions royales, elles-mêmes également « déléguées » et soumises en dernier ressort à la « justice retenue » du roi dont elles sont issues. Progressivement, avec la multiplication des affaires portées à la connaissance des justices royales ou revendiquées par elles, la royauté capétienne commençait à renouer avec une de ses prérogatives essentielles, attribut par essence de souveraineté renaissante.

IV | LA MONNAIE ROYALE

278 Comme dans le domaine de la justice, les prérogatives monétaires du roi de France avaient été particulièrement démembrées aux siècles de la féodalité triomphante. L'appropriation seigneuriale du droit de frappe constituait une source importante de revenu et l'expression d'un pouvoir économique et politique indépendant. La restauration de l'autorité de la royauté passait par celle de son droit régalien de monnaie, tout en se heurtant aux situations féodales acquises.

1) *Parisis et tournois.* — Jusqu'au milieu du XIIIe siècle, il n'y a pas à proprement parler de monnaie royale, c'est-à-dire émise par le

roi ou selon des normes fixées par lui, qui ait cours dans tout le royaume. Dès la fin du XIIe siècle, Philippe Auguste s'appuie sur le denier de Paris, le « parisis » (créé par Louis VII) qu'il s'efforce d'imposer dans son domaine en pleine extension, notamment dans le Nord, au détriment des diverses monnaies seigneuriales. Par osmose, le parisis commence alors à pénétrer dans les seigneuries voisines, en Champagne, en Berry, dans le comté de Chartres et jusqu'en Normandie. Au début du XIIIe siècle, la conquête par le roi des possessions Plantagenêts fit passer sous son autorité l'atelier monétaire de Tours, dont les deniers avaient largement cours dans le Centre et dans l'Ouest. Le Capétien poursuit alors, à son nom, la frappe des « tournois » qu'il substitue en Normandie au denier angevin et diffuse dans d'autres territoires conquis, comme le Maine et le Poitou. En créant ces deux grandes zones monétaires, en multipliant le nombre des ateliers de frappe et en se servant de ses monnaies comme d'un instrument politique, le Capétien donnait à son monnayage un essor remarquable qui dépassait largement les cadres de son domaine. En 1225, Louis VIII confirme l'accord conclu par les maîtres et les ouvriers monnayeurs de Paris qui établissait les usages, droits et privilèges de la profession et l'organisation des ateliers monétaires.

2) *Les réformes de Saint Louis.* — Deux ordonnances de Saint Louis en 1262 et 1265 (renouvelées en 1271, 1273 et 1275) affirment, en quelques principes clairs, la primauté de la monnaie royale : tournois et aussi parisis (qui n'était plus frappé depuis la mort de Philippe Auguste, mais continuait à circuler). Désormais, la monnaie du roi aura seule cours dans le domaine[1], et dans le royaume « là où il n'y a point de propre monnaie » ; ailleurs, elle sera obligatoirement reçue concurremment avec les monnaies seigneuriales existantes ; il était en outre interdit de refondre ou de rogner le numéraire sorti des ateliers royaux ou même seulement d'imiter la monnaie royale. Ces mesures furent complétées par la reprise de la frappe du parisis dont la parité fut fixée par rapport au tournois (quatre parisis pour cinq tournois), la création d'un gros denier tournois, et même d'une tentative entre 1266

1. Ce principe affirmé en 1263 sera tempéré en 1265, où on admettra la circulation dans le domaine de certaines monnaies d'origine étrangère.

et 1270 d'un monnayage en or (écu). Ainsi la royauté mettait en place un système monétaire cohérent (avec cours obligatoire et privilège de circulation universelle de sa monnaie) cependant que ses agents n'hésitaient pas à empiéter sur les prérogatives des barons pour réserver au Capétien le contentieux de l'application de ces ordonnances.

279 « LE ROI EST SOUVERAIN PAR-DESSUS TOUS. » — À la fin du XIIIe siècle, les pesanteurs du système seigneurial commencent à s'estomper et même si tous les grands fiefs n'ont pas disparu, le passage de la suzeraineté à la souveraineté royale s'est effectué. Certes, comme le rappelle Beaumanoir en son coutumier, « chaque baron est souverain en sa baronnie ». Les princes et seigneurs continuent à exercer une autorité immédiate sur les ressortissants de leur territoire de puissance, qui relèvent d'abord de leur droit et de leur justice et obéissent à leurs administrateurs. Mais au-dessus de leurs propres lois et règlements s'impose maintenant la législation capétienne : le droit royal, c'est-à-dire celui des légistes. Leurs tribunaux, de plus en plus, sont ruinés par la concurrence des juridictions royales ou contrôlés par elles ; leurs prérogatives monétaires progressivement rognées. Autant d'empiétements très concrets, renouvelés sans cesse par les agents royaux, qui manifestent la supériorité retrouvée du Capétien et vident progressivement de leur contenu les attributions que jadis les seigneurs s'étaient appropriées à ses dépens. À la « garde spéciale » du baron qui fait de lui le protecteur naturel de sa baronnie s'oppose désormais la garde générale du roi qui s'exerce sur tout le royaume et confère à ses décisions l'autorité suprême du « commun profit ». « Le roi est souverain par-dessus tous », écrit Beaumanoir. Souverain, un terme qui, au XIVe siècle, sera de plus en plus réservé au roi.

Pour aller plus loin

280 GÉNÉRALITÉS. — De manière générale, nous renvoyons, pour ce chapitre, à F. Lot et R. Fawtier, *Histoire des institutions françaises*, II : *Institutions royales*, *op. cit.*, et au-delà à tous les grands manuels qui traitent des institutions, A. Luchaire, E. Chenon, Fr. Olivier-Martin, A. Dumas, et aux synthèses plus récentes, P.-C. Timbal et A. Castaldo, *Histoire des institutions et des faits sociaux*, p. 249 et s. ; F. Garisson, *Histoire du droit et des* *institutions,* I, p. 96 et s. ; H. Gilles, *Introduction à l'histoire des institutions françaises,* IIe partie : « La France médiévale », p. 127 et s. ; J.-F. Lemarignier, *La France médiévale, op. cit.,* p. 319 et s. ; M. Bloch, *La France sous les derniers Capétiens, op. cit.,* p. 11 et s., et aussi aux différentes monographies royales. On peut aussi consulter utilement L. Borelli de Serres, *Recherches sur divers services publics du XIIIe au XVIIe siècle,* Paris, 1895-1901, 3 vol. Sur l'hôtel, le roi et le gouvernement central, F. Lot et R. Fawtier, *op. cit.,* p. 48 et s. ; Ch. Petit-Dutaillis, *Le règne de Louis VIII, op. cit.,* p. 329 et s. ; G. Sivery, *Saint Louis et son siècle,* not. p. 285 et s. Sur la chancellerie et les actes royaux, F. Lot et R. Fawtier, *op. cit.,* p. 85 : G. Tessier, *Diplomatique royale française,* p. 125 et s. ; R.-H. Bautier, Critique diplomatique, commandement des actes et psychologie des souverains du Moyen Âge, *Comptes rendus Académie des Inscriptions et Belles-Lettres,* 1978, p. 8, et les articles de M. Mortier et E. Poule sur les actes et la chancellerie de Philippe Auguste et celui de B. Bedoz Rezak sur les sceaux, *La France de Philippe Auguste,* p. 429, 455 et 721. Sur la naissance du conseil, É. Bournazel, *Le gouvernement capétien,* p. 151 et s. ; J. W. Baldwin, L'entourage de Philippe Auguste et la famille royale, *La France de Philippe Auguste,* p. 59 et s., et La décennie décisive, les années 1190-1203 dans le règne de Philippe Auguste, *RH,* 1981, p. 311, ou encore Le sens de Bouvines, *CCM,* 1987, p. 119 et s. Sur les assemblées capétiennes, G. I. Langmuir, Counsel and capetian assemblies, *Études... pour l'histoire des assemblées d'États,* XVIII, Paris-Louvain, 1958, p. 13, Concilia and Capetian Assemblies, 1179-1230, *Album Helen Maud Cam...,* Louvain-Paris, 34, 1961, II, p. 29 ; Politics and Parliaments in the early thirteenth century, *Études...,* XXIX, Paris, 1966, p. 47 ; Th. N. Bison, Consultative functions in the kings parlements (1250-1314), *Speculum,* 1969, p. 353 ; É. Bournazel, *op. cit.,* p. 157 ; Ch. Petit-Dutaillis, *op. cit.,* p. 340.

281 Sur les légistes et l'utilisation du droit romain par la royauté. — É. Bournazel, *op. cit.,* p. 169 et s., *La mutation féodale,* p. 305 et s. et bibliogr. ; A. Gouron, L'entourage de Louis VII face aux droits savants : Giraud de Bourges et son *ordo, BEC,* 1988, 146, p. 5 ; M. Boulet-Sautel, Le droit romain et Philippe Auguste, *La France de Philippe Auguste,* p. 489, Jean de Blanot et la conception du pouvoir royal au temps de Louis IX, *Septième centenaire,* Paris, 1976, p. 57 ; R. Feenstra, Jean de Blanot et la formule *« Rex Franciae in regno suo princeps », Études... Gabriel Le Bras,* Paris, 1965, p. 885 ; G. Sivéry, *Saint Louis et son siècle,* p. 509 ; J. Le Goff, *Saint Louis,* p. 687 et 696. *Cf.* aussi les articles de O. Guillot, J.-P. Poly, É. Bournazel et Y. Sassier, in *Droits savants et pratiques françaises du pouvoir, op. cit.,* et J. Krynen, *L'empire du roi, op. cit.,* p. 384 et s.

282 Sur les problèmes de continuité royale et de gouvernement du royaume durant l'absence ou la minorité du roi. — F. Olivier-Martin, *Études sur les régences,* I. *Les régences et la majorité des rois sous les Capétiens directs et les premiers Valois (1060-1375),* Paris, 1931 ; M. Pacaut, *Louis VII et son royaume,* p. 46 ; A. Grabois, Le privilège de croisade et la régence de Suger, *RHD,* 1964, p. 458 ; É. Bournazel, Suger and capetian government, *Abbot Suger and Saint-Denis, op. cit.* ; M. Bur, *Suger,* p. 271 et s. ; Y. Sassier, *Louis VII,* p. 201 et s. ; J. W. Baldwin, La décennie décisive : les années 1190-1203, *op. cit.* et *Philippe Auguste,* p. 109 et s. ; J. Richard, Philippe Auguste, la croisade et le royaume, *La France de Philippe Auguste,* p. 411 ; Ch. Petit-Dutaillis, *op. cit.,* p. 428 ; G. Sivéry, *op. cit.,* p. 19 et s. et 424 et s. ; également, J. Le Goff, *Saint Louis,* p. 88 et s., 192 et s. ; F. Barry, *La reine de France,* Paris, 1900, p. 274 et s. ; A. W. Lewis, *Le sang royal,* p. 112 et s.

283 Sur le Parlement et les progrès de la justice royale. — Ch.-V. Langlois, Les origines du parlement de Paris, *RH,* 1890, p. 74 ; Lot et Fawtier, *op. cit.,* p. 289 et s. ; Th. N. B. Bisson, *Consultative functions, op. cit.* ; A. Esmein, *Histoire de* *la procédure criminelle en France et spécialement de la procédure inquisitoire depuis le XIIe siècle jusqu'à nos jours,* Paris, 1882 ; E. Perroy, *Les cas royaux, origines et développement de la théorie aux XIIIe et XIVe siècles,* Paris, 1910 ; Y. Bongert, *Recherches sur les cours laïques du Xe au XIIIe siècle, op. cit.,* p. 135 ; J.-F. Lemarignier, *Le gouvernement capétien,* p. 169 ; M. Pacaut, *Louis VII et son royaume,* p. 162 et s. ; J. W. Baldwin, *Philippe Auguste,* p. 63, 217, 285 et s. ; J. Richard, *Saint Louis,* p. 303 et s. ; J. Le Goff, *Saint Louis,* p. 238 et s., p. 644 et s. ; G. Sivéry, *Louis VIII,* p. 306 ; Ch. Petit-Dutaillis, *op. cit.,* p. 347 et s. ; M. Chabas, *Le duel judiciaire en France (XIIIe-XVIe siècle),* Paris, 1978 ; M. Boulet-Sautel, La voie de justice selon Beaumanoir, et P.-C. Timbal, Les appels au Parlement à travers Beaumanoir, *Colloque Philippe de Beaumanoir, op. cit.,* p. 81 et 85 ; P.-E. Malaussena, Justice pénale et comportements villageois dans une seigneurie provençale au XIIIe siècle, *Mémoires et travaux de l'ass. inédit. d'hist. et d'ethn.,* 1982, p. 7.

284 SUR LE DOMAINE, LES FINANCES ET LES AGENTS ROYAUX. — W. M. Newman, *Le domaine royal sous les premiers Capétiens (987-1180),* Paris, 1937 ; A. Longnon, *La formation de l'unité française,* Paris, réimpr. 1969, recueil de leçons professées au Collège de France (1889-1890) ; Lot et Fawtier, *op. cit.,* p. 99, liv. II, « Le domaine », et p. 183, liv. III, « Les finances ». *Cf.* aussi, M. Pacaut, *Louis VII et son royaume,* p. 119 et s. ; E. Magnou-Nortier, Pouvoirs, finances et politique des premiers Capétiens, *Pouvoirs et libertés, op. cit.,* p. 125 et s. ; É. Bournazel, L'argent du renouveau : les revenus de la royauté française au XIIe siècle, *Anuario de estudios medievales,* Barcelone, 1994, 24, p. 703 et s. ; J. W. Baldwin, La décennie décisive, art. cit., qui traite entre autres du Bureau des comptes, *Philippe Auguste,* p. 195 et s., et aussi L'entourage de Philippe Auguste, *La France de Philippe Auguste,* art. cit. ; dans ce recueil, *cf.* T.-N. Bisson, Les comptes des domaines au temps de Philippe Auguste, essai comparatif, p. 521 ; M. Nortier et J. W. Baldwin, Contribution à l'étude des finances de Philippe Auguste, *BEC,* 1980, p. 5 ; G. Sivéry, *op. cit.,* p. 297 et 534, sur les réformes de l'administration après 1250 ; également La rémunération des agents des rois de France au XIIIe siècle, *RHD,* 1980, p. 587 ; J. Richard, *op. cit.,* p. 53 et 277, sur les grandes réformes après la croisade : Ch. Petit-Dutaillis, *op. cit.,* p. 359, sur le domaine et l'administration locale, et p. 374, sur les dépenses, les revenus et l'administration financière, et G. Sivéry, *Louis VIII,* p. 298 et s. *Cf.* enfin J.-L. Mestre, *Introduction historique au droit administratif,* p. 40 et s. ; É. Bournazel, Société féodale et fonction publique..., *Histoire de la fonction publique en France,* t. 1, *op. cit.,* p. 290 et s. Sur le domaine royal, son concept, et l'élaboration des règles le régissant, la belle étude de G. Leyte, *Domaine et domanialité publique dans la France médiévale (XIIe-XVe siècle),* Strasbourg, 1996.

Sur les prévôts, on peut encore se reporter au travail de H. Gravier, *Essai sur les prévôts royaux du XIe au XIVe siècle,* Paris, 1904, mais la chronologie de l'institution reste à reprendre. *Cf.* aussi, en plus des références citées ci-dessus, l'étude de L. Halphen, Prévôts et voyers du XIe siècle, consacrés aux officiers seigneuriaux angevins, *À travers le Moyen Âge,* p. 202 ; sur leur évolution jusqu'au rattachement à l'administration royale, *cf.* J. Boussard, *Le comte d'Anjou... (1151-1204),* p. 131 et s., et sur le sénéchal d'Anjou, p. 110 et s. Sur le rôle judiciaire des prévôts, Y. Bongert, *Recherches sur les cours laïques,* p. 149 et p. 154 pour les baillis. Sur les baillis et sénéchaux, la thèse de O. Tixier, *Essai sur les baillis et sénéchaux royaux,* Orléans, 1898, présente de grosses lacunes et serait à reprendre notamment pour le XIIIe siècle. *Cf.* aussi L. Michel, *L'administration royale dans la sénéchaussée de Beaucaire au temps de Saint Louis,* Paris, 1910, et surtout Y. Sassier, *Louis VII,* p. 423 et s., J. W. Baldwin, *Philippe Auguste,* chap. X, p. 285 et s., L. Carolus-Barré, Les baillis de Philippe III le Hardi..., *Annuaire-Bulletin de l'histoire de France,* 1966, p. 109, et Origines, milieu familial et carrière de Philippe de Beaumanoir, *Colloque Beaumanoir,* p. 19 ; *ibid.,* p. 41, A. Demurger, Le milieu professionnel : baillis et sénéchaux de 1250 à 1328 ; également G. Griffiths, Les origines de la carrière de Pierre de Fontaine, *RHD,* 1970. Sur l'administration de Paris, *cf.* F. Borelli de Serres, La réforme de la prévôté de Paris, et Étienne Boileau, *Recherches sur quelques services publics,* I, p. 532 et s. ; Fr. Olivier-Martin, *La coutume de Paris,* introd. p. 2 et s. ; R. Cazelle, *Paris, de la fin du règne de Philippe Auguste à la mort de Charles V (1223-1300),* Paris, 1972. Sur le développement de la juridiction gracieuse dans la sénéchaussée de Carcassonne, *cf.* A. Freidlander, Le premier sceau de juridiction gracieuse dans le Midi : le *« sigillum curie Biterris »* (1233), *BEC,* 141, 1983, p. 23-25. Sur les enquêtes et les enquêteurs royaux, *cf.* Y. Bongert, *Les cours laïques, op. cit.,* p. 261 et s. ; G. Sivéry, *op. cit.,* p. 158 : « Les enquêtes royales : les deux Frances », sur le contenu des enquêtes ; J. Le Goff, *Saint Louis,* p. 225 et s. ; R. Strayer, La conscience du roi, *Mélanges R. Aubenas,* Montpellier, 1974 ; Ch. Petit-Dutaillis, *op. cit.,* p. 371.

Sur les concessions d'apanages, A. Longnon, *L'unité française, op. cit.,* p. 127 et s. (Louis VIII), p. 143 (Saint Louis) ; Lot et Fawtier, *op. cit.,* p. 122 ; Ch. T. Wood, *The French Apanages and the Capetian Monarchy, 1224-1328,* Cambridge (Mass.), 1966 ; A. W. Lewis, *Le sang royal, op. cit.,* p. 202 et s.

285 SUR LA QUESTION DE L'INFLUENCE DES INSTITUTIONS ANGLO-NORMANDES SUR L'ADMINISTRATION ET LE GOUVERNEMENT CAPÉTIENS. — Nous renvoyons à l'ouvrage de Ch. Petit-Dutaillis, *La monarchie féodale en France et en Angleterre* ; *cf.* également, L. Musset, Quelques problèmes posés par l'annexion de la Normandie au domaine royal français, *La France de Philippe Auguste,* p. 291. *Cf.* enfin l'opinion originale (et peut-être un peu rapide) de J. W. Baldwin, Qu'est-ce que les Capétiens ont appris des Plantagenêts ?, *Actes du colloque... civilisation du monde Plantagenêt, CCM,* 1986, *op. cit.,* p. 3, qui estime que l'apport des Plantagenêts a été relativement modeste et « s'est limité au renforcement et à l'amélioration des institutions existantes » : stabilisation des baillis, recours plus fréquent à des enquêtes et des écrits pour inventorier les ressources et les droits du roi, élaboration d'une politique financière (ce qui n'est déjà pas si mal). Mais l'auteur n'aborde pas le problème des structures vassaliques ni de la justice et surtout se place uniquement après la conquête de 1204. Il considère que, « si les institutions capétiennes mises en œuvre dans les années 1190 (bureau des comptes par exemple) ressemblent à celles des Normands, c'est que les Capétiens ont dû répondre aux mêmes problèmes connus beaucoup plus tôt par les Anglo-Normands ».

286 SUR LES DROITS DU ROI. — M. Pacaut, *op. cit.,* p. 103 et s. ; J. Favier, *Le temps des principautés, op. cit.,* p. 136 et s. et 195 et s. Sur le renouveau de l'autorité législative, É. Bournazel, *Le gouvernement,* p. 159 ; Y. Bongert, Vers la formation d'un pouvoir législatif royal (fin XIIe - début XIIIe siècle), *Mélanges J. Macqueron,* Gap, 1970, p. 133 ; excellents développements aussi de Ch. Petit-Dutaillis, *Louis VIII,* p. 424, et plus généralement A. Gouron et A. Rigaudière (dir.), *Renaissance du pouvoir législatif et genèse de l'État,* Montpellier, 1988, et G. Giordanengo, Le pouvoir législatif du roi de France (XIe-XIIIe siècle) : travaux récents et hypothèses de recherches, *BEC,* 1989, p. 283-310 ; J. Le Goff, *Saint Louis,* p. 682 et s. Sur la notion de « commun profit », d' « utilité publique », de « nécessité », une précieuse mise au point avec bibliographie, J.-L. Mestre, *Introduction historique, op. cit.,* p. 97 et s.

Sur la paix, A. Grabois, De la trêve de Dieu à la paix du roi. Études sur les transformations du mouvement de la paix au XIIe siècle, *Mélanges René Crozet,* Paris, 1966, I, p. 585 ; Y. Sassier, Louis VII et la pénétration de la paix royale en Nivernais et Auxerrois, *Bull. de la soc. des sciences hist. de l'Yonne,* 1981, p. 53, et *Louis VII,* p. 257 et s. ; R. Cazelles, La réglementation royale de la guerre privée, de Saint Louis à Louis X, *RHD,* 1960, p. 530 ; P. Dubois, *Les asseurements au XIIIe siècle dans nos villes du Nord, recherche sur le droit de vengeance,* thèse droit, Paris, 1900 ; M. Chabas, *Le duel judiciaire, op. cit.,* p. 54.

Sur la monnaie, E. Fournial, *Histoire monétaire de l'Occident médiéval,* Paris, 1970, notamment p. 65 et 82 et s., sur les réformes de Louis IX, *cf.* aussi P. Spufford, Le rôle de la monnaie dans la révolution commerciale du XIIIe siècle, *Études d'histoire monétaire, op. cit.,* p. 355 et s. ; M. Castaing-Sicard, *Monnaies féodales et circulation monétaire en Languedoc (Xe-XIIIe siècles),* Toulouse, 1961 ; F. Dumas, La monnaie dans le royaume au temps de Philippe Auguste, *La France de Philippe Auguste,* p. 541 ; Ch. Petit-Dutaillis, *op. cit.,* p. 380 ; J. Favier, *op. cit.,* p. 199 ; Ph. Contamine, *L'économie médiévale, op. cit.,* p. 195 et s., p. 251 et s. ; F. Dumas, La monnaie comme expression du pouvoir (X^e^-XIIe siècles), *Pouvoirs et libertés, op. cit.,* p. 169 et s.

TROISIÈME PARTIE

LA MONTÉE DE L'ÉTAT MONARCHIQUE (FIN XIIIe - DÉBUT XVIIe SIÈCLE)

287 UNE ÉTAPE AUTONOME ET NÉCESSAIRE. — Entre la royauté féodale de Louis IX et de Philippe III et la monarchie de la Renaissance, les XIIIe et XVe siècles sont loin d'être une époque de transition qui s'inscrirait entre les deux coupures des règnes de Philippe IV le Bel (1285-1314) et de François Ier (1515-1547). Et la France moderne n'émerge pas d'un coup au XIVe siècle. Les institutions de chacun de ces siècles doivent beaucoup aux précédents dans lesquels elles s'enracinent. Sans rupture marquée avec les périodes antérieures, l'État des XIVe et XVe siècles et l'État de la Renaissance sont des étapes autonomes et obligées où le visage de l'État moderne se dessine d'abord, se précise ensuite. L'unité de la période envisagée apparaît alors qui n'est plus celle de la royauté médiévale, qui n'est pas encore celle de la monarchie absolue. Du point de vue politique et institutionnel, cette période offre une originalité certaine. L'affirmation de la puissance du Prince, le déploiement progressif et continu de ses prérogatives, l'intégration des sujets dans une communauté politique territoriale qui les englobe dans leur diversité respective sont les traits propres de ces trois siècles.

288 LES XIVe ET XVe SIÈCLES. CRISES ET RECONSTRUCTIONS. — Au XIIIe siècle, grâce au pragmatisme prudent des rois aidés par le renouveau intellectuel qui leur forge un arsenal de doctrines politiques et juridiques, la royauté française s'est affirmée. Avec Philippe le Bel et ses fils (1314-1328), les derniers Capétiens directs, s'amorce un renforcement de l'autorité du roi devenu « empereur en son royaume ». Mettre au pas la féodalité et l'Église et, secondés

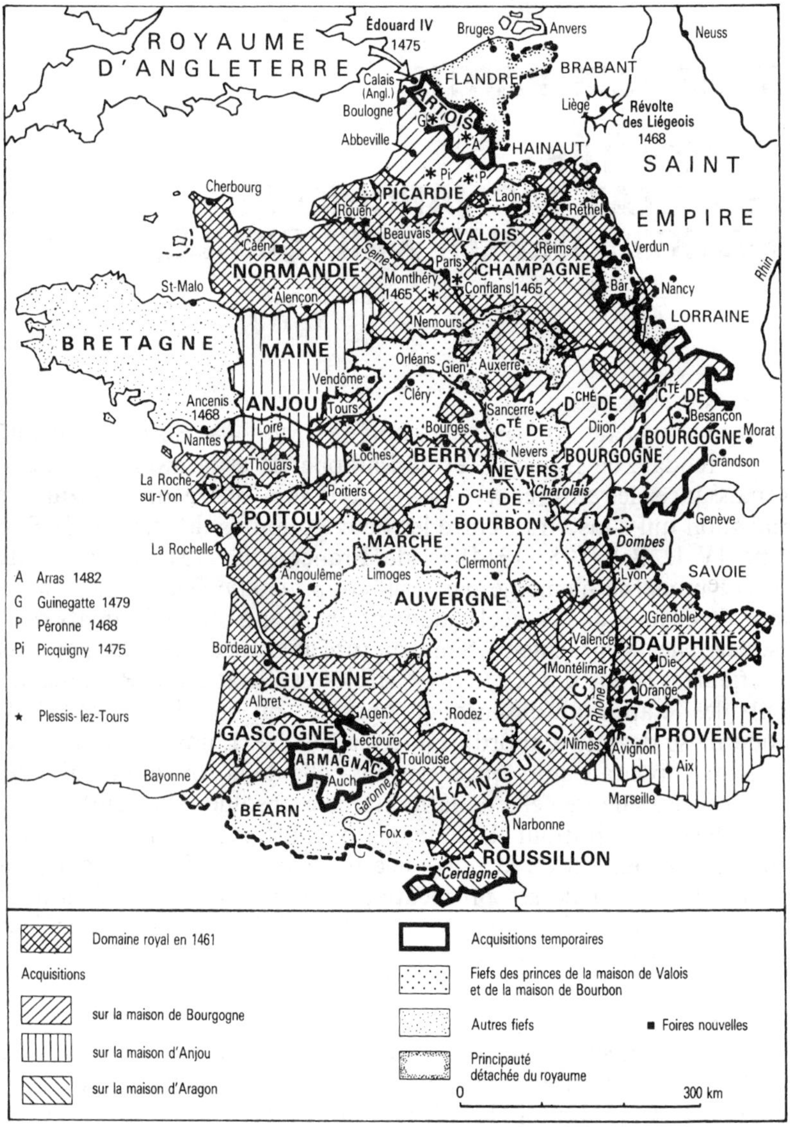

La consolidation du royaume par Louis XI

par une administration qui prend forme, établir un pouvoir plus centralisé sont les axes de leur politique poursuivie par les Valois de l'avènement de Philippe VI en 1328 à Louis XI (1462-1483) dont le règne marque commodément la fin du Moyen Âge.

Dans ce lent cheminement vers une monarchie moderne surviennent, suivis d'une phase de reconstruction, deux temps d'épreuves, bénéfiques à terme pour la royauté. En 1328 éclate la rivalité entre la France et l'Angleterre. Évincé de la succession à la Couronne de France, Edouard III déclenche la guerre de Cent Ans (1340-1453), conflit rebondissant sans cesse entrecoupé de trêves plus ou moins éphémères. Les ravages de cette guerre, la grande peste de 1348, les famines accentuent la dépression économique commencée vers 1280 et les déséquilibres sociaux dus à la lente désagrégation du vieux cadre féodal, tout comme l'appauvrissement général de toutes les couches sociales provoquent des convulsions urbaines et rurales. Les premières hostilités du conflit – bataille de Crécy (1346) et de Poitiers (1356) –, désastreuses pour la France, ouvrent une première période de crise. Le royaume dépecé, affaibli par la captivité du roi Jean le Bon (1350-1364), en proie aux difficultés financières, subit les troubles d'une révolution parisienne menés par Étienne Marcel, les États généraux tentent de s'imposer à la royauté pour lors incarnée dans la personne du dauphin Charles, lieutenant général du royaume. Sorti victorieux de l'épreuve, ce dernier, devenu le roi Charles V (1364-1380), animé par la conviction de la majesté de sa fonction, opère un redressement général appuyé sur des succès militaires et un rayonnement culturel incomparable.

Vers la fin du siècle, s'amorce une seconde crise, plus grave, qui vient enrayer les acquis du gouvernement réparateur de Charles V. La folie de son fils et successeur Charles VI (1380-1422) suscite les ambitions rivales de son frère, le duc d'Orléans, et de son oncle, le duc de Bourgogne. Cette lutte pour le pouvoir sonne bientôt l'heure d'une guerre civile aggravée à partir de 1415 – désastre d'Azincourt – par une invasion anglaise. Cause commune faite avec les Anglais, les Bourguignons s'emparent en 1418 de la personne du roi et du pouvoir, ils vont contraindre Charles VI, par le traité de Troyes de 1420, à exhéréder le dauphin Charles, devenu chef du parti armagnac et symbole de l'indépendance du royaume, et à adopter comme successeur le roi d'Angleterre. Replié dans le Berry, le dauphin, roi en 1422, voit sa légitimité triompher grâce à Jeanne d'Arc lui permettant de se faire sacrer à Reims en 1429. Bientôt, après la paix conclue avec le duc de Bourgogne, à Arras, est entreprise la reconquête du royaume, couronnée en 1453 par la victoire de Castillon. Ces temps d'épreuve ont favorisé le renforcement des institutions monarchiques que consacre le règne du pragmatique, prudent mais autoritaire Louis XI. Il clôt la rivalité franco-anglaise, s'assujettit les grands féodaux, anéantit la maison de Bourgogne et, dans le lent retour de la prospérité économique, engage la royauté sur la voie d'un pouvoir souverain.

289 LUMIÈRES ET OMBRES DU XVIe SIÈCLE. — La progression de l'État monarchique se poursuit avec ses successeurs, son fils Charles VIII (1483-1498), le cousin de ce dernier Louis XII (1498-1515). Puis François Ier (1515-1547), cousin du précédent, inaugure la lignée des Valois-Angoulême qui se maintient jusqu'à Henri III (1574-1589). Enfin, ce roi étant mort sans descendant, avec Henri IV, les Bourbons accèdent à la Couronne.

Une même politique anime ces règnes successifs. La royauté veille à circonscrire les obstacles à son pouvoir : la domestication de la noblesse, le contrôle des corps sociaux comme l'Église et les villes, la mise à l'écart des États généraux jusqu'en 1560, après leur tentative de 1484 pour asseoir leur influence, en sont les principales manifestations. Parallèlement, elle renforce ses moyens ou en crée de nouveaux : gouvernement et administration, de plus en plus étoffés dans leur personnel et leurs structures, deviennent ainsi plus efficaces dans leurs procédures. On comprend alors que la croissance de l'État ait provoqué l'effervescence de nombreux écrits juridiques – comme ceux de l'École de Toulouse au début du siècle, de Jean Bodin sous Henri III, de l'École de Pont-à-Mousson vers la fin du siècle – qui prennent en compte les progrès du pouvoir royal et font évoluer sa conception. Mais, si la nature de la monarchie et ses prérogatives sont exaltées, si ses moyens d'action sont amplifiés, elle n'en demeure pas moins tempérée. Équilibrée déjà par la présence de multiples corps sociopolitiques, chacun avec son particularisme statutaire, la royauté respecte aussi certains principes de gouvernement tout de même que certaines normes constitutionnelles. Enfin, sur un fond de prospérité économique et d'équilibre social, au moins jusqu'en 1550, cet essor de la monarchie s'accompagne d'une politique extérieure affirmée : guerres d'Italie de 1494 à 1516, conflit avec l'Empire de Charles Quint de 1519 à 1559.

Ces progrès sont rudement compromis par de nouvelles épreuves où la monarchie manque de sombrer : les guerres de religion. Avec le développement du protestantisme en France, depuis 1540, et l'organisation des Églises réformées, catholiques et calvinistes durcissent leurs positions. Des partis se forment animés par la grande noblesse et sa clientèle – les Guises, pour les catholiques, les Bourbons pour leurs adversaires –, renforcés par les passions populaires. En 1562 s'engage la lutte ouverte : trente années de guerres civiles, coupées de trêves violées sitôt conclues où les interventions étrangères (Espagne, Angleterre, Empire) côtoient les intérêts égoïstes et la résurgence de l'esprit féodal. Un moment, la régente Catherine de Médicis et Charles IX (1561-1574) sont à la recherche d'une politique préservant l'autorité royale au-dessus des partis. Mais, après la Saint-Barthélemy voulue par Catherine, catholiques et calvinistes s'organisent plus efficacement, et la guerre civile se généralise. À partir de 1584, les catholiques forment une sorte de parti politique armé, la Sainte Ligue, qui cherche alors à placer le roi sous sa tutelle. L'assassinat de ses chefs, les Guises, ordonné par Henri III (1574-1589) détermine le soulèvement des ligueurs, le déchaînement des pamphlets hostiles à l'autorité royale (tout comme du côté protestant), enfin l'assassinat du roi en 1589. L'héritier du trône, le calviniste Henri de Navarre, fait alors face à la Ligue et à ses alliés espagnols. Aidé par le « tiers-parti » catholique souhaitant le retour de la paix civile et le rétablissement de l'autorité royale, mais aussi, malgré le désordre général, par l'action continue des organes de la monarchie, Henri IV, converti au catholicisme et sacré roi en 1594, reconstitue, par les armes et la diplomatie, l'unité du royaume et avec l'édit de Nantes de 1598 rétablit la paix religieuse.

290 L'ÉTAT : LE MOT ET LA CHOSE. — Le mot « État » pour les contemporains est cet être juridique qui structure et unifie la communauté politique avec une puissance souveraine. Il n'a pas cette signification aux XIIIe et XVe siècles : le terme *status* désigne soit le statut juridique d'un groupe social soit, employé avec un déterminatif, l'office royal *(status regis)* ou l' « état du royaume » *(status* *regni)*. À la place, le Moyen Âge utilise le plus souvent « royaume » *(regnum)*, « Couronne » *(corona)*. Au XVIe siècle s'installe l'expression *res publica*, la « chose publique », largement utilisée tout au long de ce siècle. Mais déjà, au début de ce même siècle, à partir du terme *status* se glisse le sens moderne du mot État ; puis il est utilisé par les juristes protestants ou non et passe enfin dans le langage officiel de la royauté : il est présent dans l'ordonnance de Moulins de 1566, dans diverses déclarations royales et définitivement consacré par Henri IV qui l'utilise fréquemment, notamment dans le préambule de l'édit de Nantes.

De cette fixation tardive, il ne faut pas conclure à l'inexistence de la réalité que le mot recouvre. Si par « État » on entend un peuple regroupé autour du prince et lui obéissant, la chose existe au bas Moyen Âge. Surtout la reconnaissance d'un État dépend de la présence d'un pouvoir suprême ou souverain. Or, dès la fin du XIIIe siècle, les légistes revendiquent pour le roi et l'indépendance à l'égard de quiconque et toute la plénitude de pouvoir que les juristes médiévaux avaient découvert comme étant l'apanage de la majesté de l'empereur. Ainsi dès les XIVe et XVe siècles existe-t-il en France un pouvoir unique donnant sa cohésion à la communauté du royaume. Il manquait seulement un nom – celui d'« État » – pour désigner cette réalité : il est forgé au XVIe siècle en même temps qu'est énoncé, avec Jean Bodin, le concept même de souveraineté exprimant cette conjonction de l'indépendance nationale avec le pouvoir suprême.

Pour aller plus loin

291 ÉTUDES D'ENSEMBLE. — Sur les XIVe et XVe siècles, il faut consulter P.-S. Lewis, *La France à la fin du Moyen Âge*, éd. franç., Paris, 1977 ; R. Fossier, *Le Moyen Âge*, Paris, 1982, t. III : *Le temps des crises, 1250-1520* ; M. Mollat, *Genèse médiévale de la France moderne*, Paris, 1977, avec de nombreuses citations de textes ; M. Pacaut, *Les structures politiques de l'Occident médiéval*, Paris, 1969 ; également l'ouvrage collectif, dirigé par J. Favier, *La France médiévale*, Paris, 1983. Pour l'étude des mentalités : J. Huizinga, *L'automne du Moyen Âge*, nouv. éd., Paris, 1977. L'angle institutionnel est abordé dans F. Lot et R. Fawtier, *Histoire des institutions françaises au Moyen Âge*, Paris, 1958, t. II : *Institutions royales* ; B. Guenée, *L'Occident aux XIVe et XVe siècles : Les*

États, Paris, 1971, et J.-F. Lemarignier, *La France médiévale. Institutions et société,* Paris, 1970.

Pour le XVIe siècle, B. Bennassar et J. Jacquart, *Le XVIe siècle,* Paris, 1972 ; R. Mousnier, *Les XVIe et XVIIe siècles,* Paris, 1953 ; A. Corvisier, *La France, de 1492 à 1789,* Paris, 1973, et sous la direction de J.-C. Margotin, *L'avènement des temps modernes, 1492-1559,* Paris, 1977. Les aspects institutionnels seront vus à travers R. Doucet, *Les institutions de la France au XVIe siècle,* Paris, 1948, 2 vol. ; G. Zeller, *Les institutions de la France au XVIe siècle,* Paris, 1948, rééd., Paris, 1988, très détaillés tous deux, et A. Viala, *Société politique et institutions, Ancien Régime,* Aix, 1978. Les relations internationales sont envisagées par H. Lapeyre, *Les monarchies européennes du XVIe siècle et les relations internationales,* Paris, 1967. Pour le milieu économique : F. Mauro, *Le XVIe siècle européen : aspects économiques,* Paris, 1966, et J. Jacquart, La France du milieu du XVe à la fin du XVIe siècle, in *Civilisations, Peuples et Mondes,* Paris, t. IV : *La Renaissance,* p. 193-243.

292 ÉTUDES SECTORIELLES. — Il convient d'abord d'apprécier la personnalité et la politique des rois. À cette fin, lire J. Favier, *Philippe le Bel,* Paris, 1978 ; C.-V. Langlois, *Saint Louis, Philippe le Bel, les derniers Capétiens directs,* Paris, rééd., 1981 ; J. Devinsse, *Jean le Bon,* Paris, 1984 ; J. Quillet, *Charles V,* Paris, 1984 ; P.-M. Kendall, *Louis XI,* Paris, 1976 ; B. Quilliet, *Louis XII,* Paris, 1986 ; J. Jacquart, *François Ier,* Paris, 1981 ; I. Cloulas, *Henri II,* Paris, 1985 ; P. Chevallier, *Henri III,* Paris, 1985 ; J.-P. Babelon, *Henri IV,* Paris, 1982 ; F. Autrand, *Charles VI,* Paris, 1986 ; Y. Labande-Mailfert, *Charles VIII,* Paris, 1986 ; P. Contamine prépare un *Charles VII.*

Sur la guerre de Cent Ans, v. l'ouvrage toujours utile et récemment réédité de A. Coville, *Les premiers Valois et le début de la guerre de Cent Ans, 1328-1350,* Paris, 1981, et surtout celui de J. Favier, *La guerre de Cent Ans,* Paris, 1980 ; H. Cosneau a édité *Les grands traités de la guerre de Cent Ans,* Paris, 1889 ; au sujet du traité de Brétigny de 1360 qui fait sortir de la mouvance française plusieurs provinces auxquelles s'ajoutent les terres cédées par le traité de Paris de 1259, v. P. Chaplais, Le règlement de conflits internationaux franco-anglais au XIVe siècle (1293-1377), *MA,* 1951, t. LVII, p. 269-302, et Some documents regarding the fulfilment and interpretation of the treaty of Bretigny (1361-1369), *The Camden Miscellany,* vol. XIX, Londres, 1952, p. 1-84 ; pour le traité de Troyes, v. P. Duparc, La conclusion du traité de Troyes, *RHD,* 1971, p. 50-64. En ce qui concerne les crises politiques, lire d'abord R. Gazelles, *La société politique et la crise de la royauté sous Philippe de Valois,* Paris, 1958 ; pour celle de 1355-1358 : E. Faral, Robert le Coq et les États généraux d'octobre 1356, *RHD,* 1945, p. 171-214, et R. Gazelles, *Étienne Marcel,* Paris, 1985 ; pour celle du début du XVe siècle : M. Nordberg, *Les ducs et la royauté. Étude sur la rivalité des ducs d'Orléans et de Bourgogne, 1392-1407,* Stockholm, 1964 ; A. Goville, *Les Cabochiens et l'ordonnance de 1413,* Paris, 1888, et F. Lehoux, *Jean de France duc de Berry. Sa vie, son action politique,* 4 vol., Paris, 1968, t. III : La crise économique qui soustend la crise politique du XIVe siècle est évoquée par J. Heers, *L'Occident aux XIVe et XVe siècles. Aspects économiques et sociaux,* Paris, 1966, p. 91-110, et J. R. Strayer, Economic conditions in Upper Normandy at the end of the reign of Philip The Fair, *Mélanges Perroy,* Paris, 1973, p. 276-283. Enfin sur la crise religieuse de la deuxième moitié du XVIe siècle, consulter P. Miquel, *Les guerres de religion,* Paris, 1980.

L'État a suscité une abondante littérature parmi laquelle retenons, en ce qui concerne son contenu et son développement, J. A. Maravall, The origins of the modem State, *Cahiers d'hist. mondiale,* VI, 1961, p. 788-808 ; B. Guenée, Y a-t-il un État des XIVe et XVe siècles ?, *AESC,* 1971, p. 399-406 ; F. Chabod, Y a-t-il un État de la Renaissance ?, *De Pétrarque à Descartes,* t. III : *Actes du Colloque sur la Renaissance,* Paris, 1958, p. 57-78, et J.-R. Strayer, *Les origines médiévales de l'État moderne,* éd. franç., Paris, 1979 ; sur le mot : K. C. Dowdall, The word State, *Law Quarterly Review,* vol. XXXIX, n° 153, et

J.-P. Brancourt, Des « estats » à l'État : évolution d'un mot, *Arch. de Philos. du Droit,* t. 21, 1976, p. 39-54. Voir aussi : J. Krynen, Genèse de l'État et histoire des idées politiques en France à la fin du Moyen Âge, dans *Culture et idéologie...,* Rome, 1985 ; R. Polin, L'idée de République selon Bodin, *Colloque Jean Bodin,* éd. Denzer, Munich, 1973 ; N. O. Keohane, *Philosophy and State in France. From the Renaissance to the Enlightenment,* Princeton, 1980 ; G. Mairet, La genèse de l'État laïc de Marsile de Padoue à Louis XIV, *Histoire des idéologies,* Paris, 1976, t. III.

Chapitre 1
Le roi et l'État

293 Le temps des juristes et des théoriciens. — Les épreuves traversées par le royaume ont concentré le loyalisme et les aspirations populaires sur le roi et l'institution royale, seuls garants de l'intérêt général. C'est ainsi qu'avec opiniâtreté mais souplesse, les rois portent leurs efforts sur l'affirmation de leurs prérogatives souveraines. Dans cette œuvre de longue haleine, juristes serviteurs de la royauté et théoriciens vont prendre toute leur part.

En effet, outre la perspective d'une carrière fructueuse, la complexité croissante de l'administration ainsi que le prestige grandissant du roi poussent toujours plus les juristes à entrer nombreux à son service. Formés à l'étude des droits romain et canonique, épris du sens de l'État, ils vont inlassablement travailler à son progrès en s'accoutumant à voir dans le roi moins la personne humaine qu'une institution. Les juristes sont parfois des hommes en vue, tels les légistes de Philippe le Bel, Pierre Flotte, Guillaume de Nogaret ou Guillaume de Plasians. Plus souvent, personnages discrets mais efficaces, quel que soit le lieu où s'exerce leur compétence, Conseil du roi, chancellerie, cours souveraines, ils veillent à défendre et étendre les droits du prince.

Les crises de la royauté tout comme ses progrès provoquent aussi un important travail doctrinal et théorique, rédigés par des jurisconsultes ou des officiers royaux. Citons les opuscules rédigés lors de la querelle entre Philippe le Bel et le siège romain qui se proposent de défendre la souveraineté du roi contre les prétentions pontificales[1] ;

1. Voir par exemple la *Disputario inter clericum et militem* et la *Quaestio in utramque partem,* publiées *in* Goldast, *Monarchia sancti Romani Imperii,* Hanau, 1611-1614, vol. I, p. 13 et s. et vol. II, p. 95 et s., ou encore le *Rex pacificus,* publié *in* Dupuy, *Histoire des desmeslez d'entre Boniface VIII et Philippe le Bel, roi de France,* Paris, 1655, p. 663 et s.

Le Songe du Verger, importante compilation rédigée sur ordre de Charles V, qui est un véritable manuel de gouvernement, « un recueil de règles de droit public »[1] ; l'œuvre du juriste Terrevermeille dressant à la veille du traité de Troyes la théorie de la succession royale[2]. Au XVIe siècle, cet effort s'intensifie. Au début du siècle, Claude de Seyssel bâtit un traité où la monarchie française est donnée comme un modèle d'équilibre[3], des juristes de l'école de Toulouse rédigent au même moment des ouvrages sur les privilèges du royaume et les prérogatives royales[4], en 1576, Jean Bodin défend la cause de la monarchie « pure »[5] et les attaques contre la royauté durant les guerres de religion suscitent de nouveaux traités en sa faveur[6]. Enfin, théologiens et moralistes interviennent à leur façon. Sous Charles V leurs traductions d'œuvres de l'Antiquité enrichissent les réflexions sur le pouvoir royal[7], sous ce même règne et le suivant, les moralistes dessinent les traits du prince idéal et suggèrent des réformes[8], et les humanistes de la Renaissance plaident en faveur du renforcement des prérogatives du monarque[9].

294 LE ROYAUME, CORPS POLITIQUE. — À partir du XIVe siècle et plus systématiquement que leurs devanciers, juristes et théoriciens conçoivent le royaume par analogie avec le corps humain comme un corps politique[10] un corps de « policie »[11], aux XVe et XVIe siècles,comme un corps mystique[12]. Le roi et ses grands officiers

1. J.-P. Royer, *L'Église et le royaume de France au XIVe siècle...,* Paris, 1969, p. 219. Voir pour *Le Songe du Verger,* l'éd. de M. Schnerb, Paris, 1983, 2 vol.
2. Jean de Terrevermeille, *Tractatus...,* éd. Lyon, 1526.
3. Claude de Seyssel, *La monarchie de France,* éd. Poujol, Paris, 1961.
4. Voir Jean Ferrault, *Tractatus jura seu privilegia aliqua regni Franciae,* éd. Paris, 1545, et Charles de Grassaille, *Regalium Franciae Libri duo,* Lyon, 1538.
5. Jean Bodin, *Les six livres de la République,* Paris, 1576.
6. Citons P. Grégoire, *De Republica libri sex,* Lyon, 1596 ; Du Haillan, *De l'estat et succez des Affaires de France,* Paris, 1595 ; P. de Belloy, *De l'autorité du Roi...,* éd. 1587.
7. Par exemple, Nicolas Oresme, *Les livres des Éthiques d'Aristote,* éd. Menut, New York, 1940.
8. Ainsi Christine de Pisan, *Le livre des faits et bonnes mœurs du sage roy Charles V,* publ. pour la Société de l'Histoire de France, par S. Solente, 2 vol., Paris, 1936, ou Jean Gerson, *Sermon vivat rex,* éd. Glorieux, Tournai, 1960.
9. Par exemple, Guillaume Budé, *L'institution du prince,* éd. Bontems, *Le prince dans la France des XVIe et XVIIe siècles,* « Trav. et Rech. de la Fac. de Droit de Paris », Paris, 1965.
10. Voir, par exemple, la version latine du *Songe du Verger,* le *Somnium Viridarii,* I, cap. 32, 82 et 102, et II, cap. 305 et 307.
11. Voir Christine de Pisan, *Le livre de corps de policie,* éd. Lucas, Genève, 1967.
12. Voir Terrevermeille, *op. cit.* ; C. de Seyssel, *op. cit.,* p. 108 ; G. Coquille, *Discours des États de France, Œuvres,* Paris, 1588, t. I, p. 322.

recourent eux-mêmes à cette métaphore organique[1]. Le concept correspond à ce que tous pensent être la structure du royaume. La substance de celui-ci est faite de l'ensemble diversifié des sujets et de leurs activités différenciées ; mais elle est ordonnée par une forme, l'autorité royale, qui dirige et coordonne la vie du corps politique. Le roi est ainsi le cœur, la tête ou l'esprit de la *respublica* en vue d'une finalité, celle de l'ordre du royaume d'où résulte et qu'entretient à son tour le bien commun du corps.

Il en résulte que le roi doit agir dans le sens de cet ordre dont il est l'élément primordial et non pour lui-même. À la différence d'un seigneur possesseur de fief qui exerce des prérogatives avantageuses, son pouvoir s'analyse comme une fonction au service de l'intérêt commun du royaume. À côté de la personne du roi, le royaume prend donc la physionomie d'une institution autonome sous le nom de Couronne qui symbolise depuis le XIIe siècle la distinction entre le roi et le royaume et annonce le concept d'État. Principes et lieux de l'autorité, la Couronne puis l'État sont donc confiés au prince dans des conditions déterminées qui deviennent autant de principes statutaires (section I). C'est dans le cadre de ces contraintes qu'agit le titulaire de la Couronne (section II).

Section I
Le statut de l'État monarchique

Ces principes statutaires se sont dégagés dès le début de la dynastie capétienne sans plan ni idéologie préconçus, de façon toute pragmatique sous la seule inspiration des événements. Faits naturels, crises politiques ou nécessités, ces événements ont permis d'ériger progressivement en coutumes certains principes qui ont donné à la Couronne son statut appelé au XVIe siècle Lois du royaume et dès 1575 Lois fondamentales. Ces normes supérieures font de la Couronne une réalité de droit public, à l'abri de

1. Voir une lettre de Philippe le Bel de 1305, citée *in* J. R. Strayer, Defense of the realm and royal power in France, *Studi in onore di G. Luzzato,* Milan, 1950, t. I, p. 289, ou encore une ordonnance de Louis XI de 1467 : *Ordonnances des rois de France,* Paris, 1723-1849, vol. XVII, p. 25.

l'arbitraire du prince, en lui organisant une dévolution spéciale (I) et en protégeant l'ensemble de ses prérogatives et des territoires relevant d'elle (II). Ces deux rubriques précéderont donc l'analyse juridique de ces principes statutaires (III).

I | La dévolution de la Couronne

295 L'Évolution de sa nature. — La Couronne, institution abstraite, dépend évidemment de la désignation et de l'installation de son titulaire, le roi. À l'aube du XIVe siècle, sa dévolution obéit déjà à certaines règles mises en place sous les premiers Capétiens. Ainsi celle de l'hérédité qui s'était peu à peu substituée au système électif et était passée en coutume sous Philippe Auguste, ainsi encore celle de primogéniture qui enracine au profit du fils aîné l'indivisibilité de la royauté, l'une et l'autre règle ne se distinguant que peu du droit commun successoral des fiefs. En revanche, apparus entre le XIVe et le XVe siècle, de nouveaux principes de nature toute différente impriment à la succession royale de France un caractère spécifique en même temps que statutaire, lui donnant du même coup ses traits propres et définitifs derrière lesquels se profile d'abord puis s'assoit le concept d'État.

A - La succession royale, une réalité spécifique

296 Masculinité et collatéralité : la première étape. — L'hérédité en faveur du fils aîné a fonctionné sans heurt ni défaillance jusqu'au début du XIVe siècle. Mais toute rupture de cette chaîne héréditaire en ligne directe fait prévoir de graves difficultés. Elles surviennent en 1316. La mort de Louis X laisse une fille âgée de quatre ans, Jeanne, et la reine enceinte. L'aîné des frères du roi, Philippe, comte de Poitiers, assume alors de sa propre autorité la régence jusqu'à l'accouchement de la reine et éventuellement, s'il naît un fils, jusqu'à sa majorité. La mort de l'enfant, Jean Ier, peu de jours après sa naissance, ouvre une succession sans descendance mâle directe. Cette situation toute nouvelle dans le royaume capétien se résout dans une alternative : la Couronne ira-t-elle à la princesse Jeanne ou à son compétiteur, son oncle Philippe ? En sa faveur, Jeanne ne peut-elle faire valoir le droit féodal qui admet les filles à succéder aux fiefs ? Ne peut-elle soutenir que des femmes accèdent à la tête de certains royaumes[1] et qu'en France même elles peuvent être régentes ? Du côté de son oncle les arguments invoqués, circonstanciels ou politiques, ne manquent pas : la fragilité physique des femmes, incontestable cause de faiblesse pour la royauté, le jeune âge de Jeanne qui eût ouvert une minorité toujours redoutée et – fait nouveau – la minorité d'une fille, son éventuel mariage avec un prince étranger au sang capétien.

Les faits se chargent de résoudre la difficulté. Fort de sa position de régent, et en dépit d'une certaine opposition, Philippe prend le titre de roi de France, se fait sacrer le 9 janvier 1317 et peu après se fait reconnaître par une assemblée de dignitaires. Deux précédents sont ainsi nés qu'on ne remettra plus en question : les filles ne peuvent accéder au trône de France et, faute de descendants mâles en ligne directe, la Couronne passe au plus âgé des frères du roi défunt. Les précédents ne vont pas tarder à jouer et ainsi à devenir coutumes. Le premier s'applique au bout de cinq ans : Philippe V meurt en 1322 ne laissant que des filles ; son frère Charles IV, les écartant, lui succède sans contestation. Plus tard, en 1515, à la mort de Louis XII, nul ne songera à ses filles. L'autre règle s'appliquera à nouveau au XVIe siècle : à François II, mort sans descendance aucune en 1560, succéderont à la Couronne ses deux frères Charles IX puis Henri III.

297 LA SECONDE ÉTAPE : L'EXCLUSION DES PARENTS PAR LES FEMMES. — Une seconde série d'événements achève de préciser le principe de transmission de la Couronne de mâle en mâle et en ligne collatérale. En 1328, la mort du troisième fils de Philippe le Bel, Charles IV, sans autre héritier que des filles, ouvre une nouvelle crise successorale, grave par ses conséquences politiques. Les filles du roi défunt écartées sans discussion, quel collatéral préférer ? Parmi les candidats mâles possibles, trois peuvent espérer l'emporter. Si l'on veut que le roi soit choisi dans la ligne directe

1. Cas des royaumes capétiens de Naples et de Portugal, de la Navarre et de la Castille entre autres.

descendant des Capétiens, le seul parent proche est Édouard III, roi d'Angleterre, neveu des trois derniers Capétiens par sa mère Isabelle et par conséquent collatéral au troisième degré mais en ligne féminine. Si l'on désire, au contraire, respecter les conséquences logiques incluses dans la solution de 1316, il faut choisir en ligne collatérale masculine l'un des deux cousins germains du dernier roi, Philippe de Valois ou Philippe d'Évreux, parents au quatrième degré.

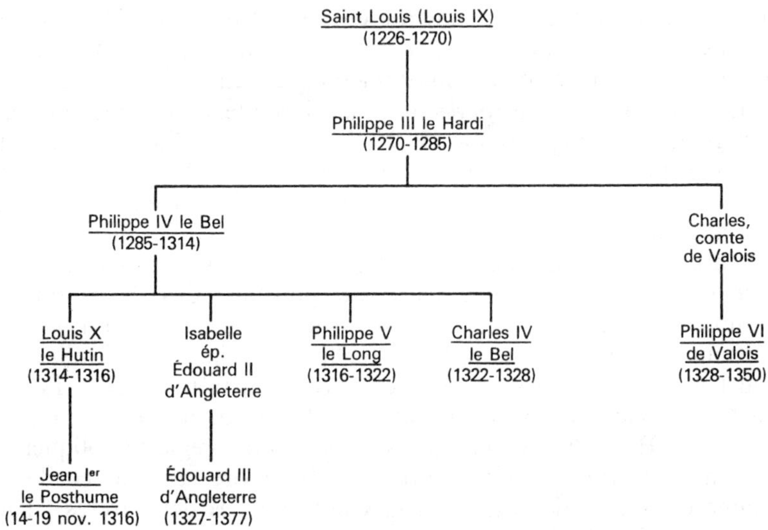

Les problèmes successoraux de 1316-1328
(Les dates indiquées sont celles du règne)

La proximité de degré semblait donner avantage à Edouard III. Cependant, elle ne pouvait être admise qu'à condition que sa mère pût servir de « pont et planche », c'est-à-dire transmettre un droit qu'elle n'aurait pas exercé. À cela les partisans de la parenté masculine rétorquaient qu'Isabelle exclue comme toutes les filles de la succession royale n'avait jamais possédé le moindre titre à succéder. Elle ne pouvait donner ce qu'elle n'avait jamais eu : l'inexistence de son titre entraînait l'inexistence d'une éventuelle transmission à son fils. À cet argument de droit s'est ajoutée, aussi déterminante on s'en doute, la volonté de repousser du trône un monarque étranger.

La question successorale fut tranchée par une assemblée de dignitaires en faveur de Philippe de Valois au nom de son sang capétien et de son appartenance à la parenté masculine vis-à-vis

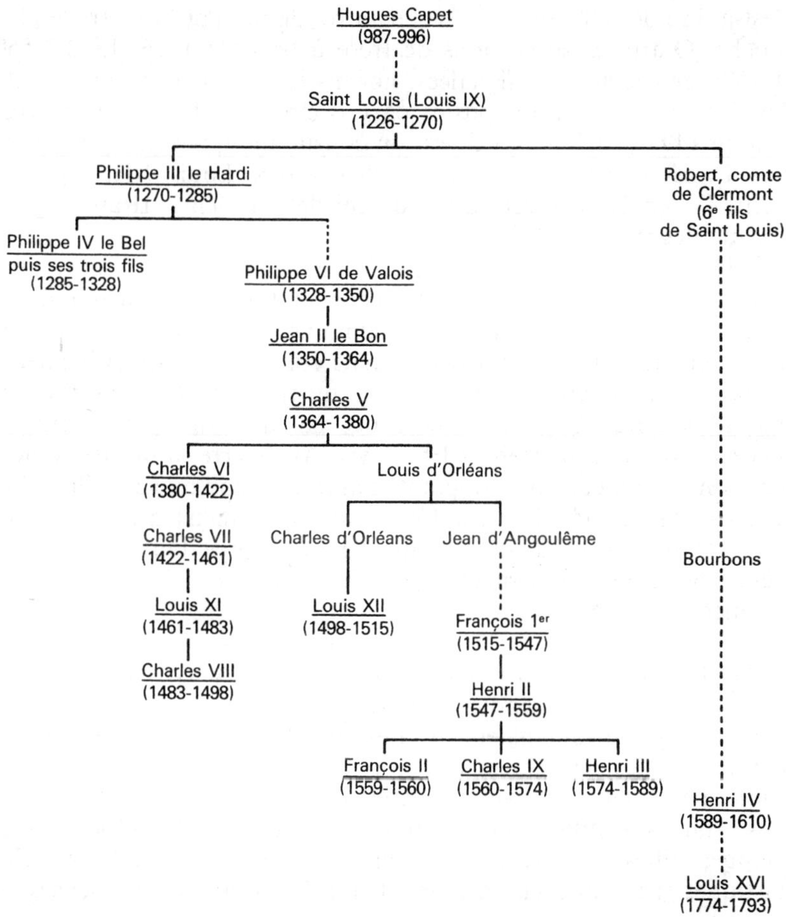

Des Capétiens directs aux Valois puis aux Bourbons
(Les dates indiquées sont celles des règnes)

d'Édouard III, de la primogéniture vis-à-vis de Philippe d'Évreux. En dépit des polémiques ultérieures déclenchées par Edouard dont la revendication active à partir de 1340 est à l'origine de la guerre de Cent Ans, la coutume passe en France que les parents en ligne féminine sont exclus de la succession royale. La Couronne est dévolue en ligne masculine à l'aîné de la branche collatérale aînée, c'est-à-dire de celle qui se rattache au roi défunt par l'ancêtre le plus proche. Outre les successions de frère à frère de 1316, 1322, 1560 et 1574 précédemment signalées, hormis le précédent de 1328, cette dévolution jouera entre cousins parfois éloignés : Louis XII successeur en 1498 de Charles VIII est un cousin au septième degré, François Ier est cousin au cinquième degré avec Louis XII, quant à Henri IV, en 1589, il est parent du roi défunt Henri III au vingt et unième degré.

Ainsi, au début du XVIIe siècle, le juriste Antoine Loysel pourra écrire : « En France, le royaume ne peut tomber en quenouille »[1] puisque filer la laine est une tâche féminine. La coutume de masculinité et collatéralité ne sera plus jamais contestée. Deux événements majeurs en témoignent. En 1420, lors du traité de Troyes qui exhérède le dauphin, Charles VI ne songe pas à sa fille aînée pour lui succéder, mais, la mariant à Henri V d'Angleterre, il fait de ce dernier son successeur en l'adoptant. Paradoxal hommage à l'hérédité et à la masculinité ! En juin 1593, dans un fameux arrêt de règlement, le parlement de Paris rappelle avec force l'inviolabilité du même principe aux ligueurs qui prenaient vis-à-vis de lui leurs distances[2].

298 JUSTIFICATION DE LA MASCULINITÉ : LA LOI SALIQUE. — Devant les revendications d'Édouard III après 1328 et les mémoires qui le soutenaient, il fallut aux Valois justifier le principe d'exclusion des femmes et de leurs descendants mâles de la Couronne, par conséquent aussi justifier leur propre légitimité.

Certaines justifications de poids eussent pu être efficacement retenues. Elles ne le furent pourtant que peu. Dès 1316, les ecclésiastiques suggéraient un argument tiré des traditions religieuses de

1. Antoine Loysel, *Institutes coutumières,* IV, 3, 91, éd. 1607.
2. *Procès-verbaux des États généraux de 1593,* éd. Bernard, Paris, 1842, p. 736.

la royauté. Si les filles sont repoussées de la Couronne, c'est en raison du sacre dont la vertu infuse au titulaire de la fonction royale un caractère quasi sacerdotal : une femme n'a donc pas plus accès au ministère royal qu'au ministère sacerdotal. En outre, les faits montrent que les filles n'ont jamais occupé le trône, même lorsque existait une fille aînée, le fils puîné lui était toujours préféré[1] : l'hérédité masculine était donc une habitude qui pesait lourdement sur les esprits. Enfin le droit féodal, soutenant la cause de Jeanne en 1316, était un argument inadéquat. Certes, hérédité et primogéniture allaient dans son sens, mais l'idée de fonction montrait à l'évidence que le royaume n'était pas un fief. Appeler dès lors à la succession seulement les mâles et les parents par les mâles en faisait reconnaître la spécificité et permettait de prendre davantage conscience de ses directions nécessaires.

Pour justifier la légitimité des Valois et la règle de masculinité collatérale prévaut l'argument tardif de la loi salique. Cette loi des Francs saliens du Ve siècle, dans son titre 59, excluait les femmes de la succession à l' « alode », c'est-à-dire à un bien parvenu au défunt par héritage de famille[2]. Cette loi à la fois antique et mystérieuse est donné, en 1358, par Richard Lescot, comme la source des règles de transmission de la Couronne. Façon de voir guère pertinente en droit : la loi salique n'est qu'une règle successorale des Francs particulière à la « terre salique », à la terre venue des Anciens.

Mais, par le fait même qu'elle manifestait la continuité du principe de masculinité des Mérovingiens aux Capétiens, la loi salique connut une fortune considérable. Dès le XVe siècle, des juristes se plaisent à déformer le propos de Richard Lescot dans l'intention d'accroître sa crédibilité et sa force : ils vont lui aménager un fondement mythique[3]. La *lex salica,* loi successorale du royaume, « constitution royale », aurait été édictée par le légendaire Pharamond, « premier roy des Francs ». L'antiquité supposée de cet édit était

1. Ainsi encore, en 1270, Philippe III écarte-t-il une sœur aînée.
2. En vérité, il semble que la loi salique établisse un régime de préférence des fils et non d'exclusion totale des filles. D'ailleurs, ces dispositions ont très vite choqué. Dès la fin du VIIe siècle, dans les *Formules de Marculf* (II, 12) il est permis au père de rappeler à la succession ses filles à égalité avec ses fils pour tout ce qui concerne la terre salique.
3. Voir le traité anonyme, *Loy salique, première loy des François,* publié en 1488 et réédité en appendice à l'édition de 1557 de *La grande monarchie* de C. de Seyssel ; voir aussi Jean-Pierre d'Angleberme, *De lege salica et regni successione, Index opusculorum,* Paris, 1517.

censée plus convaincante que l'origine coutumière des règles successorales. Cependant, le monde juridique dans son ensemble n'insistera pas sur cet avatar de la loi salique, se contentant de recouvrir par ce terme commode l'ensemble des règles coutumières de transmission de la Couronne.

299 LA LOI DE CATHOLICITÉ. — Cet ultime principe de dévolution est précisé dans les difficiles années du conflit politico-religieux de la fin du XVIe siècle. En 1589, l'assassinat d'Henri III ouvre une nouvelle crise de succession. Le successeur désigné par la coutume de masculinité et de collatéralité est le chef de la maison de Bourbon, Henri de Navarre, descendant de Robert de Clermont, sixième fils de Saint Louis[1]. S'il avait été catholique, il aurait succédé sans aucune difficulté. Mais sa confession réformée suscite de la part du parti catholique de la Ligue un revirement d'opinion sur la coutume successorale. Ne doit-on pas y renoncer afin d'assurer la candidature d'un prince catholique ?

Poussé par les États généraux ligueurs, Henri III avait ajouté aux coutumes successorales en vigueur un nouveau principe qu'il avait promulgué avec l'assentiment des États pour lui donner un plus grand retentissement. C'est le principe de catholicité écrit et juré dans l'édit d'Union de juillet 1588 à Blois[2]. Dès la mort d'Henri III, les ligueurs s'en autorisent pour proclamer roi, sous le nom de Charles X, le cardinal de Bourbon, oncle d'Henri de Navarre et après lui le plus proche collatéral du roi défunt. Ce qui n'était encore qu'entorse grave à la loi salique devient bientôt une violation flagrante au nom de la catholicité au décès du prétendu Charles X en 1590, la Ligue, faisant fi de certains Bourbons catholiques mais alliés politiques d'Henri de Navarre, entreprend de faire de la loi de catholicité un principe fondamental. Elle présente la candidature de l'infante Claire-Isabelle, fille de Philippe II d'Espagne et petite-fille par sa mère d'Henri II. Double violation par conséquent de la coutume de masculinité qui provoque la réaction du parlement de Paris, ligueur lui-même et soutenu par le parti modéré.

1. Le frère d'Henri III, François duc d'Anjou, son successeur était mort en 1584, sans descendant non plus.
2. F.-A. Isambert, *Recueil général des anciennes lois françaises,* Paris, 1821-1833, t. XIV, p. 630.

Aux termes de l'arrêt « Lemaistre » du 28 juin 1593, encore dit « arrêt de la loi salique », rien ne peut être fait « au préjudice de la loi salique et autres lois fondamentales du royaume de France ». La réplique est d'autant plus forte qu'elle réaffirme dans ses débuts la loi de catholicité. Le but de cet arrêt qui proclame le droit successoral coutumier est politique. Il convient de rappeler le titre d'Henri de Navarre à succéder, tout en l'invitant à abjurer la religion réformée. On sait que ce dernier franchit le pas le 5 juillet 1593, son abjuration lui ralliant la grande majorité d'une opinion restée légitimiste.

300 SENS DE LA LOI DE CATHOLICITÉ. — L'arrêt Lemaistre est révélateur de la conception qu'on se fait au XVIe siècle de cette loi, et par conséquent de sa place dans la loi fondamentale de succession. Consacrée par l'abjuration d'Henri IV, la règle avait vu ses bases dégagées par les États de Blois de 1577 et 1588. Dès 1577 en effet, alors que la situation n'offrait aucune solution urgente – Henri III étant marié depuis peu et ayant un successible en la personne de son frère le duc d'Anjou –, les États généraux signalent à Henri de Navarre, successeur encore lointain, que la religion catholique « n'est point seulement l'ancienne coutume, mais la principale et fondamentale loi du royaume »[1]. Les députés fournissent une juste analyse de la règle de catholicité : une coutume qui s'induit de l'état moral et de la pratique religieuse du royaume depuis toujours. Une coutume originaire, en quelque sorte, indissociable des origines sacrées de la royauté française.

Les États de 1588 ne proclament donc pas une loi nouvelle mais une règle latente depuis le baptême de Clovis et chaque fois rappelée, depuis les Carolingiens, dans la cérémonie du sacre. À l'occasion d'une difficulté pratique, il ne s'agit que de réaffirmer officiellement un principe menacé. La loi de catholicité dans ces conditions ne peut être considérée comme un appendice circonstanciel : elle est une règle prenant rang parmi les lois fondamentales de succession. Mais quel rang ? La réponse des ligueurs est simple : cette règle est la norme supérieure à toute autre. L'arrêt Lemaistre

1. Instructions des gens des trois États, in *Mémoires de Monsieur le duc de Nevers,* éd. de Gomberville, Paris, 1665, p. 445.

clôt cette interprétation forcée. Les rapports entre la loi de catholicité et la loi salique ne sont pas d'ordre conflictuel ou hiérarchique, en mentionnant l'une et l'autre sans établir de primauté, il les considère comme également nécessaires et complémentaires. La loi salique traduit la nature profonde et la spécificité de l'exercice de la fonction royale, la loi de catholicité une exigence postulée par la source divine du pouvoir. En d'autres termes, à l'égard de la succession à la Couronne, elles ont entre elles une relation de consubstantialité. Leur conflit en 1588-1593 offre l'occasion de saisir sur le vif l'étroite connexité entre les diverses lois fondamentales de succession. Ce qu'Henri IV lui-même et son entourage ont parfaitement compris : la coutume de succession faisait de lui le successeur légitime, la loi de catholicité, le roi légitime.

B - La succession royale, une réalité statutaire

Aux règles de dévolution proprement dites, définitivement fixées avec la loi de catholicité, s'ajoute, à l'aube du XVe siècle, un autre principe impliqué par elles. Ce principe, celui d'indisponibilité de la succession royale, et son corollaire qui vient étroitement s'y greffer – la continuité de la Couronne – achèvent de bâtir à cette dernière son statut constitutionnel.

301 LE PRINCIPE D'INDISPONIBILITÉ. — Encore une fois, comme pour la masculinité ou la catholicité un principe important est non pas créé mais révélé à l'occasion d'un événement décisif. Ce principe préserve l'assise même de la monarchie et fait de la Couronne une réalité de droit public en la plaçant hors de portée de toute volonté individuelle, serait-elle celle du prince lui-même.

L'événement à l'origine du principe est le traité de Troyes signé en 1420 entre Charles VI devenu fou et Henri V d'Angleterre. Ce document diplomatique repousse expressément le dauphin de la succession au trône et déclare Henri V fils adoptif de Charles VI l'investissant par là d'un titre à succéder. Les règles coutumières de succession n'étaient-elles donc pas à l'abri de l'arbitraire du prince ? Préciser avec netteté que ces coutumes étaient supérieures à la volonté royale, en préciser l'intangibilité et l'indisponibilité est la tâche que s'assigne en 1419 un juriste languedocien, Jean de Terrevermeille[1]. Son analyse de la succession « statutaire » (et donc indisponible) est très vite officielle et devient une loi fondamentale de la Couronne.

Terrevermeille met d'abord en relief la nature coutumière des diverses règles successorales de la royauté. La coutume étant une source de droit, qui émane de l'ordre du royaume, d'un ordre juridiquement indépendant de tout ordre constitué antérieur, elle apparaît comme une objectivation juridique sécrétée par la communauté politique tout entière. Dans ces conditions, supérieure à toute raison ou volonté individuelle qui chercherait à en modifier le contenu, elle s'impose à quiconque. En conséquence, leur mise en forme par la coutume a donné aux règles de la succession une force objective qui les a arrachées, en fonction des fins particulières de la Couronne, à l'action possible de volontés individuelles. La succession de France ne ressemble en rien à une succession privée, loin d'être patrimoniale ou héréditaire, elle est une succession publique, « quasi héréditaire », ou mieux successive. Les conséquences de ce statut coutumier suivent d'elles-mêmes. Dans une succession privée, la volonté du défunt peut modifier la succession *ab intestat* en instituant un héritier par testament[2] ; les héritiers peuvent aussi manifester leur volonté en refusant les effets de l'hérédité. Toutes choses impossibles dans le royaume : le statut coutumier fixe un mécanisme successoral auquel nul ne peut faire violence, ni le roi ni son successeur. Ce dernier possède, en vertu de la coutume, un droit acquis à succéder que seule explique sa filiation, c'est-à-dire le droit du sang, qui fait du successeur un héritier nécessaire ainsi appelé parce qu'il prend simplement la place de son père une fois celui-ci disparu. Et cela quel que soit son degré de parenté avec le roi défunt : l'héritier est le fils aîné, le dauphin[3], mais à défaut tout collatéral mâle selon la proximité de degré. Peu importe le degré de parenté de l'appelé puisque sa vocation successorale l'assimile au fils aîné : en d'autres termes, un collatéral n'est pas reconnu par la coutume comme pos-

1. L'ouvrage de Terrevermeille est en effet rédigé en 1419, un an avant la conclusion du traité de Troyes. Mais ce dernier était l'aboutissement d'un processus déjà engagé de rejet du dauphin.
2. Il s'agit ici du droit successoral romain. Rappelons que Terrevermeille est un juriste du Midi où le droit romain, dès le XIIe siècle, avait pénétré assez largement.
3. Le fils aîné du roi, depuis 1349, date de l'achat du Dauphiné à Humbert II, est le possesseur de cette principauté non incorporée au royaume.

sible titulaire de la Couronne en raison de son degré de parenté mais parce que, vis-à-vis du roi régnant, il est dans la position de successeur direct. Ainsi, fils aîné ou collatéral de la branche aînée suivante, l'héritier nécessaire, en vertu de la coutume, a un droit intangible à lui succéder. Les règles de dévolution forment donc un ensemble indisponible, au bénéfice en 1419 du fils aîné de Charles VI, le futur Charles VII. Attenter à cette coutume successorale serait attenter au statut de la Couronne et ôter toute signification à la fonction royale en lui retirant son caractère de fonction « publique » réalisatrice de l'intérêt commun.

302 LES CONSÉQUENCES DU PRINCIPE D'INDISPONIBILITÉ. — Ce principe, explicitement invoqué dès 1435[1], circule dans l'entourage du roi Charles VII vers 1445[2] et se fixe à partir de cette date dans le droit de la monarchie. Aucun juriste ne s'en éloignera par la suite et l'on répétera les formules mêmes de Terrevermeille en insistant comme lui sur les conséquences logiques du principe.

Les volontés du monarque ou de l'héritier bridées toutes les fois qu'elles iraient à l'encontre de l'ordre de dévolution sont la première de ces conséquences. L'héritier nécessaire a une aptitude inamissible à accéder au trône. Jamais le roi ne pourrait l'exhéréder. Ainsi les clauses du traité de Troyes sont-elles nulles. Tout aussi nulle aurait été l'exhérédation pour ingratitude du futur Louis XI à laquelle aurait songé Charles VII[3] : l'indignité éventuelle du successeur, quelle qu'elle soit, ne saurait l'emporter sur son droit acquis. Nulle encore la disposition de l'édit d'Union de 1588 qui déclare le cardinal de Bourbon parent le plus proche habile à succéder, excluant ainsi Henri de Navarre. Le roi régnant ne peut pas davantage modifier l'ordre de succession en cherchant à y intégrer de nouveaux héritiers ou en contraignant un successeur à renoncer à son droit : en 1457, Charles VII qui entendait priver le duc d'Alençon de son droit successoral n'a pu le faire[4]. Autre conséquence : l'impossibilité

1. Notamment dans les milieux bourguignons, alliés de l'Angleterre en 1420, qui cherchent à faire la paix avec le roi de France : voir Dom Plancher..., *Histoire... de Bourgogne,* Dijon, 1781, t. IV, p. 151-157.
2. Sous la plume de Jean Juvénal des Ursins, archevêque de Reims en 1449 et conseiller de Charles VII.
3. René Choppin, *Trois livres du domaine de la Couronne,* éd. 1574.
4. Charles Dumoulin, *Commentarii in consuetudines parisienses,* éd. 1624, I, 487, p. 12.

pour le roi de disposer du royaume. Installé à sa tête par la coutume qui s'impose à lui, le roi est dans l'impuissance de renoncer à la Couronne. La question se pose en 1525 lorsque François Ier, captif à Madrid après la défaite de Pavie, prépara un édit d'abdication en faveur du dauphin. Le parlement de Paris lui fit savoir que cet acte serait contraire au principe d'indisponibilité : le ministère royal ne se résigne pas, c'est ce que dicte à son titulaire la coutume du royaume.

303 Le principe de continuité. — Lié au précédent, ce principe se fait jour au même moment, servant aussi d'assise à l'État monarchique. Pendant longtemps on le sait, le sacre a fait le roi. Mais un inconvénient ne manquait pas d'en résulter dès lors que la pratique du sacre anticipé avait cessé depuis Philippe Auguste : entre la mort du roi et le sacre de son prédécesseur existait un vide juridique. La royauté a progressivement entrepris de le combler. Philippe III, en 1270, est le premier à avoir daté ses actes à partir de la mort de son prédécesseur et non de son propre sacre. Afin d'éviter un sacre tardif lorsque le roi est mineur, Charles V fixe par un édit de 1374 la majorité à treize ans accomplis[1]. Surtout, en 1403 et 1407, deux édits rendus par Charles VI consacrent l'instantanéité de la succession : le successeur du roi défunt est roi dès l'instant de la mort de son prédécesseur sans qu'il se produise la moindre interruption dans la fonction royale. Le seul fait de la mort du roi suffit à saisir son successeur quel que soit l'âge de ce dernier et sans le préalable du sacre[2].

Ces textes vont peu de temps après recevoir une consécration doctrinale. Jean de Terrevermeille rattache directement l'instantanéité de la succession au droit acquis du dauphin résultant de la coutume. En effet, le fondement de ce droit acquis réside dans le droit de filiation qui n'est pas autre chose pour le juriste que la transmission de la nature du père dans son successeur. La conséquence d'une telle analyse est alors évidente. En premier lieu, le roi se perpétue dans ses successeurs : par là même les rois deviennent une lignée, une personne immatérielle qui se profile derrière la per-

1. *Ordonnances des rois de France, op. cit.,* t. I, p. 295.
2. *Ordonnances des rois de France,* t. VIII, p. 577-578, et t. IX, p. 267-269.

sonne charnelle de chacun et se perpétue sans discontinuité. Cette justification doctrinale résultant de la coutume statutaire de succession est allée de pair avec les nécessités politiques ; de telle sorte que dès la fin du XVe siècle le principe de continuité s'est résumé dans une série d'adages : « Les rois ne meurent pas en France » ou encore « Le royaume n'est jamais sans roi ». Il s'est même très concrètement exprimé aux funérailles de Charles VIII en 1498, par un rite oral, toujours réitéré ensuite, le cri : « Le roi est mort, vive le roi. » Ainsi la permanence de la personne royale devenait-elle la permanence de l'État lui-même.

304 Les corollaires. — Trois corollaires s'ensuivent. Le premier porte sur le sacre. La continuité entre deux règnes, la permanence de la personne du roi dans ses successeurs s'affirment à son détriment. Cette idée ne pénètre que lentement dans l'opinion populaire qui reste longtemps fidèle à la constitution du roi par le sacre. L'exemple de Jeanne d'Arc appelant Charles VII – roi depuis 1422 – dauphin jusqu'à son sacre en 1429 est révélateur. Il n'en demeure pas moins depuis le début du XVe siècle que l'onction n'a plus la portée juridique qu'on lui connaissait auparavant, même si elle reste essentielle.

Le principe de continuité vient ensuite bousculer en droit sinon en fait l'institution de la régence dans le cas essentiel de la minorité du roi. Elle s'ouvre normalement lorsque le roi est en bas âge, aussi lorsqu'il est absent ou incapable. Jusqu'au début du XIVe siècle, les régents de minorité ou d'absence ont eu – sans que cela soit bien fixé – l'équivalent des pouvoirs du roi mais par délégation de ce dernier[1]. En 1316, l'absence de tout titulaire de la dignité royale[2] pousse Philippe le Long à s'emparer du titre de régent et à exercer l'autorité royale en son nom propre. En 1358, le dauphin Charles prend de lui-même ce titre et exerce le gouvernement en son nom. En 1380, le régent Louis d'Anjou expédie les actes en son nom. Ces deux derniers régents – le premier d'absence, le second de minorité – calquent donc leur pouvoir sur le précédent de 1316, effaçant ainsi la personne du roi, captive en 1358, sous-âgée en 1380.

1. Cas des régences de minorité de 1060 et 1226 ; des régences d'absence (le roi est à la croisade) de 1147, 1190, 1248, 1269-1270.
2. Voir *supra*, n° 296.

Dès lors pour éviter, en cas de minorité[1], les dangers de cette vacuité de l'institution royale, ressent-on la nécessité de précipiter l'heure du règne personnel du roi. C'est l'objet de l'édit de Charles V de 1374, confirmée en 1393, fixant la majorité à quatorze ans. Les édits de 1403 et 1407 complètent ce dispositif : en formulant la règle de l'instantanéité de la succession, il présume le roi majeur et frappe l'institution de la régence de caducité[2]. De là, se fixe l'adage : « Le roi de France est toujours majeur. » Pure fiction sans doute mais qui signifie néanmoins que le roi, même mineur, continue la « personne » royale de ses prédécesseurs en étant toujours le siège d'une plénitude d'autorité. En conséquence, le régent, en fait nécessaire, ne passe plus ses actes en son nom propre mais au nom du roi. En principe, la régence est attribuée au plus proche successible en âge de gouverner[3], mais cette règle ne s'imposera pas par la suite : la reine ou la reine mère se voient la plupart du temps confier cette charge[4].

Enfin un dernier corollaire, plus difficilement acquis, est passé progressivement en coutume à partir du milieu du XVe siècle : le nouveau roi s'estime tenu par les actes passés par son prédécesseur, l'intérêt de l'État se conjuguant ici avec la continuité royale. Ainsi les ordonnances du roi défunt[5], les traités qu'il a passés, les privilèges qu'il a accordés à ses sujets[6] restent valides. Les officiers royaux sont confirmés dans leurs fonctions à l'avènement du nouveau roi : c'est l'ébauche de la continuité du service public qui s'impose pour des raisons techniques compréhensibles, en raison aussi d'une ordonnance de 1467 qui admet le principe de l'inamovibilité des officiers. Quant aux dettes contractées par le roi défunt, leur prise en charge par le nouveau roi se heurte à la succession statutaire

1. Dans les cas des régences d'absence au XVIe siècle, le roi les organise plus ou moins minutieusement et délègue le pouvoir aux régents. La régence d'incapacité en 1419 dont s'est emparé le dauphin est d'un type particulier (Charles VI, malade, est aux mains des Anglo-Bourguignons).
2. Les édits de 1403 et 1407 s'intitulent d'ailleurs « édits sur la suppression des régences ».
3. C'est le cas en 1316, 1358, 1380, 1419.
4. Pour les régences de minorité de 1483, c'est la sœur aînée du jeune roi, Anne de Baujeu, qui l'assure ; en 1560, la reine mère Catherine de Médicis est régente ; pour les régences d'absence de 1515, 1523, c'est la mère de François Ier, Louise de Savoie, qui est nommée régente ; en 1552, la régente est la reine Catherine de Médicis, épouse d'Henri II.
5. Le roi peut certes toujours modifier et abroger l'ordonnance de son prédécesseur.
6. Généralement, les corps, villes ou pays dotés de privilèges, prudemment, les font renouveler à chaque règne.

pour laquelle ce dernier n'étant pas un héritier de droit commun n'est pas, comme lui, tenu des dettes ; cependant assez tôt, le roi les honore surtout lorsqu'elles ont servi l'intérêt de l'État.

II | Le domaine royal et son inaliénabilité

La Couronne est dévolue au roi selon des conditions particulières. Mais celui-ci peut-il compromettre par des actes de disposition le domaine d'une Couronne dont la transmission est justement régie par un statut coutumier indépendant de sa volonté ?

305 L'agrandissement du domaine. — Le domaine est l'ensemble des droits féodo-seigneuriaux dont le roi est titulaire et des terres qui leur servent de siège. Son agrandissement, tôt commencé, continue grâce à d'heureuses circonstances et à des initiatives royales variées utilisant les ressources du droit privé et féodal (acquisition par achat du comté de Chartres en 1286, du comté de la Marche en 1358, du Dauphiné en 1349 ; acquisition de la Champagne par le mariage de Philippe le Bel et de Jeanne de Navarre ; de la Bretagne après celui de Charles VIII et d'Anne de Bretagne en 1491 ; acquisition de la Provence par succession en 1481 ; par retour du fief par déshérence : Bourgogne en 1361) comme du droit public (confiscation de l'apanage du connétable de Bourbon par François Ier, retour de l'apanage de Bourgogne, en 1477, à la mort de Charles le Téméraire, de l'apanage d'Anjou en 1480 à celle de René, roi de Sicile) ou encore par confusion de l'apanage et du domaine dans les mains du roi (cas du duché d'Orléans avec l'avènement de Louis XII, du comté d'Angoulême avec celui de François Ier). Au début du XVIe siècle, le domaine peut ainsi se confondre avec le royaume.

306 Vers l'inaliénabilité. — L'inaliénabilité fait une apparition plus tardive en France qu'en d'autres royaumes[1]. En effet, longtemps, les Capétiens voient le domaine royal comme un

1. Tel le royaume d'Angleterre : voir E. H. Kantorowicz, Inalienability : A note on Canonicat Practice and the English Coronation Oath in the Thirteenth Century, *Speculum*, XXIX (1954), p. 488-502.

ensemble hétéroclite de droits et de propriétés dont l'aliénation, normale, ne s'exerce au surplus que de façon fragmentaire. Cette conception persiste toujours sous Philippe le Bel, au début du XIIIe siècle[1]. Pourtant au XIIIe siècle, apparaît l'idée que les revenus du domaine royal intéressent le royaume tout entier. La pratique royale va dès lors évoluer dans ce sens : des règles successorales strictes facilitent le retour des apanages au domaine, en 1318 et en 1322 Philippe V et Charles IV annulent des dons royaux accordés depuis la mort de Louis IX[2]. Mais prononcer des révocations d'aliénations ne revenait pas à les interdire. Aussi, lorsqu'en 1329 dans une assemblée tenue à Vincennes le représentant du roi, Pierre de Cugnières, lance l'idée qu'il n'est guère expédient d'aliéner des droits régaliens à l'Église[3], sa thèse va-t-elle prendre de l'ampleur.

307 INTRODUCTION DU PRINCIPE. — Les pas décisifs sont accomplis dans la seconde moitié du XIVe siècle. Déjà, en 1357, les États généraux frondeurs imposent au lieutenant général du royaume, le dauphin Charles, la première interdiction générale d'aliéner[4]. Quelques années plus tard, Charles V et son entourage expliquent l'inexécution partielle du traité de Brétigny par l'inaliénabilité des droits de la Couronne en soutenant que le roi ne peut abandonner sa souveraineté, ses *jura regalia,* sur les territoires cédés aux Anglais[5]. Surtout l'impossibilité de rien entreprendre qui diminuerait le domaine repose dans le serment de sacre où Charles V fait insérer la promesse qu'il a prêtée en 1357 et réitérée à son avènement[6]. En 1419, le juriste Terrevermeille peut relier le principe à la théorie statutaire : aliéner une portion du royaume ou un droit de la Couronne est chose aussi impossible pour le roi que disposer de la personne de son successeur. Pas plus que la succession royale, le domaine de la Couronne ne lui appartient. Il n'est pas le maître

1. R. Fawtier, Comment le roi de France, au début du XIVe siècle, pouvait-il se représenter son royaume, *Mélanges offerts à P.-E. Martin,* Genève, 1961, p. 65-77.
2. Isambert, *Recueil..., op. cit.,* t. III, p. 179-182 et 294-296.
3. V. F. Olivier-Martin, *L'assemblée de Vincennes de 1329 et ses conséquences...,* Rennes, 1909.
4. Isambert, *op. cit.,* t. III, p. 837.
5. Voir J.-P. Royer, *L'Église et le royaume de France au XIVe siècle..., op. cit.,* p. 211-219, et *Le Songe du Verger,* éd. citée, I, c. 146-148.
6. V. R. Jackson, Les manuscrits des ordines de couronnement de la bibliothèque de Charles V, roi de France, *MA,* 1976, p. 75 et 85.

mais l'administrateur d'un domaine qui est le patrimoine propre de la Couronne et qu'il doit remettre intact à son successeur. La nullité du traité de Troyes s'impose donc à l'évidence. Dès lors le principe est ancré dans la doctrine juridique tout comme dans de nombreux actes royaux[1], même si parfois certains rois inclinent encore à agir en propriétaires du domaine. Mais il restait encore à formuler clairement le principe.

308 DU PRINCIPE AU STATUT. — La consécration juridique du principe se fait en deux étapes. La première, préparée par toute une littérature, est le sacre d'Henri II en 1547. La traditionnelle remise de l'anneau au roi au cours de cette cérémonie suggère aux juristes l'idée que ce dernier devient l'époux de la *respublica*[2] et en reçoit comme dot le domaine. La métaphore du mariage du roi et de la Couronne permet de transposer au domaine la règle de l'inaliénabilité dotale du droit romain[3]. Cette fiction mystique annonce l'avènement d'un statut juridique précis de l'inaliénabilité. C'est l'objet d'un édit publié à Moulins en 1566[4].

Cet édit confirmé par l'ordonnance de Blois de 1579[5] concilie les nécessités politiques et les vœux de l'opinion publique en posant un principe et des exceptions. Le domaine est proclamé inaliénable mais dans le cadre d'une distinction entre le domaine fixe et le domaine casuel. Ce dernier, constitué par les acquisitions faites depuis moins de dix ans par le roi, est toujours disponible, mais, au bout de ces dix années, il tombe dans le domaine fixe, inaliénable, qui regroupe les droits et biens de la Couronne tels qu'ils existent à l'avènement du roi. Deux exceptions déjà apparues au Moyen Âge tempèrent le principe. Des aliénations sont autorisées pour créer des apanages au profit des fils puînés de la maison royale, encore convient-il de remarquer que les conséquences de ces aliénations sont largement atténuées. Les apanages n'ont plus maintenant l'importance de ceux auparavant concédés : maîtres de provinces

1. Ainsi, des déclarations de Louis XI (Isambert, *op. cit.*, t. X, p. 386 et 467) ; une ordonnance de François Ier (*ibid.*, t. XII, p. 51).
2. Voir Charles de Grassaille *Regalium Francie libri duo,* Paris, 1547, p. 217.
3. Voir J. Cappel, *Plaidoyez de feu Maistre Jacques Cappel,* Paris, 1561, p. 11, et R. Choppin, *Traité sur le domaine de la Couronne de France,* écrit en 1572, éd. in *Œuvres,* Paris, 1662, vol. II, p. 171.
4. Isambert, t. XIV, p. 185-189.
5. *Ibid.,* t. XIV, p. 452-484.

entières, les apanagistes des XIVe et XVe siècles se considéraient parfois comme autonomes vis-à-vis du roi ou se posaient carrément en rivaux, tels les ducs de Bourgogne de 1420 à 1477. Ensuite l'apanage continue à faire partie du domaine de la Couronne, et les rois, tout en laissant son titulaire en jouir, y exercent toujours les prérogatives de leur fonction[1] ; enfin la succession de l'apanagiste, strictement réglementée, ne s'exerce jamais qu'en ligne directe et à l'avantage des seuls enfants mâles dont le défaut fait alors jouer la clause, toujours présente dans l'acte de concession, de retour de l'apanage à la Couronne. La seconde exception est instituée pour répondre aux nécessités de la guerre : à condition que l'acte d'aliénation soit lu et enregistré par les parlements et sous réserve d'un droit perpétuel de reprise, le roi peut en cas de besoin extrême engager une portion du domaine. Voilà le terme de ce long processus de développement, inséparable du sacre, qui reflète la métamorphose progressive de la monarchie médiévale en un État moderne.

III | Lois fondamentales et monarchie

309 Notion de Loi fondamentale. — Ainsi avec la loi de succession et la règle d'inaliénabilité a-t-on énuméré les deux principes qui sont l'ossature même de l'État monarchique. Le XVIe siècle en précise la terminologie : ces règles d'abord appelées « lois du royaume » prennent en 1575, et pour la première fois, semble-t-il, la qualification de « Lois fondamentales »[2] qu'elles garderont à l'avenir.

Les juristes prennent soin, en vue de les définir, de les opposer aux lois du roi, celles-ci dues à l'initiative du monarque et toujours susceptibles d'être modifiées ou abrogées par lui. Au contraire la Loi fondamentale ne trouve pas son autorité dans la volonté royale mais dans un ordre juridique supérieur, celui de la coutume du

1. Ainsi dans la concession d'apanage (1360) à Jean de Berry, troisième fils de Jean le Bon, est-il précisé que le duc de Berry ne pourra jamais séparer son duché de la Couronne de France. En outre, le roi réserve expressément les droits régaliens sur l'apanage. Voir l'acte *in* R. Lacour, *Le gouvernement de l'apanage du duc Jean de Berry,* Paris, 1934, p. 5 et s.

2. *Brieve remontrance à la noblesse de France sur le fait de la Déclaration de Monseigneur le duc d'Alençon*, s.l., 1575.

royaume. Ce que suggère Jean Bodin en 1576 dans *Les six livres de la République* : ces lois dont la nature spéciale concerne l'État et l'établissement du royaume sont « annexées et unies à la Couronne » ; par conséquent leur transcendance et leur intangibilité s'imposent à quiconque et en tout premier lieu au prince, premier serviteur de l'État. Ce qui permet à Bodin toujours de distinguer la monarchie française, monarchie réglée en ce qu'elle pourvoit de limites la volonté du prince, de la monarchie despotique dans laquelle le roi agit sans frein aucun. En définitive, ces limites à l'arbitraire que sont les Lois fondamentales découlent de la notion d'État et sont la substance de son statut. Elles forment donc les normes supérieures et inviolables de la monarchie, elles sont la constitution coutumière de l'État[1] ; tout acte qui violerait leurs contraintes serait alors frappé de nullité : tel fut le sort de l'acte d'abdication de François Ier en 1525, et les siècles suivants en fourniront d'autres exemples.

Cette idée de règles inviolables est d'ailleurs exploitée, aux temps des guerres de religion, par des contestataires qui s'efforcent d'étendre le nombre des Lois fondamentales en vue de limiter les prérogatives du roi. L'absence de toute codification leur laissait le champ libre. En 1594, l'avocat du roi, Simon Marion, s'en fait l'écho : à la loi salique, à l'inaliénabilité du domaine s'ajouterait une loi générale imposant au roi un pouvoir partagé avec les États généraux et les parlements[2]. D'autres, adversaires protestants ou ligueurs de la monarchie, iront plus loin encore : ils nieront la validité de certaines Lois fondamentales. Ainsi, le juriste réformé François Hotman jette le doute sur la coutume de transmission héréditaire et préconise un système de dévolution élective[3]. Les théoriciens de la Ligue prétendront, eux, retrouver la dévolution du pouvoir par le peuple dans le sacre dont ils remettent en valeur la signification constitutionnelle[4]. Mais ces thèses, toutes circonstancielles, liées à la crise du pouvoir royal, s'effaceront avec la consolidation de la monarchie sous Henri IV.

1. Le terme même de « constitution » apparaîtra dans une déclaration royale de 1723.
2. Voir F. Strawsky, Les Lois fondamentales du royaume au temps de Montaigne, *Revue des trav. de l'Acad. des Sciences morales et pol.*, 1er sem. 1950, p. 91 et s.
3. F. Hotman, *La France Gaule*, éd. 1574, chap. VIII, p. 84.
4. Guillaume Rose, *De justa reipublicae christianae in reges impios auctoritate*, Anvers, 1592, p. 47.

310 LOIS FONDAMENTALES ET COUTUME. — Pour comprendre la nature juridique des Lois fondamentales, il convient de rappeler qu'elles sont coutumes. Et la coutume n'est pas une règle de droit délibérément posée par une volonté législative, mais la systématisation juridique spontanée d'une pratique issue de la société. D'autre part, elle implique un sentiment de permanence et de durée. Elle repose sur l'idée que ce qui a été a par là même le droit d'être. En conséquence la coutume ne décrète pas de règles nouvelles. Mais, par les liens directs qu'elle établit entre l'ordre des faits et l'ordre juridique, elle constate des pratiques répétées – parfois inconsciemment – à la faveur d'un précédent, ce précédent les fait surgir au grand jour et cristallise sur elle l'opinion publique, la coutume les fixe en leur donnant consistance juridique et formulation consciente.

Ainsi les Lois fondamentales éclosent successivement au terme de pratiques forgées par des inspirations directrices plus ou moins conscientes dont elles sont les transpositions institutionnelles. Les précédents nés de difficultés pratiques – comme en 1316 ou en 1588 – permettent ainsi de les préciser. Aussi les tentatives de créer de nouvelles Lois fondamentales au XVIe siècle se heurtaient-elles à l'exigence qu'un principe implicite de la monarchie allât dans ce sens. Telle est la nature des Lois : en raison de leur caractère coutumier, elles déclarent juridiquement des grands principes jusque-là implicites plutôt qu'elles ne les créent. C'est ce fondement qui les fait si bien participer de la nature profonde de l'État monarchique.

Section II
Le titulaire de la Couronne

Les développements précédents ont montré que la royauté n'était pas un pouvoir avantageux mais une fonction au service de l'intérêt commun (I). Pour assumer cette fonction, le roi dispose d'une pleine autorité en raison et de sa supériorité et de sa souveraineté dont les attributs constituent autant de prérogatives royales (II et III).

I | La fonction royale

311 Religion et bien commun. — Pensée chrétienne et sacre, depuis le haut Moyen Âge, ont donné au pouvoir royal les contours d'un *officium,* d'une fonction dont l'unique finalité est de réaliser le bien commun du royaume. Ce bien, s'inscrivant depuis cette époque dans un ordre unitaire englobant l'Église et la société temporelle, n'a cessé d'imprimer à la royauté un caractère religieux. La pérennité du sacre en témoigne qui investit le roi dans sa fonction comme mandataire de Dieu pour l'intérêt commun.

A - La religion royale

312 Sa liturgie : le sacre. — Sacrer le roi, sauf exception[1], est toujours le privilège de l'église archiépiscopale de Reims et de son titulaire. Mais cette cérémonie n'est plus juridiquement nécessaire pour créer le roi, la quasi-unanimité des juristes et théologiens en conviennent[2]. Devient-elle pour autant purement ornementale ? Il n'en est rien, le sacre garde toute son importance.

Sous Charles V un nouvel *ordo* vient compléter et préciser le précédent datant de Saint Louis. Le roi veut donner plus d'éclat au sacre. Outre une splendeur accrue de la cérémonie, qui culminera pour notre époque au sacre d'Henri II, en 1547, et qui ne départira pas de sa facture tripartite[3], *l'ordo* de 1364 appuyé par le *Traité du sacre* de Jean Golein (1374) et celui de Jean Foucquart (1478) accentue le rapprochement avec la consécration épiscopale : réaffirmation de l'onction sur la tête, persistance de l'usage du chrême toujours réservé à l'onction de l'évêque, vêture violette, bénédiction de l'anneau, mais aussi introduction de l'onction des mains et de

1. La ville de Reims aux mains des ligueurs, Henri IV se fera sacrer à Chartres.
2. Voir par exemple *Le Songe du Verger,* I, c. 79-80. Même conviction chez les théologiens, Jean de Paris, sous Philippe le Bel, et Jean Gerson, sous Charles VI ; chez des juristes comme Terrevermeille et Juvénal des Ursins au XVe, *a fortiori* au XVIe siècle, chez un Jean Bodin, *op. cit.,* liv. VI, chap. 5.
3. Soit en premier lieu le serment, puis l'onction et la bénédiction des insignes royaux, le couronnement enfin.

l'investiture des gants, l'une et l'autre empruntées aux *ondines* épiscopaux[1]. Avec plus d'ampleur qu'auparavant la liturgie du sacre apporte donc une dimension sacramentelle au roi en sanctifiant et purifiant sa personne, par là même elle fait de lui le représentant terrestre de Dieu, son vicaire, et confirme l'authenticité de son pouvoir en l'introduisant, par l'approbation expresse de Dieu, dans la lignée des rois de l'Ancien Testament.

313 LE SACERDOCE ROYAL. — Ainsi comprend-on que Charles V et Jean Golein voient dans le sacre un acte opérant dans l'être spirituel du roi une profonde transformation, qui justifie le qualificatif de vicaire de Dieu, de Dieu terrestre et, à partir du début du XVe siècle, de l'appellation, qui lui est exclusivement réservée par la papauté, de Roi Très Chrétien. Le prince est donc séparé des autres hommes. En 1374, Golein peut affirmer que le roi renonce au monde et « embrasse la religion royale »[2] ; en 1380, un évêque pense que le roi « n'a pas seulement temporalité, mais divinité avec »[3] ; pour le théologien Jean Gerson le roi est « espirituel et sacerdotal », ou pour Juvénal des Ursins au milieu du XVe siècle il n'est rien d'autre que « vaillant prélat »[4]. Le roi peut alors communier sous les deux espèces comme un clerc, et Charles V est le premier à déclarer qu'il touche les écrouelles par la vertu de l'onction.

B - Le vicaire de Dieu

Le sacre donne tout son sens à la fonction royale. Vicariat dont le titulaire est investi par Dieu, elle comporte d'abord la charge de l'Église et le salut des sujets ; elle est ensuite, dans une perspective plus juridique, au service d'un bien qui transcende les utilités particulières et qui est le bien du royaume. En définitive, la fonction royale relève d'un ordre en soi à la fois surnaturel et naturel que le prince doit servir et réaliser.

1. Voir R. A. Jackson. *Vivat Rex...*, Publications de l'Université de Strasbourg, Paris, 1964, p. 45.
2. Voir éd. dans M. Bloch, *Les rois thaumaturges,* 2e éd., 1983, p. 483.
3. Cité *in* F. Cheyette, La justice et le pouvoir royal à la fin du Moyen Âge français, *RHD,* t. XL, 1962, p. 391.
4. Cité *in* P. Lewis, *La France à la fin du Moyen Âge,* Paris, 1977, p. 135.

314 Une fonction à valeur religieuse. — Le surcroît d'orthodoxie que le sacre attache au roi entraîne la nécessité de gouverner au nom de Dieu selon les règles de la morale chrétienne. Ces obligations procèdent du serment de sacre prononcé avant l'onction et réitéré après la cérémonie à la cathédrale de Paris lors du retour du roi de Reims.

Dans le serment ecclésiastique par lequel commence ce rite, le roi s'engage à procurer la paix aux églises du royaume, à maintenir les privilèges canoniques des clercs et évêques, à faire aussi respecter la religion en tous lieux, donc à promettre de chasser les hérétiques du royaume[1]. Ces obligations traditionnelles d'œuvrer pour le bien et la défense de l'Église s'étoffent dès la fin du XIVe siècle : pendant la crise du Grand Schisme d'Occident (1378-1417), théologiens et juristes exhortent le roi à agir pour le bien de l'Église universelle, en convoquant un concile général pour mettre fin à sa division. Mieux encore : défendre l'Église de France revient à protéger ses libertés et à rétablir ses droits contre les empiétements jugés excessifs du siège romain, à remettre aussi en ordre les institutions de l'Église. En bref, le pouvoir royal intègre dans son champ d'action le domaine spirituel et ecclésiastique : le Roi Très Chrétien est le chef de l'Église du royaume, un roi gallican, titre définitivement acquis au XVIe siècle[2].

Mais il convient aussi que le roi se comporte selon les règles de la morale chrétienne. Toute une littérature, du XIVe au XVIe siècle, abonde en énoncés sur les vertus du prince[3]. Les vertus privées du chrétien sont considérées comme nécessaires au bon accomplissement de la fonction royale. Le roi n'est un bon prince que s'il met en pratique les qualités de force, de sagesse, de bonté par lesquelles il fait régner paix et justice. Par là même on aborde le second aspect de la fonction royale.

315 L'incarnation du bien commun. — Elle résulte de l'autre versant du serment de sacre encore dit au XVIe siècle « serment du royaume ». Un contenu plus juridique y prévaut. Le roi promet

1. Seul Henri II, en 1547, ne jure pas cette clause, en raison semble-t-il de l'agitation religieuse : voir R. A. Jackson, *Vivat rex, op. cit.*, p. 195. La clause est jurée dans le serment du royaume.
2. Voir *infra*, nos 377-380.
3. Voir ainsi les nombreux écrits intitulés *Miroirs de prince* aux XIVe et XVe siècles, ou les *institutions du prince* comme celle de Guillaume Budé, *op. cit.*, au début du XVIe siècle.

de « prendre peine » d'assurer au peuple une vie paisible et de le gouverner dans l'équité. La mission royale est donc de communiquer la justice depuis l'âme du prince à tout le royaume. Mais par quels moyens ? Selon le mot de Jean Bodin « en accordant ses sujets les uns aux autres et tous ensemble avec lui »[1]. Il s'agit de regrouper les sujets et les corps du royaume en arbitrant la diversité de leurs fins particulières et en leur imprimant une unité de direction. La volonté et l'autorité royales, sans rivales dans l'État, pourvoient à cette fin, mais bornées par les Lois fondamentales, les règles morales et la sagesse du prince qui tend, à partir du bas Moyen Âge, à être principalement faite de prudence[2] ; cette vertu pratique implique raison droite, pragmatisme, réflexion, savoir-faire administratif, elle permet au monarque d'agir au mieux pour la conservation et la vitalité du monde politique, en étant toujours « roi selon Dieu » pour le bien commun. Et s'il s'écarte de cette raison d'être, tout sujet « peut le reprendre et arguer publiquement et en sa barbe »[3].

II | La nouvelle assise du pouvoir royal (fin XIIIe - XVe siècle)

Le XIIIe siècle a donné au roi la carrure d'un seigneur suzerain, situé à part dans le monde féodal. À la fin du siècle un pas est franchi. Les légistes font reposer le pouvoir royal sur une nouvelle assise : la souveraineté dont on conçoit sans peine qu'elle entraîne la progressive institutionnalisation de la royauté.

A - Revendication de la souveraineté

316 Les prémisses. — Au XIIIe siècle, le roi a dégagé son autorité de l'ordre féodal avec lequel il s'est longtemps confondu. Il donne à son pouvoir un contenu nouveau : « Le roi ne doit tenir de

1. Bodin, *op. cit.*, liv. VI, chap. 7.
2. Voir *Le Songe du Verger*, I, c. 186, ou une ordonnance royale de Charles V, in *Ordonnances des rois de France, op. cit.*, t. V, p. 231.
3. Claude de Seyssel, *op. cit.*, liv. I, chap. 9.

personne », lit-on dans un coutumier[1]. La charge du bien commun, dont il est investi par sa fonction, lui confère l'exercice d'une juridiction au niveau le plus élevé : « Li rois est souverain par dessus tout », affirme un autre coutumier[2]. Le pouvoir royal se présente ainsi comme doué d'une vie et d'une finalité propres et devient, à côté de l'ordre féodal et l'absorbant, une réalité en soi. Au même moment, les légistes royaux tirent argument de la décrétale *Per Venerabilem* d'Innocent III pour affirmer que le roi ne saurait relever d'aucune puissance temporelle[3]. Mais ne serait-il pas opportun d'étayer cette puissance « souveraine » sur un critère solide ?

317 LA MAXIME : « LE ROI EMPEREUR EN SON ROYAUME ». — Ce critère, le roi va le cueillir dans la doctrine des légistes, et notamment des canonistes, qui font éclater pour les besoins de la société où ils vivent l'*imperium* de l'empereur germanique fondé sur les textes des compilations justiniennes retrouvées. Puisque la raison d'être de la juridiction royale est l' « utilité publique », ne serait-elle pas de même nature que la juridiction universelle de l'empereur, mais limitée au royaume[4] ? Cette identité de juridiction investit en conséquence le roi d'un pouvoir dont la substance se retrouve semblable chez l'empereur. À côté de ce dernier, le roi de France accède ainsi à la catégorie juridique de *princeps*[5], son pouvoir fait échec à l'autorité universelle de l'Empire et se dresse comme une puissance concurrente. Le roi devient « empereur en son royaume » : telle est la réplique des juristes aux prétentions de l'empereur à la domination universelle. L'autorité impériale, « pleine et ronde », légitimée par l'arsenal juridique des textes romains, est transportée sur le roi de France dont le pouvoir, maintenant reconnu par le droit comme autre que féodal, devient tout aussi suprême. Ce pouvoir suprême, et donc indépendant, n'est rien d'autre que la souveraineté représentant l'élément cohésif du corps politique.

1. *Livre de Jostice et de Plet,* I, 16, éd. Rapetti, 1850, p. 67.
2. P. de Beaumanoir, *Les coutumes de Beauvaisis,* éd. Salmon, 2 vol., 1899-1900, n° 1043.
3. *Les établissements de Saint Louis,* II, 14, éd. Viollet, Société de l'Histoire de France, 1881-1886, 4 vol., t. II, p. 370.
4. Voir M. Boulet-Sautel, Jean de Blanot et la conception du pouvoir royal au temps de Saint Louis, *Septième centenaire de la mort de Saint Louis, Actes du Colloque de Royaumont,* Paris, 1970, p. 57-58.
5. M. Boulet-Sautel, Le *princeps* de Guillaume Durand, *Études... Le Bras,* Paris, 1965, t. II, p. 803-813. De façon abstraite, le *princeps* représente le pouvoir dans son essence absolue.

318 La maxime contre la papauté. — Après l'avoir été contre l'Empire, la maxime est fort habilement dirigée contre la papauté qui a la maladresse de s'intéresser de trop près aux affaires intérieures du royaume au nom de la supériorité du pouvoir spirituel. En 1296, le roi Philippe le Bel ayant levé des subsides sur le clergé, le pape fait défense aux clercs du royaume de payer et au roi de percevoir des taxes non autorisées par l'Église (bulle *Clericis laicos,* 1297). À la suite de représailles du roi[1] le pape Boniface VIII transige. En 1300 le conflit rebondit : l'évêque de Pamiers, légat du pape, inculpé de lèse-majesté, est traduit devant une assemblée par le roi. Aussitôt Boniface VIII dans la bulle *Ausculta filii* (décembre 1301) rappelle la supériorité du pouvoir spirituel et cite le roi à comparaître devant lui. Les juristes royaux publient alors la bulle non sans graves altérations du texte et, devant le mouvement d'opinion en faveur de Philippe le Bel, le pape réplique par la fameuse bulle *Unam Sanctam* (novembre 1302), réaffirmant de façon dogmatique les thèses pontificales. Une expédition contre le pontife, organisée par le légiste Guillaume de Nogaret, connue sous le nom d'attentat d'Anagni (septembre 1303), échoue mais le pape meurt peu après des suites de ces brutalités. De son successeur Clément V, le roi obtient l'annulation de la bulle *Clericis laicos* et une interprétation favorable de la bulle *Unam Sanctam* ; elle ne peut préjudicier aux privilèges du roi sur l'Église de royaume : c'est l'amorce des futures libertés de l'Église gallicane, elle ne traduit aucune supériorité du pouvoir spirituel sur le roi de France et condamne l'immixtion du pontife dans le gouvernement du royaume. Ce net succès avait notamment été obtenu par l'équipe des légistes royaux qui avaient rédigé de nombreux et parfois excessifs libelles centrés sur la maxime « Le roi empereur en son royaume ». Cette maxime a permis de vaincre les prétentions du siège romain et une nouvelle fois de revendiquer l'indépendance de l'autorité royale.

319 L'usage interne de la maxime. — La maxime est répétée tout au long des XIVe, XVe et XVIe siècles et au-delà. Elle est utilisée de double manière. Comme affirmation de combat revendi-

1. Le roi interdit tout envoi de fonds à Rome.

quant l'indépendance du roi, elle est d'usage externe, rappelée souvent au XVIe siècle ; sous François Ier des gestes symboliques réaffirment cette indépendance vis-à-vis de l'empereur : ainsi la candidature du roi à la Couronne impériale contre Charles Quint, ainsi encore le titre d'empereur invoqué dans les rapports avec le sultan ; mais elle est encore proclamée vis-à-vis du pape quand ce dernier, intervenant dans la crise successorale ouverte en 1584, déclare Henri de Navarre inapte à succéder au trône en raison de ses convictions religieuses.

L'indépendance du roi reposant cependant sur l'identité de ses pouvoirs et de ceux de l'empereur permet aussi aux juristes de construire la substance des prérogatives royales sur leur équivalence avec les mêmes prérogatives impériales. Cet usage interne de la maxime, alors que s'estompent, sauf exception, les prétentions impériales et pontificales, recouvre donc les efforts du roi et de ses légistes pour ressaisir les droits du pouvoir suprême. *Le Songe du Verger* exalte la *summa superioritas* du roi[1]. Coutumiers, juristes, actes de la pratique insistent sur les droits lui revenant. L'usage interne de la maxime prévaut maintenant.

B - Les droits du roi

320 ÉTENDUE ET DIVERSITÉ. — Les droits du roi sont nombreux. Des listes en sont établies aux XIVe et XVe siècles, mais si longues soient-elles aucune n'est complète en raison des incessants progrès du pouvoir royal. Dans un acte de Charles V dressé en 1372[2], partiellement repris dans *Le Songe du Verger*[3], comme dans les coutumiers[4] ou les praticiens de la fin du XIVe siècle[5], l'énumération étendue de ces droits, tous par essence inaliénables et imprescriptibles, atteste la maturité déjà acquise par la notion de souveraineté. Selon l'ordre même dispersé de ces textes, citons les diverses préro-

1. *Le Songe du Verger, op. cit.,* I. c. 88.
2. Dans cet acte publié in *Ordonnances,* t. V, p. 477-480. le roi se réserve les droits essentiellement liés à sa fonction au moment où il remet à son cousin Charles le Mauvais, roi de Navarre, la ville de Montpellier en échange de villes situées en Ile-de-France.
3. *Le Songe du Verger,* I. c. 251.
4. Voir par exemple, Jean Boutillier, *La somme rurale,* éd. Paris, 1603.
5. V. M. Boulet-Sautel, *Les « Quaestiones » de Jean le Coq,* Paris, 1944, p. LXV et s.

gatives faisant du roi le défenseur de la paix publique, le droit exclusif qu'il se réserve de connaître les cas royaux : crimes de lèse-majesté, délit de port d'armes prohibées, de forgement de fausse monnaie, de transgression de ses ordonnances, d'infraction à sa sauvegarde, le contrôle d'une série de concessions, tels le droit d'octroyer foires et marchés ou la sauvegarde royale[1], le droit d'anoblir et de légitimer les bâtards, d'accorder la bourgeoisie[2] et la rémission des crimes, de lever de nouvelles impositions, de battre monnaie, de « faire ordonnances ».

Anciennes prérogatives carolingiennes adaptées au temps ou attributs nouveaux de la royauté, ces droits auxquels il convient d'ajouter ceux sur l'Église de France – reviennent au roi et lui donnent autorité dans l'ordre juridique et politique. Ainsi le roi est-il « empereur, victorieulx, auguste »[3] et a-t-il à l'instar d'un souverain comme « Trajan et Adrien »[4] une puissance plénière. Mais l'aspect le plus significatif de cette dernière est la prérogative de justice qui commande toutes les autres et notamment celle d'imposer les sujets, de faire la loi et d'assurer la régulation de la paix publique.

321 La juridiction en dernier ressort. — L'exercice de la juridiction en dernier ressort est la prérogative fondamentale du roi « empereur en son royaume »[5]. La *jurisdictio* à elle seule résume l'autorité souveraine gestionnaire de l'intérêt commun. Comme telle elle est « intransportable »[6], c'est-à-dire inaliénable. Le roi « source de toute justice » veille en conséquence à placer toute juridiction, si haute soit-elle, dans son ressort.

Pour imposer sa justice souveraine le prince alourdit sa mainmise sur les juridictions non royales. Vis-à-vis des justices laïques – seigneuriales ou municipales –, il use d'une politique mise en œuvre dès le XIIIe siècle. Il les démunit progressivement de leur force soit en réduisant leur compétence par le moyen de la prévention ou

1. Voir *infra,* n° 363.
2. Le droit de bourgeoisie est la concession par le roi de la qualité personnelle de bourgeois indépendamment de toute résidence.
3. Formule de Juvénal des Ursins au XVe siècle, citée *in* P. S. Lewis, *op. cit.,* p. 139.
4. *Ibid.*
5. Par exemple, voir *Le Songe du Verger,* I, c. 251 ; des arrêts du parlement de Paris de 1443 et 1454 cités *in* A. Bossuat, La formule « Le roi est empereur en son royaume ». Son emploi au XVe siècle devant le parlement de Paris, *RHD,* 1961, p. 375-376.
6. *Le Songe du Verger,* I, c. 251. Voir également n. 46.

en se réservant la connaissance exclusive d'une série de causes dites cas royaux, soit – conséquence des progrès de la procédure – par la voie de l'appel rendant ces justices subalternes de la justice royale[1]. Débutant plus tardivement, la mise au pas des juridictions ecclésiastiques emprunte, aux XIVe et XVe siècles, des procédés identiques[2]. Ce contrôle et ce cantonnement des justices concurrentes sont ordinairement assurés par les cours royales auxquelles le roi a délégué des pouvoirs de justice, mais aussi par l'exercice de la justice retenue qui prend consistance au XIVe siècle. Cette justice, propre au roi et à laquelle il peut recourir à tout moment, lui confie la prérogative de juger directement toute cause en son conseil ou de réformer les sentences des justices déléguées si l'équité ou la politique l'exigent. Ainsi le roi est-il vraiment maître de la voie de droit dans le royaume. Enfin, parce que la juridiction et les tâches administratives sont confondues, de la prérogative justicière découle celle de nommer les officiers royaux.

322

La prérogative de « faire la loi ». — Déjà définie par la juridiction suprême, la souveraineté royale l'est encore par une prérogative connexe, celle de « faire ordonnances qui vaillent loy »[3]. Au XIIIe siècle, se fondant sur leur responsabilité de la garde générale du royaume et du « commun profit », les rois s'enhardissent déjà à légiférer pour tout le royaume. Mais, à la fin de ce siècle, ce droit acquiert une nouvelle signification. Dans leurs efforts pour hisser le roi au rang de « souverain », les légistes de Philippe le Bel revendiquent pour lui le droit de « faire les lois, les interpréter, les modifier, les aggraver »[4]. Comme pour l'empereur, cette prérogative fondée sur l'autorité suprême dont est investi le roi en qualité de *princeps* est justifiée par les textes romains, en particulier celui d'Ulpien assurant que « ce que le prince estime bon a force de loi » *(quod principi placuit legis habet vigorem)* traduit au XIVe siècle par le brocard « Si veut le roi, si veut la loi ». Désormais à l'instar d'un empereur romain, le roi fait la loi en raison de

1. Voir *infra,* n° 363.
2. Voir *infra,* n° 364-365.
3. J. Boutillier, *Somme rurale,* éd. citée, p. 646.
4. *Disputatio inter clericum et militem,* éd. citée Goldast, t. 1, p. 17.

sa « souveraine liberté » qui lui permet de « commander sur tout le royaume »[1]. Cependant, aux XIVe-XVe siècles quelques grands feudataires, un duc de Bourgogne ou un duc de Bretagne, légifèrent encore dans leur seigneurie.

Dans ces conditions, le pouvoir légiférant du prince s'impose à tous, mais encore, selon un autre adage romain revivifié par les légistes, le roi est délié des lois *(princeps a lege solutus est)* : en vertu de sa suprématie, la volonté royale – c'est patent pour Charles V[2] – est au-dessus des lois parce qu'elle n'est responsable qu'envers elle-même.

Néanmoins, théorie juridique et pratique royale envisagent bien la loi comme un attribut nécessaire du pouvoir, mais à seule fin de poursuivre des buts d'intérêt commun. Aux XIVe et XVe siècles, on admet généralement que le roi conserve les lois et qu'une fois édictées leur caractère raisonnable interdit qu'on les rompe à tout moment[3]. La volonté royale est aussi limitée en droit par l'obligation où elle se trouve de respecter les coutumes, privilèges et libertés des différents groupes sociaux et par l'impossibilité de porter atteinte à l'ordonnancement juridique traditionnel, sauf à supprimer les mauvaises coutumes. La législation royale se cantonne donc au domaine constitué par le droit public : organisation judiciaire, finances publiques, gestion administrative ; cependant les crises économiques des XIVe-XVe siècles incitent le pouvoir royal à accroître son action sur la société : ainsi des ordonnances se prononcent sur les conséquences des mutations monétaires, ainsi encore Charles V et surtout Charles VII et Louis XI interviennent dans le jeu des institutions urbaines dont ils sapent peu à peu l'autonomie.

En outre, autre caractéristique de la législation royale, édits ou ordonnances sont toujours pris après consultation : le roi s'entoure des avis de son Conseil. Jusqu'à Philippe VI de Valois, ce dernier n'est rien d'autre que la traditionnelle « cour des barons » ; mais, à partir de ce règne, se dessine l'institution autonome qui prend nom de Conseil du roi. Avec les premières défaites de la guerre de Cent

1. Pierre Dubois, *Deliberatio de agendis,* éd. citée Dupuy, p. 45.
2. *Ordonnances des rois de France,* éd. cit., t. VI, p. 29.
3. Voir *Les demandes faites par le roi Charles VI... avec les réponses de Pierre Salmon,* éd. Crapelet, 1833, p. 32.

Ans, les ordonnances interviennent souvent à la demande des États généraux et parfois sous leur pression[1] ; passée la guerre, leur influence diminue. Mais légiférer par « grant conseil » ne signifie aucunement partager la puissance législative. Toujours le roi demeure libre d'apprécier dans quelle mesure il convient de tenir compte des doléances des États ou des avis de son Conseil. Enfin, les abus éventuels de la législation peuvent être corrigés : une ordonnance de 1303 prescrit aux officiers de justice d'exécuter les édits royaux à moins qu'une cause légitime ne s'y oppose et dans ce cas d'en faire connaître les raisons, puis, en 1344, Philippe VI interdit au Parlement d'obtempérer aux ordonnances qu'il se laisserait arracher contrairement au droit d'autrui : les gens de la cour souveraine doivent alors éclairer le roi sur ce qu'il convient raisonnablement de faire. C'est sur cette base que prend naissance et que se développe le droit du Parlement de refuser l'enregistrement des édits royaux et de présenter à leur sujet des remontrances[2]. Là encore, pourtant, le roi est libre de passer outre et de maintenir sa décision en imposant l'enregistrement par des lettres de jussion dont les premières datent du début du règne de Charles VI, ou, plus spectaculaire, par la tenue d'un lit de justice : le roi en personne, entouré du chancelier et des membres de son Conseil, fait procéder à l'enregistrement, sa présence suspendant la délégation d'autorité dont sont investis les membres du Parlement[3].

Quoi qu'il en soit, le principe d'un roi « au-dessus des lois » est largement pondéré, ce qui permet aux juristes et théoriciens de distinguer sa volonté législative, présumée ne jamais errer, de celle, arbitraire, d'un tyran.

323 LE ROI, RÉGULATEUR DE LA PAIX PUBLIQUE. — D'autres prérogatives royales s'expliquent par la nécessité d'assurer « le salut et la deffense du pays »[4]. Afin de défendre la chose publique vis-à-vis de l'extérieur, reviennent au roi le privilège exclusif du

1. Ainsi l'ordonnance générale de réformation imposée par les États généraux, conduits par Étienne Marcel, et celle de 1413 – dite ordonnance cabochienne – dictée à Charles VI par le duc de Bourgogne et la populace parisienne.
2. Voir *infra,* n° 351.
3. Voir *ibid.*
4. *Le Songe du Verger,* I, c. 14.

droit de guerre et celui de convoquer autoritairement le ban auquel nul ne peut se dispenser. de répondre. L'argument de la défense du royaume, qui fait ainsi peser sur les sujets des obligations l'emportant sur leurs droits et privilèges, heureusement manié par le roi, renforce d'autres prétentions : ainsi Philippe le Bel puis ses successeurs interdisent-ils les guerres privées entre seigneurs pendant la durée de la guerre royale, ainsi encore, les nécessités de la défense supposant des revenus réguliers, le roi réclame-t-il, dès le début du XIVe siècle, le droit de lever l'impôt sur tous les sujets, y compris les clercs, qu'ils aient ou non donné leur consentement ; cette subordination de l'impôt à la défense, accentuée au cours de la guerre de Cent Ans, assoit la prérogative royale de lever l'impôt qui devient pratique régulière à compter du règne de Charles VII.

Les prérogatives royales procédant des nécessités de la défense trouvent leur réplique dans celles que le roi s'arroge pour maintenir la paix publique. Celle-ci requiert qu'on ne se fasse plus justice à soi-même. Dans le cadre du royaume, le roi peut alors interdire la guerre à tous : dès le XIVe siècle, le délit de port d'armes, qui contrevient aux édits royaux réprimant la guerre privée, devient un cas de désobéissance à la majesté du prince, comme tel progressivement réservé au seul juge royal. Cependant la protection générale dont le roi a la charge ne peut toujours suffire : ainsi prend-il des mesures spéciales par la pratique de l'asseurement et de la sauvegarde déjà utilisée au XIIIe siècle. La sauvegarde tacite protège ceux qui touchent le roi de prés[1]. Mais c'est surtout la sauvegarde expresse que le prince manie et tend à se réserver strictement à la fin du XIVe siècle : traditionnellement conférée aux églises et aux collectivités ecclésiastiques, les lettres de sauvegarde deviennent d'un usage croissant tant pour maintenir la paix intérieure que pour placer quiconque, serait-il sujet d'un seigneur, hors de toute violence. Protection large puisque ses bénéficiaires peuvent l'opposer à tous, la sauvegarde est aussi une protection efficace car son infraction est normalement de la compétence de la juridiction royale. On voit que par ces multiples prérogatives l'autorité suprême du prince fait de lui le gardien et le seul responsable de la paix publique.

1. Ainsi les officiers et serviteurs du roi, les bourgeois du roi, les hommes se rendant à l'ost royal, etc.

III | Le déploiement de la souveraineté au XVIe siècle

Jusqu'au début du XVIe siècle – la seconde vague de romanistes en témoigne encore[1] – c'est à partir de la notion d'*imperium* qu'est appréhendée la souveraineté, ce faisceau de prérogatives conquises ou reconquises par le roi comme monarque indépendant. Il convenait pourtant de mieux définir la conjonction de l'indépendance du roi avec son autorité souveraine en déconditionnant la notion de souveraineté de son origine impériale et de la reconstruire de façon à exprimer la concentration nécessaire du pouvoir entre les mains du roi. Le mérite d'avoir forgé le concept moderne de souveraineté revient au jurisconsulte angevin Jean Bodin dans son ouvrage publié en 1576 sous le titre *Les six livres de la République.*

A - Le concept de souveraineté

324 Sa définition. — Pour assurer son unité et sa conservation un corps politique, par nécessité, requiert un pouvoir suprême. « La République est un droit gouvernement de plusieurs ménages et de ce qui leur est commun, avec puissance souveraine. »[2] La *respublica* – l'État – est donc ordonnée par sa forme, le lien qui unit les familles entre elles pour former l'État, c'est la souveraineté dont l'existence permet de distinguer la république de toute autre sorte d'association.

Cette souveraineté qui donne ainsi sa forme à l'État, Bodin, la définit doublement comme « une puissance absolue et perpétuelle d'une république »[3]. La souveraineté est perpétuelle pour la simple raison qu'elle est l'attribut fondamental de l'État : elle ne peut jamais cesser car sans elle ce dernier n'existerait plus. Le pouvoir souverain comme tel doit donc rester dans son intégralité ; il ne

1. Voir par exemple la dédicace des *Paradoxa iuris civilis* qu'en 1518 le jurisconsulte Alciat offre au chancelier de France, Antoine Duprat.
2. J. Bodin, *op. cit.*, p. 1.
3. *Ibid.*, p. 119.

peut être ni partagé, ni divisé ; il peut être transmis à un nouveau titulaire mais jamais concédé car le bénéficiaire d'une concession limitée ne serait pas le souverain véritable qui resterait le concédant. Par conséquent, la souveraineté n'est pas plus communicable que l'unité : elle reste unique quelle que soit la forme du gouvernement ; en France, monarchie pure, « elle gît en un seul prince », mais dans un régime aristocratique ou démocratique, elle sera détenue et exercée par une pluralité d'organes. Bodin distingue ainsi fort nettement l'essence de la république, la puissance suprême, des formes de régime politique. La souveraineté est aussi absolue, non seulement au sens de ce qui n'est pas lié juridiquement, mais encore au sens déjà évoqué, selon lequel, étant indivisible, elle ne tolère ni restrictions ni conditions qui n'en feraient plus une réalité pleine et entière : la souveraineté est nécessairement associée à l'unité.

La perpétuité et le caractère absolu, avec leurs corollaires, l'unité et l'indivisibilité, n'auraient cependant aucune signification si le pouvoir ne remplissait pas une autre condition pour être réellement souverain. Il doit être ultime, c'est-à-dire ne pas émaner de quelque pouvoir supérieur : « Il n'y a que celuy absoluement souverain qui ne tient rien d'autruy » ; dans ce sens, la souveraineté n'est rien d'autre que l'indépendance totale du prince dans le domaine international. Ainsi Jean Bodin clôt l'œuvre commencée avec les légistes des XIIIe-XIVe siècles : la souveraineté apparait comme un concept construit dans le but d'interpréter le système de la monarchie pure dans laquelle le roi est seul maître des structures du pouvoir.

325 LES MARQUES DE LA SOUVERAINETÉ. — Déduite de la souveraineté, l'analyse unitaire du pouvoir conduit Bodin à faire la synthèse des prérogatives royales qu'il qualifie de « marques de la souveraineté ». Sur ce point il introduit deux changements notables. À l'énumération d'une mosaïque de droits régaliens, il substitue une souveraineté s'offrant comme un pouvoir abstrait et contraignant dont les diverses « marques » sont l'émanation. Ensuite, parmi ces dernières, « la puissance de donner et de casser la loi »[1] est l'expression naturelle et distinctive de la puissance suprême, en sorte que les autres « marques » découlent en définitive toutes de cet attri-

1. *Ibid.*, p. 122.

but essentiel. La traditionnelle juridiction en dernier ressort, privilégiée par les juristes médiévaux, cède donc le premier rang à la puissance législative, dorénavant indisputée dans les sociétés politiques modernes.

Ce pouvoir de donner la loi à tous en général et à chacun en particulier et de la casser, le roi l'exerce sans partage, sans qu'il ait besoin du consentement d'aucun. La formule « Car tel est notre plaisir » figurant à la fin de chaque ordonnance, n'exprime pas l'arbitraire royal, mais fait entendre que la loi, issue de la raison bienfaisante du roi s'accordant au bien commun, ne dépend que de « sa pure et franche volonté ». En conséquence, le souverain est *legibus solutus,* libre vis-à-vis des lois de ses prédécesseurs comme vis-à-vis des siennes propres. Il peut accorder des dérogations et des privilèges exemptant du droit commun, et toutes espèces de grâces ; s'il le juge bon il peut modifier les coutumes générales et particulières. Les autres marques de souveraineté – faire la guerre et décider de la paix, battre monnaie, lever tailles et impôts, nommer les officiers, juger enfin en dernier ressort par l'exercice de la justice retenue – procèdent toutes de la puissance législative. C'est ainsi que la royauté française, par sa mainmise sur l'ordre juridique, sans violence et sans heurts crée les bases efficaces de l'État moderne.

B - L'exercice de la puissance législative

326 SES FORMES. LES ORDONNANCES. — Tout acte législatif du roi s'exprime par une ordonnance ou, terme équivalent, un édit ou un établissement. Mais, à partir du XVIe siècle, des différences se font jour parmi les lois du roi : leur valorisation comme leur développement conduisent à distinguer l'ordonnance au sens strict de l'édit et de la déclaration. Alors que l'édit – tel celui de Nantes fixant en 1598 le statut juridique des protestants dans le royaume – porte sur une matière déterminée et que la déclaration interprète un texte antérieur, l'ordonnance, toujours promulguée solennellement, développe de façon parfois fort étendue un ensemble de matières exposées sans grand ordre.

Les ordonnances du XVIe siècle sont traditionnellement qualifiées d' « ordonnances royales de réformation », expression qui manifeste la constante volonté du roi d'améliorer l'appareil de l'État... Loin de procéder à une brutale table rase du passé, la royauté, au nom des principes anciens dont elle s'inspire, redresse les institutions déformées par l'usage, le temps et les crises ou les corrige en fonction des circonstances nouvelles. Déjà apparues au Moyen Âge pour remettre en ordre les choses publiques[1], de telles ordonnances deviennent fréquentes au XVIe siècle ; elles sont promulguées soit à l'initiative du roi ou du chancelier (ordonnance de Villers-Cotterêts en 1539, ordonnance de Moulins en 1566) soit aussi, dans la seconde moitié du siècle., après doléances des États généraux (ordonnance de Blois en 1498, d'Orléans en 1561, de Roussillon en 1563, de Blois en 1579). Leur contenu fourni est généralement des plus variés ; en témoigne la grande ordonnance de Blois de 1579 « sur la police générale du royaume » : avec ses 363 articles elle traite de matières diverses depuis la discipline ecclésiastique jusqu'à l'organisation de la justice et le droit matrimonial en passant par des questions administratives diverses comme le régime des hôpitaux, des universités et des offices, le statut des gens de guerre, l'entretien des routes, la perception des aides et tailles et le domaine de la Couronne. Dans l'ensemble ces ordonnances ont beaucoup contribué au progrès du droit public et de l'État monarchique.

À côté de ces ordonnances, le roi recourt à d'autres actes également sous forme de lettres patentes. Il adresse des instructions administratives à ses officiers – des mandements –, il intervient dans le domaine contentieux par des lettres de grâce ou de justice fondées sur la faveur ou l'équité. Enfin, par des lettres de cachet, c'est-à-dire des lettres closes, expédiées fermées, il prend des mesures individuelles ou dicte des ordres particuliers. Mais tous ces actes émanent moins de son pouvoir législateur que de sa puissance judiciaire ou exécutive.

327 ÉLABORATION DES ORDONNANCES. — Les actes législatifs du roi émanent de sa seule volonté. Ils sont donc préparés à son initiative, mais en fait ils le sont souvent par le chancelier – tel Michel de L'Hospital de 1560 à 1583 – ou par un secrétaire d'État.

1. Ainsi Saint Louis réforma le royaume en 1254. De même peut-on citer les ordonnances de 1355-1356, l'ordonnance « cabochienne » de 1413 annulée peu après, ou encore celle de Montils-lès-Tours de 1454 remédiant aux abus nés de la guerre de Cent Ans. Voir *supra*, n. 1, p. 310.

Contenues dans des lettres patentes c'est-à-dire ouvertes, scellées par le chancelier puis signées par le roi à partir du milieu du siècle, ces ordonnances sont toujours délibérées à grand conseil. Le principe pondérateur est largement compris. Le roi prend d'abord l'avis de son conseil lequel met souvent la main à l'élaboration du texte ; à partir de 1560, la crise religieuse et les difficultés politiques qui s'ensuivent donnent prépondérance aux États généraux dont les doléances inspirent certaines ordonnances ; mais tout corps du royaume ou les particuliers que le roi juge utile de consulter peuvent remplir ce devoir de conseil. Ce devoir se manifeste encore à d'autres étapes de la procédure d'élaboration et de promulgation. Ainsi, avant scellement le chancelier a-t-il l'obligation de vérifier les lettres patentes et de présenter éventuellement des remontrances. Enfin, après apposition du sceau et promulgation, ces lettres sont envoyées aux cours souveraines, les parlements, pour y être lues, enregistrées et publiées : à cette occasion, chaque parlement peut faire des remontrances si une disposition de l'ordonnance lui paraît inopportune. Mais ni avis ni remontrances ne sauraient faire pièce à l'autorité royale.

328 LES BORNES DE LA LÉGISLATION ROYALE. — Du point de vue de la législation positive, si le souverain est techniquement *legibus solutus,* cela ne signifie pas que son pouvoir est sans frein car ce serait là une contradiction avec la notion de souveraineté « légale ». Par conséquent, pour qu'il y ait une vraie *respublica,* la puissance législative du roi doit faire corps avec la nécessité du « droict gouvernement ». Les sujets obéiront au prince parce qu'il assigne à ses lois un contenu conforme à la justice et à la raison, aux lois divines et naturelles, sous peine de se rendre coupable de « lèse-majesté divine »[1]. Ces normes excluent par elles-mêmes toute autorité tyrannique : le roi n'est roi que s'il s'identifie à la loi, s'il est la loi vivante conditionnée par l'héritage religieux et politique du Moyen Âge qu'exprime le terme de Très Chrétien.

Le souverain est donc lié par un certain nombre de chaînes qui sont autant de bornes au contenu de sa législation. Il en est de morales : la conscience chrétienne du roi le soumet aux règles divi-

1. J. Bodin, *op. cit.,* p. 133.

nes et naturelles. Il en est de constitutionnelles : une loi du roi ne peut déroger aux Lois fondamentales, ces dispositions spéciales qui concernent le statut de la Couronne. Il en est aussi qui tiennent au domaine de la législation. Les ordonnances continuent d'être pour l'essentiel de droit public : exercice de la justice, finances et fiscalité, police du royaume, c'est-à-dire maintien de l'ordre et administration générale, réglementation économique, armée et cultes. Pour le reste, le roi est tenu de respecter les coutumes territoriales régissant le droit privé ; de même a-t-il normalement égard pour les libertés naturelles et les privilèges de ses sujets que lui-même et ses prédécesseurs ont concédés ou confirmés. Certes dans ces deux derniers domaines peut-il intervenir mais sa prérogative législative ne doit s'utiliser que dans l'intérêt commun. Ainsi il réformera les coutumes de droit privé si elles sont déraisonnables ou s'il faut prendre des mesures exigées pour le bien de tous : à ce titre, les interventions royales se font plus nombreuses à partir du XVIe siècle[1]. À l'endroit des privilèges des sujets, le roi est toujours libre vis-à-vis de la concession ou confirmation qu'il a faites ; il lui arrive de les réduire ou de les supprimer, mais toujours avec modération car ces privilèges, ceux de possession immémoriale surtout, rentrent – c'est l'avis d'un Bodin – dans ce qui appartient en propre aux sujets et qu'un « droict gouvernement » doit respecter. Ce qui caractérise une « monarchie royale » éloignée de tout arbitraire, c'est le souci qu'a son chef de laisser la société civile vivre selon les coutumes et poursuivre ses activités dans le cadre de règles d'action, de libertés et de privilèges qui lui sont propres.

La modération de l'autorité législative dans ces domaines comme son opportunité dans le domaine qui est naturellement le sien – le droit public – sont tributaires de la pratique du conseil. Pour être vraiment « royale », la monarchie introduit la délibération dans le processus d'élaboration des ordonnances. C'est ainsi que pour un publiciste comme Bodin, la consultation – mais la seule consultation – des États généraux, en entremêlant les trois ordres sociaux du royaume autour du prince, renforce la responsabilité de celui-ci

1. La monarchie apporte ainsi des modifications aux institutions privées : officialisation de l'état civil (Villers-Cotterêts, 1539), institution de l'hypothèque judiciaire (Moulins, 1566), modification des formes du mariage (Blois, 1579), etc.

envers le salut de la *respublica* ; le « roi en ses États », c'est donc le roi dont l'autorité, reconnue par tous, s'identifie complètement avec la souveraineté de l'État. En définitive la pondération du conseil exalte le législateur souverain.

Cependant, contenue dans ces bornes et bien qu'elle ne soit pas toujours respectée dans la pratique, la législation royale permet au souverain, du XIVe au XVIe siècle, d'accroître sa mainmise sur le royaume. L'analyse des moyens de l'État monarchique est assez éloquente.

Pour aller plus loin

329 THÉORICIENS ET CONCEPTS. – Il conviendrait d'apprécier le poids des juristes et des intellectuels dans l'entourage royal, leur part dans le développement et le renforcement du pouvoir du prince. Un remarquable panorama sur leurs responsabilités dans la formation des croyances et théories politico-juridiques est montré par J. Krynen, *L'Empire du roi. Idées et croyances politiques en France, XIIIe-XVe siècles,* Paris, 1993. En ce qui concerne le règne de Philippe le Bel, leurs personnes et leur rôle sont envisagés par F. J. Pègues, *The Lawyers of the last Capetians,* Princeton, 1962, et J. Favier, Les légistes et le gouvernement de Philippe le Bel, *JS,* 1969, p. 92-108 ; sur les idées d'un juriste concernant le droit public : A. Rigaudière, État, pouvoir et administration dans la *Practica aurea libellorum* de Pierre Jacobi (1311), dans *Droits savants et pratiques françaises du pouvoir,* Bordeaux, 1992, p. 161-210 ; au XVe siècle, v. l'article ancien de J. Longnon, Jean Juvénal des Ursins. Un théoricien de la politique royale au XVe siècle, *La revue critique des idées et des lettres,* t. II, 1910, p. 548-570. Sur le même Jean Juvénal, le vif article de J. Krynen, Les légistes « tyrans de la France » ?, le témoignage de Jean Juvénal des Ursins, docteur *in utroque, Droits savants et pratiques françaises, op. cit.,* p. 279-299. Ces légistes jouent un rôle similaire près des grands feudataires : J. Gilissen, Les légistes en Flandre aux XIIIe et XIVe siècles, *Bull. de la Comm. royale des Anciennes lois et ordonnances de Belgique,* t. 15, fasc. 3, 1939, p. 117-231, et J. Bartier, *Légistes et gens de finances au Xe siècle. Les conseillers des ducs de Bourgogne, Philippe le Bon et Charles le Téméraire,* 2 vol., Bruxelles, 1955-1957. Quelles sont leurs sources d'inspiration ? D'abord la Bible : v. W. Ullman, *The Bible and principles of Government in the Middle Ages,* Spolete, 1963, et J. Chydenius, Medieval institutions and the Old Testament, *Societas Scientiarum Fennica,* t. XXXVII, fasc. 2, 1965 ; mais surtout malgré la traditionnelle méfiance à son égard, montrée par E. Chenon, Le droit romain à la Curia Regis de Philippe Auguste à Philippe le Bel, *Mélanges Fitting,* 1907, t. 1, p. 1975, le droit romain : sur ce point, v. Cavalieri, Di alcuni fondamentali concetti politici contenuti nella glossa d'Accurse, *Archivio giuridico,* vol. LXXXVIII, 1910 ; A. J. Carlyle, Some aspects of the relations of Roman Law to Political Principales in the Middle Ages, *Studi in onore... E. Besta,* Milan, 1937-1939, t. III ; M. P. Gilmore, *Argument from Roman Law in Political Thought, 1200-1600,* Cambridge, Mass., 1941, et D. Mafei, *Gli inizi dell Umanesimo giuridico,* Milan, 1956, pour le XVIe siècle ; voir aussi E. H. Kantorowicz, Kingship under the impact of scientific jurisprudence, *XIIth Century Europa and the foundations ofmodern society,* Madison, 1961, p. 89-111 ; pour le droit canonique, v. F. Olivier-Martin, Quelques exemples de l'influence du droit canonique sur le droit public de l'Ancienne France, *Le cinquantenaire de la Fac. de Droit canon. de Paris,* Paris, 1947, p. 249, B. Tierney, The canoniste and the Medieval State, *The Review of Politics,* fasc. 15, 1953, p. 378-388, et M. Boulet-Sautel, Le Princeps chez Guillaume Durand, *Études d'hist. du droit can. dédiées à G. Le Bras,* Paris, 1965, t. II, p. 803-813. Pour apprécier leur apport doctrinal, lire pour les XIVe et XVe siècles : J.-P. Royer, *L'Église et le royaume de France au XIVe siècle d'après « Le Songe du Verger » et la jurisprudence du parlement de Paris,* Paris, 1969, et J. Barbey, *La fonction royale. Essence et légitimité d'après les Tractatus de Jean de Terrevermeille,* Paris, 1983 ; pour le XVIe siècle : J. Poujol, *L'évolution des idées absolutistes en France de 1498 à 1599,* th. lettres, dactyl., Paris, 1955 ; L. Gallet, La monarchie française d'après Claude de Seyssel, *RHD,* 1944, p. 1-34 ; Ph. Didier, Un mystique de l'absolutisme, le jurisconsulte Claude d'Albon, *RHD,* 1979, p. 345 et s. ; sur Jean Bodin, v. P. Mesnard, *L'essor de la philosophie politique au XVIe siècle,* Paris, 1969, p. 473-547, et du même, Jean Bodin a-t-il établi la théorie de la monocratie, *Recueil de la Société J.-Bodin,* t. XXI, 1969, p. 637 et s. ; S. Goyard-Fabre, *Jean Bodin et le droit de la République,* Paris, 1989, et B. Barret-Kriegel, La politique juridique de la monarchie, dans *Les chemins de l'État,* Paris, 1986, p. 93-120.

L'apport des théologiens et moralistes n'est pas moins remarquable. J. Quillet, *La philosophie politique du « Songe du Verger », Sources doctrinales,* Paris, 1977, souligne l'influence des théologiens Guillaume d'Occam et Nicole Oresme ; celle des commentateurs d'Aristote, à la fin du XIVe siècle, n'est pas négligeable : v. W. H. Greenleaf, The Thomasian tradition and the theory of absolute Monarchy, *EHR,* 79, 1964, p. 747 et s., M. Grignaschi, Un commentaire nominaliste de *La Politique* d'Aristote : Jean Buridan, *APAE,* 1960, p. 123-142, et du même, Nicole Oresme et son commentaire de *La Politique* d'Aristote, *Album H. M. Cam,* Louvain, Paris, 1960, t. I, p. 95-152. S. Shahar, N. Oresme, un penseur politique indépendant de l'entourage du roi Charles V, *Inform. hist.,* 1970, p. 203 et s. Sur les moralistes qui campent le portrait du prince idéal et souverain : J. Krynen, *Idéal du prince et pouvoir royal en France à la fin du Moyen Âge,* Paris, 1981. L'action réaliste de certains conseillers du roi est envisagée par J. Dufournet, Le prince et ses conseillers d'après Philippe de Commynes, *Mém. de la Soc. d'hist. de Comines-Warneton et de la région,* XVII, 1987, p. 55, 70.

Le concept de *corpus* pour désigner, tant dans le monde ecclésiastique que laïque, une communauté s'est affirmé aux XIIe et XIIIe siècles : v. E. Lewis, Organic tendencies in medieval political thought, *Amer. Politic. Science Review,* 1938, t. XXXII, et A. H. Chroust, The corporate idea and the body politic in the Middle Ages, *Review of Politics,* t. IX, 1947, p. 423-452 ; et surtout E. H. Kantorowicz, *Les deux corps du roi. Essai sur la théologie politique au Moyen Âge,* édit. franç., Paris, 1989, p. 145-200 ; il est vivifié par les commentateurs d'Aristote qui mettent l'accent sur la perfection de la communauté civile, corps moral dont l'essence est l'unité nécessaire pour atteindre le bien commun : v. M. Hamburger, *Morale and Law. The growth of Aristotle's legal theory,* New Haven, 1951. La notion de corps mystique développée par le juriste Terrevermeille achève de donner sa stature au royaume : v. Jean Barbey, *La fonction royale..., op. cit.* ; dès l'époque patristique, le corps mystique de S. Paul s'était transposé à l'Église temporelle : M. Roberti, Il corpus mysticum di San Paolo nella storia della persona giuridica, *Studi... E. Besta,* Milan, 1939, t. IV, p. 57-82 ; mais le corps mystique paulinien offre un avantage sur la métaphore organique du corps ; le Christ n'est pas la partie principale du corps, mais la tête qui enveloppe le corps des chrétiens, l'englobe et l'assume : institutionnellement, ce rôle essentiel est celui du pape. V. G. B. Ladner, The concepts : Ecclesia, Christianitas, Plenitudo potestatis, *Miscellanea hist. Pontificalis,* Rome, 1954, t. XVIII,

p. 605, et B. Tierney, *Foundations of the conciliar Theory. The contribution of the canonists from Gratian to the Great Schism,* Cambridge, 1955, mais aussi celui du roi de France pour Terrevermeille ; le roi, Tête du royaume, l'exprime, en rend compte à lui seul et agit en vue de son bien et de sa continuité. À ce titre, la doctrine de ce juriste dessine, dès le début du XVe siècle, les traits fondamentaux de la monarchie d'Ancien Régime : v. J. H. Franklin, *Jean Bodin and the Rise of Absolutist theory,* Cambridge, Mass., 1973. R. E. Giesey, *Cérémonial et puissance souveraine. France XVe-XVIIe siècle,* Paris, 1987, p. 9-19, résume l'état de la question du corps mystique et des deux corps du roi ; on peut ajouter : M. Gauchet, Des deux corps du roi au pouvoir sans corps. Christianisme et politique, *Le Débat,* 14 (1981), p. 133-157 et 15 (1981), p. 147-168.

330 LES LOIS FONDAMENTALES. — Les ouvrages généraux : l'ouvrage pionnier, celui d'A. Lemaire, *Les Lois fondamentales de la monarchie française, d'après les théoriciens de l'Ancien Régime,* th. droit, Paris, 1907, entremêle leur étude avec celle des théories politiques qui définissent le pouvoir royal et ses limites, mais il a le mérite de sortir de l'oubli le nom et l'ouvrage de Terrevermeille, le théoricien de la succession coutumière ; B. Basse, *La Constitution de l'Ancienne France,* Liancourt, 3e éd., 1986, élargit le champ des Lois fondamentales à la royauté sacrée et au gouvernement royal ; v. alors l'ancien H. de La Perrière, *Le roi légitime,* Paris, 1910, G. Grandclaude, *Les Lois fondamentales,* DES, 1932-1933, Paris, Cours de Droit, et R. E. Giesey, *The juristic basis of dynastic right to the French Throne,* Transactions of the Amer. Philos. Society, vol. 51, part. 5, Philadelphie, 1961, qui offre l'avantage de mettre en lumière la complexité du droit de succession à la Couronne ; pour le XVIe siècle, v. W. F. Church, *Constitutional thought in sixteenth-century France. A study in the evolution of ideas,* Harvard Hist. Studies, no 47, 1941. Sur l'influence des thèses des canonistes relatives à l'autorité dans l'Église qui ont servi de « toile de fond » aux théories sur les Lois fondamentales au XVIe siècle, v. le suggestif article de P. Ourliac, Souveraineté et Lois fondamentales dans le droit canonique du XVe siècle, *Études d'hist. du droit médiéval,* Paris, 1980, t. I, p. 553-565. En dernier lieu, v. J. Barbey, F. Bluche et S. Rials, *Lois fondamentales et succession de France,* Paris, 3e éd., 1987 ; M. B. Bruguière, La loi de succession à la couronne de France : naissance d'un droit public constitutionnel en Europe, dans *Mémoire,* t. VII, 1987, p. 73-89, montre la nature constitutionnelle, exceptionnelle, de la succession royale française.

Sur l'hérédité et la transmission de la Couronne : J. Barbey, La formation des coutumes d'hérédité et de masculinité, dans *Mémoire,* t. VII, 1987, p. 65-72 ; A. W. Lewis, *Le sang royal. La famille capétienne et l'État, France, Xe-XIVe siècle,* éd. franç., Paris, 1986, et E. Brown, The ceremonial of royal succession in Capetian France. The double funeral of Louis X, *Traditio,* t. 34, 1978, p. 227 et s. L'exclusion des femmes de la succession et la coutume de masculinité et collatéralité, depuis P. Viollet, Comment les femmes ont été exclues en France de la succession à la Couronne, *Mém. de l'Acad. Des Inscriptions,* Paris, 1893, t. XXXIV, 2e partie, p. 125-178, ont suscité peu d'études jusqu'à R. E. Giesey, *The juristic basis..., op. cit.,* et H. Scheidgen, *Die franzosische Thronfolge (987-1500) : Der Ausschluss der Franen und das salische Gesetz,* Bonn, 1976, et Ph. Contamine, Le royaume de France ne peut tomber en fille. Fondement, formulation et implication d'une théorie politique à la fin du Moyen Âge, *Perspectives médiévales,* no 13, 1987, p. 67-81 ; J. Le Patourel, The origins of the war, *The Hundred Years War,* éd. Fowler, London, 1971, p. 28-50, s'interroge sur la sincérité des prétentions d'Édouard III en 1328, mais l'exclusion des descendants par les femmes ne repose pas sur la volonté de repousser un roi anglais au nom d'un principe de nationalité n'existant pas – v. Guy Augé, *Succession de France et règle de nationalité,* Paris, 1979 ; le droit successoral royal se fonde sur le droit du sang : d'où la notion de « princes du sang », successeurs mâles en ligne directe ou collatérale, susceptibles de devenir roi de France, apparue au XVe siècle : v. R. A. Jackson, Peers of France and Princes of the blood, *French Hist. Studies,* 7, 1971, p. 27-46, et Y. Leroy, *Les princes du sang. Recherches et études sur quelques aspects de leurs conditions,* th. droit, Paris II, dactyl., 1974. La loi salique, justification *a posteriori* de l'exclusion des femmes, a fait l'objet de l'étude de J. Potter, The development and significance of the Salic Law of the French, *EHR,* t. 52, 1937, p. 235-253, et plus récemment de C. Beaune, Histoire et politique : la recherche du texte de la loi salique de 1350 à 1450, *Actes du CIV[e] Congrès national des Soc. savantes,* Tours, 1979, t. I, p. 25-35. Pour l'histoire même de la loi salique : H. Scheidgen, *Die franzosische Thronfolge, op. cit.* ; E. Barnavi, Le mythe de la loi salique, *HES,* fasc. 3, 1984, note que la loi salique au XVIe siècle, conçue par certains comme une *« constitutio regia »* édictée par le légendaire roi Pharamond, n'a pas supplanté la théorie de la succession coutumière mise en forme par Terrevermeille. Sur la dévolution de la Couronne avant le définitif apport du même Terrevermeille, A. Leca, La dévolution de la Couronne dans le Songe du Verger, dans *Actes coll. sur l'État, la Révolution française et l'Italie,* Milan, 1989, AFHIP, Aix-Marseille, 1990, p. 7-35.

Sur le jeu de la loi salique à l'avènement des Bourbons, lire R. Descimon, Henri III et Henri IV : le triomphe dynastique, dans *L'élection du chef de l'État en France de Hugues Capet à nos jours,* Entretiens d'Auxerre, 1987, Paris, 1988, p. 45-61 et P. L. Rose, Bodin and the Bourbon succession to the French throne, dans *XVIth century Journal,* 9 (1978), p. 75-98.

Sur la loi de catholicité, lire R. Villers, Aspects politiques et juridiques de la loi de catholicité (1589-1593), *RHD,* 1959, p. 196-213, et J.-P. Brancourt, Légitimité et catholicisme, *Vu de haut,* 1984, t. III, p. 35-43. Sur la succession statutaire et son indisponibilité, voir Jean Barbey, *La fonction royale. Essence et légitimité d'après les Tractatus de Jean de Terrevermeille,* Paris, 1983 ; sur l'une des conséquences du principe – l'impossibilité pour le roi François Ier d'abdiquer en 1525 – lire J. Declareuil, Le traité de Madrid et le droit public français, *Recueil de l'Acad. de Législ. de Toulouse,* t. IX, 2e série, 1913, p. 96-122 ; l'indisponibilité bloque la succession au profit du successeur, descendant ou collatéral le plus proche : mais si la lignée est défaillante, il revient aux États, selon Terrevermeille, de désigner le premier roi d'une lignée nouvelle ; cette fonction est reconnue aux États généraux par les publicistes du XVIe siècle : v. C. Collot, *L'école de droit public de Pont-à-Mousson..., op. cit.,* p. 221-230. Le principe d'indisponibilité supporte celui de continuité, également mis en vedette par Terrevermeille, s'exprimant par le rite funéraire de la Renaissance : « Le roi est mort, vive le roi », bien mis en valeur par l'important travail de R. E. Giesey, *Le roi ne meurt jamais. Les obsèques royales dans la France de la Renaissance,* Paris, 1987, où l'auteur montre la distinction faite entre les deux corps du roi, l'un humain sujet à la mort, l'autre, celui du roi, immortel ; v. encore, sur ce point, E. H. Kantorowicz, *Les deux corps du roi, op. cit.,* p. 228-324, et J. Hubeaux et M. Leroy, *Le mythe du Phenix, in* « Bibl. de la Fac. de Philos. et Lettres de Liège », t. 82, Liège-Paris, 1939, sur l'oiseau mythique renaissant sans cesse de ses cendres, et J. Krynen, Le mort saisit le vif. Genèse médiévale du principe d'instantanéité de la succession royale française, *JS,* 1984, n° 4, p. 187 et s. Sur le corollaire du principe de continuité, la régence, v. Félix Olivier-Martin, *Les régences et la majorité des rois sous les Capétiens directs et les premiers Valois,* th. droit, Paris, 1931, continuée par G. F. Mattei, *Les régences françaises pendant la minorité et la démence du roi (fin XIVe - début XVIIIe siècle),* th. droit, Paris II, dactyl. 1978. Sur la reine et le roi mineur, v. encore H. Lightman, *Sons and mothers : Queens and Minor Kings in French constitutional Law,* Ann Harbor, 1980.

Sur le domaine royal, lire J. R. Strayer, *The royal domain in the bailliage of Rouen,* rééd. London, 1976, et G. Fourquin, *Le domaine royal en Gâtinais d'après la prisée de 1332,* Paris, 1963. L'inaliénabilité, dans son aspect doctrinal, est envisagée par

P. N. Riesenberg, *Inalienability of sovereignty in medieval political thought,* New York, 1956 ; H. Hoffmann, Die Unveraüsserlichkeit der kronrechte im Mittelalter, *Deutsches Archiv für Erforschung des Mittelalter,* XX, 1964, p. 389-474, souligne le rôle du serment de sacre dans le développement de l'inaliénabilité en France ; elle apparaît plus tôt dans certains royaumes qu'en France, cependant ; une lettre adressée par le pape Honorius III au roi de Hongrie y fait allusion : v. J. R. Sweeney, The problem of inalienability in Innocent's III correspondance with Hungary's, *Med. Studies,* 37, 1975, p. 235-251 ; le serment d'inaliénabilité est attesté en Angleterre dès le XIIIe siècle : E. H. Kantorowicz, Inalienability. A note on Canonical Practice and the English Coronation Oath in the Thirteenth Century, *Speculum,* XXIX, 1954, p. 488 et s., et G. Post, The roman law and the inalienability clause in the English Coronation Oath, *Studies in medieval Legal Thought,* Princeton, 1964, p. 415-433. Pour les juristes, le concept est à rapprocher de celui de la Couronne, qui jamais ne meurt : v. J. A. Wahl, Immortality and Inalienability : Baldus de Ubaldis, *Med. Studies,* 32, 1970, p. 358-328. En France, l'idée est plus tardive, sur ces premières manifestations : A. Castaldo, Le roi, l'évêque et les pirates, Agde, 1332. À l'origine de l'inaliénabilité du domaine public, *Fédération hist. du Languedoc-Roussillon,* XLIIIe Congrès, 1970 ; pour les rapports entre la guerre de Cent Ans et l'intégrité du territoire : J. Le Patourel, The treaty of Bretigny, 1360, *Transactions of the Royal hist. Society,* 5e série, X, 1960, p. 19-39 ; sur le principe même en France : A. Esmein, L'aliénabilité du domaine de la Couronne devant les États généraux du XVIe siècle, *Festschrift... O. Gierke,* 1911, p. 361-381, G. Grandclaude, *Le principe d'inaliénabilité du domaine royal,* DES, 1949-1950, Paris, Cours de Droit, et R. A. Jackson, *Vivat Rex, Histoire des sacres et couronnements en France (1364-1825),* Publ. Univ. de Strasbourg, 1984. Sur le droit et la pratique des apanages, consulter J. Amado, Fondement et domaine du droit des apanages, *Cahiers d'Hist.,* fasc. 13, 1968, p. 355-535, C. T. Wood, *The French Apanages and the Capetian Monarchy,* Cambridge, Mass., 1966, A. L. Lewis, The Capetian Apanages and the nature of the French Kingdom. *Journal of Medieval Studies,* vol. 2, 1976, p. 85-118, et P. Saenger, Burgundy and the inalienability of apanages in the reign of Louis XI, *French Hist. Studies,* vol. 10, 1977, p. 2-26 ; sur la politique des princes apanagés, v. R. Lacour, *Le gouvernement de l'apanage de Jean de Berry,* Paris, 1934, P. Bonenfant, État bourguignon et Lotharingie, *Bull. de l'Acad. royale de Belgique,* Classe des lettres, 5e série, t. 41, 1955, p. 266-282, et A. Leguai, *Les ducs de Bourbon pendant la crise monarchique du XVe siècle. Contribution à l'histoire des apanages,* Paris, 1962.

La nature juridique coutumière des Lois fondamentales rend compte de leur origine et de leur formation comme de leur autorité ; elles sont davantage déclaratrices du statut de la Couronne que créatrices de droit : sur ce point, v. J. Barbey, Genèse et consécration des Lois fondamentales, *Droits, revue française de théorie juridique,* n° 3 ; 1986. Leur autorité a cependant été contestée, au XVIe siècle, au nom de l'élection du roi et du consentement du peuple : v. G. Weill, *Les théories sur le pouvoir royal en France pendant les guerres de religion,* Paris, 1891, rééd., New York, 1966, J. H. Franklin, *Constitutionalism and resistance in the sixteenth Century,* New York, 1969, et R. A. Jakson, Elective Kingship and Consensus Populi in sixteenth-Century France, *Journal of Modern Hist.,* 44, 1972, p. 155-171. V. aussi J.-F. Noël, Le principe électif et la succession monarchique dans les États de l'Europe moderne (XVIe-XVIIIe s.), dans *Les monarchies européennes,* Paris, 1988, p. 171-182. L'idée de l'élection du roi s'impose dès le début des guerres de religion chez les monarchomaques protestants adversaires du pouvoir royal catholique ; elle serait justifiée par l'histoire tout particulièrement au temps des Francs, au dire du juriste François Hotman : v. R. E. Giesey, The Monarchomach Triumvirs : Hotman, Bèze and Mornay, *Bibliothèque d'Humanisme et Renaissance,* XXXII, 1970, p. 41-56, et D. R. Kelley, *François Hotman : A Revolutionary's Ordeal,* Princeton, 1973. Ces idées sont reprises par la Ligue catholique à partir du moment (1584) où Henri de Navarre devient successible à la Couronne ; sur la Ligue, v. F. J. Baumgartner, *Radical Reactionaries. The Political Thought of the French Catholic League,* Genève, 1976 ; A. Lebigre, *La révolution des curés, Paris, 1588-1594,* Paris, 1980, et R. Descimon, *Qui étaient les seize ? Mythes et réalités de la Ligue parisienne, 1585-1594,* Paris, 1983 ; sur ce point, la Ligue passe de la théorie à un début de réalisation, puisque les États généraux de 1593 se réunissent pour désigner un roi, faisant fi de l'avènement, selon la coutume successorale, de Henri IV. La réplique à ces thèses s'était à ce moment déjà faite : v. L.-P. Raybaud, *La royauté d'après les œuvres de Matteo Zampini,* « Trav. et Rech. de la Fac. de Droit de Paris », série Hist., n° 7, Paris, 1965, p. 145-254. Sur Hotman, précurseur du constitutionnalisme moderne, v. J. G. Pocock, *The ancient constitution and the feudal law,* Cambridge, 1957.

331 LE ROI SACRÉ. — Sur le sacre et son histoire, lire *Le sacre des rois,* Actes du Colloque international de Reims (1975), Paris, 1985, J. de Pange, *Le Roi Très Chrétien,* Paris, 1949, rééd. 1985, et surtout R. A. Jackson, *Vivat Rex, Histoire des sacres et couronnements en France, 1364-1825, op. cit.,* qui rénove et prolonge dans le temps le bel ouvrage de P. E. Schramm, *Der König von Frankreich,* 2 vol., 2e éd., Weimar, 1960 ; le *terminus ad quem,* 1364, date du sacre de Charles V, est choisi par Jackson parce que la cérémonie du sacre devient une source sûre et précise pour les recherches sur les conceptions du culte de la royauté ; compléter cet ouvrage par R. A. Jackson, Les manuscrits des ordines du couronnement de la bibliothèque de Charles V, roi de France, *MA,* 1976, p. 67-88, et par l'édition du traité de Jean Golein : R. A. Jackson, The Traité du Sacre of Jean Golein, *Proceedings of the Amer. Philos. Society,* 113, 1969, p. 305-324. Voir encore F. Oppenheimer, *The legend of the Ste Ampoule,* London, 1953, H. Wolff, Le mystère et la fête. Les sacres royaux racontés par des chroniqueurs du XVe siècle, *Bull. du Comité du folklore champenois,* 119-121, 1976, p. 1-4, et M. Valensise, Le sacre des rois de France : rituel et politique, *AESC,* 1986, p. 543 et s. ; A. Boureau, *Le simple corps du roi. L'impossible sacralité des souverains français, XVIe-XVIIIe siècle,* Paris, 1988, selon l'auteur, l'exaltation du corps de l'individu à la fin du Moyen Âge, prépare la résistance des sujets au sacre et à la religion royale. Sur le rôle des pairs de France lors du sacre royal et surtout sur l'évolution de la pairie, du XIIIe au XVe siècle, v. P. Desportes, Les pairs de France et la Couronne, *RH,* 1989, p. 305-340.

Les conséquences politiques du sacre concernent d'abord le serment qui engage le monarque vis-à-vis de l'Église et de ses sujets : à ce sujet, lire M. David, *Le serment de sacre du IXe au XVe siècle. Contribution à l'étude des limites juridiques de la souveraineté,* Publ. Univ. de Strasbourg, 1951, et L. Buisson, *Potestas und Caritas...,* Cologne, Graz, 1958 ; plus récemment de ce dernier, Couronne et serment de sacre au Moyen Âge, *Mél. Andrieu-Guitrancourt,* 1973, p. 121-163. J. de Viguerie, Les serments du sacre des rois de France à l'époque moderne, dans *Le Sacre des rois, op. cit.,* p. 205 et s. Sur le serment de sacre anglais : H. G. Richardson, The coronation in Medieval England : The Evolution of the Office and the Oath, *Traditio,* 16, 1960, p. 111-202. Ensuite sur les rapports entre le Sacre et les Lois fondamentales, pour la désignation du successeur, v. le vieux G. Péré, *Le sacre et le couronnement des rois et leurs rapports avec les Lois fondamentales,* Paris, s.d., J. de Pange, La valeur constitutive du sacre de Charles VII, in *RHD,* 1948, p. 379 et s., et J. Barbey, Le sacre royal, *Le miracle capétien,* Paris, 1987, p. 79-86 ; C. Beaune, Les théoriciens français contestataires du sacre au XVe siècle, dans *Le Sacre des rois, op. cit.,* p. 239 et s. Sur les rapports parfois étroits entre sacre et politique : C. Beaune, Prophétie et propagande : le sacre de Charles VII, *Idéologie et propagande en France* (direct. M. Yardeni), Paris, 1987, p. 63-74.

Les conséquences religieuses du sacre concernent au premier chef le toucher des écrouelles envisagé dans le classique ouvrage de M. Bloch, *Les rois thaumaturges,* Paris,

1961, rééd. 1985, et R. Girard, *La guérison miraculeuse des écrouelles par le roi de France, signe de son infaillibilité politique,* th. 3e cycle hist., Univ. Bordeaux, III, 1978, dactyl.2 vol. ; v. aussi G. Peyronnet, Un problème de légitimité : Charles VII et le toucher des écrouelles, dans *Jeanne d'Arc. Une époque, un rayonnement,* coll. d'Hist. méd., Orléans, 1979, Paris, 1982, p. 197-202. Le sacre fonde donc le caractère divin des rois – v. N. Figgis, *The divine rights of king,* 2e éd., Cambridge, 1914, corrigé par F. C. Church, *Constitutional thought in the sixteenth-Century France,* Oxford, 1941 – comme le rôle éminent du royaume de France et de son chef surnommé le « Très Chrétien » : v. N. Valois, Le Roi Très Chrétien, *La France chrétienne dans l'histoire,* Paris, 1885, p. 314-327, et J. R. Strayer, France : the Holy Land, the Choosen People and the most Christian King, *Action and Conviction in early modern Europe,* Princeton, 1969, p. 3-16. Sur le Roi Très Chrétien, v. surtout : J. Krynen, Most Christian King. A medieval theme at the mots of french absolutism, *History and Anthropology,* IV, 1989, p. 79-96.

332 L'IMAGE DU ROI. — L'image du prince idéal est une constante de la pensée politique française : v. L. K. Born, The perfect Prince : a study in thirteenth and fourteenth centuries ideal, *Speculum,* III, 1928, p. 470-504, prolongé par J. Krynen, *Idéal du prince et pouvoir royal en France à la fin du Moyen Âge,* Paris, 1981, auxquels on peut ajouter D.-M. Bell, *L'idéal éthique de la royauté en France au Moyen Âge,* Genève, 1962, et J. Barbey, Le modèle du roi, *Le miracle capétien,* Paris, 1987, p. 94-100 ; au XVIe siècle, au roi est prêté le même visage : v. Hinrichs, L'image du prince et la crise de la monarchie française de la Renaissance, Coll. *Jean Bodin,* éd. Denzer, Munich, 1973 ; F. Dumont, La royauté française vue par les auteurs littéraires au XVIe siècle, *Mél. N. Didier,* Paris, 1960, p. 61 et s., et C. Bontems, *L' « Institution du Prince » de Guillaume Budé,* « Trav. et Rech. de la Fac. de Dr. de Paris », série Sc. hist., n° 7, Paris, 1965, p. 1-143. L'éducation du prince permettra peut-être de lui faire atteindre cet idéal : sur ce point, v. A. Thomas, *Gerson et l'éducation des dauphins de France,* Paris, 1930, et R. Walsch, Une citation inexacte de Lucain par Charles le Téméraire et Louis XI : de l'élévation de l'instruction du prince au XVe siècle, *MA,* XX, 1980, p. 439-451.

Que le roi soit un prince idéal ou non, son prestige est entretenu par toute une mythologie. Sur ce point, citons C. Gauvard, L'image du roi justicier à la fin du Moyen Âge d'après les lettres de rémission, *Actes du CVII^e Congrès national des soc. savantes,* t. I, Paris, 1984, p. 165-192 ; L. Carolus-Barré, Saint Louis, dans l'histoire et la légende, *Annuaire Bull. de la SHF, 1970-1971,* p. 37-49. J.-M. Mehl, Le roi de l'Échiquier : approche du mythe royal à la fin du Moyen Âge, *Revue d'Hist. et de Philos. religieuses,* 1978, 58, n° 2, p. 145-161, C. Teisseyre, Le prince chrétien aux XVe et XVIe siècles à travers les représentations de Charlemagne et de Saint Louis, *Ann. Bretagne,* t. 87, 1980, n° 2, p. 219-235, M. McGowan, Les images du pouvoir royal au temps de Henri III, *Théories et pratiques politiques à la Renaissance,* Paris, 1977, III, p. 302-320, F. Bardon, *Le portrait mythologique à la cour de France sous Henri IV et Louis XIII. Mythologie et politique,* Paris, 1974, enfin lire A. Bossuat, Les origines troyennes : leur rôle dans la littérature historique au XVe siècle, *AN,* 1958, p. 187-197, et plus récemment, G. Huppert, The Trojan Franks and their critics, *Studies in Renaissance,* 12, 1965, p. 227-241, sur le fameux mythe des origines troyennes de Pharamond, censé avoir donné la loi salique. Enfin le prestige du roi est aussi fait de manifestations de majesté où le roi apparaît dans sa splendeur, mort : v. R. E. Giesey, *Le roi ne meurt jamais..., op. cit.,* ou vivant, lorsqu'il entre dans ses bonnes villes : v. B. Guenée et F. Lehoux, *Les entrées royales françaises de 1328 à 1510,* Paris, 1968, et D. Gluck, Les entrées provinciales d'Henri II, *L'Informateur d'hist. de l'art,* t. 10, 1965, p. 215-218, et revêtu des insignes de sa fonction : H. Pinoteau, La main de justice des rois de France ; essai d'explication, *Bull. de la Soc. nationale des Antiquaires de France, 1978-1979,* Paris, 1982, p. 262-265, et F. Vercauteren, Les insignes du pouvoir au Moyen Âge, *MA*, 65, 1959, p. 135-151 ; sur la symbolique royale : H. Pinoteau, Quelques réflexions sur l'œuvre de Jean du Tillet et la symbolique royale française, *Vingt-cinq ans d'études dynastiques,* Paris, 1982, p. 100-140 ; du même, Survol de la symbolique de l'État français, *XVIII. Intern. Kongress für Genealogie und Heraldik,* Innsbruck, 1988, Thaur, 1989, p. 453 et s. Enfin, v. le coup d'œil d'ensemble dressé par R. E. Giesey dans *Cérémonial et puissance souveraine..., op. cit.,* et dans Modèles du pouvoir dans les rites royaux en France, *AESC,* mai juin 1986, n° 3, p. 579-599 ; pour un règne particulier : M. Sherman, Pomp and circumstances. Pageantry, politics and propaganda during the reign of Louis XII, dans *XVIth Century Journal,* 9 (1978), p. 13-32.

333 LE ROI SOUVERAIN. — Sur le développement de la notion de souveraineté dans la littérature ecclésiastique et séculière, au cours des derniers siècles du Moyen Âge, v. W. Ullmann, The development of medieval idea of sovereignty, *EHR,* 64, 1949, p. 1-33 ; M. David, *La souveraineté et les limites du pouvoir monarchique du IXe au XVe siècle,* Paris, 1954, t. I ; M. J. Wilks, *The problem of sovereignty in the later Middle Ages,* London, 1963, et B. Tierney, *Foundations of conciliar theory..., op. cit.* Sur la maturation du concept, v. la controverse entre S. Mochi-Onory, *Fonti canonistiche dell'Idea moderna dello Stato,* Milan, 1951 – qui voit dans les canonistes du XIIe siècle des initiateurs –, et F. Calasso, *I Glossatori e la teoria della sovranita,* 3e éd., Milan, 1957. De fait les canonistes équipaèrent plus facilement Empire et *regnum* – v. M. Boulet-Sautel, Le Princeps chez Guillaume Durand, *Études... Le Bras,* Paris, 1965, t. II, p. 803-813 – que les romanistes, souvent encore attachés à la notion romaine d'*imperium* : M. Boulet-Sautel, Le concept de souveraineté chez Jacques de Révigny, *Actes du Congrès sur l'ancienne Université d'Orléans,* 1962, p. 15-27 ; noter d'ailleurs la persistance, dans l'entourage de Philippe le Bel, d'une conception du monde tenu comme une unique *respublica* : v. M. Delle Piane, *Vecchio e nuovo nelle idée politiche di Pietro Dubois,* Florence, 1959, et encore aux XVe et XVIe siècles : G. Ouy, Humanisme et propagande politique en France au début du XVe siècle : Ambrogio Migli et les ambitions impériales de Louis d'Orléans, *Culture et politique en France...* Turin, 1974, p. 13-42, et G. Zeller, Les rois de France, candidats à l'Empire. Essai sur l'idéologie impériale en France, *RH,* 1934, t. CLXXIII, p. 257-311.

Sur la portée de la formule *« Rex est imperator in regno suo »,* une autre controverse s'est engagée ; sur son origine d'abord : sa paternité doit-elle être revendiquée par des juristes italiens (vers 1280) ? V. alors F. Calasso, Origine italiana della formola..., *Riv. Storica del Dirito italiano,* 1930, III, p. 247 et s., ou aux juristes français, comme c'est maintenant vraisemblable selon R. Feenstra, Jean de Blanot et la formule..., *Études... Le Bras,* Paris, 1965, t. II, p. 885-897, et M. Boulet-Sautel, Jean de Blanot et la conception du pouvoir royal au temps de Saint Louis, *Actes du Colloque de Royaumont et Paris,* 1970, p. 57-68 ; la formule sera utilisée dans une acception proche, pour les communes « souveraines » italiennes, par le juriste Bartole : F. Ercole, L'origine francese delta formola bartoliana : civitas superiorem non recognocens est sibi princeps, *Da Bartolo all'Althusio,* Florence, 1932, p. 172-214. Quoi qu'il en soit, la formule sera répétée à l'envi par la suite : v. A. Bossuat, La formule le roi est empereur en son royaume : son emploi au XIVe siècle devant le parlement de Paris, *RHD,* 1961, p. 371-382. Sur le conflit entre Philippe le Bel et Boniface VIII où elle est invoquée, v. J. Rivière, *Le problème de l'Église et de l'État au temps de Philippe le Bel,* Louvain, Paris, 1926, qui montre bien les étapes du conflit et les arguments doctrinaux développés, G. de Lagarde, *La naissance de l'esprit laïque à la fin du Moyen Âge,* 5 vol., Louvain, Paris, surtout le tome I, 3e éd., 1956, M. Pacaut, *La théocratie, l'Église et le pouvoir au Moyen Âge,* Paris, 1957, surtout p. 171-220, et enfin C. T. Wood, *Philip the Fair and Boniface VIII. Status versus Papacy,* London, 1967 ; A. Marongiu, Trois déclarations d'indépendance de l'Empire entre 1313 et 1329, *Mél. Aubenas,* 1972, ou trois proclamations de souveraineté des rois de France.

Sur l'affirmation du concept de souveraineté par la suite, J.-P. Royer, *L'Église et le Royaume de France d'après « Le Songe du Verger »..., op. cit.,* F. Maton, *La souveraineté chez Juvénat des Ursins,* th. droit, Paris, 1917 (XVe s.) ; E. Sciacca, *Le radice teoriche dell'assolutismo net pensiero politico francese del primo cinquecento,* Milan, 1975 ; J. Poujol, Jean Ferrault on the King's privileges, *Studies in the Renaissance,* vol. 5, New York, 1958 (début XVIe s.) ; C. Dugas de La Boissonny, *Barthélemy de Chasseneuz (1480-1541,* Publ. de la Fac. de Droit de Dijon, 1984 ; sur Jean Bodin, v. deux articles tirés des *Actes du Colloque intern. J. Bodin,* publ. à Munich en 1973 : R. Derathé, La place de Jean Bodin dans l'histoire des théories de la souveraineté, et W. H. Greenleaf, Bodin and the idea of order, et l'ouvrage fondamental de J. H. Franklin, *Jean Bodin and the Rise of Absolutist Theory,* Cambridge, Mass., 1973 : v. en outre : R. E. Giesey, Medieval jurisprudence in Bodin's concept of sovereingty, *Coll. Jean Bodin, ibid.,* p. 167-187 ; sur Pierre Grégoire (fin XVIe s.) : outre C. Collot, *L'École de Droit public de Pont-à-Mousson..., op. cit.,* v. L. Gambino, *Il « De Republica » di Pierre Grégoire. Ordine e monarchia nella Francia di fino cinquecento,* Milan, 1979. Lire enfin l'ouvrage de B. Basdevant, *Aux origines de l'État moderne, Charles Loyseau (1564-1627) théoricien de la puissance publique,* Paris, 1977, auteur à la charnière des XVIe et XVIIe siècles. Cette conception d'un pouvoir souverain aux mains du seul monarque est critiquée à certains moments – v. par ex. O. Tixier, *Les théories de la souveraineté aux États généraux de 1484,* th. droit, Paris, 1899 – surtout quand s'épanouissent les thèses des monarchomaques protestants, partisans du partage du pouvoir au terme d'un contrat conclu entre le roi et les sujets ; v. sur ce point, C. Vautier, *Les théories relatives à la souveraineté et à la résistance chez l'auteur des « Vindiciae contra tyrannos »,* Lausanne, 1947, et H. Morel, La théorie des contrats chez les monarchomaques, *Études offertes à P. Kayser,* Aix-Montpellier, 1979, p. 285-301. V. encore, du même, Le régime mixte ou l'idéologie du meilleur régime politique, dans *Mél. Morel,* Aix-Marseille, 1989, p. 489 et s., et S. Rials, Aux origines du constitutionnalisme écrit. Réflexions en marge d'un projet constitutionnel de la Ligue, 1588, *Rev. d'hist. des Fac. de Droit et de la sc. juridique,* 1989, no 8, p. 189-265.

334 LES « JURA REGALIA » ET LE POUVOIR ROYAL. — Le roi jouit de la plénitude du pouvoir : v. P. Vaccari, Andrea Alciato e la plenitudo potestatis del principe, *Rivista del diritto ital.,* 24, 1951, p. 161-164. Mais quel est le fondement du pouvoir royal ? Est-il confié au peuple selon la *lex regia* (avatar de la *lex de imperio,* instituant l'empereur romain, au terme d'une formule du jurisconsulte romain Ulpien) ? Le peuple peut alors déléguer son pouvoir au prince : v. R. E. Giesey, The French Estates and the corpus mysticum regni, *Album H. M. Cam,* Louvain, Paris, 1960, t. I, p. 153-171 – ou le lui transfère-t-il purement et simplement ? Sur cette discussion toute théorique des juristes médiévaux et du XVIe siècle : H. Morel, La place de la *lex regia* dans l'histoire des idées politiques, *Mélanges Macqueron,* Aix-Marseille, 1970, p. 545-555. Autre question : le roi a-t-il au XIVe siècle une notion nette de ses prérogatives souveraines ? Lire sur ce point la réponse de P. Chaplais, La souveraineté du roi de France en Guyenne au début du XIVe siècle, *MA,* t. LXIX, 1963, p. 449-469. Quoi qu'il en soit, sur le contenu des prérogatives royales calquées sur celles de l'empereur, lire M. David, Le contenu de l'hégémonie impériale dans la doctrine de Bartole, *Bartolo di Sassoferrato,* Milan, 1962, t. II, p. 199-216 ; J.-R. Chevallier, *Le pouvoir royal français à la fin du XIIIe siècle : les droits régaliens,* Paris, 1931 ; pour le règne de Charles V : E. Lavisse, Étude sur le pouvoir royal au temps de Charles V, *RH,* 1884, t. 26, p. 233-280 ; sur le développement de ces prérogatives au XIVe siècle : R. Gazelles, *La crise de la société politique au temps de Philippe de Valois, op. cit.*, J.-P. Royer, *L'Église et le royaume de France..., op. cit.*, R. Gazelles, Charles V et le fardeau de la Couronne, *Ann. Bull. de la SHF,* 1981, p. 67-75, et M. Sbriccoli, *Crimen laesae maiestatis,* Milan, 1974. Pour le XVIe siècle : J. Poujol, Jean Ferrault ou the King's privileges, *op. cit.*, F. Dumont, *Le pouvoir royal au XVIe siècle,* DES, 1953-1954, Paris, Cours de Droit, et C. Collot, *L'école de droit public de Pont-à-Mousson, op. cit.*, p. 177-213. Sur le roi justicier, v. E. Glasson, Le roi grand justicier, *NRHD,* 1902 et 1903, p. 711-737 et 76-94 ; F. Cheyette, La justice et le pouvoir royal à la fin du Moyen Âge français, *RHD,* 1962, p. 373-384, C. Hubrecht, Juridictions et compétences en Guyenne recouvrée, *Annales Fac. de Droit de l'Univ. de Bordeaux,* 1952, série juridique ; Y. Brissaud, *Le droit de grâce en France aux XIVe et XVe siècles,* th. droit, Poitiers, 1971 ; v. les vues récentes de C. Gauvard, L'image du roi justicier en France à la fin du Moyen Âge d'après les lettres de rémission, dans *La faute, la répression et le pardon,* Actes du 107e CNSS, Brest, 1982, Phil. et hist. jusqu'en 1610, t. I, Paris, 1984, p. 165-192 ; M. Reulos, La place de la justice dans les fêtes et cérémonies de la Renaissance, *Les fêtes à la Renaissance,* Paris, 1975, t. III, p. 55-86, enfin S. Hanley, *The lit de justice of the Kings of France. Constitutional ideology in legend, ritual and discourse,* Princeton, 1983 (*Le lit de justice des rois de France,* éd. franç., Paris, 1991). Sur les nécessités du maintien de l'ordre : J. R. Strayer, Defense of the realm and royal power in France, *Studi in onore di G. Luzzato,* Milan, 1950, t. I, p. 289-296. En ce qui concerne la législation royale, retenir l'ouvrage collectif *Renaissance du pouvoir législatif et genèse de l'État* (dir. A. Gouron et A. Rigaudière), Soc. d'hist. du droit et des instit. des anciens pays de droit écrit, Montpellier, 1988, pour lequel la fonction législative est timide jusqu'à la fin du Moyen Âge ; v. aussi A. Rigaudière, Loi et État en France au bas Moyen Âge, *L'État moderne : le droit, l'espace et les formes de l'État,* CNSS, 1990, p. 33-59 ; F. Olivier-Martin, *Les lois du roi,* DES, 1945-1946, Cours de Droit, A. Esmein, La maxime « Princeps solutus legibus » dans l'ancien droit public français, *Vinogradoff Essays,* Oxford, 1913, p. 201-213 ; sur l'adage *« quod principi placuit » apprécié* par rapport à la *lex regia,* v. H. Morel, La place de la *lex regia..., op. cit.* ; en effet, le roi est-il bridé par ses lois ? Sur ce point : M. Foisil, La loi et le monarque absolu selon les Pandectes ou Digestes du droit français de Louis Carondas le Caron (XVIe s.), *La formazione storica dell diritto moderno, Atti dell 3 Congresso intern. delta Societa ital. di storia del diritto,* Florence, 1977, 3 vol., t. I, p. 221-236 ; le roi doit cependant respecter les coutumes sauf à supprimer les mauvaises : F. Olivier-Martin, Le roi de France et les mauvaises coutumes, *ZSS,* 1938, p. 108-137 ; mais il reste soumis à l'empire des lois naturelles : J. Chanteur, L'idée de loi naturelle dans la République, *Actes du Colloque intern. J. Bodin,* Munich, 1973. V. enfin F. Kern, *Kingship and law in the Middle Ages,* Oxford, 1939. V. enfin, l'intéressant article d'A. Vallée, État et sécurité publique au XIVe siècle, *HES,* 1987, p. 3 et s.

Le roi doit œuvrer dans le cadre imparti par les Lois fondamentales, la droite raison, la justice, le droit naturel. Dans le cas contraire, peut-il être qualifié de tyran ? En vérité est tyran quiconque se rebelle contre le souverain, chef du corps du royaume : v. J. Barbey, *La fonction royale..., op. cit.*, p. 252-259, et P. S. Lewis, Jean Juvénat des Ursins and the Common Literary Attitude Towards Tyranny in Fifteenth Century France, *Medium Aevum,* XXXIV, 1965, p. 103-121. La conception classique médiévale du tyran semble s'estomper : sur celle-ci, A. Linder, *Recherche sur l'idée de tyrannie au Moyen Âge et plus particulièrement au XIVe siècle,* th. droit, Dijon, 1967, W. Parsons, The medieval theory of tyrant, *Review of Politics,* 4, 1942, p. 129-143, et J.-F. Juilliard, *Recherches sur l'idée de tyrannicide dans l'Antiquité et l'Occident médiéval,* th. droit, Paris, 1965, 2 vol. dactyl. ; si le roi ne peut être tyran, la seule perspective est celle alors du tyran d'origine qui s'empare du pouvoir ; c'est l'idée développée lors de l'assassinat du duc d'Orléans en 1407 par le duc de Bourgogne : v. A. Coville, *Jean Petit et la question du tyrannicide au commencement du XVe siècle,* Paris, 1932. Mais la notion de tyran d'exercice reprend ses droits chez les monarchomaques, au XVIe siècle : v. H. J. Lasky, *A défense of liberty against tyrants : a translation of the « vindiciae contra tyrannos » by Junius Brutus,* Londres, 1924, et C. Vautier, *Les théories relatives à la souveraineté et à la résistance..., op. cit.* Sur la violence politique perpétrée sur la personne du prince, v. les riches aperçus de F. L. Ford, *Le meurtre politique. Du tyrannicide au terrorisme,* Paris, 1990, surtout p. 191-262.

Chapitre 2

Les moyens de l'État monarchique

335 L'EMPRISE CROISSANTE DE LA ROYAUTÉ. — L'affirmation de la souveraineté dès la fin du XIIIe siècle provoque deux nécessaires effets. Elle conduit d'une part au renforcement des moyens de l'État monarchique. La complexité toujours plus grande de la vie politique entraîne l'extension des institutions gouvernementales qu'accompagnent les instruments techniques de la reconstitution de la puissance royale puis de sa domination – déploiement sur tous de la justice royale, création d'une armée et de l'impôt permanents, diversification de l'administration – servis les unes et les autres par un personnel dont l'importance tout de même que la compétence technique grandissent et s'affirment. Malgré les difficultés politiques des XIVe et XVe siècles, la force déjà impersonnelle des organes du pouvoir explique le développement continu de ce dernier comme, à la fin du XVIe siècle, la rapide reconstitution de l'autorité royale avec Henri IV. Ces moyens sont de plus en plus diversifiés et complexes. Outre la volonté continue, patiente et obstinée des monarques, leur efficacité est redevable aux serviteurs du roi (section I) qui peuplent les organes centraux comme locaux du gouvernement et de l'administration (section II) et qui gèrent les moyens techniques mis en place par le roi pour assurer sa prépondérance sur tous, au nom de l'intérêt commun (section III).

Section I
Les serviteurs du roi

336 OFFICES, OFFICIERS ET COMMISSAIRES. — Le terme d'*officium* désigne, dès le XIIe siècle, toute fonction publique à quelque titre qu'elle soit tenue. Aux XIVe et XVe siècles, les officiers sont « tous ceux qui agissent au nom du roi »[1]. Le roi, en effet, se décharge habituellement sur des officiers des fonctions liées à sa juridiction et à son administration, mais il confie aussi à des commissaires, spécialement mandatés à cet effet, des missions ponctuelles ou délicates. Le pouvoir des uns et des autres repose sur une délégation de l'autorité royale, essentiellement temporaire et toujours révocable, et, à l'image de cette dernière, n'a d'autre raison d'être que l'intérêt commun. Cependant, assez tôt, une distinction s'établit entre les commissaires dont la tâche cesse aussitôt que remplie et les officiers au sens strict, chargés de l'administration ordinaire et nantis d'un office qui se perpétue à travers ses titulaires successifs. Cette distinction prend du relief à partir des XVe-XVIe siècles. L'inamovibilité des officiers et la nature patrimoniale acquise par leurs offices les rendent peu malléables entre les mains du roi qui, dès lors, tend à recourir au procédé de gestion par commissaires, instrument plus souple prenant son essor surtout à partir du XVIIe siècle.

I | LA PROFESSIONNALISATION DES OFFICIERS

337 SPÉCIALISATION ET SERVICE DU ROI. — Dès le XIIIe siècle, l'extension du domaine, les progrès de la justice royale, la complexité croissante de l'administration favorisent l'apparition d'un personnel technique d'agents royaux dont les tâches de gestion sont les raisons d'être. Les contours de ce personnel se précisent et

1. F. Autrand, Offices et officiers royaux en France, sous Charles VI, *RH*, 1969, t. CCXLII, p. 297.

s'affirment à partir du début du XIVe siècle. Le nombre grandissant des officiers, leur spécialisation, leur carrière les caractérisent alors et les constituent en un groupe socioprofessionnel à part.

En effet, les besoins nouveaux de l'administration royale font proliférer les effectifs des officiers ; localement, en raison du rétrécissement et de la multiplication des bailliages, sénéchaussées ou élections ; au sommet, par le développement des grands corps spécialisés du royaume : ainsi de 46 à la fin du XIIIe siècle, les conseillers du parlement de Paris passent à 183 en 1343[1]. Cette croissance se stabilise pendant la guerre de Cent Ans puis reprend à partir de 1450. Les besoins de l'administration en hommes sont donc largement satisfaits. Il est vrai que le service du roi est attractif, tant par la dignité de la charge exercée que par les profits matériels à en retirer. Mais la technicité requise par les affaires publiques – spécialisation des fonctions, progrès de la procédure romano-canonique savante et écrite, complexité des comptes, place grandissante de l'écrit dans l'administration – pousse le roi à recruter ses agents moins par faveur pure qu'en raison de leur compétence. Nombre d'entre eux seront maintenant gradués en droit après des études dispensées dans des universités qui pullulent et dont certaines sont fondées par le prince. Ces études, longues et coûteuses, réclament une certaine aisance : si clercs et nobles forment encore l'essentiel du personnel politique et administratif, la bourgeoisie riche et marchande s'infiltre dès la seconde moitié du XIVe siècle, attirée souvent par la perspective d'un office anoblissant. Désormais le service du roi est une carrière que l'on prépare et que l'on poursuit, à laquelle destine la compétence juridique, souvent éprouvée au cours d'une vie professionnelle préalable au service d'une clientèle privée ou à celui des corps urbains et des grands feudataires. La même culture, le même intérêt social réunissant nobles, non-nobles, anoblis et bourgeois en voie de l'être, la gestion commune des affaires du royaume, brassent la diversité sociale de ces officiers et font d'eux, vers la fin du XVe siècle, un groupe à part, constituant selon certains un quatrième état ou « peuple gras » entre la noblesse et le tiers état ou « peuple menu »[2].

1. Cité *in* R. H. Bautier, Recherches sur la chancellerie royale au temps de Philippe VI, *BEC*, t. 122. 1964, p. 90.
2. Claude de Seyssel, *op. cit.*, liv. I, chap. 13 à 17.

338 VERS LA STABILITÉ DES OFFICIERS. — À l'égard des officiers, le roi conserve toujours sa liberté de nomination et de révocation, prérogative souveraine. Il leur délègue « tant qu'il lui plaît »[1] un pouvoir pour des fonctions gagées et limitées dans le temps et l'espace. Il se reconnaît le droit de réprimer leurs abus s'ils en commettent, de les suspendre ou de les destituer sans en donner raison. Quoique ainsi tributaires de la volonté royale, les officiers vont progressivement acquérir une certaine stabilité, postulée par leur spécialisation. Leur mobilité trop fréquente ou leur révocation au profit de nouveaux titulaires vont à l'encontre de leur compétence technique comme de l'expérience acquise dans leur charge. Aussi l'intérêt du service et du royaume entraîne-t-il, dès le début du XIVe siècle, une stabilité de fait des officiers. Dans les grands corps du royaume, comme le Parlement, cette stabilité profite de l'allongement des sessions qui finissent par former un service ininterrompu, de telle sorte que sous Charles VI s'introduit la pratique de ne plus dresser à l'ouverture de chaque session de nouveaux rôles de conseillers, ces derniers étant censés dès lors se perpétuer par reconduction tacite du roi. De même, dans l'administration locale, plus difficilement contrôlable il est vrai, les officiers des bailliages ou sénéchaussées deviennent stables dans le milieu du XVe siècle.

339 L'INAMOVIBILITÉ DES OFFICIERS. — Même si la stabilité de l'officier renforce son statut et même si son office lui est conféré sans limitation de durée, le souverain ne s'interdit pas de disposer de ses agents. En outre, les États généraux de 1355-1357, hostiles à la stabilité des officiers, obligent le lieutenant général du roi à destituer nombre d'entre eux et, pendant les troubles civils du début du XVe siècle, les factions armagnaques et bourguignonnes révoquent tour à tour les officiers en place au profit de leurs partisans. Enfin à son avènement en 1461, Louis XI, « remueur d'offices »[2], ne confirme pas dans leurs charges certains officiers et en destitue d'autres. On comprend alors que ces derniers aient cherché à obtenir un statut protecteur : les offices, affirme-t-on

1. Voir ordonnance du 27 janvier 1360, *Ordonnances des rois de France,* t. III, p. 386.
2. J. Kubler, *L'origine de la perpétuité des offices royaux,* Nancy, 1958, p. 169.

en 1420 déjà, « sont perpétuels à la volonté du prince et il ne voudra jamais que quiconque soit privé sans cause de son office »[1].

C'est chose faite par l'ordonnance de Louis XI de 1467[2], dans laquelle le roi garantit les droits de l'officier sur sa charge, en prescrivant qu'il ne conférera un office que s'il est libre de titulaire. Les cas de vacances sont énumérés : la mort de l'officier en charge, sa résignation, c'est-à-dire sa démission volontaire, ou sa forfaiture. L'ordonnance supprime de ce fait la destitution au bon plaisir du prince et dans l'hypothèse d'une forfaiture relevée contre un officier – une faute grave commise dans l'exercice de sa fonction – sa destitution fait suite à sa condamnation en justice. Ce statut protecteur n'affecte en rien l'autorité du roi qui toujours délègue l'exercice de la fonction, mais une fonction, maintenant, dont la durée viagère confère à son possesseur une certaine indépendance vis-à-vis du souverain. L'inamovibilité des officiers semble donc rendre inutile la pratique de leur confirmation par le nouveau roi. En pratique cependant, les successeurs de Louis XI usèrent de leur droit de confirmer les officiers en exercice[3].

II | La patrimonialité des offices

Ce statut protecteur développe le goût pour les offices mais aussi l'habitude, déjà ancienne, de les considérer comme des biens personnels. C'est dire que la perpétuité de l'office se complète et se prolonge bientôt par sa vénalité puis son hérédité.

340 La vénalité de l'office. — Elle s'enracine dans un usage né dans la seconde moitié du XIVe siècle. Par le procédé de la *resignatio in favorem,* calqué sur la faculté permise par le droit canonique de céder un bénéfice ecclésiastique, l'officier s'arrange pour se

1. *In* A. Viala, *Le parlement de Toulouse et l'administration royale laïque, 1420-1525 environ,* Albi, 1953, 2 t., t. I, p. 193.
2. *Ordonnances des rois de France,* t. XVII, p. 25 et s.
3. Voir par exemple la confirmation, par Louis XII, des charges des conseillers du parlement de Paris, en 1498 : *Ordonnances des rois de France,* t. XXI, p. 21. Ce droit de confirmation est supprimé à l'avènement de Louis XVI, par un édit de mai 1774 : voir Isambert, *Recueil...,* t. XXIII, p. 2. Le droit de confirmation reste le prétexte de percevoir la taxe de « joyeux avènement ».

démettre de ses charges en faveur d'un parent ou d'un tiers, moyennant une compensation pécuniaire. Sans l'admettre[1] le roi tolère cette pratique, mais encore n'agrée-t-il le candidat que s'il est présenté au plus tard quarante jours avant la mort du résignant[2].

Longtemps restée le fait des officiers de moindre rang, cette vénalité occulte, nourrie par l'ordonnance de 1467, s'étend et se généralise aux autres officiers. Dès lors, la royauté ne peut s'en désintéresser. Pressée par les besoins d'argent provoqués par l'apparition d'une administration moderne, le roi va tirer profit de l'attrait exercé par les offices, prendre à son compte leur trafic et le rendre officiel : Charles VIII, Louis XII et surtout François Ier se mettent ainsi à vendre des offices. Un service adéquat est créé : en 1522 est institué un Bureau des « parties casuelles », département spécial du Trésor, qui gère les profits provenant du trafic des offices, aussi bien le produit de leur vente que la taxe royale, égale au quart du prix de la cession, perçue lors des reventes d'offices entre résignant et résignataire, dont la pratique elle aussi est officialisée. Ainsi définitivement reconnue, la vénalité se développe toujours plus.

341 L'HÉRÉDITÉ DE L'OFFICE ET LA PAULETTE. — L'admission de la vénalité confère à l'officier un droit réel sur sa charge, mais ne rend pas l'office pleinement patrimonial. À la mort de son titulaire, il ne passe pas automatiquement dans le patrimoine du successeur, mais seulement s'il a été résigné valablement, au moins quarante jours avant le décès de l'officier en titre. Faute de résignation ou de résignation valable, l'office fait retour au Bureau des parties casuelles qui le remet en vente pour le compte du Trésor.

Pourtant l'hérédité peu à peu s'installe. Par grâce spéciale du roi, un officier peut toujours obtenir des lettres de survivance au profit de son héritier. Moyennant finances un édit de 1541 accorde la dispense de la règle des quarante jours. Surtout deux ordonnances en 1568 et en 1586[3] rendent tous les offices héréditaires à condition

1. Voir par exemple, l'ordonnance de Charles VI de 1387, *Ordonnances des rois de France,* t. XI, p. 150, ou celle de Charles VIII, faite à Montils-lès-Tours, en 1454, *ibid.*, t. XIV, p. 284.
2. C'était l'exigence posée par le droit canonique lorsqu'il y avait ainsi cession du bénéfice ; le même droit canonique imposait la gratuité de la cession, sous peine du crime de simonie.
3. Isambert, *Recueil...,* t. XIV, p. 598.

que leurs titulaires, en compensation, versent annuellement au Trésor le tiers denier, taxe équivalant donc au tiers de la valeur de l'office : ainsi contre cette taxe l'officier est-il assuré, au cas où il décéderait sans successeur désigné et sans crainte d'être forclos par la clause des quarante jours au cas où il résignerait sa charge, que son héritier disposera librement de celle-ci. Mais la taxe étant lourde, nombre d'officiers reculent devant ce sacrifice financier. Aussi une mesure ultime, conciliant les intérêts du roi et ceux des officiers, est-elle prise en 1604 à l'instigation d'un financier, Charles Paulet. Celui-ci fait adopter, par un arrêt du Conseil du roi, le principe de l'hérédité des charges vénales moyennant le versement volontaire d'un droit annuel égal au soixantième de leur valeur[1]. Cette mesure qui prit le nom de « paulette » eut un considérable succès : pour ceux qui versaient cette taxe, non seulement la caducité de la règle des quarante jours était acquise, mais le montant du droit de mutation de l'office, entre vifs où à cause de mort, était réduit de façon appréciable. Désormais le statut de l'office ne se modifie plus. La vénalité et l'hérédité s'imposent à la royauté.

342 L'OFFICE PATRIMONIAL ET L'AUTORITÉ ROYALE. — Vénalité et hérédité ne définissent que partiellement le nouveau statut de l'office. Celui-ci reste une fonction publique entre les mains du roi qui ne se dépouille d'aucune de ses prérogatives à son égard. La précaution, prise depuis François Ier, de considérer le prix de l'office comme un prêt d'argent, toujours remboursable, consenti au Trésor, est significative. Le droit de confirmation des officiers conservé par le roi en témoigne encore. Le droit d'exercer l'office – le titre – est à la libre disposition du monarque. C'est lui seul qui délègue la charge publique par la délivrance de lettres de provision ; à cette occasion, il n'est pas lié par l'acheteur de la charge ou par l'héritier du précédent titulaire : il lui est loisible de refuser d'entériner leur accession à l'office, notamment s'ils ne font preuve des qualités requises – compétence, moralité – pour l'exercer[2]. Bien plus, il peut toujours supprimer ou réduire les garanties des officiers, suspendre

1. *In* Fontanon, *Edits et ordonnances des rois de France...*, Paris, 1614, 2 vol., vol. II, p. 576.
2. Plus que par la chancellerie royale, qui délivre les lettres de provision de l'office, la vérification des compétences de l'acquéreur se fait, dès le XVIe siècle, par le corps auquel appartient l'office (corps des parlements, corps des officiers de bailliage...).

la perception du droit annuel ou revenir sur le principe d'hérédité. La Déclaration royale du 12 décembre 1604 confirmant l'arrêt du Conseil instituant la paulette est sur ce point éloquente : Henri IV la fonde sur la grâce essentiellement temporaire et révocable du prince. Ainsi est maintenu le caractère public de l'office.

Cependant le système de l'office patrimonial est profitable politiquement et financièrement à la monarchie. Politiquement il évite au roi tout reproche d'arbitraire dans les nominations et la révocation des officiers dont la royauté peut espérer un surcroît de loyalisme, réchauffé par le statut avantageux de leur charge, il offre aussi un moyen de promotion sociale, notamment par le biais des offices anoblissants, à la fraction enrichie du tiers état, ainsi associée aux affaires publiques[1]. Financièrement, il alimente le Trésor et les gages des officiers, faibles, grèvent peu le budget de la royauté. Mais, sous les avantages, percent déjà les inconvénients du système. Pour augmenter ses ressources, le roi est tenté de faire proliférer les charges ; ensuite, la modestie de leurs gages incite les officiers à les compléter par une rétribution des usagers[2]. Surtout la nature patrimoniale de l'office réagit sur la dépendance de son titulaire vis-à-vis de l'autorité royale. En effet, cet office a un autre aspect, privé, représenté par la finance, c'est-à-dire le prix d'achat versé par celui qui le premier a acquis l'office. Cette finance donne le droit de le conserver tant qu'il plaît, avec faculté de le donner, l'échanger, le laisser aux héritiers ou le vendre. Le roi qui désigne et nomme le titulaire de l'office est lié par ces droits : étant censé avoir prêté de l'argent au monarque au moment de l'achat de celui-ci, l'officier apparaît comme son créancier qui ne peut être privé de sa charge qu'à condition de s'en voir restituer le prix. Or, les ressources de la royauté rendent souvent hypothétique cette faculté de remboursement. En pratique, les officiers, ainsi assurés de conserver leur charge[3], vont jouir d'une indépendance qui les fait parfois échapper à l'autorité royale, d'autant plus qu'elle les conduit à se constituer en corps ou compagnies dotés de privilèges qui forment écran aux impulsions du pouvoir central.

1. La promotion sociale commence par l'achat puis la revente d'un office, à la suite de laquelle on se pourvoit d'une charge plus importante. La pratique pouvant se terminer par l'achat d'un office anoblissant.
2. Ces rétributions sont les épices et les redevances perçues lors des différents actes de la vie judiciaire et administrative.
3. Sauf la possibilité d'être destitué pour forfaiture conformément à l'ordonnance de 1467.

343 LE RECOURS AUX COMMISSAIRES. — L'office devenu peu maniable, le roi confie certaines responsabilités à des commissaires qu'il tient en sa main. Sans aucune garantie statutaire, n'existant que par la seule volonté royale, ils sont nommés et révoqués discrétionnairement, leurs pouvoirs limités à leur commission. Dès le XVIe siècle, leur nombre s'accroît. Chargés souvent de missions temporaires d'inspection ou d'enquête, ils le sont aussi de tâches permanentes au plus haut niveau tant gouvernemental (secrétaire d'État, conseiller d'État) qu'administratif (gouverneur de province, lieutenant général) ou militaire, au point que dès la fin du siècle, les postes clefs tendent à leur être réservés.

Section II
Les organes gouvernementaux

La monarchie repose sur la personne du roi soutenue par des moyens humains et institutionnels. Les uns et les autres s'étoffent et se différencient au rythme même de la croissance des droits du souverain. Le roi gouverne avec des auxiliaires, prend ses décisions après conseil. Localement, ses ordres sont relayés par divers rouages.

I | LES AUXILIAIRES DIRECTS DU ROI

344 LES AUXILIAIRES TRADITIONNELS. — Ce sont, entourant le roi depuis l'époque carolingienne, les grands officiers du palais, à la fois chargés du service domestique de l'Hôtel du roi et de fonctions de plus en plus politiques à partir du XIIIe siècle. Certains ont disparu[1] ou se survivent[2], mais d'autres voient leur rôle grandir, tels le chancelier et le connétable qui bénéficient de l'effacement de leurs rivaux.

1. Ainsi le sénéchal.
2. Le bouteiller supprimé en 1449, le grand chambrier supprimé en 1545.

Avec la guerre de Cent Ans, le connétable, jusque-là simple assistant du roi, est propulsé au rang de commandant de l'armée[1] et, comme tel, jouit d'une juridiction sur les gens et les faits de guerre, s'étendant au XVIe siècle à la police générale du royaume, il se décharge alors de cette juridiction sur ses subordonnés, les maréchaux de France qui eux-mêmes la délèguent à dés prévôts des maréchaux. Ce chef de l'armée acquiert un tel prestige[2] que la royauté en prendra ombrage : laissé parfois vacant (ainsi de 1567 à 1594) l'office de connétable sera plus tard supprimé (en 1627). Pareillement la guerre de Cent Ans favorise l'apparition d'un autre grand officier, l'amiral commandant la flotte royale avec prérogative de juridiction afférente (le tribunal de l'amirauté). À côté de ces officiers, une déclaration royale de 1582 mentionne encore un grand maître de France, sorte de surintendant de la maison du roi, avec juridiction domestique et un grand chambellan remplaçant l'ancien chambrier. Ultérieurement apparaissent un colonel général de l'infanterie et un grand maître de l'artillerie sous Henri IV. Cependant parmi ces auxiliaires traditionnels la place principale revient au chancelier.

345 LA PRÉPONDÉRANCE DU CHANCELIER. — Bien que ne venant qu'au second rang dans la hiérarchie des grands officiers (après le connétable), le chancelier conquiert une prépondérance de fait qu'il doit à son statut autant qu'à l'ancienneté, l'importance et la diversité de ses fonctions. Parfois encore ecclésiastique[3], cet officier, rétabli en 1315 après une longue vacance (depuis 1227), est nommé par le roi sauf de 1372 à 1441 où il est élu par une large assemblée, procédé qui favorise son indépendance. Le retour à la nomination directe n'affecte pas cette indépendance, le chancelier étant désigné à vie. Cette inamovibilité interdit sa destitution sauf pour forfaiture et après jugement (cas du chancelier Poyet en 1545), mais s'il ne peut être privé de son titre au moins le roi peut-il lui

1. En raison de la complexité des opérations militaires, de l'introduction des mercenaires dans l'armée et aussi du fait que depuis Charles V les rois n'exercent plus toujours en personne le commandement.
2. Par exemple Duguesclin sous Charles V ; Bernard d'Armagnac sous Charles VI ; Richemont sous Charles VII ; Charles de Bourbon sous François Ier ou Montmorency sous Henri II.
3. Ainsi encore au XVIe siècle Briçonnet (1495-1497) est-il archevêque de Reims ; Antoine Duprat (1514-1535), archevêque de Sens ; Guillaume Poyet (1538-1545), simple prêtre.

retirer sa charge, alors confiée à un simple garde des Sceaux[1] ; d'autre part, la permanence du chancelier est à l'image de la pérennité de l'État et de la justice : ainsi à la mort du roi, il est la seule personne – avec le nouveau roi – à ne pas prendre le deuil.

Ses attributions sont considérables. La première d'entre elles, origine de la fortune de cet officier, est d'être dépositaire du sceau de France qu'il appose sur les actes royaux. À ce titre il s'assure de la régularité de ces actes tant sur la forme que sur le fond : il vérifie leur rédaction extérieure aussi bien qu'il en contrôle la teneur. Ce devoir de conseil peut aller jusqu'à refuser l'apposition du sceau sur des lettres royales qu'il estime contraires aux ordonnances ou préjudiciables aux droits du roi. Si celui-ci persiste dans ses raisons, le chancelier dégage alors sa responsabilité en mentionnant que l'ordonnance est « scellée de l'exprès mandemant du roi ». Sur cette compétence originaire d'autres attributions se greffent. Dès la fin du XIIIe siècle, le chancelier prend rang de chef de la justice en raison de l'union étroite de sa fonction avec le rôle essentiel du roi, celui de justicier suprême. Dès les débuts du Parlement, il y prend place et contrôle les conseillers et à l'avènement des Valois, le préside, y apporte les ordonnances royales et en prescrit l'enregistrement ; son droit d'entrée et de séance dans les divers cours et tribunaux devient indiscuté, le roi empêché, il le représente dans l'exercice de la juridiction gracieuse (il est juge des rémissions, des anoblissements, des grâces et des privilèges). De l'administration de la justice sa compétence va tout naturellement s'étendre à des tâches générales administratives et gouvernementales : en l'absence du roi, il préside le Conseil ; il intervient dans la confection des édits et ordonnances ; il participe à la nomination des officiers ; il est la « bouche du roi » aux réunions des États généraux. Sa charge prend ainsi l'apparence d'une lieutenance du roi dans les affaires du royaume. Elle ne se départira plus de cette importance acquise.

346 L'ÉMERGENCE DE NOUVEAUX AUXILIAIRES. LES SECRÉTAIRES D'ÉTAT. — Ces nouveaux auxiliaires sont tous appelés à connaître une remarquable destinée, notamment les secrétaires d'État. Ceux-ci ont une humble origine. Dès le XIVe siècle, le chance-

1. Cas de Pierre Flotte, garde des Sceaux de 1298 à 1302 ; de Guillaume de Nogaret de 1307 à 1313. Le garde des Sceaux reste dans la main du roi, la malléabilité de cette charge explique les vacances de l'office de chancelier.

lier s'entoure d'un personnel subalterne de notaires-secrétaires[1] dont la tâche est d'expédier les ordres du roi, c'est-à-dire de les mettre en forme. Certains d'entre eux, forts de la confiance du roi, sous le nom de « secrétaires des finances », vont progressivement acquérir, sous les Valois, le privilège d'expédier les ordres royaux en matière financière. À partir de Charles VIII et de Louis XII, la personnalité de certains secrétaires (tel un Florimond Robertet) donne du relief à cette charge dont les titulaires s'élèvent vite au-dessus de la cohorte des autres notaires-secrétaires. En 1547 ils s'intitulent « secrétaires des commandemans du roi », puis « secrétaires d'État » en 1559[2]. Dès lors leur statut et leurs attributions se précisent, en même temps qu'ils se détachent du chancelier. Au nombre de quatre[3], investis de leur charge par lettres de commission, ils sont dans la main du roi auquel ils prêtent serment, devenus ses serviteurs directs et ayant reçu un droit d'entrée au Conseil, ils participent à l'élaboration des actes royaux.

De leur origine, les secrétaires d'État conservent une fonction rédactionnelle : des lettres patentes de 1547 précisent qu'ils sont établis « pour faire les expéditions et les dépêches de l'État » sur lesquelles, après celle du roi, ils apposent leur signature. Cette prérogative de dépouiller les dépêches reçues par le prince, de dresser de concert avec lui les décisions à prendre et les réponses à donner, leur fait acquérir des responsabilités gouvernementales et administratives. Ils vont prendre une telle autorité, agir d'eux-mêmes en certaines affaires qu'Henri III par deux fois, en 1574 et 1589, estime nécessaire de rappeler le rôle qu'il entend leur voir jouer, celui de serviteurs fidèles, de simples exécutants de sa volonté. Leurs responsabilités, les secrétaires d'État les exercent chacun dans le cadre de quatre ressorts géographiques associant à un groupe de provinces certains États étrangers[4]. Dans son « départe-

1. Notaires parce qu'ils prennent des notes, secrétaires parce qu'un secret rigoureux leur est imposé.
2. En 1559, à l'occasion de la signature du traité de Cateau-Cambraisis, voyant que les envoyés du roi d'Espagne avaient le titre de secrétaires d'État. Claude de L'Aubespine, « secrétaire des commandemans du roi », s'intitula de la même façon pour n'être pas inférieur en dignité.
3. Règlement du 1er avril 1547.
4. Ainsi dans les lettres patentes du 14 septembre 1547 complétant le règlement du 1er avril précédent, les départements sont-ils distribués de la sorte : Normandie, Picardie avec Flandres, Écosse et Angleterre ; Provence, Languedoc, Guyenne, Bretagne, avec Espagne et Portugal ; Champagne et Bourgogne avec Savoie, Allemagne et Suisse ; enfin Piémont, Lyon et Dauphiné avec Rome, Venise et le Levant. Cette distribution est modifiée par la suite.

ment », le secrétaire d'État a compétence sur toutes les affaires, à l'exception de la justice et des finances, une si large compétence qu'une esquisse de spécialisation vient assez tôt la nuancer : ainsi en 1570, l'un d'eux reçoit avec les provinces du Languedoc, de l'Auvergne, du Dauphiné et de Provence, les affaires d'Italie et du Levant, la gendarmerie et la Maison du roi ; d'autres, en 1589 et après 1598, outre leur lot géographique, recevront les affaires étrangères ou celles de la religion réformée. Ainsi à côté du chancelier prennent progressivement place quatre nouveaux « ministres ».

347 APPARITION D'UN CHEF DE L'ADMINISTRATION FINANCIÈRE. — Depuis le XIVe siècle, les finances royales, partagées en ordinaires (les ressources domaniales) et extraordinaires (ressources tirées de l'impôt), sont gérées les premières par des trésoriers de France, les secondes par des généraux de finances. Cette administration bicéphale disparaît au XVIe siècle. La fusion de l'ordinaire et de l'extraordinaire réalisée par François Ier qui crée le Trésor de l'Épargne où affluent ces ressources maintenant confondues, puis la dispersion des trésoriers et généraux en province sous Henri II, provoquent une refonte de l'administration centrale des finances. Est ainsi mise en place, sous l'autorité du Conseil, une gestion collégiale réunissant le trésorier de l'Épargne et quatre intendants de finances. Mais l'un de ceux-ci, Artus de Cossé, en 1564, prend le pas sur ses collègues, désormais qualifié de surintendant des finances, il devient le véritable responsable, d'abord sans pouvoir rien payer sans l'ordre du trésorier de l'Épargne ; puis il reçoit le droit d'ordonnancer les dépenses sous sa propre autorité. Vacante en 1594, la charge est rétablie en 1596 au profit de Sully et se maintiendra avec des intermittences jusqu'en 1661.

348 ÉMERGENCE DES MAÎTRES DES REQUÊTES. — Apparus au XIIIe siècle, ces officiers gonflent leur primitive compétence et, trois siècles plus tard, accèdent à d'importantes fonctions. À l'origine, ces hommes de confiance du prince, au nombre de six, tranchent les différends portés devant le roi lui-même. Ces « juges de la porte » ou « suivans le roi » sont qualifiés au XIVe siècle de maîtres des requêtes de l'Hôtel. Leur effectif s'accroît régulièrement jusqu'à la fin du XVIe siècle[1] en même temps que se précisent leurs attributions ou que s'en dessinent de nouvelles.

Celles-ci, de plus en plus techniques, réclament compétence juridique et talent. Le recrutement des maîtres des requêtes obéit dès lors à des critères rigoureux : un règlement de 1596 fixe un âge minimal d'accès à la charge (32 ans) et exige un stage préalable de six ans dans une cour souveraine ou de douze ans au barreau. Ces juristes continuent à remplir leurs traditionnelles fonctions : ils assistent le chancelier dans l'apposition du sceau sur les actes royaux et ils assurent les requêtes ordinaires de l'Hôtel, juridiction qui examine les demandes des particuliers pourvus du privilège de *committimus*[2] et les causes concernant les offices. Mais cette juridiction au XVIe siècle n'est plus que la moindre part de leurs attributions. Dès les derniers Capétiens et les premiers Valois en effet, les maîtres des requêtes rapportent les affaires importantes sur lesquelles le Conseil délibère : fonction qui croît au même rythme que les affaires publiques. Le sectionnement du Conseil après François Ier les exclut du Conseil proprement dit et ne leur réserve qu'un accès à ses formations contentieuses (Conseil privé et Conseil des Finances) ainsi que le décide un règlement de 1582 ; en outre, le roi les subordonne aux conseillers d'État. Cantonnés au sein de certains Conseils, les maîtres des requêtes ne gardent pas moins d'autres prérogatives : ainsi, depuis le XVe siècle ont-ils droit de séance dans les Parlements comme celui de présider les autres juridictions royales. Surtout, à partir de François Ier, pourvus de lettres de commission, certains effectuent des inspections en province et bientôt des missions d'autorité au nom du roi[3].

II | Les organes de conseil

349 Le gouvernement par conseil. — L'autorité royale n'est pas solitaire. La tradition la tempère par la pratique du gouvernement par conseil. Celle-ci doit être largement entendue : tous

1. À la fin du XVe siècle ils sont 8, 22 sous François Ier, 55 sous Charles IX, une centaine sous Henri IV.
2. Par les lettres de *committimus* certaines personnes reçoivent le privilège de porter leurs procès devant une juridiction particulière.
3. Voir *infra*, n° 354.

les sujets sont en principe tenus au devoir de conseil qu'ils soient individuellement consultés en raison de leurs compétences particulières ou collectivement, dans le cadre de leur regroupement en corps divers (comme les villes, l'université, les corps des métiers...). Surtout le roi prend ou écoute l'avis d'organes qu'il a lui-même créés ou dont il accepte l'existence. Ainsi un Charles V ne prend aucune décision sans « bonne et mûre délibération »[1] ; chez lui cette tradition devient une règle de gouvernement »[2] qui demeurera constante avec ses successeurs, au point que les publicistes insisteront à l'envi – notamment au XVIe siècle – sur ce recours au conseil et sur les avantages politiques que le prince en retire ; celui-ci pourra imposer des ordres sévères respectés parce que éclairés par la réflexion de plusieurs[3] et ses décisions impopulaires seront portées au crédit des conseillers alors jugés mauvais. Mais jamais le conseil reçu ne lie le roi. À l'exception des revendications des États généraux de 1355-1358 et des thèses soutenues par les huguenots[4] ou les ligueurs dans la seconde moitié du XVIe siècle, tous les juristes voient dans la délibération à grand conseil non une participation à la décision royale mais une limitation volontairement acceptée par le prince à son autorité[5].

Parmi ces organes de conseil, il en est dont la mission propre est d'être consultés, soit régulièrement comme le Conseil ou par intermittence comme les États généraux (ultérieurement examinés). Il en est d'autres dont le rôle est d'éclairer le prince mais souvent dans le cadre de leurs propres attributions, tels le Parlement ou la Chambre des Comptes. Ces divers organes sont tous issus de la vieille *curia regis* à la compétence originellement indifférenciée. Cette cour, déjà allégée dans la seconde moitié du XIIIe siècle d'une section spécialisée dans les affaires judiciaires, l'est encore, au début du siècle suivant, par l'autonomie des sessions consacrées aux comptes. Autour du prince restent barons, clercs et légistes non spécialisés qui, dans le cadre de la mission de conseil impartie à la *curia,* donnent leurs

1. *Ordonnances des rois de France,* t. IV, p. 438.
2. *Ibid.,* t. VI, p. 26, 45 et 51 ; t. VII, p. 518, 705, etc.
3. Claude de Seyssel, *op. cit.,* liv. II, chap. IV et s. ; Jean Bodin. *op. cit.,* liv. III, chap. I, p. 353-354 ; Pierre Grégoire, *op. cit.,* chap. XXIV, 1 et 2.
4. François Hotman, *France-Gaule,* Cologne, 1574, p. 114.
5. J. Bodin, *op. cit.,* liv. VI, chap. 4, p. 966.

avis sur les affaires du royaume et forment bientôt le Conseil du roi proprement dit. Cependant Parlement et Chambre des Comptes, en raison de leur origine même, conservent le devoir de conseiller le roi.

350 LE CONSEIL DU ROI. — C'est l'organe régulier de conseil qui prend la relève, à partir du début du XIVe siècle, de la *curia regis* réduite à un rôle seulement politique. Il ne s'organise que lentement sous les noms variés de Grand Conseil, de Conseil étroit ou de Conseil secret.

1) *Sa composition,* librement décidée par le roi, fait la part de la tradition et de la nouveauté. À côté des membres de la famille royale – les princes du sang – et des grands officiers, qui se maintiendront comme membres de droit en raison de leur naissance ou de leur fonction, l'élément féodal et aristocratique se taille au Conseil, durant les XIVe et XVe siècles, une bonne place que certains rois – Louis X, les deux premiers Valois, Charles VI[1] – sont impuissants à réduire, que d'autres au contraire – Charles V, Louis XI, François Ier – contrecarrent efficacement. En effet, la prérogative du roi de constituer le Conseil à son gré permet à ces princes de n'y retenir que ceux qu'ils désirent y voir, au XVIe siècle de grands personnages – dignitaires ecclésiastiques, feudataires, présidents de cours souveraines – seront appelés en raison de leur compétence, par un brevet spécial (conseillers à brevet). Mais l'élément féodal, sauf en période de crise politique où ses ambitions s'aiguisent, tend à s'éliminer lui-même du Conseil : la technicité croissante des affaires qui y sont débattues, l'obligation de suivre le roi dans ses déplacements afin d'être toujours à sa disposition, ne favorisent guère son assiduité. Le cantonnement progressif de cette catégorie de conseillers profite à l'élément professionnel, clérical ou laïque, souvent gradué en droit, gagé, dont le métier est de servir le roi. C'est à ce noyau de techniciens, stables et expérimentés, qu'est confié peu à peu l'essentiel des tâches. L'effectif des conseillers – appelés conseillers d'État sous Henri III – auxquels il convient d'ajouter les auxiliaires

1. Louis X, confronté en 1314 à une réaction féodale, est contraint de renouveler son Conseil et d'y laisser la prépondérance aux grands feudataires. Sous Charles VI malade, le Conseil est aux mains des princes du sang et de leur clientèle.

qui les assistent – les maîtres des requêtes, est variable. Dans les périodes d'effervescence politique, la rivalité des partis provoque l'envahissement du Conseil[1], mais les rois qui recherchent l'efficacité de l'institution réduisent le nombre des conseillers[2] ou réunissent des Conseils restreints[3].

2) *Les attributions.* — Le Conseil, aux réunions longtemps irrégulières et impromptues qui acquièrent une périodicité quotidienne au milieu du XVe siècle, est un organe dont la compétence universelle est à la mesure de celle du roi. Véritable moteur de la monarchie, ses attributions touchent à toutes les questions gouvernementales – diplomatie, politique intérieure, élaboration des ordonnances – souvent examinées au sein d'une formation restreinte aux conseillers les plus dévoués. Le Conseil délibère aussi sur les affaires financières, contrôle l'appareil administratif, lui donne les impulsions nécessaires, tranche les contestations soulevées par l'administration locale, en ces domaines, s'il s'agit d'affaires de routine, il décide souvent seul, sous le contrôle du roi. Enfin, puisque ce dernier ne peut abdiquer sa prérogative judiciaire, il se réserve toujours le droit, au nom de sa justice retenue, d'accueillir toutes plaintes de ses sujets et de les juger en son Conseil. De nombreux procès sont donc portés devant cet organe, soit que le roi soustraie une cause à sa justice déléguée par un arrêt d'évocation, soit qu'il retienne des propositions d'erreur formulées par des plaideurs, le conduisant à réviser – à casser – en son Conseil, une décision rendue par une cour ordinaire de justice.

3) *Le sectionnement du Conseil.* — Devant l'afflux des procès encombrant le Conseil, apparaît sous Charles VII une section spécialisée dans les affaires judiciaires. Une ordonnance de Charles VIII en 1497, confirmée par Louis XII en 1498[4], consolide cette pratique en instituant un Grand Conseil, cour de justice souveraine, où le roi ne vient jamais, dotée d'un personnel propre, dont la tâche principale est de se prononcer sur toutes les contestations que le roi

1. Ainsi sous Charles VI, une ordonnance reproduit 52 noms ; sous Charles IX, en 1572, le nombre des conseillers atteint la centaine.
2. 12 membres sous Charles V, 15 en 1543, 27 à la fin du XVIe siècle.
3. Par exemple Conseils restreints à 10 membres sous Charles VII.
4. *Ordonnances des rois de France,* t. XXI, p. 311.

soustrait par évocation à la connaissance de la justice déléguée[1]. Le Conseil du roi, ainsi délivré de toute affaire non politique et gouvernementale, n'est pas moins affecté, en raison des nécessités, par un processus de spécialisation, mais en restant en droit un organe unique dont les réunions différenciées concourent à éclairer le roi. Sous le nom de Conseil des Affaires, François Ier constitue un cercle restreint de conseillers dans lequel figurent le chancelier, un secrétaire des « commandemans » et des intimes, dans cet organe, fort peu protocolaire, dont les délibérations ne font l'objet d'aucun procès-verbal, sont décidées les questions les plus graves concernant la politique générale, la diplomatie, la paix et la guerre. Du fait de l'existence de ce Conseil, le Conseil royal proprement dit, prenant le nom de Conseil ordinaire ou de Conseil d'État, perd quelque peu de son importance, le roi n'y paraissant plus d'ailleurs qu'irrégulièrement. Composé de 50 à 60 membres[2], ce Conseil présidé par le chancelier a une compétence aussi large que technique : affaires et contentieux administratifs et fiscaux, différends nés de l'exécution des ordonnances, évocations de procès relatifs aux affaires religieuses réglées par les édits de pacification accordant aux protestants la liberté de culte. À partir de 1560, un nouveau démembrement donne à une séance consacrée aux problèmes financiers le nom de Conseil des Finances, mais ce dernier, autour de 1600, fait retour au Conseil dont il était issu qui prend alors l'appellation de Conseil d'État et des Finances. Enfin il est une ultime différenciation. Le Grand Conseil de justice, dont les liens avec le Conseil du roi proprement dit se relâchent depuis 1498, peu à peu a paru aux justiciables trop éloigné du roi ; ils s'efforcent alors, comme à l'accoutumée, de demander justice au prince directement en son Conseil. Retenant certaines évocations, il fait juger ces procès dans des séances spéciales, devenues ainsi virtuellement au début du XVIe siècle une nouvelle section judiciaire du Conseil d'État, puis prenant sous Henri II la qualification de Conseil privé ou des « parties ». Le roi est censé y rendre la justice aux plaideurs avec ses conseillers ordinaires ; en fait, sous la présidence de chancelier, y siègent des conseillers qui n'ont entrée qu'à ce Conseil – dont les

1. La compétence du Grand Conseil s'étend également aux causes concernant la grande noblesse, les bénéfices ecclésiastiques et les fiefs, aux recours contre les actes d'officiers du roi.
2. Les conseillers siègent par roulement ou « quartiers », c'est-à-dire durant quatre mois.

cinq présidents du parlement de Paris – les maîtres de requêtes qui rapportent et les avocats et procureurs intervenant pour les plaideurs. Sa compétence, tout entière fondée sur la justice retenue du roi, embrasse la réforme ou cassation des arrêts rendus par les cours souveraines, le Grand Conseil compris, les évocations, les règlements de juges, les différends relatifs aux offices royaux et aux bénéfices ecclésiastiques, les rapports entre protestants et catholiques enfin. Ainsi, à l'aube du XVIIe siècle, s'est mise en place la distinction, bientôt essentielle, entre Conseils de gouvernement et Conseils contentieux.

351 LES AUTRES ORGANES DE CONSEIL. — Issus de la *curia regis* dont la mission était de seconder le roi, les membres des Parlements et de la Chambre des Comptes, outre leurs activités propres[1], judiciaires et financières, sont en conséquence tenus au devoir de conseil.

Le parlement de Paris, puis au fur et à mesure de leur création, les parlements provinciaux sont souvent consultés par le roi[2] à propos de la politique générale qu'il arrête, spécialement en période de crise ou de guerre[3]. Le prince ne manque pas non plus de les inviter à participer aux grandes réformes judiciaires et administratives qu'il entreprend[4]. Certains de leurs membres sont parfois, à titre individuel, appelés au Conseil ou chargés de missions diverses. Cependant le poids politique acquis par les Parlements n'est pas sans danger. Ils devancent en certaines occasions la consultation royale, s'ingérant dans les affaires publiques dans le traitement desquelles ils se montrent plus régaliens que le roi, le mettant en garde contre des entraînements qui compromettraient les droits de la Couronne. Ils se répandent souvent en récriminations aussi

1. Voir *infra*, n°s 359 et 368.
2. Certains publicistes du XVIe siècle comme E. Pasquier, *Plaidoyez*, in *Œuvres*, 1723, t. I, p. 267-268, B. du Haillan, *De l'estat et succez des affaires de France*, *op. cit.*, p. 153, P. Grégoire, *op. cit.*, chap. XXIV, 5, 4, les considèrent comme des « abrégés des Estats généraux », eux-mêmes conseillers du roi.
3. Ainsi sous Charles V et Charles VI les engagements de pourparlers de paix, la conclusion des traités leur sont soumis. Au XVIe siècle, ils participent aux négociations des traités de Madrid (1525) de Cateau-Cambrésis (1559). Voir de nombreux exemples *in* F. Aubert, *Histoire du parlement de Paris...*, 2 vol., Paris, 1894, p. 290-320.
4. Ainsi l'ordonnance de Montil-lès-Tours de 1454.

variées que vaines, jouent aussi dans les périodes d'éclipse de la royauté, comme sous Charles VI, un rôle politique marqué, sinon ambigu[1], justifié par les malheurs publics du règne. Quoi qu'il en soit, à la fin du XVIe siècle, le parlement de Paris profitant du discrédit jeté sur les États généraux de la Ligue de 1588 à 1593, accroît son prestige qu'illustre l'autorité du célèbre arrêt Lemaistre sur la loi salique[2]. Le devoir de conseil revêt une autre forme, en aval cette fois de la décision royale. Il s'incarne dans les remontrances, corollaires du droit qui est reconnu au Parlement d'enregistrer les lettres patentes. Sans publication ni enregistrement celles-ci seraient pratiquement inopérantes, cette procédure montrant la volonté des conseillers d'en assurer l'exécution par leur arrêt. La faculté de faire alors des remontrances, secrètes en principe, n'est jamais que le devoir de conseil. Les Parlements, conduits à estimer une ordonnance illégale, inopportune ou dommageable pour la Couronne, mais sachant que le roi doit avoir le dernier mot, lui font connaître leur avis et lui demandent de prendre le temps de la réflexion. De là à vouloir le lui imposer de même que leur avis, il n'est qu'un pas que les Parlements franchissent, à certains moments, en refusant l'enregistrement ou en dressant d'itératives remontrances[3]. Mais l'autorité n'appartient qu'au roi : il écoutera leur opinion, sans être tenu de s'y conformer et peut juridiquement prendre la décision qu'il estime devoir prendre et l'imposer aux Parlements par des procédés qui manifestent sa volonté, lettres de jussion ou lits de justice[4].

De même, au terme de l'ordonnance de Viviers-en-Brie[5], qui consacre la définitive autonomie de la Chambre des Comptes, la participation au conseil fait-elle partie de ses attributions. À partir de 1337, elle vérifie et enregistre les lettres patentes concernant le domaine royal et, dans les périodes difficiles des XIVe et XVe siècles, transforme ce droit de contrôle en droit de remontrance.

1. Par exemple, dans la période qui précède et suit la conclusion du traité de Troyes en 1420.
2. Voir *supra,* n° 299.
3. Par exemple, en 1516, le Concordat de Bologne est enregistré d'autorité. En 1598, le parlement de Paris refuse pendant près d'un an d'enregistrer l'édit de Nantes, et ne le fait-il en 1599 qu'après plusieurs modifications de texte.
4. Voir *supra,* n° 322.
5. *Ordonnances des rois de France,* t. I, p. 703.

III | LES RELAIS LOCAUX D'AUTORITÉ

Le roi gouverne avec son entourage. Mais pour faire appliquer ses décisions, il a besoin d'agents locaux qui le représentent. Au XIe siècle, des prévôts affermés, au XIIIe siècle, baillis et sénéchaux nommés et révoqués sont en place. Les progrès de l'autorité royale, dès la fin de ce même siècle, modifient cette hiérarchie traditionnelle. La complexité croissante des tâches administratives opère un démembrement dans les attributions du bailli et du sénéchal ; l'extension du domaine royal comme les nécessités de la guerre de Cent Ans provoquent l'apparition d'un relais d'autorité supérieur au bailliage, enfin, au XVIe siècle, la vénalité des offices et l'indépendance de leurs titulaires inclinent la royauté à recourir fréquemment à des commissaires enquêteurs.

352 LE DÉMEMBREMENT DE L'INSTITUTION BAILLIAGÈRE. — Le domaine royal reste divisé en bailliages et sénéchaussées, chacun d'eux regroupant un ensemble de prévôtés (ou châtellenies, vigueries ou baylies). Si les fonctions du prévôt et son faible prestige restent inchangés, en revanche sa charge est de plus en plus « mise en garde » : d'affermé le prévôt devient officier directement nommé et rétribué par le roi. C'est surtout le bailliage ou la sénéchaussée qu'affectent les progrès de l'administration royale. La multiplication et le rétrécissement de cette circonscription attestent déjà, à travers la mise en place d'un réseau plus dense, l'effort centralisateur de la monarchie. Parallèlement, les tâches auparavant imparties au seul bailli ou sénéchal, devenant plus vastes et complexes, exigent un personnel technique et nombreux qui fait souvent de la cour bailliagère le moteur de l'activité et de la prospérité du chef-lieu de la circonscription.

En effet, au long des XIVe et XVe siècles, les baillis sont progressivement dépouillés de leurs attributions. Ne pouvant suffire à tout, ils confient, dès la première moitié du XIVe siècle, le jugement des causes ordinaires à un lieutenant[1] ; au siècle suivant, agréé par le

1. Dans le midi de la France, dès la seconde moitié du XIIIe siècle, le bailli s'entoure d'un tel auxiliaire, appelé ici juge-mage.

roi, ce lieutenant devenu agent royal élimine le bailli de son tribunal qu'il préside désormais, et devant lequel un avocat et un procureur pensionnés par le roi défendent ses intérêts. Une même évolution se fait jour en matière financière. L'auxiliaire dont le bailli s'était entouré, le receveur de bailliage, devient aussi agent royal seul responsable des finances ordinaires domaniales et la création de nouvelles ressources au XIVe siècle ne profitera pas au bailli, leur gestion étant confiée à des agents spécialement créés, les élus[1]. En revanche baillis et sénéchaux conservent leurs attributions militaires pendant la première phase de la guerre de Cent Ans, la mobilisation de l'armée reposant sur eux[2] ; pourtant, peu à peu, en raison de l'existence de troupes soldées sous Charles V et de l'apparition des gouverneurs de province qui coiffent ces agents, le domaine militaire leur échappera. Finalement, au XVIe siècle, ces personnages, s'ils peuvent éventuellement jouer un certain rôle politique, s'ils ont un certain prestige social – ne sont-ils pas, au terme de l'ordonnance de Blois de 1579, « de robe courte, gentilhomme de nom et d'armes », et cette même ordonnance ne dit-elle pas que « les offices de baillis et sénéchaux sont de ceux auxquels... il est très nécessaire de pourvoir de personnes de respect » – n'ont-ils plus, sous la dépendance hiérarchique des gouverneurs, que le droit de présider le conseil de bailliage formé par les officiers qui les entourent, de publier les ordonnances royales et les arrêts des Parlements applicables dans leur ressort, d'exercer des responsabilités très générales en matière de police. Enfin leur circonscription sert toujours de cadre à l'élection des députés aux États généraux.

353 UNE INNOVATION NÉCESSAIRE : LE GOUVERNEUR DE PROVINCE. — Son apparition est étroitement liée aux circonstances du XIVe siècle. L'importance des tâches remplies par le bailli et ses officiers méritait, au nom des intérêts de la royauté, de contrôler attentivement leur gestion. Ensuite ces mêmes intérêts, en raison de l'extension du domaine royal, du déploiement de l'action du monarque, de la nécessité de concentrer l'autorité pour organiser au mieux la défense du royaume pendant la guerre de Cent Ans, récla-

1. P.-C. Timbal, *La guerre de Cent Ans vue à travers les registres du parlement de Paris : 1337-1369*, Paris, 1961, p. 59-67.
2. Voir *infra*, n°s 361-362.

maient que les ressorts administratifs traditionnels fussent coiffés par des agents supérieurs. À partir de 1340 sont confiées à des lieutenants généraux des missions exceptionnelles à ces fins. Ces personnages administrent les régions éprouvées par la guerre – en Languedoc notamment –, dotés de larges pouvoirs dont ils sont investis par des lettres de commission suffisamment imprécises pour faire d'eux de véritables vice-rois. Leurs attributions principalement militaires leur font obligation de coordonner la défense de la province : ils ont autorité sur les gens d'armes et sur les officiers royaux et, d'une façon générale, jouissent de prérogatives judiciaires, politiques et administratives étendues, conséquences de leur mission de défense et de maintien de l'ordre. Au XVe siècle, l'institution se stabilise et se généralise particulièrement dans les provinces récemment rattachées à la Couronne. La titulature de ces agents se fixe : ils prennent la qualification de gouverneurs. Dès l'origine, ces fonctions de gouverneur largement rémunérées sont attribuées à des princes du sang ou à des membres de la haute noblesse, révocables mais rarement révoqués, transmettant parfois leur gouvernement à leur fils ou à un proche parent. Un tel recrutement, une telle indépendance rendent souvent ces personnages dangereux. Au début du XVe siècle, les populations du Languedoc se plaignent au roi des exactions fiscales de son lieutenant général, le duc de Berry son oncle. En 1499, le roi Louis XII tente de réduire leur pouvoir aux seuls maintien de l'ordre et défense militaire de la province. Mesure vaine, puisqu'en 1542 François Ier doit révoquer les pouvoirs illégaux que les gouverneurs se sont attribués et ramener à douze le nombre des gouvernorats. Néanmoins, pendant les guerres de religion, les gouverneurs, continuant d'usurper des droits régaliens, faisant écran entre le roi et leurs administrés se multiplient à nouveau, se conduisent en souverains indépendants. À l'avènement d'Henri IV, des gouverneurs ligueurs comme les ducs de Mercœur en Bretagne, de Mayenne en Bourgogne, de Montmorency en Languedoc, se tournent contre le roi qui, après les avoir battus, est cependant dans l'obligation de traiter avec eux pour obtenir leur ralliement.

354 LE MAINTIEN DE L'AUTORITÉ ROYALE. — Traditionnellement, pour remédier aux abus des agents locaux, le roi envoie quand il le juge utile des agents extraordinaires pour les surveiller : ainsi des enquêteurs royaux de Louis IX ou des lieutenants généraux au XIVe siècle. L'indépendance des officiers, manifeste à partir de 1550 en raison de la vénalité des charges publiques, l'indiscipline des gouverneurs, bientôt les troubles religieux contraignent une fois encore le roi, à l'instar de ses prédécesseurs, à faire respecter son autorité et ses droits en recourant à des commissaires enquêteurs. En 1553, Henri II charge six maîtres des requêtes désignés par le Conseil de tournées d'inspection, encore appelées chevauchées, à seule fin de tenir en haleine ses agents permanents. Dans leur ressort, ces enquêteurs pourvus de lettres de commission qui fixent leurs attributions, toutes de surveillance et d'information, dressent en fin de tournée un rapport au roi. Bien accueillies par l'opinion, ces chevauchées destinées selon l'ordonnance de Blois de 1579 à « informer des usurpations de domaines, des empêchements qu'on apportait au recouvrement des finances... des abus qui se commettraient en l'administration de la justice », acquièrent par cette même ordonnance fréquence et régularité. Ainsi investis d'une délégation de l'autorité royale, ces commissaires enquêteurs deviennent-ils des agents efficaces de contrôle dans les provinces. Concomitamment, les troubles religieux forcent le roi à y expédier des commissaires chargés de missions particulières comme celle de faire appliquer les édits de pacification religieuse, de présider les cours de justice, de surveiller la répartition des impôts ou de seconder les gouverneurs dans l'administration de l'armée. Ces agents extraordinaires pourvus de missions d'autorité prennent d'abord le nom de « commissaires départis pour l'exécution des ordres du roi », puis sous Henri IV sont progressivement qualifiés d'intendants de justice ou de finances ou d'armée. Ainsi s'amorce une nouvelle institution locale de gestion : stabilisés dans un ressort déterminé ces commissaires deviendront les intendants de province.

Section III
Les éléments de l'ordre public

355 LA POLICE DU ROYAUME. — Assurer l'ordre public réclame que le roi et ses agents fassent « bonne police » dans le royaume, notion recouvrant alors tout ce qui concerne l'intérêt général. Une ordonnance de Louis XI précise que « la police consiste principalement en justice et finance ». Traditionnellement, le concept de justice, en raison du devoir général de justice qu'assume le roi faisant de lui un protecteur, déborde le seul domaine judiciaire ; faire régner la justice, pour le souverain comme pour ses agents, c'est prendre toutes les mesures nécessaires pour maintenir les sujets en paix, tranquillité et sécurité, les protéger aussi contre une agression extérieure. Cette notion large de justice entraîne la confusion des tâches administratives et judiciaires très souvent confiées au même titulaire. Pour administrer le royaume, ceux-ci mettent alors progressivement en œuvre un certain nombre de moyens tous essentiels, devenant autant de services publics. La royauté doit d'abord s'assurer de moyens financiers. Ses ressources lui permettent alors de mettre sur pied une armée permanente et de la rendre maîtresse de la voie de droit agencée autour d'une hiérarchie de juridiction.

I | Les ressources de la royauté

356 Leur dualité : les ressources ordinaires. — L'opinion publique aux XIVe et XVe siècles exige que le roi vive « du sien ». L'expression désigne les ressources, toutes anciennes et traditionnelles tirées de l'exploitation du domaine royal[1] : droits féodaux, seigneuriaux et régaliens. En tant que seigneur féodal, le roi exerce en effet des droits profitables fixes (cens ou rentes foncières) comme casuels (lods et ventes, quint et relief) ; à titre de seigneur toujours, le roi ajoute à ces premières recettes taille, tonlieux et péages, banalités et droits de marché. Il recueille encore, au nom de ses vieux droits régaliens, les profits de justice, ceux échus par droit de déshérence, de bâtardise et d'aubaine ou tirés du droit de battre monnaie, de délivrer des lettres d'anoblissement... Sa position de suzerain lui apporte les revenus supplémentaires provenant du droit d'amortissement et de franc-fief. À ces droits profitables incorporels

1. Ainsi aux États généraux de Tours de 1484 pense-t-on que pour payer « l'estat du roi... préalablement doit estre employé la revenue du domeine » (*in* J. Masselin, *Journal des États généraux tenus à Tours,* éd. A. Bernier, *Documents inédits sur l'histoire de France,* 1835, p. 678).

s'ajoutent les revenus produits par l'exploitation directe de ses biens fonciers. Tous ces droits s'accroissant au même rythme que le domaine royal, le premier souci du roi est d'avoir un domaine prospère ; à cette fin il le réforme continuellement, restaure certains droits ou révoque les aliénations abusives. Enfin l'affirmation de la souveraineté développe les droits régaliens du roi dès lors qu'il les exerce seul, après les avoir reconquis sur les seigneurs (profits de justice, droit de monnéage...).

357 LES RESSOURCES EXTRAORDINAIRES : APPARITION DE L'IMPÔT. — Dès le début du règne de Philippe le Bel, le rôle grandissant qu'assume la royauté révèle l'insuffisance des ressources ordinaires, en temps de paix et davantage en temps de guerre (guerre de Flandre de 1297 à 1307). Les besoins d'argent poussent le roi à recourir à divers expédients : souscriptions d'emprunts auprès des riches bourgeois ou de banquiers italiens, imposition du clergé en 1295[1], mutations monétaires, confiscation des biens de l'ordre du Temple, aides sollicitées auprès des nobles et des villes. Mais, pour s'assurer de revenus réguliers, Philippe le Bel tente de surajouter aux ressources ordinaires une imposition royale frappant tous les sujets[2] ; ces derniers cependant lui opposent leurs libertés et privilèges et lui dénient le droit d'établir une telle imposition non justifiée par la coutume.

Les nécessités de la guerre de Cent Ans modifient peu à peu cette conception en accréditant l'idée que les dépenses de guerre sont des dépenses nationales auxquelles tous les sujets doivent contribuer au nom du bien commun. À partir de la notion traditionnelle d'aide, cette idée se concrétise dans des assemblées plus ou moins larges, comme les États généraux de langue d'oïl réunis par le roi, qui consentent à la création de ressources nouvelles pour faire provisoirement face aux dépenses immédiates. Le consentement à l'impôt pour un temps limité est réitéré un certain nombre de fois ce qui fait passer sa levée en coutume. Au XVe siècle, sous la fiction maintenue de l'accord des États, ces impôts, reconduits par la

1. Cette imposition entraîne les premiers démêlés avec le pape Boniface VIII.
2. Voir par exemple, l'établissement en 1292 d'une maltôte prélevant un denier par livre sur toutes les transactions commerciales. Les velléités d'imposition de Philippe le Bel sont à l'origine de la réaction féodale et des troubles qui éclatent dans le royaume à la fin du règne.

royauté, acquièrent une permanence qui leur fait perdre dans la pratique leur caractère contractuel originaire. Désormais, sous le prétexte qu'il n'est pas besoin d'assembler les États car « ce n'est que charge et depence au pauvre peuple qui a à payer les frais de ceux qui y viennent »[1], le roi lève l'impôt de son propre mouvement et l'augmente à son gré selon ses besoins, sauf dans les provinces les plus récemment rattachées au domaine royal[2] ; doctrine que tentent de justifier les juridictions royales lorsqu'elles affirment, comme en 1412, que « le roi peut mettre tailles et aides sur son royaume, comme empereur, pour la défense et tuicion d'icelui »[3], et cela sans concurrence ainsi que le soutient l'ordonnance de 1439 qui interdit aux seigneurs de s'opposer aux levées de subsides pour le roi et d'imposer leurs sujets sans son autorisation[4]. Ainsi à l'aube du XVIe siècle, le roi a réussi à étendre l'impôt sur tous les sujets et à s'en réserver le monopole.

358 LES RESSOURCES EXTRAORDINAIRES : LES NOUVEAUX IMPÔTS. — Ces nouvelles ressources fiscales, tant indirectes que directes, s'établissent durant la guerre de Cent Ans.

1) *Les impôts indirects.* — Dès 1355, devant la situation militaire, les États de langue d'oïl promettent un secours financier par la création provisoire d'une imposition indirecte, les aides « extraordinaires ». Prorogées plusieurs fois et toujours temporaires en théorie, elles acquièrent une stabilité à partir de 1436, date à laquelle Charles VII en fait la levée sans le consentement des États. Ces aides consistent en des taxes sur les objets de consommation courante (vins, boissons, bétail, draps, combustibles...). Parmi ces aides, apparue dès 1355, la gabelle du sel tient une place à part, en raison de la matière taxée dont l'utilisation est une nécessité permanente. Établie définitivement en 1383, la gabelle est une taxe frappant la vente du sel, monopole de la royauté qui centralise cette

1. Réponse du roi aux remontrances de la noblesse assemblée en 1442, *in* G. Picot, *Histoire des États généraux*, 2e éd., Paris, 1888, t. I, p. 329.
2. Ces provinces conservent en principe le droit de consentir à l'impôt, mais cherchent en fait seulement à en limiter le montant.
3. Déclaration du procureur du roi à la Cour des Aides, citée *in* G. Dupont-Ferrier, *Études sur les institutions financières de la France à la fin du Moyen Âge*, Paris, 1930-1932, 2 vol., t. II, p. 42.
4. *Ordonnances des rois de France*, t. XIII, p. 306.

denrée dans des greniers à sel gérés par des agents royaux, les grenetiers. Mais aides et gabelle ne s'étendent pas uniformément sur le royaume. Certaines provinces, comme le Languedoc, rachètent chaque année le montant des aides en versant une indemnité appelée « l'équivalent aux aides » ; de même la gabelle n'est-elle acquittée que dans le domaine royal, les territoires des princes apanagés et le Languedoc, les provinces ultérieurement rattachées en seront exemptées (Bretagne, Dauphiné...).

L'imposition foraine, qui prend la qualification de traites au XVe siècle, n'apparaît qu'en 1360. Le Languedoc n'ayant acquitté l'aide demandée pour la rançon du roi Jean II qu'avec parcimonie, cette province se voit dans l'obligation d'en verser le complément en payant cette nouvelle imposition qui n'est rien d'autre qu'une taxe frappant les marchandises exportées. Cette taxe ensuite est étendue à d'autres provinces qui refusent de contribuer au paiement des aides. Elle vise aussi depuis 1324 l'exportation hors du royaume de certains articles, puis, à partir du XVe siècle, l'importation de produits de luxe. C'est ainsi que les traites sont des droits de douane sévissant autant à l'intérieur (entre pays de langue d'oïl et de langue d'oc) qu'aux limites du royaume.

2) *L'impôt direct : la taille royale.* — À cet impôt, une double origine. L'idée d'aide féodale d'abord : au XVIe siècle (ainsi en 1363 et 1369) un impôt direct, le fouage, frappe chaque feu ou ménage, mais au prorata de ses ressources dont tient compte la répartition de cet impôt assurée par les assujettis eux-mêmes, sur la base de l'évaluation fixée pour chaque localité. La seconde origine est la taille que perçoit, comme tout seigneur, le roi sur les roturiers de son domaine, puis celle qu'il prétend lever, en tant qu'arrière-seigneur, sur les roturiers du royaume qui seront dispensés du service militaire moyennant son versement. Ces deux procédés, élargis, favorisent l'apparition de tailles directes et exceptionnelles, souvent réitérées en raison de la permanence de la guerre. En 1439 les États généraux d'Orléans consentent une fois encore une taille pour faire face aux frais d'organisation de l'armée permanente, sa levée étant la contrepartie de la suppression du service militaire des roturiers, libérés par la création d'une armée de volontaires. Consentie pour un an par les États se réservant le droit de la renouveler, la taille est

cependant transformée par Charles VII en impôt permanent établi sans leur concours, au même moment l'ordonnance de 1439 interdit aux seigneurs de la lever sur leurs sujets.

À partir de Charles VII, la taille acquiert des caractéristiques invariables par la suite. Impôt uniquement roturier[1], elle est aussi, comme l'était le fouage, un impôt de répartition. Celle-ci s'opère de haut en bas. Le Conseil du roi en fixe le montant total. Ce chiffre est ensuite fractionné entre quatre grandes circonscriptions financières, propres à l'extraordinaire, puis départi entre des « élections » et entre les paroisses les composant, enfin entre les taillables de chaque paroisse qui désignent parmi eux des répartiteurs ou asséeurs chargés de répartir la taille. Dans le nord du royaume, les feux sont à la base de la répartition, proportionnelle aux ressources du ménage, le nombre réel des feux étant soumis à des enquêtes périodiques ; la taille pesant sur les chefs de famille est ici personnelle. Dans le Midi, cet impôt cesse d'être réparti selon les feux, les asséeurs prennent en compte le seul critère des biens fonciers ; la taille pesant sur la terre a donc une nature réelle.

359 LA DUALITÉ DE GESTION JUSQU'AU XVIe SIÈCLE.

1) *L'ordinaire.* — Le souci de faire valoir le domaine invitait à asseoir une administration spécialisée, à partir du XIVe siècle. Si localement baillis et sénéchaux conservent quelque compétence en vertu de leur pouvoir d'ordonnancement, le maniement des deniers publics incombe maintenant au receveur de bailliage, responsable et de la rentrée des recettes et du paiement des dépenses. À l'échelon central, la garde de l'excédent des recettes des bailliages, retirée en 1295 à l'ordre du Temple, est confiée à deux trésoriers de France. Assez vite, ce collège de gérants du Trésor est chargé de veiller à la bonne administration du domaine et d'y accomplir des tournées d'enquête et d'inspection, devant la lourdeur de la tâche, ces officiers sont dédoublés en 1445 et se partagent le royaume en quatre circonscriptions appelées trésoreries. Enfin pour couronner l'administration de l'ordinaire, une ordonnance de 1389 institue une Chambre du Trésor, juridiction se prononçant « sur toutes

1. Les clercs n'ayant jamais dû le service militaire et la vocation des nobles étant de combattre, les uns et les autres sont exempts de taille.

choses touchans le fait du domaine ». L'examen et la solution du contentieux domanial sont ainsi réservés, en première instance, à des trésoriers spéciaux « sur le fait de la justice » distincts des trésoriers de France, responsables de la seule gestion. Au XVIe siècle, cette cour dont l'importance décline, prétend exercer une juridiction d'appel envers les affaires domaniales portées en première instance devant baillis et sénéchaux, mais en 1547 le roi confirme la juridiction souveraine du Parlement sur le contentieux de l'ordinaire.

2) *L'extraordinaire.* — À l'apparition de l'impôt répond la création d'une administration nouvelle. Pour organiser la levée des aides et des fouages et en garder le contrôle, les États généraux créent des agents ne relevant que d'eux, les élus. Dès 1360, ces élus sont nommés par le roi et placés à la tête du seul réseau de circonscriptions qui couvre la France entière : celui des diocèses. L'impôt s'installant, on lui constitue des ressorts plus étroits qui prennent le nom d'élections. Dans chacune d'entre elles, deux ou trois élus afferment la perception de l'impôt indirect à des traitants et répartissent la taille entre les paroisses de leur ressort, levée par un receveur particulier compétent pour manier les deniers. À partir de Charles V, des généraux de finances commencent à contrôler les élus. Aidés par un officier comptable, le receveur général, ces généraux de finances, au nombre de quatre, ont des attributions assez comparables à celles des trésoriers de France. Ils administrent l'extraordinaire, ont le pouvoir d'ordonnancement et effectuent des tournées d'inspection qui se fixent au XVe siècle dans le cadre de quatre grandes généralités (Paris, Rouen, Tours et Montpellier).

Enfin, l'ordonnance de 1389 crée aussi une juridiction dont l'existence devient stable à partir de 1426 ; cette Cour des Aides, composée de généraux « sur le fait de la justice » et de conseillers, se prononce en tant que cour souveraine, en dernier ressort sur appel des sentences des élus et des grenetiers ; à ces attributions judiciaires, la Cour en joint des financières et administratives : elle surveille la répartition de la taille et surtout participe avec le Conseil du roi à l'élaboration des édits touchant les finances extraordinaires, avec le droit ensuite de les interpréter et de dresser des remontrances. Cette dernière prérogative tend à s'accroître au long du XVIe siècle, étayée par le même droit reconnu à de nouvelles Cours des Aides créées par la monarchie en province (Montpellier en 1478 ; Rouen en 1467 ; Clermont-Ferrand en 1557)[1].

3) *L'organe central commun.* — Les deux administrations du domaine et de l'impôt sont placées sous le contrôle suprême de la Chambre des Comptes. Cet organe procède du démembrement de la *curia regis* et acquiert son autonomie par une ordonnance de 1320[2]. Il jouit d'une large compétence embrassant l'enregistrement avec droit de remontrance, des ordonnances portant sur les matières financières, reçoit le serment des agents financiers, vérifie leurs comptes et les juge en cas de malversations en qualité de cour souveraine et surveille la gestion du domaine. Le prestige de cette Chambre pâlit cependant peu à peu : outre qu'elle ne parviendra jamais à un rôle de direction des finances, sa compétence est réduite par la création de chambres financières spéciales déjà évoquées[3], et par l'existence de chambres de comptes provinciales issues d'institutions mises en place par les grands feudataires : chaque province dotée d'un Parlement aura la sienne.

360 LES RÉFORMES DE LA GESTION FINANCIÈRE AU XVIe SIÈCLE. — Si une distinction de nature persiste entre recettes ordinaires et extraordinaires, la royauté, avec François Ier et Henri II, prend néanmoins des initiatives réformatrices dans le but de ramener à l'unité la gestion financière. La fusion de ces recettes opérée en 1523 entraîne la centralisation des deniers dans une caisse unique, le Trésor de l'Épargne[4]. De profondes répercussions s'ensuivent. Au niveau central des commissaires – les intendants de finances puis surintendant des finances[5] – sont chargés sous Henri II de la direction des finances au détriment des trésoriers de France et des généraux de finances. Ainsi dépouillés de leurs attributions, ces officiers, confinés en 1545 dans la gestion de leur ressort respectif, deviennent des

1. En Guyenne, Dauphiné et Bretagne, la juridiction de la Cour des Aides est exercée par le parlement de la province, en Provence par la Chambre des Comptes.
2. Voir *supra*, n° 349.
3. Citons aussi une Chambre des Monnaies, compétente dès avant 1358 sur le contentieux du monéage et la Table de Marbre de Paris connaissant du contentieux des eaux et forêts, cour souveraine en 1394.
4. Voir *supra*, n° 347.
5. *Ibid.*

agents d'administration régionale. L'évolution ne s'arrête pas là : une ordonnance de 1552 opère leur fusion dans un collège unique, celui des trésoriers généraux des finances. Dans le cadre des généralités traditionnelles, à présent au nombre de seize, regroupant chacune un groupe d'élections, cinq trésoriers généraux exercent collégialement leur autorité sur les finances tant ordinaires qu'extraordinaires, en formant un bureau des finances. C'est ainsi qu'autour de ces seize généralités dotées chacune d'un tel bureau s'organise un nouveau réseau d'administration financière qui deviendra par la suite le réseau administratif et politique supérieur du royaume confié aux intendants. S'achève de cette manière la mise en place des services des finances commencée avec Philippe le Bel (création des trésoriers) et poursuivie par Charles V (création des généraux de finances).

II | La défense du royaume

Organiser la défense du royaume est une tâche qui absorbe une bonne partie des ressources, à partir du moment où se démantèle l'organisation militaire féodale au profit de troupes soldées d'abord, de l'armée permanente ensuite.

361 L'apparition de troupes soldées. — Les désastres militaires de la guerre de Cent Ans (Crécy, 1346 ; Poitiers, 1356) révèlent l'inadaptation de la traditionnelle armée féodale. Déjà Philippe le Bel avait cherché à substituer des prestations pécuniaires au service personnel dans le but de disposer de troupes soldées, plus disciplinées et tenant plus longtemps campagne. Les victoires de l'armée anglaise consolident cette conviction et entraînent la nécessité de louer les services de professionnels. C'est ainsi qu'apparaissent, sous le titre de capitaines, des entrepreneurs militaires, organisant des « routes » ou « compagnies » de 20 à 100 gens d'armes et offrant leurs services au roi contre un prix contractuellement fixé. Mais ces troupes, disciplinées tant que dure leur engagement, sitôt celui-ci terminé, se transforment en bandes indisciplinées vivant sur le pays. Pour empêcher les excès de ces « brigands », « grandes compagnies » (XIVe siècle) ou « écorcheurs » (XVe siècle), Charles V tente d'interdire la levée de compagnies sans brevet royal ; Charles VII renouvelle ces prescriptions et dans l'ordonnance de 1439, fait défense aux nobles de recruter des troupes armées et pose les bases de la création d'une force armée permanente.

362 L'ARMÉE PERMANENTE. — Préalablement assuré de ressources régulières par l'établissement de la taille, Charles VII entreprend la refonte de l'organisation militaire. À cette fin, une ordonnance de 1445 crée quinze compagnies d'ordonnance, retenues au service du roi, chacune composée de 100 lances soldées[1], commandées par un capitaine et auxquelles un lieu de garnison est assigné. Ainsi le roi est-il doté d'une armée peu nombreuse, permanente, bien tenue en main mais uniquement constituée de cavaliers. Cette organisation est alors complétée par la constitution d'une infanterie, elle aussi rapidement mobilisable, la milice des francs archers. Aux termes d'une ordonnance de 1448, les campagnes doivent fournir un archer par groupe de cinquante feux ; les paysans grevés de ce service sont exempts de taille[2] et reçoivent une modeste solde mensuelle ; commandés par des capitaines soldés, ils sont astreints à un entraînement régulier et à des revues semestrielles. Cette innovation se révèle pourtant un échec et, dès Louis XI, la milice des francs archers laissera la place aux Suisses ou aux lansquenets allemands qui formeront le gros de l'infanterie royale. Mais cette armée permanente, recrutée sur la base du volontariat, ne fait pas renoncer le roi à son droit d'exiger le service militaire personnel et de convoquer le ban et l'arrière-ban[3]. Tel est le visage, maintenu au long du XVIe siècle, de cette armée royale qui termine victorieusement la guerre de Cent Ans.

III | LA JUSTICE ROYALE

« Grand débiteur de justice », le roi a pour office principal de la faire régner. En ce domaine il se heurte à d'autres traditionnels détenteurs de justice, seigneurs et Église, qui entravent l'affirmation

1. Chaque lance comprend un combattant à cheval, trois archers eux aussi montés, un coutillier et un valet, soit cinq combattants.
2. D'où le nom de « francs archers ».
3. Voir A. Gouron. Le ban et l'arrière-ban d'après les sources languedociennes, *XVIIe et XVIIIe Congrès de la Fédération hist. du Languedoc*, 1953-1954, p. 87 et s.

de sa prérogative judiciaire comme le maintien de l'ordre public royal. Cependant sa prérogative devient peu à peu une réalité dans le royaume. Dès la fin du XIIIe siècle la justice du roi a établi sa supériorité vis-à-vis des justices seigneuriales et au XIVe siècle elle intensifie la lutte contre les officialités diocésaines, qu'elle poursuit avec succès au XVe siècle. Le roi est redevable de cette suprématie acquise à la persévérance de ses officiers et juristes comme à l'organisation de ses cours de justice.

363 LA SUPÉRIORITÉ SUR LES JUSTICES SEIGNEURIALES. — À l'encontre de ces justices, il est affirmé qu'elles procèdent toutes d'une concession jadis faite par le roi à leurs titulaires. Elles sont donc présumées tenues en fief et en arrière-fief. Au début du XIVe siècle, les juristes refusent d'admettre que cette concession ait entraîné celle de la souveraineté du roi : les justices seigneuriales sont donc placées dans le ressort du roi dont la justice, seule, est souveraine. Pour s'assurer le ressort suprême, la royauté utilise dès le XIIIe siècle trois moyens destinés à subordonner ces justices (l'appel) et à réduire leurs compétences (prévention et cas royaux).

1) *L'appel.* — Le roi suzerain et souverain juge en dernier ressort. À la fin du XIIIe siècle il est acquis que tout justiciable a le droit de faire appel de la justice du seigneur à celle du roi, à condition qu'il ait au préalable épuisé la voie de la hiérarchie féodale. Au XIVe siècle, la technique est bien assise. Le roi est assez fort pour la faire respecter : il prend sous sa sauvegarde les appelants et sanctionne de peines sévères l'infraction de l'appel, devenue cas royal. À partir de ce moment, les justices seigneuriales souveraines ne sont plus que de rares exceptions qui bientôt disparaissent.

2) *La prévention.* — Par ce moyen efficace les officiers royaux se saisissent d'une affaire que les règles normales de compétence attribuent aux juges seigneuriaux, soit en raison de leur négligence soit de l'importance de l'affaire. Cette arme, habilement maniée, est aussi justifiée par la juridiction en dernier ressort du roi, essence même de la souveraineté, qu'il conserve toujours en sa main. La prévention est donc une manifestation de sa justice retenue, latente, qui dans ce cas devient active. Non sans excès peut-être : en 1319, Philippe V défend à ses officiers d'empiéter sur les justices seigneu-

riales sauf si leurs juges négligent de se saisir de l'affaire[1]. La prévention peut cependant jouer de deux façons. Dans le régime de la prévention parfaite, le juge royal se trouve définitivement saisi dans tous les cas qui regardent la garde générale et la police du royaume : mais le déclin des justices seigneuriales, l'extension du domaine, la transformation d'un cas de prévention en un cas royal raréfient ce moyen qui, à l'occasion, se réanime, ainsi un édit de 1565 l'établit en matière de crime non poursuivi par le seigneur négligent[2]. À l'ordinaire, le juge royal a recours à la prévention imparfaite : saisi d'une affaire, il ne l'est pas à titre définitif ; il peut en être dessaisi, dans le temps requis, à la demande du seigneur justicier ou de son juge.

3) *Le cas royal* est un moyen tout aussi efficace. Sont ainsi qualifiées toutes causes civiles ou criminelles exclusivement réservées au juge royal alors même qu'elles sont normalement justiciables du juge seigneurial. Utilisé dès le XIIIe siècle, ce moyen n'est pas propre au roi (il existe des cas comtaux ou ducaux), mais au siècle suivant il lui devient spécifique, fondé sur l'idée de souveraineté. Toute affaire dans laquelle le roi et ses prérogatives sont en cause est ainsi soustraite à la connaissance des cours seigneuriales. Les cas royaux sont peu à peu délimités. Leur liste encore courte au XIIIe siècle – infraction à la sauvegarde, bris d'asseurement, infraction au droit du roi de rendre la justice en dernier ressort, crimes commis contre le roi, son entourage ou le royaume, appelés crimes de lèse-majesté – s'étoffe au XIVe siècle. Toutes les atteintes à l'intégrité du patrimoine du roi deviennent autant de cas de crime de lèse-majesté, la lésion de ces mêmes intérêts patrimoniaux fait apparaître des cas royaux spéciaux, tels le forgement de fausse monnaie (fin XIIIe - début XIVe siècle) et la falsification des sceaux et lettres du roi (début XIVe siècle) ; le délit de port d'armes prohibées, qui atteint le roi dans son droit souverain de faire la guerre (vers 1324) et le délit de transgression aux ordonnances royales par lequel les droits du roi législateur sont lésés nourrissent encore cette liste. Avec l'extension du pouvoir royal, avec celle de la notion d'État, le champ d'application de ces cas grandit, en même temps que leur

1. *Ordonnances des rois de France,* t. I, p. 700.
2. *In* Guénois, *La Grande Conférence des ordonnances...,* t. I, liv. IX, titre III, § 17, p. 782.

nombre s'accroît encore avec l'apparition par exemple des crimes contre Dieu, comme l'hérésie ou l'apostasie, cas royaux soustraits à la compétence de l'Église jugée trop indulgente en ces matières.

364 LA LUTTE CONTRE LES JURIDICTIONS D'ÉGLISE. — À leur égard, l'intervention royale repose sur un fondement différent puisque la justice de l'Église, qui lui est propre, n'est fondée sur aucune concession royale. Pour le prince il s'agit alors non d'affirmer une quelconque supériorité, mais d'amenuiser au nom du maintien de l'ordre public et au profit de la justice laïque, les compétences des cours d'Église, les officialités diocésaines. Dès le XIIIe siècle, leurs larges prérogatives judiciaires provoquent entre les autorités temporelles et l'Église les premières tensions qui se manifestent encore sans éclat particulier. C'est avec la querelle entre Philippe le Bel et le pape Boniface VIII que la confrontation s'élargit. La royauté prend appui sur ses juristes et sur l'opinion publique. Ainsi en 1329, lors d'une assemblée convoquée à Vincennes par Philippe VI, l'orateur du roi, Pierre de Cugnières, argumente contre l'extension du privilège de clergie grâce à la tonsuration de personnes qui ne mènent pas la vie ecclésiastique, contre les entraves apportées à la justice royale par les officialités, contre les empiétements de ces dernières sous prétexte de juridiction concurrente sur des affaires relevant du juge laïque[1]. Ces thèses consacrées systématiquement dans le célèbre *Songe du Verger* sous Charles V pénètrent le milieu des officiers royaux qui se font les zélateurs de la juridiction laïque, avec excès parfois chez les juges royaux inférieurs, avec une grande souplesse d'esprit chez les membres du Parlement[2]. Sans contester les privilèges de l'Église, le roi parvient par une série de théories habiles et par une application persévérante à reconquérir toute cause ayant trait aux intérêts temporels sur lesquels l'Église avait compétence. Cette lutte sourde, à l'occasion non dénuée d'attitudes conciliatrices ou brutales – dans certaines régions, les conflits entre les deux juridictions seront vivaces jusqu'au XVIe siècle – aboutit donc à réduire les compétences des officialités.

1. Voir J.-P. Royer. *op. cit.*, p. 141 à 152.
2. *Ibid.*, p. 312.

365 LES MOYENS UTILISÉS. — Ces moyens sont utilisés tant pour réduire la compétence *ratione personae* et *ratione materiae* de l'Église, que pour annuler ses sentences et ses actes estimés abusifs.

1) *Déclin du privilège de clergie.* — Celui qui est en possession d'état de clerc jouit du privilège de juridiction, d'ordre public[1], qui lui vaut d'être traduit devant les seules cours d'Église, mais qui n'a cessé de s'étendre à des personnes de plus en plus nombreuses échappant de ce fait à la juridiction royale et ne correspondant plus, aux yeux de ceux qui la constituent, à l'image du clerc[2]. Pour battre en brèche ce privilège, la justice royale met au point un arsenal. Ainsi prétend-elle vérifier l'état de clergie : pour être rendu au juge ecclésiastique, le délinquant doit « estre en habit et tonsure de clerc » ; si son état est manifeste encore faut-il que le clerc ait un genre de vie compatible avec sa charge, s'il se livre à des occupations séculières, le juge royal réclamera sa réduction à l'état laïque, laquelle peut aussi survenir si l'énormité du crime commis par le clerc a entraîné sa dégradation.

Surtout, les juristes établissent la théorie des cas privilégiés, pendant des cas royaux, qui crée au profit du juge royal un privilège de juridiction, tant au criminel qu'au civil. Au criminel, tout fait délictueux grave commis par un clerc portant atteinte à l'ordre public – il n'est alors que de reprendre la liste des cas royaux – est réprimé par le juge royal. Mais le clerc criminel ne perdant pas *ipso facto* son privilège de for (puisqu'il procède de son ordination et non de sa personne), ce juge ne peut seul le poursuivre. Le clerc délinquant sera donc d'abord traduit devant l'officialité et jugé pour son délit « commun », puis, en raison du délit « privilégié » qui y est greffé, traduit devant le juge royal qui réprimera le trouble public. Au civil aussi le privilège du for s'amenuise. Au XIIIe siècle déjà, les officialités étaient incompétentes pour tout ce qui concernait les tenures féodales des clercs et leurs causes réelles immobilières. Bientôt, le roi s'immisce dans les causes portant sur les bénéfices ecclésiastiques conférés par l'évêque, au nom de l'ordre public, lorsqu'une contestation s'élève entre deux attributaires d'un même bénéfice, le juge

1. Le privilège de clergie ou de for est d'ordre public puisque, le clerc le demanderait-il, il ne peut être traduit devant un juge laïque.
2. Voir G. Le Bras, L'image du clerc, *Arch. de Sociologie des Religions*, 1967, n° 23, p. 24.

royal s'impose en matière possessoire : jusqu'à ce que l'ordinaire ait tranché le point de savoir lequel des adversaires est le vrai titulaire du bénéfice, il estime de sa compétence d'en attribuer la possession provisoire à l'un des plaideurs. Par là une brèche est ouverte : en droit canonique, le bénéfice n'est pas un objet susceptible de possession par n'importe qui ; il ne peut être possédé qu'à un certain titre que le juge royal ne peut manquer d'examiner, intervenant alors dans le débat de fond. Il en alla de même pour les causes personnelles des clercs, notamment des causes plaidées à propos de contrats passés devant notaire qui relèvent du juge royal pour leur exécution.

2) *Déclin de la compétence « ratione materiae ».* — Dans les matières temporelles criminelles, l'hérésie, la sorcellerie et le sacrilège, auparavant de la compétence exclusive de l'Église, sont devenus autant de cas de crimes de lèse-majesté, relevant de la juridiction royale qu'ils soient perpétrés par des clercs ou des laïques. En matière civile, l'Église va perdre une à une ses compétences exercées sur les laïques. Il en va ainsi dans le domaine des contrats, où le déclin du serment[1] entraîne la disparition de l'intervention du juge d'Église et dans le domaine des testaments, dès les XVe et XVIe siècles[2] ; en matière matrimoniale, les aspects connexes du sacrement (dot, séparation de biens ou de corps) échappent à l'officialité, mais le lien matrimonial lui-même en tant que sacrement continue à lui appartenir[3].

3) *L'appel comme d'abus.* — À ces atteintes à la juridiction ecclésiastique s'ajoute un procédé visant à sanctionner des abus reprochés aux clercs. À la fin du XIIIe siècle et davantage encore au XIVe siècle, dans le cas où une officialité empiète sur la juridiction laïque, le Parlement, mais lui seul, cherche à faire annuler l'acte résultant de cet excès de pouvoir, en contraignant la cour d'Église à le faire elle-même en exerçant sur elle une pression par la saisie de son temporel, c'est-à-dire des immeubles compris dans les bénéfices

1. A. Esmein, Le serment promissoire en droit canonique, *NRHD,* 1888, p. 332-352.
2. La compétence de l'Église s'expliquait, Au Moyen Âge, les testaments servent à faire des legs pieux parfois réparateurs des torts accomplis par le *de cujus* de son vivant pour assurer le salut de son âme.
3. Encore que la justice royale se réserve de punir, à partir de la fin du XVIe siècle, et sans revenir sur la validité de leur mariage, les époux clandestinement mariés, sans le consentement de leurs parents.

ecclésiastiques. Au XVe siècle, le Parlement s'arroge peu à peu le droit d'annuler lui-même un acte de l'autorité ecclésiastique sur appel dirigé contre ce dernier[1]. Dès 1448, la cour souveraine connaît de tel cas d'appel[2], bientôt qualifié « d'arret rendu sur appel comme d'abus », aussi bien interjetés par des particuliers que par les procureurs du roi et aboutissant à une déclaration d'abus et de cassation. Cet appel connaît à partir du règne de François Ier son épanouissement et sa forme définitive puisqu'il commence à s'appliquer, à côté du domaine juridictionnel et administratif, à des matières purement spirituelles.

366 LA JUSTICE ROYALE DÉLÉGUÉE. — Ses concurrents cantonnés et réduits, la justice royale se déploie. Certes, au nom de sa prérogative de justice retenue, le prince peut rendre justice à tout moment. Ainsi en est-il lorsqu'il statue sur des placets ou requêtes des particuliers, délivre de son propre mouvement ou à la demande d'un sujet, une lettre de cachet donnant ordre d'arrêter et détenir, ou accorde lettres de grâce et de justice[3] ; le plus souvent il fait juger par des commissaires et surtout par son Conseil saisi par la voie de l'évocation ou par celle de la cassation. Mais, ordinairement, l'exercice de la justice est confié à des cours qui agissent en vertu d'une délégation royale de juger au nom du prince. Cette justice déléguée est hiérarchiquement organisée.

367 LES JURIDICTIONS INFÉRIEURES ET MOYENNES. — Au plus bas degré de la hiérarchie judiciaire siègent les prévôts (ou viguiers ou bayles). Ces agents, tous officiers depuis la fin du XVe siècle, connaissent en première instance de toutes les affaires civiles et criminelles à condition qu'elles ne concernent pas les nobles ni ne constituent des cas royaux, et, en appel, des causes civiles jugées par les tribunaux seigneuriaux. Entre prévôt et bailli, chacun essayant d'attirer à sa connaissance le plus d'affaires possible,

1. Ainsi tout acte qui contredirait les dispositions de la Pragmatique Sanction élaborée à Bourges en 1438, réglant les rapports du roi et de l'Église gallicane, peut-il être annulé.
2. Sur le premier cas d'appel, en 1448, voir R. Génestal, *Les origines de l'appel comme d'abus,* Paris, 1951, p. 9.
3. Les lettres de grâce atténuent les rigueurs des décisions de justice sous les espèces de lettres de rémission, de pardon, de réhabilitation, de commutation de peines ; les lettres de justice, elles, atténuent la rigueur du droit. en dispensant, de son application au nom de l'équité.

la rivalité est fréquente, l'édit de Crémieu de 1536 s'efforce d'établir une délimitation précise de leurs compétences.

Au-dessus des prévôts, les tribunaux de bailliages et de sénéchaussées connaissent en première instance les causes intéressant les nobles et les officiers royaux, celles concernant les bénéfices ecclésiastiques, enfin les affaires criminelles soustraites aux juges seigneuriaux par les moyens de la prévention et du cas royal. En appel, ils examinent les sentences rendues par les prévôts et celles rendues au criminel par les justices seigneuriales. À Paris, le tribunal du Châtelet a rang de bailliage sans le titre : cette cour est le siège de la juridiction du prévôt de Paris ou garde de la Prévôté, dont les attributions sont tôt exercées, comme dans les bailliages, par un lieutenant civil et un lieutenant criminel. Mais à l'initiative de Henri II en 1552[1], certains bailliages ou sénéchaussées sont promus à un rang nouveau, sous le nom de présidiaux. Devant le nombre excessif des appels portés aux Parlements, cette innovation aboutit à décharger ces cours souveraines d'une partie de leur juridiction d'appel[2]. C'est ainsi que ces présidiaux, au nombre d'une soixantaine, comprenant neuf conseillers dont un président, acquièrent une compétence de dernier ressort mais limitée aux causes civiles dont l'objet est inférieur ou égal à la valeur de 250 livres et à des causes criminelles assez vagues (dont les crimes et délits perpétrés par les gens sans aveu...).

368 LE PARLEMENT AUX XIVe-XVe SIÈCLES. — C'est au terme d'un processus, qui débute au sein de la *curia regis* sous Louis IX, que le Parlement devient un organe suprême spécialement chargé de rendre la justice en dernier ressort. Dés la fin du règne de Philippe le Bel il existe virtuellement, ses traits se précisent sous Philippe V (ordonnance de 1320) puis se fixent par l'ordonnance de 1345[3] qui confère à l'institution un personnel et une organisation stables.

1) *Organisation.* — Le personnel du Parlement, formé de conseillers clercs et laïques, tous officiers aussi qualifiés de « maîtres tenant le Parlement », est nommé par le roi. À la fin du XIVe siècle, la Cour

1. Isambert, *Recueil des anciennes lois françaises..., op. cit.*, t. XIII, p. 248-254.
2. *Ordonnances des rois de France*, t. II, p. 219-224.
3. Voir *supra*, n° 351.

reçoit le droit de coopter ses membres, droit qu'elle conservera plus tard sous la forme d'un droit de présentation du candidat au roi à chaque vacance. Ces conseillers sont distribués entre plusieurs chambres dont l'existence s'esquisse à la fin du XIIIe siècle, mais qui revêtent leur forme achevée avec l'ordonnance de 1345. À la première d'entre elles, la Grand-Chambre, appelée encore Parlement car les autres chambres seront longtemps considérées comme émanant d'elle, est assignée la fonction principale, celle de rendre des arrêts définitifs ou souverains. C'est au sein de cette Chambre qui a préséance sur les autres que le roi tient éventuellement son lit de justice. L'enquête et l'instruction préalable au procès sont confiées à la chambre des enquêtes, fortement charpentée puisqu'elle comprend 24 conseillers clercs et 16 laïques ; fonctionnant sans discontinuer, elle joue le rôle de chambre de vacation pendant les vacances de la Grand-Chambre. Une troisième chambre, celle des requêtes, se rattache aux « plaids de la porte » et aux maîtres de requêtes de l'Hôtel[1] : au sein de cet organe, ceux-ci examinent les requêtes des plaideurs et s'ils se prononcent pour la recevabilité de leur appel, leur délivrent des lettres de justice afin de citer leurs adversaires devant la Grand-Chambre. Enfin, dans les dernières années du XIVe siècle, une nouvelle chambre est instituée. Les clercs de la Grand-Chambre ne pouvant être juges d' « affaires de sang » en raison de leur état et pour la décharger des affaires criminelles, celles-ci sont renvoyées à une commission de conseillers laïques qui prend l'habitude de se réunir. Cette Tournelle se pérennise et devient en 1515 une véritable chambre criminelle ou Tournelle criminelle.

2) *Les attributions.* — Vastes, ces attributions témoignent d'une conception traditionnelle de la justice, plus large que le seul contentieux et qui inclut le pouvoir réglementaire. Au judiciaire d'abord, le Parlement connaît en première instance des procès où sont impliqués certains hauts seigneurs comme les Pairs de France[2] et ceux bénéficiant du privilège de *committimus* par lequel une affaire peut directement être portée devant la cour, celle-ci connaît également des procès relatifs au domaine et aux droits de la Couronne. Mais l'essentiel est

1. Voir n° 348.
2. Le Parlement se transforme alors en cour des pairs, ceux-ci étant des conseillers-nés de la cour souveraine.

la compétence d'appel. Le Parlement entend les appels provenant des juridictions des hauts seigneurs ; ceux aussi interjetés contre les décisions des baillis et sénéchaux : par là, il se prononce sur les litiges d'ordre administratif comme sur ceux de nature civile ou pénale, enfin il connaît des appels comme d'abus portés devant lui à l'encontre des juridictions ecclésiastiques et des appels émis à l'encontre des décisions de certaines justices royales d'attribution[1]. La compétence en dernier ressort rend l'arrêt du Parlement insusceptible d'appel, mais elle n'interdit pas qu'il soit soumis au roi en vertu de sa justice retenue, dès lors que la partie mécontente émet une proposition d'erreur ; admise par le Conseil du roi, cette proposition entraîne alors la délivrance de lettres patentes cassant l'arrêt de la cour souveraine. Parallèlement et outre l'exercice du devoir de conseil prenant la forme de remontrances, le Parlement intervient dans la police du royaume en rendant des arrêts de règlement qui ne sont autres que des décisions de portée générale destinés tant à améliorer le fonctionnement de la justice qu'à pourvoir aux matières relevant de l'administration (tranquillité publique, réglementation de la circulation et de l'approvisionnement, réglementation des travaux publics). Ce pouvoir réglementaire ne s'exerce que dans le cadre de la législation royale à peine de cassation prononcée par le Conseil du roi. Le Parlement intervient encore, sa compétence administrative le justifiant, dans plusieurs domaines comme la surveillance de la voirie, des hôpitaux, de diverses collectivités, la sauvegarde du domaine de l'Église.

369 LES PARLEMENTS AU XVIe SIÈCLE. — L'extension du domaine, mais aussi les nécessités politiques conduisent le roi Charles VII à considérer « que les royaumes sans bon ordre de la justice ne peuvent avoir durée aucune »[2] et ainsi à créer en 1443 un second parlement à Toulouse[3], puis à Grenoble (1453). Ses successeurs agissant de même établissent celui de Bordeaux (1462), Dijon (1477), Aix (1501), Rouen (1515), Rennes (1554). Tous sont agencés

1. Comme les tribunaux d'Amirauté, de Connétablie, les juridictions consulaires, les juridictions des Eaux et Forêts, la chambre du Trésor. Les autres justices d'attribution comme la Chambre des Comptes ou la Cour des Aides sont souveraines.
2. Isambert, *Recueil..., op. cit.,* t. IX-X, p. 203.
3. Dès 1420, le dauphin pour retrouver l'obédience du Languedoc, un temps partisan des Bourguignons, installe un parlement à Toulouse, supprimé en 1428. Invoquant la longueur des procès et l'éloignement de la province, il le rétablit en 1443.

sur le modèle du parlement de Paris avec les mêmes prérogatives, mais avec un ressort moindre que celui de leur chef de file qui conserve juridiction sur plus du tiers du royaume. Chacun d'eux comprend une Grand-Chambre qui a préséance sur les autres, une chambre des requêtes, une Tournelle criminelle, prononçant depuis 1515 des arrêts au criminel et plusieurs chambres des enquêtes, lesquelles ont acquis le droit de juger les procès que leur adresse la Grand-Chambre. À l'image de la cour souveraine de Paris, celles de province comprennent à côté des conseillers le groupe des « gens, du roi » ou parquet[1]. Ces officiers qui tous relèvent de l'autorité du chancelier acquièrent leur visage définitif aux XVe-XVIe siècles. À leur tête, le procureur du roi[2] a charge de surveiller la marche de la justice dans le ressort de son Parlement et d'intervenir toutes les fois où le roi et l'ordre public sont en cause, en déclenchant l'action publique. Assisté de substituts qui l'aident à déposer des conclusions écrites et d'avocats du roi qui plaident pour ce dernier[3], il a autorité sur les gens du roi identiquement placés auprès des tribunaux de bailliages et de sénéchaussées. Au XVIe siècle, les fonctions de ces officiers, conseillers et gens du roi, sont peu rétribuées, mais les épices arrondissent leurs gages. Surtout elles acquièrent un prestige et une dignité qui contribuent à rendre anoblissantes les charges de ces gens de robe dès la seconde moitié du siècle, et qui donnent grande considération au Parlement de la part des justiciables.

Pour aller plus loin

370 LES SERVITEURS DU ROI. — Les historiens s'accordent pour considérer les XIVe et XVe siècles comme ceux du développement de la « bureaucratie » royale : v. F. Chabod, Y a-t-il un État de la Renaissance ?, *De Pétrarque à Descartes*, t. III, *Actes du Colloque sur la Renaissance*, Paris, 1958, p. 57-78, et B. Guenée, L'histoire de l'État en France à la fin du Moyen Âge, *RH*, t. 232, 1964, p. 331-360. Il importe alors de se pen-

1. Du nom de l'enceinte où les gens du roi se tiennent.
2. Au parlement de Paris, il s'agit du procureur général du roi.
3. Au XIVe siècle, procureurs et avocats du roi conservent une clientèle privée. Bientôt, ils doivent se consacrer exclusivement au service du roi, mais s'acquitteront de leur tâche en toute indépendance d'esprit : leurs conclusions écrites doivent être conformes aux ordres reçus, cependant oralement, ils peuvent s'exprimer selon leur conscience, selon l'adage « la plume est serve mais la parole est libre ».

cher sur les hommes qui la constituent et font tourner l'État, et d'abord d'examiner ce qu'est l'office en droit et en fait ; sur ce point l'ouvrage essentiel est celui de J. Kubler, *L'origine de la perpétuité des offices royaux,* Nancy, 1958, qui décrit la progressive mainmise des officiers sur leur office ; cet auteur peut être étayé par F. Olivier-Martin, La nomination aux offices royaux au XIVe siècle d'après les pratiques de la chancellerie, *Mél. Fournier,* Paris, 1929, t. I, p. 487-501, montrant qu'à côté de la nomination directe par le roi apparaît le système de la *resignatio in favorem* ; cette perspective est appuyée par Ch. Lefebvre, Les juristes du Moyen Âge et la vénalité des charges, *Miscellanea hist. in honorem L. Van der Essen,* Bruxelles-Paris, 1947, p. 273-285, à compléter par M. Boulet-Sautel, *Quaestiones Johannis Galli,* Paris, 1944, p. LXVIII-LXIX et P.-C. Timbal, *La guerre de Cent Ans vue à travers les registres du parlement de Paris,* Paris, 1971, p. 140 et s. ; pour le XVe siècle, v. F. Autrand, Offices et officiers royaux en France sous Charles VI, *RH,* t. 242, 1969, p. 285-338, et du même auteur, Vénalité ou arrangements de famille ? La résignation des offices royaux en France au XVe siècle, *Amterhandel im Spätmittelalter und 16 Jahrhundert,* Berlin, 1981. Il est vrai que les guerres civiles au début du XVe siècle entravent cette tendance : v. A. Demurger, Guerre civile et changements de personnel administratif dans le royaume de France de 1400 à 1418, *Francia, Forschungen zur Westeuropaïschen Geschichte,* VI, 1978, p. 151 et s. Enfin, il convient de situer l'importance des clercs au service du pouvoir royal : v. J.-L. Gazzaniga, Les clercs au service de l'État dans la France du XVe siècle, dans *Droits savants et pratiques françaises du pouvoir (XIe-XVe siècle)* Bordeaux, 1992, p. 253-278 ; également H. Millet, La place des clercs dans l'appareil d'État en France à la fin du Moyen Âge, *État et Église dans la genèse de l'État moderne,* Madrid, 1986, p. 239-248.

L'indépendance des officiers triomphe avec la mise en place du système de l'hérédité et de la vénalité : v. C. W. Stocker, Office as maintenance in Renaissance France, *Canadian Journal of Hist.,* t. 6, 1971, p. 21-49 ; M. François, Henri III et l'hérédité des offices, *Mél. C. Brunel,* 1955, t. I, p. 454 et s., et enfin R. Mousnier, *La vénalité des offices sous Henri IV et Louis XIII,* Paris, 2e éd., 1971, à compléter avec M. Cummings, *The Paulette reconsidered : its impact on venality of office in XVIIth century France,* Waltham, Mass., 1980. Sur la fonction publique et ses diverses composantes – officiers et commissaires –, R. Gazelles, *La société politique..., op. cit.,* p. 352, et R. Mousnier, La fonction publique en France du début du XVIe à la fin du XVIIIe siècle, *RH,* t. 261, 1979, p. 321-333 ; v. aussi toujours actuel : G. Dupont-Ferrier, Le rôle des commissaires royaux dans le gouvernement de la France du XIVe au XVIe siècle, *Mél. Fournier,* Paris, 1929, t. I, p. 171-184. Enfin dans l'ouvrage collectif, *La France de la fin du XVe siècle. Renouveau et apogée,* Paris, 1985, lire deux articles éclairants sur les serviteurs immédiats du roi : P. R. Gaussin, Les conseillers de Louis XI, p. 105-134 et M. Harsgor, Maîtres d'un royaume. Le groupe dirigeant français à la fin du XVe siècle, p. 135-146.

Il serait bon aussi de saisir les officiers dans leur cadre professionnel ; pour les gens de justice : J.-R. Strayer, *Les gens de justice en Languedoc sous Philippe le Bel,* Toulouse, 1970 ; pour le Parlement : F. Autrand, *Naissance d'un grand corps de l'État. Les gens du parlement de Paris, 1345-1454,* Paris, 1981 ; pour le Conseil du roi : M. Harsgor, *Recherches sur le personnel du Conseil du roi sous Charles VII et Louis XII (1483-1515),* Lille, 1980, 4 vol. ; pour la chancellerie royale : G. Ouy, L'humanisme et les mutations politiques et sociales en France, aux XIVe et XVe siècles, Colloque intern. de Tours, *L'humanisme français au début de la Renaissance,* Paris, 1973, p. 27-44 ; pour les gens de finances : J.-B. Lacroix, Les fermiers du fisc à Paris dans la seconde moitié du XVe siècle, *PThEC,* 1974, p. 137-148 ; également B. Quilliet, *Les corps d'officiers de la prévôté et vicomté de Paris de la fin de la guerre de Cent Ans au début des guerres de religion. Étude sociale,* th. lettres, Lille, 1982, 2 vol. On peut se demander aussi si ces officiers ont bonne presse ; à cette question répond C. Gauvard, Les officiers royaux et l'opinion publique en

France, à la fin du Moyen Âge, *Hist. comparée de l'administration, IVe-XVIIIe siècle, Actes du XIVe Colloque hist. franco-allemand,* Tours, 1977, publ. Munich, 1980, p. 583-593. Sur le costume de ces officiers, lire M. Harsgor, *A history of legal dress in Europe until the end of the eighteenth century,* Oxford, 1963, et surtout, pour les gens de justice, J. Dauvillier, Histoire des costumes des gens de justice dans notre ancienne France, *Mél. Aubenas, Recueil de mémoires et travaux publ. par la Soc. d'Hist. du Droit et des Instit. des anciens pays de droit écrit,* Montpellier, 1974, p. 229-240.

Il faut situer enfin ces officiers dans leur cadre familial, dans celui de leur ascension sociale permise souvent par la formation de « dynasties » : v. B. Guenée, *Tribunaux et gens de justice dans le bailliage de Senlis à la fin du Moyen Âge (vers 1380 - vers 1550),* Paris, 1963, et R. Fédou, *Les hommes de lois lyonnais à la fin du Moyen Âge. Étude sur les origines de la classe de robe,* Paris, 1964. Ces officiers, souvent, ont été, au départ, au service des villes : v. A. Gouron, Le rôle social des juristes dans les villes méridionales, *Villes de l'Europe médiévale et occidentale, Actes du Colloque de Nice,* Ann. des Fac. des Lettres de Nice, 1963, p. 55-67, et A. Rigaudière, L'essor des conseillers juridiques des villes dans la France du bas Moyen Âge, *RHD,* 1984, p. 361-390. L'anoblissement couronne l'exercice de certaines charges publiques : sur ce point, consulter F. Autrand, Noblesse ancienne et nouvelle noblesse dans le service de l'État en France. Les tensions du début du XVe siècle, *Gerarchia economiche e gerarchia sociali, secoli XII-XVIII, Atti delta Dodicesima Settimona di Studio,* Prato, 1980, à paraître ; J. Dewald, *The formation of a Provincial Nobility. The magistrales of the Parlement of Rouen (1499-1610),* Princeton, 1980, et D. Richet, Élite et noblesse. La formation des grands serviteurs de l'État du XVIe au XVIIIe siècle, *Acta poloniae historica,* XXXVI, Varsovie, 1977 ; enfin E. Schalk, Annoblissements in France from 1350 to 1660, *Journal of social history,* vol. XVI, déc. 1982. Sur la formation intellectuelle des officiers, A. Gouron, The training of southern French lawyers during the XIIIth and XIVth centuries, *Studia Gratiana,* t. XV, 1972, p. 219 et s., du même, Les juristes de l'école de Montpellier, *Jus romanum Medii Aevi,* Paris IV, 30, 1970, et J. Verger, *Les universités au Moyen Âge,* Paris, 1973, p. 111-201 ; sur leur culture : F. Autrand, Culture et mentalité. Les librairies des gens du Parlement au temps de Charles VI, *ESC,* 1973, p. 1219-1244, et D. R. Kelley, *Foundations of Modern Scholarship. Language, Law and History in the French Renaissance,* New York, 1970.

371 LES GENS DU ROI ET LE GOUVERNEMENT CENTRAL. — Sur les grands officiers de la Couronne, deux études sont à lire, celle de R. Cazelles, Un problème d'évolution et d'intégration : les grands officiers de la Couronne de France et l'administration nouvelle au Moyen Âge, *Annali delta Fondazione ital. per la storia amministrativa,* 1, 1964, p. 183-189, et J. Favier, L'entourage politique du Prince au Moyen Âge, *Origine et hist. des cabinets des ministres en France,* Genève, 1975, p. 5-10. La chancellerie, c'est le chancelier, le sceau royal et des bureaux où l'on rédige, expédie et enregistre. Les personnes de certains chanceliers sont examinées par G. Tessier, Les chanceliers de Philippe VI, *CRAIBL,* 1957, p. 356-373 ; R. Fawtier, Ce qu'il advenait des sceaux de la Couronne à la mort du roi de France, *ibid.,* 1938, p. 522-530, montre que le sceau royal sur lequel est gravée l'image du roi en majesté, est brisé à la mort du prince. Sur les services de la chancellerie, il faut lire R. H. Bautier, Recherches sur la chancellerie royale au temps de Philippe IV, *BEC,* t. CXXII, 1964, p. 89-176, et t. CXXIII, 1965, p. 313-459 et, du même, Le personnel de la chancellerie royale sous les derniers Capétiens, *Prosopographie et genèse de l'État moderne,* 1986, p. 91-115, réédité dans *Chartes, sceaux et chancelleries,* Paris, 1990, t. 2, p. 853-877, que l'on peut continuer par R. Scheurer, La chancellerie de France et les écritures royales au temps de Charles VIII et de Louis XII (1483-1515), *PThEC,* 162, p. 107-112, et H. Michaud, *La Grande Chancellerie et les écritures royales du XVIe siècle (1515-1589),* Mém. et Doc. publ. par l'École des Chartes, Paris, 1967. Noter

que la chancellerie est fort critiquée durant les périodes de troubles : sur ce point, v. P. Cockshaw, Un rapport sur la chancellerie royale française du milieu du XIVe siècle, *MA,* 1969, p. 503-518, et G. Tessier, La chancellerie royale d'après l'ordonnance cabochienne (1413), *MA,* 1963, p. 679-690.

On doit faire une mention spéciale, au sein de la chancellerie médiévale, aux futurs secrétaires d'État. Leur origine en effet est étudiée par G. Tessier et G. Ouy, Notaires et secrétaires du roi dans la première moitié du XVe siècle d'après une document inédit, *BPH,* 1963, p. 861-890 ; v. plus récemment A. Lapeyre et R. Scheurer, *Les notaires et secrétaires du roi sous les règnes de Louis XI, Charles VIII et Louis XII,* Paris, 1978 ; on peut toujours consulter sur l'institution des secrétaires d'État : Luçay, *Des origines du pouvoir ministériel en France. Les secrétaires d'État depuis leur institution jusqu'au règne de Louis XV,* Paris, 1881, et P. Viollet, *Le roi et ses ministres dans les trois derniers siècles de l'Ancien Régime,* Paris, 1912, et récemment N. M. Sutherland, *The French Secretaries of State in the Age of Catherine de Medecis,* Univ. of London, Hist. studies, 1962. Sur les maîtres des requêtes, v. les travaux de A. Guillois, *Recherches sur les maîtres des requêtes de l'Hôtel des origines* à 1350, Paris, 1909, continués par G. Bailhache, Les maîtres des requêtes de l'Hôtel depuis l'avènement de Jean II jusqu'à l'édit de Compiègne (1350-1553), *PThEC,* 1924, p. 27-32 ; la montée de ces auxiliaires du roi est bien montrée par A. Petracchi, Maître des requêtes. Genesi dell'amministrazione periferica di tipo moderno nella monarchia francese tardomedioevale e rinascimentale, *Fondazione ital. di storia amministrativa,* I, 1964, p. 190-241.

Sur le Conseil du roi, l'ouvrage toujours utile de N. Valois, *Le Conseil du roi aux XVIe, XVe et XVIe siècles,* Paris, 1888, est à compléter par F. Dumont, *Le gouvernement par conseil sous l'Ancien Régime,* DES, 1966-1967, Paris, Cours de Droit, et R. Mousnier, *Le Conseil du roi de Louis XII à la Révolution,* Paris, 1970. Les deux premiers ouvrages scrutent les origines du Conseil à partir de la cour féodale du roi : sur ce point v. encore J. Viard, La Cour et ses « parlements » au XIVe siècle, *BEC,* t. LXXIX, 1918, p. 60-67. Pour les sessions en formation réduite aux pairs du royaume : M. Boulet-Sautel, Le rôle juridictionnel de la cour des pairs aux XIIIe et XIVe siècles, *Recueil... Clovis Brunel,* t. II, 1955, p. 507-520. Dans l'ensemble des institutions centrales, mais pour un règne bref, le Conseil est fort bien étudié par P. Lehugeur, *Philippe le Long. Le mécanisme du gouvernement,* Paris, 1931 ; v. aussi une radiographie de l'institution au milieu du XVe avec R. Gaussin, Le Conseil du roi en 1445, *Bull. du Centre d'Hist. régionale de l'Univ. de Saint-Étienne,* 1981, n° 2, p. 5-27. Sur certains sectionnements du Conseil, consulter M. Pelletier, *Le Grand Conseil de Charles VIII à François Ier (1483-1547),* th. École des Chartes, Paris, 1960, dactyl., suivie de C. Trani, *Le Grand Conseil de Henri II à Henri IV (1547-1589),* th. Droit, Paris, 1969, dactyl. ; enfin, v. R. Mousnier, Sully et le Conseil d'État et des Finances, *RH,* 1941.

372 L'ADMINISTRATION LOCALE. — Une vue d'ensemble, pour la fin du Moyen Âge, est donnée par le remarquable ouvrage de G. Dupont-Ferrier, *Les officiers royaux des bailliages et sénéchaussées et les institutions monarchiques locales en France, à la fin du Moyen Âge,* Paris, 1902 ; dans un cadre restreint à une province, signalons P. Dognon, *Les institutions politiques et administratives du pays de Languedoc du XIIIe siècle aux guerres de religion,* Toulouse, 1892. La pratique de l'administration est mise en évidence à propos d'une institution qui connaît son apogée au début du XIVe siècle : v. J. Glénisson, Les enquêteurs-réformateurs de 1270 à 1328, *PThEC,* 1946, p. 81-88, et Les enquêtes administratives en Europe occidentale aux XIIIe et XIVe siècles, *Hist. comparée de l'Administration,* Munich, 1980, p. 17-25. Sur les prévôts ou vicomtes, v. l'étude ancienne de H. Gravier, Essai sur les prévôts royaux du XIe au XIIIe siècle, *NRHD,* 1903, p. 539-574, 648-672, 806-876, et J. R. Strayer, Viscounts and viguiers under

Philip the Fair, *Spéculum,* 38, 1963, p. 242-255. Une bonne étude d'un bailliage est dressée par A. Bossuat, *Le bailliage royal de Montferrand (1425-1556),* Paris, 1957, rééd. Clermont-Ferrand, 1986. Sur la prévôté et l'administration de Paris : J. Guérout, La question des territoires et bailliages royaux. L'exemple de la prévôté et vicomté de Paris (XIIIe-XVIIIe siècle), *Actes du C[e] Congrès national des Soc. savantes,* Paris, 1975, publ. 1978, t. II, p. 7-18, et A. Serper, L'administration royale de Paris au temps de Louis XI, *Francia,* VII, 1980, p. 123-139. Baillis et sénéchaux jouent souvent un rôle important pendant les époques de crise où ils maintiennent et affermissent les prérogatives royales en dépit des difficultés : v. A. Demurger, Le rôle politique des baillis et sénéchaux pendant la guerre civile en France (1400-1418), *Hist. comparée de l'Administration,* Munich, 1980, p. 282-290, et M. Pallasse, *La sénéchaussée et le siège présidial de Lyon pendant les guerres de religion. Essai sur l'évolution de l'administration royale en province au XVIe siècle,* Lyon, 1943. Sur l'entourage et les conseillers d'un sénéchal, lire J. Rogozinski, The counsellors of the Seneschal of Beaucaire and Nimes, 1250-1350, *Spéculum,* 44, 1969, p. 421-439.

Au début du XVe siècle, baillis et sénéchaux sont de puissants personnages soigneusement choisis par le roi : v. R. Fietier, Le choix des baillis et sénéchaux aux XIIIe et XIVe siècles (1250-1350), *Mélanges G. Chevrier,* Dijon, 1966, t. I, p. 251 et s. ; ils n'ont en principe aucun lien avec leur circonscription et sont fréquemment mutés, ce qui ressort de F. Maillard, Les mouvements administratifs des baillis et sénéchaux sous Philippe le Bel, *BPH,* 1959, p. 407-430, étude continuée de 1314 à 1328 : *ibid.,* 1963, p. 899-912, et sous Philippe VI de Valois : *ibid.,* 1966, p. 623-638 ; malgré cela, il est nécessaire de les surveiller par des enquêteurs : v. J. Glénisson, *op. cit.,* et G. Dupont-Ferrier, Le rôle des commissaires royaux dans le gouvernement de la France du XIVe au XVIe siècle, *Mélanges Fournier,* Paris, 1929, t. I, p. 171-184.

Il conviendrait aussi de poser la question de la fixation des ressorts des bailliages et des sénéchaussées, longtemps fluides, mais qui se précisent au XVe siècle. Voir la question posée par G. Dupont-Ferrier, L'incertitude des limites territoriales en France du XIIIe au XVIe siècle, *CRAIBL,* 1942, p. 62-77, à laquelle répond B. Guenée, Élections et bailliages. La géographie administrative de la France à la fin du Moyen Âge, *MA,* 1961, p. 293-323. L'apparition des circonscriptions financières, les élections, complique le traditionnel réseau bailliager en lui superposant celui des élections ; sur celles-ci, v. J. Richard, Enclaves royales et limites des provinces. Les élections bourguignonnes, *AB,* 1948, p. 89-113. Autre question, celle de la centralisation administrative à la fin du Moyen Âge : pour J. Russel Major, *Representative institutions in Renaissance France, 1421-1559,* Madison, 1960, la France est décentralisée, ce qui est contesté par S. Mastellone, Osservazioni sulla « Renaissance monarchy » in Francia, *Annali delta Fondazione ital. per la storia amministrativa,* t. I, 1964, p. 421-430, à l'encontre aussi de l'article de G. Dupont-Ferrier, Ignorances et distractions administratives en France, aux XIVe et XVe siècles, *BEC,* t. C, 1939, p. 148 et s. ; B. Guenée, Espace et État en France au Moyen Âge, *AESC,* 1968, p. 744-758, fait le point sur cette question.

Sur les gouverneurs de province, v. l'étude de F. Lehoux, *Jean de France duc de Berri, op. cit.* ; cet oncle de Charles VI fut gouverneur du Languedoc à plusieurs reprises et jouit d'une remarquable indépendance pendant la crise politique du règne, également J. Yver, *Le gouvernement de Normandie du XVe siècle à la Révolution,* Bayeux, 1943 ; B. Chevalier, Gouverneurs et gouvernements en France entre 1450 et 1520, *Hist. comparée de l'Administration,* Munich, 1980, p. 29-37 ; G. Zeller, L'administration monarchique avant les intendants. Parlements et gouverneurs, *RH,* t. 197, 1947, p. 180-215 ; C. Tiévant, *Le gouverneur de Languedoc pendant les guerres de religion,* th. droit, Montpellier, 1968, souligne la presque totale indépendance de ces personnages s'appuyant tour à tour sur les factions religieuses. Mêmes conclusions pour M. Greengrass, *War, politics and religion in Lan-*

guedoc during the government of Henri de Montmorency-Damville (1574-1610), Oxford, 1979. Enfin sur les gouverneurs et l'apparition des intendants : M. Antoine, Genèse de l'institution des intendants, *JS,* 1982, p. 283-317. Enfin, bien que ces ouvrages dépassent le strict cadre des délimitations intérieures de la France, lire : A. Fierro-Domenech, *Le Pré-carré. Géographie historique de la France,* Paris, 1986 ; X. de Planhol, *Géographie historique de la France,* Paris, 1988, plus complet, et B. Guenée, Les limites de la France et les Français, dans *La France et les Français,* Paris, 1972, p. 59-68.

373 LES FINANCES ET LA GUERRE. — Pour une perspective d'ensemble sur la fiscalité et l'administration financière, lire G. Ardant, *Histoire de l'impôt,* Paris, 1971, 2 vol. ; F. Lot et R. Fawtier, *op. cit.,* t. II, *Institutions royales,* p. 183-287 ; J. Favier, *Finance et fiscalité au bas Moyen Âge,* Paris, 1971, et R. Besnier *Les institutions financières de la France de l'Ancien Régime,* DES, 1952-1953, Paris, Cours de Droit.

Sur les ressources traditionnelles de la royauté à partir du XIVe siècle, v. G. Fourquin, *Le domaine royal en Gâtinais d'après la prisée de 1332,* Paris, 1963, et M. Rey, *Le domaine du roi et les finances extraordinaires sous Charles VI, 1388-1413,* Paris, 1965. Le roi veille à la conservation de ses droits domaniaux ainsi qu'il ressort de Y. Dossat, La lutte contre les usurpations domaniales dans la sénéchaussée de Toulouse sous les derniers Capétiens, *AM,* 1961, p. 129-164. Bientôt ces recettes ne suffisent plus, et le roi recourt à divers expédients financiers : v. A. Bossuat, Étude sur les emprunts royaux au début du XVe siècle. La politique financière du connétable d'Armagnac (1416-1418). *RHD,* 1950, p. 351-371 ; R. Gazelles, Quelques réflexions à propos des mutations de la monnaie royale française (1295-1360), *MA,* 1966, p. 83-105 et 251-278, et J.-M. Augustin, L'aide féodale levée par Saint Louis et Philippe le Bel, *MSHDB,* 1981, p. 59-81. L'article de J. R. Strayer, Defense of the realm and royal power in France, *op. cit.,* montre comment le concept de défense du royaume sert, habilement manié, à renforcer et à développer le pouvoir du roi notamment en matière financière ; les nécessités de la guerre de Flandre puis de Cent Ans poussent le roi à imposer ses sujets : v. J. B. Henneman, *Royal taxation in XIVth century France. The development of war financing : 1322-1356,* Princeton, 1971, et J. R. Strayer et C. H. Taylor, *Studies in early french taxation,* Cambridge, Mass., 1938. Les charges de la guerre sont lourdes : sur ce point, v. M. M. Postan, The cost of the Hundred Year's War, *Past and Present,* XXVII, 1964, p. 34-53 ; pour les dépenses provenant des dons et pensions du roi aux grands feudataires, lire M. Nordberg, *Les ducs et la royauté. Études sur la rivalité des ducs d'Orléans et de Bourgogne, 1392-1407,* Uppsala, 1964, qui traite des dons et détournements de recettes fiscales, et plus récemment A. Guéry, Le roi dépensier. Le don, la contrainte et l'origine du système financier de la monarchie française, *Les monarchies,* Paris, 1986 ; v. encore C. Michaud, Finances et guerres de religion, *RHMC,* 1981, p. 572-596 ; B. Chevalier, Fiscalité municipale et fiscalité royale en France du XIVe à la fin du XVIe siècle : deux systèmes liés et concurrents, dans *Genèse de l'État moderne. Prélèvement et redistribution,* Paris, 1987, p. 137-152 et dans le même ouvrage J. M. Constant, Clans, partis nobiliaires et politiques des souverains au temps des guerres de religion, p. 221 et s.

Pour se procurer des ressources nouvelles, le roi négocie avec des assemblées, États généraux ou locaux : R. Verlague, *Les États généraux et le droit d'imposer,* th. droit, Aix-en-Provence, 1943 ; F. Dumont et autres, sur le rôle financier des États en France, *Études sur l'hist. des Assemblées d'États,* « Trav. et Rech. de la Fac. de Droit de Paris », série Sc. hist., n° 8, Paris, 1966, p. 95-222 ; H. Gilles, *Les États de Languedoc au XVe siècle,* Toulouse, 1965, p. 167-216 ; M. Hébert, Guerre, finances et administration : les États de Provence de novembre 1359, *MA,* 1977, p. 103-113 ; R. J. Bonney, Guerre, fiscalité et activité d'État en France (1500-1660), dans *Genèse de l'État moderne, op. cit.,* p. 193-202, enfin R. Villers, *Les assemblées représentatives et les finances en Europe,* DES, 1964-1965,

Paris, Cours de Droit. Sur les ressources extraordinaires, v. M. Rey, *Le domaine du roi et les finances extraordinaires..., op. cit.*, et *Les finances royales sous Charles VI. Les causes du déficit, 1388-1413,* Paris, 1965, et, plus ancien, G. Dupont-Ferrier, *Études sur les institutions financières de la France à la fin du Moyen Âge,* t. II : *Les finances extraordinaires et leur mécanisme,* Paris, 1932 ; sur les répercussions dans l'opinion publique au XVIe siècle des exigences toujours plus développées de la fiscalité royale : F. Dumont, Les dettes de Panurge, *Mélanges Pierre Petot,* Paris, 1959, p. 149 et s. Un aspect de la fiscalité directe est donné par A. Rigaudière, *L'assiette de l'impôt direct à la fin du XIVe siècle. Le livre d'estimes des consuls de Saint-Flour pour les années 1380-1385,* Paris, 1977, par J. Favier, *Les contribuables parisiens à la fin de la guerre de Cent Ans. Les rôles d'impôts de 1421, 1423, 1438,* Genève-Paris, 1970, par P. Dognon, La taille en Languedoc de Charles VII à François Ier, *AM,* 1891, p. 340-365, et par M. Villain, Du caractère collectif de la taille royale, *RHD,* 1948. Sur la fiscalité indirecte : J. Vidal, *L'équivalent des aides en Languedoc,* Montpellier, 1963, M. Mollat, Réflexions sur les origines des douanes en Europe occidentale, XIIIe-XVIe siècle, *Hist. comparée de l'Administration,* Munich, 1980, p. 497-510, et E. Meynial, La gabelle du sel avant le XVIIe siècle, *TVR,* 1922.

Le roi cherche toujours à asseoir une bonne administration financière, contrôlée par des commissaires surveillant les officiers royaux : v. J. B. Henneman, « Enquêteurs-réformateurs and fiscal officers in XIVth century France, *Traditio,* 24, 1968, p. 309-349, et veillant que nul de ceux qui sont assujettis à la taille n'y échappe : B. Barbiche, Les commissaires députés pour le régalement des tailles en 1598-1599, *BEC,* t. 118, 1960, p. 58-96 ; A. Rigaudière, La révision des feux en Auvergne sous les règnes de Charles V et de Charles VI, *Mém. de la soc. de droit écrit,* t. XIII, 1985, p. 71-114. Sur les élections : G. Dupont-Ferrier, *Études..., op. cit.,* t. I : *Les élections et leur personnel,* Paris, 1930 ; P. Gras, L'élection de Chalon-sur-Saône du XIVe au XVIe siècle, *AB,* 1946, p. 89-110, et B. Guenée, La géographie administrative de la France..., *op. cit.* ; sur les bureaux de finances, Collignon, Monde du Parlement et monde du Trésor : les bureaux de finances, *MSHDB,* 1946. En ce qui concerne l'administration centrale, v. G. Jacqueton, Le Trésor de l'Épargne sous François Ier, *RH,* t. 55-56, 1894, p. 1-43 et 1-38 ; D. Buisseret, *Sully and the growth of centralized government in France (1598-1610),* Londres, 1969, et M. Antoine, L'administration centrale des finances en France du XVIe au XVIIIe siècle, *Hist. comparée de l'Administration,* Munich, 1980, p. 511-533. Sur les Chambres des Comptes, lire H. Jassemin, *La Chambre des Comptes de Paris au XVe siècle,* Paris, 1933, et J. Michaud, *Les cours souveraines des Comptes et Finances en pays de Languedoc du XVe au XVIIe siècle,* Montpellier, 1970.

Sur la guerre à la fin du Moyen Âge, v. les travaux de P. Contamine, *Guerre, État et société à la fin du Moyen Âge. Études sur les armées des rois de France (1337-1494),* Paris, 1969 ; *La guerre au Moyen Âge,* Paris, 1980 ; L'art de la guerre au Moyen Âge, *La France au Moyen Âge,* Paris, 1983, p. 265 et s. ; La France aux XIVe et XVe siècles. Hommes, mentalité, guerre et paix, *14 études,* Londres, Variorum, 1981, et Les fortifications urbaines en France à la fin du Moyen Âge. Aspects financiers et économiques, *RH,* t. 260, 1978. Pour le XVIe siècle, consulter H. Michaud, Les institutions militaires des guerres d'Italie aux guerres de religion, *RH,* t. 258, 1977, p. 23-43 ; A. Corvisier, *Armées et sociétés en Europe de 1494 à 1789,* Paris, 1976, et du même, Armées, État et administration dans les temps modernes, *Hist. comparée de l'Administration,* Munich, 1980, p. 555-569. Enfin v. B. Schnerb, De l'armée féodale à l'armée permanente, *Le miracle capétien,* Paris, 1987, p. 123-132. Sur la conception de la guerre et de la paix chez les principaux intéressés, les nobles, v. A. Jouanna, Idéologies de la guerre et idéologies de la paix en France dans la seconde moitié du XVIe siècle, *Idéologie et propagande en France, op. cit.,* p. 87 et s.

374 LA JUSTICE. — La revendication de la prédominance de la justice royale s'affirme nettement à partir du XIVe siècle : v. G. Hubrecht, Juridiction et compétence en Guyenne recouvrée, *Ann. Fac. de Droit de l'Univ. de Bordeaux,* 1952, série juridique, et F. Cheyette, La justice et le pouvoir royal à la fin du Moyen Âge français, *RHD,* 1962, p. 373-394. Le roi s'efforce alors de réduire les juridictions concurrentes, seigneuriales, municipales puis ecclésiastiques : sur ce point lire R. Villers, *Questions sur la justice dans l'ancienne France,* DES, 1963-1964, Paris, Cours de Droit, p. 109-229. Plus particulièrement, quant aux moyens utilisés contre les justices seigneuriales et municipales, v. sur l'appel au roi et sur ses origines, H. Morel, Le recours au roi dans les pays du Sud-Ouest de la mouvance aux XIIIe et XIVe siècles, *Ann. Fac. de droit de Toulouse,* t. III, 1955 ; sur la prévention : J. Riollet, *Le droit de prévention des juges royaux sur les juges seigneuriaux. Origine et développement de ce droit,* th. droit, Paris, 1931 ; sur les cas royaux, l'ouvrage fondamental d'E. Perrot, *Les cas royaux,* Paris, 1910. Sur les justices seigneuriales et la persistance de leurs compétences : M. Veyrat, *La haute justice des archevêques de Rouen comtes de Louviers, 1197-1790,* Rouen, 1948, à compléter par P. Villard, *Recherches sur les institutions judiciaires de l'Ancien Régime. Les justices seigneuriales dans la Marche,* Paris, 1969.

Sur les officialités outre P. Fournier, *Les officialités au Moyen Âge,* Paris, 1880, lire O. Grand-Mottet, Les officialités de Reims aux XIIIe et XIVe siècles, *Bull. d'information de l'Inst. de Rech. et d'Hist. des Textes,* 1955, n° 4, p. 77-106, et surtout A. LefebvreTeillard, *Les officialités à la veille du Concile de Trente,* Paris, 1973. À l'égard des relations entre cours royales et cours ecclésiastiques, v. J.-P. Royer, *L'Église et le royaume de France au XIVe siècle à travers « Le Songe du Verger » et la jurisprudence du parlement de Paris, op. cit.,* qui maintient qu'il faut atténuer l'idée de conflits de juridictions, encore qu'à l'échelon local les querelles sont fréquentes entre baillis et cours d'Église. La lutte contre la juridiction ecclésiastique commence surtout sous Philippe le Bel VI de Valois par la célèbre dispute de Vincennes envisagée par F. Olivier-Martin, *L'assemblée de Vincennes et ses conséquences,* Paris, 1909, et J.-P. Royer, *op. cit.,* p. 74-91 et p. 141-151. À Vincennes commencent à être dénoncés les abus des juridictions d'Église et ceux engendrés par le privilège du for qui permet d'échapper à la justice séculière ; sur ce privilège : R. Genestal, *Le « privilegium fori » en France du décret de Gratien jusqu'à la fin du XIVe siècle,* Bibl. de l'École des Hautes Études, Paris, 1921-1924, 2 vol., et G. Le Bras, L'image du clerc, *Arch. de Sociol. des Religions,* 1967, n° 23, p. 23-36, et J.-L. Gazzaniga, *L'Église du Midi à la fin du règne de Charles VII (1441-1461),* Paris, 1976, p. 205-226. Les juges laïques examinent de près la réalité du privilège de clergie quand un clerc est arrêté par des officiers laïques : v. R. Genestal, *Le procès sur l'état de clerc aux XIIIe et XIVe siècles,* Paris, 1909, et J.-P. Royer, *op. cit.,* p. 96-119 ; enfin sur la nouvelle voie de recours créée au XVe siècle qui va permettre aux justices royales de connaître un grand nombre de procès intéressant les clercs, v. R. Genestal, *Les origines de l'appel comme d'abus,* Paris, 1951, et J.-L. Gazzaniga, *op. cit.,* p. 237-261. Notons cependant les domaines qui demeureront l'apanage de l'Église : v. J.-P. Lévy, L'officialité de Paris et les questions familiales à la fin du XIVe siècle, *Études dédiées à G. Le Bras,* Paris, 1965, t. II, p. 1265-1294.

Sur les justices royales de prévôtés, bailliages et sénéchaussées se reporter à la bibliographie relative à ces circonscriptions à laquelle il convient d'ajouter J. Rogozinski, Ordinary and major judges, *Studia Gratiana,* 1972, t. XV, p. 591-611, et B. Guenée, Étude sur l'influence du Châtelet au XVIe siècle, *RHD,* 1956, p. 513-530, notant que les plaideurs préfèrent la juridiction parisienne aux cours bailliagères ; sur la création des présidiaux : R. Villers, *Questions sur la justice..., op. cit.,* p. 252-264 ; mais dès le début du XIVe siècle, aux assises bailliagères, la royauté superpose parfois des grandes assises qui continuent les cours de justice des feudataires : v. par ex. J. F. Benton, Philip the Fair and the Jours de Troyes, *Studies in mediev. and Renaiss. history,* 6, 1969, p. 279-344. Pour le parlement de Paris, consulter pour son histoire le précieux G. Ducoudray, *Les origines du parlement de Paris et la justice aux* XIIIe *et* XIVe *siècles,* Paris, 1902 ; E. Maugis, *Histoire du parlement de Paris, de l'avènement des rois Valois à la mort d'Henri IV,* Paris, 1913-1916, 3 vol., est aussi un ouvrage classique exposant la vie presque quotidienne de la Cour. Sur le fonctionnement du Parlement : F. Aubert, *Le parlement de Paris de Philippe le Bel à Charles VII,* Paris, 1887 et 1890, 2 vol., qui traite de l'organisation intérieure ; le même auteur envisage aussi la procédure dans son *Histoire du parlement de Paris* (1250-1515), Paris, 1894, 2 vol. La connaissance du ressort de la Cour par ses membres est bien vue par F. Autrand, Géographie administrative et propagande politique. Le rôle des assignations du Parlement aux XIVe et XVe siècles, *Hist. comparée de l'Administration,* Munich, 1980, p. 264-281. Pour les attributions judiciaires : v. R. Van Caenegem, Les appels flamands au parlement de Paris au Moyen Âge, *Études offertes à Pierre Petot,* Paris, 1959, p. 61-68 ; A. Viala, *Le parlement de Toulouse et l'administration royale laïque (1420-1525),* Albi, 1953, 2 vol. ; son action vis-à-vis de la juridiction ecclésiastique est envisagée par J.-P. Royer, *L'Église et le royaume de France..., op. cit.,* et par J.-L. Gazzaniga, *L'Église du Midi à la fin du règne de Charles VII (1444-1461) d'après la jurisprudence du parlement de Toulouse,* Paris, 1976, pour ce qui concerne le Languedoc. Pour les attributions extrajudiciaires de la cour souveraine, v. Lot et Fawtier, *Institutions royales, op. cit.,* p. 431-468 ; A. Viala, *op. cit.,* et J.-L. Gazzaniga, Le parlement de Toulouse et l'administration du Languedoc aux XVe et XVIe siècles, *Hist. comparée de l'Administration,* Munich, 1980, p. 429-436, mettent aussi en relief le rôle administratif de la Cour, rôle qui peut à certaines époques devenir politique ainsi que le montrent A. Bossuat, Le parlement de Paris pendant l'occupation anglaise, *RH,* 1963, t. 229, p. 19-40, et A. Hauchecorne, Le parlement de Bordeaux pendant la guerre civile (1560), *AM,* 1930 ; quant à l'enregistrement des actes royaux il est évoqué par R. C. Famiglietti, The role of the Parlement of Paris in the ratification and registration of royal acts during the reign of Charles VI, *Journal of Med. History,* sept. 1983. En raison des besoins de la politique royale, l'unité territoriale de la compétence du parlement de Paris est atteinte de deux façons par les « Grands Jours », délégations ambulantes du Parlement, de durée limitée, qui amènent la justice plus près des justiciables et par la création surtout de Parlements dans certaines provinces pour les récompenser de leur fidélité – v. A. Viala, *op. cit.* – ou parce qu'elles sont récemment acquises : v. G. Chevrier, Les débuts du parlement de Dijon (1477-1487), *AB,* t. XV, p. 93-124. Enfin sur le personnel des Parlements, consulter F. Autrand, *Naissance d'un grand corps de l'État. Les gens du parlement de Paris, 1345-1454, op. cit.,* et sur certains des auxiliaires de justices, v. E. Lefèvre, *Les avocats du roi depuis les origines jusqu'à la Révolution,* Paris, 1912, et M. Boulet, *Quaestiones Johannis Galli,* Paris, 1944. Sur l'idée même de réforme de la justice : B. Chevalier, La réforme de la justice : utopie et réalité (1440-1540), dans *Pouvoirs et institutions en Europe au* XVIe *siècle,* Paris, 1987, p. 237-247.

375 ADMINISTRATIONS SPÉCIALISÉES. — Sur les hôpitaux, administration d'Église, lire J. Imbert, *Les hôpitaux en droit canonique,* Paris, 1947 ; D. E. Queller étudie l'apparition des ambassades dans *The office of ambassadors in the Middle Ages,* Princeton, 1967 ; sur les communications, v. L. Vaillé, *Histoire des postes françaises de Louis XI à la création de la surintendance générale des Postes,* Paris, 1947, 7 vol., et G. Livet, La route royale en France et la civilisation de la fin du XVe siècle au milieu du XVIIIe siècle, *Les routes de France,* 1959, p. 57-100. Lire aussi H. Gilles, L'administration royale des Eaux et Forêts en Languedoc au Moyen Âge, *Actes du LXXXVIIIe Congrès des Soc. savantes,* Paris, 1966, t. I, p. 331-374.

Chapitre 3
Les sujets dans l'ordre monarchique

376 Son pouvoir appuyé sur ces structures gouvernementales et administratives, le roi est peu à peu en mesure de regrouper les habitants du royaume et les forces politiques sous ses prérogatives souveraines. L'Église de France, mais aussi villes et seigneuries, bourgeoisie et noblesse sont ainsi progressivement incorporées dans l'unité politique que forme le royaume : l'existence de ces corps et ordres sociaux ne dépend-elle pas de l'ordre que seul le roi peut réaliser ? Mais cette incorporation des sujets (section I) n'est pas une absorption. Leurs statuts et leurs intérêts particuliers s'imposent coutumièrement au roi : il les coordonne dans le sens de l'intérêt général qu'il a pour fonction d'assurer (section II).

Section I
L'incorporation des sujets au royaume

L'autorité montante du roi ne peut s'accommoder de liens relâchés ou lointains avec les régnicoles. À partir du XIVe siècle, commence à s'affirmer la solidarité de l'Église – gallicane – et des clercs avec le prince (I) ; ensuite, l'émergence d'un sentiment national, la politique royale conduisent à transformer la fidélité et la vassalité en liens de sujétion et d'obéissance (II), comme à faire dialoguer les sujets avec le roi (III).

I | L'Église gallicane

À la fin du XIIIe siècle, le heurt de Boniface VIII et de Philippe le Bel marque un moment décisif à partir duquel l'Église de France s'achemine vers un statut nouveau, définitivement acquis au début du XVIe siècle : elle prend rang d'Église gallicane directement placée sous l'autorité royale.

A - Émergence de l'Église gallicane

377 Le roi et les « libertés » de l'Église de France. — Une série d'événements concourt à l'apparition d'une doctrine et d'une Église gallicanes. À l'origine s'inscrit la querelle du roi et de la papauté[1] à la charnière des XIIIe et XIVe siècles. Il en résulte et l'indépendance du roi dans l'exercice de l'autorité temporelle et une certaine méfiance du clergé du royaume devant la papauté dont les pratiques centralisatrices et les pressions fiscales s'accroissent au XIVe siècle. Sur ces prémisses se greffent deux événements, internes à l'Église universelle.

C'est d'abord la crise du Grand Schisme d'Occident (1378-1417), née de l'élection successive de deux papes – installés l'un à Rome, l'autre à Avignon coupant l'Église en deux camps irréductibles jusqu'à l'élection du pape Martin V en 1417 par le Concile de Constance. D'abord actif soutien du pontife d'Avignon, le roi de France, devant l'inanité des efforts déployés pour résorber le schisme, s'engage plus avant. Avec l'appui d'un concile d'universitaires et de dignitaires ecclésiastiques, il décide en 1398 de ne plus reconnaître aucun pape. Durant cette « soustraction d'obédience », le clergé du royaume prend l'habitude de se tourner vers le roi pour lui verser les impôts, recevoir les bénéfices ecclésiastiques et de se réunir fréquemment avec lui dans des assemblées informelles – qui amorcent les futures assemblées du clergé de la fin du XVIe siècle. Le Schisme, cependant, n'est qu'un aspect de la crise générale de l'Église. Selon les clercs[2] celle-ci

1. Voir n° 318.
2. Déjà en 1312, le canoniste G. Durand, avant la réunion du Concile de Vienne, prône la réforme de l'Église « in capite membris... ».

doit se réformer, mais son bicéphalisme est un obstacle : aussi canonistes et théologiens invitent-ils les princes temporels à procéder eux-mêmes à cette réforme[1]. En France, le Roi Très Chrétien interviendra au nom de l'ordre de l'Église rompu par les excès – réels et supposés – de la papauté. Les clercs comptent dès lors sur le roi pour les affranchir des empiétements romains et rétablir le droit ecclésiastique, celui des « anciennes libertés et franchises » de l'Église du royaume. Cette politique est consacrée par deux ordonnances de 1407, considérées parfois comme l'acte de naissance officiel du gallicanisme[2]. Le roi affirme « que lesdites églises et lesdits ecclésiastiques doivent être ramenés à leur liberté ancienne, les y ramenons... ». En conséquence, par ces mêmes ordonnances, Charles VI refuse au pape le pouvoir de conférer les bénéfices épiscopaux ou les bénéfices mineurs au détriment des évêques et met un terme aux exactions fiscales du siège romain. Un théologien peut alors féliciter le roi « d'avoir solennellement, par arrêt enregistré au Parlement, promulgué les anciennes et légitimes libertés de l'Église gallicane »[3]. Cette politique pourtant ne laisse pas d'être ambiguë : à restaurer le « droit ancien », à distendre les liens entre clergé et papauté, le pouvoir séculier n'en tire-t-il pas profit pour mieux étendre son autorité sur l'Église ? La Pragmatique Sanction répond à ces questions.

378 La Pragmatique Sanction de Bourges. — En 1438, Charles VII met à profit les difficultés rencontrées à l'intérieur de l'Église par le pape Eugène IV aux prises avec les tenants de l'abaissement de la monarchie pontificale. Le Grand Schisme, en effet, avait amené dès la fin du XIVe siècle, des théologiens et des canonistes à se tourner vers l'Église universelle, selon eux, restée intacte et dont l'infaillibilité, sous l'autorité directe du Christ, s'exprimait sous les espèces du concile général. La thèse de la supériorité du concile sur le pape – ce dernier ne résumant plus à lui seul l'Église – s'affirme lors du Concile de Constance (1414-1418), qui met fin au Schisme en élisant un pape unique, puis s'épanouit avec excès au Concile de Bâle (1431-1449) : c'est dans le

1. Voir J. Leclercq, *L'idée de royauté du Christ au Moyen Âge*, Paris, 1959, p. 203-207, et G. de Lagarde, *op. cit.*, t. V, Paris, 1963, p. 304-311.
2. V. Martin, *Les origines du gallicanisme*, Paris, 1939, t. I, p. 333.
3. Jean Gerson, *Sermo « An Sententia pastoris »*, cité *in* G. de Lagarde, *op. cit.*, p. 358, n. 60.

bouleversement des conceptions ecclésiologiques traditionnelles que consiste le gallicanisme « ecclésiastique ».

Charles VII, avec l'appui d'une assemblée d'ecclésiastiques réunie à Bourges, introduit dans le royaume, par une ordonnance qualifiée de Pragmatique Sanction[1], les décrets du Concile de Bâle non sans les modérer. Ce texte adopte les thèses du gallicanisme ecclésiastique en ce qu' « en France, la puissance infinie et absolue du pape n'a point lieu » et qu'elle est maintenue dans les limites de la législation conciliaire : la Pragmatique prend en compte les décrets condamnant les ingérences pontificales en matière fiscale et bénéficiale. Elle met ainsi en œuvre une politique gallicane par laquelle le roi et le clergé s'accordent pour réduire l'ingérence du siège romain dans le gouvernement de l'Église de France, celle-ci est affranchie temporellement et disciplinairement de la tutelle de Rome, au nom des libertés gallicanes, mais sans volonté délibérée de rompre avec la papauté à laquelle elle reste spirituellement attachée. La Pragmatique ne laisse cependant pas au clergé une pleine autonomie. Elle reconnaît certes l' « ancienne liberté » des décisions épiscopales confiées aux électeurs canoniaux, mais tolère les « recommandations amicales et bienveillantes » du roi en faveur de candidats « zélés pour le bien du royaume » : cette latitude place en fait l'Église sous la dépendance du prince, prix de sa liberté à l'égard du pape. À partir de 1438, le roi invoque le texte chaque fois qu'il y trouve son compte, l'écarte dans le cas contraire : il n'hésite pas alors à obtenir du pontife des lettres de provision de bénéfices en faveur de son candidat quand les chanoines ne se plient pas à ses « prières ». Ainsi souvent inappliquée, la Pragmatique n'est pas moins défendue par le gallican parlement de Paris qui refuse, en 1472, d'enregistrer le concordat d'Amboise qui l'abroge. Rétablie peu après, le roi la juge toujours insatisfaisante. Un nouveau concordat va lui permettre de se soumettre étroitement l'Église de France.

B - La mainmise du roi sur l'Église

379 Le concordat de Bologne et le contrat de Poissy. — Fort de sa victoire de Marignan, François Ier renoue avec le Saint-Siège en concluant en 1516 le concordat de Bologne qui fixe

1. *Ordonnances des rois de France,* t. XIII, p. 267-291.

pour plusieurs siècles le destin de l'Église de France. De cet accord les deux parties tirent de remarquables avantages. Le pape obtient des concessions qui lui tiennent à cœur : le roi admet – ce qui lui coûte peu – la suppression de la Pragmatique et l'abandon de la thèse de la supériorité du concile, en outre, le pontife se voit reconnaître un droit de regard sur les élections canoniques majeures. Le roi apparaît pourtant comme le bénéficiaire réel du concordat. À la traditionnelle élection des bénéfices majeurs désormais abolie est substitué le droit pour le roi, dans les six mois qui suivent la vacance d'un évêché ou d'un siège abbatial, de « présenter et nommer » au pape, pour qu'il soit par lui canoniquement institué, un candidat ayant les qualités canoniques requises d'âge (27 ans pour les évêques, 23 pour les abbés), de sciences et de mœurs. Si le pape récuse ce candidat comme non qualifié, le roi a encore trois mois pour en présenter un autre, faute de quoi la nomination serait faite par le pape seul, disposition appelée à demeurer théorique, le roi prenant soin de nommer un candidat idoine.

Cette prérogative place les dignitaires ecclésiastiques entre les mains du roi ; elle est un moyen de tenir les familles nobles par l'apport de bénéfices pour les cadets, moyen non sans risque de déboucher sur un recrutement inégal ou trop politique, mais elle a mis fin aux difficultés pratiques soulevées par les élections[1], a permis aussi à l'Église de France de franchir mieux que d'autres la difficile période de la crise protestante et quoique ayant soulevé l'opposition des gallicans de pointe, tel le parlement de Paris – le concordat sera enregistré par voie d'autorité –, elle s'applique sans encombre pendant le XVIe siècle et au-delà, assurant l'obéissance et l'intégration du clergé dans le royaume.

Parallèlement, le roi étend son emprise sur les revenus du clergé. Le vieux droit de régale autorisant le prince à percevoir les revenus du temporel ecclésiastique pendant la vacance d'un siège est généralisé pendant la seconde moitié du XVIe siècle, avec l'appui du Parlement. Surtout est acquise vers la même époque la participation du clergé aux charges financières du royaume. Depuis longtemps le personnel de l'Église, exempt d'impôts, accordait au roi des subsides

1. Des exemples de difficultés soulevées par l'application de la Pragmatique sont donnés par J.-L. Gazzaniga, *L'Église du Midi à la fin du règne de Charles VII, op. cit.*, p. 133-164.

volontaires et irréguliers, les décimes, fixés et levés par lui sur les titulaires de bénéfices[1], après autorisation pontificale. Après le concordat, la royauté se passant de celle-ci s'attache à obtenir le consentement du clergé. À Poissy, en 1561, sous la menace de l'aliénation de son patrimoine et sous la nécessité de contribuer à la lutte contre les protestants, une assemblée de clercs, par contrat passé avec le roi, s'engage à verser une somme annuelle pour seize années[2]. Les circonstances obligent à passer un nouveau contrat en 1580, dont le renouvellement en 1585 puis en 1595 entraîne la régularité et la permanence de cette subvention. C'est ainsi que se mettent en place – pour consentir et décider de la répartition et de la levée des subsides – des structures particulières à l'Église de France, sous les traits d'assemblées périodiques décennales. Constituées de députés régulièrement élus dans chaque diocèse, il leur revient d'arrêter le montant de ce don gratuit (ainsi appelé pour marquer que le clergé n'est pas astreint à l'obligation de l'impôt) qui complète la somme fixe demandée depuis le contrat de Poissy. En 1580, ces structures s'étoffent par la création de deux agents généraux du clergé, élus, auxquels est confiée l'exécution de la décision de l'assemblée, et par celle de Chambres des décimes compétentes en premier et dernier ressort pour juger les différends nés de la contribution financière de l'Église de France. À l'aube du XVIIe siècle, celle-ci jouit ainsi d'une organisation propre et régulière dont le rôle est de la représenter et de faire valoir auprès du roi ses intérêts financiers comme les intérêts particuliers de l'ordre du clergé.

380 LA RELANCE DE LA DOCTRINE GALLICANE. — Le concordat de Bologne n'arrête pas le mouvement doctrinal gallican, à la fin du XVIe siècle, il s'affirme avec plus de force encore. En 1585, le pape Sixte V déclare l'hérétique Henri de Navarre inapte à succéder en France, et ses partisans sont excommuniés en 1591. C'était revenir au temps de Boniface VIII : aussi cette manifestation de pouvoir indirect du pape soulève-t-elle l'opposition des juristes gallicans tels un Pierre de Belloy ou un Pierre Pithou[3] ; l'un

1. Au taux en principe fixé au dixième des revenus d'un bénéfice.
2. Une somme de 1 300 000 livres destinée à l'amortissement des emprunts royaux.
3. Voir P. de Belloy, *Apologie...*, éd. 1585, et P. Pithou, *Les libertés de l'Église gallicane prouvées et commentées,* publ. en 1594. Voir aussi C. Collot, *L'École de droit public de Pont-à-Mousson, op. cit.*, p. 303-317.

et l'autre déclarent que les papes ne peuvent « rien commander ce qui concerne les choses temporelles » : ils ne peuvent donc disposer de la couronne de France, de plus, la suzeraineté spirituelle du pape ne peut s'exercer en France que dans le cadre des canons acceptés dans le royaume et à la condition qu'elle ne porte pas atteinte aux droits de la Couronne. Contre les ingérences papales, parlementaires et juristes gallicans invoquent ainsi les libertés de l'Église gallicane. Ils les invoquent aussi contre la publication en France, comme loi d'État, des décrets du Concile de Trente (1545-1563), relatifs à la discipline de l'Église. Certains, comme Pierre Pithou, tentent de dresser la liste de ces libertés qui, toutes, montrent qu'en France « la puissance absolue du pape n'a point lieu » ; contre les tentatives d'intervention de Rome, le roi, protecteur des libertés gallicanes, se dressera, c'est-à-dire, en son nom, les magistrats des Parlements. C'est ainsi que l'affirmation de ces libertés permet aux Parlements ultra-gallicans de contrôler l'administration et la juridiction d'Église par l'appel comme d'abus : s'ils ont Boniface VIII en horreur ils bénissent le temps où Charlemagne « régentait la police et les mœurs d'Église ». À la charnière des XVIe et XVIIe siècles, doctrinalement et institutionnellement, l'Église est bien incorporée au royaume.

C - La dissidence religieuse

381 UN STATUT POUR LES RÉFORMÉS. — Au terme de longues guerres religieuses ponctuées de paix fragiles, la dissidence religieuse sera, elle aussi, domestiquée par l'obtention d'un statut propre concédé à la minorité huguenote. En effet, celle-ci, traitée comme hérétique à son apparition, ne fut guère entravée dans ses progrès par la répression assurée à la fois par les officialités et par les tribunaux royaux, notamment la Chambre ardente créée en 1547 au sein du parlement de Paris. Les réformés s'organisent en églises sur le modèle genevois, forment un parti et en 1561 entrent en lutte ouverte avec le pouvoir royal, puis contre le parti catholique de la Ligue. La paix civile une fois restaurée par Henri IV, ce roi consolide sa politique conciliatrice en reconnaissant, à travers l'édit de Nantes de 1598, le fait protestant.

Cet édit, s'inspirant largement d'édits antérieurs de pacification restés inopérants (1562, 1570, 1573, 1576, 1577), donne aux sujets réformés la liberté de demeurer dans le royaume et d'y exercer librement leur culte. Il accorde, d'une part, aux seigneurs protestants hauts et bas justiciers un droit de culte privé assuré dans leur résidence même. D'autre part, au commun du peuple, il est autorisé de pratiquer publiquement la religion réformée dans des lieux où elle l'était déjà au terme de l'édit de 1577 et dans ceux où elle était effective en 1596 et 1597 ; mais là où le culte n'existait pas ou était interdit, l'édit concède qu'il pourra être pratiqué dans les faubourgs d'une ville de chacun des bailliages et sénéchaussées : c'était implanter la religion nouvelle là où elle ne l'était pas encore. À la cour du roi, à Paris, dans un rayon de cinq lieux autour de la ville, partout ailleurs, le culte restait interdit. Enfin la reconnaissance de la religion réformée se complétait par celle de son organisation religieuse sous la forme des synodes provinciaux et régionaux.

En second lieu, l'édit proclame l'égalité de traitements entre sujets catholiques et protestants. Aucune discrimination pour fait de religion n'est recevable : les huguenots peuvent être reçus dans les collèges, universités et hôpitaux, ont libre accès aux offices et à toutes les charges publiques. À cette parité statutaire s'ajoutent des garanties judiciaires : dans chaque Parlement, l'édit crée une Chambre « mi-partie » formée de conseillers catholiques et protestants en nombre égal. Parallèlement, l'édit prononce l'amnistie pour tous les faits intervenus depuis 1585[1]. En contrepartie les réformés s'obligent, dans l'intérêt de la paix publique, à ne pas entraver le rétablissement du culte catholique là où ils l'avaient empêché. Le catholicisme étant religion d'État, ils doivent en observer les fêtes, payer la dîme à l'Église, se voir appliquer la législation canonique en matière matrimoniale[2]. Peu de temps après, ce dispositif est complété par des brevets royaux qui apportent d'importantes mesures de garantie dont l'absence avait peut-être fait échouer les édits antérieurs de pacification. En compensation du paiement de la dîme, un

1. Sont ainsi annulées les sentences d'exil frappant les sujets protestants ; sont aussi amnistiées les mesures illégales prises par ces derniers durant les guerres religieuses : levée d'impôts, décisions d'assemblées politiques...

2. Cependant les protestants jouissent d'un état civil reconnu par la royauté : les pasteurs, exempts de taille comme les clercs, sont astreints à tenir registre des baptêmes, mariages et décès comme les curés dans leur paroisse.

premier brevet accorde aux huguenots une somme annuelle pour subvenir à leurs charges cultuelles ; un second brevet – peu compatible avec l'unité du pouvoir politique et source de difficultés prévisibles – leur concède plus d'une centaine de refuges ou places fortes[1], dont l'entretien, pour certains d'entre eux, est assuré par la royauté. Tel quel, l'édit ne manque pas de soulever une opposition en tête de laquelle s'illustre le parlement de Paris qui l'enregistrera sous la contrainte, mais ce texte assure et la coexistence religieuse[2] et l'intégration des réformés dans le royaume.

II | Le développement du lien de sujétion

382 Naissance d'un sentiment national. À partir du XIVe siècle, un lien croissant unit le prince et ses sujets dont la cohésion est avivée par la conscience de former une communauté politique[3]. Par-delà les divergences nées des multiples statuts coutumiers et provinciaux, des différences de langues, se constitue lentement une nation « gallicane » autour du roi, à la formation de laquelle les faits, la pensée des intellectuels, la volonté royale contribuent. Déjà, à la fin du XIIIe siècle, des esprits cultivés invoquent l'unité formée par le royaume. Des théologiens inspirés par Aristote définissent la communauté parfaite[4] ; des juristes soutiennent l'idée que le royaume est une *communis patria*[5], donnant au mot patrie, jusque-là assimilé au lieu natal, une acception nouvelle ainsi que le suggère un Guillaume de Nogaret déclarant défendre contre la papauté « son pays, c'est-à-dire le royaume »[6]. Toutefois pour célébrer l'unité, certains qualifient ce dernier de *corpus reipublicae,* de

1. Ces places fortes, géographiquement, sont massées dans trois régions : Ouest, Languedoc, vallée rhodanienne principalement.
2. Dans le même temps, partout en Europe s'applique le principe *« cujus regio ejus religio »* : le prince a seul qualité pour opter entre les confessions catholique ou protestante, sans qu'il y ait choix pour les sujets.
3. Il est vrai que pendant longtemps – jusqu'au milieu du XVe siècle – le sentiment national s'exprime avec plus de force dans la moitié nord du royaume, cadre traditionnel d'action de la royauté. Encore que la fidélité du Languedoc soit un fait constant.
4. Voir Jean de Paris, *De potestate regia et papali,* c. I et XVII, éd. *in* J. Leclercq, *Jean de Paris et l'ecclésiologie du XIIIe siècle,* Paris, 1942.
5. Cité *in* B. Guenée, *Nation et État en France au Moyen Âge, op. cit.,* p. 24.
6. E. H. Kantorowicz, *The King's two bodies, op. cit.,* p. 247-251.

corpus regni ou de corps mystique[1], toutes expressions qui visent à exalter le royaume en lui conférant, à travers la métaphore organique, une homogénéité et une identité propres, faites de liens intellectuels et affectifs, mais aussi juridiques. Le roi, ses légistes et son entourage œuvrent dans le même sens. Ils s'évertuent à développer le loyalisme des sujets en campant en majesté le prince justicier, législateur et protecteur, le domaine du sacré auquel le roi accède par le sacre, les cérémonies autour de sa personne (funérailles, entrées royales...) raffermissent son image et celle de sa fonction dans l'opinion. La difficile guerre de Cent Ans renforce la fidélité autour du roi valois en en faisant « le naturel seigneur » du royaume : un chroniqueur affirme, vers 1450, que les Normands « se tournent vers lui comme au siège de leur tranquillité naturelle » ; et il est certain que les victoires de Charles VII, aidées par Jeanne d'Arc, accroissent le sentiment d'appartenir à un royaume qui défend une juste cause et justifient aux yeux de beaucoup les prétentions du roi à la souveraineté. Au XVIe siècle, l'humaniste Guillaume Budé a conscience que la France est animée par une âme collective et, lors des guerres de religion, la recherche du bien de la patrie apparaît comme la force morale qui aidera Henri IV à tirer le royaume du chaos[2].

383 OBÉISSANCE ET LIEN DE SUJÉTION. — Dès le début du XIVe siècle l'autorité royale revendique la « souveraineté et ressort », mais elle n'agit pas par la contrainte. Elle recherche l'adhésion des sujets sous les traits de leur fidélité. Celle-ci, issue des concepts de l'ordre féodal, est un lien consenti par les corps et communautés territoriales dans lesquels se regroupent les sujets. Ainsi jusqu'à Charles VII se targue-t-on de sa fidélité au roi. Mais cette fidélité, quand elle s'applique à ce dernier, n'est-elle que contrat et serment ? Les publicistes, tel un Jean de Terrevermeille, répondent qu'elle est autre chose. Par elle, autour du pôle de la patrie et du prince, s'affirme le loyalisme des sujets, mieux encore elle traduit une inclination naturelle de leur volonté à se tourner vers le roi, leur « naturel seigneur » et à adhérer à son autorité réalisatrice du bien commun auquel les

1. Voir les références *in* J. Barbey, *op. cit.*, p. 164-165.
2. Voir M. Yardeni, *La conscience nationale en France pendant les guerres de religion*, Paris-Louvain, 1971.

sujets se fixent comme à leur bien propre. Ainsi leur appartenance au royaume les conduit à s'unir par inclination de volonté à celle du roi dans tous les actes requis pour la conservation du corps politique et donc pour celle de leur propre vie. La fidélité est une exigence naturelle et rationnelle des sujets et, pour cette raison, donne au roi le droit de revendiquer leur adhésion à sa volonté. Par là, elle devient soumission et obéissance au souverain et s'impose à la sphère d'activité autonome des corps et communautés.

384 INCORPORATION DES FORCES SOCIALES AU ROYAUME. — Dans la logique de son autorité souveraine, le roi incorpore progressivement les forces sociales à l'ordre monarchique en faisant peser sur elles une main plus lourde. Ainsi en va-t-il pour le clergé. Par rapport au pouvoir temporel du prince, un ouvrage comme *Le Songe du Verger* place l'Église dans une situation de dépendance[1] qui deviendra dans les théories et réalités gallicanes une étroite union avec le roi ; et les clercs, en tant que régnicoles, ont les mêmes obligations d'obéissance et de soumission que les autres sujets, en dépit de leur statut particulier. De leur côté, les principes vassaliques qui président au rapport du roi et du monde seigneurial perdent peu à peu leur substance depuis la fin du XIIIe siècle. Les juristes affirment qu'un vassal qui viendrait en aide à son seigneur contre le roi se rendrait coupable d'un crime de lèse-majesté[2] ; à l'évidence le lien féodal est déréglé par la majesté royale qui se subordonne seigneurs et vassaux par un lien d'une autre essence. À partir de la fin du XIVe siècle, il perd beaucoup de son efficacité. Si les rois – tel un Charles VII – s'appuient encore sur le lien de vassalité, c'est pour jouer des relations féodales par lesquelles ils trouvent soutiens politiques et moyens financiers. Mais l'encadrement de la noblesse se fait, non sans oppositions, moins par le lien vassalique que par celui de la sujétion. Louis XI, se servant des théories des juristes, en tire le premier les conséquences en négligeant tout argument féodal pour ne plus exiger qu'une obéissance de sujet. Désormais, les seigneurs – dont les fiefs sont tous tenus du roi, qui ne peuvent plus étendre leurs droits sans s'exposer à des poursuites –

1. J.-P. Royer, *op. cit.*, p. 49-55.
2. Voir M. Boulet-Sautel, Le princeps chez Guillaume Durand, *op. cit.*, et Jean de Blanot et la conception du pouvoir royal au temps de Saint Louis, *op. cit.*

sont, comme leurs vassaux, sujets du prince. Celui-ci impose sa volonté dans la seigneurie, soumet ses habitants à l'impôt royal, lesquels peuvent appeler à sa justice ; les guerres féodales prennent fin (la dernière se termine en 1512) : les seigneurs font trancher leurs différends par les juges royaux. L'ère des « souverainetés » féodales est close.

Comme la noblesse qu'il ne s'agit pas de détruire mais d'intégrer pour que ses forces confortent l'autorité monarchique, les villes du royaume sont progressivement contrôlées. Depuis longtemps, appuyées sur une prospérité économique séculaire (en déclin pendant la guerre de Cent Ans), elles prétendent assurer leur autonomie. Pendant non moins longtemps les rois les ménagent. Mais les nécessités de la guerre conduisent le prince à les imposer lourdement, et leur importance dans le système de défense militaire le contraint à intervenir comme à revendiquer le droit de créer et de supprimer des communes. Néanmoins, le roi, favorable aux libertés municipales, accorde des privilèges aux communautés urbaines qui n'en sont pas dotées, mais en organisant la coopération de ces « bonnes villes » avec les agents royaux. Ainsi les villes doivent-elles s'insérer dans l'ordre royal, se subordonner au roi. À cet égard Louis XI, le premier à avoir mis en œuvre une politique urbaine, développe la tutelle royale, parfois appelée par des communautés que leur mauvaise gestion financière accule à la faillite. Il intervient souvent de façon autoritaire dans les élections municipales et exerce une surveillance, à l'occasion tatillonne, sur les activités financières et judiciaires des villes, encore que le contrôle en cette dernière matière soit souvent l'œuvre du Parlement[1].

III | Les assemblées d'ordres ou d'États

Clercs, nobles, habitants des « bonnes villes » ainsi soumis à l'ordre monarchique, sont aussi – et cela dès le XIVe siècle –, en tant qu'ordres sociaux, associés à l'action de la royauté. Le prince leur

1. A. Viala, *Le parlement de Toulouse et l'administration royale laïque, op. cit.*, en donne de nombreux exemples.

permet de se lier ensemble et de former à côté de lui et sous son autorité, des assemblées d'États représentant le corps mystique du royaume. Dialoguant avec le roi, elles participent à la chose publique de façon plus ou moins marquée jusqu'à la fin du XVIe siècle.

385 LEUR APPARITION. — L'existence d'organes de conseil près du roi n'exclut pas dès les premiers Capétiens le recours, dans des circonstances exceptionnelles, à des assemblées plus larges. Ces assemblées improvisées formées de vassaux royaux clercs et nobles ou de bourgeois sont réunies pour être consultées sur un sujet urgent ou délicat et justifiant aux yeux de l'opinion la décision royale postérieure.

Certaines de ces assemblées vont prendre un visage plus précis, dès la seconde moitié du XIIIe siècle, quand s'organisent spontanément les ordres sociaux, chacun d'eux constituant une sphère juridique déterminée par ses prérogatives et franchises. Tenant compte de l'existence de ces « états » ou ordres, le roi substitue à la traditionnelle concertation avec ses vassaux des réunions desquelles il requiert conseil et soutien dans les affaires du royaume. Des consultations s'ordonnent ainsi autour des forces vives de la société. Dès 1250, elles ont lieu dans le cadre d'un pays. Philippe le Bel tient les premières réunions tripartites générales pour obtenir un soutien contre la papauté en 1302, contre les Templiers en 1308, en 1314, pour demander des subsides pour mener la guerre de Flandre. C'est surtout dans ce dernier but que ces assemblées – où l'on voit l'acte de naissance des États généraux – se renouvellent : la nécessité d'obtenir des ressources pendant la guerre de Cent Ans suffit à expliquer leur fréquence aux XIVe et XVe siècles. Mais en raison de l'étendue du royaume, ces réunions, à partir de 1348, ont lieu dans le cadre des pays de langue d'oïl ou de langue d'oc. La guerre terminée, elles s'espacent : après la session de 1440, les États seront réunis en 1468 et 1484. À nouveau avec la crise politique de la seconde moitié du XVIe siècle, l'institution se ravive de 1560 à 1593, puis l'ordre rétabli, mise en sommeil jusqu'en 1614.

386 LEUR FONCTIONNEMENT.

1) *Composition.* — Aux XIVe-XVe siècles, elle est tributaire de la nature encore féodale des États. Seuls sont convoqués ceux qui sont

liés au roi par l'hommage ou par le serment de fidélité. Nobles tenant un fief de la Couronne, prélats investis de leur temporel par le roi, procureurs des « bonnes villes », tous remplissent un service de cour auquel ils se rendent dûment convoqués – semoncés – individuellement par le prince, dans le cadre de la France du Nord ou du Sud. Avec les idées de sujétion et de nation substituées à celle de vassalité, et s'opère un tournant dans le recrutement des États. Pour ceux de Tours, en 1484, la convocation individuelle fait place à l'élection d'éléments représentatifs de chaque ordre social. Dans le cadre du bailliage ou de la sénéchaussée, les ordres convoqués au chef-lieu élisent leurs procureurs au sein d'une assemblée unique, et pour la première fois les habitants du plat pays sont appelés à députer leurs délégués et sous le nom de tiers état à s'associer avec les bourgeois des villes. Les États généraux ont alors acquis le caractère d'une assemblée représentative du royaume. Ce système, quelque peu modifié, devient la règle au XVIe siècle : les ordres élisent leurs députés dans des assemblées séparées par une élection à un seul degré pour les clercs et les nobles, à deux degrés pour le tiers appelé à désigner des délégués dans des réunions séparées dans le cadre de la ville et de la paroisse, puis à élire leurs députés au chef-lieu de bailliage. Ces divers procureurs ne représentent que l'ordre et les circonscriptions qui les ont élus sur la base d'un mandat impératif : ils sont ainsi dans l'impossibilité d'exercer des initiatives propres et ne font qu'exécuter les instructions que leur ont confiées leurs électeurs.

2) *Les attributions.* — Tels les vassaux, les États apportent au roi aide et conseil. L'aide est essentiellement financière : lorsque les finances ordinaires se révèlent insuffisantes dès Philippe le Bel, le roi négocie avec ces assemblées l'octroi de subsides. Ainsi les États de 1355-1358 accordent la levée d'aides, de traites, de la gabelle. Répétés, ces subsides s'établissent en coutume comme impôts admis en principe par les États et levés par le roi. De la même façon s'institutionnalise la taille royale consentie par les États de 1439 pour une durée indéterminée. Au XVIe siècle, ces assemblées prétendent encore que leur accord est nécessaire pour l'établissement de nouveaux impôts : mais lorsque le roi leur demande de voter ces subsides, elles refusent, l'obligeant à augmenter le montant des impôts existant mais sans leur accord.

Le conseil est leur seconde attribution. Le roi convoque les États pour connaître à travers eux l'opinion des populations et leur soumettre des questions particulières. Ainsi délibèrent-ils sur des affaires graves : en 1359, ils rejettent le traité passé par Jean le Bon, prisonnier en Angleterre ; en 1369, ils se prononcent sur la reprise de la guerre ; en 1420, ils approuvent le traité de Troyes ; en 1484 leur sont soumis les problèmes concernant l'organisation de la régence ; en 1588 et 1593, ils sont associés au règlement de la succession royale. En outre, ils se considèrent comme les gardiens des Lois fondamentales, et les publicistes leur reconnaissent, dès le XVe siècle, la faculté en cas d'extinction de la lignée régnante d'en désigner une autre. Mais les premières assemblées d'États ont parfois exercé spontanément le devoir de conseil en présentant au roi des doléances sur des faits dont elles sollicitent le redressement. Jugée conforme à la notion de conseil, cette pratique est admise par la royauté : dès le XVe siècle, chaque ordre présente un cahier de doléances général groupant celles exprimées dans chaque circonscription, auquel le roi répond librement, article par article.

387 PRÉTENTIONS ET AMBITIONS DES ÉTATS. — La royauté demande aux États de soutenir son action et voit en eux un moyen commode de se renseigner sur l'état d'esprit des sujets, ainsi consultés, ceux-ci ont la satisfaction de formuler des plaintes qui parfois aboutissent (v. les ordonnances de réformation). Mais, dans les moments difficiles que traverse la monarchie, les États sont travaillés par l'ambition. Sans doute, en raison de leur périodicité irrégulière – leur convocation est à la discrétion du roi – les États n'ont-ils jamais pu acquérir des attributions précises. Cependant certaines réunions, profitant de l'opportunité d'une minorité royale (1484), de l'incapacité du roi à régner (il est prisonnier en 1356, malade en 1413) ou des guerres civiles (Armagnacs contre Bourguignons en 1413 ; guerres religieuses à partir de 1560), se muent en assemblées réformatrices ou prétendues telles, tournant à l'action révolutionnaire. En 1355-1558, les États de langue d'oïl, dominés par les intrigues navarraises[1] et celles de certains éléments de la bourgeoisie parisienne, tentent de limiter les

1. Charles, roi de Navarre, est le petit-fils de Louis X, le neveu de Philippe V qui en 1316 inaugure la succession en ligne collatérale masculine, le gendre de Jean II le Bon. Il semble qu'il ait cherché à s'emparer de la Couronne à laquelle il prétendait avoir un titre.

prérogatives royales : périodicité de leurs sessions, administrations des subsides par eux votés, nomination des conseillers du roi sont les concessions provisoires qu'ils arrachent au dauphin-régent. En 1413, les États de langue d'oïl subissent la pression du duc de Bourgogne et de la populace parisienne et esquissent un programme de réformes d'inspiration archaïque. En 1484, la régence offre l'occasion de développer certains lieux communs tirés de la théologie et du droit romain faisant croire que, le peuple étant « donateur de la chose publique », les États le représentant sont maîtres de la souveraineté populaire. L'éclipse de leurs réunions entre 1484 et 1560 montre assez en quelle suspicion les tient la monarchie : l'effervescence entretenue par les États de 1560 à 1593, tour à tour dominés par les protestants puis les ligueurs, lui donne raison. Les assemblées d'Orléans (1560-1561), de Blois (1576, 1588) et de Paris (1593), si elles inspirent des réformes (comme l'ordonnance de Blois de 1579), tentent de reprendre et d'imposer à la royauté des thèses réductrices de ses prérogatives : ainsi le roi ne pourrait faire la loi ni lever l'impôt sans leur consentement par lequel s'exprimerait la souveraineté du peuple. Encore convient-il de se demander si les discours des États en pareilles occasions ne sont pas des manifestations de privilégiés cherchant à établir – contre le pouvoir royal et en profitant de ses faiblesses momentanées – les prérogatives de certaines oligarchies. Les tentatives des États de 1356 ou de 1484 s'opposant à l'œuvre centralisatrice des Valois en seraient de bons exemples. Quoi qu'il en soit, les États, par les gains institutionnels et politiques qu'ils ont apportés à la royauté, lui ont permis de franchir le seuil séparant la royauté féodale de la monarchie moderne. Mais en aucun cas ils ne parviennent à partager le pouvoir avec le souverain. Ils seront toujours cantonnés dans le rôle de représentation des intérêts particuliers qui ne peut interférer avec celui du roi : gardien de l'intérêt général, ce dernier ne connaît, à ce titre, aucun rival.

388 AUTRES ASSEMBLÉES. — Parallèlement à la tenue d'États, le roi réunit des assemblées exceptionnelles à certaines occasions : en 1301 et 1303 dans le conflit avec la papauté, en 1317 et 1328 pour consacrer ses droits successoraux, en 1329 pour régler l'opposition entre les justices laïques et ecclésiastiques (assemblée de Vincennes), en 1438 pour préparer la Pragmatique Sanction. Au XVIe siècle, d'autres réunions ont lieu : ainsi en 1527, pour approuver le rejet du traité de Madrid signé par François Ier captif de Charles Quint ou en 1560 à la suite de la conjuration étouffée des protestants à Amboise. Parmi ces assemblées, certaines[1], qui plus tard prendront le nom d'assemblées de notables, acquièrent une forme plus achevée : proches par certains aspects des États généraux – elles ont une composition tripartite –, elles en diffèrent cependant. Leurs membres, toujours mandés par le roi, se réunissent de façon moins solennelle, avec une plus grande facilité donc, pour former une sorte de conseil élargi puisqu'ils donnent seulement un avis au monarque. De telles assemblées se tiennent en 1558 pour fournir en pleine guerre des ressources supplémentaires à Henri II (ce serait leur première apparition comme réunion de « notables »), en 1583 et 1588 pour mettre sur pied un des plans de réformes financières, en 1596 pour suppléer les États qu'Henri IV ne peut selon lui réunir tant que la paix avec l'Espagne n'est pas faite. Au sein de ces assemblées, dont les membres choisis par le roi sont gages de souplesse, le souverain obtient plus aisément qu'avec les États la ratification de ses décisions.

Section II
Le respect des droits particuliers

Les XIVe et XVe siècles sont marqués par l'assimilation des sujets qui ne sont plus ou qui sont moins réfractaires à l'emprise du pouvoir royal. Mais celui-ci doit tenir compte de la structure de la société, faite de communautés aux statuts particuliers qui s'administrent elles-mêmes (I). Le droit privé des sujets, lui aussi, ne concerne pas en principe la royauté (II).

I | Les statuts des groupes sociopolitiques

L'autorité royale rencontre ses sujets dans le cadre de groupements sociaux et territoriaux juxtaposés dont l'organisation a com-

1. F. Dumont, Les assemblées capétiennes, in *Mél. Tisset,* Montpellier, 1970, p. 180.

mencé dès la féodalité et s'est poursuivie ensuite à la faveur de circonstances qui ont échappé, au moins partiellement, à l'emprise du roi. Ces groupements, déterminés par des privilèges juridiques destinés à faciliter l'accomplissement de fonctions dans la société, sont les ordres sociaux et les corps territoriaux ou professionnels.

389 LES ORDRES ET LES CORPS. — Les trois ordres sociaux sont des groupes de personnes organisés et hiérarchisés, dotés d'un statut juridique propre, qui remplissent des fonctions particulières. Longtemps simple schéma intellectuel, la tripartition sociale prend nature institutionnelle quand s'amorce le déclin de la féodalité et quand elle est consacrée par le roi au sein des réunions d'États généraux. Cette division en trois ordres n'est pas exclusive d'une diversité sociale interne, souvent prononcée, parmi chacun d'eux. Le clergé, très tôt, s'est constitué en ordre juridiquement défini auquel on reconnaît le premier rang. La noblesse à son tour, lorsque prennent forme définitive ses conditions d'accès et son statut, devient le second ordre (XIIIe siècle). Les bourgeois des villes, puis au XVe siècle les gens des campagnes forment le « tiers commun et bas état » (1484). Au sein de ces ordres, les habitants de chaque seigneurie, pays, bailliage et ville viennent se ranger, ce regroupement fait partie de la nature et de la constitution du royaume ainsi que les cahiers du tiers état aux États de Blois de 1576 le proclament.

Si l'ordre est un groupe social large, les corps, plus restreints, forment des communautés fondées sur une commune condition ou activité comme sur l'appartenance à des réalités territoriales. Parmi les premiers, les plus anciens sont les corps ecclésiastiques (chapitres, universités, ordres religieux, abbayes...) et des corps laïques comme les communautés de métiers, à partir du XIVe siècle ils se multiplient : ainsi apparaissent les corps des professions libérales (procureurs, avoués, avocats, architectes...) et les corps d'officiers royaux à la fin du XVIe siècle (membres des cours souveraines, officiers des bailliages, des élections, des diverses juridictions...). Tout aussi nombreux sont les corps territoriaux. À l'échelon supérieur se rencontrent les pays ou provinces lesquels géographiquement ont correspondu à des grandes seigneuries, Normandie, Bourgogne, Bretagne, Languedoc... conservent après leur intégration au domaine royal leurs anciens particularismes. À l'échelon local, les villes, elles aussi de création médiévale, maintiennent, après leur rattachement au domaine, leurs structures d'autonomie anciennes. Plus récentes, les communautés rurales du plat pays constituent des paroisses vers la fin du XVe siècle et forment corps sous ce nom.

390 LES PRIVILÈGES, FRANCHISES ET LIBERTÉS. — Les ordres, spécialement clergé et noblesse, bénéficient d'un statut privilégié assorti de certaines obligations, qui demeure presque inchangé depuis le Moyen Âge. Les clercs, réguliers et séculiers, vivent sous l'empire d'un droit qui leur est propre, le droit canonique ; protégés dans leurs personnes et dans leurs biens, ils jouissent du privilège de juridiction, sous réserve du contrôle des juges royaux, et sont exempts du service militaire et de l'impôt royal de la taille ; s'ils se livrent au commerce ils perdent leurs privilèges judiciaires et fiscaux, dans la seconde moitié du XVIe siècle, ils sont cependant astreints à s'acquitter du don gratuit. Les nobles, de naissance ou par anoblissement, bénéficient, outre leurs privilèges honorifiques nombreux et une situation particulière au regard du droit privé (garde-noble, aînesse...), de prérogatives utiles : privilèges fiscal (ils ne paient pas la taille en raison de leur vocation au service militaire) et judiciaire (leurs causes sont portées en première instance devant le bailli ou le sénéchal) ; s'écarter des fonctions lucratives et vivre noblement sont les contreparties de ces privilèges. À partir de François Ier, la royauté intervient afin de contrôler les privilèges honorifiques (l'approbation du roi est nécessaire pour autoriser les changements de nom et d'armoiries) ou de faire obstacle au vieux droit de justice privée en interdisant aux nobles d'en venir aux voies de fait entre eux (sévèrement sanctionnées par des édits de 1585 et 1602). L'état commun jouit aussi de privilèges, non comme ordre social, mais en raison de son appartenance à des corps qui lui confère, comme aux autres ordres, franchises et libertés.

Le corps étant comme les ordres de formation coutumière, leurs libertés et franchises le sont tout autant. Tout corps professionnel a des statuts qu'il s'est donnés en se constituant. Ainsi les communautés de métiers ont-elles rédigé leurs règlements, les corps d'officiers jouissent-ils d'un statut qui leur est propre, les corps ecclésiastiques sont-ils régis par le droit canonique. Les corps territoriaux comme les villes ont leur constitution particulière contenue dans les chartes ; les pays gardent leurs originalités coutumières existant au moment de leur annexion au domaine royal. De ces franchises et libertés, le roi doit s'accommoder : toujours il s'engage à les maintenir lorsqu'il confirme ou reconnaît les chartes urbaines, les libertés des pays ou les règlements des corps professionnels. Charles VIII acquérant en 1486 la Provence déclare « aucunement nuire, préjudicier ou déroger aux privilèges, libertés, franchises, lois, coutumes, droits et manières de vivre » de la province. Mais il vérifie, dès la fin du Moyen Âge, leur conformité avec l'intérêt commun dont il est l'unique représentant ; des statuts de métiers rédigés au XVIe siècle mentionnent qu'ils existent « pour le profit du métier comme pour l'honneur du roi et de royaume ». Les activités d'un corps et la solidarité de ses membres en aucun cas ne peuvent préjudicier aux prérogatives supérieures du roi.

391 LA GESTION DES INTÉRÊTS PARTICULIERS. — Dans ces conditions et dans les limites des franchises et privilèges, ordres et corps gèrent leurs intérêts respectifs et les défendent au besoin devant les ingérences royales qui s'amplifient à partir du XVe siècle. Les ordres sociaux, outre les États généraux au sein desquels ils expriment leurs doléances et vœux et les assemblées de notables, peuvent avoir leurs propres organes : tels le clergé qui depuis 1560 se réunit dans le cadre d'assemblées à la périodicité régulière ou la noblesse qui parfois se concerte pour la défense de ses intérêts (ligues provinciales de nobles en 1316 ou assemblées de nobles ligueurs ou protestants à la fin du XVIe siècle).

L'auto-administration des corps est plus frappante. Chaque corps professionnel a son organisation propre et ses prérogatives reconnues par la royauté. Ainsi les communautés de métier ont-elles chacune leur instance délibérante, leur discipline interne, leurs ressources financières. Il en va de même pour les corps territoriaux. Au XVIe siècle, les paroisses possèdent leur assemblée générale d'habitants, à la périodicité irrégulière, dont les compétences recouvrent leurs intérêts collectifs et qui élisent un procureur chargé de les représenter en justice, de diriger l'administration des biens communs, de jouer le rôle qu'assure le maire dans les villes. Celles-ci, depuis le XIIe-XIIIe siècle, jouissent d'une représentation permanente : collège d'échevins dirigé par un maire pour les villes de commune, conseil de ville et collège de consuls pour les villes de consulat, ces édiles étant tous cooptés ou élus par les habitants. À la fin du XVe siècle, les villes de franchise sont-elles aussi considérées comme ayant un « corps commun ». Si ces dernières sont toujours soumises à l'autorité seigneuriale ou royale, que limitent seulement des franchises judiciaires, fiscales et militaires, consulats et communes sont des personnes morales ayant compétence en matière financière, militaire (elles prennent en charge leur défense), de police (voirie, hôpitaux, approvisionnement, instruction publique, certaines se dotent d'universités et de collèges aux XVe-XVIe siècles) et de justice. Cependant le roi intervient et grignote certaines libertés (l'ordonnance de Moulins de 1566 supprime leurs juridictions sauf celles de police, l'édit d'Amboise en 1572 leur interdit de faire des règlements de police, mais en vain) que les villes défendent avec ténacité au long du XVIe siècle.

392 LES PAYS ET LES ÉTATS PARTICULIERS. — Les pays ou provinces jouissent d'assemblées tripartites propres. Ces États particuliers sont nés de diverses circonstances. En Normandie, le roi concède leur création afin qu'ils veillent sur les franchises fiscales que lui ont arrachées les ligues nobiliaires et bourgeoises de 1315. En Languedoc se réunit la fraction des États généraux correspondant aux pays du Midi, devenant dès lors des assises propres à cette province. Partout ailleurs dans le domaine de la Couronne le roi encourage leur formation afin qu'ils participent, comme en Normandie et en Languedoc, à la défense locale pendant la guerre de Cent Ans. Enfin le roi conserve ceux qu'il trouve organisés dans les grandes seigneuries réunies par la suite au domaine royal (Bretagne, Provence, Béarn, Bourgogne...) et qui provenaient de la *curia* seigneuriale élargie aux bourgeois des villes. Ces assemblées particulières, tôt, se différencient des États généraux. Par leur périodicité régulière : variables selon les pays, les sessions, présidées par le gouverneur de la province ou par le plus haut prélat, auxquelles assistent des commissaires royaux, se tiennent tantôt chaque année, tantôt tous les deux ou trois ans ; par leur recrutement : ecclésiastiques et nobles, tous de haut rang, sont membres de droit alors que les villes sont représentées par leurs officiers municipaux ou par des députés élus ; par leur organisation enfin : ces assemblées s'entourent d'un personnel nombreux (greffiers, procureurs...) parmi lequel s'impose un organe collégial regroupant des syndics, au rôle très large ; il appartient à ces derniers de défendre les privilèges et libertés du pays, de soutenir les procès engagés au nom des États, d'intervenir dans leur délibération où leur influence est grande, et, dans les intervalles des sessions, de faire exécuter les décisions prises par l'assemblée.

Ces États représentent le pays, veillant au respect de ses franchises par l'administration royale à l'égard de laquelle ils dressent éventuellement des remontrances ou des vœux par le moyen de cahiers de doléances. Outre les tâches administratives que le roi leur confie, leur rôle le plus actif aux XIVe-XVe siècles est sans doute le droit de consentir aux impôts et d'organiser eux-mêmes leur répartition, assiette, perception, d'en examiner le contentieux et d'établir le budget propre du pays. Cependant, ces États, au nombre d'une trentaine au début du XVe siècle, connaissent dès la fin de la guerre de Cent Ans une destinée variable. Là où le particularisme provincial est moindre et où les États n'ont pas eu de compétences financières notables, ils disparaissent peu à peu par désuétude ou sont supprimés par la royauté (comme ceux de France centrale correspondant aux plus anciennes portions du domaine), sans qu'on puisse affirmer que le roi ait systématiquement cherché à les éliminer. Ailleurs, les pays défendent leurs assemblées, ce qu'admet le souverain en reconnaissant qu'elles appartiennent au droit particulier des provinces qui doit être maintenu comme tel. Mais bien que certains États conservent leur droit de consentir à l'impôt et de marchander pour obtenir des allégements, ils n'ont plus un pouvoir réel de le refuser, même s'ils le recouvrent sous le nom de « don gratuit ». D'autres États perdent ce privilège. Tous cependant restent associés à la perception de l'impôt, débattent de son montant nécessaire aux besoins du pays et sont même habilités à lever des subsides sur la province. À ces compétences financières quelque peu amoindries, la gestion des affaires locales (réglementation économique, travaux publics...) mais sous le contrôle de l'administration royale qui veille à subordonner les intérêts locaux au bien supérieur du royaume.

II | Le droit privé des sujets

La vie privée des sujets, leurs relations familiales et patrimoniales relèvent de sources de droit diverses. Si le droit canonique perd de son importance au XVIe siècle, droit romain et coutumes restent étrangers à l'action du monarque, encore qu'avec certaines réserves.

393 LE DROIT CANONIQUE. — Ce droit s'applique aux clercs mais il régit aussi une série d'institutions relatives aux laïques (mariage, testaments, usure, contrats nés d'un serment). Pourtant il entre en décadence au XVIe siècle. Le grignotement de la juridiction ecclésiastique[1] amoindrit sa portée. Dès le XIVe siècle, les juridictions royales se réservent les questions temporelles et pécuniaires découlant du mariage ; au XVe siècle, le Parlement refuse aux officialités toute compétence en matière de testaments ; au XVIe siècle l'ordonnance de Villers-Cotterêts de 1539 réduit à peu de chose la juridiction de l'Église (elle lui interdit notamment de connaître des actions personnelles concernant les laïques). La doctrine gallicane renforce cette tendance dont elle était la cause, en limitant l'application du droit canonique à ce qui est compatible avec les libertés de l'Église gallicane. Cette doctrine suscite des difficultés qui empêchent la réception du Concile de Trente et, si certaines dispositions de ce concile (spécialement en matière matrimoniale) sont édictées par l'ordonnance de Blois de 1579, elle les présente comme émanant de l'autorité royale.

A - Le droit romain

394 LES ÉCOLES SCIENTIFIQUES. — Délaissant la méthode de l'exégèse, chère aux glossateurs, des juristes français, Jacques de Revigny et Pierre de Belleperche (conseiller de Philippe le Bel), maîtres enseignant à l'Université d'Orléans, rompus davantage aux méthodes de la scolastique, traitent le droit romain d'une autre manière, privilégiant l'art de la controverse, dressant des exposés méthodiques axés sur des définitions et des divisions. Cette seconde école de civilistes (ou romanistes), qui s'implante en Italie grâce à Cynus de Pistoia, maître du grand juriste Bartole (1316-1357) – de là la qualification d'école bartoliste –, essaime partout en Europe par l'intermédiaire des foyers d'études que sont les universités. En effet le nombre de ces *studia* augmente considérablement aux XIVe-XVe siècles, soit fondés ou confirmés par privilège pontifical (Avignon en 1303 ; Cahors en 1332 ; Grenoble

1. Voir n° 364.

en 1339...), soit de plus en plus souvent créés par les grands féodaux (Aix en 1409 ; Dole en 1422 ; Valence en 1452 ; Nantes en 1460) ou par le roi (Poitiers en 1431 ; Bourges en 1464 ; Caen en 1432 et Bordeaux en 1441, ces derniers centres étant fondés par le roi d'Angleterre dans ses possessions françaises). L'optique de cette école illustrée en Italie par Balde (1327-1406) et Dèce (1454-1535), par Jean Faure, Pierre Jacobi, Étienne Bertrand en France, est très intellectuelle mais aussi résolument pratique : après les glossateurs qui avaient fait connaître et avaient disséqué le droit romain, il convenait de le mettre en œuvre pour les besoins du temps, tant ceux du prince et des grands feudataires que ceux de l'Église ou des villes.

Mais le XVIe siècle voit un second retour en force du droit romain (après celui du XIIe siècle), dans le cadre de la renaissance des valeurs de l'Antiquité et du développement de l'humanisme. Tandis que se maintient l'optique bartoliste, illustrée notamment par le grand juriste Charles Dumoulin (1500-1566), se fait jour une nouvelle école, l'école historique. Ce qualificatif résulte d'une méthode dont les initiateurs sont André Alciat (1492-1550) et Guillaume Budé (1467-1539). L'un et l'autre entendent lire scientifiquement le droit romain en reconstituant son milieu historique d'élaboration et en lui appliquant des méthodes critiques et philologiques. Les maîtres de l'Université de Bourges Jacques Cujas (1522-1590), François Baudouin (1520-1573) et François Hotman (1524-1590) poursuivent ce travail, et Hugues Doneau (1527-1591) présente la synthèse des connaissances ainsi acquises. Leur effort, en montrant que le droit romain tel qu'il a été transmis au Moyen Âge s'est éloigné de son contenu originel, en diminue quelque peu le crédit en pays coutumier, mais cela n'affecte en rien son prestige comme droit unitaire et systématique.

395 SON IMPLANTATION ET SON AUTORITÉ. — C'est au XIVe siècle que l'aire d'implantation du droit romain ou droit écrit se précise, au sud d'une ligne allant approximativement de La Rochelle à Genève, correspondant aux pays de langue d'oc. S'il est par excellence la « loi » pour les juristes de droit écrit, il n'est pour la royauté qu'une coutume écrite censée recevoir l'adhésion tacite de la communauté. Étant coutume, le roi, selon ses légistes, est qualifié pour modifier son contenu ainsi qu'il le peut à l'égard de toute coutume réputée mauvaise[1] ; des ordonnances royales modifient à l'occasion certaines règles romaines[2], de même par l'octroi de lettres de rescision, le roi peut-il annuler, à la demande de particuliers, les renoncements à des dispositions du droit romain qu'ils ont pu faire pour en repousser l'application[3]. Quoi qu'il en soit, dans les pays de droit écrit, l'autorité du droit romain grandit du XIVe au XVIe siècle, en dépit de réactions locales. Parmi les coutumes qui avaient freiné sa pénétration, le reléguant au rôle de droit supplétoire, seules quelques-unes font l'objet d'une rédaction au XVIe siècle. L'usage des lettres de rescision confirme le renversement du rapport de force entre coutume et droit romain dont témoigne encore la jurisprudence des cours et tribunaux dont les Parlements (à partir de leur création). Au siècle de la Renaissance, le droit écrit régit l'ensemble du droit privé des pays méridionaux, non sans quelques exceptions, comme le droit féodal ou le statut des nobles.

Dans les pays de coutume, l'implantation du droit romain s'affirme au XIVe siècle par l'adoption d'une terminologie romaine ou romanisante. Plus tardive est sa pénétration elle-même et limitée au droit des obligations et à la procédure. Au XVIe siècle, son influence se fait encore sentir dans quelques domaines du droit privé (tutelle, légitime romaine, hypothèque légale de la femme mariée...). Mais la rédaction des coutumes dans ce même siècle pose de solides barrières. Les tentatives de certains juristes – comme le président Lizet ou Loyseau – pour accréditer l'idée que le droit romain serait le droit commun s'appliquant dans le silence de la coutume est un échec. Au contraire s'affirme l'adage « Coutume passe droit », signifiant la supériorité de cette source de droit dont l'éventuelle lacune n'est pas comblée par la loi romaine mais par une coutume voisine ou, mieux encore, par une solution tirée du droit commun coutumier qui s'élabore vers la fin du XVIe siècle.

1. Voir n° 328.
2. Ainsi Henri IV abroge-t-il le sénatus-consulte Velleien qui interdisait aux femmes d'intercéder pour autrui, dans le but de protéger leur patrimoine.
3. Voir A. Dumas, Les lettres de rescision, in *Recueil des... travaux publ. par la Soc. d'Histoire... des anciens pays de droit écrit,* Toulouse, 1948, p. 39 et s.

B - Les coutumes

396 LEUR RÉDACTION OFFICIELLE. — En 1312, une ordonnance de Philippe le Bel déclare que le royaume « est régi principalement par les coutumes et les usages ». Nonobstant certains aspects du droit privé dont s'est emparé le droit romain, les coutumes ordonnent les relations privées des sujets dans le nord de la France (à peu près les deux tiers du royaume au XVIe siècle). Mais le foisonnement des coutumes, leur enchevêtrement aussi entraînent des difficultés pratiques dont celle de leur preuve – en dépit des rédactions de coutumiers qui se poursuivent[1] – ou celle de leurs conflits (par exemple, le fief d'un vassal suit-il la coutume du lieu ou celle observée dans le ressort de son seigneur ?). Cela et la poussée du droit romain incitent le pouvoir royal jusque-là étranger à la constatation et à la rédaction des coutumes comme à leur vie (sauf à veiller à l'abrogation des mauvaises coutumes) à intervenir.

Le principe d'une rédaction officielle est décidé en 1454 dans l'ordonnance de Montils-lès-Tours. Le roi y constate l'incertitude et la diversité des coutumes qui obligent les plaideurs à les prouver par enquêtes « par quoy les procez sont moult allongez », et ordonne leur mise par écrit. L'ordonnance n'est exécutée que lentement. La rédaction se met en route sous Charles VIII et se poursuit activement sous Louis XII et François Ier. Dans le ressort vaste du parlement de Paris, elle a lieu dans le cadre des bailliages et sénéchaussées (coutumes de Touraine, 1507 ; du Maine et de l'Anjou, 1508 ; de Paris, 1510 ; du Nivernais, 1534...) ; ailleurs dans celui des provinces dotées d'un Parlement (coutumes de Bretagne, 1539 ; de Normandie, 1583...). Mais avant même l'achèvement de ce travail un certain nombre de coutumes donnent lieu à une refonte de leur rédaction : ces réformations se prolongent jusqu'au règne de

1. Parmi les principaux, citons *La très ancienne coutume de Bretagne* (vers 1330), éd. par M. Planiol en 1896 ; le *Grand Coutumier de France* de Jacques d'Ableiges, éd. par Laboulaye et Dareste en 1868, qui rapporte les coutumes d'Ile-de-France ; la *Somme rurale* de Jean Boutillier, éd. Charondas Le Caron, 1621, qui fait connaître celles du Nord ; enfin le *Vieux Coutumier du Poitou* (vers 1417), éd. par R. Filhol, dans « Trav. de la Soc. d'Histoire du Droit et des Institutions de l'ouest de la France », Bourges, 1956, vol. I.

Henri IV, en comblant les lacunes et en tenant compte de la jurisprudence des Parlements comme des travaux de la doctrine (par exemple, réformation des coutumes du Maine et de l'Anjou en 1558, des coutumes de Paris et de Bretagne en 1580).

397 La procédure de rédaction. — Elle révèle le respect par le roi des libertés et franchises locales des sujets qu'il concilie avec son initiative rédactionnelle. Des commissaires royaux animent la procédure de rédaction mais en agissant en étroite collaboration avec les représentants des populations concernées auxquels revient le rôle essentiel. En premier lieu une commission de praticiens locaux, présidée par le bailli ou par le procureur général du Parlement s'il s'agit d'une province, réunit la documentation nécessaire et prépare un projet de rédaction. Ensuite celui-ci est lu et discuté, article par article, au sein soit d'assemblées tripartites réunissant les trois ordres du bailliage soit dans les États provinciaux. C'est à ce moment que les commissaires royaux, pris parmi les membres du Parlement, interviennent pour aplanir les désaccords ; ils peuvent à cette occasion jouer un rôle prépondérant tel le président de Thou de 1550 à 1580. Le texte approuvé – « accordé » – par les trois ordres est alors publié officiellement par les commissaires, les articles « discordés », en fait peu nombreux, étant envoyés à l'examen du Parlement qui tranche avec une autorité égale à celle des ordres. Enfin la force obligatoire est conférée au texte une fois obtenue la sanction du roi qui donne ainsi valeur de loi à la coutume rédigée.

398 L'évolution du droit coutumier. — Rédaction et réformation introduisent plus de certitude et de stabilité dans les règles coutumières, mais à un certain prix. En effet la nature de cette source de droit s'en trouve quelque peu modifiée. Ainsi le roi défendant « d'alleguer et prouver autre coustume », il n'est pas possible d'en invoquer une, ancienne, non inscrite dans le texte rédigé. Puis devenant des « lois perpétuelles » (Charles VIII), elles ont un caractère voisin de celui des ordonnances[1] : la rédaction officielle fait perdre au droit coutumier son caractère spontané et

1. A. Fontanon, *Les edicts et ordonnances,* liv. IV, t. I, éd. 1611, t. I, p. 704.

évolutif. Cependant de ce nouvel aspect de la coutume, les conséquences n'en sont déduites qu'avec modération par les Parlements. Ceux-ci admettent toujours que les règles coutumières, même rédigées, peuvent être abolies par le non-usage ; de même reconnaissent-ils que les justiciables peuvent faire preuve d'une coutume réelle contre la coutume rédigée, soit pour suppléer à une lacune du texte officiel soit pour introduire des usages nouveaux implantés postérieurement à la rédaction. Mais quoi qu'il en soit de ces accommodements, le poids de la volonté royale se fait désormais sentir en harmonie avec l'aspiration générale. Sous l'action des commissaires royaux, la rédaction des coutumes, loin de fixer leurs divergences, conduit à leur unification. En ce qui concerne leur nombre cela est patent. À la fin du XVIe siècle, on décompte une soixantaine de coutumes générales dont l'application peut éventuellement céder le pas à des coutumes locales (environ 300), pourvu qu'elles aient été rédigées. Leur rédaction aboutit aussi à simplifier leur contenu en négligeant certaines particularités trop locales ou peu logiques qu'elles véhiculaient. L'entreprise de réformation pousse plus loin ce mouvement. Sous l'impulsion décisive de commissaires royaux, comme le président Pierre Lizet ou le président Christophe de Thou, le premier infléchissant l'esprit des coutumes vers le droit romain, le second s'efforçant de rapprocher de la jurisprudence du parlement de Paris les rédactions dont il est responsable. Parallèlement à ces efforts, la doctrine, s'emparant des textes coutumiers, les gloses (commentaire de Charles Dumoulin sur la coutume de Paris en 1559 ; de Bertrand d'Argenté sur la coutume de Bretagne de 1584 ; de René Choppin en 1581 sur celle d'Anjou, de Gui Coquille sur la coutume de Nivernais en 1605...), et surtout, vers la fin du XVIe siècle, les comparent – les « confèrent »[1] – pour réduire davantage encore leurs divergences et permettre de dégager un droit commun coutumier qui plane sur les diverses coutumes, dont un bon exemple est donné par Antoine Loysel dans ses *Institutes coutumières* publiées en 1607.

1. Pierre Guesnoys, *La conférence des coutumes tant générales que locales du royaume de France*, 1596.

Pour aller plus loin

399 L'ÉGLISE ET LE ROYAUME. — Point de départ d'une évolution des rapports entre l'Église et le royaume, la querelle du pape et de Philippe le Bel est envisagée par l'indispensable J. Rivière, *Le problème de l'Église et de l'État au temps de Philippe le Bel, étude de théologie positive,* Louvain, 1926, par M. Pacaut, *La théocratie,* Paris, 1957, p. 171-187, et par G. de Lagarde, *La naissance de l'esprit laïc à la fin du Moyen Âge,* t. 1, Paris, 1956, p. 184-213. Sur les rapports à la fois théoriques et pratiques (conflits de juridiction par exemple) aux XIVe et XVe siècles entre Église et royauté, consulter J.-P. Royer, *L'Église et le royaume de France..., op. cit.,* et J.-L. Gazzaniga, *L'Église du Midi à la fin du règne de Charles VII..., op. cit.,* ainsi que G. Mollat, « L'Église de France aux XIVe et XVe siècles », *in* Lot et Fawtier, *Hist. des institutions françaises au Moyen Âge,* t. 3 : *Institutions ecclésiastiques,* Paris, 1962, p. 407-437. Le même ouvrage, p. 438-463, décrit le Grand Schisme d'Occident ainsi que de façon complète E. Delaruelle, E.-R. Labande et P. Ourliac, *L'Église au temps du Grand Schisme et de la crise conciliaire (1378-1448),* Paris, 1962-1964, 2 vol., t. XIV de l'*Histoire de l'Église* de Fliche et Martin.

Pour le gallicanisme, déjà envisagé par les ouvrages précédents, v. M. Martin, *Les origines du gallicanisme,* 2 vol., Paris, 1939, A. Martimort, *Le gallicanisme,* Paris, 1973, et H. Morel, *L'idée gallicane au temps des guerres de religion,* th. de droit, Toulouse, dactyl., 1944. Des études complètent ces vues générales. J. Favier, Temporels ecclésiastiques et taxations fiscales ; le poids de la fiscalité pontificale au XIVe siècle, *JS,* 1964, p. 102-127, montre certains excès de la papauté. G. Mollat, L'application en France de la soustraction d'obédience sous Benoît XIII, in *RMAL,* t. I, 1945, p. 149-163, montre le développement d'une Église gallicane, comme dans les articles suivants : Les origines du gallicanisme parlementaire aux XIVe et XVe siècles, in *RHE,* 1948, t. XLIII, p. 90-147, et Le roi de France et la collation plénière des bénéfices ecclésiastiques, in *Mém. présentés à l'Académie des Inscriptions,* XIV, 2e partie, 1952, p. 107-252. Sur la Pragmatique Sanction, outre l'ouvrage réédité de N. Valois, *Histoire de la Pragmatique Sanction de Bourges sous Charles VII,* Paris, 1906, v. A. Bossuat, Une application particulière de la Pragmatique devant le parlement de Paris, *MA,* t. 69, 1963, p. 829-844. Pour faire céder la papauté, la royauté manie habilement l'arme conciliaire : J.-L. Gazzaniga, L'appel au concile dans la politique gallicane de Charles VIII à Louis XII, *BLE,* t. 85, 1984, p. 111-129. Pour les rapprochements entre la royauté et la papauté : P. Ourliac, Le concordat de 1472. Étude sur les rapports de Louis XI et de Sixte IV, *RHD,* 1942, p. 124-223, et 1943, p. 117-149. Enfin sur la persistance de l'esprit gallican au XVIe siècle, v. P. Collot, La réponse de Pierre Grégoire... au conseil donné par Dumoulin sur la dissuasion de la réception du Concile de Trente en France, *L'Université de Pont-à-Mousson,* Nancy, 1974, p. 101-121. V. aussi les études consacrées au recrutement épiscopal : J.-L. Gazzaniga, Les évêques de Louis XI, *Églises et politique, Actes des journées intern. d'hist. du droit d'Angers, 1985,* Angers, 1987, p. 152-166, et M. Boulet, Les élections épiscopales en France au lendemain du Concordat de Bologne, *Mél. de l'École franç. de Rome,* 1940, p. 190 et s. Sur les institutions de l'Église gallicane : M. Peyronnet, Naissance d'une institution : les assemblées du clergé, dans *Pouvoirs et instit. en Europe au XVIe s.,* Paris, 1987, p. 249-261.

Sur la dissidence protestante, v. de façon générale J. Delumeau, *Naissance et affirmation de la Réforme,* Paris, 1965. L'organisation des Églises réformées est montrée dans l'irremplaçable J. Pannier, *L'Église réformée de Paris sous Henri IV,* Paris, 1911, et par M. Reulos, L'organisation des Églises réformées de France et le synode de 1559, *BSHPF,*

1959, p. 5-24, ainsi que Synodes, assemblées politiques des réformés de France et théories des États, *Album Lousse,* 1963, t. II, p. 97-111. Une analyse du contenu de l'édit de Nantes est donnée dans D. Ligou, *Le protestantisme en France de 1598 à 1715,* Paris, 1968, p. 9-25. Sur l'application dé l'édit v. F. Garrisson, *Essai sur les commissions d'application de l'édit de Nantes,* t. 1, Paris-Montpellier, 1950. Enfin F. J. Baumgartner, The catholic Opposition to the Edict of Nantes, 1598-1599, *Bibl. d'Humanisme et Renaissance,* 1978, 40, p. 525-536. V. aussi M. Peyronnet, Les assemblées du clergé de France et la révocation des édits de religion (1560-1685), dans *BSHPF,* t. 131, 1985, p. 453-479.

400 SENTIMENT NATIONAL ET LIEN DE SUJÉTION. — Sur ce sujet décisif, v. l'ouvrage de C. Beaune, *Naissance de la nation France,* Paris, 1985, qui renouvelle la question en s'intéressant aux représentations mentales de la monarchie tant à travers le sacré qu'à travers les mythes historiques et les symboles. À compléter par E. H. Kantorowicz, *Mourir pour la patrie et autres textes,* trad. franç., Paris, 1984, qui éclaire l'apparition d'une unité mentale propre à faire naître celle du royaume. Lire aussi B. Guenée, État et nation en France au Moyen Âge, *Politique et histoire au Moyen Âge,* Paris, 1981, p. 151-164 ; S. Menache, Vers une conscience nationale. Mythe et symbolisme au début de la guerre de Cent Ans, *MA,* t. 89, 1983, p. 85-97 ; P. S. Lewis, War-propaganda and historiography in XVth century France and England, *TRHS,* série 5, XV, 1965, p. 1-21 ; A. Bossuat, L'idée de nation et la jurisprudence du parlement de Paris au XVe siècle, *RH,* t. 204, p. 54-61, et enfin M. Yardeni, *La conscience nationale en France pendant les guerres de religion,* Paris-Louvain, 1971. À ces références il faut naturellement joindre les travaux de J. R. Strayer, *France, the Holy Land, the Chosen People and the must Christian King, op. cit.,* et la bibliographie mentionnée *supra,* n° 45, le roi et son image étant l'élément moteur, l'âme, de la nation. V. encore N. Mann, Humanisme et patriotisme en France au XVe siècle, dans *XXIIe Congrès de l'Ass. intern. d'études* françaises, t. 23, 1971, p. 51-84 et 335-336. À cela on peut ajouter sur la « patrie » et la « nation » dans une province : Y. Lacaze, Le rôle des traditions dans la genèse d'un sentiment national au XVe siècle. La Bourgogne de Philippe le Bon, *BEC,* t. 129, 1972, p. 303-385, et M. Jones, Mon pays, ma nation. Breton identity in the XIVth century, *Mél. Coopland,* Liverpool, 1976, p. 144-168. Mais la force des particularismes reste vive, ainsi qu'en témoigne A. Leguai, Troubles et révoltes sous le règne de Louis XI. Les résistances des particularismes, *RH,* 1973, p. 285-324. Ces particularismes renaissent particulièrement virulents durant les guerres religieuses du XVIe siècle : v. Y. Durand, Les Républiques urbaines en France à la fin du XVIe siècle, *Soc. d'Hist. et d'Archéol. de Saint-Malo, Annales,* 1990, p. 205-244.

Sur les relations entre le roi et les régnicoles, lire J. Barbey, *La fonction royale..., op. cit.,* qui montre comment le juriste Terrevermeille dresse sa théorie de l'obéissance ; certes la vieille fidélité due au roi persiste : v. J. de Viguerie, Contribution à l'histoire de la fidélité. Note sur le serment à l'époque des guerres de religion, *Ann. de Bretagne,* t. 82, 1975, p. 291-293. Néanmoins le pouvoir royal tire argument de plus en plus de l'obéissance et de la sujétion : B.-A. Pocquet du Haut-Jussé, Une idée politique de Louis XI : la sujétion éclipse la vassalité, *RH,* t. 226, 1961, p. 383-398, et M. François, Noblesse, réforme et gouvernement du royaume de France dans la seconde moitié du XVIe siècle, *Actes du Colloque Coligny,* Paris, 1974, p. 301-312. Il conviendrait d'ajouter les travaux relatant le développement de l'autorité du roi sur les ordres sociaux : sur la perte de substance des principes vassaliques dominés par l'idée de la majesté royale, dès la fin du XIIIe siècle, v. M. Boulet-Sautel, Le princeps chez Guillaume Durand, *op. cit.,* B. Chevalier, *Les bonnes villes de France du XIVe au XVIe siècle,* Paris, 1982, p. 93-112, A. Castaldo, *Seigneurs, villes et pouvoir royal en Languedoc. Le consulat médiéval d'Agde,* Paris, 1974, H. Gilles, Autorité royale et résistances urbaines. Un exemple languedocien :

l'échec de la réformation générale de 1434-1435, *BPH,* 1962, p. 115-140, et enfin A. Viala, *Le parlement de Toulouse et l'administration royale laïque..., op. cit.*

401 LA SOCIÉTÉ : ORDRES ET CORPS SOCIAUX. — La société des XIVe-XVIe siècles est complexe, hiérarchisée et structurée. À ce sujet lire E. Lousse, *La société d'Ancien Régime. Organisation et représentation corporative,* 2e éd., Louvain, 1952, et F. Olivier-Martin, *Le roi et la nation organisée,* Cours DES, 1939-1940. Sur les ordres sociaux et la société d'ordres dont la raison d'être repose sur la fonction différenciée et l'idée qu'on s'en fait : R. Mousnier, *Les hiérarchies sociales de 1450 à nos jours,* Paris, 1969, J. Batany, Des trois fonctions aux trois états, *AESC,* 1963, p. 933-938 ; pour le Moyen Âge un aperçu des statuts sociaux est donné par A. Rigaudière, L'homme et son statut, *La France médiévale, op. cit.,* p. 121-127 ; pour le XVIe siècle : F. Dumont, *Les ordres organisés au XVIe siècle,* Cours DES, 1956-1957.

La noblesse à la fin du Moyen Âge : pour sa définition v. F. Autrand, L'image de la noblesse en France à la fin du Moyen Âge. Tradition et nouveauté, *CRAIBL,* 1979, p. 340-354, E. Dravasa, Vivre noblement. Recherches sur la dérogeante de noblesse du XIVe au XVIe siècle, *Rev. jur. et écon. du Sud-Ouest,* série jur., XVI, 1965, p. 135-193, XVII, 1966, p. 23-119, et E. Perroy, Social mobility among the French Noblesse in the later Middle Ages, *Past and Present,* XXI, 1962, p. 25-38. Un problème est posé par la création de clientèles par les grands feudataires : B.-A. Pocquet du Haut-Jussé, Les pensionnaires fieffés des ducs de Bourgogne de 1352 à 1419, *MSHDI,* VIII, 1942, p. 127-150, et P. S. Lewis, Dacayed and non-feudalism in later Medieval France, *Bull. Intern. of Hist. Research,* XXXVII, 1964, p. 157-184. Un autre est posé par les maisons princières et leur administration : v. par ex. A. Leguai, *Les ducs de Bourbon pendant la crise monarchique du XVe siècle,* Paris, 1962. Pour le XVIe siècle, l'imaginaire nobiliaire a suscité de l'intérêt. Lire par ex. A. Devyver, *Le sang épuré. Les préjugés de race chez les gentilshommes français de l'Ancien Régime (1560-1720),* Bruxelles, 1973, A. Jouanna, *Ordre social. Mythes et hiérarchies dans la France du XVIe siècle,* Paris, 1977, et J. Delumeau, Fondements idéologiques de la hiérarchie sociale. Le discours sur le courage à la Renaissance, *Théories et pratiques politiques,* Paris, 1977, t. III, p. 273-285. Sur un exemple de noble : M. Foisil, *Le sire de Gouberville, un gentilhomme normand au XVIe siècle,* Paris, 1981. Dernier problème, celui des relations entre noblesse et royauté ; sur ce point v. R. Gazelles, *Société politique, noblesse et couronne sous Jean le Bon et Charles V,* Genève-Paris, 1982 ; P. Contamine, De la puissance aux privilèges : doléances de la noblesse française envers la monarchie aux XIVe et XVe siècles, *Mél. Boutruche,* Paris, 1976, p. 235 et s. ; J. Russel Major, The Crown and the aristocracy in Renaissance France, *AHR,* LXIX, 1964, p. 631-645 ; M. Orléa, *La noblesse aux États généraux de 1576 et de 1588,* Paris, 1980 ; enfin : J. Béranger, Noblesse et absolutisme de François Ier à Louis XIV, dans *Noblesse française, noblesse hongroise,* Paris, 1981. Au XVIe siècle, la noblesse recourt à la violence pour se faire entendre comme porte-parole naturel des sujets : v. A. Jouanna, *Le devoir de révolte. La noblesse française et la gestation de l'État moderne, 1559-1661,* Paris, 1989.

Sur la société rurale : G. Fourquin, *Les campagnes de la région parisienne à la fin du Moyen Âge,* Paris, 1964 ; J.-M. Constant, *Nobles et paysans en Beauce aux XVIe et XVIIe siècles,* Lille, 1981 ; R. Boutruche, *La crise d'une société : seigneurs et paysans du Bordelais pendant la guerre de Cent Ans,* Paris, 1947. Plus spécialement sur la seigneurie rurale : P. Charbonnier, *Une autre France. La seigneurie rurale en Basse-Auvergne du XIVe au XVIe siècle,* Clermont-Ferrand, 1980, et sur le servage : A.-M. Patault, *Hommes et femmes de corps en Champagne méridionale à la fin du Moyen Âge,* Nancy, 1978. Les milieux urbains sont envisagés par J. Rossiaud, *Histoire de la France urbaine,* t. II : *La ville médiévale,* Paris, 1980 ; J. Baumel, *La fin d'une seigneurie du midi de la France,*

t. III : *Montpellier, ville royale,* Montpellier, 1973, décrit la vie quotidienne d'une ville incluse dans l'orbite royale. B. Guenée, *Tribunaux et gens de justice..., op. cit.*, et R. Fédou, *Les hommes de loi lyonnais à la fin du Moyen Âge, op. cit.*, décrivent fort bien l'élite urbaine au XVe siècle complétant J. Lestocquoy, *Aux origines de la bourgeoisie : les villes de Flandre et d'Italie sous le gouvernement des patriciens (XIe-XVe siècles),* 1952. Enfin, P. Flandin-Bléty, *Essai sur le rôle politique du tiers état dans les pays de Quercy et de Rouergue (XIIIe-XVe siècles),* th. droit, Paris II, multigr., 1979. Sur les rapports villes et État : v. *La ville, la bourgeoisie et la naissance de l'État (XIIe-XVIIIe siècles)* sous la direct. de N. Bulot et J.-P. Genet, Paris, 1988.

Sur la société de corps lire F. Olivier-Martin, *L'organisation corporative de la France d'Ancien Régime,* Paris, 1938, ainsi que *Les intérêts collectifs dans l'ancien droit français,* Cours DES, 1937-1938, et *Les ordres, les pays, les villes et les communautés d'habitants,* Cours DES, 1948-1949 ; l'auto-administration des corps territoriaux est décrite par F. Dumont et P.-C. Timbal, Gouvernants et gouvernés en France. Période du Moyen Âge et du XVIe siècle, *Rec. de la Soc. Jean-Bodin,* t. XXIV, 1966, p. 181 et s. Pour les villes v. B. Chevalier, *Les bonnes villes..., op. cit.* Pour les corps professionnels : A. Gouron, *La réglementation des métiers en Languedoc au Moyen Âge,* th. droit, Montpellier, 1958 et E. Coornaert, *Les corporations en France avant 1789,* Paris, 1941. Le respect par le roi des libertés et privilèges des corps est bien montré par J.-L. Harouel, L'esprit des institutions d'Ancien Régime, *Le Miracle capétien, op. cit.*, p. 107-112.

402 LES ASSEMBLÉES D'ÉTATS. — États généraux et particuliers ont suscité une riche bibliographie. On a longtemps considéré qu'ils étaient nés de la volonté du prince qui les avait convoqués pour remédier à ses problèmes financiers. Depuis, les historiens se sont attachés à étudier leur rapport avec la structure politique et sociale c'est-à-dire avec l'organisation en ordres et corps. Ces assemblées s'organisent autour de certains principes dont l'un, d'origine ecclésiastique, a été bien étudié : v. Y.-M. Congar, Quod omnes tangit ab omnibus approbari debet (ce qui intéresse tout le monde doit être approuvé par tous), *RHD,* 1958, p. 210-259, et A. Marongiu, Quod omnes tangit principe fondamental de la démocratie et du consentement au XIVe siècle, *Album Cam,* t. II, Louvain-Paris, 1961, p. 101 et s., qui pousse trop loin peut-être l'interprétation du principe. Mais le consentement de tous ne peut être applicable que s'il y a représentation dont origines et sens sont étudiés par G. Post, Plena potestas and consent in Medieval Assemblies. A study in romano-canonical procedure and the rise of representation, *Studies in medieval legal thought,* Princeton, 1964, p. 91-162, T. N. Bisson, The military origins of medieval representation, *AHR,* 71, 1966, p. 1199-1218, et J. Quillet, Universitas populi et représentation au XIVe siècle, *Miscellanea mediaevalia,* Berlin, 1971. En dernier lieu, v. J. Krynen, La représentation politique dans l'Ancienne France : l'expérience des États Généraux, dans *Droits,* 1987, n° 6, p. 31 et s. ; du même, Réflexions sur les idées politiques aux États de Tours de 1484, *RHD,* 1984, p. 183 et s. Pour une vision élargie à l'Europe : A. Marongiu, Pré-parlements, parlements, États, assemblées d'États, *RHD,* 1979, p. 631.

Sur les États généraux, des travaux d'ensemble portent sur les XVe et XVIe siècles : C. Soule, *Les États généraux de France. Étude historique comparative et doctrinale,* Paris, 1968 ; J. R. Major, *Representatives institutions in Renaissance France, 1421-1559,* Madison, 1960, et du même, *The deputies to the Estates general in Renaissance France,* Madison, 1960. Le déclin des États a également retenu l'attention : v. J. R. Major, The loss of Royal initiative and the decay of the Estates general in Renaissance France (1421-1615), *Et. présentées à la Commission intern. pour l'Hist. des Ass. d'États,* XXIV, 1961, p. 245-269 ; P. S. Lewis, The Failure of the French Medieval Estates, *Past and Present,* 23, 1962, p. 3-24 ; R. Villers, Le déclin des assemblées d'États en Europe du XVIe au XVIIIe siècle, *Mél. Besnier,* 1981, p. 279 et s. Des réunions d'États ont soulevé des commentaires. Celles d'abord qui se révèlent révolutionnaires : v. E. Faral, Robert Le Coq et les États généraux d'octobre 1356, *RHD,* 1945, p. 171-214, et A. Coville, *Les Cabochiens et l'ordonnance de 1413,* Paris, 1888 ; sur les États de 1484 : A. Marongiu, Les États de Tours de 1484, *APAE,* 18, 1959, p. 18-28, et P.-R. Gaussin, Représentativité des États généraux de 1484, *Mél. Gascon,* Lyon, 1980, t. 1, p. 295-327. Sur les États « ligueurs » de 1588 et 1593 : J. H. M. Salmon, The Paris Sixteen, 1584-1594. The social analysis of a revolutionary movement, *Journal of Modern Hist.,* 1972, 44, p. 540-576. Des aspects plus techniques ou sociopolitiques sont aussi à envisager. Ainsi la question de la nature du mandat des députés : v. C. Soule, Les pouvoirs des députés aux États généraux en France, *APAE,* 37, 1965, p. 61-82, et H. G. Koenigsberger, The powers of deputies in XVIth century assemblies, *Album Cam,* t. II, Louvain-Paris, 1961, p. 211 et s. Sur la façon dont les ordres se comportent lors de certaines réunions d'États, v. J. R. Major, The third estate in the Estates General of Pontoise, 1561, *Et. présentées à la Comm. intern. pour l'Hist. des Ass. d'États,* XVII, 1954, p. 460-471, et M. Orlea, *La noblesse aux États généraux de 1567 et de 1588,* Paris, 1980.

Sur les États particuliers ou provinciaux, à côté de F. Dumont, États généraux et États particuliers dans les provinces françaises, *APAE,* t. 32, 1964, p. 29-41, les travaux les plus récents et les plus éclairants concernent la Bourgogne : J. Richard, Les États de Bourgogne, *APAE,* t. 35, 1966, p. 299 et s. ; le Poitou : J. M. Tyrrell, *A history of the Estates of Poitou,* La Haye - Paris, 1968 ; le Languedoc : H. Gilles, *Les États de Languedoc au XVe siècle,* Toulouse, 1965, ouvrage pénétrant et complet qui montre la composition, le fonctionnement et les attributions des États. Sur le rôle financier des États particuliers v. les *Études sur l'histoire des assemblées d'États,* « Trav. et Rech. de la Fac. de Droit de Paris », série Sc. hist., n° 8, Paris, 1966, p. 95-222. Pour un bilan des recherches, v. H. Gilles, État actuel des travaux sur les États provinciaux, *Actes du 110e CNSS,* Ph. et Hist., t. III, p. 31-52. Enfin, bien que la Provence ne soit pas dans le royaume à cette date, lire de M. Hébert, Guerre, finances et administration : les États de Provence de novembre 1359, *MA,* t. 83, 1977, p. 103-130.

403 LES SOURCES DU DROIT. — Une vue d'ensemble est donnée par J. Imbert, *Histoire du droit privé,* Paris, 5e éd., 1979, M. Boulet-Sautel, La société et le droit, *La France médiévale, op. cit.,* p. 545-564, et P. Petot, Le droit privé français au XVIe siècle, *Umanesimo e scienza politica,* Congresso intern. di studi umanistici, Rome-Florence, 1949, Milan, 1950, p. 350 et s. Sur le droit romain et son enseignement J. Barbey, Organisation générale des études et méthodes d'enseignement du droit au Moyen Âge, *Ann. d'Hist. des Fac. de Droit,* 1985, n° 2. p. 13-20, et J.-L. Thireau, L'enseignement du droit et ses méthodes au XVIe siècle. Continuité ou rupture, *ibid.,* p. 27-36. Sur l'implantation du droit romain : J.-P. Lévy, La pénétration du droit savant dans les coutumiers angevins et bretons, *TVR,* 1957, p. 1-53, P. Ourliac, *Droit romain et pratique méridionale au XVe siècle. Étienne Bertrand,* Paris, 1937, P. Jaubert, Le Bordelais et les pays de droit écrit, *Centre d'Ét. et de Rech. d'Hist. instit. et régionales,* 1978, n° 2, p. 135-169, qui insiste sur la pénétration superficielle du droit romain, et Wieacker, Eclipse et permanence du droit romain, *Pédagogues et juristes,* Paris, 1963, p. 59-72. La pratique des lettres de rescision est décrite par A. Dumas, Les lettres de rescision, *Rec. des trav. publ. par la Soc. d'Hist. des Anciens Pays de Droit écrit,* Toulouse, 1948, p. 39 et s.

Sur la coutume il convient de se référer à P.-C. Timbal, *La coutume source de droit privé,* Cours DES 1958-1959, et à J.-M. Carbasse, Contribution à l'étude du processus coutumier. La coutume de droit privé jusqu'à la Révolution, *Droits,* 1986, n° 3, p. 25-37. Sur la codification du droit coutumier : R. Filhol, La rédaction des coutumes en France aux XVe et XVIe siècles, dans J. Gilissen, éd., *La rédaction des coutumes dans le passé et le présent,* Bruxelles, 1962, p. 63-85, et J. P. Dawson, The codification of the French customs, *Michigan Law Review,* 1940, p. 765-818, envisage l'œuvre d'unification des coutumes à partir de leur rédaction et de leur réformation. V. aussi H. Gilles, *Les coutumes de Toulouse et leur premier commentaire,* Toulouse, 1969, et M. Petitjean, La coutume de Bourgogne. Des coutumiers officieux à la coutume officielle, *MSHDB,* 1985, fasc. 42, p. 13-20. Plus précisément sur la réformation des coutumes, on peut consulter R. Filhol, *Le premier président Christophe de Thou et la réformation des coutumes,* 1937, et J. Verdraud-Voyer, Réformation des coutumes et droit romain, Pierre Lizet et la coutume de Berry, *Ann. Fac. de Droit de Clermont-Ferrand,* I, 1981, p. 315-381. Se pose aussi la question des conflits de coutumes qu'examine X. Martin, Détroit et districtio. L'antagonisme Angers-Saumur sur le fait de la coutume d'Anjou, *MSHDI,* 1983, fasc. 40, p. 127 et s. Sur la preuve de la coutume : J.-F. Poudret, Réflexions sur la preuve de la coutume devant les juridictions royales aux XIIIe et XIVe siècles. Notamment le rôle de l'enquête par turbe, *RHD,* 1987, p. 71 et s., enquête appelée à disparaître après la rédaction officielle des coutumes. Sur les rapports entre coutume et droit romain, L. Magali, La coutume dans la doctrine romaniste au Moyen Âge, dans *Société Jean Bodin. La Coutume,* 2e partie, Bruxelles, 1990.

QUATRIÈME PARTIE

LA MONARCHIE ADMINISTRATIVE (XVIIe-XVIIIe SIÈCLES)

404 Préparée et annoncée par le XVIe siècle, la monarchie administrative se met en place progressivement au cours du XVIIe siècle. Ses principaux rouages sont le Conseil du roi (qui, à partir de 1661, pratique une gestion administrative du royaume), les ministères « modernes » (secrétariats d'État, et surtout contrôle général des finances), ainsi que les intendants. Ce développement de la monarchie administrative a permis l'affirmation et la croissance de l'État moderne. Mais il eût fallu parallèlement d'importantes réformes. Or, l'opposition stérile des Parlements empêcha le plus souvent la royauté de les réaliser.

Pour aller plus loin

405 ORIENTATION BIBLIOGRAPHIQUE. — Sur les institutions de l'Ancien Régime, on consultera toujours avec profit les ouvrages juridiques du temps, et en particulier : Delamare et Leclerc du Brillet, *Traité de la police,* Paris, 1738 ; Guyot, *Répertoire universel et raisonné de jurisprudence civile, criminelle, canonique et bénéficiale...,* Paris, 1784-1785 ; Guyot et Merlin, *Traité des droits, fonctions, franchises, exemptions, prérogatives et privilèges annexés en France à chaque dignité, à chaque office, à chaque état,* Paris, 1786-1788 (on dit pour simplifier *Traité des offices)* ; Denisart, *Collection de décisions nouvelles et de notions relatives à la jurisprudence actuelle,* Paris, 1768 (6e éd.) ; E. de La Poix de Fréminville, *Dictionnaire ou traité de la police générale des villes, bourgs, paroisses et seigneuries de la campagne,* Paris, 1758.

Systématiquement, on se reportera aux manuels d'histoire du droit et des institutions des facultés de droit. On interrogera en outre la somme de R. Mousnier, *Les institutions de la France sous la monarchie absolue (1598-1789),* t. 1 : *Société et État* ; t. 2 : *Les orga-*

nes de l'État et de la société, Paris, 1974-1980, de même que le très beau manuel de B. Barbiche, *Les institutions de la monarchie française à l'époque moderne,* Paris, 1999. Ainsi que les ouvrages de G. Durand, *États et institutions, XVIe-XVIIe siècles,* Paris, 1969, et P. Goubert, *L'Ancien Régime* (t. 1 : *La société* ; t. 2 : *Les pouvoirs*), Paris, 1969-1973. Ouvrage qui sera repris, et développé dans le sens de l'histoire des mentalités et de la civilisation, par la collaboration de P. Goubert et D. Roche : *Les Français et l'Ancien Régime* (t. 1 : *La société et l'État* ; t. 2 : *Culture et société*), Paris, 1991 (2e éd.). On lira avec intérêt la synthèse riche, vivante et libre de ton de F. Bluche, *L'Ancien Régime,* Paris, 1993 ; ainsi que le manuel aux approches concrètes et originales de F.-X. Emmanuelli, *État et pouvoirs dans la France des XVIe-XVIIIe siècles (La métamorphose inachevée),* Paris, 1992. Une présentation synthétique des institutions, reliée à l'histoire des croyances et des mentalités, est offerte par F. Fogel, *L'État dans la France moderne...,* Paris, 1992. On interrogera bien évidemment de manière systématique *Le Dictionnaire du Grand Siècle,* instrument de travail indispensable, de même que le *Dictionnaire de l'Ancien Régime.* Signalons encore deux ouvrages très commodes pour une mise au point rapide : M. Marion, *Dictionnaire des institutions de la France aux XVIIe et XVIIIe siècles,* Paris, 1972 (rééd.) ; G. Cabourdin et G. Viard, *Lexique historique de la France d'Ancien Régime,* Paris, 1978. Pour une présentation historique d'ensemble, on consultera : E. Le Roy Ladurie, *L'Ancien Régime (1600-1770),* Paris, 1991 ; H. Méthivier, *L'Ancien Régime en France (XVIe-XVIIe-XVIIIe siècles),* Paris, 1981 (importante bibliographie) ; le « Nouvelle Clio » de R. Mandrou, *La France aux XVIIe et XVIIIe siècles,* Paris, 1967 ; ainsi que E. Lavisse, *Histoire de France,* t. VI (2) à IX (1), Paris, 1910 (vieilli, mais irremplacé). Également, les manuels de J. Cornette : *L'affirmation de l'État absolu (1515-1652)* ; *Absolutisme et Lumières (1652-1783).* Sur les rapports entre l'État monarchique et l'érudition historienne, on consultera avec profit la belle étude de B. Barret-Kriegel, *Les historiens et la monarchie,* Paris, 1988, 4 vol. Pour le XVIIIe siècle, il est indispensable de se reporter au précieux guide bibliographique et recueil de textes d'Y. Durand, *La société française au XVIIIe siècle (Institutions et société),* Paris, 1992.

Chacun se doit de connaître le grand livre d'A. de Tocqueville, *L'Ancien Régime et la Révolution* (paru en 1856). Il faut également avoir lu et médité : J. Meyer, *Le poids de l'État,* Paris, 1983 ; R. Mousnier, *La plume, la faucille et le marteau,* Paris, 1970 ; D. Richet, *La France moderne : l'esprit des institutions,* Paris, 1973 ; M. Antoine, *Le dur métier de roi,* Paris, 1986. On lira aussi avec profit *Histoire générale des civilisations,* t. IV : *Les XVIe et XVIIe siècles,* par R. Mousnier ; t. V : *Le XVIIIe siècle,* par R. Mousnier, E. Labrousse et M. Bouloiseau. Ainsi que les ouvrages de la collection « Peuples et Civilisations » : H. Hauser et P. Chaunu, *La prépondérance espagnole (1559-1660)* ; R. Mandrou, *Louis XIV en son temps* ; A. Soboul, G. Lemarchand et G. Fogel, *Le siècle des Lumières.* On ne doit pas négliger les « Que sais-je ? » de H. Méthivier, souvent réédités : *L'Ancien Régime ; Le siècle de Louis XIII ; Le siècle de Louis XIV ; Le siècle de Louis XV ; La fin de l'Ancien Régime.* On lira encore utilement : G. Duby et R. Mandrou, *Histoire de la civilisation française,* t. 2, Paris, 1976 (3e éd.) ; E. Esmonin, *Études sur la France des XVIIe et XVIIIe siècles,* Paris, 1964 ; J.-J. Chevallier, *Les grandes œuvres politiques de Machiavel à nos jours* (nombreuses rééditions) ; Y.-M. Bercé, *La naissance dramatique de l'absolutisme,* Paris, 1992 ; R. Mandrou, *L'Europe absolutiste. Raison et raison d'État (1649-1775),* Paris, 1977 ; P. Legendre, *Histoire de l'administration de 1750 à nos jours,* Paris, 1968 ; P. Chaunu, *La civilisation de l'Europe des Lumières,* Paris, 1982 (rééd.) ; D. Roche, *La France des Lumières,* Paris, 1993 ; R. Muchembled, *Société et mentalités dans la France moderne (XVIe-XVIIIe siècles),* Paris, 1990 ; F. Braudel, *Civilisation matérielle, économie et capitalisme (XVe-XVIIIe siècles),* Paris, 1979 ; pour une information rapide, l'excellent « Que sais-je ? » de H. Legohérel, *L'économie des Temps modernes,* 1991 ; J. Jacquart et E. Le Roy Ladurie, *Histoire de la France rurale,* t. 2 : *L'âge classique des paysans, de 1340 à 1789,* Paris, 1975 ; E. Le Roy Ladurie *et al., Histoire de la France urbaine,* t. 3 : *La ville classique,* Paris, 1981. Sur l'importance des phénomènes de solidarité sous l'Ancien Régime : Y. Durand, *Les solidarités dans les sociétés humaines,* Paris, 1987. Sur le XVIIe siècle, on consultera : R. et S. Pillorget, *France baroque, France classique,* Paris, 1995 ; et sur le XVIIIe siècle : J. de Viguerie, *Histoire et dictionnaire du temps des Lumières,* Paris, 1995 ; M. Delon (dir.) *Dictionnaire européen des Lumières,* Paris, 1997.

On ne négligera pas les biographies, qu'elles soient royales, princières, ministérielles ou autres. C'est là un genre auquel ne dédaignent pas de sacrifier de grands historiens. On lira notamment : J.-P. Babelon, *Henri IV* ; P. Chevallier, *Louis XIII* ; R. Kleinman, *Anne d'Autriche* ; F. Bluche, *Louis XIV* ; J.-C. Petitfils, *Le Régent* ; M. Antoine, *Louis XV* ; E. Lever, *Louis XVI, Marie-Antoinette, Louis XVIII, Madame de Pompadour* ; A. Lebigre, *La princesse palatine* ; D. Gallet, *Madame de Pompadour* ; B. Barbiche, *Sully* ; B. Barbiche, S. de Dainville-Barbiche, *Sully* ; H. Duccini, *Concini* ; M. Carmona, *Richelieu,* suivi de *La France de Richelieu* ; R. Mousnier, *L'Homme rouge...* ; P. Goubert, *Mazarin* ; J. Meyer, *Bossuet* ; du même, *Colbert* ; A. Corvisier, *Louvois* ; E. Faure, *La disgrâce de Turgot* ; J. Egret, *Necker* ; J.-F. Labourdette, *Vergennes.*

Pour mieux connaître les conditions sociales de l'exercice quotidien du pouvoir royal, ainsi que son cadre matériel, on se reportera à : J.-F. Solnon, *La cour de France,* Paris, 1987 ; P. Verlet, *Le château de Versailles,* Paris, 1985.

Chapitre 1

La royauté des XVIIe et XVIIIe siècles

406 LE NOUVEAU VISAGE DE LA MONARCHIE. — Elle prend au cours du XVIIe siècle le visage définitif qui sera le sien jusqu'à sa chute. C'est l'époque de la monarchie absolue. Celle-ci n'est d'ailleurs, contrairement à ce que l'on pourrait croire, guère caractérisée par la reconnaissance au roi de pouvoirs plus importants. Ce sont les progrès de la notion d'État et l'emprise que celui-ci prétend exercer sur la nation qui caractérisent l'absolutisme.

L'État monarchique s'attache à rationaliser et à rendre plus efficace l'exercice du pouvoir royal : en particulier, il se dote de rouages gouvernementaux modernisés et met en place, avec les intendants, une administration régionale de tout premier ordre. La royauté a ainsi voulu se donner les moyens d'éliminer tout ce qui prétend partager son autorité, de ramener à l'obéissance tout ce qui la méconnaît ou la bafoue.

Pour autant, la monarchie absolue n'est pas un régime despotique. Elle doit respecter des règles constitutionnelles, ainsi que les commandements de la religion et toute une série de principes généraux. Elle trouve en face d'elle les « libertés », c'est-à-dire les privilèges, des différents corps composant la nation. Elle se heurte enfin à une foule d'obstacles matériels, qui viennent dans la pratique limiter de façon non négligeable l'efficacité de son action.

Section I
L'exaltation doctrinale de la royauté

407 LA SIGNIFICATION DE CE MOUVEMENT DOCTRINAL. — Il s'agit d'un contre-feu idéologique. Au XVIIe siècle, l'essor des idées absolutistes ainsi que l'affirmation théorisée du droit divin des rois sont dans une large mesure le contrecoup de la période troublée des guerres de religion : temps de la lutte armée des factions et des révoltes contre une autorité royale méconnue et bafouée, temps, aussi, de la violence, des massacres, des pillages, de l'insécurité des personnes et des biens. Aussi a-t-on vu, dans les dernières décennies du XVIe siècle, les meilleurs esprits placer tous leurs espoirs dans le rétablissement d'un pouvoir royal fort et respecté, seul capable de faire revenir la paix civile et la sécurité en imposant silence aux furieux et en réprimant sans faiblesse leurs agissements. Mais, pour parvenir à ce résultat et en jouir de façon durable, il était nécessaire de mettre au service de la restauration de l'autorité monarchique des doctrines capables de faire pièce aux argumentations des théoriciens d'un pouvoir royal limité, soumis au contrôle et éventuellement à la sanction du peuple ou du pape. Absolutisme et droit divin sont avant tout des contre-théories, des brûlots lancés contre les idées – jugées, non sans raison à cette époque, funestes à la paix civile et à la sécurité – aussi bien des auteurs monarchomaques, moralement responsables des régicides de 1589 et 1610, que des théoriciens jésuites de l'école espagnole comme Bellarmin et Suarez. En ce qui concerne l'absolutisme, la voie fut, nous le savons, royalement ouverte par Bodin. Après ce magistral coup d'envoi, la pensée absolutiste va, au XVIIe siècle, continuer sur sa lancée, recevant au surplus l'appui de la théorie sœur du droit divin.

On ne saurait trop insister sur la part essentielle prise par le tiers état dans cette spectaculaire entreprise d'exaltation doctrinale de la monarchie. La théorisation et l'affirmation de l'absolutisme et du droit divin sont essentiellement son œuvre, et il les a imposés, sous l'œil bienveillant de la royauté, à un clergé et à une noblesse dans l'ensemble plus réservés, voire parfois franchement hostiles. De

Bodin à Le Bret, les grands doctrinaires de l'absolutisme viennent du tiers état. En 1614, ce sont les députés du tiers qui réclament que la théorie du droit divin soit proclamée loi fondamentale du royaume. Et le grand doctrinaire du droit divin, Bossuet, est un prélat d'origine roturière.

Plus précisément, c'est la fraction riche et cultivée du tiers état, c'est-à-dire la bourgeoisie, qui se trouve à l'origine de l'émission de ces théories. Maîtresse de l'administration ainsi que d'une fortune acquise par le commerce, la finance, les offices, c'était elle qui avait le plus à perdre à la continuation ou au retour des troubles civils et de l'insécurité. D'où sa vigoureuse réaction en faveur d'un pouvoir fort, capable de rétablir durablement la paix. Par ailleurs, la bourgeoisie avait à sa disposition les instruments intellectuels nécessaires à la théorisation d'un tel pouvoir. Notamment, au cours de la Renaissance, les juristes humanistes, appartenant à la bourgeoisie, avaient restitué aux formules du droit romain utilisées au Moyen Âge par la royauté contre l'empire ou la papauté leur pleine signification absolutiste interne. Si bien que, nourrie d'humanisme, la bourgeoisie se trouvait tout naturellement préparée à se constituer le champion de l'absolutisme.

Mais, ce faisant, la bourgeoisie ne va nullement à l'encontre des souhaits et aspirations du peuple. Celui-ci ne craint pas que le roi fasse preuve de trop d'autorité, mais au contraire qu'il n'en manifeste pas assez. D'instinct, le peuple fait confiance au roi. Ce qu'il redoute, ce sont les conseillers et les ministres, toujours soupçonnés de circonvenir le roi, de fausser son information. Et le peuple de leur imputer tout ce qui lui paraît mauvais dans les décisions du pouvoir. Tandis qu'il conserve au roi une foi inébranlable : dès lors qu'il est bien informé, le roi ne peut que prendre des mesures conformes au bien du peuple. Aussi ce dernier souhaite-t-il que le roi soit fort, gouverne en personne et impose sa volonté. Quant à la théorie du droit divin, elle ne saurait dépayser un peuple religieux et pénétré du caractère sacré de son roi, « oint du Seigneur », « fils de Saint Louis ». Un peuple qui se presse à la cérémonie du toucher des écrouelles, confiant dans le pouvoir du roi-prêtre d'effectuer, avec l'aide de Dieu, des guérisons miraculeuses. L'instinct et les croyances populaires allaient donc dans le sens des théories élaborées par la bourgeoisie, qu'il s'agisse de l'absolutisme ou du droit divin.

408 LA DOCTRINE ABSOLUTISTE : LES SUCCESSEURS DE BODIN. — Leurs écrits se placent dans la première moitié du XVIIe siècle, et ils sont seuls, ou presque, à s'exprimer. Pour l'essentiel, ils ne font que reprendre et illustrer la pensée de Bodin. Du moins ces jurisconsultes estimables ont-ils su mettre au service d'une monarchie pure de tout alliage, titulaire d'une souveraineté entière et impartagée, quelques formules célèbres, frappées comme des médailles et parlant à l'imagination. Ainsi Guy Coquille écrivant que « le roi... n'a point de compagnon en sa majesté royale » (*Institution au droit français,* 1607). Ou bien Charles Loyseau, avec sa fameuse comparaison de la souveraineté à la couronne. De même que l'on ne peut plus parler de couronne s'il y manque un seul fleuron, de même la souveraineté n'existe qu'en l'absence de toute trace de division ou de partage : « La souveraineté n'est point si quelque chose y défaut » (*Traité des seigneuries,* 1609). Ce qu'exprime peut-être mieux encore la belle image toute mathématique, et en cela bien caractéristique de son temps, de Cardin Le Bret, pour qui la souveraineté est, par nature, « non plus divisible que le point en la géométrie » (*De la souveraineté du roi,* 1632).

Parallèlement, les mêmes auteurs ont d'ailleurs contribué à poser les fondements d'une autre doctrine, qui vient compléter celle de l'absolutisme.

409 LA THÉORIE DU DROIT DIVIN. — Sa formation se trouvait préparée de longue date par le travail doctrinal des gallicans, avec en dernier lieu l'apport capital de Pierre Pithou. En outre, l'idée de la royauté de droit divin n'est pas propre à la France. Catholiques ou protestantes, toutes les monarchies européennes des XVIIe et XVIIIe siècles – hormis l'Angleterre d'après 1688 et la Prusse de Frédéric II – justifient la souveraineté du prince par le droit divin. Mais c'est en France que la construction doctrinale a été le plus achevée.

1) *Portée de la théorie.* — Elle repose sur l'idée que le roi reçoit directement son pouvoir de Dieu, sans nul intermédiaire. En conséquence, c'est à Dieu seul qu'il doit rendre des comptes. Nul homme, nul groupe humain n'est en droit de lui en demander. N'étant responsable que devant Dieu, le roi est irresponsable devant les hommes. Concrètement, cela veut dire deux choses. Tout d'abord, le

pape, qui n'est qu'un homme, ne possède nullement le droit de s'ériger en juge du roi au temporel. Certes, le pouvoir du pape vient directement de Dieu. Mais celui du roi également. Le roi n'est donc en rien inférieur au pape, qui ne peut le sanctionner, ni le déposer. Le second point est que les sujets du roi se trouvent eux aussi dépourvus de tout droit de contrôle et de sanction envers le roi. L'affirmation de l'origine divine directe du pouvoir royal balaie toute les thèses contractuelles, fondées sur l'idée d'une autorité venant de Dieu par l'intermédiaire du peuple et pouvant faire l'objet d'une révocation par celui-ci lorsqu'il la juge mal exercée. Rien n'autorise donc les sujets du roi à se révolter contre lui ainsi que certains d'entre eux l'ont fait depuis un demi-siècle. Rien ne peut justifier *a fortiori* des assassinats comme ceux dont viennent d'être successivement victimes le dernier des Valois et le premier des Bourbons.

2) *Le droit divin jusqu'à Bossuet.* — Lors des États généraux de 1614-1615, tandis que la France se trouve encore sous le coup de l'assassinat d'Henri IV, le tiers état souhaite que la doctrine du droit divin reçoive un maximum d'éclat et d'autorité. Le cahier général du tiers demande que soit arrêté « pour loi fondamentale du royaume » que le roi ne tient « sa couronne que de Dieu seul ». Mais le clergé, blessé que l'on parût douter de son loyalisme envers le roi, et puis quelque peu acquis aux thèses de Bellarmin et de Suarez, s'opposa vivement à ce projet. Et il gagna la noblesse à ses vues. Si bien que le pouvoir royal, soucieux d'éviter un affrontement entre les ordres, évoqua l'affaire à lui, interdisant aux États de continuer à s'en occuper, et promettant de prendre une décision, ce qu'il se garda bien de faire.

Cela n'empêcha pas la théorie du droit divin de s'imposer. Elle se trouve présente chez Loisel : « Le roi ne tient que de Dieu et d'épée »*(Institutes coutumières,* 1607). On la retrouve chez Le Bret, pour qui « nos rois ne tenant leur sceptre que de Dieu seul » ne sont « obligés de rendre aucune soumission à pas une puissance de la terre ». Cette doctrine est aussi celle des Parlements. D'esprit très gallican, ils condamnent systématiquement tous les ouvrages contenant des thèses contraires au droit divin des rois. La Faculté de théologie se rallie d'ailleurs progressivement à celui-ci. Elle proclame en 1663 que le roi « n'a d'autre supérieur au temporel que Dieu seul ». Doctrine qui, par l'intermédiaire des universités, va très largement gagner le clergé. Et c'est un évêque, d'extraction bourgeoise il est vrai, qui va donner à la théorie du droit divin son visage achevé.

3) *La théocratie royale selon l'Aigle de Meaux.* — C'est alors qu'il était précepteur du dauphin que le futur évêque de Meaux écrivit, de 1670 à 1679, à l'intention de son royal élève, l'ouvrage intitulé *La politique tirée des propres paroles de l'Écriture sainte.* S'appuyant principalement sur celle-ci, Bossuet formule de manière définitive le dogme politico-religieux de la théocratie royale. Le point fondamental est que Dieu « gouverne tous les peuples et leur donne à tous leurs rois ». En conséquence, « le trône royal n'est pas le trône d'un homme mais le trône de Dieu même ». Et quiconque s'oppose à un roi qui est le « ministre de Dieu » se comporte en « ennemi de Dieu ». La théorie de Bossuet exige donc du sujet la même soumission envers le roi qu'envers Dieu. L'obéissance au souverain est un devoir sacré : « Le respect, la fidélité et l'obéissance qu'on doit aux rois ne doivent être altérés par aucun prétexte. » Le pape comme le peuple sont impuissants face au roi. La déclaration gallicane de 1682, dont Bossuet fut l'inspirateur, proclame solennellement que, dans le domaine temporel, « les rois et les souverains ne sont soumis à aucune puissance ecclésiastique ». Et le texte ajoute que « leurs sujets ne peuvent être dispensés de la soumission et de l'obéissance qu'ils leur doivent ». En un mot, la théorie du droit divin telle que l'exprime Bossuet constitue la justification religieuse du pouvoir absolu des rois. C'est le sceau de la volonté divine mis sur l'absolutisme.

C'est donc parce qu'il est de droit divin que le roi peut légitimement exercer une autorité absolue. Et c'est bien ainsi que Louis XV présente les choses dans l'édit de décembre 1770, enregistré d'autorité, et dirigé contre les menées des Parlements : « Nous ne tenons notre couronne que de Dieu. Le droit de faire des lois, par lesquelles nos sujets doivent être conduits et gouvernés, nous appartient à nous seuls sans dépendance et sans partage. »

410 LE POUVOIR ROYAL N'A RIEN GAGNÉ À CES DOCTRINES. — Constatation qui contredit bien des idées reçues. Quasi divinisée, absolue, dégagée de toute responsabilité devant les hommes, la monarchie française semble avoir tiré un immense profit du double mouvement doctrinal du XVIIe siècle. Mais ce n'est dans une large mesure qu'une apparence. La théorie du droit divin n'ajoute rien à la dimension religieuse traditionnelle du roi. De toute ancienneté, son sacre fait de lui le représentant de Dieu sur la terre et lui confère un pouvoir miraculeux. Et l'absolutisme ne donne pas au roi de prérogative supplémentaire – hormis, indirectement, du fait de la désuétude des États généraux, le pouvoir de décider seul de la création de nouveaux impôts. Mais, ce point mis à part, le roi d'Ancien Régime s'inscrit dans la continuité de ses prédécesseurs.

La signification concrète de la doctrine absolutiste est la suivante : c'est le roi qui décide en dernier ressort. Le roi tranche. Il a toujours le dernier mot. Quand la décision personnelle du roi est prise, il n'y a plus de recours : il ne reste qu'à obéir. C'est ce qu'exprime le jurisconsulte Merlin lorsqu'il écrit, à la veille de la Révolution : « Il faut qu'il y ait un dernier degré du pouvoir au-delà duquel on ne peut remonter. » Or tout cela n'est pas nouveau. Les rois de la Renaissance et du Moyen Âge décidaient eux aussi en dernier ressort. Simplement, en raison de circonstances de fait, certains rois n'ont pas toujours pu exercer leur autorité aussi vigoureusement qu'ils l'auraient souhaité. Mais cet aspect conjoncturel ne doit pas masquer la permanence du comportement politique des rois. Pas plus que Louis XIV, ils ne concevaient de partager leur pouvoir avec quiconque. Certains y furent parfois contraints sous la pression des événements, mais ils n'eurent de cesse qu'ils n'eussent recouvré leur indépendance de décision. Si absolutisme et pouvoir personnel caractérisent la monarchie de Louis XIV, c'est tout aussi vrai pour celle de François Ier, de Louis XI, de Charles V ou de Philippe le Bel. D'ailleurs, c'est depuis le début du XVe siècle que figure couramment dans les lettres patentes la fameuse formule, à tort reprochée à l'absolutisme, « car tel est notre plaisir », qui exprime, on le sait, non pas le caprice mais la volonté réfléchie du souverain.

L'absolutisme de droit divin n'a pas créé le pouvoir personnel du roi. Il lui a simplement permis de résister au choc des théories visant à l'abattre. Mais le lourd appareil doctrinal qui assure la sauvegarde de l'autorité royale ne présentait pas que des avantages pour celle-ci. Le point le plus faible en est paradoxalement celui qui semble le plus fort : le droit divin. Cette doctrine présente l'inconvénient de lier trop exclusivement l'autorité du roi à une investiture divine directe. C'est fort efficace tant que la foi reste profonde dans toutes les couches de la société. Mais, que survienne une poussée d'irréligion, comme ce sera le cas au XVIIIe siècle, et, son support religieux se trouvant ébranlé, la royauté sera en situation de fragilité.

411 LE GRAND GAGNANT : L'ÉTAT. — Héritier de la *res publica* des Romains, l'État, entité supérieure et permanente, est « la somme et le support des intérêts communs » de la nation (Fr. Olivier-Martin). Il constitue le véritable bénéficiaire des doctrines absolutistes et de la théorie de droit divin.

1) *Le roi travaille pour l'État.* — Et cela au sens propre : les *Mémoires* de Louis XIV parlent du « métier de roi ». Pour le jurisconsulte Guyot, le roi exerce « le plus important de tous les offices » (*Traité des offices,* 1787). Le roi d'Ancien Régime n'est donc pas autre chose que le premier serviteur de l'État, le premier agent public du royaume. Si le roi est qualifié de souverain, c'est à l'État qu'appartient en réalité la souveraineté. Elle est « inséparable de l'État » (Loyseau). Le roi ne fait qu'exercer au nom de l'État l'autorité souveraine. Dans ces conditions, les doctrines affirmant le caractère absolu de la souveraineté aboutissent en définitive à proclamer l'absolutisme de l'État. Malgré ses préférences monarchiques, Bossuet écrit : « Dieu prend en sa protection tous les gouvernements légitimes, en quelque forme qu'ils soient établis. » C'est l'État en lui-même, quelle que soit sa forme, qui reçoit la caution divine.

Rien d'étonnant, donc, si l'État aspire à étendre son champ d'action il prétendrait, à la limite, régir intégralement la vie de la nation. Rien ne devrait pouvoir se faire sans que l'État l'ait décidé, ou du moins autorisé. Il y a là une logique de l'absolutisme étatique, qui n'est d'ailleurs pas propre à la France. Elle caractérise l'ensemble des pays d'Europe, et cela indépendamment des formes de gouvernement. Tantôt le régime est mixte comme en Angleterre, tantôt il s'agit d'un despotisme comme en Prusse, ou d'une monarchie pure comme en France, mais partout l'État se veut absolu. Et encore est-ce paradoxalement en France que cet absolutisme de l'État est le moins entré dans les faits. Il n'empêche que, sous l'Ancien Régime, plutôt que du bien commun, comme autrefois, on préfère en général parler du bien de l'État. C'est le second, et non plus le premier, que le roi, lors du serment du sacre, s'engage à respecter. C'est lui qu'il invoque quand il expose, dans le préambule d'un texte, les motifs de sa décision. Et, s'il ne lui paraît pas opportun d'expliciter ses mobiles, il précise tout de même qu'il a été déterminé par « des raisons d'État », c'est-à-dire des considérations d'intérêt général. Le bien de l'État se trouve donc identifié au bien de tous, au bien de la nation. De sorte que le roi, du fait qu'il sert et représente l'État, se trouve être du même coup le représentant de l'universalité de la nation. Le roi constitue l'instrument de « la mainmise de l'État sur la nation » (J. Ellul).

2) *La royauté est absorbée par l'État.* — Le roi ne s'appartient pas. Il n'a ni vie privée, ni patrimoine privé. La personne du roi tout comme ses biens sont la chose de l'État. Le roi de France naît, vit et meurt en public[1]. Le roi ne peut rien posséder en propre. L'idée d'un domaine privé du roi, qui existerait à côté d'un domaine public, est en complète opposition avec les principes constitutionnels de l'ancienne France. Concrètement, cela signifie que tout ce que possède un roi au jour de son avènement tombe automatiquement dans le domaine de la couronne. Ce principe, qui n'a pas été admis sans résistance, ne s'est définitivement imposé qu'au début du XVIIe siècle[2]. Comme l'écrit Guyot à la fin de l'Ancien Régime : « Il

1. Afin que ne puisse exister aucun doute quant à la filiation des enfants royaux, au moment de leur naissance les portes de la chambre sont ouvertes et une foule de spectateurs envahit la pièce, au point de gêner parfois les mouvements de la sage-femme. De même, pour qu'il n'y ait nul soupçon sur les causes de leur mort, les rois expirent en public. Et d'une façon générale, une grande partie de l'existence du roi se déroule sous les regards du public : principalement des courtisans, mais aussi, dans bien des cas, la foule des sujets du roi. Les jardins du roi (jardin des Tuileries, parc de Versailles...) sont ouverts à tous. Et on entre librement dans son palais. À Versailles, certains jours, les sujets du roi pouvaient même défiler devant la cérémonie de son repas.
2. Lorsque la dévolution de la Couronne a lieu en ligne directe, le problème ne se pose pas, l'héritier du trône ne possédant rien en propre. Mais il en va autrement quand il appartient à une branche collatérale. Alors, le nouveau roi, héritier d'un puissant lignage princier, possède un patrimoine important, transmis et accru au fil des siècles.

Tel est le cas d'Henri IV lorsqu'il accède au trône en 1589. Outre deux territoires souverains (royaume de Navarre, Béarn), il possède d'importants fiefs relevant de la Couronne de France (duché d'Albret, comté de Foix...). Or, au moment de son avènement, la position du nouveau roi est on ne peut plus précaire. Ses droits à la Couronne sont contestés. Il lui faut conquérir son royaume, entreprise hasardeuse dans laquelle il peut échouer, voire périr. Aussi Henri IV souhaite-t-il, par prudence, préserver ses biens personnels de toute confusion avec le domaine. D'autant qu'il a une sœur, dont il déclare ne pas vouloir léser les intérêts. Il en tire argument pour décider, par des lettres patentes du 13 avril 1590, que ses biens patrimoniaux resteraient séparés du domaine de

y a identité dans Sa Majesté entre la personne publique et la personne privée. »

3) *L'État existe indépendamment du roi.* — L'État n'appartient pas au roi. Certes, celui-ci emploie souvent l'expression : « mon État ». Mais ce n'est qu'une façon de parler. L'État est simplement confié au roi, qui en a la responsabilité son règne durant. Louis XIV n'a sans doute jamais prononcé la fameuse parole : « L'État, c'est moi. » Formule que, sans preuves, on lui attribuait autrefois, et dont on s'autorisait pour affirmer que le Roi-Soleil considérait l'État comme sa chose. Il est par contre certain que Louis XIV, mourant, a dit : « Je m'en vais, mais l'État demeurera toujours. » L'État reste tandis que les rois passent. Et il est resté tandis que passait la royauté elle-même.

L'État fut créé progressivement par la royauté, qui visait à améliorer son fonctionnement et à assurer sa pérennité. La royauté était une vieille réalité historique ayant un très fort contenu humain, affectif, religieux : elle était profondément concrète. L'État était une construction théorique et juridique, c'est-à-dire abstraite. Et on greffa ceci sur cela.

La notion d'État fut utile au roi. Elle lui servit à légitimer son pouvoir, à le défendre contre les agressions idéologiques et les révoltes, à le faire pénétrer efficacement dans la vie de la nation. Il fut commode au roi de pouvoir se dire le serviteur de l'État et donc le représentant de la nation. Mais, d'un autre côté, en installant et for-

la Couronne. Mais le Parlement de Paris, ou du moins sa fraction loyaliste, qui siégeait à Tours – on était en pleine guerre civile et Paris se trouvait aux mains des ligueurs –, refusa d'enregistrer le texte. Et cela en invoquant les précédents de Philippe VI, de Louis XII – ce qui est discutable car, de son vivant, le comté de Blois resta en dehors du domaine –, de François Ier. Sans tenir compte du fait qu'une telle réunion au domaine impliquait une bien plus rigoureuse dépossession, depuis que l'édit de Moulins de 1566 avait doté d'une efficacité accrue la règle constitutionnelle de l'inaliénabilité du domaine. Néanmoins, Henri IV n'ose pas procéder à un enregistrement forcé. Il se contente de maintenir dans la pratique son patrimoine en dehors du domaine, sans chercher à consacrer juridiquement cette situation. Mais, plus les années passèrent, moins la position prise par le roi put se justifier. Sa légitimité était désormais incontestée. Sa sœur était morte. Et puis il avait maintenant un fils. Fortement poussé par ses conseillers et vivement sollicité par le Parlement, il finit par céder. Un édit de juillet 1605 prononce la réunion au domaine de tous ses biens patrimoniaux – hormis les territoires souverains de Navarre et de Béarn, qui seront réunis par Louis XIII à la Couronne en 1620 (cf. n° 414). L'édit présente l'union du roi et de la Couronne comme un mariage « politique », dans lequel le nouveau roi apporte en dot son patrimoine personnel. Et il est hautement proclamé que les rois « sont dédiés et consacrés au public, duquel ils n'ont rien voulu avoir de distinct et de séparé ».

tifiant l'idée d'État, le roi œuvrait à la puissance d'une entité totalement distincte de sa personne. Une entité permanente et autonome, qui se trouve en l'occurrence servie par une monarchie, mais qui existe indépendamment de la forme du gouvernement. Dès lors, le roi ne peut se passer de l'État, tandis que celui-ci peut fort bien se passer du roi. Il peut changer de serviteur. Et c'est ce qui s'est produit avec Révolution. Ayant bien absorbé la royauté, s'étant nourri et fortifié de sa substance, l'État finit par la rejeter. La royauté disparut, et l'État continua sans elle.

Mais, avant que n'intervînt ce divorce, la royauté avait, s'appuyant sur la notion d'État, éliminé les principaux obstacles s'opposant à l'exercice de son autorité.

Section II
La lutte victorieuse de la royauté contre tout partage ou méconnaissance de son autorité

412 L'ÉLIMINATION DES ÉTATS GÉNÉRAUX ET DES ASSEMBLÉES DES NOTABLES. — Ces deux institutions connurent la même défaveur et partagèrent la même désuétude.

1) *Les États généraux.* Leur ultime réunion – avant celle de 1789 – eut lieu à Paris en 1614-1615. Elle intervient dans un climat de crise politique, ce qui n'a rien pour nous surprendre. De longue date, en effet, la royauté a appris à se méfier des États, ne les réunissant que lorsque des circonstances particulièrement graves l'y acculent. Tel est le cas en 1614. L'assassinat d'Henri IV a été suivi d'une renaissance des factions. On peut craindre une reprise de la guerre civile. C'est dans ce contexte que la régente Marie de Médicis décide de convoquer les États. Elle espère, contre toute raison, qu'ils vont l'aider efficacement. Or, une fois de plus les trois ordres vont faire la preuve de leurs divisions[1].

1. Hostile à la patrimonialité des offices, qui met les charges publiques aux mains de la bourgeoisie et assure son élévation sociale, la noblesse, suivie par le clergé, invite le tiers à demander au roi la suppression de la paulette. Enthousiasme relatif du tiers ! Sur un total de 192 députés, il compte en

Entre 1615 et 1789, durant cent soixante-quatorze ans, il n'y eut aucune réunion des États généraux[1]. Ils tombèrent progressivement dans l'oubli. Et quand la Chambre des Lords, en 1712, lors des négociations devant aboutir au traité d'Utrecht, demanda que la renonciation de Philippe V au trône de France fût ratifiée par les États généraux, le négociateur français, Torcy, put répondre : « Les États, n'ayant point été convoqués depuis plus de cent ans, sont en quelque manière abolis dans le royaume »[2].

2) *Les Assemblées des notables.* — Deux ultimes réunions ont eu lieu en 1617 et en 1626-1627. Puis, plus rien durant cent soixante ans, jusqu'en 1787. La seconde Assemblée, surtout, est importante. La royauté demandait aux notables de se prononcer positivement sur un vaste plan de réformes concernant le gouvernement, l'administration, les finances, les questions ecclésiastiques, le droit pénal... Sur leurs réponses, le garde des Sceaux Michel de Marillac fit rédiger la grande ordonnance de réformation de 1629, que les Parlements baptisèrent ironiquement « code Michau » et

effet 131 officiers (dont beaucoup d'anoblis), auxquels s'ajoutent 30 avocats : en un mot, la bourgeoisie « robine ». Le tiers ne peut refuser, mais pose comme condition que les deux autres ordres se joindront à lui pour solliciter une diminution de la taille, ainsi qu'une réduction des pensions dont bénéficient de nombreux nobles. Là-dessus intervient la querelle entre le tiers et le clergé à propos du droit divin. Bref, les trois ordres furent incapables de s'entendre et de proposer à la royauté un programme d'action cohérent. Dans ces conditions leur tentative – une de plus – d'empiétement sur le pouvoir législatif du roi ne pouvait qu'échouer. Ils proposèrent que les articles communs aux cahiers des trois ordres fussent réunis en un cahier unique, et que le roi précisât ses intentions à l'égard de ces demandes avant la séparation des États. C'eût été pour eux un moyen efficace de pression sur le pouvoir royal. Mais il vit le piège et interdit toute réunion après la remise des cahiers. Les députés rentrèrent alors chez eux pour s'entendre reprocher par leurs électeurs de leur avoir coûté fort cher et de n'avoir rien fait. Un député du clergé, qui avait commencé par placer beaucoup d'espoir dans les États, exprime sa déception en ces termes : « Il n'y a rien à faire dans ce pays qu'avec la monarchie. » Ce député est l'évêque de Luçon. Il se nomme Richelieu.

1. Néanmoins, durant la Fronde, la régente Anne d'Autriche envisagea de les assembler. À plusieurs reprises, en 1649 puis en 1651, des lettres de convocation furent envoyées. Il y eut même, par endroits, des élections et des cahiers furent rédigés. Mais, à chaque fois, la réunion fut remise. Si bien que la Fronde se termina sans que les États généraux eussent été assemblés. Et, la crise étant passée, on se garda bien de faire appel à eux.
2. Toutefois les États conservaient, au moins à titre théorique, des compétences d'ordre constitutionnel. Tout le monde convenait que leur assentiment serait nécessaire pour passer outre aux lois fondamentales. Et, en cas d'extinction de la lignée royale, c'eût été aux États généraux de régler le problème de la dévolution de la Couronne. C'est ce qui résulte du *Mémoire sur les États généraux* rédigé par ordre de Colbert, soucieux d'être mieux informé sur cette institution tombée en désuétude. D'ailleurs, la déclaration royale du 2 juillet 1717, qui déclare inaptes à régner les princes légitimés, précise qu'en cas d'extinction de la dynastie il appartiendrait à la nation d'intervenir pour réparer ce malheur « par la sagesse de son choix ». Or, comment la nation pourrait-elle s'exprimer, en l'absence du roi, sinon par l'intermédiaire des États généraux ?

qu'ils se refusèrent à appliquer parce qu'elle restreignait leur droit de remontrance.

3) *La raison profonde de cette double disparition.* — Ce n'est pas l'échec de ces deux institutions. Certes, en temps de crise, la royauté affaiblie ne trouve pas dans les États un appui efficace. Mais, du moins, est-elle par eux informée des besoins et des réactions de ses sujets. Elle recueille ainsi d'utiles matériaux pour ses ordonnances de réformation. Quant aux Assemblées des notables, elles sont plus précieuses encore pour le roi, qui leur demande d'appuyer moralement ses initiatives politiques, ses mesures fiscales, et reçoit d'elles d'utiles informations. Non, si les États généraux et les Assemblées des notables ont disparu, c'est avant tout en raison d'une incompatibilité avec les doctrines absolutistes. Celles-ci font du roi, en même temps que le représentant de l'État, celui de la nation tout entière. Or, si le roi représente de façon parfaite l'universalité de la nation, les instances qui assuraient jusqu'ici cette représentation perdent toute raison d'exister. Leur maintien serait inutile, voire dangereux. La logique de l'État monarchique absolutiste exclut toute représentation politique de la nation au moyen d'assemblées, qu'elles soient élues ou nommées.

413 LA LUTTE CONTRE LES AUTONOMIES RÉGIONALES ET MUNICIPALES. — Leur présence ne pouvait que gêner l'État monarchique, qui ne rêvait que centralisation et mettait en place ses intendants.

1) *L'élimination de nombreux États provinciaux.* — Le XVIIe siècle fut fatal à beaucoup d'entre eux. Du fait, notamment, de leur droit de consentir et de percevoir l'impôt, ces instances représentatives décentralisées restreignaient la liberté d'action de la royauté. Sa politique à leur égard consiste à les faire disparaître dans tous les cas où c'est possible, et à ne les garder que lorsqu'il n'y a pas moyen de faire autrement. Largement inaugurée au XVIe siècle, la technique du pouvoir royal était d'essayer d'introduire partout sa propre administration fiscale, avec notamment les élus. Quand l'opération réussissait, les États se trouvaient en pratique dessaisis de leurs prérogatives fiscales. Et, leur rôle et leur prestige étant amoindris, ils dépérissaient, prélude à leur disparition. Parfois le roi

les supprimait. Mais, le plus souvent, il s'abstenait de les réunir. Furent ainsi éliminés les États du Dauphiné (1628). Et leur sort fut partagé par ceux de Touraine, d'Orléanais, d'Auvergne, de Normandie (1655), de Guyenne, du Périgord, du Rouergue, du Quercy, du Berry, du Maine, d'Anjou (1683). Tous disparurent dans l'indifférence. Et celle-ci explique la facilité avec laquelle la royauté s'est débarrassée d'eux. Dans ces provinces, les élites s'étant désintéressées des États, ils en moururent.

À l'inverse, d'autres provinces ont su conserver leurs États. Car la population, élites en tête, leur est très attachée. Au besoin, elle n'hésite pas à se mobiliser pour défendre ses États, et la royauté n'insiste pas. Il s'agit de régions périphériques, où le particularisme provincial est très fort : essentiellement Bourgogne, Bretagne, Languedoc et Provence. Celle-ci, en 1629, se dresse contre la création de bureaux d'élection. Le roi y renonce moyennant finance. Et les États sont maintenus, mais sous une forme diminuée, convenant mieux à la royauté. En Languedoc, l'introduction des élus, en 1629 aussi, fut une des causes de la rébellion de 1632. Après l'échec de celle-ci, l'édit de Béziers (octobre 1632) supprima les élus et conserva les États, réglementant toutefois leur fonctionnement et leurs compétences.

Par ailleurs, au moment de leur rattachement à la Couronne, un certain nombre de territoires acquis par le roi de France au cours du XVIIe siècle avaient obtenu de garder leurs États. C'est le cas des petits pays pyrénéens venant d'Henri IV (Navarre, Béarn, Bigorre, comté de Foix...). Sous Louis XIV, Colbert médita bien de les en priver. Mais le roi l'en empêcha. Au Nord, trois provinces annexées conservèrent également leurs États : Artois, Flandre, Cambrésis. Et, au XVIIIe siècle, il en sera de même pour la Corse.

2) *La mise en tutelle des villes.* — Elles ont joui, au XVIe et dans la première moitié du XVIIe siècle, d'une très grande autonomie. Durant les guerres de religion, puis les troubles des minorités de Louis XIII et de Louis XIV, la royauté avait d'autres soucis que la surveillance des villes. De plus, les juges royaux (lieutenants de bailliage ou de sénéchaussée) chargés de contrôler l'administration des dirigeants municipaux appartiennent, comme eux, au milieu social étroit des quelques riches familles de l'oligarchie bourgeoise locale.

D'où une fréquente complicité et un contrôle souvent inexistant. Cette situation a entraîné de graves abus. La plupart des villes se sont littéralement ruinées par un endettement insensé eu égard à leurs revenus. Bien pis, certaines villes sont entrées en révolte contre le roi. Ainsi, sous Louis XIII, plusieurs villes protestantes telles que La Rochelle, Montauban et Nîmes... Ou bien, durant la Fronde, Bordeaux, où le groupe de révoltés appelés l'Ormée, animé par une idéologie républicaine et démocratique, instaura un pouvoir révolutionnaire.

Dès les premières années du règne personnel de Louis XIV, la royauté charge ses intendants, désormais définitivement installés, de rétablir en son nom un contrôle sur les villes et de veiller à l'assainissement des finances municipales. Colbert leur prescrit de « vérifier » les dettes des villes et de procéder à leur liquidation en ordonnant une restriction sévère des dépenses et un alourdissement des droits d'octroi. Ainsi, une stricte tutelle est instituée. Et, pour que les abus passés ne puissent se reproduire, un édit d'avril 1683 vient en codifier les règles. Parallèlement, Louis XIV va désarmer les villes, ou du moins leur enlever presque toute leur artillerie. Les petites milices municipales, ou gardes bourgeoises, sont certes maintenues. Mais elles n'auront plus, pour l'essentiel, qu'un rôle d'apparat au cours des cérémonies et festivités locales.

414 LE DÉMANTÈLEMENT DU PROTESTANTISME MILITAIRE. — La puissance militaire du parti protestant, avec ses quelque 150 lieux de refuge, dont 66 places de sûreté aux garnisons huguenotes rétribuées par le roi, fait de lui « un État dans l'État », selon la formule attribuée, peut-être à tort, à Richelieu. Bien qu'accordé par la royauté, ce privilège exorbitant n'est pas viable. L'État ne peut admettre durablement la présence au sein de la nation d'une faction militarisée susceptible à tout instant de prendre les armes. Ce qui s'est d'ailleurs produit. Après l'assassinat d'Henri IV, les réformés, inquiets, renforcent leur organisation politique. Et ils se découvrent un chef, le duc de Rohan. Ardent et belliqueux, il pousse les protestants à la révolte, projet qui séduit bien des nobles, le petit peuple et certains pasteurs, mais effraie bourgeois et notables. En 1617, intervient la décision du roi de rétablir en Béarn le catholicisme, qui en était exclu depuis un demi-siècle. Mesure qui, bien que conforme à l'édit de Nantes, soulève les protestations du gouverneur, le duc de La Force, des États de Béarn et du parti protestant. Si bien que Louis XIII est obligé, en 1620, de se rendre en Béarn avec son armée, pour y proclamer la réunion du territoire à la Couronne et y ordonner le rétablissement du culte catholique. En réponse, le parti protestant entre en rébellion ouverte, sous la conduite de Rohan, de Soubise, son frère, et de La Force. En Languedoc, en Guyenne, en Saintonge, en Dauphiné, les huguenots prennent les armes contre le roi. Et il lui faudra près de dix ans pour venir à bout de cette ultime guerre de religion. Dès son arrivée au pouvoir, en 1625, Richelieu fait de la ruine du parti protestant un objectif prioritaire. Après un long siège, La Rochelle capitule, en 1628. Et, dans le Midi, Rohan doit abandonner la lutte. En juin 1629, par l'édit de grâce d'Alès, le roi confirme le statut civil et religieux accordé aux huguenots par l'édit de Nantes. À partir de 1630, ils feront preuve d'une grande fidélité, y compris durant la crise de la Fronde. Gens sages et productifs, ils seront de loyaux sujets pour Louis XIII et Louis XIV, lequel les en récompensera bien mal.

415 LA VICTOIRE SUR LES PARLEMENTS RÉVOLTÉS. — La patrimonialité des offices, rendant les parlementaires entièrement indépendants du roi, les incite à donner libre cours à leurs prétentions politiques.

1) *L'opposition des Parlements jusqu'en 1648.* — Ils sont d'autant plus en position de force que la royauté les sollicite en cas de difficulté. À la mort d'Henri IV, Marie de Médicis demande la régence au Parlement de Paris. Rien d'étonnant si celui-ci se permet, dans des remontrances de 1615, d'affirmer qu'il est l'organe le plus apte à conseiller le roi sur les grands problèmes. Durant le règne de Louis XIII, la tension ira croissant entre la royauté et les Parlements. D'autant qu'outre leurs ambitions, plusieurs raisons les poussent à l'indocilité. Tout d'abord, la royauté laisse planer la menace d'un non-renouvellement du système de la paulette, voire d'une suppression de la patrimonialité des offices. Et puis ces officiers souffrent mal la multiplication des évocations par le Conseil du roi, ainsi que l'importance croissante des commissaires, leurs rivaux : fréquence des jugements par commissaires, notamment en cas de conspiration, et, exécration suprême, envoi dans les provinces

d'intendants, dont l'action amoindrit le rôle et le prestige des cours souveraines et de tous les officiers. En représailles, les Parlements lancent des arrêts illégaux contre les intendants, sabotent par leur inertie le maintien de l'ordre en cas de troubles, et excitent souvent le peuple à la révolte par leur critique du gouvernement. Mais le plus grave est certainement le blocage systématique de la procédure d'enregistrement des lettres patentes. Les Parlements s'y livrent avec d'autant moins de scrupules que, le roi ne réunissant plus les États généraux ni les notables, ils se considèrent plus que jamais comme les grands défenseurs des intérêts de la nation. Pour les édits leur déplaisant, refus d'enregistrement et remontrances s'accumulent. Et le roi, après six ou sept jussions, est contraint de tenir un lit de justice, suspendant ainsi la délégation faite à ses officiers, et ordonnant lui-même l'enregistrement du texte. Mais, même après cela, les cours s'obstinent dans leur opposition, refusant d'exécuter ces édits et présentant des réclamations. Si bien que Louis XIII, fatigué de ce harcèlement, par un édit de 1641 enregistré d'autorité, rappelle aux Parlements qu'ils ne sont que des cours de justice et leur interdit toute remontrance à propos des lettres patentes concernant l'administration et le gouvernement de l'État. Ces textes doivent être enregistrés de manière immédiate et automatique.

Mais à la mort de Louis XIII, en 1643, sa veuve Anne d'Autriche, qui veut se libérer du Conseil de régence institué par lui, a besoin du Parlement de Paris. Il rend le service demandé, et en profite pour relever la tête. L'avocat général Omer Talon expose la thèse selon laquelle les cours souveraines posséderaient une « puissance seconde », destinée à modérer la puissance du roi, et s'exerçant par les refus d'enregistrer et les remontrances. Sans les reconnaître vraiment, la royauté n'ose combattre ces prétentions. Et le Parlement refuse d'enregistrer tous les édits financiers de Mazarin.

2) *La Fronde : les Parlements fauteurs de révolution et de guerre civile.* — En 1648, Mazarin ne reconduit la paulette pour les officiers des cours souveraines parisiennes que moyennant la retenue de quatre ans de gages pour ceux du Grand Conseil, de la Chambre des comptes et de la Cour des aides. Le Parlement se solidarise avec eux par son arrêt d'Union, de mai 1648, qui crée l'assemblée de la

chambre Saint-Louis, composée de délégués de toutes les cours souveraines de la capitale. Durant plus d'un mois, cette assemblée illégale, interdite par le roi, va adopter une série de dispositions, transformées en arrêts par le Parlement, qui visent à changer la constitution de la France et à réformer l'administration. Le roi se voit arracher l'essentiel de son pouvoir législatif : les édits fiscaux et ceux créant des offices doivent recevoir l'accord des cours souveraines, le roi étant tenu de respecter leur « liberté de suffrage ». Ce qui signifie qu'il ne pourra, lors d'un lit de justice, ordonner de son autorité l'enregistrement de ces textes. Dans ce système, le roi présente des projets de loi, et les cours souveraines les votent. C'est une révolution à leur profit. Autre mesure essentielle : ces officiers révoltés prononcent la suppression des évocations, ainsi que de toutes les « commissions extraordinaires » et notamment celles des intendants. Et, pour couronner le tout, les magistrats proclament démagogiquement le principe d'une forte réduction des impôts. D'où leur extrême popularité. Paris entre en insurrection et élève des barricades pour les soutenir. La royauté dut provisoirement s'incliner, mais ne se résigna pas. La régente, le petit Louis XIV et Mazarin s'enfuient de Paris. La guerre civile, avec ses deux phases (Fronde parlementaire et Fronde des princes), durera cinq ans, au cours desquels nombre de Parlements furent en révolte contre le roi. Mais l'épreuve de force allait se terminer par la victoire complète de la monarchie et la défaite totale de la rébellion parlementaire (1653).

3) *Louis XIV : les Parlements rendus incapables de nuire au roi.* — Très marqué par la Fronde, il veut leur ôter toute possibilité de jouer un rôle politique. Les cours souveraines n'ont plus droit qu'au titre de cours supérieures. De plus l'ordonnance civile de 1667 n'autorise de remontrances qu'une seule fois, et dans les huit jours de la réception des lettres patentes (six semaines pour les cours éloignées). Plus stricte encore, une déclaration royale de 1673 supprime les remontrances préalables à l'enregistrement. Les lettres patentes concernant les affaires publiques et émanées du propre mouvement du roi doivent être obligatoirement enregistrées dans un très bref délai. Après quoi seulement les cours pourront, si elles le veulent, rédiger des remontrances. C'était priver de toute efficacité le droit de remontrance. De loin les plus dangereux pour la royauté, et

contre lesquels était tout particulièrement dirigée la mesure, les parlementaires parisiens en comprirent parfaitement la portée : estimant que des remontrances *a posteriori* avaient toute chance d'être négligées par le pouvoir royal et de rester sans effet, ils s'abstinrent, quarante-deux ans durant, de lui en adresser aucune.

416 LA MISE AU PAS DE LA HAUTE NOBLESSE. — Elle continue, dans la première moitié du XVIIe siècle, de représenter un danger pour le pouvoir royal. Les grands seigneurs persistent à se comporter en féodaux. Ils supportent mal d'être écartés du gouvernement. Dans les périodes difficiles, telles que les régences, ils tentent de s'imposer et prétendent exercer la réalité du pouvoir. De plus, leur ambition les conduit fréquemment à conspirer et à se révolter, n'hésitant pas à faire appel à l'étranger. Or, les grandes familles disposent de moyens considérables : puissantes forteresses, immenses patrimoines fonciers, vastes réseaux de fidélité, leur permettant de réunir des troupes importantes de gentilshommes et de paysans.

À partir de la mort d'Henri IV, révoltes et complots se multiplient. Et le soulèvement protestant, dirigé par Rohan, se rattache à certains égards aux révoltes nobiliaires. Dans les années 1610-1625, la royauté affaiblie est contrainte de pardonner aux révoltés et de les couvrir d'or et d'honneurs. Les choses changent avec Richelieu, sans qu'il puisse atteindre toutefois les plus hauts placés des comploteurs : la reine mère, qui mourra cependant en exil, et le lâche Gaston d'Orléans, frère du roi[1].

Avec la régence d'Anne d'Autriche, l'ambition des grands se donne à nouveau libre cours. Elle atteindra son paroxysme durant la Fronde. Déjà, certains grands seigneurs avaient rejoint la Fronde parlementaire, terminée par la paix de Rueil (mars 1649). Là-dessus, Condé, prince du sang et général de génie – on devait à ses victoires

1. En 1632, l'un des plus grands seigneurs de France, le duc Henri II de Montmorency, gouverneur de Languedoc, entre en rébellion armée. Vaincu, Richelieu et Louis XIII le font condamner à mort et décapiter. Ils punissent avec la même inflexibilité d'autres aristocrates impliqués dans des complots : Chalais (1626), Cinq Mars (1642). Et les nobles qui bravent trop ouvertement l'interdiction des duels sont châtiés durement : exécution du comte de Montmorency-Bouteville qui, par bravade, s'était battu en pleine place Royale (1626). Bref, les têtes des révoltés, des comploteurs et des duellistes sautent, et leurs forteresses aussi. Car, suivant l'exemple d'Henri IV, Richelieu en fit démanteler un grand nombre.

les traités de Westphalie (1648) –, qui avait secouru la reine, émit des prétentions sans bornes. Il souhaitait le pouvoir, le départ de Mazarin, et « il réclamait pour lui et pour ses amis des gouvernements, des honneurs, de l'argent, toute la France » (E. Lavisse). Si bien que la reine le fit arrêter (janvier 1650). Ce fut le déclenchement de la Fronde des princes, qui s'accompagnera d'ailleurs d'une reprise de la révolte des parlementaires parisiens. Les chefs de cette rébellion aristocratique appartenaient à la plus haute noblesse[1]. Leur objectif était, par-delà le renvoi de Mazarin, de ressusciter une France féodale dans laquelle les grands seigneurs, puissants et autonomes, maîtres du Conseil du roi, gouverneraient le royaume. La Fronde des princes échoua en raison des rivalités opposant ses chefs, à cause aussi des dissensions entre gentilshommes et parlementaires, noblesse d'épée et noblesse de robe, les seconds n'étant aux yeux des premiers que des « bourgeois ». Joua aussi le loyalisme des officiers restés fidèles au roi et de leurs troupes. Commandées par Turenne, dont le ralliement avait été obtenu au prix fort, elles battirent devant Paris l'armée des princes conduite par Condé (juillet 1652). Dès octobre, la royauté victorieuse se réinstallait dans la capitale, suivie peu après par Mazarin à qui Paris fit un triomphe[2].

Là encore, Louis XIV tira la leçon des événements de son enfance. Il s'ingénia à domestiquer la noblesse en attirant auprès de lui les familles les plus prestigieuses du royaume. Pour ce faire, il donna à sa cour un faste et un éclat encore jamais vus. Et il fit construire le prodigieux château de Versailles (1661-1688), modèle de tous les palais à venir, pour y mener une vie minutieusement

1. On trouvait parmi eux de nombreux princes du sang : Condé, son frère le prince de Conti, ainsi que leur sœur la duchesse de Longueville, dont le mari, frondeur aussi, était gouverneur de Normandie ; et puis, à certains moments, Monsieur, le frère du feu roi, c'est-à-dire Gaston d'Orléans, l'éternel comploteur ; sa fille également, Mademoiselle, duchesse de Montpensier, qui, le 1er juillet 1652, fit tirer le canon de la Bastille sur les troupes royales et ouvrir la porte Saint-Antoine à Condé vaincu pour lui permettre de se réfugier dans Paris. S'ajoutaient à eux le duc de Beaufort, fils d'un bâtard d'Henri IV ; le duc de Bouillon, prince souverain de Sedan, et son frère le maréchal de Turenne ; ainsi qu'un prince de la maison de Lorraine, le duc d'Elbeuf. Ils entraînèrent à leur suite une bonne partie de la noblesse et parvinrent à soulever plusieurs provinces. Et Condé conclut une alliance avec l'Espagne, traitant de puissance à puissance.

2. Après l'échec de la Fronde, Condé, condamné à mort, se réfugia en Espagne, dont il commanda les armées contre celles du roi de France. Sa victoire eût certainement redéclenché une révolte nobiliaire. Mais il fut vaincu. Et, au traité des Pyrénées, organisant le mariage de Louis XIV et de l'infante Marie-Thérèse, il fallut toute la ténacité de don Luis de Haro, principal ministre d'Espagne, pour parvenir à imposer à Mazarin le pardon de Condé et la restitution de tous ses « biens, honneurs, dignités et privilèges » (1659).

réglée par l'étiquette, au milieu de la foule de ses courtisans. Afin de fournir à un grand nombre d'entre eux des rôles, honorifiques ou non, et des revenus, le roi développa l'importance des services de sa Maison (y compris de sa Maison militaire), de celle de la reine, des princes, des princesses. La cour devint ainsi une vaste population. La noblesse féodale et factieuse se transforma en une noblesse de cour, en adoration devant le prince, richement entretenue par ses largesses et toute dévouée à son service. Car Louis XIV s'attache à « ôter à la noblesse le préjugé faussement flatteur de l'oisiveté » (F. Bluche), et à lui présenter comme idéal le service du roi et de l'État (dans les charges de cour, aux armées, à la tête d'une province, et souvent le tout réuni). Et la première façon de servir le roi et de mériter sa bienveillance est de venir lui faire sa cour. Tout le reste en découle. C'est à la cour que l'on pouvait espérer obtenir faveurs, pensions, titres, charges, bénéfices ecclésiastiques. Pour les grands seigneurs, vivre à la cour constitua un devoir et une nécessité. En être éloigné par la disgrâce fut ressenti comme une catastrophe. Si bien que l'aristocratie se précipita faire sa cour au roi. Et du même coup elle cessa de représenter pour lui un danger politique. Dans la cage dorée de Versailles, où les frondeurs d'hier et leurs enfants se sont mués en domestiques, la haute noblesse n'est plus qu'une prisonnière, désormais inoffensive.

417 L'INSTAURATION D'UN ORDRE PUBLIC. — C'est une innovation capitale, conséquence des efforts de la royauté pour faire triompher la notion d'État. Le règne de Louis XIV joua un rôle décisif et on peut parler, encore qu'elle ne soit que relative, d'une « paix louis-quatorzienne » (J. Meyer).

1) *La lutte contre l'insécurité.* — Celle-ci, bien que traditionnelle, se trouve encore accrue au XVIIe siècle par la confusion et les désordres nés de la guerre étrangère, de la guerre civile et des révoltes de toute sorte. Paris est un coupe-gorge. On y assassine quotidiennement, et il n'y fait pas bon sortir le soir sans une escorte armée. Les rues y sont pleines de mendiants venus de tout le royaume. Ils pratiquent aussi le vol et sont des émeutiers en puissance, sans parler des maladies épidémiques (peste...) dont ils sont souvent porteurs. En province, la situation n'est pas meilleure : mendicité dans les villes, qui toutes attirent les gueux par une perspective de charité ; et, dans

les campagnes, ravages du grand banditisme. De redoutables bandes de brigands terrorisent des contrées entières. À leur tête, on trouve fréquemment des gentilshommes dévoyés. D'ailleurs, sans aller jusqu'à se faire voleurs de grands chemins, d'autres hobereaux, qui entretiennent souvent quelques gens armés, se comportent en tyrans locaux : pratiquant abus de pouvoir et oppression, ils ne reculent pas devant l'assassinat. Et, plus généralement, la société rurale, surtout dans les régions reculées, est pétrie d'une violence qui touche l'ensemble des catégories sociales. Le recours à la justice d'État, perdue comme « étrangère », y entre difficilement dans les mœurs : on préfère rester entre soi et s'en remettre à la vengeance privée. Aussi bien, certains officiers de la justice royale, concussionnaires et corrompus, s'abstiennent de poursuivre les crimes et pressurent les populations. Ajoutons encore, parmi les facteurs d'insécurité, les atteintes aux biens et aux personnes causées par les gens de guerre. En effet, au XVIIe siècle, il n'y a pas encore de casernes, et les soldats sont logés d'autorité chez l'habitant, charge redoutée des populations, que terrorisent les excès de la soldatesque. Et, au surplus, celle-ci est souvent vecteur d'épidémie. Bref, le soldat est dangereux. Quant aux anciens soldats, sans moyens d'existence, ils sont souvent mendiants ou brigands.

Contre tout cela, l'État louis-quatorzien va réagir avec beaucoup de fermeté. En 1667 est créée la charge de lieutenant général de police de Paris. Son premier titulaire, La Reynie, inaugure l'éclairage des rues de la capitale et traque les malandrins qu'il envoie aux galères ou à l'armée. Il fait raser la « cour des miracles », véritable citadelle, au cœur de Paris, de la mendicité et de la délinquance. Parallèlement, dans les provinces, les intendants travaillent à démanteler les bandes de brigands. De plus, dans des régions particulièrement sujettes au désordre et à l'insécurité, le roi a envoyé tenir une session, en qualité de commissaires, des magistrats choisis parmi ceux du Parlement du ressort. On appelle Grands Jours ces cours extraordinaires. Les plus célèbres sont les Grands Jours d'Auvergne, qui siégèrent à Clermont-Ferrand en 1665. Ils prononcèrent 360 condamnations à mort, dont 347 par contumace ; 38 concernaient des gentilshommes, et il y eut 6 d'entre eux parmi les 23 exécutés. Les châteaux des condamnés furent détruits. Le pouvoir royal s'efforce également de lutter contre la mendicité. Elle est interdite, et sont créés, tant à Paris (1656) que dans de nombreuses villes de province, des hôpitaux généraux destinés à l'enfermement des mendiants, en vue de leur mise au travail et de leur évangélisation. En pratique, faute de moyens suffisants, seule une minorité de mendiants a été enfermée dans ces hôpitaux généraux, dont l'institution ne traduit d'ailleurs pas une volonté d'exclusion mais au contraire de socialisation des pauvres. Et, à travers le XVIe siècle, en dehors des incarcérations dans les dépôts de mendicité, créés à partir de 1767, nombre de mendiants ne devront leur survie qu'à un hébergement libre et désiré dans les hôtels-Dieu (*i.e.* les hôpitaux ordinaires) ou même dans les hôpitaux généraux. Le gouvernement de Louis XIV lança aussi une politique systématique de construction de casernes, qui se poursuivit au XVIIe siècle et libéra partiellement les populations du fléau du logement des gens de guerre. Au surplus, une partie des anciens soldats seront désormais secourus : construction de l'hôtel des Invalides (1670) et octroi d'un certain nombre de pensions. Au total, la conjugaison de toutes ces mesures, en dépit des limites de leur efficacité, entraîna un important recul de l'insécurité, qui fut un des grands bienfaits de l'affirmation de l'autorité de l'État.

2) *La fin des grandes révoltes populaires.* — Elles sont fréquentes au XVIIe siècle. Leur cause principale fut le fort alourdissement de la fiscalité royale, notamment lors de la participation de la France à la guerre de Trente Ans (1635-1648). Or, à la différence des prélèvements plus anciens, comme ceux de la fiscalité seigneuriale, l'impôt d'État, bien qu'existant depuis longtemps déjà, n'est pas encore vraiment entré dans les mentalités. Il continue souvent d'être perçu comme « nouveau », et partant illégitime. D'où, dans certaines provinces, une résistance de la population à tout accroissement de la fiscalité étatique, particulièrement s'il s'agit de nouveaux impôts. La colère populaire est dirigée contre les gens de finance et les agents fiscaux, accusés d'être des voleurs, des ennemis du peuple et du roi. Très nombreuses, les explosions de violence ne frappent en général que les plus humbles exécutants de la machine fiscale, qui sont au contact des contribuables. Elles dégénèrent parfois, essentiellement dans le Sud mais aussi dans l'Ouest, en de vastes soulèvements pouvant s'étendre à l'échelle d'une province. Souvent de petits seigneurs

locaux, protecteurs traditionnels des paysans, prennent la tête de ces révoltes contre l'État percepteur. Celles-ci, il faut y insister, ne sont pas des explosions de la misère et du désespoir. Ce n'est pas la paysannerie pauvre qui se soulève le plus volontiers, mais les laboureurs, les fermiers, les gros métayers, ceux qui supportent presque toute la charge fiscale. Ils se sentent menacés de déchéance sociale, et répondent par l'action collective de gens sûrs de leur bon droit, estimant défendre leurs libertés contre l'agression injuste du fisc. Les insurgés n'ont pas le sentiment de se rebeller contre le roi : bon et juste, il est trompé par de mauvais ministres et des gens de finance avides ; mais une fois instruit de la réalité, il pardonnera la juste résistance de ses sujets et leur donnera satisfaction. Le point de départ de la révolte est parfois le bruit d'une augmentation bien réelle de la fiscalité d'État, parfois aussi une rumeur non fondée, voire délirante, tel le mythe souvent repris de l'instauration d'une taxe sur les nouveau-nés. Parmi les principales révoltes, on peut citer celle des Croquants charentais et périgourdins (1635-1637), celle des Nu-pieds normands (1639), celle du Vivarais (1670), et en Bretagne celle du papier timbré, appelée aussi des Bonnets rouges, révolte à la fois antifiscale et antiseigneuriale (1675). La répression de ces révoltes fut rigoureuse, avec une sévérité accrue après 1661. Louis XIV imposa d'une main rude le respect de l'autorité de l'État. Et ce fut, passé 1675, la fin des grands soulèvements, mis à part celui, tout différent, des Camisards cévenols, contrecoup de la persécution du protestantisme. À travers le XVIIe siècle, il y aura certes toujours des émeutes ponctuelles, notamment en raison de la pénurie alimentaire les années de mauvaise récolte, mais plus de grandes révoltes.

Section III
Le maintien de limites et de freins à l'exercice du pouvoir royal

418 UNE LIMITE CONSTITUTIONNELLE : LE RESPECT DES LOIS FONDAMENTALES. — De Bodin à Bossuet, tous les auteurs insistent sur le fait que la monarchie absolue de droit divin n'est ni arbitraire, ni despotique, mais légitime (*i.e.* soumise aux lois). En effet, une série d'obligations s'imposent au roi, et en premier lieu le respect des lois fondamentales, qui sont la « constitution de la monarchie » (déclaration royale de 1723). Pas plus qu'il ne peut aliéner le domaine de la Couronne, le roi ne peut changer les règles de la succession au trône. C'est ainsi qu'il ne saurait valablement conférer vocation successorale à ses bâtards, qui sont exclus par la loi de succession. Et c'est en vain que Louis XIV tenta de la tourner. Il habilita à succéder à la Couronne, après les princes du sang, deux de ses bâtards légitimés (enfants de Mme de Montespan), le duc du Maine et le comte de Toulouse (promus à la dignité de princes du sang), ainsi que leurs descendants (édit de juillet 1714 et déclaration du 23 mai 1715). Pour justifier ces mesures, le vieux roi invoquait la crainte d'une extinction de sa race. Il est vrai que venaient de mourir en peu de temps son fils (le grand dauphin), son petit-fils le duc de Bourgogne et son arrière-petit-fils le duc de Bretagne, ainsi que quatre princes du sang : en tout sept successibles. Il ne restait de sa descendance légitime qu'un enfant de quatre ans, fils cadet du duc de Bourgogne (le futur Louis XV), et son petit-fils Philippe V d'Espagne. Cependant, il y avait en outre six princes du sang : sauf malchance extrême, la maison de Bourbon ne semblait pas réellement en danger de s'éteindre. C'est pourquoi on peut supposer que Louis XIV, très hostile aux princes du sang – il se défie de son neveu Philippe d'Orléans et, vieux souvenir de la Fronde, déteste les Condé et les Conti –, et craignant le déchaînement de leurs ambitions autour de l'enfant Louis XV, se soucie avant tout de donner aux deux princes légitimés la position la plus élevée possible afin de leur permettre de se constituer efficacement les tuteurs du pouvoir royal. Mais l'édit de 1714 méconnaissait le principe d'indisponibilité de la Couronne. Dès la mort de Louis XIV (1er septembre 1715), la noblesse fit entendre de grandes protestations indignées. Et un édit de juillet 1717 révoqua celui de 1714, comme violant la constitution de la monarchie, qui met le roi dans l'« heureuse impuissance » de disposer de sa couronne.

Le même principe d'indisponibilité rend sans objet la renonciation de Philippe V à ses droits à la Couronne de France. Petit-fils de Louis XIV, le duc d'Anjou avait été appelé en 1700 au trône d'Espagne par le testament de Charles II, le dernier roi Habsbourg.

Mais les autres puissances européennes s'inquiétèrent d'une éventuelle réunion des Couronnes de France et d'Espagne. Elles déclenchèrent la guerre de succession d'Espagne, qui dura douze ans et fut très dure pour la France. Les coalisés mirent comme condition à la paix l'insertion dans le traité d'une renonciation de Philippe V au trône de France pour lui et ses descendants. Louis XIV céda, dans l'intérêt de son pays exsangue. Il fit renoncer son petit-fils, et la clause figura au traité d'Utrecht (avril 1713). Il n'empêche que la renonciation de Philippe V était parfaitement nulle car anticonstitutionnelle. D'ailleurs, dans un mémoire de 1712, le marquis de Torcy, secrétaire d'État des Affaires étrangères, en avait prévenu les négociateurs étrangers. En vertu de la loi de succession, Philippe V possède par « droit de naissance » une vocation à devenir roi de France. Et, cette loi, « nulle renonciation ne la peut détruire ». Si bien que Philippe V conservait tous ses droits au trône aux yeux de l'opinion française, qui se fût déclarée pour lui et non pour le duc d'Orléans, premier prince du sang, en cas de mort de Louis XV sans descendance mâle. Un roi ne peut valablement faire renoncer à la Couronne l'un de ses héritiers légitimes.

Pas davantage le roi ne peut, lorsqu'il se sait près de mourir et que son successeur est un enfant, instituer à l'avance un Conseil de régence et en désigner les membres. C'est ce qu'avaient tenté Louis XIII et Louis XIV, le premier par une déclaration royale enregistrée au Parlement quelques jours avant sa mort, le second par certaines dispositions de son testament. Car l'un se méfiait de sa femme Anne d'Autriche, et l'autre de son neveu Philippe d'Orléans, appelés à exercer la régence. D'où la volonté des deux rois de confier le gouvernement du royaume à un Conseil majoritairement composé de personnes possédant leur confiance, et prenant ses décisions à la pluralité des voix. Mesure politiquement excellente, mais contraire au principe d'indisponibilité. En sorte que dans les deux cas, une fois le roi mort, la régente en 1643 et le régent en 1715 s'adressèrent au Parlement de Paris en dénonçant l'inconstitutionnalité de la mesure qui réduisait leur pouvoir. Et le Parlement leur reconnut une régence sans restriction, avec la liberté de composer leur Conseil à leur gré, et l'entière administration des affaires du royaume. Les deux fois, le Parlement rendit d'autant plus volontiers le service demandé que c'était pour lui l'occasion de recouvrer un rôle politique dont le feu roi l'avait privé. Mais il n'en est pas moins vrai que le fait d'empiéter sur le règne de son successeur en organisant à sa place le fonctionnement des institutions peut être considéré comme une violation des lois de la monarchie. Cela revient à disposer partiellement de la Couronne. C'est oublier que « le Roi de France est toujours majeur », même si on sait qu'il ne s'agit que d'une fiction juridique, et que c'est la régente (ou le régent) qui décide au nom du roi enfant.

419 LES LIMITES INHÉRENTES À L'ESPRIT DE LA MONARCHIE. — Le roi sait bien qu'il n'est pas monté sur le trône pour user du pouvoir à sa fantaisie, mais afin qu'il travaille « pour le bien et le salut de l'État » (édit de juillet 1717), c'est-à-dire dans l'intérêt général. L'origine divine de son pouvoir lui en fait une obligation. Il est « ministre de Dieu pour le Bien » (Bossuet). Et, lors du sacre, il s'engage par serment à protéger son peuple et à faire régner la justice. Autant Bossuet abaisse les sujets devant le roi, autant il abaisse le roi devant Dieu. Soumis au respect de normes supérieures, le gouvernement du roi n'est ni arbitraire, ni despotique. La loi est reine, car si les sujets obéissent aux lois du roi, celui-ci obéit aux lois divines et à la morale naturelle qui en découle (Bodin, Loyseau). En conséquence, le roi doit se souvenir qu'il règne « sur des sujets, non sur des esclaves » (Bossuet), qu'il commande « à une nation libre » (Massillon). Le pouvoir du roi doit s'exercer avec discernement, justice et modération (Le Bret). D'ailleurs, la royauté a conservé de son passé médiéval la règle du gouvernement par conseil, permettant une large information du roi. Et la monarchie intériorise profondément ces obligations morales. Ainsi, bien qu'elle ne soit pas organisée juridiquement, le roi se fixe comme objectif le respect de la « liberté publique », de la liberté de ses sujets. Bodin parle de leur « liberté naturelle ». Autre élément des libertés naturelles, la propriété fait également l'objet de la sollicitude du pouvoir royal, qui affirme sa volonté d'en assurer la protection. Sans cesse la monarchie se réfère à ces grands principes. Louis XV, lors de la séance de la Flagellation, rappelle que l'autorité royale est caractérisée par « l'esprit de conseil, de justice et de raison » (mars 1766). Le roi se veut le père de ses sujets, d'où son souci d'une modération de son autorité, qualifiée par les anciens auteurs de « pure paternelle ». D'où aussi une réelle familiarité du peuple et du prince : correspondance avec les villes pour les tenir au courant des événements essentiels concernant l'État, le roi et sa famille, bon accueil fait aux députations envoyées auprès du roi par les provinces, les villes, les corps... ; possibilité pour quiconque d'approcher le roi afin de lui remettre un placet (*i.e.* une requête)... Si bien que sous Louis XIV, au sommet de son autorité, l'État d'Ancien Régime demeure relié à une philosophie équilibrée, humaniste et chrétienne. Certes, il exige l'obéissance des sujets, mais subordonne son pouvoir aux commandements divins et au respect des libertés naturelles.

420 UN FREIN PUISSANT AU POUVOIR SOUVERAIN : LES PRIVILÈGES. — Ce terme désigne à la fois le régime juridique particulier *(privata lex)* s'appliquant à un individu ou à un groupe plus ou moins vaste et les avantages que les intéressés en retirent. La notion de privilège – on dit aussi les libertés – s'oppose à celle de droit commun. Presque absent au Moyen Âge, celui-ci avait sous l'Ancien Régime vocation à constituer la norme générale. Cependant, il ne s'appliquait guère : « il disparaissait dans la forêt des privilèges » (A. Dumas). Ceux-ci traduisaient le maintien d'un grand nombre de structures organiques complexes et disparates, aussi bien territoriales que sociales et professionnelles, héritées de l'époque médiévale. Sous l'effet du réseau inextricable des privilèges, « presque tout dans le royaume restait composite » (F. Garrisson). La majorité des privilèges reposait sur la coutume. Mais d'autres résultaient de lettres patentes du roi, soit qu'il confirmât d'anciens privilèges, soit qu'il en concédât de nouveaux, tout cela en général moyennant finance.

Le système des privilèges assurait le maintien de toute l'organisation foncière féodale. À chaque seigneurie restaient attachés les droits féodaux dus par les fiefs vassaux et grevant les tenures paysannes, ainsi que les droits seigneuriaux consistant en prérogatives de puissance publique : judiciaires, fiscales... Privilège aussi, pour les habitants d'un territoire donné, que d'être régis en matière de droit privé par les dispositions de leur coutume spécifique. Privilèges encore que le statut du clergé et de la noblesse. Premier ordre de la nation, le clergé bénéficie des plus grands honneurs et d'un droit de préséance. Il jouit de privilèges fiscaux (notamment celui de consentir l'impôt versé au roi, le don gratuit, et de lever lui-même un impôt : la dîme) et judiciaires (il est régi par son droit propre, le droit canonique, et conserve, bien que très amoindries, ses propres juridictions : les officialités). Constituant le second ordre, la noblesse possède elle aussi des privilèges honorifiques (port de l'épée, droit à un titre, armoiries timbrées, *i.e.* surmontées d'un casque ou d'une couronne), fiscaux (exemption de la taille...), judiciaires (les nobles ne sont pas justiciables des prévôtés). Et puis certaines charges de l'armée et de la Maison du roi sont réservées à la noblesse. Quant au tiers état, il ne forme pas en tant que tel un ordre privilégié. Mais un très grand nombre de ses membres sont néanmoins des privilégiés, en raison de leur appartenance à une collectivité privilégiée : par exemple à une ville ou à une province bénéficiant de privilèges, fiscaux notamment, obtenus du roi à prix d'argent ou accordés par lui pour se concilier les populations, en particulier lors d'un rattachement à la Couronne de nouveaux territoires. Parmi les innombrables collectivités privilégiées existant dans l'ancienne France, celles qui jouissent de la personnalité juridique constituent des corps. Seul parmi les trois ordres, le clergé, avec ses assemblées générales périodiques, est un corps. Et dans son sein se rencontrent de nombreux corps plus restreints : chapitres, monastères, hôpitaux, universités... Mais il existe aussi une infinité de corps laïques, et en particulier les provinces ayant conservé leurs états, les villes, les communautés d'habitants, les communautés de métier (ou corporations), les chambres de commerce, les collèges d'avocats, les compagnies d'officiers royaux – ces dernières réunissant les membres de chaque cour souveraine, bailliage, sénéchaussée, bureau des finances, élection... Bref, le royaume se composait d'une infinité de groupements territoriaux, sociaux, professionnels, chacun de ces corps intermédiaires possédant ses privilèges et exerçant une certaine autonomie. La France connaissait alors une « organisation corporative » de la société : c'était une « nation organisée » (Fr. Olivier-Martin).

En outre, le roi créait une foule de privilèges individuels. Il accordait des lettres de naturalité, de légitimation, d'anoblissement, ou concédait un privilège pour la création d'une manufacture, d'une compagnie de commerce, l'ouverture d'une salle de spectacle, l'impression d'un livre...

Juridiquement, la présence des privilèges ne saurait entraver la souveraineté du roi, et en particulier faire obstacle à la plénitude de son pouvoir législatif. D'ailleurs, les progrès de la royauté n'ont pu être obtenus qu'en brisant une masse de privilèges et de droits acquis. Et le processus se poursuit sous l'Ancien Régime : disparition de nombreux États provinciaux, abaissement du pouvoir traditionnel des grandes familles, mise en tutelle des villes, alourdissement de la fiscalité royale... Cependant, le roi n'aurait pu sans provoquer de très vives résistances faire disparaître la totalité des privilèges et imposer un véritable droit commun, destructeur des particularismes locaux et sociaux, condition indispensable pour une parfaite efficacité de l'autorité de l'État. Aussi la victoire de la monarchie est-elle en fait un compromis. Les rois n'ont pas édifié leur pouvoir « sur les ruines de la société traditionnelle », mais « l'ont au contraire construit au prix d'une série de conflits et de transactions avec cette société qui s'est, au bout du compte, trouvée imbriquée dans le nouvel État par de multiples liens » (F. Furet). Et cela d'autant plus que la monarchie s'impose le respect de la justice, de la liberté, de la propriété. Or beaucoup de privilèges ont une nature contractuelle, tels les privilèges reconnus solennellement aux provinces ou aux villes lors de leur rattachement au royaume, ou bien ceux qui furent en quelque sorte achetés au roi : et l'esprit de justice exige d'être fidèle au contrat. Quant aux privilèges fondés sur la coutume, on peut les considérer comme la propriété de leur titulaire. Et, de façon plus générale, les privilèges formaient l'assise majeure de la liberté des sujets du roi. Si bien que la monarchie, parce qu'elle se voulait légitime, tout en éliminant les pouvoirs rivaux du sien et en bousculant ainsi bien des privilèges, s'interdisait moralement d'abolir la masse des autres privilèges, quitte, si elle le pouvait, à les vider peu à peu de leur substance. D'où le maintien jusqu'à la fin de l'Ancien Régime d'innombrables privilèges, gênant fréquemment l'action du pouvoir royal.

421 L'IMPORTANCE DES OBSTACLES MATÉRIELS. — Le principal d'entre eux est l'immensité du royaume et l'énormité de sa population, eu égard aux moyens d'action de la royauté. Grâce aux efforts de celle-ci, la superficie du territoire passa d'environ 465 000 km^2 à la fin du XVIe siècle à quelque 528 000 en 1789. Cela représentait de très grandes distances, vu la lenteur des communications. Si un courrier rapide ne mettait que cinq ou six jours pour aller de Paris à Irun ou à Strasbourg, un voyageur ordinaire en mettait deux pour se rendre à Rouen ou à Orléans, huit à dix pour aller à Toulouse, onze pour atteindre Strasbourg. Et ces chiffres devaient être doublés quand il s'agissait de marchandises. Ce n'est que dans les dernières décennies de l'Ancien Régime qu'interviennent de réels progrès de la circulation. Quant à la population du royaume, elle passe de quelque 18 millions d'habitants au début du XVIIe siècle à 28 millions en 1789. Chiffres énormes : la France est de loin le pays le plus peuplé et le plus dense d'Europe. Au début du XVIIIe siècle, l'Angleterre a 6 millions d'habitants, l'Espagne, 8 millions, de même que les possessions des empereurs Habsbourg.

Ainsi, la France d'Ancien Régime constitue pour son gouvernement un pays gigantesque. En sorte que « le pouvoir central n'a qu'une prise réduite sur les gouvernés » (Mousnier). Dans les faits, ils jouissent vis-à-vis de lui d'une très grande indépendance. Tout concourt à cela : les distances ; le nombre des hommes ; le maintien des parlers locaux – à quelques lieues de Paris, le roi était harangué en picard, et, à Marseille, il fallait un interprète ; la résistance opiniâtre des mentalités à l'application de certains textes – plus une décision royale est rappelée, plus on peut être assuré de son inapplication ; la fréquente mollesse d'une administration majoritairement composée d'officiers ; la faiblesse des moyens de l'État – ainsi, la maréchaussée, troupe chargée du maintien de l'ordre et de la police, ne comporte qu'un peu plus de 3 000 hommes pour l'ensemble du territoire.

En outre, l'État ne connaît que très imparfaitement son territoire et sa population. Au début du XVIIe siècle, on croit qu'il y a en France 17 millions de paroisses : une enquête de Sully en ramènera le nombre à 40 000. En 1684, une nouvelle carte apprend à Louis XIV que la superficie de son royaume est d'un tiers inférieure à ce que l'on croyait. De même, jusqu'au milieu du XVIIIe siècle, voire après, on vit sur l'idée radicalement fausse d'une dangereuse dépopulation de la France. Cependant, l'État se soucia activement d'améliorer son information : enquêtes de Colbert et de ses successeurs, dénombrements démographiques, levée de cartes précises. Et cela non sans résistance : un recensement de population était ressenti comme une impiété, et, en plein XVIIIe siècle, on tire sur les cartographes effectuant leurs relevés. Mais, à la veille de la Révolution, la monarchie avait réussi à créer de remarquables outils de connaissance du territoire et de la population : notamment la carte des Cassini et le service de la statistique de la France, institué en 1772 par l'abbé Terray.

422 UN ÉTAT FINALEMENT FORT PEU ABSOLU. — Les obstacles de fait s'ajoutant à tout ce qui précède, les historiens s'accordent pour conclure que le propre de la monarchie absolue était d'être limitée. La royauté d'Ancien Régime a certes rêvé l'État absolutiste. Mais, par scrupule plus encore que par impuissance, elle est bien loin de l'avoir réalisé. En particulier, le pouvoir royal estimait de son devoir de respecter dans une bonne mesure le foisonnement des vieilles libertés et des diversités régionales, locales, sociales, professionnelles, linguistiques... La monarchie française a mis en route et poussé assez avant la construction de l'État moderne. Mais il ne s'agissait que d'un État inachevé, qui se mêlait à des principes d'organisation sociale hérités de la chrétienté médiévale. Soit un compromis assez instable entre l'édification de l'État et le maintien de la société traditionnelle. La vitalité de celle-ci est progressivement détruite par la royauté, qui demeure cependant fidèle au principe des droits acquis, des privilèges et de la vieille organisation corporative de la nation. Ce faisant le pouvoir royal tente, après l'avoir mis en branle, de retenir l'État sur la pente de l'absolutisme. Et l'accentuation de cette attitude vers la fin de l'Ancien Régime fut une cause essentielle de la Révolution.

Pour aller plus loin

423 LA MONARCHIE ABSOLUE. — En ce qui concerne l'aspect doctrinal, voir notamment : B. Basdevant-Gaudemet, *Aux origines de l'État moderne. Charles Loyseau (1564-1627) théoricien de la puissance publique,* Paris, 1977 ; G. Picot, *Cardin Le Bret et la doctrine de la souveraineté monarchique,* Nancy, 1948 ; R. Pissère, *Les idées politiques de Bossuet,* Montpellier, 1943 ; J.-L. Thireau, *Les idées politiques de Louis XIV,* Paris, 1973 ; C. Bontemps, L.-P. Raybaud, J.-P. Brancourt, *Le prince dans la France des XVIe et*

XVIIe siècles, Paris, 1965. On lira aussi : B. Barret-Kriegel, *Les chemins de l'État,* Paris, 1986.

Sur l'esprit de la monarchie absolue et l'exercice de l'autorité royale, on se reportera à Fr. Olivier-Martin, *L'absolutisme français,* cours de doctorat, 1950-1951 (polyc.) ; F. Dumont, Royauté française et monarchie absolue au XVIIe siècle, dans *XVIIe siècle,* 1963, n°s 58-59, p. 3-18 ; R. Mousnier, *La monarchie absolue en Europe du Ve siècle à nos jours,* Paris, 1982 ; F. Hartung et R. Mousnier, Quelques problèmes concernant la monarchie absolue, dans *Relazioni del Xe Congresso internazionale di Scienze storiche, Storia moderna,* t. IV, Florence, 1955 ; R. Villers, *L'esprit du droit public français au XVIIe siècle,* cours de doctorat, 1958-1959 (polyc.) ; G. Pagès, *La monarchie d'Ancien Régime en France de Henri IV à Louis XIV,* Paris, 1952.

424 LA CONSTITUTION DE LA FRANCE AUX XVIIe ET XVIIIe SIÈCLES. — Sur le principe d'inaliénabilité du domaine aux XVIIe et XVIIIe siècles : A. Rousselet, *La règle de l'inaliénabilité du domaine de la Couronne. Étude doctrinale de 1566 à la fin de l'Ancien Régime,* Paris, 1997. Outre plusieurs ouvrages déjà cités consacrés aux lois fondamentales, on lira R. Mousnier, Comment les Français voyaient la constitution, dans *XVIIe siècle,* n° 25-26, 1955, p. 9-36 (réimpr. dans R. Mousnier, *La plume, la faucille et le marteau, op. cit.*) ; V. Canet, *Les éléments de l'ancienne constitution française,* Paris, 1878 ; P. Bastid, *L'idée de constitution,* cours de doctorat, 1962-1963 (polyc.) ; E. Carcassonne, *Montesquieu et le problème de la constitution française au XVIIIe siècle,* Paris, 1927 ; S. de Bourbon-Parme, *Le traité d'Utrecht et les lois fondamentales du royaume,* Paris, 1914. On mettra l'accent sur deux travaux récents : C. Saguez-Lovisi, *Les lois fondamentales au XVIIIe siècle. Recherches sur la loi de dévolution de la couronne,* Paris, 1984 ; J. Barbey, F. Bluche, S. Rials, *Lois fondamentales et succession de France,* Paris, 1984.

Cette dernière étude replace dans l'actualité la question des lois fondamentales. Les auteurs observent que la coutume constitutionnelle, quel que soit son « engourdissement » depuis deux siècles, n'en conserve pas moins sa force juridique. Dans une perspective monarchique, ils soulignent que, parmi tous les princes de la maison de Bourbon, le « roi de droit », celui qui se trouve « saisi par les antiques lois fondamentales du royaume », est le descendant de Philippe V, « l'aîné des Bourbons, le duc d'Anjou et de Cadix ». Cela résulte fondamentalement de la nullité des renonciations d'Utrecht. Quant aux autres objections opposées au droit des Bourbons d'Espagne à la succession de France, les auteurs les récusent formellement. D'où leur conclusion : « La coutume traditionnelle est une belle au bois dormant. On peut la laisser dans son engourdissement. On ne saurait profiter de son long sommeil pour la violenter. »

On trouvera une opinion contraire chez H. Morel, La loi innommée, dans *Mélanges Henri Morel,* Aix, 1989, p. 463-475. L'auteur estime qu'a existé dans l'ancien droit français, de manière latente, une règle de nationalité du roi n'ayant « pas eu l'occasion de se manifester au grand jour tant que dura l'ancienne monarchie ». En vertu de cette loi de nationalité, depuis la mort du comte de Chambord, en 1883, le droit dynastique se trouverait fixé dans la branche des Orléans, descendants du Régent, tandis que les Bourbons-Anjou, descendants de Philippe V d'Espagne, bien qu'appelés par la primogéniture, seraient écartés, car étrangers. Pourtant, H. Morel admet que les renonciations d'Utrecht sont nulles, et que des considérations de nationalité – notion d'ailleurs anachronique – n'ont joué ni en 987, pour l'élection d'Hugues Capet, ni en 1328, en faveur de Philippe de Valois contre Édouard III. Mais cela ne l'empêche pas de conclure à l'existence de la loi de nationalité, faisant des Orléans les héritiers légitimes du comte de Chambord. Son raisonnement est le suivant : si une restauration était intervenue en 1873, si le comte de Chambord était devenu Henri V, « il le serait devenu à l'appel de la nation française, représentée par l'Assemblée nationale » ; or celle-ci aurait « fixé la succession royale dans la famille d'Orléans ». Cela eût constitué un « amendement à la loi salique », résultant d'un « accord entre le roi et la nation », dans la continuité de « la plus ancienne tradition française ». Toutefois, un fait détruit cette intéressante démonstration : la restauration de 1873 n'a pas eu lieu. La transaction possible entre le roi et la nation, potentiellement génératrice d'un infléchissement de la coutume, ne s'est pas produite. En conséquence, la coutume demeure intacte, telle qu'elle se présentait sous l'Ancien Régime : la prétendue loi de nationalité n'y figure pas.

Le fait de régner sur un autre pays ne faisait nullement de princes capétiens des étrangers. Comme le marque bien d'Aguesseau, nos anciens juristes ne qualifiaient de princes étrangers que ceux qui n'étaient pas du sang de France. D'où la proposition judicieuse de G. Augé de parler non pas de « règle de nationalité », mais de « loi de sanguinité », ce qui ne fait d'ailleurs qu'exprimer d'une autre manière le principe héréditaire contenu dans les lois fondamentales. *Succession de France et règle de nationalité,* Paris, 1979, p. 24-55.

425 PROGRÈS ET LIMITES DE L'ÉTAT MONARCHIQUE. — En ce qui concerne l'ultime réunion des États généraux et l'ultime Assemblée des notables : G. Picot, *Histoire des États généraux,* 1888, t. V ; R. Chartier, À propos des États généraux de 1614, dans *RHMC,* 1976, p. 68-79 ; R. Chartier et D. Richet (sous la dir. de), *Représentations et vouloirs politiques. Autour des États généraux de 1614,* Paris, 1982 ; P. Blet, L'article du tiers aux États de 1614, dans *RHMC,* 1955 ; M. Hayden, *France and the Estates general of 1614,* Cambridge, 1974 ; J. Petit, *L'Assemblée des notables de 1626-1627,* Paris, 1937. Sur la compétence de principe conservée par les États généraux malgré leur désuétude : H. Morel, Les « droits de la nation » sous la Régence, dans *Mélanges Henri-Morel,* Aix, 1989, p. 427-443.

Le rôle capital de la guerre au XVIIe siècle, à la fois comme activité majeure de l'État monarchique et comme facteur de ses progrès (disparition des assemblées représentatives, affirmation de l'autorité de l'État, développement de sa fiscalité...), a été mis en évidence par R. Mousnier, J. Meyer *(Le poids de l'État, op. cit.).* Ces thèmes sont repris et développés par J. Cornette, qui propose, au travers du prisme de la guerre, une lecture totale de la monarchie louis-quatorzienne, tant dans ses dimensions institutionnelles que dans les représentations qu'elle a entendu donner d'elle-même : *Le roi de guerre (Essai sur la souveraineté dans la France du Grand Siècle),* Paris, 1993.

À propos de la disparition de nombreux États provinciaux : H. Prentout, *Les États provinciaux de Normandie,* Caen, 1925-1927 ; Delcambre, *Les États du Velay jusqu'en 1642,* 1938 ; *Études sur l'histoire des assemblées d'États,* Paris, 1966 ; *Histoire de l'Auvergne,* Toulouse, 1974 ; *Histoire du Dauphiné,* Toulouse, 1973 ; *Histoire de la Normandie,* Toulouse, 1970.

Sur les villes au XVIIe siècle : A. Babeau, *La ville sous l'Ancien Régime,* Paris, 1884 ; R. Chartier et H. Neveux, La ville dominante et soumise, dans *Histoire de la vie urbaine,* t. 3, 1981 ; S. A. Westrich, *The Ormée of Bordeaux. A revolution during the Fronde,* Baltimore-Londres, 1972.

Sur le protestantisme militaire, sa révolte et son élimination : J. Garrisson, *L'édit de Nantes et sa révocation,* Paris, 1985 ; *Histoire de La Rochelle,* Toulouse, 1985 ; *Histoire des protestants en France,* Toulouse, 1977 ; E.-G. Léonard, *Histoire générale du protestantisme,* t. 2, Paris, 1961.

Sur la révolte des Parlements, la Fronde et la mise au pas des cours par Louis XIV : E. Glasson, *Le Parlement de Paris. Son rôle politique depuis le règne de Charles VII jusqu'à la Révolution,* Paris, 1901 ; A. Lloyd Moote, *The revolt of the judges. The Parlement of Paris and the Fronde (1643-1652),* Princeton ; P.-G. Lorris, *La Fronde,* Paris, 1961 ; H. Méthivier, *La Fronde,* Paris, 1985 ; A. N. Hamscher, *The Parlement of Paris after the*

Fronde (1653-1673), Pittsburgh, 1976. Concernant les rapports de la royauté et du Parlement à travers les lits de justice, du début du XVIIe au début du XVIIIe siècle – lits inauguraux de 1610, 1643, 1715, où la régente (ou le régent) a besoin de la collaboration de la cour, et lits d'autorité où la royauté lui impose sa volonté, on consultera : S. Hanley, *Le lit de justice des rois de France,* Paris, 1991, p. 221-316.

Traditionnellement, les historiens du droit – à commencer par les plus grands, tel Olivier-Martin – ont répété, comme nous l'avons fait nous-mêmes dans les premières éditions de ce manuel, qu'à partir de 1673 il n'y avait plus eu de remontrances pendant quarante-deux ans. En réalité, ce n'est vrai que pour le Parlement de Paris. Il revient à M. Antoine, grâce à son exceptionnelle connaissance des fonds de l'Ancien Régime, d'avoir récemment découvert qu'il existait, pour cette période, des remontrances émanant de diverses cours provinciales. Elles furent, selon les occurrences, prises en compte ou rejetées par le roi. M. Antoine, Les remontrances des cours supérieures sous le règne de Louis XIV (1673-1715), dans *BEC,* 1993, t. 151, p. 87-122.

Sur les révoltes et complots de la noblesse, et sur l'idéologie qui les sous-tend : A. Jouana, *Le devoir de révolte (La noblesse française et la gestation de l'État moderne, 1559-1661),* Paris, 1989 ; J.-M. Constant, *Les conjurateurs. Le premier libéralisme politique sous Richelieu,* Paris, 1987.

Concernant la lutte contre la violence privée (duels, banditisme...) : F. Billacois, Le Parlement de Paris et les duels au XVIIe siècle, dans *Crime et criminalité en France (XVIIe-XVIIIe siècles),* Paris, 1971 ; P. Clément, *La police sous Louis XIV,* Paris, 1866 ; M. Chassaigne, *La lieutenance générale de police de Paris,* Paris, 1906 ; J. Saint-Germain, *La Reynie et la police au Grand Siècle...* Paris, 1962 ; E. Fléchier, *Les Grands Jours d'Auvergne,* Paris, 1964 (rééd. moderne). On lira tout particulièrement les beaux livres, aussi vivants que savants, d'A. Lebigre : *Les Grands Jours d'Auvergne,* Paris, 1976 ; *L'affaire des poisons,* Bruxelles, 1989 ; *Les dangers de Paris au XVIIe siècle (L'assassinat de Jacques Tardieu, lieutenant criminel au Châtelet, et de sa femme),* Paris, 1991.

Sur la société, les pauvres et le caractère théorique du « Grand Renfermement » : G. Roupnel, *La ville et la campagne au XVIIe siècle. Étude sur les populations du pays dijonnais,* Paris, 1955 ; B. Schnapper, La répression du vagabondage et sa signification historique du XIVe au XVIIIe siècle, dans *RHD,* 1985, p. 143-157 (repris dans B. Schnapper, *Voies nouvelles en histoire du droit,* Paris, 1991, p. 35-51) ; M. Bolotte, *Les hôpitaux et l'assistance dans la province de Bourgogne au dernier siècle de l'Ancien Régime,* Dijon, 1968. Enfin, deux précieuses synthèses ont été réalisées par J. Imbert : Les institutions sociales à la veille de la Révolution, dans *La protection sociale sous la Révolution française,* dir. J. Imbert, Paris, 1990, p. 17-93 ; et, du même auteur : *Le droit hospitalier de l'Ancien Régime,* Paris, 1993.

L'arrestation des mendiants et des vagabonds n'était pas chose aisée, le peuple urbain prenant fréquemment fait et cause pour eux. En outre, passé le premier tiers du XVIII esiècle, les « renfermements » dans les hôpitaux généraux autres que celui de la capitale prennent fin ou se réduisent considérablement. Les hôpitaux généraux perdent beaucoup de leur spécificité, leur « clientèle » devenant sensiblement la même que celle des hôpitaux proprement dits. Dans les villes où l'hôpital général a été formé par transformation d'un hôtel-Dieu, il revient à son rôle hospitalier en accueillant malades, vieillards, infirmes, enfants, pauvres gens en quête d'assistance... Et là où existent de manière distincte un hôtel-Dieu et un hôpital général, celui-ci accueille invalides, vieillards et enfants, soulageant d'autant l'hôtel-Dieu et lui permettant d'orienter ses efforts vers les soins aux malades. Même à Paris, l'hôpital général est devenu « mi-hospice, mi-maison de force » et peut, comme les autres établissements de bienfaisance, recevoir des « pauvres payant pension », dont le nombre est parfois si élevé qu'il provoque la colère des indigents. S'ils visent eux aussi à la mise au travail des vagabonds et des mendiants, les dépôts de mendicité, créés à partir de 1767 et placés sous l'autorité des intendants, ne font, à la différence des hôpitaux généraux, qu'une place limitée à la vie religieuse et aux exercices de piété. Les dépôts de mendicité vont très vite connaître une évolution comparable à celle des hôpitaux généraux : outre les mendiants et les vagabonds, on y trouve des fous, des vieillards, des filles publiques, des enfants en bas âge, et il s'y greffe une infirmerie pour les soins aux malades. Bien des personnes sans ressources tentent – parfois en vain – d'être admises dans les dépôts de mendicité, sans parler des nombreux détenus qui demandent à y rester passer leur temps de détention. À leur tour, les dépôts de mendicité ont joué, au moins partiellement, le rôle d'établissements hospitaliers.

Quant aux réactions à la fiscalité et aux révoltes populaires : J. Meuvret, Comment les Français du XVIIe siècle voyaient l'impôt, dans *XVIIe siècle,* 1955, p. 59-82 ; Y.-M. Bercé, *Croquants et Nu-pieds. Les soulèvements paysans en France du XVIe au XIXe siècle,* Paris, 1974 ; du même, *Histoire des Croquants. Étude des soulèvements populaires au XVIIe siècle dans le sud-ouest de la France,* Genève, 1972, M. Foisil, *La révolte des Nu-pieds et les révoltes normandes de 1639,* Paris, 1970.

Relativement à la noblesse, et à sa domestication par Louis XIV : *Hommage à Roland Mousnier. Clientèles et fidélités en Europe à l'époque moderne,* Paris, 1981 ; N. Elias, *La société de Cour,* Paris, 1974 ; R. Devisme, *La cour à Versailles : Versailles sous Louis XIV,* Paris, 1975 ; J.-P. Labatut, *Les ducs et pairs de France au XVIIe siècle,* Paris, 1972 ; et, bien sûr, J.-F. Solnon, *La cour de France,* Paris, 1987.

À propos de la société d'ordres et de corps : Fr. Olivier-Martin, *L'organisation corporative de la France d'Ancien Régime,* Paris, 1938 ; E. Coornaert, *Les corporations en France avant 1789,* nouv. éd., Paris, 1968.

Sur les privilèges des provinces récemment réunies à la Couronne : M. de Roux, *Louis XIV et les provinces conquises,* 1938 ; E. Dravasa, *Les privilèges des Basques du Labourd sous l'Ancien Régime,* Bordeaux, 1950.

Chapitre 2

Le fonctionnement central de la monarchie administrative

426 Principes et réalités. — Concentrant en sa personne tous les pouvoirs, le roi doit les exercer lui-même. Jusqu'à la fin de l'Ancien Régime, l'idéal officiel reste celui d'un roi prenant personnellement toutes les décisions avec son Conseil. Non seulement le roi doit tout décider, mais il doit le faire entouré de ses conseillers, selon des formes judiciaires. Cependant, la croissance de l'État et le développement de ses attributions, en multipliant les tâches du pouvoir royal, rendent ce double principe de plus en plus théorique. Il fallut substituer à la lenteur des formes judiciaires l'efficacité des techniques administratives, permettant une prise plus rapide des décisions. De plus en plus, le roi décide seul avec un ministre, et non plus dans le cadre du Conseil. Mais, même ainsi, le prince ne peut connaître de tout. Louis XIV y parvient tant bien que mal, grâce à un autoritarisme ombrageux et au prix d'un immense labeur. Il se fit bureaucrate et passa une grande partie de son temps à sa table de travail, tandis que se formait une bureaucratie ministérielle chargée de préparer ses décisions et d'en suivre l'exécution. Mais, dès le règne de Louis XV, la masse des affaires est telle qu'en fait beaucoup de décisions revêtues de l'autorité du roi sont prises, en s'aidant des précédents, par les ministres ou leurs chefs de service. Si bien que le pouvoir réel passe dans bien des cas du souverain à ses serviteurs les plus compétents. Ceux des contemporains qui percevaient ce phénomène s'en scandalisaient à tort. Ce n'était que la conséquence normale des progrès de l'État. Désormais, l'appareil administratif était trop complexe pour que le roi pût en conserver le contrôle effectif. La monarchie s'était muée par la force des choses en une monarchie administrative, dans laquelle un personnel réduit et compétent assurait le fonctionnement de la machine administrative, judiciaire et fiscale pratiquement sans intervention du roi. Néanmoins, cette évolution contredisait le « mystère » de la monarchie, cette croyance profonde en une identité entre la volonté du roi et le bien commun. Et, pour Michel Antoine, « la monarchie administrative a tué la monarchie ». Certes, si l'on entend par là le fait pour le roi de tout décider lui-même. Pourtant, il n'était pas fatal que la monarchie administrative annonçât la fin de la royauté même si le roi ne pouvait plus décider personnellement de tout, il lui restait parfaitement possible de prendre en personne toutes les grandes décisions, *i.e.* de gouverner.

Section I
Les ministres du roi

427 MINISTRES D'ÉTAT, PREMIERS MINISTRES ET MINISTRES AU SENS MODERNE DU TERME. — Officiellement, sous l'Ancien Régime, le terme de ministre désigne les ministres d'État, personnages appelés par le roi à siéger au Conseil d'En haut, puis d'État. Tandis que, dans son acception moderne, ce terme s'applique à des personnalités dont le rôle gouvernemental se double de la responsabilité d'une des grandes branches de l'administration de l'État. En prenant le mot dans ce sens, il y avait six ministres sous l'Ancien Régime, avec parfois cumul de deux charges par la même personne. C'étaient le chancelier, les quatre secrétaires d'État, ainsi que le responsable de l'administration financière (surintendant des finances, puis contrôleur général)[1]. Dans le langage courant de l'époque, on

1. Par ailleurs, certaines administrations très importantes n'étaient pas sans évoquer un département ministériel. Tel était le cas de l'administration des Bâtiments du roi. Son organisation centralisée fut instituée par Henri IV et confiée par lui à Sully, qu'il nomma par commission surintendant des Bâtiments du roi (1602). Devenue en 1616 un office, la surintendance fut exercée par d'autres ministres : le secrétaire d'État de la Guerre Sublet de Noyers, Mazarin, Colbert, Louvois. Et les compétences du surintendant s'étaient élargies au reste des beaux-arts. D'où la titulature de Colbert, qui, ayant acheté la charge 242 000 livres, est nommé en 1664 « surintendant et ordonnateur général des bâtiments, arts, tapisseries et manufactures de France ». Au XVIIIe siècle, la surintendance fait place à la direction générale des Bâtiments du roi, le directeur général étant nommé par

tendait d'ailleurs de plus en plus à les désigner sous le nom de ministres et, vers le milieu du XVIIIe siècle, cette appellation était devenue usuelle. Cela s'explique par le fait que le roi choisissait principalement ses ministres d'État parmi les six personnages chargés de ce que nous appelons un département ministériel. Ce glissement terminologique ne doit cependant pas nous faire oublier que ces derniers n'ont, pour autant, pas tous siégé au Conseil d'En haut (puis d'État). Et bien loin de là. Ainsi le chancelier cesse, à partir de 1661, d'en être nécessairement membre, et le secrétaire d'État en charge de la RPR n'en avait jamais fait partie avant 1751. Juridiquement, ils n'étaient donc pas ministres.

À certains moments, l'un des ministres d'État a reçu la qualité de premier ministre du roi : on disait le « principal ministre ». Ce fut en particulier le cas de Richelieu, de Mazarin, de Dubois, du duc de Bourbon, de Brienne. Sans en porter le titre, Fleury, Maurepas et Vergennes le furent en fait. Placé au-dessus du chancelier, des secrétaires d'État, du surintendant puis contrôleur général, le principal ministre dirige leur action et se trouve présent à leur travail avec le roi. Aucun de ces premiers ministres ne fut en même temps responsable d'un département ministériel. À l'inverse, sans être pre-

commission et n'ayant plus le pouvoir d'ordonnancement du surintendant. Pour autant, la charge reste très importante. Elle sera notamment exercée par le contrôleur général Orry et par le marquis de Marigny, frère de Mme de Pompadour. Tout comme le surintendant, le directeur général a un travail avec le roi, à l'instar des ministres. Mais le responsable des Bâtiments, qui dépend du secrétaire d'État de la Maison du roi, n'est pas un ministre. Il est malgré tout un personnage quasi ministériel. Son administration, qui est en charge de l'action artistique et littéraire de la royauté – commandes, pensions aux artistes et écrivains, académies artistiques (de peinture, de sculpture, d'architecture, Académie de France à Rome) –, joue le rôle d'un ministère des Beaux-Arts avant la lettre.

Un autre quasi-ministre est le lieutenant général de police de Paris. Lieutenant du prévôt de Paris (et donc magistrat du Châtelet, où il préside la chambre de police), il est aussi et surtout un grand administrateur dépendant directement du roi. Il est notamment chargé, dans la capitale, de la sécurité et de l'ordre public, de la surveillance des activités de production ainsi que des approvisionnements. Ces compétences très larges l'amènent à s'occuper d'innombrables aspects de l'administration parisienne, depuis l'urbanisme et la lutte contre les incendies jusqu'aux spectacles, aux jeux, aux établissements de charité, en passant par l'ensemble de l'ordre public et toute la vie économique. Pour autant, l'administration de la capitale relevait au niveau gouvernemental du secrétaire d'État de la Maison du roi, que l'on appelait de ce fait le ministre de Paris. De sorte que le lieutenant général de police était le collaborateur de ce ministre dans l'administration de la capitale, et prenait dans une bonne mesure ses instructions ou ses ordres auprès de lui. Mais le lieutenant de police avait aussi, tout comme un ministre, un travail avec le roi, à qui il soumettait certaines questions, et de qui il recevait certains ordres directement. Si bien que, sans être à proprement parler un ministre, le lieutenant général de police de Paris faisait figure de ministre. Il avait su faire de sa charge « une sorte de ministère » (Saint-Simon), et il était parfois appelé lui aussi le ministre de Paris.

mier ministre, certains de ces responsables eurent une très profonde influence sur le gouvernement, tels Sully, Colbert, Louvois, Machault d'Arnouville, Choiseul ou Vergennes.

En l'absence de principal ministre, chacun des six ministres (au sens moderne du terme, que nous retiendrons ici), indépendamment de sa possible participation au Conseil, travaille régulièrement avec le roi, en général une fois par semaine. Il vient avec sa liasse de documents rangée dans un portefeuille (d'où l'expression de portefeuille ministériel). Il rend compte au monarque des affaires, et lui soumet pour chacune un projet de lettre ou de décision. Le roi peut ou bien renvoyer la question au Conseil, soit véritablement, soit pour la forme, son parti étant déjà pris, ou bien décider sur-le-champ, quitte à donner au besoin à sa décision, au prix d'une fiction, la forme d'un arrêt du Conseil en commandement.

428 Une réaction antiministérielle : la Polysynodie. — À la mort de Louis XIV, la haute noblesse, qui avait très mal supporté la montée en puissance des secrétaires d'État et du contrôleur général, personnages de noblesse récente dans lesquels elle ne voyait que des « roturiers », une « vile bourgeoisie » (Saint-Simon), essaya de prendre sa revanche. S'inspirant des idées développées par l'entourage du feu duc de Bourgogne (les ducs de Chevreuse, de Beauvillier, et surtout Fénelon...), le régent, soucieux de se concilier l'opinion aristocratique, institua le système de la Polysynodie, qui demeura en vigueur de 1715 à 1718. Le poste de contrôleur général resta sans titulaire, les intendants des finances furent supprimés, et les secrétaires d'État ramenés à un rôle de bureaucrates. Pour les diverses branches de l'administration, on créa sept conseils particuliers. Ce sont les Conseils de Conscience, des Affaires étrangères, de Guerre, de Finance, de Marine, des Affaires du dedans du royaume, de Commerce. Sauf le Conseil de Finance, ils étaient très majoritairement composés de grands seigneurs. Se substituant aux secrétaires d'État et au contrôleur général, ces collèges administratifs centraux étaient comme des ministres collectifs. Chaque conseil particulier devait instruire les affaires de sa compétence, et soumettre ses propositions au Conseil général de régence, conseil royal unique et omnicompétent à qui il appartenait officiellement de décider. Mais, dans la pratique, les conseils particuliers ont hérité des ministres leur influence sur la prise de décision. Ils ont en outre, comme eux, la responsabilité quotidienne de l'administration. Renouant avec la vieille solution dicastériale d'une organisation administrative centrale reposant sur des instances collégiales, encore largement en vigueur dans le reste de l'Europe du temps, la Polysynodie avait fondamentalement pour but d'assurer un retour massif de la haute noblesse au gouvernement. De cette « aristo-monarchie » (abbé de Saint-Pierre), il ne résulta que désordre et inefficacité (sauf en ce qui concerne le Conseil de Marine, et surtout celui de Finance : son président, le duc de Noailles, énergique et compétent, se comporta en véritable contrôleur général). Si bien que le régent décida de rétablir le système gouvernemental louis-quatorzien, fondé sur les ministres (et sur les conseils de gouvernement, essentiellement composés par eux).

429 LE CHANCELIER. — Il est le dernier des grands officiers de rang gouvernemental. Le connétable et l'amiral ont disparu. Donnant une puissance autonome aux grands nobles qui en étaient investis, ces hautes charges viagères représentaient une menace pour la royauté. Aussi Richelieu les supprima-t-il en 1627[1]. Ne subsistèrent que les grands officiers de la Couronne de moindre importance, tels que les maréchaux et les grands dignitaires de la Maison du roi (grand maître, grand chambellan, grand écuyer...), ainsi que le chancelier.

1. Après la mort du connétable de Lesdiguière (1626), il n'est pas remplacé. Quant à la charge d'amiral, Richelieu obtient que le duc Henri II de Montmorency la résigne en échange d'une rente sur l'hôtel de ville de Paris. Cela lui permet de faire supprimer les deux offices, par édit de janvier 1627.

Le corps des maréchaux de France se considéra comme titulaire collectif de l'office supprimé de connétable. Lors des sacres, le doyen des maréchaux tenait l'épée royale. Pour la marine, en parallèle avec la suppression de l'amiral, Richelieu avait fait créer pour lui-même, en octobre 1626, la charge de grand maître de la navigation. Elle lui permit de concentrer entre ses mains l'ensemble du pouvoir maritime.

Cependant, en 1669, Louis XIV rétablit l'office d'amiral en faveur du fils (âgé de deux ans) que lui a donné Mlle de La Vallière, légitimé et titré comte de Vermandois. À la mort de ce prince, en 1683, Louis XIV attribue la charge au comte de Toulouse, fils légitimé né de Mme de Montespan. À sa mort, en 1737, elle passera à son fils le duc de Penthièvre, qui en sera le titulaire jusqu'à la fin de l'Ancien Régime. Pour autant, l'amirauté n'est plus pour l'essentiel qu'une charge honorifique et très lucrative. La réalité du pouvoir est exercée par le secrétaire d'État de la Marine. Néanmoins, la Polysynodie va permettre au comte de Toulouse, amiral et chef du Conseil de Marine, d'être de manière effective le patron des affaires maritimes entre 1715 et 1718. Même, par égard pour lui, le régent laissa subsister le Conseil de Marine jusqu'en 1723, en dépit de la suppression des autres conseils polysynodiques, et du rétablissement du secrétaire d'État de la Marine (1718).

Chef de la justice, celui-ci est depuis des siècles le premier serviteur du roi, le premier personnage du Conseil. Grande figure demi-sacrée, le chancelier symbolise la mission justicière du roi et personnifie la permanence de la royauté. Justifiable du roi seul, il ne se découvre devant personne que le roi et sa famille. À la mort du roi, il est le seul à ne pas porter le deuil. Sa demeure est ornée de tapisseries semées de fleurs de lys, emblème de la monarchie. En sa qualité de grand officier de la Couronne – son office n'est ni vénal, ni héréditaire – le chancelier est inamovible. Toutefois, si le roi ne peut lui ôter son titre, il peut, en lui redemandant les sceaux, qui sont un dépôt révocable, le priver de ses fonctions. On dit que « chancelier sans les sceaux est apothicaire sans sucre ». Pour le remplacer, le roi désigne alors un garde des Sceaux, lequel est un commissaire révocable *ad nutum*. Par ailleurs, le chancelier est nécessairement un juriste de formation : en sorte qu'il est généralement choisi parmi les grandes familles de la noblesse de robe, noblesse de fonction acquise par les offices.

Durant la première moitié du XVIIe siècle, le chancelier demeure un très grand personnage de l'État, une sorte de vice-roi. Il est, automatiquement membre du Conseil des Affaires (puis d'En haut), et donc ministre d'État, en plus de la présidence des autres formations du Conseil du roi. Le chancelier reste donc en mesure de jouer le principal rôle dans le gouvernement et l'administration. Ainsi Pierre Séguier entre 1633 et 1649, sous l'autorité de Richelieu, puis de Mazarin : il nomme et dirige les intendants, intervient en matière financière et économique, réprime en personne la révolte de Normandie...

Les choses changèrent avec le gouvernement personnel de Louis XIV. Celui-ci transforma le fonctionnement du gouvernement, « l'esprit d'administration » se substituant à « l'esprit de justice qui avait, jusqu'alors, inspiré la royauté et animé ses institutions » : c'est la « révolution » de 1661 (M. Antoine). Elle se traduit par un abaissement du chancelier, à qui échappe le contrôle du gouvernement, qui passe au contrôleur général. Le vieux chancelier Séguier est écarté définitivement du Conseil d'En haut. Certains de ses successeurs y siégeront, et d'autres non. À partir de ce moment, le chancelier cesse d'être automatiquement ministre d'État. Il ne joue plus en règle générale qu'un rôle secondaire dans le gouvernement. Ne lui restent guère que deux grandes attributions. La première est le scellement des lettres patentes : il préside à cet effet l'audience du sceau. Et encore perd-il la possibilité de présenter à cette occasion des remontrances sur les lettres expédiées sur l'ordre même du roi, ainsi que sur celles revêtant des arrêts du Conseil en finance. Il continue toutefois à le faire pour les autres lettres. À la chancellerie se trouve de plus rattachée la direction de la librairie, qui comporte la censure des livres. Scellant toutes les lettres de provision d'office, le chancelier contrôle en outre le recrutement des officiers, ce qui rejoint son autre grand domaine de compétence : la surintendance de la justice. Il a droit d'entrée et de présidence dans toutes les cours et tous les tribunaux du royaume. Il parle au nom du roi lors des lits de justice. Et ce chef de la justice conserve un rôle prééminent dans les formations contentieuses du Conseil du roi. Donc, s'il n'est plus le ministre majeur de la monarchie, le chancelier reste à la tête d'un département ministériel important. D'ailleurs, la fonction sera illustrée au XVIIIe siècle par des personnalités marquantes, d'Aguesseau et Maupeou notamment. D'où un redressement de la situation du chancelier.

430 LES SECRÉTAIRES D'ÉTAT. — Aux XVIIe et XVIIIe siècles, leur nombre resta généralement de quatre.

1) *Les attributions des secrétaires d'État.* — La plus traditionnelle est de se tenir, par roulement, auprès du roi, pour recevoir ses ordres et les coucher par écrit. Ils sont également chargés de l'expédition de tous les textes royaux en commandement, qu'ils doivent contresigner afin d'authentifier la signature royale. Celle-ci est d'ailleurs souvent imitée par un secrétaire de la main, le roi n'ayant matériellement pas le temps de signer toutes les expéditions. Au-dessous de la signature royale, « Louis », le secrétaire d'État inscrit « par le roi » et signe à son tour, attestant que le texte est conforme à la volonté du roi. Parallèlement, les secrétaires d'État exercent désormais la direction de l'administration du royaume (mises à part les questions dépendant du chancelier et du contrôleur général). Ils reçoivent la correspondance (dépêches) des administrateurs, et, pour les questions importantes, en rendent compte au roi, dont ils rédigent la décision, qui pourra prendre la forme d'un arrêt du Conseil. Pour les affaires moindres, ils tran-

chent eux-mêmes au nom du roi et en informent par lettre les administrateurs. À leur traditionnelle responsabilité d'un secteur géographique propre s'ajoute maintenant l'attribution à chacun d'une spécialité gouvernementale et administrative. Au terme d'une évolution commencée au XVIe siècle, on aboutit en 1626 à la détermination des quatre grandes spécialités (Guerre, Marine, Affaires étrangères, Maison du roi)[1] qui allaient finalement constituer à la fois la compétence principale et la titulature des quatre secrétaires d'État. Cependant, cette répartition ne sera instaurée qu'au milieu du XVIIIe siècle. Le règlement de 1626 avait en effet institué une cinquième grande spécialité (les Affaires des protestants, puis bientôt la RPR), qui sera jusqu'en 1749 la spécialité unique de l'un des quatre secrétaires d'État. Ses trois collègues avaient la charge des quatre autres grandes spécialités, selon une répartition constante depuis 1669 : un même secrétaire d'État cumulait la Maison du roi et la Marine, tandis que la Guerre et les Affaires étrangères avaient respectivement leur ministre. Finalement, en 1749, la RPR devient une compétence secondaire du secrétaire d'État de la Maison du roi, cependant que la Marine a désormais son propre secrétaire d'État, tout comme la Guerre et les Affaires étrangères[2].

1. La Maison du roi formait une administration nombreuse, dont l'organisation datait pour l'essentiel de Louis XIV. Elle se composait de la Maison civile et de la Maison militaire. La première était divisée en une vingtaine de services : la chapelle, la bouche, la chambre, la grande et la petite écurie, la vénerie... Quant à la Maison militaire, formée de troupes d'élite (gardes du corps, gardes suisses, gardes françaises, mousquetaires, gendarmes d'ordonnance...), bien que placée elle aussi sous l'autorité du secrétaire d'État de la Maison du roi, elle relevait en fait pour l'essentiel de son collègue de la Guerre.

2. Le règlement du 11 mars 1626 confirme le département de la Maison du roi, développe celui de la Guerre, et rétablit définitivement celui des Affaires étrangères (supprimé en 1624). De plus, il fait entrer la marine dans la compétence des secrétaires d'État, encore que partagée entre deux d'entre eux, du fait de la distinction entre Marine du Levant (Méditerranée) et Marine du Ponant (Atlantique). Enfin, le même texte officialise l'attribution à un secrétaire d'État, comme spécialité principale, des « affaires générales des huguenots ». En 1661, encore, les deux marines (du Levant et du Ponant) sont respectivement confiées au secrétaire d'État de la Guerre et à celui des Affaires étrangères. Les deux autres secrétaires d'État sont alors celui de la Maison du roi (qui a aussi dans ses attributions les affaires du clergé) et celui de la « religion prétendue réformée » (RPR).

Dès 1662, Colbert obtient l'administration des deux marines, en qualité d' « intendant des finances ayant le département de la Marine ». Cependant, n'étant pas secrétaire d'État, ce n'est pas lui qui contresigne les actes royaux, mais le secrétaire d'État des Affaires étrangères Hugues de Lionne. Ce n'est qu'en 1669 que le renvoi du secrétaire d'État de la Maison du roi, Henri de Guénégaud, seigneur du Plessis-Belleville, permet à Colbert l'acquisition de sa charge, dont Louis XIV l'avait autorisé à traiter au prix de 700 000 livres. Un règlement du 7 mars 1669 fixa le département du secrétaire d'État Colbert. Il cumulait le département de la Marine (marine de guerre, marine marchande, à quoi s'ajoutait notamment le commerce intérieur et extérieur, les compagnies des Indes orientales et occidentales, ainsi que les consulats) et le département de la Maison du roi

Ce sont les quatre secrétaires d'État de la fin de l'Ancien Régime[1].

Le département (c'est-à-dire l'ensemble des compétences) de chaque secrétaire d'État a toujours résulté d'une attribution du roi, qui pouvait la modifier à son gré. Aux spécialités principales des secrétaires d'État pouvaient s'ajouter des spécialités secondaires : ainsi, les fortifications et l'artillerie pour le secrétaire d'État de la Guerre ; les consulats et les colonies pour le secrétaire d'État de la Marine ; les affaires du clergé, puis celles de la RPR, pour le secrétaire d'État de la Maison du roi. Enfin, le département d'un secrétaire d'État comportait normalement l'administration générale d'un certain nombre de provinces. Pourtant, la répartition des provinces entre les quatre secrétaires d'État va devenir de plus en plus inégale. Dès le milieu du XVIIe siècle, le secrétaire d'État de la RPR a la charge à lui seul de presque autant de provinces ou pays que ses trois collègues réunis[2]. À la suite de la révocation de 1685, la fiction officielle qu'il n'y a plus de protestants en France ôte au secrétaire d'État de la RPR presque toute la substance de sa spécialité gouvernementale, qui consistait dans les affaires des réformés. C'est alors que le secrétariat d'État de la RPR, déjà considéré depuis plusieurs décennies comme le

(auquel se trouvaient notamment rattachées les affaires du clergé, ainsi que l'administration de Paris et celle de l'Île-de-France). Les trois autres secrétaires d'État étaient alors Michel Le Tellier (Guerre, avec son fils Louvois en survivance), Hugues de Lionne (Affaires étrangères) et Louis Phelypeaux, seigneur de La Vrillière (RPR)

En 1715, à la mort de Louis XIV, la répartition des compétences entre les quatre secrétaires d'État est restée la même : Guerre (dont le secrétaire d'État, Voysin, est aussi chancelier), Maison du roi et Marine (Jérôme Phelypeaux, comte de Pontchartrain), Affaires étrangères (Jean-Baptiste Colbert, marquis de Torcy), RPR (Louis Phelypeaux, marquis de La Vrillière). Après la parenthèse de la Polysynodie, la même organisation sera reprise de 1723 à 1749. À cette date, le comte d'Argenson est à la Guerre ; Jean-Frédéric Phelypeaux, comte de Maurepas, à la Maison du roi et à la Marine ; Brulart, marquis de Puyzieulx, aux Affaires étrangères ; Louis Phelypeaux, comte de Saint-Florentin, à la RPR.

La disgrâce de Maurepas, en 1749, marqua la fin de cette organisation presque séculaire. Rouillé devint secrétaire d'État de la Marine, et Saint-Florentin fut secrétaire d'État de la Maison du roi, tout en conservant la RPR, qui ne fut plus dans son département qu'une spécialité secondaire.

1. Il a toutefois existé, de 1763 à 1780, un autre secrétariat d'État, créé spécialement pour Bertin lorsqu'il démissionna de ses fonctions de contrôleur général. Il avait dans son département des matières économiques soustraites au contrôle général (manufactures de porcelaine, agriculture, haras, écoles vétérinaires, mines, transports...), qu'il administra dans l'esprit physiocratique qui était le sien. Il reçut également la responsabilité d'assez nombreuses provinces.

2. En 1644, le secrétaire l'État de la RPR (Louis Phelypeaux, seigneur de La Vrillière) a dans son département 23 provinces ou pays, contre 6 à son collègue des Affaires étrangères (Henri de Loménie, comte de Brienne), 9 à celui dc la guerre (Michel Le Tellier, et 10 à celui de la Maison du roi (Génégaud, seigneur du Plessis).

moins important des ministères (on l'appelait « le petit département »), voit sa mission fonctionnelle devenir si mince que Saint-Simon peut le qualifier de « charge caponne ». Aussi bien cela donnait-il au ministre davantage de disponibilité pour sa mission d'administration territoriale, et le secrétaire d'État de la RPR fut en conséquence chargé d'une quantité croissante de provinces. Parallèlement, le département de la Maison du roi comportait l'administration d'un nombre assez important de provinces, et au premier chef le secteur géographique capital constitué par la ville et la généralité de Paris, cœur du royaume, lieu de la royauté et de tous les organes centraux du pouvoir. Si bien que, lorsque le comte de Saint-Florentin devient en 1749 secrétaire d'État de la Maison du roi tout en conservant son département de la RPR avec les très vastes secteurs géographiques qui en dépendaient, il se trouva à la tête d'une masse territoriale sans précédent pour un seul secrétaire d'État[1]. Et comme la Maison du roi représentait une charge de travail bien inférieure à la Guerre, à la Marine ou aux Affaires étrangères, son titulaire se vit affecter un nombre encore plus grand de provinces, tandis que ses collègues se trouvaient soulagés d'autant. Dans la seconde moitié du XVIIIe siècle, le secrétaire d'État de la Marine (qui administre les colonies) n'a pratiquement jamais de provinces métropolitaines à administrer, et le département des Affaires étrangères n'en comporte aucune pendant de longues périodes. Au terme de cette évolution, l'administration du territoire métropolitain se trouva presque entièrement confiée au secrétaire d'État de la Maison du roi. En 1787, le baron de Breteuil avait dans son département les quatre cinquièmes des généralités et intendances. L'administration générale du royaume était devenue la spécialité du secrétaire d'État de la Maison du roi, ce qui faisait de lui un véritable ministre de l'Intérieur. On appelait d'ailleurs son département ministériel « Département de l'Intérieur ». Dans leur tâche, les secrétaires d'État étaient aidés par des bureaux, avec une hiérarchie interne : commis, principaux commis, premiers commis, ces derniers travaillant avec le ministre. À la fin de l'Ancien Régime, le nombre de ces employés va de 40 pour les Affaires étrangères à plus de 100 pour la Marine.

1. Même si, dans la période 1749-1757, Paris se trouva dans le département du comte d'Argenson, secrétaire d'État de la Guerre.

2) *Statut et recrutement des secrétaires d'État.* — Du fait de leur lointaine origine, les secrétaires d'État doivent acquérir, après leur désignation par le roi, une charge de notaire-secrétaire du roi, obligation qui disparut toutefois en 1727. Bien que les charges de secrétaires d'État soient des offices, le roi les choisit et les révoque librement. Ce qui n'empêche pas une quasi-hérédité de ces fonctions, ou à défaut leur vénalité[1]. Si bien que, pour la plupart, les secrétaires d'État ont appartenu à un petit nombre de familles, au surplus alliées entre elles par le jeu des mariages. Il s'agit de familles caractérisées par une fidélité indéfectible à la royauté, transmise de génération en génération, et qui s'était bien souvent manifestée dès les difficiles débuts d'Henri IV. Ainsi les Loménie de Brienne, les Le Tellier, les Colbert, les Phelypeaux. À la Guerre se sont succédé Michel Le Tellier, son fils Louvois, son petit-fils Barbezieux. Contrôleur général, Colbert a aussi la Marine et la Maison du roi, où lui succédera son fils Seignelay. Aux Affaires étrangères, Colbert de Croissy (frère de Colbert) aura pour successeur son fils Torcy. Mais la plus étonnante dynastie ministérielle est celle des Phelypeaux. Divisée en deux branches (La Vrillière / Saint-Florentin et Pontchartrain/Maurepas), cette famille a fourni dix secrétaires d'État, connus sous leurs titres nobiliaires. De 1621 à 1775, le secrétaire d'État en charge de la RPR fut toujours un Phelypeaux (branche La Vrillière / Saint-Florentin). Et de 1690 à 1775, il en est de même du secrétaire d'État de la Maison du roi (alternance des deux branches). Venues de la bourgeoisie marchande ou de celle de la finance locale, ces familles sont au XVIIe siècle d'une noblesse récente, obtenue par l'acquisition d'offices anoblissants. Nobles de fonctions, les secrétaires d'État de Louis XIV ne sont que des « bourgeois » aux yeux de la vieille noblesse. Un Saint-Simon les méprise et les hait. Persistant à voir en eux les humbles scribes d'autrefois, il ressent comme une usurpation la puissance de ces hommes de plume sans aïeux, qui se

1. À la mort d'un secrétaire d'État, le roi choisit souvent le fils pour succéder au père. D'ailleurs, le roi a parfois accordé à ce dernier des lettres de survivance en faveur du fils. Et quand une charge de secrétaire d'État sort d'une famille, le nouveau titulaire doit verser une somme énorme à son prédécesseur ou à ses héritiers. Mais le roi lui accorde un brevet de retenue, en vertu duquel la même somme lui sera versée (ou à ses héritiers) si la charge lui est enlevée (ou ne reste pas dans sa descendance). Le prix de ces charges peut aller de 400 000 jusqu'à 900 000 livres.

Lorsqu'il disgraciait un secrétaire d'État, le roi a procédé successivement de deux manières. Dans une première période, il nommait par commission un suppléant au secrétaire d'État renvoyé. Puis, après 1661, la disgrâce entraîna pour le secrétaire d'État l'obligation de résigner sa charge.

font appeler « Monseigneur », tout comme le chancelier. Les choses changent cependant dans le cours du XVIIIe siècle. S'étant alliées à la vieille noblesse, les familles ministérielles sont partie intégrante de la noblesse de cour. Au surplus, la grande noblesse d'épée, oubliant son ancien mépris pour les fonctions de secrétaire d'État, se met à briguer des charges conférant un tel pouvoir. C'est ainsi que parmi les secrétaires d'État de la seconde moitié du siècle figurent de nombreux grands seigneurs[1].

431 DU SURINTENDANT DES FINANCES AU CONTRÔLEUR GÉNÉRAL. — Au XVIIe siècle, la surintendance est confiée tantôt à de grands nobles d'épée, comme le duc de Sully, le marquis d'Effiat, le maréchal de La Meilleraye, tantôt à des membres de la noblesse de fonctions issue de la bourgeoisie, tels Bullion, Servien, Fouquet[2]. Titulaire d'un pouvoir d'ordonnancement direct des dépenses de l'État, le surintendant a la haute main sur l'ensemble du système fiscal et financier. La difficulté de sa tâche vient du nombre très important des années de guerre, tant civile qu'étrangère. Pour en couvrir les dépenses, le surintendant est forcé d'avoir recours à des expédients (vente de nouveaux offices) et à une politique d'emprunt. Il charge les financiers, auxquels sont affermées la levée des impôts et la vente des offices, de collecter les capitaux des riches particuliers pour les prêter au roi. Ces financiers sont les créatures du surinten-

1. On citera notamment : l'abbé puis cardinal de Bernis (Aff. étr., 1757-1758) ; le maréchal duc de Belle-Isle (Guerre, 1758-1761) ; le marquis de Massiac (Marine, 1758) ; le duc de Choiseul (Aff. étr., 1758-1761 et 1766-1770 ; Guerre, 1761-1770 ; Marine, 1761-1766) ; son cousin le duc de Praslin (Aff. étr., 1761-1766 ; Marine, 1766-1770) ; le duc d'Aiguillon (Aff. étr., 1771-1774) ; les marquis de Ségur et de Castries, maréchaux de France, respectivement à la Guerre et à la Marine (1780-1787).
2. C'est Sully qui, grâce à son esprit d'initiative et d'organisation ainsi qu'à l'influence prédominante qu'il exerce dans le gouvernement (en 1605, il a écarté le chancelier Bellièvre de l'administration financière, et il domine le Conseil d'État et des Finances), a donné véritablement sa stature à la surintendance et jeté les fondements de l'administration centrale des finances. Après la démission de Sully disgracié, en janvier 1611, la surintendance est supprimée. Elle fait place à une direction collégiale des finances royales : trois conseillers d'État, dont l'un, Pierre Jeannin, est nommé contrôleur général. Mais, dès 1614, la surintendance des finances est rétablie en la personne de Jeannin. Son successeur, Henri de Schomberg, est le premier surintendant nommé par lettres de commission (1619), après quoi ils le seront tous. À plusieurs reprises, il y eut simultanément deux surintendants : ainsi Bullion et Bouthillier (1632-1640), ou Servien et Fouquet, de 1653 à 1659, où la mort de Servien laissa Fouquet seul surintendant. La surintendance est au XVIIe siècle une des plus hautes charges de l'État. Dans l'ordre protocolaire gouvernemental, le surintendant vient aussitôt après les grands officiers de la couronne, et, à partir de 1643, il est automatiquement ministre d'État.

dant qui doit, pour être efficace, posséder une vaste clientèle. Il lui faut pour cela être très riche afin d'inspirer confiance aux financiers et de pouvoir garantir leurs prêts à l'aide de sa fortune personnelle. Mais, inversement, il n'hésite pas à accroître cette fortune en recevant des pots-de-vin des traitants et en utilisant fructueusement ses capitaux pour prêter à l'État, acquérir des droits sur le roi ou investir dans les fermes des impôts. Toutes choses qui furent reprochées à Fouquet, mais injustement car ses prédécesseurs avaient fait de même. Ainsi, d'ailleurs, que tout le haut personnel politique et administratif. Il était alors admis que l'exercice du pouvoir constituait l'occasion de s'enrichir. En résultèrent les immenses fortunes de ministres qui furent de grands serviteurs de l'État : Richelieu, Mazarin (la plus grande fortune de l'Ancien Régime : 40 millions de livres), Le Tellier, Séguier, Colbert... Comparativement, Fouquet, dont les dettes dépassent la fortune, semble plutôt s'être ruiné au service du roi. Sa chute s'explique par ses imprudences (faste de la fête de Vaux, ambition d'être principal ministre...), qui heurtèrent l'amour-propre du jeune Louis XIV et sa volonté de gouverner seul, ainsi que par l'habileté avec laquelle l'intendant des finances Colbert sut discréditer le surintendant afin de prendre sa place et de substituer à la sienne sa propre clientèle de financiers[1]. En 1661, Fouquet est arrêté et jugé pour concussion. La surintendance est supprimée, le roi décidant d'en exercer lui-même les fonctions. Pour l'assister dans cette tâche est créé le Conseil royal des Finances, dans lequel Colbert joue en pratique un rôle prépondérant. Puis, en 1665, le roi le nomme contrôleur général des finances. Un nouveau ministre apparaissait[2].

1. Conseiller d'État depuis 1648 et intendant privé de Mazarin, Jean-Baptiste Colbert gérait depuis dix ans la prodigieuse fortune de l'homme qui gouvernait le royaume, ce qui le mêlait étroitement au fonctionnement des finances royales. Colbert avait été vivement recommandé à Louis XIV par le principal ministre, qui, à la veille de sa mort, le fit nommer intendant des finances (8 mars 1661). À la chute de Fouquet, arrêté le 5 septembre 1661, Colbert devient ministre d'État à sa place. Le règlement du 15 septembre 1661, qui supprime la surintendance et institue le Conseil royal des Finances, dispose que l'un des trois conseillers d'État qui y siègent devra être aussi intendant des finances. Cette disposition vise Jean-Baptiste Colbert, dont le roi fait le rapporteur du nouveau conseil. C'est déjà le rôle qu'il y jouera en qualité de contrôleur général à partir de 1665.

2. Apparu au milieu du XVIe siècle, le contrôleur général des finances avait pour mission de surveiller les finances royales. Il devait viser toutes les pièces de recette ou de dépense, et en tenir registre. Selon les moments, le contrôle général fut un office ou une commission. La politique constante des intendants des finances fut d'absorber collectivement la charge de contrôleur général afin d'éliminer cette autorité rivale et de renforcer leur position. En conséquence, le contrôle général fut souvent réuni aux intendants des finances l'exerçant collectivement ou à tour de rôle (par quartier de 1639 à

432 Le contrôleur général des finances. — Il est le plus important des six responsables de département ministériel. Il anime cette « gestion administrative » de l'État que la « révolution » de 1661 a substituée à la traditionnelle « gestion judiciaire » (M. Antoine). Comme son prédécesseur le surintendant, c'est un commissaire, pour lequel n'existe aucune pratique d'hérédité ni de vénalité. Par son statut même, le contrôleur général est le plus moderne des ministres.

1) *Un ministre des Finances et de l'Économie.* — Le contrôleur général est cela et plus encore. Son omnicompétence succède à celle du chancelier. Certes, il lui manque le pouvoir d'ordonnancement du surintendant. Le roi est désormais le seul ordonnateur des dépenses de l'État. Nulle dépense ne peut se faire sans un mandat signé de lui. Mais il en résulta surtout que le roi fut accablé de signatures. Dans les faits, le contrôleur général, qui préparait toutes les décisions, fut, tout autant que le surintendant, le maître des finances. Et ses compétences étaient bien plus vastes. Colbert joua là un rôle déterminant. Cumulant avec le contrôle général la surintendance des Bâtiments du roi ainsi qu'un secrétariat d'État rassemblant deux départements (Maison du roi et Marine), il prétendait s'occuper de tout et fit du contrôleur général le ministre essentiel de la monarchie[1].

1643). À d'autres moments, la charge n'eut qu'un seul titulaire, ou deux. Mais il s'agissait fréquemment d'intendants des finances, voire du surintendant. L'intendant des finances Particelli d'Hémery est en même temps contrôleur général de 1643 à 1647, où il devient surintendant, en conservant le contrôle général. Au milieu du XVIIe siècle, où la guerre engendre d'immenses besoins financiers, la royauté semble moins attendre de ses contrôleurs généraux une exacte surveillance des finances publiques que de lui procurer du crédit auprès des partisans et traitants. Ce rôle rapproche le contrôleur général du surintendant des finances, auquel il est sur le point de se substituer. Dans les premières années 1660, il y a deux contrôleurs généraux : Barthélémy Hervart et François Le Tonnelier de Breteuil. Louis XIV leur rachète leurs charges, ce qui lui permet de nommer Colbert, par commission, contrôleur général des finances. En apparence, ce n'est que le recommencement d'une situation classique : l'un des intendants des finances devient contrôleur général. D'autant que l'institution du contrôle général ne se trouve pas, en elle-même, renforcée. Mais le dynamisme de Colbert et l'extraordinaire accumulation de compétences dont il va bénéficier grâce à la confiance royale font qu'avec lui le contrôleur général va dominer définitivement les intendants des finances, s'imposant comme leur chef. À partir de 1665, non seulement le contrôleur général prend rang de ministre, mais encore il s'impose comme le plus important des ministres.

1. Colbert avait commencé, avec l'approbation du roi, par dépouiller méthodiquement le chancelier Séguier. Dès 1661, il lui avait notamment enlevé les Eaux et Forêts, ainsi que le choix et la direction des intendants (sauf ceux des provinces frontières, dont la nomination va relever du secrétaire d'État de la Guerre). Là-dessus, le roi lui confia la gestion du département de la Marine (1662). Puis il devient surintendant des Bâtiments (1664), contrôleur général (1665) et secrétaire d'État

Le contrôleur général prépare ce qui ne s'appelle pas encore le budget, mais n'en constitue pas moins une prévision des dépenses et recettes de l'État, laquelle devient de plus en plus précise et effective au cours du XVIIIe siècle. Après quoi il est chargé de l'exécution de ce budget. Aucun mandat de paiement ne peut être présenté à la signature du roi sans avoir été soumis au contrôleur général et avoir reçu son visa. Les autres ministres dépendent donc de lui pour leurs moyens financiers. Par ailleurs, à côté des finances, de la fiscalité, des monnaies, du domaine, le contrôle général centralise ce qui concerne les eaux et forêts, les ponts et chaussées, les mines, le commerce intérieur et extérieur, l'agriculture, l'industrie, la santé publique, l'assistance... Bref, l'essentiel de l'administration du royaume[1]. Pour l'aider à mener à bien toutes ces tâches, le contrô-

(1669). Il sera encore nommé contrôleur général des Postes, puis grand maître et surintendant des Mines et Minières (1670). Le cumul du contrôle général et d'une charge de secrétaire d'État représenta un atout majeur pour Colbert. Il procédait en effet à l'expédition des actes royaux en commandement préparés par lui en qualité de contrôleur général, en les contresignant en qualité de secrétaire d'État. Cela revenait à confier à Colbert les pleins pouvoirs dans les domaines qui lui étaient attribués. D'autant que, empiétant encore sur les quelques pouvoirs laissés au chancelier, il contraignit Séguier à sceller sans discussion les lettres patentes préparées au contrôle général et portant le contreseing de Colbert. Celui-ci se mêla même d'améliorer la justice par la tenue de Grands Jours, et de se substituer largement au chancelier dans le domaine de la législation, avec les grandes ordonnances de codification louis-quatorziennes. Au total, il n'y a guère que la diplomatie et la guerre terrestre qui échappèrent à l'action gouvernementale de Colbert. Il réalisa à son profit une extrême concentration des pouvoirs, qui allait bénéficier à l'institution du contrôle général, à laquelle il donna une impulsion décisive. À sa mort, en 1683, elle n'avait plus qu'à continuer sur sa lancée. Certes, avec les premiers successeurs de Colbert, le contrôle général connaît un effacement relatif. Mais il retrouve sa stature avec son neveu Desmarets.

1. Le contrôleur général gouverne la France, avec pour seule mais considérable limite à son pouvoir le fait qu'il n'a pas le moyen de faire lui-même passer ses décisions en législation. Firent exception Colbert et deux autres contrôleurs généraux de Louis XIV, Pontchartrain et Chamillart, eux aussi secrétaires d'État (Maison du roi et Marine pour le premier, Guerre pour le second). Tous trois ont pu, en qualité de secrétaire d'État, contresigner des actes royaux en commandement issus de leur activité de contrôleur général. Sous Louis XV et Louis XVI, le cumul avec une charge de secrétaire d'État ne se retrouve plus. De sorte que le contrôleur général, pour être efficace, a besoin de pouvoir compter pleinement sur au moins un des secrétaires d'État. Telle semble bien être la raison qui a poussé Turgot à tant insister auprès de son ami Malesherbes, en 1775, pour qu'il accepte la Maison du roi.

Louis XIV avait eu cinq contrôleurs généraux en cinquante ans : Colbert (1665-1683) ; Claude Le Peletier (1683-1689) ; Louis Phelypeaux, comte de Pontchartrain (1689-1699) ; Michel Chamillart (1699-1708) ; Nicolas Desmarets (1709-1715). Par contraste avec cette stabilité, le règne de Louis XV est marqué par une rotation beaucoup plus rapide. Il y eut 15 contrôleurs généraux de 1718 à 1774, soit une moyenne de moins de quatre ans, certains ne restant que quelques mois, comme Peyrenc de Moras, Silhouette ou Maynon d'Invau. Au point que l'hôtel du contrôle général, rue neuve des Petits-Champs, était plaisamment surnommé l'hôtel des déménagements. Et le rythme s'intensifie encore sous Louis XVI. Cette rapidité de l'usure des contrôleurs généraux résulte de la moindre autorité personnelle de Louis XV, et plus encore de Louis XVI (entraînant une grande vulnérabilité des contrôleurs généraux aux rivalités ministérielles et aux intrigues de la cour), ainsi que, à partir du milieu du XVIIIe siècle, de la guerre de harcèlement des cours souverai-

leur général dispose de bureaux qui, encore modestes sous Colbert, occupent 265 commis en 1788, dont 30 premiers commis et 30 chefs de bureaux. Sur 38 bureaux, le ministre en dirige personnellement une dizaine. Les autres sont placés sous l'autorité des intendants des finances et des intendants du commerce, tous chargés d'une spécialité (par exemple Trudaine aux ponts et chaussées), et subordonnés au contrôleur général. Le pouvoir de celui-ci s'exerce dans les provinces grâce aux intendants, dont la nomination est presque exclusivement entre ses mains (font exception ceux des provinces frontières, choisis par le secrétaire d'État de la Guerre). Le contrôleur général ne cesse de leur adresser instructions et demandes d'informations.

2) *L'action économique de Colbert et de ses successeurs.* — Jusqu'au milieu du XVIIIe siècle, elle prend la forme du mercantilisme, que pratiquent aussi les autres États européens. On cherche à développer la production et le commerce, en sorte d'enrichir le royaume et en définitive l'État. Ayant besoin de faire face aux dépenses des guerres, celui-ci compte sur la croissance de l'économie pour augmenter ses rentrées fiscales. Le mercantilisme se veut donc l'instrument de la puissance de l'État. Et il met l'accent sur l'industrie et le grand commerce maritime. Colbert s'efforce de développer l'industrie française en créant de nouvelles manufactures. Certaines sont des régies d'État, comme les Gobelins, Sèvres, Beauvais, ou comme les arsenaux de Toulon, Brest et Rochefort. Mais la majorité des manufactures sont des entreprises privées, même si d'aucunes obtiennent l'appellation de manufacture royale (telle la manufacture de glaces de Saint-Gobain). Elles sont créées grâce à un privilège du roi, qui les dispense du respect des règles corporatives s'appliquant à l'artisanat, et leur accorde diverses facilités : subvention ou prêt de démarrage, avantages fiscaux, monopole régional ou national de fabrication... En contrepartie, ces établissements industriels sont soumis à un strict contrôle de la qualité des produits, exercé par les inspecteurs des manufactures. Parallèle-

nes contre la politique réformatrice de la royauté. Mais cette tendance générale à l'instabilité n'a pas empêché plusieurs contrôleurs généraux de jouir d'une relative longévité, et en tout cas de mener une politique financière ou économique vigoureuse, comme Orry (1730-1745), Machault (1745-1754), Terray (1769-1774) ou Turgot.

ment, Colbert utilise le système du privilège pour la création de grandes compagnies de navigation, associant financement public et capitaux privés : ainsi la célèbre Compagnie des Indes, fondée en 1664, et possédant le monopole du commerce avec Madagascar et l'Extrême-Orient. Avec Colbert et ses successeurs, qui poursuivront sa politique, l'État intervient donc en matière économique. Mais son action reste assez superficielle, limitée à certains secteurs « de pointe », qu'il souhaite encourager. Et surtout, l'État dépense très peu pour l'économie. Il n'investit guère, sinon dans les grands travaux militaires (arsenaux...). Ce n'est que dans la seconde moitié du XVIIIe siècle que s'impose l'idée de grands travaux financés par l'État en fonction d'impératifs purement économiques. Notamment sous l'influence de la physiocratie, on considère désormais que le progrès économique et l'enrichissement de la société constituent un but en soi.

Section II
Le Conseil du roi

433 UNICITÉ DU CONSEIL ET COMPLEXITÉ DE SON ORGANISATION. — Le roi gouverne, légifère, juge, administre au moyen de son Conseil. Beaucoup de ses décisions prennent la forme d'arrêts du Conseil, revêtus ou non de lettres patentes. Cependant, l'ampleur et la variété des tâches ont entraîné la formation progressive de diverses sections spécialisées, désignées elles-mêmes sous le nom de conseils. Dans certaines le roi est présent, dans d'autres il est absent, mais juridiquement il est toujours censé être là. De quelque section qu'ils émanent, tous les arrêts du Conseil expriment la volonté royale. Les différents conseils ne sont que les rouages d'un Conseil unique. Ils en constituent l'architecture interne, qui atteint avec Louis XIV sa forme la plus achevée.

434 LES CONSEILS DE GOUVERNEMENT. — Ces formations ont en commun d'être, à partir de Louis XIV, présidées effectivement par le roi. Elles prennent des arrêts en commandement, dont

le dispositif commence par « Le roi étant en son Conseil », et dont les expéditions sont faites par les secrétaires d'État.

1) *Le Conseil d'En haut.* — Il s'agit de l'ancien Conseil des Affaires, qui est ainsi appelé depuis 1643 car il siège au premier étage, près de la chambre royale. Au XVIIIe siècle, on le désignera sous le nom de Conseil d'État. Il accompagne le roi dans ses déplacements. Ce conseil était fort restreint du temps de Richelieu. Mais, quand s'ouvre le gouvernement personnel de Louis XIV, on y trouve, outre les personnages honorés d'un brevet de ministre d'État (premier ministre, chancelier, secrétaire d'État des Affaires étrangères...), les membres de la famille royale, les princes du sang, les ducs et pairs... C'était une cohue. Dès 1661, Louis XIV épure le Conseil d'En haut. Il n'y admet que les ministres d'État, qui ne sont plus désignés par brevet. Un huissier convoque verbalement avant chaque séance ceux que le roi y invite. Si on n'est plus convoqué, on cesse d'y siéger, mais on conserve à vie le titre de ministre d'État et les émoluments correspondants. Dans les premières années de son règne personnel, Louis XIV n'admit que trois personnes au Conseil d'En haut : Le Tellier, de Lionne et Colbert. Il alla ensuite jusqu'à cinq. Sous Louis XV, le maximum fut de sept, et de huit sous Louis XVI. Si Louis XIV écarta de ce conseil la vieille noblesse et le clergé, ils y furent bien représentés sous ses successeurs. Nul n'entre de droit au Conseil d'En haut, pas même le dauphin. Cependant, dans la pratique, le roi fait très souvent appel aux chefs des départements ministériels, et notamment aux secrétaires d'État. Cela s'explique par les compétences de ce conseil, qui s'occupe de toutes les grandes affaires du dehors comme du dedans, avec toutefois une prédominance des questions diplomatiques et militaires. C'est le plus important et le plus prestigieux des conseils. Il se réunit trois fois la semaine sous Louis XIV, sans compter les séances extraordinaires.

2) *Le Conseil des Dépêches.* — Institué vers 1650, il était généralement présidé par le chancelier. À partir de 1661, il le sera par le roi. Ce conseil réunit dix ou douze personnes : les ministres d'État, ceux des chefs de département qui ne le sont pas, le dauphin (qui y commence son éducation politique), ainsi que quelques conseillers d'État (d'abord occasionnellement, puis de façon permanente). Le

Conseil des Dépêches est chargé des questions relatives à l'administration intérieure du royaume, si bien que les secrétaires d'État y sont rapporteurs-nés. Chacun, pour les provinces qui lui sont confiées, lit les dépêches envoyées par les intendants et les gouverneurs. Le Conseil est également amené à juger certaines affaires contentieuses importantes. En 1661, il y avait deux réunions par semaine. Mais leur rythme ne tarda pas à beaucoup se ralentir, la plupart des décisions étant prises directement par le roi au cours de son travail avec chacun de ses ministres, et recevant cependant la forme d'arrêts en commandement. Toutefois, au XVIIIe siècle, en raison des difficultés religieuses et de l'opposition parlementaire, ce conseil reprend son activité et se réunit au moins une fois par semaine. La grande majorité des arrêts en commandement correspondant à sa compétence y furent effectivement rendus[1].

3) *Le Conseil royal des Finances.* — Créé en 1661, y siègent le contrôleur général, rapporteur, le dauphin, parfois le chancelier, et puis quelques conseillers d'État. Le roi y signe les ordres de paiement, le brevet de la taille (fixant son montant global), l'état prévisionnel constituant le budget ainsi qu'une foule de documents comptables, soit un énorme travail pour lui. De plus, ce conseil juge de nombreuses affaires contentieuses relevant de la finance *(i.e.* relatives aux activités du contrôle général, notamment en matière fiscale). Jusqu'en 1715, cette formation aura deux réunions hebdomadaires. Cependant, assez vite, la politique financière et fiscale de la monarchie n'y fut plus délibérée. Surtout après la mort de Colbert (1683), les décisions importantes sont prises par le roi en tête à tête avec le contrôleur général, et quand on les présente au Conseil c'est « pour y être entérinées sans débat véritable » (M. Antoine)[2].

1. Des commissions extraordinaires furent parfois adjointes au Conseil des Dépêches. Elles étaient chargées d'une question particulière, avec un pouvoir d'instruction, et pour certaines de décision. Leur composition était adaptée à leur tâche. On y trouvait, outre des membres du Conseil des magistrats, des avocats, des ecclésiastiques... La plus célèbre fut la Commission des réguliers, créée en 1766.
2. Le Conseil royal des Finances se vit adjoindre, lui aussi, des commissions extraordinaires. La plus importante est le bureau du commerce, où siègent le contrôleur général, le secrétaire d'État à la Marine, des conseillers d'État et des maîtres des requêtes, ainsi que les députés du commerce, élus par les chambres de commerce. Cette Commission, qui exista au XVIIIe siècle de manière permanente, rendit inutile le Conseil royal de Commerce.

4) *Les autres conseils de gouvernement.* — À plusieurs reprises au cours des XVIIe et XVIIIe siècles existèrent, pour quelques années, un Conseil de Commerce, un Conseil de Conscience (pour la nomination aux bénéfices ecclésiastiques), un Conseil de Guerre. Mais ces conseils restèrent épisodiques.

435 Le Conseil d'État privé, finances et direction. — Cette appellation d'ensemble désigne un groupe de conseils spécialisés dans les affaires contentieuses, et dont le fonctionnement repose sur l'existence d'un personnel professionnel : les conseillers d'État et les maîtres des requêtes. Le roi ne préside jamais ces formations, et leurs arrêts ne sont pas soumis à son approbation. Ces conseils ne rendent que des arrêts simples, dont le dispositif commence par « Le roi en son Conseil ». Les expéditions en sont faites par des secrétaires greffiers.

1) *Conseillers d'État et maîtres des requêtes.* — Les premiers, depuis 1673, sont au nombre de 30 : 3 d'Église, 3 d'épée et 24 de robe. La fonction de conseiller d'État n'est ni un office, ni une commission, mais une dignité. Ne se perdant que par la mort ou la démission, elle n'est pas transmissible. Presque tous sont d'anciens maîtres des requêtes, mais ayant dans la plupart des cas exercé d'autres fonctions : intendant, intendant des finances, ambassadeur, lieutenant général de police, premier président de cour souveraine... Fonctions que, sauf la dernière, ils conservent souvent en devenant conseillers d'État. Si bien qu'un certain nombre d'entre eux sont dans l'impossibilité d'assurer leur service au Conseil. Par ailleurs, c'est souvent parmi les conseillers d'État que le roi choisit les titulaires des postes gouvernementaux, et en particulier le chancelier. Quant aux maîtres des requêtes de l'hôtel, ce sont des officiers. Et ils doivent préalablement avoir exercé de hautes fonctions judiciaires. À partir de Louis XIV, leur nombre est en général de 80. Leurs charges sont coûteuses et recherchées. Il est vrai que le roi choisit parmi eux des ambassadeurs, des premiers présidents ou des procureurs généraux, mais surtout les intendants des finances, du commerce, et plus encore ceux des généralités. Les maîtres des requêtes jouissent en effet d'un monopole de fait pour les intendances des provinces. Ils sont la « pépinière des administrateurs » (d'Argenson). Mais cela ne doit pas faire oublier que près de la moitié

d'entre eux n'eurent d'autre carrière que celle du Conseil. Conseillers d'État et maîtres des requêtes sont tous nobles. Certains appartiennent à une noblesse de robe très ancienne, voire d'origine chevaleresque (telles les familles d'Argouges, d'Argenson, Turgot). D'autres, membres aussi de la haute robe, sont d'une noblesse de fonctions moins ancienne, comme les d'Aguesseau, les Lamoignon, les d'Ormesson... D'autres enfin, souvent issus de la finance, sont de noblesse récente (fréquemment obtenue par l'achat d'une charge de secrétaire du roi). Cette robe du Conseil était liée familialement à la robe des cours souveraines. Mais elle ne partagea nullement ses tendances frondeuses. Elle fit preuve d'un dévouement absolu au roi.

2) *Le Conseil d'État privé.* — Il est la continuation du Conseil du roi de jadis, mais limité au contentieux judiciaire. Appelé aussi Conseil des Parties, il exerce au niveau suprême la justice entre particuliers, tant en matière civile que criminelle. Il intervient en règlement de juges pour trancher les conflits entre cours souveraines ou entre tribunaux d'ordre différent. Il juge par évocation à la place des juges ordinaires, et peut casser, pour erreur de droit, les arrêts des cours souveraines. Le roi est toujours absent, sauf exception rarissime. Mais son fauteuil vide symbolise sa présence fictive. La présidence effective de ce conseil, qui siège deux fois par semaine, puis une seule au XVIIIe siècle, appartient au chancelier, membre de droit. Parmi les autres membres de droit, les princes du sang, ducs et pairs, ministres d'État, secrétaires d'État, surintendant puis contrôleur général ne viennent à peu près jamais : seuls les intendants des finances assistent régulièrement aux séances. Mais l'essentiel de l'assemblée est constitué par les conseillers d'État et les maîtres des requêtes (les rapporteurs étant choisis parmi ces derniers). Comme ils ne sont jamais au complet, ce conseil compte en moyenne une quarantaine de membres.

3) *Le Conseil d'État et des Finances.* — Sa composition est identique à celle du précédent. Les mêmes personnages, réunis dans la même salle des jours différents, forment un conseil différent. Il s'agit d'un ancien conseil de gouvernement, réduit depuis les années 1620 au traitement du contentieux administratif et fiscal. Il règle aussi les mesures de détail et a un pouvoir de cassation des arrêts des cours souveraines à caractère financier (Chambres des

comptes, Cours des aides). Sous Louis XIV, bien que ce conseil reste présidé par le chancelier, le rôle prépondérant y appartient au contrôleur général.

4) *Les directions des Finances.* — La grande Direction n'est autre que ce Conseil de Direction où, sous Louis XIII et jusqu'en 1661, furent gérées les finances du royaume, son travail étant préparé par un comité de spécialistes : la petite Direction. Toutes deux sont conservées en 1661, mais confinées dans des tâches contentieuses, la petite Direction ayant pour mission de soulager la grande en jugeant promptement les affaires les plus simples. Présidée par le chancelier, la grande Direction, dont la composition est, à peu de choses près, la même que celle des deux conseils précédents, se réunit elle aussi dans la salle du Conseil des Parties. Une dizaine de personnes forment la petite Direction, en particulier le contrôleur général, les intendants des finances et quelques conseillers d'État.

436 EN FINANCE, LE CONSEIL DEVIENT LE PLUS SOUVENT UNE FICTION. — Dès la fin du XVIIe siècle, le Conseil d'État et des Finances a disparu par désuétude. Il en sera de même dans le cours du XVIIIe siècle pour la petite Direction. Certes, le Conseil royal des Finances subsiste, mais il est en plein déclin : une cinquantaine de réunions en 1723, 28 en 1736, 7 ou 8 par an à la fin de l'Ancien Régime. Même effacement pour la grande Direction, qui ne se réunit au XVIIIe siècle que de 6 à 12 fois par an. Et pourtant, sur quelque 4 000 arrêts du Conseil rendus chaque année, plus des deux tiers le sont en finance : il y est en effet mentionné qu'ils ont été rendus sur le rapport du contrôleur général, ce qui paraît indiquer qu'ils émanent du Conseil royal des Finances. Mais, en réalité, seule une infime minorité des arrêts en finance fut délibérée dans le cadre de ce conseil : un sur vingt en 1736, et la proportion est allée en s'amenuisant. Une grande partie des autres arrêts résultent de décisions préparées dans les bureaux du contrôle général et prises soit par le roi travaillant avec le contrôleur général, soit par ce dernier travaillant avec un intendant des finances, ou du commerce, ou un premier commis, soit par les intendants des finances (ou du commerce) travaillant avec leurs premiers commis. Et il était établi que les secrétaires d'État devaient contresigner sans discussion les expéditions d'arrêts en finance issues du contrôle général, de même que le chancelier devait signer les minutes des arrêts et sceller sans aucun contrôle les lettres patentes les revêtant. Telles étaient les conséquences du triomphe du contrôleur général sur le chancelier, de la substitution d'une gestion administrative rapide et efficace aux lenteurs de la gestion judiciaire.

Pour les mesures d'ordre gouvernemental ou administratif, cela fut très bénéfique. Mais il n'en était pas de même pour les affaires contentieuses. La décision d'un administrateur, si intègre soit-il, n'offre pas aux justiciables les mêmes garanties que le respect de formes juridictionnelles. Aussi, dans les années 1760, la Cour des aides de Paris cria-t-elle au despotisme. Le reproche était injustifié, du fait de la probité et de la compétence des contrôleurs généraux, des intendants des finances, de ceux du commerce. En outre, un nombre non négligeable d'arrêts en finance furent tout de même rendus selon des formes judiciaires par un organe officieux, l'Assemblée des intendants des finances. Sans compter les nombreux jugements des commissions extraordinaires du Conseil à mission juridictionnelle. Il n'empêche que la situation était critiquable. La monarchie en prit conscience et s'efforça de trouver une solution. Maupeou aurait voulu créer un conseil spécialisé dans le contentieux administratif et relevant du chancelier. Mais il n'y parvint pas. Fut toutefois institué, en 1777, le Comité contentieux des finances, formé de trois puis de quatre conseillers d'État, et chargé de donner au contrôleur général, sur les principales affaires du contentieux administratif et financier, un avis qui était presque toujours suivi.

Section III
Les textes exprimant la volonté royale

437 LÉGISLATION ROYALE ET AUTRES SOURCES DU DROIT. — Sous l'Ancien Régime, la législation royale continue de coexister avec les droits coutumier, romain et canonique, mais son rôle devient prédominant. Certes, le droit privé demeure régi par la coutume au Nord, par le droit romain au Sud, tandis que dans tout le royaume le mariage reste soumis au droit canonique. Cependant, depuis leur rédaction officielle, les coutumes tirent leur force obligatoire de leur publication par lettres patentes du roi. Quant aux règles canoniques récentes, elles ne s'appliquent dans le royaume que dans la mesure où elles ont été promulguées par le roi : ainsi les décrets du Concile de Trente relatifs au mariage. Mais surtout, la législation royale connaît une expansion spectaculaire et déborde au surplus largement de son champ traditionnel du droit public. Les textes législatifs les plus importants de cette époque sont les grandes ordonnances de codification de Louis XIV et de Louis XV, respectivement dues à Colbert et au chancelier d'Aguesseau : ordonnance civile de 1667, véritable code de procédure civile, ordonnance forestière de 1669 formant un code des eaux et forêts, ordonnance criminelle de 1670, qui est un code de procédure criminelle, ordonnance de commerce de 1673 et ordonnance de la marine de 1681, qui constituent un code de commerce, ordonnances sur les donations (1731) et sur les testaments (1735). Traduisant un remarquable effort d'unification du droit, ces ordonnances de codification préparent et annoncent les grands codes napoléoniens, et notamment le Code civil. La doctrine contribua également beaucoup à cette marche vers l'unité, avec en particulier Lamoignon et Domat pour le XVIIe siècle, et au siècle suivant Pothier, dont les disciples furent les rédacteurs du Code civil.

438 LES LETTRES PATENTES. — Ce sont, on le sait, les actes royaux passant par la grande chancellerie de France, où ils sont scellés du grand sceau en présence du chancelier lors de l'audience du sceau. Ces lettres ouvertes portent la signature royale, souvent tracée par un secrétaire de la main, et le contreseing d'un secrétaire d'État, précédé de « par le roi ». On continue de distinguer les grandes lettres patentes, à effet perpétuel, commençant par une adresse du roi « à tous ceux présents et à venir », et les petites lettres patentes, à effet temporaire, adressées simplement « à tous ceux qui ces lettres verront ». Les premières sont scellées de cire verte, les secondes de cire jaune. Les lettres patentes sont ensuite vérifiées par les cours souveraines. L'enregistrement des lettres de propre mouvement, correspondant pour l'essentiel aux lois générales, est requis par le procureur général. Mais ce sont les bénéficiaires qui demandent celui des lettres sur requête, qui sont généralement des actes d'intérêt privé. Ceux-ci représentent une très grande proportion des lettres patentes : lettres de provision d'office ou nommant à des bénéfices ecclésiastiques, lettres de justice (lettres de répit en faveur d'un débiteur...), lettres de grâce, enfin, qui peuvent prononcer un pardon, ou une commutation de peine, mais aussi accorder un don, une exemption fiscale, un anoblissement ou tout autre avantage. Quant aux lois générales en forme de lettres patentes, la terminologie les concernant reste assez flottante jusqu'au règne de Louis XIV. Mais, au XVIIIe siècle, une classification rigoureuse s'applique. L'ordonnance est une loi étendue concernant une diversité de matières. L'édit est une loi plus brève, portant sur une seule question ou ne s'appliquant que dans une partie du royaume. Enfin, la déclaration est une loi de portée moins vaste encore, qui vient interpréter, compléter ou modifier sur un point particulier une ordonnance ou un édit. Seuls ordonnances et édits sont en forme de grandes lettres patentes. Les déclarations prennent la forme de petites lettres patentes, comme la majorité des actes d'intérêt privé. Cependant, parmi ces derniers, certains sont toujours en forme de grandes lettres. Rien ne distingue donc sur le plan diplomatique les actes à caractère législatif, réglementaire, gouvernemental, administratif, judiciaire, plusieurs de ces aspects pouvant coexister dans le même acte.

439 LES ARRÊTS DU CONSEIL. — La remarque précédente vaut aussi pour eux. La distinction entre arrêts en commandement et arrêts simples ne correspond pas à une différence de contenu des textes. Ainsi, au XVIIIe siècle, la majorité des arrêts en finance, émanés ou censés émaner du Conseil royal des Finances, sont des arrêts simples, ce qui n'empêche pas certains d'entre eux d'avoir un objet législatif. Aussi bien arrêts simples et en commandement ont-ils rigoureusement la même autorité. Toutes les minutes sont signées par le chancelier. La royauté a énormément utilisé la formule de l'arrêt du Conseil, qui présente d'immenses avantages de simplicité, de souplesse et de rapidité. Ces textes, qui ne sont pas scellés, et en conséquence pas soumis à l'enregistrement des cours souveraines, sont immédiatement applicables. Or ils emportent les mêmes effets de droit que les lettres patentes. Toutefois les cours souveraines affectent d'ignorer les arrêts du Conseil. Aussi, pour éviter les conflits, le roi revêt-il souvent de lettres patentes les arrêts dont on peut prévoir que les cours auront à connaître[1].

440 Les actes expédiés sous le cachet du roi. — Il s'agit de lettres signées par le roi ou plus fréquemment par un secrétaire de la main, contresignées par un secrétaire d'État et généralement fermées par un cachet de cire marqué du sceau du secret, ou petit cachet du roi. Il fallait briser ce cachet pour ouvrir le document et en prendre connaissance. Entrent dans cette catégorie les lettres missives, par lesquelles le roi donne des ordres à tel ou tel de ses agents, y compris de rang élevé. Les lettres closes lui servent à s'adresser aux personnes morales, et notamment aux villes, pour leur faire parvenir des informations, des ordres de détail, mais aussi parfois des prescriptions générales. Très voisines, les lettres de cachet servaient à notifier n'importe quel ordre urgent du roi dans les domaines les plus variés (report d'une élection, organisation d'une cérémonie publique...). Mais elles sont surtout connues pour avoir servi à l'incarcération dans des forteresses ou des couvents, par « voie d'autorité » (on dit aussi « voie d'administration »), d'individus atteints de folie ou représentant un danger pour l'ordre public[2]. Les lettres de cachet furent d'un grand usage sous l'Ancien

1. La forme de l'arrêt du Conseil convient parfaitement aux décisions juridictionnelles ainsi qu'à l'exercice du pouvoir législatif et même réglementaire. Mais son emploi systématique par le contrôleur général et ses services pour tous les détails de l'action gouvernementale et administrative (autoriser la coupe de quelques arpents de bois, permettre à une communauté d'habitants de réparer son église...) présente le très grave inconvénient d'amoindrir le prestige des arrêts du Conseil. Il manquait à la monarchie administrative quelque chose d'équivalent aux décrets et arrêtés ministériels. Certes, ils n'avaient pas leur place dans les institutions de l'Ancien Régime puisque les chefs des départements ministériels dépourvus de toute autorité propre, n'étaient que les exécutants des volontés du roi. Cependant, il eût été possible de trouver une formule permettant au roi « de couvrir de son autorité, sans la compromettre, certaines décisions prises hors du Conseil ». Par exemple en s'inspirant du procédé employé par les ducs de Lorraine : des décrets, émanant du Conseil comme les arrêts, mais « de portée moins solennelle et péremptoire » et donc plus faciles à révoquer ou à modifier « sans déconsidérer l'autorité souveraine » (M. Antoine).

2. La propagande révolutionnaire a développé une véritable mythologie à propos des lettres de cachet, dénoncées comme la forme suprême du despotisme. La réalité semble avoir été assez différente. Tout d'abord, les lettres de cachet étaient utilisées *motu proprio* par le pouvoir royal, le lieutenant de police de Paris, les intendants des provinces, pour assurer le maintien de l'ordre. Mais le plus souvent, elles étaient sollicitées par les familles pour faire interner les fous, enfermer pour quelque temps les déviants graves dans l'espoir de les corriger, ou bien pour soustraire par un emprisonnement des délinquants ou des criminels à un procès dont le scandale éclabousserait toute leur parenté. Ces internements n'étaient accordés qu'avec beaucoup de prudence, à la suite d'une enquête sérieuse. La royauté délivrait beaucoup moins de lettres de cachet qu'il ne s'en demandait. Par ailleurs, d'une façon générale, les délinquants enfermés par lettres de cachet, que ce fût sur requête ou du propre mouvement de l'autorité publique, se trouvaient moins sévèrement punis que

Régime et notamment au XVIIIe siècle. Chaque secrétaire d'État en avait toujours plusieurs centaines en blanc : il ne lui restait qu'à les remplir et à les contresigner.

441 ACTES EXPÉDIÉS SOUS LA SEULE SIGNATURE DU ROI. — Leur nombre va croissant sous l'Ancien Régime. Ils portent simplement la signature royale et le contreseing d'un secrétaire d'État. Certains sont utilisés par le roi dans le cadre de son pouvoir législatif. Ce sont les ordonnances sans adresse ni sceau, qui, comme les lettres closes et les lettres de cachet, commencent simplement par « de par le roi ». Débutent de la même manière les ordonnances de paiement adressées aux trésoriers royaux. Cette catégorie comprend enfin les brevets, par lesquels le roi effectue des nominations et accorde des grâces (dons, pensions, érection d'un fief en duché-pairie...).

Pour aller plus loin

442 MINISTRES ET MINISTÈRES. — Pour une présentation d'ensemble : P. Viollet, *Le roi et ses ministres pendant les trois derniers siècles de la monarchie,* Paris, 1912 ; C. Frostin, L'organisation ministérielle sous Louis XIV, *RHD,* 1980, p. 201-226 ; A. Chéruel, *De l'administration de Louis XIV (1661 1672),* Genève, 1974 (réimpr.) ; M. Antoine, Les Comités de ministres sous le règne de Louis XV, *RHD,* 1951, p. 193-230.

Sur le chancelier : G. Lolmède, *Le rôle du chancelier de France au Conseil du roi,* thèse droit, Paris, 1947, polygr. ; G. Tessier, L'audience du sceau, *BEC,* t. CIX, 1951, p. 51-95 ; N. Belloubet-Frier, *Le Bureau de la Chancellerie d'après les arrêts rendus de l'avis de Monsieur le Garde des Sceaux en l'année 1777,* Paris, 1981. En ce qui concerne les secrétaires d'État : H. de Luçay, *Les secrétaires d'État depuis leur institution jusqu'à la mort de Louis XV,* Paris, 1881 ; A. Dumas, *L'action des secrétaires d'État sous l'Ancien Régime,* Aix-en-Provence, 1954 ; O. Ranum, *Les créatures de Richelieu, secrétaires d'État et surintendants des finances,* Paris, 1966 ; R.-M. Rampelberg, *Aux origines du ministère de l'Intérieur. Le ministre de la Maison du roi (1783-1788 : Baron de Breteuil),* Paris, 1975. Sur le surintendant des finances, on lira, à propos de Sully : D. Buisseret, *Sully and the growth of centralized government in France (1598-1610),* Londres, 1968 ; B. Barbiche, *Sully,* Paris,

s'ils avaient été traduits en justice. Au total les seuls innocents touchés par les lettres de cachet semblent avoir été les protestants, à la suite de la révocation de l'édit de Nantes. Mais les juges ordinaires n'étaient pas plus tendres avec eux. La persécution religieuse mise à part, les lettres de cachet paraissent avoir été une institution socialement utile. Au surplus, dans les dernières années de l'Ancien Régime, l'administration royale est plus vigilante que jamais dans l'usage des lettres de cachet. Si bien que la prise de la Bastille ne libéra que cinq criminels et deux fous. Dès le lendemain, ces derniers étaient réenfermés discrètement.

1978. Et à propos de Fouquet et de sa disgrâce : D. Dessert, *Argent, pouvoir et société au Grand Siècle,* Paris, 1984. Concernant le contrôleur général, l'action de Colbert, et plus généralement le colbertisme : *Un nouveau Colbert,* Paris, 1985 ; P. Deyon, *Le mercantilisme,* Paris, 1969. Sur l'origine sociale des ministres : J.-L. Bourgeon, *Les Colbert avant Colbert,* Paris, 1971 ; F. Bluche, L'origine sociale des secrétaires d'État de Louis XIV, *XVIIe siècle,* nos 42-43, 1959, p. 8-22 ; du même, L'origine sociale du personnel ministériel français au XVIIIe siècle, *BSHM,* 1957, p. 9-13. Et sur la Polysynodie : A. Esslinger, *Le Conseil particulier des Finances à l'époque de la Polysynodie (1715-1718),* Paris, 1908 ; J.-L. Harouel, La Polysynodie, *L'État moderne (1715-1848),* dir. S. Goyard-Fabre, Paris, 2000.

Quant au personnel et à l'organisation des ministères, on se reportera à *Origine et histoire des cabinets des ministres en France,* Genève, 1975 ; F. Mosser, *Les intendants des finances au XVIIIe siècle. Les Lefebvre d'Ormesson et le département des Impositions, 1715-1777,* Genève, 1978 ; A. Chouraki, *Les intendants des finances,* thèse droit, Paris, 1959, polygr. ; C. Piccioni, *Les premiers commis des Affaires étrangères au XVIIe et au XVIIIe siècle,* Paris, 1928 ; J.-P. Samoyault, *Les bureaux du secrétariat d'État aux Affaires étrangères sous Louis XV,* Paris, 1971 ; A. Buot de L'Épine, Les bureaux de la Guerre à la fin de l'Ancien Régime, *RHD,* 1976, p. 533-558.

443 LE CONSEIL DU ROI. — Les ouvrages fondamentaux sont : Fr. Olivier-Martin, *Le Conseil d'État du Roi,* cours de doctorat, 1948, polycop. ; M. Antoine, *Le Conseil du Roi sous le règne de Louis XV,* Genève, 1970 (le livre le plus important sur le Conseil, et sans doute aussi sur la monarchie administrative) ; du même, *Le Conseil royal des Finances au XVIIIe siècle,* Genève, 1973. On lira aussi, notamment pour les aspects sociaux : R. Mousnier, Le Conseil du Roi de la mort de Henri IV au gouvernement personnel de Louis XIV, *Études d'histoire moderne et contemporaine,* Paris, 1947, p. 29-67 (réimpr. dans *La plume, la faucille et le marteau, op. cit.*) ; du même, *Le Conseil du roi de Louis XII à la Révolution,* Paris, 1970. Voir aussi A. de Boislisle, *Les Conseils du roi sous Louis XIV,* Genève, 1977 (réimpr.).

À propos des commissions extraordinaires du Conseil, on consultera : S. Lemaire, *La Commission des réguliers (1766-1790),* Paris, 1926 ; H. Legohérel, *Une commission extraordinaire du Conseil du roi : la commission de liquidation des dettes de la marine et des colonies (1758-1768),* Paris, 1968 ; J. Phytilis, Une commission extraordinaire du Conseil du roi : la Commission des postes et messageries et le contentieux des messageries, *Questions administratives dans la France du XVIIIe siècle,* Paris, 1965, p. 30-41 ; du même, *Justice administrative et justice déléguée au XVIIIe siècle. L'exemple des commissions extraordinaires de jugement à la suite du Conseil,* Paris, 1977.

Concernant la cassation : E. Chénon, *Origines, conditions et effets de la cassation,* Paris, 1882 ; R. Martinage-Baranger, Les idées sur la cassation au XVIIIe siècle, *RHD,* 1969, p. 244-290.

Sur le traitement par le Conseil du roi du contentieux administratif, on se reportera d'abord à la belle synthèse de J.-L. Mestre, *Introduction historique au droit administratif français,* Paris, 1985 (importante bibliographie). On lira également avec profit, outre les travaux précités de M. Antoine et J. Phytilis, M. Boulet-Sautel, Recherches sur l'expédition du contentieux administratif devant le Conseil du roi à la fin de l'Ancien Régime, *EDCE,* no 19, 1965-1966, p. 13-24 ; J. Saint-Martin, *La grande Direction des finances de 1726 à 1742,* Paris, 1948 ; A. Logette, *Le comité contentieux des finances près le Conseil du roi,* Nancy, 1964.

444 LES TEXTES ROYAUX ET LES AUTRES SOURCES DU DROIT. — Fondamental est le cours de Fr. Olivier-Martin, *Les lois du roi,* doctorat, 1945-1946, polyc. ; on se reportera aussi au classique ouvrage d'A. Giry, *Manuel de diplomatique,* Genève, 1975 (réimpr.).

Sur les codifications de Louis XIV et de Louis XV : M. Boulet-Sautel, Colbert et la législation, dans *Un nouveau Colbert, op. cit.,* p. 119-132 ; H. Regnault, *Les ordonnances civiles du chancelier Daguesseau,* Paris, 1929-1965. Outre ce dernier ouvrage, on verra, à propos du droit privé, de son enseignement, et du rapprochement des coutumes autour du modèle parisien : Fr. Olivier-Martin, Les professeurs royaux de droit français et l'unification du droit civil français, *Mélanges juridiques dédiés à M. le Professeur Sygiyama,* Paris, 1940, p. 263-281 ; du même, *La coutume de Paris, trait d'union entre le droit romain et les législations modernes,* Paris, 1925 ; C. Chêne, *L'enseignement du droit français en pays de droit écrit,* Genève, 1982 ; J.-M. Carbasse, La coutume de droit privé jusqu'à la Révolution, *Droits,* 3, 1986, p. 25-37.

Par-delà son rôle de précurseur de la codification de 1804, la pensée juridique de Domat est très finement étudiée par M.-F. Renoux-Zagamé, qui montre que, à travers lui, « c'est en fait la tradition de pensée théocratique qui s'exprime encore une fois et, d'une certaine manière, pour la dernière fois, puisqu'elle prépare les voies de son effacement ». De fait, « la fermeture du monde des normes sur lui-même », dont Domat espère un retour de Dieu dans la justice par l'accession du juge à l' « esprit des lois », aboutit à la formation du droit en un « système clos », qu'il sera possible de mettre, et le juge avec lui, « au service de bien d'autres logiques que celle de l'ordre divin de l'amour ». M.-F. Renoux-Zagamé, Domat : du jugement de Dieu à l'esprit des lois, dans *Le Débat,* n° 74, mars-avril 1993, p. 54-68.

En ce qui concerne les arrêts du Conseil, on interrogera avant tout l'étude précitée de M. Antoine sur le Conseil du roi. On lira également : E. Esmonin, Les arrêts du Conseil dans l'Ancien Régime, *BSHM,* 1938, p. 6-10.

Sur les lettres de cachet et le mythe de la Bastille au XVIIIe s : M. Chassaigne, *Des lettres de cachet sous l'Ancien Régime,* Paris, 1903 ; C. Quétel, *De par le Roy. Essai sur les lettres de cachet,* Toulouse, 1981 ; M. Cottret, *La Bastille à prendre,* Paris, 1986. Le cas du marquis de Sade offre un excellent exemple de l'utilisation par les familles des lettres de cachet afin de se protéger des déportements d'un de leurs membres risquant de jeter sur elles le déshonneur et la ruine, mais aussi, et à certains moments surtout, afin de protéger l'intéressé contre les foudres de la justice ordinaire, autrement redoutables qu'une détention sur ordre du roi. On se reportera à la magistrale biographie, extrêmement novatrice et très certainement définitive, de M. Lever, *Donatien Alphonse François, marquis de Sade,* Paris, 1991.

Chapitre 3
L'organisation administrative du royaume

445 Le processus de sédimentation institutionnelle. — L'extrême complexité des institutions de l'Ancien Régime résulte dans une large mesure du souci du pouvoir royal de préserver les droits acquis, les privilèges et les propriétés de ses sujets. Au surplus, la monarchie cultive un immense respect du passé et de la tradition, d'ailleurs totalement conforme aux mentalités du temps. La conséquence est que l'Ancien Régime crée parfois de nouvelles institutions, mais n'en supprime jamais d'anciennes. Il réforme en superposant et non pas en substituant. Ce qui s'explique aussi par la patrimonialité des offices et autres charges publiques. Car il devient très onéreux, dans ces conditions, de réformer l'État et l'administration. Pour supprimer, il faut rembourser. Aussi se contente-t-on de laisser subsister une instance en la vidant à peu près de sa substance, et en la doublant d'une autre plus adaptée. D'où une impuissance à réformer vraiment, qui est pour une part un effet pervers de la patrimonialité.

Section I
Une fonction publique hétérogène

446 Les officiers. — Ils représentent numériquement l'essentiel de la fonction publique. Ils sont très nombreux : sous Louis XIV, 1 pour 400 habitants. Dans l'exercice de leur mission de justice et d'administration, les officiers doivent respecter les formes judiciaires requête du procureur du roi, assemblée de la compagnie, présentation de l'affaire par l'avocat du roi, exposé de l'opinion de chaque magistrat, prise de la décision par consensus ou vote... D'où une inévitable lenteur. D'où aussi une tendance des officiers, convaincus d'incarner l'esprit de justice, à se poser en arbitres entre le roi et ses sujets. Mais cette attitude doit également beaucoup à la patrimonialité.

1) *Le règne de la patrimonialité.* — Bien que les officiers ne soient en droit propriétaires que de la finance de leur office, en pratique les choses se passent comme s'ils étaient propriétaires de l'office lui-même. Ils l'ont hérité, ou bien acheté au roi, ou à un autre officier, et peuvent à leur gré le vendre, ou le transmettre à leurs héritiers. Reposant sur le paiement par les officiers du droit annuel, ou paulette, cette pleine patrimonialité des charges publiques, qui, en 1604, n'avait été accordée par le roi que pour neuf ans, fut reconduite de neuf ans en neuf ans jusqu'à la fin de l'Ancien Régime. Certes, il fut question à plusieurs reprises de ne pas reconduire le droit annuel et d'abolir la vénalité des offices : lors des États généraux de 1614, puis au début du ministériat de Richelieu, puis dans les premiers temps du règne personnel de Louis XIV. Mais, à chaque fois, ces bonnes résolutions ne résistèrent pas à la pression des nécessités financières. Dramatiquement à court d'argent en période de guerre, la royauté trouvait dans la patrimonialité des charges publiques une précieuse source de recettes. D'abord par la vente des offices, dont elle accroissait le nombre sans vergogne, soit par création d'offices nouveaux (et parfois totalement inutiles), soit par une démultiplication de ceux qui existaient déjà (si bien que les officiers en place, s'ils voulaient conserver leur rôle, devaient acheter eux-mêmes les offices en surnombre). Ensuite grâce au paiement par les officiers du droit annuel, et aux divers sacrifices financiers que leur arrachait périodiquement le pouvoir royal, notamment lors des reconductions pour neuf ans de l'annuel : renonciation à plusieurs années de gages, emprunt forcé, ou, ce qui revient au même, achat d'une augmentation de gages au moyen d'un fort versement comptant...

2) *Patrimonialité et mobilité sociale.* — Les officiers sont d'autant plus attachés à la vénalité et à l'hérédité de leur charge que c'est par ce moyen que s'effectue la mobilité sociale ascendante. Au XVIIe siècle, les offices deviennent la voie principale vers l'anoblissement. En effet, la royauté, gouvernant désormais par l'écriture, valorise ceux qui l'aident dans cette tâche : les hommes de plume. L'ascension sociale d'une famille depuis la paysannerie jusqu'à la noblesse exige en moyenne six générations, dont trois dans les offices. Il y avait certes des ascensions plus rapides, mais aussi de plus lentes, avec de longs paliers qui duraient des générations. Au départ de la progression sociale d'une famille, l'esprit d'entreprise et l'activité commerciale peuvent jouer un grand rôle. Mais le moment déterminant est celui où un membre de la famille achète un petit office royal de finance ou de judicature. Si l'ascension se poursuit, son petit-fils, ou même son fils, pourra accéder aux offices anoblissants : secrétaire du roi, trésorier de France, conseiller au Parlement... Par ce processus, l'enrichissement continu d'une famille se double de sa marche vers la noblesse. Et en multipliant les offices pour se procurer des ressources, le roi élargissait du même coup les perspectives de promotion sociale. D'où, au XVIIe siècle, la ruée des familles les plus aisées du tiers état vers les offices, dont les prix grimpent de manière vertigineuse. On sait le mot célèbre du contrôleur général Desmarets à Louis XIV : « ... lorsque le roi crée une charge, Dieu crée à l'instant un sot pour l'acheter. » Mais, au XVIIIe siècle, le processus d'élévation sociale par les offices semble se ralentir quelque peu[1].

1. En effet, beaucoup d'offices anoblissants se trouvent en pratique occupés par des déjà nobles, qui sont bien souvent les descendants des anoblis du XVIIe siècle. Celui-ci représente donc la grande époque de la promotion sociale par les offices : les familles du tiers état ayant commencé leur émergence sociale au XVIe siècle sont désormais nobles et ont investi les cours souveraines. Du fait de l'hérédité, les offices les plus importants vont rester aux mains des mêmes familles, dont la noblesse va d'ailleurs bientôt être qualifiée d'ancienne (trois générations). À partir de la seconde moitié du XVIIe siècle, les principales compagnies d'officiers deviennent des « cercles héréditaires » (R. Mousnier) et se ferment aux hommes nouveaux. Un strict contrôle est exercé sur l'origine familiale des candidats acquéreurs d'offices, et seuls sont agréés des parents ou amis des officiers en place, avec une préférence pour ceux qui sont déjà nobles. Même, au XVIIIe siècle, plusieurs Parlements de province (notamment Grenoble, Aix, Toulouse et Bordeaux) écartent officiellement les roturiers. Quant au Parlement de Rennes, son cas est particulier : il s'était toujours recruté parmi la noblesse. Cependant, il ne faut pas exagérer l'ampleur du phénomène : dans les deux dernières décennies de l'Ancien Régime, sur 757 membres des divers Parlements et Conseils souverains, près d'une centaine viennent de la roture et les nobles récents sont nombreux. Il n'empêche que la relative réduction de la mobilité sociale par les offices est une des causes de la désaffection et de la chute des

3) *Avantages et inconvénients de la patrimonialité.* — Une conséquence très positive est la formation de dynasties d'officiers de grande valeur qui ont fourni à l'État quelques-uns de ses meilleurs serviteurs. Parmi les plus illustres, on peut citer les familles Talon, Lamoignon, d'Aguesseau, d'Ormesson, Joly de Fleury, Nicolaï... Pour être moins connues, d'autres familles n'en furent pas moins, par tradition, dévouées au bien public. On en trouve à tous les niveaux de la hiérarchie. Par ailleurs, la patrimonialité procurait aux officiers une totale indépendance à l'égard du pouvoir politique, ce qui constituait une précieuse garantie pour les justiciables.

Mais cette indépendance, qui se justifie en matière judiciaire, est catastrophique dans les autres domaines. Se sentant propriétaire de la parcelle d'autorité que lui confère son office acheté ou hérité, l'officier se comporte en titulaire d'un pouvoir autonome. D'où sa faible propension à l'obéissance. Bien des officiers entendent à leur façon le service du roi et n'appliquent ses ordres que dans la mesure où cela leur convient. Les cours souveraines, en particulier, font preuve d'une indiscipline caractérisée. Au surplus, beaucoup d'officiers travaillent très peu, et du fait de la patrimonialité, le gouvernement n'a aucun moyen de pression sur eux. Bref, à l'exception de ceux qui gravitent autour du Conseil (maîtres des requêtes, intendants des finances), la royauté ne peut compter sur ses officiers. Ils lui échappent totalement et forment une machine lourde et rigide dont l'indépendance est toujours prête à se transformer en obstruction. À cela s'ajoute au XVIIIe siècle un net désintérêt des officiers pour les institutions, ce qui, souligne J. Meyer, constitue « l'une des raisons de la facilité avec laquelle s'écroule l'État d'Ancien Régime en 1789 »[1].

cours qu'ils subissent au XVIIIe siècle. Il y a certes des exceptions, et en particulier les offices de secrétaire du roi (notaires et secrétaires du roi, Maison et couronne de France), charges de chancellerie auxquelles ne correspond en général aucune fonction, et qui restent pour les riches roturiers le moyen d'anoblissement le plus simple et le plus rapide. Ainsi, bien sûr, que les offices de maître des requêtes, qui couronnent l'ascension sociale d'une famille et peuvent déboucher sur les intendances, la dignité de conseiller d'État et les postes gouvernementaux.

1. Le mécanisme de cette désaffection est simple. L'office représente pour l'officier un énorme capital investi. En 1664, la valeur des quelque 46 000 offices du royaume s'élève à plus de 400 millions (plus de 4 fois le budget de l'époque). L'officier ne peut donc être satisfait que dans la mesure où son capital investi lui rapporte sous forme d'argent, de pouvoir, de considération. Or, sur ces trois points, la situation des officiers se trouve au XVIIIe siècle fortement dégradée. D'où une baisse des prix et une certaine fuite devant les offices, dont beaucoup demeurent vacants.

En ce qui concerne les gages, ils ont toujours été faibles. C'est une chose admise. Ils ne permettent pas à l'officier de vivre selon son rang. Aussi le roi tolère-t-il les redevances perçues par les

447 Les commissaires. — Il fallait bien qu'il y eût, à côté des officiers, qui représentaient la « fonction publique ordinaire » (Loyseau), certains agents du roi disposés à obéir et à faire respecter les ordres du gouvernement. C'étaient les commissaires, dont le nom dérivait de la commission qui leur était confiée par des lettres patentes du roi. Au demeurant, une commission pouvait aussi être donnée au moyen d'un arrêt du Conseil.

1) *La notion de commission.* — À la différence de l'office, elle n'a pas un caractère permanent. Les tâches, les devoirs et les droits de l'officier sont déterminés par des lois générales, les lettres de provision d'office se bornant à en désigner le titulaire. Au contraire, les lettres de commission précisent dans le plus grand détail la mission fixée au commissaire et les pouvoirs qui lui sont attribués. C'est que le commissaire est chargé d'une « fonction publique extraordinaire » (Loyseau). Il ne tire pas son pouvoir des lois générales mais de sa commission. Il est un mandataire du roi et son mandat est révocable *ad nutum.* En pratique, cependant, le roi ne révoque que rarement ses commissaires, qui sont choisis en raison de leur compétence et de leur fidélité. Bien plus, il lui arrive de récompenser certains commissaires par des lettres de survivance ou un brevet de retenue. Enfin, les commissaires reçoivent du roi des appointements, qui ne leur permettent cependant pas de faire face aux dépenses exigées par leurs fonctions. Ils doivent posséder une fortune personnelle, et certains se sont ruinés au service du roi.

officiers sur les usagers des services publics, et notamment les « épices » exigées des justiciables. Mais ce supplément de rémunération est loin d'être suffisant. Les officiers doivent impérativement avoir d'autres sources de revenu, généralement fournies par un patrimoine foncier plus ou moins important. Or, au XVIIIe siècle, les revenus professionnels des officiels sont en baisse, du fait de la diminution des épices et autres droits. Telle est la conséquence des fréquentes évocations au Conseil du roi, ainsi que du grand nombre d'affaires traitées par la justice administrative (intendant, et en appel Conseil du roi). Si on ajoute à cela les diverses ponctions financières du roi sur les officiers, on constate qu'un grand nombre d'entre eux ne coûtent rien au pouvoir royal, et que certains lui « financent » plus que leurs gages et leurs épices réunis (ainsi les officiers des présidiaux, bailliages, sénéchaussées). Rien d'étonnant si ces offices ruineux ne trouvent pas preneur.

Parallèlement, le pouvoir et le prestige des officiers sont très gravement amoindris par l'importance croissante prise par les commissaires. Les intendants, en particulier, avec leurs subdélégués et leurs commis, dirigent et contrôlent le personnel des officiers, voire se substituent à lui. Si bien que les officiers, et spécialement les parlementaires, cherchent à regagner l'influence et le prestige d'antan par une opposition systématique au gouvernement. Mais cela effraie les acquéreurs potentiels et renforce la désaffection pour les offices. D'ailleurs, il existe désormais d'autres solutions pour les candidats à l'ascension sociale : ils cherchent notamment à devenir commissaires ou bien « fonctionnaires ».

2) *De l'utilité des commissaires.* — Ils ignorent « le sentiment de sécurité frondeuse des propriétaires d'offices » (M. Antoine). Surtout à partir des années 1630, c'est principalement grâce à eux que la France d'Ancien Régime est gouvernée et administrée. Ils constituent une étroite élite que le roi nomme à des postes clés. En particulier, sont des commissaires les contrôleurs généraux, les chefs d'armée, les commandants en chef dans les provinces, et bien sûr les intendants ! Lorsqu'une tâche paraît essentielle au pouvoir royal, il la réserve à un commissaire (ou à un autre agent librement nommé et révoqué)[1]. Sur le vieux tronc de la fonction publique d'Ancien Régime, dont la grande masse des officiers représente le bois mort, les commissaires constituent le bois vif. Et cette image s'applique d'ailleurs aussi à la catégorie naissante des fonctionnaires.

448 LES FONCTIONNAIRES. — Certes, en droit, cette catégorie n'existe pas sous l'Ancien Régime. Mais l'ébauche de ce que sera le fonctionnaire apparaît dès le XVIIIe siècle. Ainsi, bien que juridiquement des commissaires, sont à nos yeux des fonctionnaires les ingénieurs du corps des Ponts et Chaussées, qui prend sa forme achevée au milieu du XVIIIe siècle grâce aux efforts de l'intendant des finances Trudaine et de l'ingénieur Perronet. Les ingénieurs des Ponts et Chaussées sont recrutés par concours, formés à Paris à l'école des Ponts et Chaussées organisée en 1747. Ils ont un statut définissant leurs obligations professionnelles (résidence, obéissance absolue, assiduité, ponctualité...) et précisant leurs avantages (traitement leur permettant de vivre dignement, perspectives de carrière, quasi-droit à une pension de retraite...). Fonctionnaires également sont pour nous les commis des ministères, ceux des intendances et des subdélégations. Et, bien que rétribués par une société privée, on peut considérer comme préfigurant les fonctionnaires d'aujourd'hui

1. Proches des commissaires sont les gouverneurs de province, que Loyseau considère d'ailleurs comme des commissaires. Mais, comme l'observe Michel Antoine, les lettres qui les nomment ne sont pas des lettres de commission. Les gouverneurs ne sont ni officiers, ni commissaires, ce qui n'empêche qu'ils soient tout comme ces derniers révocables *ad nutum*. N'étant eux non plus ni officiers, ni commissaires, les ambassadeurs voient leur mission prendre fin par la décision du roi. De plus, le pouvoir royal s'est donné la même liberté de renvoi à l'égard d'un certain nombre d'officiers importants. Ainsi, les secrétaires d'État disgraciés sont astreints à la démission. Le garde des Sceaux, qui est aux XVIIe et XVIIIe siècles, tout comme le chancelier, un grand officier de la Couronne, n'en est pas moins révocable. De même, encore que des officiers, les premiers présidents des cours souveraines sont des hommes du roi, qui les nomme et révoque librement.

les employés de la Ferme générale, qui reçoivent d'ailleurs individuellement une commission du roi. La Ferme constitue une remarquable administration, dont le personnel, très bien recruté et dirigé, jouit depuis 1768 du droit à une pension de retraite au bout de vingt ans de service ou en cas d'invalidité. Au total, dès le règne de Louis XV, les grands traits de l'administration du XIXe siècle sont déjà bien esquissés. En particulier, le bureau est là, avec sa structure interne : chef, sous-chefs, commis, surnuméraires. Dès 1788, le terme de bureaucratie est popularisé par Peuchet, l'un des auteurs de l'*Encyclopédie méthodique*. Et le fonctionnaire est né. Ceux d'entre eux qui accèdent aux degrés supérieurs de la hiérarchie (premier ingénieur ou inspecteur général des Ponts et Chaussées, premier commis de ministère...) bénéficient de traitements élevés et reçoivent parfois des lettres de noblesse en récompense de leurs services.

Section II
L'administration régionale et locale

I | L'intendant

449 Genèse de l'institution des intendants. — Continuant la politique suivie dans la seconde moitié du XVIe siècle, la royauté utilise, durant les premières décennies du XVIIe siècle, des commissaires portant le nom d'intendant. Certains sont chargés d'un groupe de généralités, d'autres sont affectés à une armée, d'autres encore cumulent les deux tâches. Il s'agit de conseillers d'État, de maîtres des requêtes, mais aussi de magistrats des cours souveraines provinciales. Ce ne sont pas des administrateurs réguliers, mais des agents extraordinaires, auxquels leurs lettres de commission confient le soin d'accomplir au nom du roi « un certain nombre d'actions déterminées et limitées » (R. Mousnier). C'est seulement dans les années 1630, sous le ministériat de Richelieu, que va apparaître l'intendant classique. En effet, les pouvoirs des intendants en matière de justice, police et finances, qui jusqu'alors étaient partiels et fragmentés, acquièrent un caractère de généralité et de continuité qui va faire de l'intendant l'administrateur régional par excellence, doublé d'un juge dans bien des domaines[1]. Cependant, à peine née, l'intendance classique va subir une éclipse du fait de la Fronde, cette insurrection des officiers contre la montée des commissaires. La régente doit supprimer les intendants partout, sauf dans les provinces frontières (Languedoc, Provence, Lyonnais, Bourgogne, Champagne, Picardie), où en pratique ils ne pourront d'ailleurs même pas se maintenir. Mais une fois l'orage passé et la royauté victorieuse, Mazarin recourt à nouveau aux intendants. Simplement, pour ménager la susceptibilité des officiers, on les appelle plutôt « commissaires départis pour l'exécution des ordres du roi ». Et en 1661, quand s'ouvre le règne personnel de Louis XIV, il existe à peu près des intendants partout.

450 LES PRINCIPAUX TRAITS DE L'INTENDANCE CLASSIQUE. – À partir de la seconde moitié du XVIIe siècle, l'intendant, à qui on donne désormais du « Monseigneur », constitue l'agent essentiel du roi dans chaque province.

1) *L'intendant, homme du roi.* — Étant un commissaire, il peut être à tout instant révoqué ou déplacé. En fait, cependant, ce sont des fonctions très stables. Certains intendants sont restés en poste vingt et trente ans. Parfois, le fils a même succédé au père. Être nommé conseiller d'État était pour un intendant le couronnement normal d'une carrière réussie. L'intendant ne dépend que du roi et de son Conseil. Eux seuls peuvent connaître des plaintes contre la gestion de l'intendant et de l'appel de ses jugements. Aucune autre

1. En particulier, les intendants sont désormais chargés de prendre en main la répartition et la levée de la taille et autres impôts directs, dont le poids se trouve très alourdi par les énormes dépenses militaires qu'entraîne la lutte contre la maison d'Autriche. Les intendants doivent activer la rentrée de l'impôt, ainsi que mettre fin à toutes les injustices attribuées aux officiers de finances (trésoriers de France, élus, receveurs...) et qui ont largement contribué aux grandes révoltes antifiscales du temps. Pour ce faire, le roi subordonne à l'intendant les officiers de finances et lui confère le pouvoir de se substituer à eux, tant dans leurs fonctions administratives que juridictionnelles (1642). L'intendant devient un « administrateur de finances permanent » (M. Bordes). Et la royauté multiplie les intendants à raison d'un par généralité. Le recours systématique à cette institution s'explique aussi par les nécessités du rétablissement de l'ordre public en une période particulièrement troublée, marquée par de grandes révoltes et par une guerre très dure, qui ravage le nord et le nord-est du royaume. Tout cela jette au surplus sur les chemins de France des troupes de soldats aussi redoutables à la population que peuvent l'être des bandits. En un mot, les intendants furent créés pour être une institution de combat.

instance n'a de prise sur lui. Il ne doit aucun compte au gouverneur ni aux cours souveraines. D'ailleurs, au XVIIIe siècle, devant la haine des Parlements, les intendants font simplement enregistrer leurs commissions par les présidiaux.

Mais l'intendant est aussi l'homme du roi de par ses origines administratives et sociales. En effet, neuf commissaires départis sur dix sont choisis parmi les maîtres des requêtes. Si bien que les intendants viennent du Conseil du roi, où ils ont appris, durant cinq à huit ans, leur métier d'administrateur et de juge. Chacun d'eux apporte en conséquence dans sa circonscription les méthodes et le souci de l'intérêt public qu'il a acquis au Conseil. Et c'est là un facteur important de qualité de l'administration et d'unité du royaume. Socialement, les intendants sont issus de la noblesse de robe ou de celle de finance. Surtout, ils appartiennent personnellement à cette robe du Conseil que caractérise un dévouement absolu à la royauté.

2) *La circonscription de l'intendant et ses moyens matériels.* — Bien qu'au XVIIIe siècle on parle couramment d'intendance, la circonscription ordinaire de l'intendant est la généralité. Cependant, le système de la généralité n'existe pas dans toute la France. Il y a, à la fin de l'Ancien Régime, 26 généralités administrées par 25 intendants. S'y ajoutent 8 intendances simples, soit en tout 33 intendants pour l'ensemble du royaume[1]. Chaque intendant a donc la responsabilité d'une circonscription souvent très vaste, représentant plusieurs départements actuels. Or les moyens matériels dont il dispose sont fort limités. Certes, il reçoit du roi un traitement et diverses gratifications, auxquelles peuvent s'ajouter celles venant d'États provinciaux. Mais il lui faut rétribuer son secrétaire particulier, et surtout recevoir fastueusement pour soutenir son rang, dépenses qui

1. En ce qui concerne les généralités, 6 se trouvent dans les pays d'États : Dijon, Rennes, Pau, Aix, Montpellier et Toulouse. Mais pour ces 2 dernières, qui correspondent au Languedoc, il n'y a qu'un seul intendant, installé à Montpellier. Soit un total de 5 intendants. Existent en outre 20 généralités dans les pays d'élections : Amiens, Soissons, Châlons, Paris, Rouen, Caen, Alençon, Tours, Orléans, Bourges, Moulins, Lyon, Grenoble, Riom, Limoges, Poitiers, La Rochelle, Bordeaux, Montauban, Auch. Total : 26 généralités et 25 intendants. Il faut préciser que l'intendant de la généralité de Paris n'a pas de compétence dans la capitale. Les fonctions habituelles de l'intendant y sont accomplies par le lieutenant général de police.

Quant aux intendances simples, on les trouve dans les pays d'annexion récente, appelés pays de conquête ou pays d'impositions. Il s'agit des provinces réunies à la Couronne après 1648, auxquelles le système du Bureau des finances, et donc de la généralité, n'a pas été appliqué. Y existent 8 intendances : Lille, Valenciennes, Metz, Nancy, Strasbourg, Besançon, Perpignan, Bastia.

excèdent souvent ses revenus professionnels. Il doit donc impérativement posséder une fortune personnelle.

Par ailleurs, l'intendant dispose de bureaux. À leur tête, on trouve le plus souvent un subdélégué général et un premier secrétaire (ou un secrétaire de cabinet), deux personnages qui sont des fidèles du commissaire départi, lequel les a bien souvent amenés avec lui. Sous leurs ordres travaillent quelques secrétaires et commis. Ce sont là des services très embryonnaires : une dizaine de personnes à Bordeaux vers 1750, au temps de Tourny ; 15 à Rennes et à Caen dans les années 1780. Le subdélégué général remplace l'intendant durant ses absences. Parfois c'est le premier secrétaire qui en fait fonction, parfois il s'agit du subdélégué du chef-lieu. En effet, après de vives réticences du pouvoir royal sous le règne de Louis XIV, notamment de la part de Colbert, les intendants possèdent pleinement au XVIIe siècle le droit de subdéléguer, c'est-à-dire de choisir à leur tour des commissaires, qu'ils nomment et révoquent librement. Ces subdélégués, qui jouissent d'ailleurs en pratique d'une grande stabilité, sont souvent des officiers de justice ou des avocats. Ce sont des fonctions recherchées, encore que non rétribuées (sinon par des remises d'impôt et des gratifications accordées par l'intendant). Les subdélégués sont nombreux, car l'intendant en nomme dans toutes les villes importantes. La circonscription de ces administrateurs locaux est appelée subdélégation et coïncide parfois avec une circonscription existante (élection, bailliage...).

451 LES ATTRIBUTIONS DES INTENDANTS. Elles ont pour fondement juridique initial les lettres de commission délivrées à chaque intendant lors de son envoi dans une généralité. Mais on constate que la gamme des compétences possédées par les intendants, au XVIIIe siècle surtout, est infiniment plus large que ne le laisserait croire la lecture de ces lettres. La cause de ce décalage est que le style des lettres de commission s'est figé au XVIIe siècle, si bien qu'au siècle suivant les attributions qui y figurent restent celles des intendants de combat du temps de Richelieu ou d'après la Fronde. Et en réalité, les intendants du XVIIIe siècle, qui sont avant tout des intendants de gestion, tirent une large part de leurs pouvoirs de textes généraux leur attribuant une compétence, ainsi que d'une foule d'arrêts du Conseil intervenus dans les domaines les plus divers. Les attributions de l'intendant correspondent à sa titulature officielle : intendant de justice, police et finances.

1) *La justice.* — Les lettres de commission chargent l'intendant d'exercer un étroit contrôle sur le fonctionnement de l'appareil judiciaire. Il a droit d'entrée au Parlement et droit de présidence des autres juridictions royales, ce qui correspond à la lutte contre les abus judiciaires du XVIIe siècle. Mais l'intendant du XVIIIe siècle se garde bien d'utiliser ces prérogatives, ce qui ne pourrait qu'irriter les Parlements. Les lettres de commission lui attribuent également un pouvoir direct de justice, notamment à l'égard des coupables de rébellion ou de sédition. Il peut les juger en s'entourant d'un certain nombre de gradués en droit. Cette justice répressive reste d'actualité au XVIIIe siècle, spécialement en ce qui concerne les contrebandiers, que divers arrêts du Conseil chargent les intendants de juger. Cependant, il n'est pas dit mot dans les lettres de commission de la principale compétence juridictionnelle de l'intendant : il est devenu le juge de première instance de la quasi-totalité du contentieux administratif[1].

2) *La police.* — Sous l'Ancien Régime, cette notion englobe tout ce qui concerne le bien public. Toutefois, dans la seconde moitié du XVIIIe siècle, le terme de police sera concurrencé par celui d'administration publique. La police telle qu'on l'entend alors inclut bien sûr notre acception étroite du terme : c'est-à-dire ce qui touche

1. Ce contentieux, qui inclut notamment les travaux publics et la fiscalité, échappe en effet de plus en plus aux tribunaux ordinaires (bailliages ou sénéchaussées, présidiaux, Bureaux des finances, et en appel Parlements, Cours des aides). Le contentieux administratif est désormais jugé en première instance par le commissaire départi, et en appel par le Conseil du roi. Ce n'est pas le résultat d'une décision générale, mais la conséquence d'une multitude d'attributions de compétence effectuées par d'innombrables arrêts du Conseil qui, invariablement chargent l'intendant de juger le contentieux susceptible de naître de leur application. Bien évidemment, cette évolution se heurte à une résistance acharnée des juridictions dépossédées, et notamment des cours souveraines. Celles-ci crient à la tyrannie et affirment que la juridiction des intendants est impopulaire. Ce qui est une contre-vérité. La justice de l'intendant en matière administrative est appréciée des justiciables en raison de sa rapidité et de sa gratuité. Les villes, notamment, souhaitent que leur contentieux soit jugé par lui et vont parfois jusqu'à le supplier d'accepter des attributions juridictionnelles qu'il a scrupule à exercer (telle, en 1773, la ville de Marseille pour le contentieux relatif à l'application de son plan des alignements). Mais la justice administrative de l'intendant est également caractérisée par son souci d'équité envers les particuliers. D'ailleurs le commissaire départi, bien qu'ayant le pouvoir de. juger seul les litiges administratifs, s'entoure très souvent d'un conseil d'intendance, formé d'un subdélégué et de quelques avocats.

à la sûreté et à la tranquillité publiques. C'est même un des seuls aspects de la police dont il soit question dans les lettres de commission. L'intendant doit intervenir en cas de désordres, de menées secrètes contre le service du roi, d'assemblées illicites, de levées de gens de guerre non autorisées... Tout cela évoque plus les temps troublés du XVIIe siècle que la prospérité intérieure du XVIIIe siècle. L'intendant est également chargé par ses lettres de commission de vérifier les dettes des communautés. Mais cette inspection à la recherche d'abus a été transformée par différents textes, et notamment l'édit de 1683, en une tutelle régulière. Quant aux autres compétences de police de l'intendant, il n'en est pas fait mention dans les lettres de commission. Et pourtant elles sont extrêmement vastes et concernent à peu près tous les domaines de l'administration[1].

3) *Les finances.* — Les lettres de commission chargent l'intendant de contrôler et d'activer la levée des impôts anciens (taille, aides...), en pourchassant les abus et les malversations (exemptions ou dégrèvements abusifs...). Mais ses compétences réelles sont plus importantes. Non seulement il contrôle, mais il dirige. En particulier, c'est sous sa présidence que le Bureau des finances répartit la taille entre les élections. Et puis, surtout, l'intendant est seul compétent pour les impôts nouveaux (capitation, dixième, vingtième). Ses services établissent les rôles de ces impositions, et il nomme les préposés au recouvrement. Précisons que ce schéma vaut pour les pays d'élections. L'action du commissaire départi est moindre dans les pays d'États, et au contraire plus importante dans les pays d'impositions, où la fiscalité ne dépend que de lui seul. Il n'empêche que l'intendant est avant tout un administrateur financier. Et, en tant que juge administratif, la plus grande partie du contentieux qui lui est soumis concerne des affaires de finances.

1. Par exemple, la police religieuse (avec notamment la tutelle des établissements religieux, des hôpitaux, des universités) ; la santé publique (lutte contre les épidémies, création de cours d'accouchement...) ; la répression de la mendicité ; la création d'ateliers de charité (qui sont des chantiers de travail libre, où on reçoit un salaire et non pas une aumône) ; les routes, les travaux publics et l'urbanisme (tout cela étant désigné à l'époque par le terme de voirie) ; l'agriculture, le commerce et l'industrie (diffusion de nouvelles cultures, lutte contre les épizooties, tutelle des corporations, obtention de privilèges pour la création de manufactures...) ; l'administration militaire (logement, vivres, mouvement des troupes...). La liste est loin d'être exhaustive. S'y ajoutent beaucoup d'autres responsabilités, comme de donner, après enquête, un avis sur les demandes par les familles de lettres de cachet.

452 Le rôle réel des intendants. — Certains historiens ont jadis exagéré leur omnipotence et présenté certains d'entre eux comme des demi-dieux. Mais il ne faut pas tomber d'un extrême dans l'autre et sous-estimer l'action de ces grands administrateurs régionaux que furent les intendants. Certes, il est clair que le commissaire départi ne fait pas tout dans sa généralité. D'ailleurs, il n'en a pas les moyens matériels. Il est superposé aux autorités préexistantes, son rôle pouvant être de direction, de coordination ou de contrôle. Et encore ses compétences sont-elles plus larges dans les pays d'élections et d'impositions que dans les pays d'États, où ces derniers sont les maîtres d'une notable portion de l'administration. Cependant l'intendant possède partout une prérogative fondamentale, qui constitue l'assise même de sa puissance : toutes les décisions royales concernant sa circonscription sont prises soit à sa demande, soit, cas le plus fréquent, après qu'il a été consulté par le gouvernement. Or, de façon quasi automatique, la décision finale suit fidèlement l'avis du commissaire départi, qui est donc « la clé de voûte du système décisionnaire royal » (F.-X. Emmanuelli). Cela conférait aux intendants un pouvoir considérable, que beaucoup mirent à profit pour accomplir dans la province dont ils étaient chargés une œuvre remarquable[1].

Toutefois, l'autorité de l'intendant est largement fonction de celle du pouvoir central. Quand ce dernier est fort et respecté, ses commissaires départis le sont aussi. Ce fut le cas sous Louis XIV, dont les intendants, confrontés à la nécessité de balayer les abus et d'instaurer l'ordre public, eurent souvent la main lourde, tels Foucault et Basville (y compris dans la persécution de la minorité protestante). Puis, sous Louis XV, de 1715 à 1750, ce fut « l'apogée de l'institution » (M. Bordes). Dans un royaume préservé des invasions, bénéficiant de la paix intérieure et d'une prospérité croissante, les intendants, bien soutenus par un pouvoir ferme, gèrent efficacement leur généralité. Mais, à partir des années 1750, le pouvoir royal devient plus hésitant et souvent n'ose plus soutenir ses com-

1. On connaît en particulier les réussites en matière d'urbanisme et d'embellissement des villes de Boucher et de Tourny à Bordeaux, de du Cluzel à Tours, de d'Étigny à Auch, de Blossac à Poitiers, de Rouillé d'Orfeuil à Châlons, de La Corée à Besançon... Pour réussir dans leur administration, les intendants ont dû savoir s'adapter aux conditions politiques du moment, qui ont fort changé en un siècle et demi.

missaires départis. Si bien que, pour réussir, ils doivent plus qu'autrefois ménager, voire flatter, les puissances locales (cours souveraines, villes, États). Enfin, sous Louis XVI, la situation des intendants devient extrêmement difficile : le pouvoir royal les désavoue fréquemment et n'hésite pas à les placer dans des situations humiliantes. Ce qui contribue à expliquer leur manque d'autorité, la sympathie au moins apparente de certains d'entre eux pour les cours souveraines frondeuses ou révoltées, et finalement leur inexistence durant les troubles de l'été 1789.

II | La place des autres instances

453 Les représentants royaux autres que l'intendant. — Devenus officiers, les baillis et sénéchaux, qui appartiennent toujours à la noblesse d'épée, n'ont plus désormais qu'une position honorifique. Leur rôle se borne à convoquer les gens des trois ordres pour les élections aux États généraux. Autrement importants sont les gouverneurs de province, commandants en chef et lieutenants généraux (qui sont tous des commissaires). Appartenant aux plus grandes familles du royaume, de très haute et ancienne noblesse, et jouissant d'une hérédité de fait[1], les gouverneurs persistent, dans la première moitié du XVIIe siècle, à se comporter en féodaux. Certains vont jusqu'à la révolte ouverte contre le roi : ainsi Biron, gouverneur de Bourgogne, décapité en 1602, ou Montmorency, gouverneur de Languedoc, exécuté en 1632. Afin de reprendre en main l'institution, Richelieu remplaça la plupart des gouverneurs en place par des personnages dévoués au roi ou à lui-même. Cela n'empêcha pas la révolte de nombreux gouverneurs au moment de la Fronde des princes. Finalement, c'est Louis XIV qui ramena les gouverneurs à l'obéissance. Un des principaux moyens employés fut de les retenir à sa cour. Il leur fallut désormais des lettres spéciales du roi pour pouvoir se rendre dans leur gouvernement

1. En effet, grâce aux lettres de survivance accordées par le roi, les gouvernements tendent à rester dans les mêmes milles. De plus, quand le choix du roi fait sortir une charge de gouverneur d'une famille, le nouveau titulaire doit indemniser son prédécesseur ou ses ayants droit, et il reçoit du roi un brevet de retenue.

exercer leur charge. En l'absence du gouverneur, un commandant en chef, appartenant lui aussi à la haute noblesse, le supplée dans ses responsabilités militaires. À sa place il a autorité, selon les provinces, sur un ou plusieurs lieutenants généraux. L'influence de gouverneurs presque toujours absents de leur province ne pouvait qu'être très amoindrie. Songeons que, des deux gouverneurs de Bretagne de la période 1695-1789, l'un, le comte de Toulouse, n'alla jamais dans son gouvernement, et l'autre, son fils le duc de Penthièvre, n'y apparut que deux fois. Cependant, l'institution n'était pas pour autant annihilée. Bien des gouverneurs allaient chaque année dans leur province, et certains gardèrent au XVIIIe siècle un rôle très actif[1]. D'ailleurs, à défaut de la présence du gouverneur, il y avait toujours le commandant en chef, grand seigneur lui aussi, ce qui revenait un peu au même (d'autant qu'il était parfois parent du gouverneur). Et certains commandants en chef jouèrent un rôle très important dans l'administration de leur province[2]. Au total, le gouverneur et le commandant en chef ne sont que deux variantes d'une même institution, qui fit preuve, dans la seconde moitié du XVIIe siècle et au XVIIIe siècle, d'un total loyalisme envers la royauté (tenant notamment les lits de justice pour l'enregistrement d'autorité des édits déplaisant aux cours souveraines). Pour l'intendant, le gouverneur ou le commandant en chef ne sont normalement pas des rivaux, mais au contraire des alliés. Cependant, en 1788, certains gouverneurs et commandants furent de cœur avec les émeutes suscitées par l'opposition aristocratique et ne firent pas respecter l'autorité du roi.

454 LES COURS SOUVERAINES. — Encore que très fortement amoindries par les pouvoirs attribués aux intendants, leurs compétences traditionnelles en matière d'administration et de contentieux administratif n'ont pas disparu. Ainsi les Parlements, au moyen des arrêts de règlement, exercent un large pouvoir réglementaire et adoptent de nombreuses mesures concrètes

1. Ainsi, en ce qui concerne le maintien de l'ordre, les ducs d'Harcourt en Normandie et en Guyenne le duc de Richelieu (qui procéda aussi à l'interdiction des courses de taureaux). De même, en Bourgogne, le duc de Bourbon (qui était un Condé) exerça un étroit contrôle sur les municipalités urbaines.
2. Tels le duc d'Aiguillon en Bretagne ou le comte de Marbeuf en Corse. Ils exercèrent un rôle moteur et, dans la pratique, se subordonnèrent l'intendance.

d'administration[1]. Cela les conduit parfois à des conflits avec les intendants, qu'ils attaquent alors dans des remontrances, et dont il leur arrive de casser illégalement certains actes. Les Chambres des comptes ont moins de raisons d'intervenir en matière administrative. Cependant, elles président à la conservation du domaine royal, ce qui comporte l'enregistrement des lettres patentes le concernant. De plus, elles vérifient les comptes des villes, et peuvent ainsi être amenées à prendre des décisions concernant l'administration municipale[2]. Enfin, les Cours des aides, qui connaissent (généralement en appel) du contentieux relatif aux impôts anciens (taille, gabelle, aides) et aux taxes municipales, conservent à ce titre, à l'occasion des litiges qui leur sont soumis, une certaine tutelle sur les autorités municipales[3]. Cette concurrence avec les intendants est une source d'affrontements qui ne tournent pas toujours à l'avantage de ces derniers[4].

455 LES COLLECTIVITÉS TERRITORIALES. — Leurs rapports avec le pouvoir central et leur rôle en matière d'administration sont extrêmement variables selon qu'il s'agit de provinces, de villes plus ou moins importantes ou d'humbles communautés villageoises.

1) *Les provinces ayant conservé leurs États.* — Elles jouissent de privilèges très importants, qui leur confèrent une certaine autonomie, et dont le plus essentiel est assurément le droit de consentir l'impôt. Les choses se passent ainsi. Le roi convoque les États selon une périodicité propre à chaque province (tous les ans en Languedoc, tous les deux ans en Bretagne, tous les trois ans en Bourgogne...). La session est tenue par deux commissaires représentant le roi et qui sont généralement le gouverneur (ou le commandant en chef) et l'intendant. Ils indiquent aux États la somme que le roi leur

1. Ils interviennent dans de nombreux domaines : maintien de l'ordre, affaires ecclésiastiques, surveillance des autorités municipales, réglementation des activités économiques, finances locales...

2. Au XVIIIe siècle, on trouve une Chambre des comptes à Paris, Montpellier, Dijon. Grenoble, Nantes, Aix, Nancy, Blois (cette dernière supprimée en 1775).

3. Au XVIIIe siècle, presque toutes les Cours des aides ayant été supprimées et réunies à un Parlement ou à une Chambre des comptes, ne subsistent plus que celles de Paris, Bordeaux, Clermont-Ferrand et Montauban.

4. Ainsi, par ses violentes attaques, la Cour des aides de Montauban provoque, en 1756, le déplacement de l'intendant de cette généralité, Lescalopier. Elle lui reprochait injustement d'abuser de la corvée des routes, ainsi que de contraindre les villes et les bourgs à des dépenses d'urbanisme et d'embellissement, jugées par la Cour inutiles et stupides.

demande à titre de don gratuit[1]. Là-dessus interviennent souvent des marchandages qui permettent à la province d'arracher avantages et concessions. Par ailleurs, au moment de la création de nouveaux impôts (capitation, vingtième), les pays d'États ont obtenu de s'abonner : ils paient chaque année une somme forfaitaire dont le montant, accepté par le roi, semble avoir été souvent inférieur à ce qu'auraient normalement rapporté ces impôts. Pour s'acquitter du don gratuit, les États lèvent en général une sorte de taille et parfois aussi un impôt sur la consommation[2]. Une partie du produit de ces impôts va au roi sous forme de don gratuit, le reste alimentant le budget de la province, qui doit être approuvé par le roi. En effet, les pays d'États assurent un certain nombre de tâches administratives importantes. La première est d'asseoir et de lever les impôts, ce qui amène la province à avoir sa propre administration fiscale. Mais s'y ajoutent d'autres compétences, et en particulier les travaux publics, dont le soin est confié à une administration spécialisée. Plus généralement, les États s'efforcent de stimuler l'activité économique et d'encourager la vie intellectuelle et artistique. Pour diriger le personnel administratif provincial dans l'intervalle des sessions, les États désignent une sorte de bureau exécutif permanent appelé commission intermédiaire. De tous les États provinciaux, ceux dont l'œuvre a été la plus remarquable sont ceux de Languedoc[3].

1. Celui-ci tient lieu des anciennes impositions telles qu'elles sont perçues dans les pays d'élections : taille, aides, parfois gabelle.
2. En Provence, c'est une taille réelle ; en Languedoc aussi, mais s'y ajoute l'équivalent, impôt sur le vin, la viande et le poisson ; en Bretagne, on trouve le fouage (taille réelle levée par feu) et les devoirs (qui sont des droits sur les boissons) ; en Bourgogne existe une taille se rapprochant de la taille réelle...
3. Les résultats obtenus par les États de Languedoc ont fait à juste titre l'admiration des contemporains (Fénelon, le marquis de Mirabeau...), et au XIXe siècle celle de Tocqueville. Le Languedoc percevait les impôts de manière rationnelle et cohérente au moyen d'un cadastre précis, et tenu à jour, de toutes les terres. Sous Louis XIV, ce sont les États de Languedoc qui décident et financent la construction du canal du Midi. Au XVIIIe siècle, les routes de cette province sont les meilleures du royaume malgré l'absence de la corvée. Les États de Languedoc ont également réalisé de grands travaux d'urbanisme : création de quais et embellissements de Toulouse, aménagement de la place Royale du Peyrou à Montpellier... On peut citer aussi les subventions aux entreprises industrielles, ou les cours publics de chimie confiés à Chaptal à la veille de la Révolution... Au surplus, les États de Languedoc ne se posent pas en rivaux de l'intendant. Ils travaillent en étroite collaboration avec lui, phénomène qui caractérise d'ailleurs tous les pays d'États, à l'exception de la Bretagne.

Le succès remarquable des États de Languedoc s'explique dans une large mesure par leur composition. Y siègent en effet les 23 évêques de la province, 23 barons constituant le corps de la noblesse, et enfin 68 députés du tiers, délégués par les villes, mais ne possédant que 46 suffrages (d'où un équilibre des voix entre le troisième ordre et les deux premiers). Dans la pratique, les États

2) *Les villes.* — En vertu de l'édit de 1683, elles sont placées sous la tutelle de l'intendant. Leur budget lui est soumis pour approbation. Il doit veiller à ce que leurs dépenses ordinaires (dépenses d'entretien des édifices municipaux, de la voie publique, traitements du personnel) n'excèdent pas les recettes ordinaires (revenus des biens municipaux et droits d'octroi perçus sur les denrées entrant dans la ville). Et au besoin il rogne sur les dépenses. Aucune aliénation de biens patrimoniaux, aucune augmentation des droits d'octroi, aucun emprunt ne peuvent intervenir sans un arrêt du Conseil pris sur l'avis du commissaire départi. Enfin, son autorisation est nécessaire pour qu'une ville puisse intenter un procès ou envoyer une députation (occasion pour les magistrats municipaux de voyages gratuits). Parallèlement, au XVIIIe siècle, l'intendant se mêle de plus en plus de la désignation des corps de ville[1]. Dans un souci de bonne gestion, il cherche à imposer ses candidats et y parvient souvent. La candidature officielle fleurit, et parfois la nomination directe. Là-dessus, les magistratures municipales furent transformées en offices vénaux : 1692 pour les maires ; 1704 pour les échevins, consuls, jurats... La finalité de la réforme était exclusivement fiscale. Aussi, dans de nombreux cas, la ville, en achetant les offices, conserva le droit de choisir ses dirigeants, sous le contrôle de l'intendant. Ailleurs, il est vrai, des particuliers achetèrent des offices, s'emparant ainsi du pouvoir municipal. À plusieurs reprises au cours du XVIIIe siècle, ce système des officiers municipaux fut supprimé, mais à chaque fois rétabli par une royauté toujours à

étaient dirigés par les évêques, qui se montrèrent de grands administrateurs, actifs et soucieux du bien public.

Au Languedoc, que caractérise la prépondérance du haut clergé, s'oppose la Bretagne, où les États sont totalement dominés par la noblesse. À côté des 56 membres du clergé et des 46 députés des villes, tous les gentilshommes âgés de vingt-cinq ans et comptant un siècle de noblesse ont droit d'entrée aux États : soit quelque 3 000 personnes. Il en vient toujours bien 6 ou 700, foule tumultueuse et passionnée qui, par ses cris, intimide les orateurs et impose sa volonté, faisant des États une véritable cohue. Rien d'étonnant si l'administration des États de Bretagne est loin d'avoir donné les résultats du Languedoc. Au reste, en Bretagne, tout au long du XVIIIe siècle, les États sont en guerre avec l'intendant et s'efforcent de s'emparer de ses compétences administratives. Ils y parvinrent dans les années 1780, grâce à la faiblesse du pouvoir royal qui n'osa résister à leurs exigences.

1. Le corps de ville (*i.e.* l'équipe municipale) prend des noms différents selon les régions : échevinage ou magistrat dans le Nord, consulat ou jurade dans le Midi. Son mode de recrutement varie selon les lieux : élection par l'assemblée générale des habitants, ou par le conseil des notables de la ville, cooptation par les sortants augmentés ou non de notables, nomination par une instance supérieure : seigneur, évêque, gouverneur, intendant.

cours d'argent pour financer ses guerres. Il n'empêche que les corps de ville furent dans l'ensemble des organismes prestigieux, et les fonctions municipales recherchées par des familles opulentes, qui dans certaines villes accédèrent ainsi à la noblesse (noblesse de cloche).

Une réforme intéressante fut tentée par le contrôleur général L'Averdy. Deux édits de 1764 et 1765 réorganisèrent en l'uniformisant toute l'administration municipale. Ils prévoient que les différents états et corps existant dans chaque ville désigneront une assemblée de notables (14 personnes dans les villes d'au moins 4 500 habitants). Représentative des diverses conditions sociales, depuis les ecclésiastiques de haut rang et les nobles jusqu'aux artisans, cette assemblée décide toutes les questions importantes et élit le corps de ville[1]. Enfin, la réforme vise à réduire fortement la tutelle des intendants sur les villes et à rétablir celle des tribunaux (bailliages et sénéchaussées, Parlements, Bureaux des finances, Chambres des comptes). Car L'Averdy, conseiller au Parlement de Paris, était du parti des officiers contre les commissaires. Or « le recours à la tutelle administrative des cours de justice constituait une régression dans une évolution vers une administration plus rationnelle et plus efficace » (G. Sicard). Cet aspect négatif d'une réforme par ailleurs excellente fut la cause de son abandon. Tout naturellement, en 1771, l'équipe ministérielle qui venait de briser l'opposition des cours souveraines afin de restaurer l'autorité royale mit fin à un système conçu en leur faveur.

3) *Les communautés d'habitants.* — Le village demeure sous l'Ancien Régime le cadre de vie de l'immense majorité des Français[2]. L'organe essentiel des communautés rurales est l'Assemblée générale des habitants, qui se réunit à l'issue de la messe devant

1. Celui-ci, dans les villes de 4 500 habitants ou plus, comprend le maire, 4 échevins, 6 conseillers de ville. Tous sont élus par les notables, sauf le maire qui, échevin ou ancien échevin, est choisi par le roi sur une terne (liste de trois noms) présentée par l'Assemblée des notables. Parfois, cependant, ce choix reste à un seigneur, dont le droit est respecté par le roi.

2. En effet la France, comme les autres pays d'Europe (Angleterre mise à part) et sans parler du reste du monde, est encore au XVIIIe siècle un pays non développé, préindustriel, dans lequel la productivité du travail humain demeure faible. Si bien que la population active y est à plus de 80 % agricole. La France d'Ancien Régime demeure un peuple de paysans.

l'église, voire à l'intérieur de celle-ci[1]. C'est donc une véritable démocratie directe paysanne. L'Assemblée des habitants règle les affaires intéressant la communauté[2]. En outre, elle nomme chaque année un ou plusieurs agents chargés d'exécuter ses décisions. Dans les vieilles provinces capétiennes (de la Picardie au Poitou et au Berry), il s'agit en général d'un syndic unique. Mais, dans les régions méridionales, on trouve souvent de véritables municipalités villageoises, avec deux ou plusieurs consuls. Les communautés d'habitants sont soumises à diverses tutelles, dont une tutelle seigneuriale, qui reste forte dans les provinces septentrionales et en Bourgogne[3]. Mais l'essentiel est la tutelle exercée par l'intendant au nom du pouvoir royal[4]. Cependant, chaque intendant a des centaines, voire des milliers de villages dans sa circonscription. Ses services ne peuvent tout contrôler et répondent souvent avec beaucoup de retard. Dès lors que l'impôt rentre – et c'est en général le cas au XVIIIe siècle –, beaucoup de communautés rurales passent des années sans attirer sur elles l'attention du commissaire départi. Si bien qu'elles jouissent en pratique d'une très réelle liberté.

Section III
La justice

456 L'ORGANISATION JUDICIAIRE. — Elle ne change pratiquement pas jusqu'aux dernières décennies de l'Ancien Régime. Au bas de la hiérarchie des juridictions de droit commun, on trouve

1. Sous l'influence de la royauté, au XVIIIe siècle, seuls les chefs de famille inscrits au rôle des tailles sont admis à l'Assemblée générale. Cela exclut les mendiants et les domestiques (essentiellement agricoles). Mais les femmes chefs de maison (veuves) prennent part à l'assemblée.
2. Entretien de la nef de l'église, du presbytère, du cimetière, des chemins et vote des impôts nécessaires ; choix et rémunération du maître d'école ; gestion des communaux ; désignation d'asséeurs-collecteurs, tant pour la taille que pour les impôts levés par la communauté ; organisation de la corvée des routes exigée par le roi...
3. On ne doit pas oublier que les sujets du roi vivent aussi dans le cadre d'une infinité de seigneuries. Certes, celles-ci ne sont plus le siège d'un pouvoir politique autonome. Mais continuent de s'y exercer une justice et une fiscalité seigneuriales, ainsi qu'un certain pouvoir de réglementation et d'administration du seigneur.
4. En particulier, il approuve les délibérations de l'Assemblée générale, contrôle le budget de la communauté, auquel il peut inscrire d'office certaines dépenses obligatoires (église, presbytère...). Les impositions locales de faible importance sont autorisées par l'intendant. Pour les autres, il faut un arrêt du Conseil (rendu sur son rapport). De même que pour les coupes de bois...

toujours le tribunal du prévôt. Cet officier royal s'appellera toutefois en certains lieux viguier, vicomte ou châtelain. Parallèlement subsistent les justices seigneuriales et municipales (dont certaines exercent une pleine justice criminelle). Au-dessus viennent les sièges de bailliage et de sénéchaussée, parmi lesquels ceux qui ont reçu la qualité de présidial se prononcent en dernier ressort sur certaines affaires civiles et criminelles. Enfin, au sommet de l'édifice, on trouve les Parlements et Conseils souverains[1].

Existent en outre de nombreuses juridictions d'attribution. Certaines sont des cours souveraines : Chambres des comptes, Cours des aides ou Grand Conseil[2]. D'autres occupent un rang intermédiaire (Bureaux des finances...) ou inférieur (élections, greniers à sel...). À côté des juridictions à compétences administratives ou financières, d'autres sont spécialisées dans les matières commerciales (juridictions consulaires), ou ont une compétence exclusivement criminelle (prévôts des maréchaux)[3]. Sans oublier les très importantes attributions juridictionnelles des intendants, qui jugent l'essentiel du contentieux administratif et fiscal, avec appel au Conseil du roi.

Enfin, le roi reste source de toute justice. Il peut modifier à son gré l'organisation judiciaire, et exerce autant que de besoin sa justice retenue : évocations, cassation d'arrêts de cours souveraines, jugement des affaires soumises au roi par placet, lettres de cachet...

457 LES DÉFAUTS DU SYSTÈME JUDICIAIRE. — Le premier est celui de la complexité, qui n'a cependant pas que des inconvénients : source de conflits, la concurrence entre les juridictions est en

1. Aux huit Parlements existant au XVIe siècle (Paris, Toulouse, Bordeaux, Rouen, Dijon, Aix, Grenoble, Rennes) sont venus se joindre, par annexion de nouvelles provinces, ceux de Pau, Metz, Besançon, Douai et Nancy. Soit un total de treize. S'y ajoutent quatre conseils souverains (Artois, Roussillon, Alsace et Corse) qui ont les mêmes compétences. Le Parlement de Paris conserve son immense ressort, qui couvre plus de la moitié du royaume.
2. Le Grand Conseil avait d'abord été une section du Conseil du roi : sa mission était de juger les affaires judiciaires qui l'encombraient. Mais il s'en est détaché et ne constitue plus, sous l'Ancien Régime, qu'une cour souveraine à la situation très particulière. Le Grand Conseil est en effet chargé par le roi des catégories d'affaires que les autres juridictions se refusent à juger conformément aux lois et traités en vigueur : ainsi le contentieux des bénéfices ecclésiastiques, dès lors que les Parlements, par gallicanisme, refusent d'appliquer le concordat de Bologne.
3. Chefs de la maréchaussée, ils sont à la fois des officiers de gendarmerie et des juges. En particulier, ils sont compétents pour les crimes commis par les soldats, déserteurs, vagabonds, gens sans aveu. Et ils connaissent également des vols de grand chemin, effractions, séditions... Leur justice expéditive et sans appel n'a pas peu contribué à faire reculer, au moins dans certaines régions, l'insécurité.

effet aussi facteur d'émulation. Plus grave était le trop grand nombre de tribunaux hiérarchiquement superposés, avec la cascade d'appels qui en résultait[1]. Cela rendait les procès interminables et ruineux. De plus, la procédure criminelle a conservé, pour les affaires les plus graves, la possibilité d'un emploi de la torture : question préparatoire pour obtenir l'aveu, et, avant l'exécution, question préalable pour faire révéler les noms des complices. Cependant, l'ordonnance de 1670 invite les juges à la modération dans l'emploi de la question. Et elle sera supprimée par Louis XVI[2]. Par ailleurs, dans les zones reculées où n'existent que des justices seigneuriales, certains crimes ne donnent lieu à aucune poursuite. En effet, quand les criminels sont des gens sans patrimoine (errants, marginaux...), les juridictions seigneuriales se soucient peu d'avoir à supporter les frais d'une procédure et d'une incarcération sans perspective de se rembourser par une amende ou une confiscation. C'est pourquoi l'édit de février 1771, afin d'inciter les juges seigneuriaux à agir, décide que, lorsqu'ils auront prévenu la justice royale, l'instruction se fera aux frais du roi. Ce fut un succès : les juges seigneuriaux n'hésitèrent plus à multiplier les procédures criminelles, ou du moins à les commencer, en renvoyant aux juges royaux la suite de l'instruction. Mais il en résulta un brusque engorgement des bailliages et sénéchaussées, au grand déplaisir des officiers de ces juridictions. D'ailleurs, de manière plus générale, dans la seconde moitié du XVIIIe siècle, tant au civil qu'au pénal, le vieil appareil de la justice royale se trouve débordé par le flot des procédures[3]. Si on ajoute à cela le mécontentement des officiers, leur lutte, au moins au niveau des cours souveraines, contre le pouvoir royal, ainsi que le choc de deux réformes successivement abandonnées (1771-1774 et 1788), on comprend la paralysie de la justice face aux désordres de 1789.

1. D'autant que, dans certains cas, il fallait passer par plusieurs degrés de justices seigneuriales avant de porter l'affaire devant un bailliage ou une sénéchaussée.
2. En 1780, il abolit la question préparatoire. Puis, en 1788, la question préalable est supprimée. Cependant, cette mesure est prise dans le cadre de la réforme de Lamoignon, qui sera rapidement abandonnée en raison de la révolte des Parlements et des émeutes suscitées par eux.
3. Telle est la conséquence de la crise des traditionnels mécanismes d'autorégulation des sociétés anciennes. Jusqu'alors, en effet, la plupart des conflits étaient résolus localement par l'intervention de conciliateurs respectés : seigneur, curé, pasteur, chef de maison, bourgeois des villes... Mais, au cours du XVIIIe siècle, les choses changent. Désormais, le seigneur est très souvent absent. Et il cesse d'être incontesté, de même que les autres notables. Si bien que, de plus en plus, on fait appel à la justice royale malgré son prix élevé, car elle apparaît plus impartiale, plus dégagée des contingences locales.

Section IV
Les finances

458 LA PLACE DE LA FISCALITÉ ROYALE. — Elle est loin d'être seule. Dernière venue, elle coexiste avec plusieurs autres qui l'ont précédée. Demeure l'antique impôt ecclésiastique en nature sur la production agricole, la dîme, à laquelle le roi lui-même se trouve soumis. Subsiste aussi une fiscalité seigneuriale, amoindrie mais non négligeable (champart, lods et ventes, banalités, corvées, péages...). Existe également une fiscalité municipale, essentiellement représentée par les droits d'octroi (dont la moitié est perçue pour le compte de l'État). Dans celles des provinces qui ont conservé leurs États, on trouve en outre une fiscalité provinciale (en plus des impôts levés par les États à l'intention du roi). Il y a enfin une fiscalité interne au clergé. Il lève des décimes sur ses propres membres pour assurer notamment le service de l'amortissement des emprunts qu'il contracte afin de payer au roi le don gratuit.

D'un autre côté, les impôts d'État ne sont pas l'unique ressource de la royauté. S'y ajoutent les revenus du domaine, tant corporel qu'incorporel. D'ailleurs, dans les mentalités de l'Ancien Régime, persiste la vieille idée médiévale selon laquelle le roi devrait pouvoir s'accommoder des revenus de son domaine, l'existence même de l'impôt étant un signe de mauvaise gestion financière. En un mot, on continue à penser que seule la guerre légitime véritablement l'impôt. Et, dans la pratique, c'est bien elle qui, pour l'essentiel, absorbe l'argent des contribuables, car elle reste, sous l'Ancien Régime, la principale dépense de l'État.

459 LES ANCIENNES IMPOSITIONS. — Le vieil impôt de la taille est levé directement par la royauté dans les pays d'élections, voté et perçu par les États provinciaux dans les pays d'États (où il porte des noms divers). C'est un impôt de répartition, en principe sur le revenu global, mais qui tend en pratique à se rapprocher d'un impôt sur le capital foncier[1]. Fixé au brevet général des tailles, le chiffre global de l'impôt est réparti par le pouvoir royal entre les généralités, puis au niveau de celles-ci entre les élections, ensuite dans chacune d'elles entre les communautés. Enfin, la somme exigée de ces dernières était répartie entre les habitants[2]. Les nobles et les clercs ne sont pas soumis à la taille (sauf dans les pays de taille réelle). Mais ils ne constituent qu'une partie des non-taillables, qui sont innombrables. Parmi eux, on trouve notamment les officiers royaux, ainsi qu'un très grand nombre de citadins de toutes conditions sociales, dès lors qu'une multitude de villes sont exemptées de la taille. Si bien que cet impôt est essentiellement payé par les paysans. Mais, au surplus, le poids de la taille varie énormément d'une province à l'autre, d'où les efforts de Colbert pour une meilleure répartition géographique de cet impôt. Précisons enfin que la corvée des routes, impôt en journées de travail généralisé par une circulaire du contrôleur général Orry en 1738, est considérée comme un accessoire de la taille.

En ce qui concerne les impôts indirects, les aides proprement dites ne sont perçues que dans les ressorts des Parlements de Paris et de Rouen. Mais on retrouve ailleurs, sous des noms variés, l'équivalent de cet impôt sur les boissons. Quant aux traites, ce sont des droits de douane perçus désormais tant à l'importation qu'à l'exportation. Mais, les barrières douanières ayant été maintenues au fur et à mesure de l'annexion de nouvelles régions, il en résulte au XVIIe siècle un système de douanes intérieures et de péages d'une

1. Cette nature d'impôt sur le capital foncier est évidente pour la taille réelle, payée au prorata de la valeur des biens-fonds inscrite au cadastre. Mais c'est vrai aussi de la taille personnelle, surtout lorsqu'elle est tarifée, dès lors que la recherche d'une meilleure connaissance des revenus des taillables passe par une enquête sur la valeur des terres possédées ou louées par eux.

2. Les procédés de répartition de l'impôt sont bien plus satisfaisants là où la taille est réelle (essentiellement les régions méridionales) que là où elle est personnelle. Dans les pays de taille réelle, il existe un cadastre de tous les biens roturiers (même possédés par des nobles ou des ecclésiastiques), en fonction duquel s'effectue la répartition de l'impôt. Dans les pays de taille personnelle, les asséeurs-collecteurs, élus par la communauté en son propre sein, doivent répartir comme ils le peuvent l'impôt entre les habitants roturiers, en fonction des revenus ou plutôt de ce qu'on peut en savoir. En pratique, cela donnait lieu à bon nombre d'injustices (sous-imposition des plus riches et influents) que les intendants s'efforcèrent de combattre. D'ailleurs, au XVIIIe siècle, le pouvoir royal travaille à rapprocher la taille personnelle de la taille réelle, en instituant dans plusieurs généralités la taille tarifée. Dans ce système, chaque communauté d'habitants déclare au commissaire des tailles désigné par l'intendant les diverses sources de revenu de ses taillables, avec faculté pour chacun de discuter cette déclaration.

extrême complexité, survivance de l'ancien morcellement territorial. Désireux de faire disparaître ces entraves au commerce et de reporter à la périphérie du royaume un cordon douanier unique, Colbert n'y parvient qu'imparfaitement. La gabelle, enfin, perçue dans le cadre d'un monopole royal sur le sel n'existe pas sur tout le territoire. L'impôt est incorporé au prix du sel, qui doit être acheté dans un grenier à sel (terme qui désigne à la fois les entrepôts où il est stocké et la juridiction correspondant à chacun d'eux, qui juge le contentieux de la gabelle) ou auprès de détaillants agréés, les regrattiers.

460 Les impôts nouveaux. — À la faveur de la désuétude des États généraux, le droit royal d'imposer s'affirme et s'exerce pleinement aux XVIIe et XVIIIe siècles. Les théoriciens de l'absolutisme reprennent le principe, développé par les romanistes médiévaux, selon lequel le roi impose librement ses sujets de sa seule volonté. Et cela tout particulièrement en cas d'urgence et de nécessité. C'est ainsi que Louis XIV et Louis XV vont créer de leur propre autorité plusieurs impôts.

1) *La capitation.* — Elle fut instituée en 1695, pendant la guerre de la Ligue d'Augsbourg et pour la durée de ce conflit. C'est un impôt qui s'applique à tous et dont le montant est fonction du rang social[1]. Supprimé en 1697, il est définitivement rétabli en 1701. Mais, très vite, on va chercher à imposer chacun proportionnellement à ce que l'on peut savoir de son revenu ou de sa fortune. Pour ce faire, l'intendant utilise les rôles des tailles, la capitation des taillables devenant une simple annexe de la taille. Et, pour les autres contribuables, il se fonde sur les signes extérieurs de richesse. Parallèlement, cet impôt de quotité se transforme en impôt de répartition, car le roi détermine désormais la somme globale qu'il doit produire dans chaque généralité. Par ailleurs, toute une série de

1. Les contribuables sont répartis en 22 classes. Dans la première, taxée à 2 000 livres, on trouve le dauphin, les princes du sang, le chancelier, les ministres d'État, les secrétaires d'État, le contrôleur général, les fermiers généraux... Figurent dans la dernière classe, qui paie une livre, les soldats, manœuvres, apprentis, garçons de cabaret, servantes des petites villes et villages... Ce n'est pas un impôt sur le capital ou sur le revenu, car deux personnes de même qualité ou profession n'ont pas nécessairement les mêmes ressources. Dans sa conception première, la capitation « taxe le rang social » (F. Bluche).

privilèges sont venus tempérer l'universalité de cet impôt et l'égalité de tous devant lui[1].

2) *Le dixième, le cinquantième et les vingtièmes.* — Tous sont des impôts de quotité, ainsi que des impôts cédulaires frappant séparément les diverses sortes de revenus et non pas le revenu global. Le dixième fut créé en 1710, au moment le plus tragique de la guerre de succession d'Espagne, et supprimé en 1717. Mais, là encore, intervinrent de nombreux abonnements et rachats de la part du clergé, des pays d'États, de certaines villes. Ce fut ensuite le bref épisode du cinquantième (1725-1727). Inspiré des idées de Vauban, cet impôt était perçu en nature sur les récoltes, en argent sur les autres revenus. Puis le dixième reparaît en 1733 (guerre de succession de Pologne) et 1741 (guerre de succession d'Autriche). Maintenu jusqu'en 1749, il est alors remplacé par le vingtième. Celui-ci, créé sans limitation de durée par le contrôleur général Machault d'Arnouville en vue de l'amortissement de la dette publique, reprend le système du dixième avec un taux moitié moindre. Il doublera cependant en 1756 par l'instauration d'un second vingtième[2]. Cet impôt frappe absolument tous les revenus, y compris ceux des bénéficiers ecclésiastiques. Sous l'impulsion de Machault, le pouvoir royal institue l'égalité devant l'impôt et refuse par avance tout abonnement ou rachat. D'où un concert de protestations indignées de la part des privilégiés : cours souveraines, clergé, pays d'États. Mais Machault se montre extrêmement ferme et procède à la mise en place du nouvel impôt[3]. Toutefois, après son départ du contrôle général (1754),

1. Le clergé a réussi à s'abonner, puis, en 1710, à se racheter définitivement de la capitation en versant une très grosse somme. De même, les pays d'États se sont abonnés, ainsi que certaines villes, comme Lyon. Le Conseil du roi, qui fixe la capitation des officiers des cours souveraines, veille à les ménager. Certains reprochent aux intendants de sous-imposer la noblesse. Mais le fait qu'elle paie est déjà une révolution. Et puis beaucoup de gentilshommes n'ont qu'une très petite aisance, sans compter ceux qui se trouvent dans la pauvreté.

2. Créé à cause de la guerre de Sept Ans, le second vingtième sera maintenu durablement. En raison du même conflit, un troisième vingtième fut même levé de 1760 à 1763. Les dépenses de la guerre d'indépendance américaine provoquèrent sa réapparition de 1782 à 1786.

3. Pour briser l'opposition des Parlements, la royauté doit faire enregistrer par des lits de justice l'édit de création du vingtième. Les pays d'États refusent obstinément d'être soumis au nouvel impôt. En conséquence, les États de Languedoc sont suspendus pendant deux ans, et le vingtième perçu par l'intendant. Machault vient également à bout, mais plus difficilement, de la résistance des États de Bretagne. Cependant, le clergé se montre plus opiniâtre encore. Son assemblée de 1750 affirme que l'immunité fiscale de l'ordre a valeur constitutionnelle. Diplomatiquement, le pouvoir royal ne parle plus de vingtième, mais fait néanmoins savoir qu'en plus du don gratuit il sera levé annuelle-

la royauté céda en partie aux revendications des privilégiés. On ne demanda plus rien au clergé en dehors du don gratuit, et les pays d'État obtinrent de s'abonner[1]. Cependant le vingtième a été beaucoup moins dénaturé que les précédents impôts. En dépit de la guerre forcenée que lui livrent les cours souveraines, il demeure largement fidèle au principe d'une égalité fiscale, c'est-à-dire d'une proportionnalité du montant de l'impôt à celui des revenus[2]. Telle fut la cause profonde de son impopularité. Car, jusqu'à la veille de la Révolution, l'idée de privilège va de soi. Sauf pour les réformateurs (Vauban), les « philosophes » (Voltaire) et les physiocrates, la notion d'égalité devant l'impôt n'est pas admise.

461 DES FERMES D'IMPÔTS À LA FERME GÉNÉRALE. — Pour les impôts indirects, les revenus du domaine, le produit des « affaires extraordinaires », et même à un certain moment la taille (de 1643 à la fin de la Fronde), la royauté utilise le vieux système de la ferme. Une bonne partie des revenus du roi se trouve ainsi affermée à des particuliers appelés selon les cas fermiers, traitants ou partisans (car l'acte passé avec le roi porte parfois le nom de

ment sur le clergé 1,5 million durant cinq ans. Cette somme devait être perçue par l'ordre lui-même, mais répartie entre les ecclésiastiques d'après leurs déclarations de revenus et sous la surveillance de l'administration royale. Cependant, seule la première de ces annuités fut levée, et encore partiellement.

1. L'abonnement réduisait le poids total de l'impôt et permettait aux États de l'asseoir comme ils l'entendaient, ainsi que d'en assurer la levée.

2. Placée sous la haute main de l'intendant, une administration compétente et intègre (directeur et contrôleurs des vingtièmes) vérifie de manière très efficace les déclarations des contribuables. Les contrôleurs se fondent sur les contrats notariés qui doivent accompagner les déclarations, sur les signes extérieurs de richesse, et là où il en existe un sur le cadastre. D'ailleurs, le contrôleur général Bertin décide en 1763 l'établissement d'un cadastre dans tout le royaume, afin de permettre une meilleure connaissance des revenus fonciers (qui fournissent l'essentiel de l'impôt).

Les Parlements s'opposent aux vingtièmes avec une violence extrême. Ils prennent soin de ne les enregistrer, après une résistance acharnée, que pour une durée limitée, ce qui oblige la royauté, le délai expiré, à faire enregistrer un nouvel édit, occasion d'un nouveau conflit. Ce qui leur permet d'arracher à la royauté quelque concession. Ainsi, en 1763, les Parlements ne consentent, après une lutte furieuse, à proroger le premier et le second vingtième qu'à la condition qu'ils seront « perçus sur les rôles alors existants, sans augmentation ». C'est la négation de tout contrôle des déclarations des contribuables. C'est aussi le blocage du montant de l'impôt en une période où les revenus agricoles augmentent.

Cependant, en brisant le pouvoir des Parlements, la réforme de Maupeou (1771) va permettre au contrôleur général Terray de travailler activement à la révision des rôles de l'impôt dans un double souci d'égalité et d'efficacité fiscales, et cela avec un réel succès. Mais ce qui aurait pu constituer le point de départ d'une fiscalité rénovée se limita à un répit d'une dizaine d'années. Car l'abandon de la réforme de Maupeou ressuscita les anciens Parlements, avec leur haine d'un impôt que ces nobles de robe jugeaient scandaleux d'avoir à payer.

traité ou de parti). Mais, plus généralement, on leur applique la dénomination de financiers[1]. Le roi leur concède pour une période donnée le droit de percevoir tel ou tel de ses revenus. Et en contrepartie, ils s'engagent à lui verser comptant, durant la durée du bail, une somme annuelle forfaitaire. Cependant, les financiers sont en général très loin de posséder tout l'argent nécessaire. Ils trouvent le surplus auprès des possesseurs de capitaux, dont beaucoup appartiennent, particulièrement au XVIIe siècle, aux grandes familles tant d'épée que de robe. Discrètement, la noblesse se livre ainsi à de fructueux investissements[2]. Au surplus, les financiers n'opèrent pas individuellement, mais se groupent en sociétés pour affermer la perception de tel impôt ou autre revenu du roi.

Malgré les efforts de concentration des fermes accomplis par la royauté depuis le milieu du XVIe siècle, et en dernier lieu par Sully, leur nombre reste élevé dans la première moitié du XVIIe siècle. On doit procéder à des dizaines d'adjudications séparées. Le regroupement décisif intervient sous Louis XIV, grâce aux efforts de Colbert. Il parvient, en 1681, à réunir presque toutes les fermes en un seul bail, préfigurant ainsi la ferme générale. Celle-ci ne sera toutefois créée définitivement qu'en 1726, à l'initiative de Fleury. Toutes les fermes existantes sont rassemblées en un bail unique, passé pour six ans. Il résulte théoriquement d'une adjudication, mais fait en réalité l'objet d'une négociation avec le contrôleur général. Les fermiers généraux sont une compagnie de 40 (puis 60) grands financiers agréés par le pouvoir royal. Ils passent entre eux, pour la durée de chaque bail, un acte de société. La société ainsi formée met chaque année à la disposition du roi la somme prévue par le bail. Et elle perçoit pour son propre compte l'ensemble des revenus royaux

1. Contrairement à une légende tenace, les financiers ne sont pas, sauf exception, des étrangers ou des gens issus du bas peuple. Même au XVIIe siècle, ce sont non seulement des régnicoles, mais encore pour la plupart des officiers (généralement de finances) et des nobles de fonctions (cependant de noblesse presque toujours récente). Et, au XVIIIe siècle, à peu près tous les fermiers généraux sont des nobles ou des anoblis.

2. Encore que la chose ait été à l'époque soigneusement occultée, le fermier ou le traitant est dans une large mesure le prête-nom de la noblesse riche. Le procédé utilisé varie. Ce peut être le système de la croupe, ou intéressement en sous-part. Le financier titulaire d'une part dans une ferme d'impôt la subdivise en sous-parts (ou croupes) qu'il cède par actes sous seing privé à des personnes qui apportent une portion du capital et reçoivent une fraction correspondante des bénéfices (les croupiers). Plus discrète encore est la formule consistant à prêter de l'argent aux financiers, qui, à partir des années 1680, remettent systématiquement à leurs bailleurs de fonds des billets au porteur garantissant un parfait anonymat.

qui lui sont affermés, ce qui lui permet de se rembourser de ses avances et de dégager un bénéfice[1].

La ferme générale était prodigieusement impopulaire. Cela s'explique bien moins par ses inconvénients que par l'immense et injuste campagne de dénigrement dont elle fit l'objet tout au long du XVIe siècle. Des milliers de pamphlets et de romans tirent à boulets rouges sur la ferme et les financiers. Ces attaques virulentes, auxquelles se joignaient celles des cours souveraines, conduisirent Necker, en 1780, à enlever à la ferme générale les aides et les domaines pour les mettre en régie. Mais, surtout, elles sont responsables de la mort de 28 fermiers généraux (dont le grand chimiste Lavoisier) sur les échafauds de la Révolution. Or l'impopularité de la ferme générale n'était absolument pas méritée. C'était le système administratif le plus moderne et le plus juste de l'Ancien Régime, le modèle dont s'inspirera l'administration fiscale du XIXe siècle. Quant aux bénéfices des fermiers généraux, ils n'ont rien d'anormal : 10 à 15 % en moyenne à la fin de l'Ancien Régime. On est très loin des énormes profits (assortis de très grands risques) des financiers du milieu du XVIIe siècle. C'est qu'il y a eu au XVIIIe siècle, en France comme dans les autres pays européens, d'énormes progrès du système de perception des impôts. Mais l'opinion soi-disant « éclairée » l'ignore. En décalage d'un siècle avec la réalité, elle s'acharne à dénoncer les financiers comme les « sangsues » du peuple. Et ces attaques irresponsables ont largement contribué à préparer la Révolution.

462 UNE FISCALITÉ INJUSTE ET OPPRESSIVE ? — La plupart des reproches qui lui ont été adressés sont mal fondés ou excessifs. Ainsi, d'aucuns virent une marque de tyrannie dans le fait que Louis XIV et Louis XV ont créé des impôts sans qu'ils aient été consentis. À quoi on peut objecter que les impôts en question étaient les plus justes et rationnels perçus à cette époque, et notamment le vingtième, qui « a été, de tous les impôts de tous les régimes, l'un des moins critiquables » (J. Meyer). D'ailleurs, ceux qui se

1. On retrouve ici le système des croupes et celui des emprunts. Ces derniers sont placés dans le public au moyen de billets rapportant 6,5 % d'intérêt. Y souscrivent des personnes de toutes conditions, même fort modeste. Si bien qu'un grand nombre de Français ont des intérêts dans la ferme générale.

dressent contre les vingtièmes en invoquant l'antique liberté de consentir l'impôt sont pour l'essentiel des privilégiés : clergé, noblesse des cours souveraines, provinces privilégiées... S'ils attaquent le nouvel impôt, c'est précisément parce qu'il est juste et s'applique à eux. Et, à l'inverse, de Vauban à Voltaire, les partisans de réformes fiscales comptent sur l'autorité royale pour les imposer.

Mérite également d'être reconsidérée la classique dénonciation d'une exemption fiscale des deux premiers ordres. Certes, le clergé ne paie pas véritablement d'impôt, mais seulement un don gratuit accordé au roi périodiquement par l'assemblée du clergé. La somme totale versée chaque année par le clergé semble avoir été inférieure d'un tiers à ce qu'il aurait payé pour la capitation et les vingtièmes. Cependant, le patrimoine privé des ecclésiastiques est imposé normalement. Et surtout, l'Église assume des tâches d'intérêt général qui sinon incomberaient à l'État (assistance, enseignement...). Or on ne se demande jamais ce que leur transfert à celui-ci lui aurait coûté. Quant à la noblesse, contrairement à une légende tenace, elle est loin d'être exempte d'impôts. C'est vrai pour la taille (du moins la taille personnelle), dès lors que les nobles acquittent l'impôt du sang (avec toutefois de grandes inégalités internes à l'ordre). Mais la noblesse est soumise à la fiscalité indirecte, à la capitation (pour laquelle elle semble sous-imposée de moitié) et aux vingtièmes (dont elle paraît payer à peu près sa quote-part). Au surplus, ce ne sont pas là, et de très loin, les seules inégalités fiscales. Ni même les plus profondes. Tout d'abord, les citadins, toutes conditions sociales confondues, sont proportionnellement beaucoup moins imposés que les paysans de la région correspondante. Mais les plus grandes inégalités fiscales sont sans doute celles qui existent de province à province[1].

1. Ces disparités fiscales sont énormes dans la première moitié du XVIIe siècle. Ainsi, la Normandie, qui a supporté une grande partie du quadruplement fiscal des années 1630-1650, a fourni jusqu'au tiers des ressources fiscales du royaume. D'où la nécessité d'une meilleure répartition géographique, à laquelle s'est attaché Colbert. Cependant, au XVIIIe siècle, les inégalités provinciales demeurent grandes. La France du Sud est bien moins imposée que celle du Nord (et en particulier les vieilles régions capétiennes du Bassin parisien). Les provinces frontières et celles récemment annexées paient encore moins. Ces disparités s'expliquent par le privilège des pays d'États de consentir l'impôt (et donc de payer moins que les pays d'élections), ainsi que par la volonté de la royauté de se concilier des populations nouvellement rattachées au royaume. En outre, les régions frontières ont déjà à supporter une lourde présence militaire, des corvées de fortifications, et sont exposées, en cas de conflit, à subir les « malheurs de la guerre ».

On a aussi beaucoup reproché à la fiscalité d'Ancien Régime la part qu'y tenaient les impôts indirects. Ils étaient extrêmement impopulaires et faisaient l'objet de violentes attaques. Au XVIIIe siècle, on réclame avec insistance leur suppression. Celle-ci est en particulier préconisée par les physiocrates, partisans d'un impôt direct unique frappant le revenu des propriétaires fonciers. Mais c'était là une utopie, comme on le verra sous la Révolution[1]. D'ailleurs, la grande enquête réalisée dans les années 1760 par l'intendant des finances Moreau de Beaumont sur l'ordre du contrôleur général L'Averdy montre que ce n'est pas l'impôt indirect mais au contraire l'impôt direct qui est hypertrophié en France (49 % des recettes, contre 24 % en Angleterre et 32 % en Prusse). Et, du même coup, l'enquête mettait en évidence que la puissance d'un État dépendait de la part des impôts indirects dans ses revenus.

Enfin, cette enquête sur les mérites comparés des divers systèmes fiscaux européens permet de faire justice de la légende selon laquelle le poids de la fiscalité d'Ancien Régime aurait été exceptionnellement lourd. En effet, il apparaît qu'au milieu du XVIIIe siècle la charge fiscale par habitant est deux fois et demie plus élevée en Angleterre qu'en France, et une fois et demie plus en Espagne. Certes, il y avait eu avant 1715 de très fortes poussées fiscales, provoquées par les grandes guerres du temps de Richelieu et de Mazarin puis de la fin du règne de Louis XIV. Mais au XVIIIe siècle, tandis que le royaume s'enrichit, la fiscalité ne suit pas. Même, le revenu réel de la monarchie (exprimé en blé ou en une autre denrée) diminue quelque peu. Si bien qu'à la fin de l'Ancien Régime la France est, par rapport à ses voisins européens, un pays moyennement imposé.

463 L'ANCIEN RÉGIME MALADE DE SES FINANCES ? — L'Ancien Régime s'est débattu dans de très graves difficultés financières. Au XVIIIe siècle, l'opinion en rendait la royauté responsable et dénonçait son prétendu gaspillage (bâtiments, fêtes, pensions...). De sorte que l'idée est restée vivace que la cour fut le tombeau de la monarchie. Or c'est inexact. En réalité, les dépenses de la cour ne

1. On sait que la Constituante, en supprimant les impôts indirects, a ruiné les finances publiques. Si bien qu'il fallut en revenir aux solutions de l'Ancien Régime et rétablir la fiscalité indirecte. C'était chose faite à la fin de l'Empire.

représentaient qu'une fraction très limitée des dépenses de l'État. Et leur part est bien moindre sous Louis XVI que sous Louis XIV[1].

Plus profondément, l'idée communément admise que les finances de l'Ancien Régime souffraient d'un vice structurel qui devait fatalement conduire à la Révolution doit être reconsidérée. Certes, la monarchie a péri sur fond de crise financière. Mais celle-ci, quoi qu'on en ait dit, ne présentait pas une gravité exceptionnelle et n'était pas sans issue. C'était une crise financière parfaitement « normale », telle qu'il s'en produisait inévitablement après une guerre un peu longue – ici la guerre d'Amérique (1779-1783). Il se trouve en effet que, si les ressources fiscales de l'État d'Ancien Régime sont suffisantes en temps de paix, elles ne lui permettent nullement de financer une guerre. Et cela était vrai pour tous les États européens. Or la guerre est très présente dans l'Europe du XVIIe siècle et, à un moindre degré, du XVIIIe siècle. Lors de chaque conflit, la royauté, tout en accentuant la pression fiscale, trouve des ressources indispensables dans divers expédients que l'on appelle les « affaires extraordinaires »[2]. Mais, surtout, l'État recourt massivement à l'emprunt, qui constitue, passé le milieu du XVIIe siècle, sa

1. En 1683, les dépenses de la cour représentent environ 17 % du total, dont 11 % pour la Maison du roi et quelque 6 % pour les bâtiments. Ce dernier chiffre s'explique par les travaux de Versailles, qui sont loin d'être achevés, bien que la royauté vienne de s'y installer.

En 1788, les dépenses relatives aux bâtiments royaux sont tombées à très peu de chose. Quant à la Maison du roi, sa part n'est plus que de 6 % (notamment du fait que sous Louis XVI, afin de réaliser des économies, on a très largement démantelé la Maison du roi, qui n'est plus que l'ombre de ce qu'elle était). En revanche, il est vrai que les pensions sont passées de 1 % des dépenses en 1683 à près de 5 % en 1788. Mais une importante partie de ces pensions allait à des officiers retirés de l'armée. Et, en dépit des dénonciations virulentes des pamphlétaires du temps, les pensions versées à la noblesse de cour ne représentaient qu'une fraction infime des dépenses de l'État (moins de 0,5 %).

Ajoutons que, sous Henri IV, les dépenses propres du roi, de la reine, de la cour sont proportionnellement bien plus importantes encore que sous Louis XIV : entre le tiers et la moitié du total des dépenses. De Henri IV à Louis XVI, le poids des dépenses de la royauté dans le budget de l'État paraît avoir été au moins divisé par six. Or ce furent les dépenses de Louis XVI qui furent jugées scandaleuses.

2. Les affaires extraordinaires caractérisent essentiellement le XVIIe siècle et le début du siècle suivant. Rentrent dans cette rubrique : la mise en vente d'offices (création nouvelle ou dédoublement d'offices existants) ; la vente aux officiers d'une augmentation de gages (moyennant paiement d'une somme comptant) ; la vente de lettres de noblesse, bientôt suivie de l'obligation pour les acheteurs, s'ils veulent se voir confirmer leur noblesse, de verser un supplément de finance ou de souscrire pour une certaine somme à un emprunt d'État. On peut également citer les engagements de droits domaniaux, ou de droits d'aides dans un territoire donné. Ils sont cédés par le roi à des particuliers, moyennant le versement d'une somme importante (qui peut toujours être remboursée). Au XVIIe siècle, la noblesse riche, tant d'épée que de robe, est particulièrement friande de ces droits sur le roi. Les ministres eux-mêmes en acquièrent, tels Richelieu, Fouquet et surtout Mazarin.

grande ressource en période de guerre[1]. Cela lui permet, durant les toutes premières années de la guerre, de consacrer à celle-ci des sommes énormes : jusqu'à 80 % d'un budget lui-même doublé, voire triplé. Mais, le temps passant, le poids de la dette s'accroît. Les nouveaux emprunts servent de plus en plus à rembourser ceux des années précédentes. D'où un effondrement des dépenses de guerre, ce qui amoindrit les capacités militaires du pays. Puis, une fois la paix intervenue, les remboursements constituent l'un des plus gros postes des dépenses publiques, parfois même le plus gros. Il est allé jusqu'à 76 % en 1699[2]. Et, afin de résorber un endettement qui obère à l'avance les revenus de plusieurs années et qui maintient les dépenses à un chiffre très supérieur à celui des recettes, il est nécessaire de continuer la pression fiscale du temps de guerre. Si la royauté dispose d'une période de paix assez longue, elle peut alors parvenir à ramener les dépenses au niveau des recettes et à éponger dettes et intérêts. Un tel assainissement financier a été réussi par Sully, Colbert, Orry, et bien amorcé par Terray. À défaut, il ne res-

1. L'État peut émettre lui-même l'emprunt, mais son crédit n'est pas bon, car trop souvent il rembourse mal. Aussi la royauté utilise-t-elle le crédit, infiniment meilleur, des États provinciaux (Languedoc, Bretagne...), de la ville de Paris, qui moyennant certaines garanties lancent des emprunts pour le compte de l'État. Mais le roi emprunte plus encore aux fermiers généraux, aux officiers de finances collecteurs des impôts directs (receveurs généraux des finances), aux officiers comptables des États provinciaux (trésoriers généraux du Languedoc, de Bretagne, de Provence...) et à ceux des grandes administrations d'État (trésoriers généraux de la Guerre, de la Marine, de la Maison du roi, des Ponts et Chaussées...). En effet, tant par leur richesse que par leur exactitude à rembourser, tous ces financiers inspirent confiance aux épargnants. Aussi drainent-ils des masses importantes de capitaux (dont certaines viennent de l'étranger : Hollande, Suisse, Allemagne, Italie...). Cela leur permet d'avancer au roi, avec des risques réels mais d'importantes perspectives de profit, les sommes qui lui sont nécessaires. À l'inverse, la banque proprement dite, souvent protestante, a longtemps joué un rôle assez limité. Même un Samuel Bernard, sous Louis XIV, est à la fois banquier et officier de finances.

Cependant, de 1701 à 1709, ce sont des banquiers genevois qui fournissent à Louis XIV l'argent nécessaire à la guerre de succession d'Espagne. Puis, le banquier écossais Law, contrôleur général en 1719-1720, s'efforce d'éliminer les financiers et de leur substituer une banque centrale : sa propre banque devenue banque royale. Celle-ci est à la fois établissement de dépôt, banque d'affaires, caisse d'escompte et institut d'émission. Mais cette organisation très moderne fut victime de la mise en circulation d'une quantité excessive de papier-monnaie (qui était convertible en or, et dont la conversion fut massivement demandée). Il en résulta l'effondrement du « système » de Law, et l'expérience demeura sans lendemain. Toutefois, l'arrivée aux affaires, en 1776, d'un Genevois ancien banquier, Necker, marque la revanche de la banque sur les financiers. Le nouveau ministre leur est très hostile. Il supprime les trois quarts des offices de receveur général, et démantèle en partie la ferme générale. Et, parallèlement, il fait appel aux grandes banques, dont beaucoup sont étrangères, pour avancer de l'argent au roi et placer les emprunts royaux. La disgrâce de Necker se traduira néanmoins par un retour en force des financiers.

2. D'où le caractère dramatique pour la France de la guerre de succession d'Espagne, qui lui est imposée alors que le pays sort à peine du conflit précédent et se trouve surendetté. Et à cela s'ajoutera le terrible hiver de 1709, avec la famine qu'il a provoquée.

tait pour l'État que la solution d'une banqueroute partielle : dévaluation de la monnaie, spoliation des prêteurs par une conversion des rentes aboutissant à en réduire les intérêts, voire le capital. Cependant, à partir de 1726, la teneur en métal précieux de la monnaie sera respectée – remarquable renonciation de la royauté aux pratiques inflationnistes, mais qui rendra sa position plus difficile[1].

Au total, il apparaît que la guerre constitue la dépense essentielle de l'État d'Ancien Régime (comme de tous les autres États européens), tant sous la forme des dépenses militaires proprement dites que du service de la dette contractée en période de conflit. Au XVIIIe siècle, en année de paix, ces deux postes représentent souvent 65 % et plus de l'ensemble des dépenses publiques. C'est dans cette perspective que doit être replacée la crise financière de la fin de l'Ancien Régime. En soi, elle n'a rien d'anormal. Elle résulte de l'endettement provoqué par la guerre d'Amérique, qui vient s'ajouter à celui, non encore complètement résorbé (malgré la remarquable gestion de Terray), de la guerre de Sept Ans. Cependant, le poids de la dette aurait pu être moindre sans l'incapacité du ministre Necker. Par démagogie, il a en effet évité tout accroissement de la pression fiscale, et emprunté dans des proportions déraisonnables et à des conditions de plus en plus exorbitantes. Mais, malgré ce surendettement, un assainissement financier de type colbertien restait possible dans la dernière décennie de l'Ancien Régime. Il eût suffi d'une quinzaine d'années d'une gestion rigoureuse avec une augmentation de la pression fiscale. Ce qui était possible dès lors que la France n'était que moyennement imposée, que le pays était prospère et que l'impôt direct n'avait pas suivi l'élévation des revenus fonciers. Une telle politique aurait permis de résorber progressivement la dette et de faire disparaître le déficit budgétaire, cause de nouveaux emprunts. Mais le harcèlement des Parlements et leur opposition irresponsable à la fiscalité royale (et notamment aux vingtièmes) empêchèrent le gouvernement de trouver les ressources fiscales nécessaires. Si bien qu'en 1788 le service de la dette représente presque la moitié des dépenses publiques, et le

1. À l'inverse, la Révolution financera ses guerres par l'inflation, et en viendra au pillage systématique des pays occupés. Politique que l'Empire étendra à toute l'Europe.

déficit est de l'ordre de 25 % de celles-ci (contre seulement 5 % en 1774). En 1789, la situation financière est donc grave, mais bien moins, cependant, qu'en 1699 ou *a fortiori* en 1715. D'ailleurs, la Hollande est presque aussi endettée que la France, et l'Angleterre beaucoup plus. Il n'était donc pas fatal que la crise financière de la fin de l'Ancien Régime débouchât sur une révolution.

Section V
Les institutions militaires

464 L'ARMÉE. — Elle se transforme sur bien des points entre le début du XVIIe siècle et la fin de l'Ancien Régime.

1) *Les effectifs.* — Ils ont connu au XVIIe siècle une croissance spectaculaire. D'un chiffre d'environ 20 000 hommes vers 1630, l'armée va passer, du fait de l'entrée de la France dans la guerre de Trente Ans, à quelque 170 000 hommes en 1640. Et ce chiffre jamais vu se trouvera triplé lors des guerres de la fin du règne de Louis XIV, où l'armée dépassera 500 000 hommes. Avec la paix, les effectifs retombent à 140 000 en 1715, pour remonter vers 300 000 lors des guerres du milieu du XVIIIe siècle, et redescendre à 180 000 durant les années de paix précédant la Révolution.

2) *L'organisation.* — Avant 1661, et notamment durant la guerre de Trente Ans, en dehors des troupes d'élite dépendant de la Maison du roi (gardes du corps, mousquetaires...) et des « vieux régiments » composés eux aussi de troupes réglées et permanentes, l'armée royale n'est qu'un conglomérat hétéroclite de bandes pillardes et indisciplinées. Composées pour une bonne part d'étrangers (Suisses, Suédois, Allemands...), ces troupes souvent dépenaillées et en tout cas sans uniforme (*cf.* les gravures de Callot) ne connaissent que leur colonel ou leur capitaine. C'est-à-dire un noble français ou étranger, propriétaire du régiment ou de la compagnie, qui a vendu au roi de France ses services et ceux de ses hommes. Ils sont recrutés et payés par lui, et leur fidélité dépend du versement de la solde, ainsi que des occasions de pillage qu'il leur procure, tant sur

l'ennemi qu'en territoire français. Sous le ministériat de Richelieu, malgré les efforts des secrétaires d'État Servien et Sublet des Noyers, le pouvoir royal ne parvient pas à gérer la brusque croissance des effectifs et à faire de son énorme armée un service d'État, où règnent l'ordre et la discipline. Puis vient la dynastie des grands ministres de la Guerre (Le Tellier, Louvois, Barbezieux, 1643-1701), auxquels Louis XIV devra une armée qui lui permettra de tenir tête à l'Europe coalisée. Une abondante réglementation vient préciser les responsabilités, fixer la hiérarchie et l'avancement. Par les soins du secrétariat d'État de la Guerre, toute une administration se met en place, composée de civils à qui les militaires doivent obéissance, sauf sur les champs de bataille. Ces administrateurs ont la responsabilité de tous les aspects matériels : solde, logement, habillement, armement, contrôle du recrutement et des effectifs... Les uniformes commencent à se répandre et les casernes à s'édifier. Cette évolution annonce l'armée du milieu du XVIIIe siècle. Bien disciplinée, bien armée, bien exercée et fréquemment casernée, elle cessera d'être une cause d'effroi pour la population. Celle-ci se mettra désormais aux fenêtres pour voir défiler les régiments, alors qu'un siècle plus tôt elle prenait les armes pour se défendre ou s'enfuyait terrorisée. Enfin, l'armée royale comporte, au XVIIIe siècle, une moindre proportion d'étrangers : un huitième en temps de paix sous Louis XV, et le double en période de guerre.

3) *Les modes de recrutement.* — Le principal est le volontariat. Chaque capitaine a commission du roi pour recruter des soldats, qui s'engagent pour au moins six ans. Ils font généralement carrière, gravissant les échelons inférieurs de la hiérarchie, et quittant l'armée avec une pension. Ces authentiques volontaires assurent à l'armée royale ses effectifs du temps de paix. Mais, avec les guerres, les besoins en hommes peuvent, pour quelques années, doubler ou même tripler. Alors tous les moyens deviennent bons pour les sergents recruteurs chargés du racolage : intimidation, violence, passage au cabaret, où l'engagement sera signé sous l'empire du vin... Ces abus furent spécialement graves lors des grandes guerres de la fin du règne de Louis XIV, époque où l'on vidait aussi les prisons pour trouver des soldats. Cependant, bien des recrues ainsi obtenues désertaient à la première occasion. Le système de l'entreprise fut

supprimé par Choiseul : les capitaines cessaient d'être chargés du recrutement des soldats, désormais directement pris en main et financé par la royauté (1762).

Parallèlement au volontariat, la monarchie eut aussi recours au service obligatoire. À plusieurs reprises au cours du XVIIe siècle, on convoqua le ban et l'arrière-ban, soit tous les gentilshommes tenant du roi une terre en fief ou en arrière-fief (ce qui ne concernait en fait que ceux qui ne se trouvaient pas déjà au service du roi). Mais, devant les médiocres résultats obtenus, on renonça à ces levées en masse des feudataires : la dernière eut lieu en 1697. À l'inverse, la royauté rétablit l'ancien service obligatoire des roturiers, qui n'était plus que d'un emploi occasionnel, et en fit un procédé régulier de recrutement militaire, placé sous la haute main des intendants. Ce fut la milice royale, créée en 1688 par Louvois. Chaque paroisse, selon son importance, devait fournir un ou plusieurs miliciens, d'abord élus par l'assemblée générale, puis très vite tirés au sort (mais les cas d'exemption furent innombrables, et l'on vit se développer un actif marché du remplacement). Durant la guerre de succession d'Espagne, l'effectif des miliciens était proche de 200 000 hommes, dont bon nombre se trouvaient incorporés dans l'armée. Puis, avec la paix, la milice cessa d'être levée. Mais une ordonnance de 1726 fait de la milice une armée de réserve à caractère permanent, qui ne dépassera jamais 60 000 hommes. En temps de paix, les miliciens sont laissés chez eux et astreints seulement à une période annuelle d'entraînement, sous la direction d'officiers pris dans la noblesse locale. En période de guerre, ils sont mobilisés, mais généralement employés à des services d'arrière. On envoya parfois certains d'entre eux au combat, mais les désertions prenaient alors des proportions inimaginables. Ce qui n'était d'ailleurs que la forme la plus spectaculaire du rejet viscéral du service militaire par les populations paysannes.

4) *Les officiers.* — Le capitaine et le colonel (ou mestre de camp pour la cavalerie) étant considérés comme propriétaires respectivement de leur compagnie et de leur régiment, il en résultait une vénalité de ces grades, sous la condition que l'acquéreur fût agréé par le roi. Certes, en principe, ces charges n'étaient pas héréditaires. Mais, en fait, l'héritier d'un capitaine ou d'un colonel obtient facilement

sa survivance. Si bien que de grandes familles sont en pratique propriétaires d'un régiment, dont le titulaire se trouve parfois être un très jeune homme. On parle alors de colonels à la bavette. Cela présente toutefois moins d'inconvénients qu'on ne pourrait le penser, puisque le commandement effectif est assuré dans ce cas par un officier expérimenté. Par ailleurs, jusqu'aux années 1660, le capitaine nommait aux grades subalternes, et ne les accordait que moyennant finances. Puis, sous Louis XIV, ils passent à la nomination du roi, qui les confère gratuitement par brevet. Parallèlement sont créés de nouveaux grades (sous-lieutenant, major, lieutenant-colonel) qui vont permettre l'instauration progressive dans l'armée d'une méritocratie efficace. Certes, les grades de capitaine et de colonel demeurent vénaux, et on peut les obtenir directement sans avoir gravi la hiérarchie. Mais, à l'inverse, ceux qui n'ont pas les moyens de les acquérir ne sont pas obligés de passer par ces grades. Un lieutenant peut devenir major ou lieutenant-colonel sans avoir été capitaine. De même, un lieutenant-colonel pourra être nommé officier général sans avoir été colonel[1].

Par tradition, les nobles occupent dans l'armée une place prééminente. Combattre reste l'idéal du gentilhomme. La plupart des officiers appartiennent à la noblesse, dont les cadets désargentés servent d'ailleurs aussi dans le rang, du moins dans les corps d'élite (mousquetaires...), où les simples cavaliers sont généralement des nobles. Cependant, les roturiers pouvaient, en franchissant les divers grades de bas officiers (caporal, sergent...), devenir officiers. Mais ils ne dépassaient ordinairement pas les grades de lieutenant ou de major. Ce qui n'a pas empêché que certains roturiers deviennent officiers généraux[2]. Pourtant, la concurrence des roturiers n'était pas la plus grave pour les petits et moyens gentilshommes qui constituaient l'essentiel des cadres de l'armée, mais n'accédaient que rarement aux plus hauts grades. La majorité d'entre eux était en effet occupée par la haute aristocratie, dont les fils commandaient la plupart des régiments et devenaient tout naturellement, par la

1. Les officiers généraux sont le brigadier, le maréchal de camp, le lieutenant général. Quant au maréchalat, ce n'est pas un grade ou une charge, mais une dignité. L'un des maréchaux est parfois nommé maréchal général (Turenne, Villars, Maurice de Saxe).

2. Au XVIIIe siècle, un nombre non négligeable de roturiers furent officiers généraux. En témoigne le fait que l'édit de 1750 accordant la noblesse aux officiers généraux s'est appliqué, au total, à 92 d'entre eux. Mais il est vrai qu'ils étaient très nombreux : 1 250 en 1788.

faveur du roi, officiers généraux. Ces derniers, au milieu du XVIIIe siècle, sont presque pour moitié d'une noblesse antérieure à l'an 1300. Par ailleurs, une autre concurrence vient de la noblesse récente et riche des financiers. Au XVIIIe siècle, ils appartiennent à la bonne société, voire au monde de la cour, et achètent couramment pour leurs fils une compagnie ou un régiment.

La seconde moitié du XVIIIe siècle est caractérisée par une réaction en faveur de la noblesse ancienne et pauvre. En 1751 est créée l'école militaire, qui lui est en principe réservés[1]. De plus, la royauté lutte efficacement contre ce qui demeure de vénalité. En 1776, le comte de Saint-Germain, secrétaire d'État de la Guerre, fait adopter une ordonnance qui, dans l'intérêt de la noblesse pauvre, impose quatorze ans de service avant de devenir colonel et décide l'abolition progressive de la finance des grades militaires[2]. Peu après intervient, en 1781, l'ordonnance dite de Ségur (à tort, car ce secrétaire d'État y était opposé). Le texte exige, pour accéder directement au grade de sous-lieutenant, quatre degrés de noblesse paternelle ou la qualité de fils ou de petit-fils de chevalier de Saint Louis (ordre institué en 1693 pour récompenser les services rendus aux armées). Cette réforme n'est en fait pas dirigée contre les roturiers, pour lesquels l'armée, chasse gardée nobiliaire, n'avait jamais constitué une grande voie de promotion sociale. Si bien qu'il n'est pas exact de dire que l'armée se soit fermée aux roturiers. Simplement, elle refuse de s'ouvrir largement à eux[3]. En revanche, elle se ferme bel et bien au nez d'une fraction de la noblesse. Se trouvent directement visés

1. Mais, en pratique, cette école accueillit surtout des membres de la haute aristocratie et des fils de financiers, voire des fils de bourgeois « vivant noblement » (*i.e.* de leurs rentes). Aussi, en 1776, Saint-Germain organisa-t-il l'admission comme boursiers de jeunes gentilshommes sans fortune dans dix collèges militaires. Tel celui de Brienne, où Bonaparte fut élève.

2. Il était prévu qu'à chaque mutation d'un grade vénal un quart de sa finance serait supprimé. Si bien qu'au bout de quatre mutations la vénalité aurait disparu. Ce qui était effectivement le cas pour beaucoup de régiments à la veille de la Révolution.

3. Encore que cette politique restrictive ne les vise pas en priorité, les jeunes gens de la bourgeoisie n'en sont pas moins concernés par elle, notamment dans les corps techniques (artillerie, génie) où ils se trouvent plus nombreux. Ainsi, à l'école du génie de Mézières, où la formation mathématique tient une place essentielle, la proportion des élèves roturiers, qui était de 43 %, va descendre à 25 % de l'effectif. Quant à l'infanterie, il semble que, sur les quelque 3 000 jeunes sous-lieutenants nommés entre 1781 et 1789, il y avait peut-être 600 roturiers (soit environ 20 %). Ce qui est loin d'être négligeable. Mais il n'empêche que le texte de 1781 a fermé tout espoir d'avancement relativement rapide aux plus remarquables parmi les jeunes bas officiers – dont certains deviendront généraux sous la Révolution. Et il a contribué au déclenchement de celle-ci en accentuant l'aigreur du tiers état envers la noblesse.

les jeunes gens issus des riches familles constituant la partie récente, et parfois très récente, du second ordre. Bien que leur père soit noble et puisse porter un titre de comte ou de marquis, bien des fils de financiers, mais aussi de parlementaires, d'intendants, d'ambassadeurs, de conseillers d'État ou de ministres (y compris de la Guerre) n'ont plus le droit désormais de devenir directement officier. La règle est qu'ils passent par le rang et gravissent les échelons subalternes comme bas officiers.

465 LA MARINE. — Au XVIIe siècle, elle fit l'objet des soins de Richelieu, qui la reconstitua, puis de Colbert, qui poursuivit et développa son œuvre, faisant de la marine française, vers 1690, la première de l'Europe[1]. En particulier, pour le recrutement des matelots, au système brutal de la presse (consistant à bloquer les quartiers populaires d'un port et à enrôler de force tous les hommes valides), Colbert substitue l'inscription maritime, ou système des classes (1669). C'est-à-dire un service militaire obligatoire imposé à la population maritime du royaume[2]. Quant aux officiers de la marine de guerre, ils sont formés au sein des compagnies de gardes de la marine. Installées à Toulon, Brest et Rochefort, elles accueillent des jeunes gens issus pour l'essentiel de la noblesse. Mais, à côté des officiers, la royauté a développé une administration civile, chargée de la gestion des ports et de la construction des navires (intendants et commissaires de la marine). Et le ministre soutient fermement ces administrateurs face aux officiers, si bien qu'à cette époque la plume l'emporte sur l'épée. Par ailleurs sont construits au XVIIe siècle les énormes arsenaux de Toulon, Brest et Rochefort, qui vont constituer de manière quasi permanente le plus grand chantier de l'État monarchique.

Malgré sa prééminence, la marine de Louis XIV s'avéra incapable de lutter victorieusement contre les flottes anglaise et hollandaise

1. À cette date, grâce à la politique de Colbert et de son fils Seignelay, la marine de guerre compte de 120 à 130 vaisseaux de ligne, et près de 700 autres bâtiments. Ils sont montés par quelque 100 000 hommes d'équipage.

2. Marins et pêcheurs étaient inscrits sur les rôles de l'inscription maritime, et répartis en classes appelées à servir à tour de rôle dans la marine royale (à raison d'une année sur 3, 4 ou 5 selon les époques et les régions). En contrepartie, Colbert créa un remarquable système de pensions en faveur des « classés », et à défaut de leurs veuves. Ce fut la caisse des invalides de la marine, alimentée par un prélèvement de 0,5 %, sur la solde des matelots et un autre de 1 % sur toutes les transactions passées par le secrétariat d'État de la Marine.

réunies (désastre de La Hougue, 1692). Commença alors une décadence qui s'accentua durant la première moitié du XVIIIe siècle. Puis intervient, à partir des années 1760, une nouvelle renaissance de la marine royale, sous l'impulsion de grands ministres tels que Choiseul et Sartine. Si bien que sous Louis XVI elle est redevenue puissante, tout en restant moins forte que la marine anglaise. À la différence de l'armée, la marine coûtait presque aussi cher à l'État en temps de paix qu'en temps de guerre. Certes, le nombre des matelots s'effondrait alors de 75 000 à 4 000 hommes. Mais demeurait l'essentiel des dépenses, qui résultait de l'élément technique : les navires. Car il était à peine moins onéreux de les maintenir en état d'abandon temporaire que de les entretenir en état d'armement. Par ailleurs, la seconde moitié du XVIIIe siècle est caractérisée par une revanche de l'épée sur la plume : le commandant militaire de chaque port reçoit la haute main sur les travaux et constructions. Enfin, pour être admis comme garde (puis élève) de la marine, ce qui mène directement au grade de lieutenant de vaisseau, on doit désormais faire la preuve non seulement de ses compétences mais aussi de quatre degrés de noblesse (ordonnances de 1775 et 1786). Mais les roturiers et les nobles trop récents ou insuffisamment instruits conservent comme par le passé la possibilité de servir comme supplétifs, parmi les officiers auxiliaires, qui ont pris la suite des officiers bleus. Ainsi appelés en raison de la couleur de leurs épaulettes, ceux-ci obtenaient fréquemment d'être intégrés dans la marine royale.

Section VI
L'État et les cultes

466 L'ÉGLISE CATHOLIQUE. — La monarchie et en conséquence l'État vivent dans une profonde osmose avec l'Église. Voici mille ans qu'elle sacre les rois, qui sont « ministres de Dieu, et ses lieutenants sur la terre » (Bossuet). Et, dans le serment du sacre, le roi s'engage à maintenir l'étroite union avec l'Église du peuple chrétien, qui est le peuple de France. Le roi continue à participer du caractère épiscopal (l'évêque du dehors), et le clergé demeure le premier ordre du royaume. Si bien que l'on peut dire que l'État est dans l'Église.

Mais, inversement, l'Église est aussi dans l'État. Ainsi, le roi utilise massivement la richesse de l'Église, grâce au concordat de Bologne, qui lui donne le pouvoir de désigner les évêques (130 en 1789) et les abbés. Avec leurs très gros revenus, évêchés et abbayes, essentiellement distribués à des nobles, sont pour la royauté un moyen de s'assurer l'indispensable fidélité de la noblesse (et sans doute ce large emploi du patrimoine ecclésiastique en faveur du second ordre a-t-il bien contribué à l'échec du protestantisme en France). De plus, les évêques furent choisis par le roi sur un critère de fidélité politique, sans que cela nuise à la réelle qualité de l'épiscopat d'Ancien Régime. Si bien que, sauf exception, le monarque sait pouvoir compter sur « ses » évêques : tout comme les intendants, ils sont les hommes du roi. Et celui-ci, par l'intermédiaire de l'épiscopat, s'efforce de mieux contrôler le bas clergé et les réguliers, dont le fréquent esprit d'indépendance en matière religieuse, et même politique, l'inquiète, sans parler de nombreux cas de conduite scandaleuse. Ici encore, le règne de Louis XIV fut décisif, avec la mise en place systématique des séminaires diocésains, d'où sort un clergé paroissial digne, consciencieux et d'une grande rigueur morale. De plus, obligation est faite par le roi aux évêques de visiter (*i.e.* d'inspecter) chaque année une partie de leur diocèse, monastères inclus (édit de 1695). Et le même texte donne à l'évêque le pouvoir de suspendre, voire d'emprisonner, tout prêtre de son diocèse. Le fait pour le roi de légiférer ainsi en matière de discipline ecclésiastique n'est que l'une des manifestations d'un gallicanisme au double visage : gallicanisme religieux, qui prétend limiter l'autorité du pape sur l'Église de France[1], gallicanisme politique, qui vise à assujettir l'Église à l'État[2]. Cela n'a pas empêché le roi de faire appel au pape – comportement très peu gallican – pour

1. Il culmine en 1682 avec la déclaration des quatre articles, intervenue au cours d'un conflit entre Louis XIV et la papauté à propos de la régale spirituelle. Ce texte, rédigé par Bossuet, fut adopté par une assemblée du clergé réunie pour la circonstance. La déclaration exprime également un gallicanisme politique, puisqu'elle affirme l'indépendance absolue de la royauté à l'égard du pape.
2. C'est au nom du gallicanisme politique que la création d'un ordre monastique ou d'une congrégation doit être approuvée par le roi et que les communautés existantes peuvent être réformées par sa seule autorité. Ce qui est susceptible d'entraîner la disparition d'un ordre monastique ou d'une congrégation. C'est ainsi que la Compagnie de Jésus fut interdite dans le royaume par un édit de 1764. Et en 1766 est instituée la Commission des réguliers, qui va provoquer la suppression de plus de 1 500 maisons religieuses et de plusieurs ordres (Antonins, Célestins, Grandmont), dont les moines furent envoyés dans d'autres couvents.

obtenir de lui la condamnation des thèses jansénistes (bulle *Unigenitus,* 1713). C'est que le pouvoir royal est avant tout pragmatique, et refuse de se laisser enfermer dans aucune doctrine. D'ailleurs, autant le gallicanisme politique répondait aux intérêts politiques de la royauté quand elle s'en servait pour obtenir un clergé discipliné et de qualité, autant il lui fut néfaste en étant mis en œuvre par les Parlements[1].

Par ailleurs, le clergé, tout en soutenant obstinément qu'il ne doit pas d'impôt au roi, se résigne à lui en payer tout de même. Simplement, ce subside est intitulé don gratuit, et il est voté par les assemblées du clergé, qui se réunissent tous les cinq ans. Pour se procurer l'argent qu'il verse chaque année au roi, le clergé lève sur ses membres un impôt interne (les décimes) et il a recours à l'emprunt (il jouit d'un excellent crédit, ayant toujours respecté scrupuleusement ses engagements).

Enfin, le clergé tient une place importante dans le fonctionnement de la machine politico-administrative. Ainsi, un certain nombre d'ecclésiastiques figurent ès qualités parmi les conseillers d'État et ceux des Parlements (conseillers clercs). Surtout, le bas clergé (curés et vicaires) joue à bien des égards un rôle d'agent local du pouvoir central. Le prêtre de paroisse tient les registres de l'état civil. Il peut recevoir les testaments (ordonnance de 1735). Lorsqu'elle existe, l'école du village est placée sous son contrôle. Au prône, il présente à ses paroissiens les lois et les règlements et les informe des grands événements du royaume (victoires remportées, naissances ou décès dans la famille royale...). Il lit aussi les monitoires qui invitent la population, à la demande de la justice laïque, à révéler ce qu'elle peut savoir sur tel crime. De la même façon, le clergé paroissial veille au respect de la morale et des lois, informe le subdélégué ou l'intendant des problèmes locaux et sollicite des

1. En particulier, le renvoi des Jésuites fut pratiquement imposé au roi (qui craignait de compromettre un enregistrement fiscal) par le Parlement de Paris, d'un gallicanisme outrancier et favorable au jansénisme. D'ailleurs, plus généralement, les Parlements avaient pris systématiquement le contrepied de la politique royale visant à éliminer progressivement le jansénisme du clergé. Dès qu'un prêtre ou un religieux janséniste se trouvait sanctionné par son supérieur, il appelait comme d'abus de la sentence au Parlement, qui s'empressait de lui donner gain de cause. Ainsi soutenus par la magistrature, les jansénistes opposèrent une résistance opiniâtre au pouvoir royal et à la hiérarchie ecclésiastique. Toute la première moitié du XVIIIe siècle fut agitée par une furieuse polémique politico-religieuse. Et la contestation par les jansénistes des autorités spirituelle et temporelle a fortement contribué à la formation de l'esprit révolutionnaire.

secours en cas de malheur frappant la communauté (épidémie, disette...).

467 LE PROTESTANTISME. — Dans le serment du sacre, le roi s'engage à chasser du royaume ceux que l'Église lui dénoncera comme hérétiques. Mais, ainsi que le précise Louis XIII dans un édit de 1616, cela ne saurait causer de tort aux protestants, dont l'édit de Nantes a reconnu la religion et fixé les privilèges. Et, lors de la paix d'Alès, Richelieu aura la sagesse de n'ôter au protestantisme que son statut militaire exorbitant, en ne touchant en rien à la liberté de conscience et de culte des huguenots. Si bien que, jusque vers le milieu du XVIIe siècle, la majorité catholique et la minorité protestante continuent de cohabiter, plutôt mal que bien, dans un climat de mépris et d'intolérance réciproques, chaque communauté usant envers l'autre, là où elle se trouve en position de force, de procédés hostiles et même de violences. Dans le même temps, la royauté travaille à empêcher toute expansion du protestantisme dans le royaume (interdiction d'établir un temple trop près d'une église, et aux ministres de prêcher dans plus d'un lieu...), ainsi qu'à prévenir une alliance des réformés français avec les pays protestants (interdiction d'avoir des ministres étrangers...). Mais il ne s'agissait en somme que de contenir le protestantisme, ce qui restait dans l'esprit de l'édit de Nantes. Tandis qu'à partir de 1657 le pouvoir royal va lutter avec détermination contre les huguenots, l'objectif étant désormais d'extirper la RPR (religion prétendue réformée). Une abondante législation va progressivement travailler à étouffer le protestantisme, avec l'aide d'une pratique administrative et d'une jurisprudence poursuivant le même but[1]. Finalement interviennent les « dragonnades », consistant à loger systématiquement les gens de guerre, avec tout le cortège d'excès et de violences que cela comporte, chez les huguenots. Il en résulte un brusque flot de conversions, aussi massives que peu sincères. Si bien que Louis XIV, considérant que le protestantisme a presque entièrement disparu du royaume, révoque l'édit de Nantes et interdit le culte réformé (édit

1. Suppression des chambres de l'édit, exclusion des huguenots des offices et de la plupart des professions, élimination du culte protestant d'un nombre croissant de localités, démolition de la plupart des temples, mesures favorisant les conversions au catholicisme, et en particulier celles des enfants...

de Fontainebleau, 1685)[1]. Le mouvement des conversions forcées se poursuit, doublé d'une émigration protestante commencée avant la révocation, mais que celle-ci va très fortement amplifier[2]. D'où l'impression qu'il ne restera bientôt plus de protestants en France, mais seulement des NC (nouveaux convertis). Mais, en fait, la plupart ne se plient que formellement au catholicisme, pratiquent souvent de manière clandestine le culte protestant (assemblées du désert), et transmettent à leurs enfants la foi réformée[3]. Ce qui n'a été possible que « parce que ce pouvoir sauvage dans ses méthodes d'action ne possède pas de volonté génocide : lorsqu'il est converti, lorsqu'il se masque de catholicité, le protestant devient un sujet à part entière » (J. Garrisson).

La persécution des protestants et la révocation de l'édit de Nantes furent une manifestation d'intolérance et de tyrannie. Mais, de cela, la royauté française n'avait nullement le monopole. Bien d'autres États l'avaient précédée dans cette voie, à commencer par les pays protestants du nord de l'Europe, qui avaient persécuté et interdit le catholicisme (de même qu'il avait été interdit en Béarn par Jeanne d'Albret). C'est qu'en un temps où, partout, l'autorité étatique reposait sur la religion, on ne pensait pas qu'il pût y avoir d'unité politique sans unité religieuse. Ceux qui ne partageaient pas la religion du prince étaient perçus comme des rebelles en puissance. D'où l'obligation pour les sujets d'un roi d'avoir la même religion que lui. C'est le principe *Cujus regio, ejus religio,* selon lequel la souveraineté territoriale entraîne le droit de régler le culte, et qui fut appliqué en 1648 aux États allemands par les traités de Westphalie. En révoquant l'édit de Nantes, Louis XIV ne fait rien d'autre que d'appliquer le même principe à son royaume. Et ce qui est étonnant n'est pas la révocation, mais bien le fait qu'elle soit intervenue si tard[4]. En tout cas, une chose semble certaine : si dans la France du

1. Toutefois, la liberté de culte des protestants est maintenue en Alsace, où elle se trouvait garantie par les traités de Westphalie.
2. Au total, à la fin du XVIIe siècle, au moins 200 000 personnes (1 % de la population) auront quitté le royaume.
3. Comme en témoigne, dans les Cévennes, la révolte camisarde, qui éclate en 1702.
4. La révocation de l'édit de Nantes provoqua l'enthousiasme de la population catholique, qui espérait cette mesure depuis longtemps. Seul, ou presque, un Vauban eut la lucidité et le courage de critiquer l'édit de Fontainebleau. La révocation eût été impensable sans ce consensus. Ce n'est pas la manifestation tyrannique du pouvoir d'un homme, mais un exemple d'oppression d'une minorité par la majorité.

XVIIe siècle les protestants s'étaient trouvés majoritaires, c'est le catholicisme qui eût été persécuté et interdit[1].

Juridiquement, au XVIIIe siècle, il n'y a plus en France que des catholiques (déclarations royales de 1715 et 1724). Ce qui n'empêche pas le protestantisme d'exister. D'autant que, malgré quelques accès de répression, le pouvoir royal s'est orienté de plus en plus vers une tolérance de fait. La situation des protestants n'en restait pas moins inconfortable, notamment pour les mariages. En effet, ceux qui ne voulaient pas recourir au curé et se mariaient secrètement « au désert » devant un pasteur n'avaient pas d'acte de mariage mais seulement la possession d'état d'époux. Leurs enfants étaient donc des bâtards qui ne pouvaient leur succéder. Cependant la jurisprudence des Parlements admit de plus en plus la légitimité des enfants issus de ces mariages. Et surtout, en 1787, un édit de tolérance reconnaît aux non-catholiques tous les droits civils et publics (avec le droit d'exercer toutes professions sauf les charges de judicature, les charges municipales et l'enseignement public). Le texte crée à leur intention un état civil laïcisé : ils ont le choix, pour faire enregistrer naissances, mariages et décès, entre le curé agissant comme officier de l'état civil et le juge royal le plus proche. Cet édit de tolérance fut, de la part de Louis XVI, « un acte de courage » (F. Bluche).

468 LES JUIFS. — En principe, il n'y en a pas dans le royaume, en vertu de l'édit d'expulsion de 1394 (renouvelé en 1615). Mais la réalité est fort différente. D'abord, beaucoup de juifs sont restés en France, et notamment à Paris, soit par tolérance tacite des autorités, soit grâce à des autorisations individuelles de séjour accordées par le roi. Et puis, surtout, de nouvelles catégories de juifs apparaissent dans le royaume.

Dans le Sud-Ouest se sont installés des juifs et des *marranes* (juifs convertis seulement en apparence), qui ont fui la péninsule Ibérique à la suite des expulsions prononcées par les rois, puis à cause des poursuites de l'inquisition. La royauté française, affectant de les considérer comme des néo-chrétiens, les qualifia de « mar-

1. Les princes allemands qui s'indignèrent de la révocation n'étaient pas fondés à le faire, dès lors qu'eux-mêmes et leurs prédécesseurs n'avaient pas mieux traité leurs sujets catholiques.

chands portugais » et leur permit de résider en Guyenne, où ils s'établirent principalement à Bordeaux et Bayonne. Ils avaient reçu du roi les mêmes droits et privilèges que les habitants des villes où ils demeuraient. S'imposait à eux le respect des pratiques extérieures du catholicisme (assistance aux offices, communion, baptême des enfants...). Certains s'intégrèrent à la société chrétienne. Mais la plupart pratiquaient la religion juive sans être inquiétés. Puis, un arrêt du Conseil de 1686 ayant autorisé les étrangers, de quelque religion qu'ils fussent, à entrer dans le royaume pour y commercer, les juifs du Sud-Ouest jugèrent inutile de continuer à ménager les apparences. Ils se présentèrent ouvertement comme juifs, et c'est ainsi que les considéra le pouvoir royal. Non seulement celui-ci confirme leur privilège de résider, de vivre selon leurs usages, de commercer, de posséder toutes sortes de biens (1723), mais encore il reconnaît aux « marchands portugais » la qualité de régnicoles, voulant « qu'ils soient traités et regardés » comme ses autres sujets (1777). La communauté juive du Sud-Ouest compte environ 6 000 personnes vers la fin du XVIIIe siècle. C'est une bourgeoisie de négociants aisés et cultivés. Certains ont constitué d'énormes fortunes et sont des personnages respectés[1].

Un autre flux de juifs provenait de l'enclave pontificale constituée par Avignon et le comtat Venaissin. Environ 1 600 juifs y vivaient en 1789. Mais, de manière plus ou moins clandestine, cette communauté avait largement essaimé dans les provinces françaises voisines, et notamment en Languedoc. Plusieurs familles de juifs avignonnais se sont même installées à Bordeaux, afin d'y bénéficier des privilèges des juifs « portugais ». Ceux-ci réclament et obtiennent du roi l'expulsion des intrus, ce qui ne les empêche pas de rester. Et finalement, en 1762, tous les juifs originaires d'Avignon reçoivent les mêmes privilèges que ceux du Sud-Ouest. Certains sont établis à Paris, où la communauté (environ 500 personnes) comporte aussi des « portugais » et des « allemands » venus des provinces de l'Est.

En effet, l'extension du royaume dans cette direction y a incorporé un fort contingent de juifs. À Metz, la royauté a pris sous sa

1. Ainsi le négociant bordelais Abraham Gradis. En 1780, pendant la maladie qui précéda sa mort, la jurade avait interdit de faire sonner la cloche et tirer le canon de la tour Saint-Jean, afin que le bruit ne l'importunât point.

protection la colonie juive, qui se développe considérablement (3 000 personnes vers 1760). Les juifs messins ont leurs coutumes, leur tribunal rabbinique. Ils sont administrés par les syndics de leur communauté, qui lève les sommes nécessaires pour payer l'impôt au roi. Mais ils sont cantonnés dans un quartier de la ville, limités à certaines professions (prêt d'argent, commerce de l'orfèvrerie, friperie), et ne peuvent posséder d'immeuble en dehors de leur maison. Cependant, en 1657, des lettres patentes leur ouvrent le commerce des marchandises neuves. Après la réunion de la Lorraine au royaume (1766), les juifs de Metz eurent la possibilité de s'installer dans toutes les villes de la province. En Alsace, le roi respecte la situation existante. Les seigneurs et les villes sont maîtres d'accueillir ou non des juifs sur leur territoire. La plupart le font, moyennant le paiement par les familles juives d'un droit d'habitation. De plus, les juifs sont soumis à d'humiliants péages corporels. Là aussi, ils ne peuvent posséder d'autre immeuble que leur maison, et n'ont accès qu'à un petit nombre de professions. Du fait d'importantes arrivées d'Allemagne et d'Europe centrale, le nombre de juifs vivant en Alsace a beaucoup augmenté (2 000 en 1648, 20 000 en 1789). Détestés en raison de l'usure qu'on les accuse de pratiquer, ils forment souvent des communautés rurales assez pauvres. Ils sont trop nombreux pour les quelques professions qui leur sont ouvertes. Mais, en 1784, Louis XVI supprime les péages corporels et autorise les juifs d'Alsace à louer des fermes, des terres, des vignes, à exploiter des mines, à créer des fabriques.

Pour aller plus loin

469 LA FONCTION PUBLIQUE D'ANCIEN RÉGIME. — Outre le manuel précité de R. Mousnier, voir notamment G. Thuillier et J. Tulard, *Histoire de l'administration française,* Paris, 1984 ; R. Mousnier, La fonction publique en France du début du XVIe siècle à la fin du XVIIIe, *RH,* 1977, p. 321-335. Sur l'élévation sociale par les offices et son ralentissement au XVIIIe siècle : R. Mousnier, *La vénalité des offices sous Henri IV et Louis XIII,* Paris, 1971 (2e éd.) ; du même *et al.,* La mobilité sociale au XVIIe siècle, *XVIIe siècle,* n° 31, 1979, p. 1-72 ; F. Bluche, *Les magistrats du Parlement de Paris au XVIIIe siècle,* Paris, 1960 ; W. Doyle, Le prix des charges anoblissantes à Bordeaux au XVIIIe siècle, *AM,* 1968, p. 65-77 ; P. Dawson, Sur le prix des offices judiciaires à la fin de l'Ancien Régime, *RHES,* 42, 1964, p. 390-392 ; J. Egret, L'aristocratie parlementaire française à la fin de l'Ancien Régime, *RH,* t. 204, 1950, p. 1-27. À propos de l'émergence du fonctionnaire : J. Petot, *Histoire de l'administration des Ponts et Chaussées (1599-1815),* Paris, 1958 ; A. Blanchard, *Les ingénieurs du « Roy » de Louis XIV à Louis XVI,* Montpellier, 1979. On utilisera aussi avec profit les études novatrices de V. Azimi sur les personnels administratifs de la fin du XVIIIe siècle, *Un modèle administratif de l'Ancien Régime : les commis de la Ferme générale et de la Régie générale des aides,* Paris, 1987 ; La discipline administrative sous l'Ancien Régime, dans *RHD,* 1987, p. 45-70.

L'extrême gravité des effets pervers du système de la vénalité des offices, et de son corollaire de l'hérédité, est mise en évidence par M. Antoine, qui souligne que, le recrutement de la magistrature échappant à peu près totalement au roi, celui-ci « ne pouvait guère empêcher des hommes peu qualifiés d'accéder à la judicature ». D'où, par-delà « le décorum des robes rouges et des tapisseries fleurdelisées » ainsi que « les discours pompeux et les tirades d'autocélébration auxquelles les parlements se sont complu de tout temps », un « délabrement » de l'ensemble du système judiciaire qui se manifeste dès les dernières décennies du règne de Louis XIV et s'accentue sous Louis XV. Situation pathologique, dont l'insoumission et l'agressivité exacerbées de la haute magistrature constituent l'un des principaux symptômes. Si bien que la véritable originalité de la réforme de Maupeou résidait dans la suppression de la vénalité des offices de judicature, qui brisait le piège dans lequel l'État monarchique s'était pris lui-même. M. Antoine, Sens et portée des réformes du chancelier de Maupeou, dans *RH,* 1993, 1, p. 39-59.

470 L'ADMINISTRATION RÉGIONALE ET LOCALE. — Une très commode présentation d'ensemble est fournie par l'ouvrage de M. Bordes, *L'administration provinciale et municipale en France au XVIIIe siècle,* Paris, 1972. Pour une information plus précise, se reporter à la bibliographie figurant aux numéros qui suivent.

471 LES INTENDANTS. — La présentation classique de leurs pouvoirs se trouve chez C. Godard, *Les pouvoirs des intendants sous Louis XIV, particulièrement dans les pays d'élections* (1661-1715), Paris, 1901 ; ainsi que chez P. Ardascheff, *Les intendants de province sous Louis XVI,* t. 2, Paris, 1909. Viennent ensuite les grandes monographies consacrées à une intendance : M. Lhéritier, *Tourny (1695-1760),* Paris, 1920 ; H. Fréville, *L'intendance de Bretagne (1689-1790),* Rennes, 1953 ; G. Livet, *L'intendance d'Alsace sous Louis XIV (1648-1715),* Strasbourg, 1956 ; M. Bordes, *D'Étigny et l'administration de l'intendance d'Auch (1751-1767),* Auch, 1957 ; F.-X. Emmanuelli, *Pouvoir royal et vie régionale en Provence au déclin de la monarchie. Psychologie, pratique administrative, défrancisation de l'intendance d'Aix (1745-1790),* Lille, 1974. Cet auteur dénonce l'habituelle tendance à une surestimation du rôle joué par les intendants, et il a consacré un livre à ce thème : *Un mythe de l'absolutisme bourbonien : l'intendance, du milieu du XVIIe siècle à la fin du XVIIIe siècle,* Aix-en-Provence, 1981. Enfin, dernière en date des monographies d'intendance : J. Musset, *L'intendance de Caen. Structure, fonctionnement et administration sous l'intendant Esmangart (1775-1783),* 1985.

Le rôle des intendants semble avoir beaucoup dépendu de l'époque et du contexte politique : M. Bordes, Les intendants de province aux XVIIe et XVIIIe siècles, *IH*, 1968, p. 107-120 ; du même, Les intendants de Louis XV, *RH,* 1960, p. 45-62 ; du même, Les intendants éclairés de la fin de l'Ancien Régime, *RHES,* 1961, p. 57-83. On lira aussi V. R. Gruder, *The royal provincial intendants,* New York, 1968 ; M.-C. Kiener et J.-C. Peyronnet, *Quand Turgot régnait en Limousin,* Paris, 1969. Pour Paris, où les fonctions normalement dévolues à l'intendant sont exercées par le lieutenant de police, on consultera S. Pillorget, *Claude-Henri Feydeau de Marville, lieutenant général de police de Paris,* Paris, 1978 ; et aussi les importants articles de J.-L. Gay, cités au numéro qui suit.

En ce qui concerne la notion de police, qui est l'une des grandes missions de l'intendant : M. Boulet-Sautel, Police et administration en France à la fin de l'Ancien Régime, *Beihefte der Francia*, t. 9 : *Histoire comparée de l'administration*, Munich, 1980, p. 47-51. À propos des enquêtes économiques et statistiques effectuées par les intendants : J.-P. Brancourt, *L'intendance de Champagne à la fin du XVIIe siècle (Édition critique des mémoires « pour l'instruction du duc de Bourgogne »)*, Paris, 1983 ; L. Trénard, Les intendants et leurs enquêtes (d'après les travaux récents), *IH*, 1976. Pour les ateliers de charité : J.-L. Harouel, *Les ateliers de charité dans la province de Haute-Guyenne*, Paris, 1969. Sur l'action des intendants en matière d'embellissement des villes : J.-L. Harouel, *Le droit de la construction et de l'urbanisme dans la France du XVIIIe siècle*, thèse droit, Paris, 1974 (polygr.) ; du même, *L'embellissement des villes (L'urbanisme français au XVIIIe siècle)*, Paris, 1993 ; du même, *Histoire de l'urbanisme*, Paris, 1981 ; du même, L'urbanisme des intendants au siècle des Lumières : pour une juste appréciation de l'œuvre urbanistique de Turgot, in *Turgot, économiste et administrateur*, Paris, 1982, p. 251-262. Sur l'urbanisme au XVIIIe siècle dans un grand pays d'États : P. Bodineau, *L'urbanisme dans la Bourgogne des Lumières*, Dijon, 1987. Pour le droit des travaux publics : F. Monnier, *Les marchés de travaux publics dans la généralité de Paris au XVIIIe siècle*, Paris, 1984.

Jusqu'aux assemblées provinciales expérimentales de Necker, en 1778-1779, puis à la généralisation de cette institution par Brienne en 1787, c'est à l'intendant que revient de faire ouvrir des ateliers de charité – principalement des chantiers de travaux publics –, où les pauvres perçoivent un salaire assurant leur subsistance. Le financement de ces établissements est principalement assuré par une subvention royale – le « moins imposé », sommes non perçues par le Trésor et laissées à la disposition des intendants –, à laquelle doit s'ajouter une participation des communautés d'habitants ou des seigneurs concernés. J.-L. Harouel, *Les ateliers de charité..., op. cit.*, p. 1-35. Toujours en matière d'assistance, une autre responsabilité de l'intendant est de répartir chaque année dans sa généralité les médicaments qui lui sont adressés par le pouvoir royal en vue d'une distribution gratuite aux pauvres malades des campagnes. Et en cas d'épidémie, l'intendant doit organiser les soins en envoyant sur place médecins, chirurgiens, apothicaires, la dépense étant ensuite payée par l'administration. J. Imbert, art. cit., dans *La protection sociale sous la Révolution française*, p. 72-76.

Sur le rôle juridictionnel de l'intendant, notamment en matière de contentieux administratif, on consultera en premier lieu J.-L. Mestre, *Introduction historique au droit administratif français, op. cit.*, p. 189-203 et 221-223. Il indique une importante bibliographie, parmi laquelle on signalera, outre plusieurs ouvrages précités : J.-L. Mestre, *Un droit administratif à la fin de l'Ancien Régime : le contentieux des communautés de Provence*, Paris, 1976 ; R. Villers, *La justice retenue en France*, cours de doctorat, 1976 (polyc.) ; A. Farget, *Le pouvoir juridictionnel de l'intendant de Provence*, Aix, 1957 ; J.-L. Gay, Le rôle de l'intendant en Bourgogne dans le contentieux fiscal au XVIIIe siècle, dans *Actes du LXXXIVe Congrès national des sociétés savantes. Section d'histoire moderne et contemporaine*, 1959 (impr. 1960), p. 119-130.

Sur la question des subdélégués : J. Ricommard, Les subdélégués des intendants aux XVIIe et XVIIIe siècles, *IH*, 1963 ; L. Desgraves, Les subdélégations et les subdélégués de la généralité de Bordeaux au XVIIIe siècle, *AM*, t. 66, 1954.

Quant au crépuscule des intendances : J.-A. Tournerie, La fin de l'intendance de Tours, *ABPO*, t. 85, 1978, p. 401-438.

472 PROVINCES, VILLES ET VILLAGES. — En ce qui concerne les États provinciaux : F. Dumont, Les États français et les impôts, *Études sur l'histoire des assemblées d'États*, Paris, 1966, p. 211-222 ; du même, relativement au rôle de l'épiscopat dans les États, notamment en Languedoc, Les « prélats administrateurs » au XVIIIe siècle en

France, *Études d'histoire du droit canonique* dédiées à G. Le Bras, Paris, 1965, p. 513-521 ; E. Appolis, Les États de Languedoc au XVIIIe siècle. Comparaison avec les États de Bretagne, in *L'organisation corporative, du Moyen Âge à la fin de l'Ancien Régime,* Louvain, 1937 ; A. Rébillon, *Les États de Bretagne de 1661 à 1789,* Rennes, 1932 ; J.-M. Turlan, Le rôle des États de Bretagne en matière d'imposition, in *Études sur l'histoire des assemblées d'États, op. cit.,* p. 137-147 ; G. Pène, *Les attributions financières des États du pays et comté de Bigorre, aux XVIIe et XVIIIe siècles,* Bordeaux, 1962 ; F.-X. Emmanuelli, Pour une réhabilitation de l'histoire politique provinciale : l'exemple de l'Assemblée des communautés de Provence (1660-1786), *RHD,* 1981, p. 431-450. Ce dernier article montre que les États de Provence, bien que survivant sous une forme allégée, font preuve d'un réel dynamisme, surtout au XVIIIe siècle.

Pour les villes, on se reportera aux nombreuses monographies institutionnelles, telles que A. Dupuy, *Études sur l'administration municipale en Bretagne au XVIIIe siècle,* Paris-Rennes, 1891 ; E. Lamouzèle, *Essai sur l'administration de la ville de Toulouse à la fin de l'Ancien Régime,* Paris, 1910 ; E. Laurès, *La municipalité de Béziers à la fin de l'Ancien Régime,* Béziers, 1926 ; J.-M. Turlan, *La commune et le corps de ville de Sens (1146-1789),* Paris, 1942 ; R. Boutruche, *Bordeaux de 1743 à 1789,* Bordeaux, 1966 ; J. Maillard, *Le pouvoir municipal à Angers (de 1657 à 1789),* Angers, 1984. On lira aussi les contributions de J. Yver aux *Études sur l'administration municipale à Caen aux trois derniers siècles de l'Ancien Régime,* t. VI, VII et XII, Caen, 1931-1952. Sur l'administration de Paris, dans laquelle interviennent non seulement le bureau de ville mais encore bien d'autres instances (Parlement, lieutenant de police...), on consultera la grande série d'articles de J.-L. Gay. L'administration de la capitale entre 1770 et 1789. La tutelle de la royauté et ses limites, dans *Paris et Île-de-France,* t. 8 à 11, 1957-1960. Et sur le domaine municipal parisien : Y.-N. Genty, *Le domaine de la ville de Paris au XVIIIe siècle,* Paris, 1986. Par ailleurs, les Éditions Privat, de Toulouse, ont publié une très utile série historique concernant de nombreuses villes françaises. Par exemple : J. Meyer, *Histoire de Rennes,* Toulouse, 1972. Il y a aussi Bordeaux, Toulouse, Marseille, Toulon, Grenoble, Lyon, Nancy, Rouen, Brest, Angers, Nantes, Montpellier...

Sur les communautés d'habitants, voir A. Babeau, *Le village sous l'Ancien Régime,* Paris, 1878 ; *Les communautés rurales,* « Recueils de la société Jean Bodin », vol. XLIII, Paris, 1984 ; *Les communautés villageoises en Europe occidentale du Moyen Âge aux Temps modernes,* Auch 1984 ; J. Boyreau, *Le village en France au XVIIIe siècle,* Paris, thèse droit, 1955 ; P. de Saint-Jacob, *Documents relatifs* à *la communauté villageoise en Bourgogne du milieu du XVIIIe siècle à la Révolution,* Paris, 1962 ; J.-P. Gutton, *La sociabilité villageoise dans l'ancienne France,* Paris, 1979 ; M. Derlange, *Les communautés d'habitants en Provence au dernier siècle de l'Ancien Régime,* Toulouse, 1987 ; R.-B. Escoupérié, *Saillac en Quercy. La vie d'une petite communauté d'habitants pendant le dernier siècle de l'Ancien Régime,* Cahors, 1981. Et, concernant le village lotois de Douelle : J. Fourastié, *En Quercy : essai d'histoire démographique,* Cahors, 1986.

473 LA JUSTICE. — Sur la justice royale sous l'Ancien Régime, on interrogera toujours utilement la belle synthèse de A. Lebigre, *La justice du roi. La vie judiciaire dans l'ancienne France,* Paris, 1988. L'organisation de la justice et le monde judiciaire de l'Ancien Régime sont remarquablement présentés par J.-P. Royer, *Histoire de la justice en France,* Paris, 1995, p. 23-206. Pour les Parlements et Conseils souverains : F. Saulnier, *Le Parlement de Bretagne,* Rennes, 1908 ; G.-M.-L. Pillot, *Histoire du Parlement de Flandres,* Douai, 1849-1850 ; M. Gresset, *Gens de justice* à *Besançon (1674-1789),* Paris, 1978 ; L. Wolff, *Le Parlement de Provence au XVIIIe siècle,* Aix, 1901 ; B. Schnapper, Les peines arbitraires du XVIIe au XVIIIe siècle (doctrines savantes et usages français), *TVR,* XLI (1973), p. 237-277, et XLII (1974), p. 81-112 ; G. Deteix, *Les arrêts de règlement du*

Parlement de Paris, Paris, 1930 ; P. Galibert, *Le Conseil souverain de Roussillon,* Perpignan, 1904 ; P. Sueur, *Le Conseil provincial d'Artois (1640-1790). Une cour provinciale à la recherche de sa souveraineté,* Arras, 1978-1982. Concernant le Grand Conseil : C. Trani, *Le Grand Conseil de Henri II à Henri IV (1547-1610),* thèse droit, Paris, 1969 (polygr.) ; F. Bluche, *Les magistrats du Grand Conseil au XVIIIe siècle,* Paris, 1966. La notion, jusqu'ici très mal connue d'arrêts de règlement, la place de ceux-ci au sein de la législation royale et le rôle du parquet général dans la procédure d'élaboration de la loi sont remarquablement mis en lumière par la magistrale thèse de P. Payen, *Les arrêts de règlement du Parlement de Paris au XVIIIe siècle,* thèse droit, Paris, 1993 (polygr.). Le procureur général joue, dans la préparation des arrêts du règlement, un rôle de même nature que lorsqu'il contribue à la préparation des textes proprement royaux. Et la loi en préparation peut aussi bien bifurquer vers l'arrêt de règlement que vers le texte royal. La première moitié de la thèse de P. Payen est parue sous le titre : *Les arrêts de règlement du Parlement de Paris au XVIIIe siècle. Dimension et doctrine,* Paris, 1997. Et la seconde partie sous le titre : *La physiologie de l'arrêt de règlement du Parlement de Paris au XVIIIe siècle,* Paris, 1999.

Sur les Bureaux des finances : F. Dumont, *Le Bureau des finances de la généralité de Moulins,* Moulins, 1933 ; G. Delaume, *Le Bureau des finances de la généralité de Paris,* Paris, 1959 ; J. Vanier, *Essai sur le Bureau des finances de la généralité de Rouen,* Rouen, 1927 ; J.-P. Charmeil, *Les trésoriers de France* à *l'époque de la Fronde,* Paris, 1961 ; J. Thomas-Collignon, L'échec d'une institution : les trésoriers généraux de France, *MSHDB,* t. 23, 1962.

Quant aux présidiaux, bailliages et sénéchaussées : E. Everat, *La sénéchaussée d'Auvergne et siège présidial de Riom au XVIIIe siècle,* Paris, 1885 ; J.-A. Tournerie, *Recherches sur la crise judiciaire en province à la fin de l'Ancien Régime : le présidial de Tours de 1740 à 1790,* Tours, 1975.

À propos de la justice prévôtale : J. Lorgnier et R. Martinage, Procédure criminelle et répression devant la maréchaussée de Flandres (1679-1790), *RHD,* 1981, p. 183-197.

Concernant les justices seigneuriales et municipales : P. Villard, *Les justices seigneuriales de la Marche,* Paris, 1969 ; J.-H. Bataillon, *Les justices seigneuriales du bailliage de Pontoise à la fin de l'Ancien Régime,* Paris, 1942 ; G. Sautel, *Une juridiction municipale de police sous l'Ancien Régime. Le bureau de police d'Aix-en-Provence,* Paris, 1946.

Sur les juridictions consulaires : J.-L. Lafon, *Les députés du commerce et l'ordonnance de mars 1673 : les juridictions consulaires, principes et compétences,* Paris, 1979.

Pour ce qui est des avocats, la patrimonialité des offices semble avoir provoqué, au tournant du XVIIe et du XVIIIe siècle, un net déclassement professionnel et social. C'est ce qu'affirme Loisel en 1602. Les avocats se sont vu fermer l'accès aux grands offices judiciaires, auxquels les plus brillants d'entre eux (tels Lizet ou de Thou) accédaient jusqu'au milieu du XVIe siècle. Et dès lors que les officiers ont parallèlement évincé les avocats de la direction, très rémunératrice, des conseils gérant les affaires des grandes maisons nobles, il n'est plus question de « faire fortune au barreau au début du XVIIe siècle ». Ce qui empêche les avocats de se porter acquéreurs des charges judiciaires les plus élevées. D'où la formation d'une « barrière sociale et psychologique » entre barreau et haute magistrature : J.-L. Thireau, Lumières et ombres de la profession d'avocat au tournant des XVIe et XVIIe siècles d'après le *Dialogue des avocats au Parlement de Paris,* dans *Revue de la soc. intern. d'hist. de la prof. d'avocat,* n° 5, 1993, p. 51-67. Fossé qui est destiné à se perpétuer dans une grande mesure, même si des avocats au Parlement de Paris de la seconde moitié du XVIIIe siècle comme Target (opposant irréductible à Maupeou, et qui en 1787 est souvent invité à « dîner » chez Breteuil) ou Élie de Beaumont (propriétaire du splendide château de Canon) appartiennent à la haute société, si Auzanet devient conseiller d'État, Muyart de Vouglans membre du Parlement Maupeou et Augeard secrétaire du

Sceau. Et même si, au XVIIIe siècle, les ouvrages des avocats garnissent les bibliothèques juridiques. J. Hudault, *Jean-Baptiste Target...,* thèse polygr., Paris, 1970 ; C. Chêne, La place des professionnels dans la formation des juristes aux XVIIe et XVIIIe siècles, dans *AHFD,* 1985, 2, p. 51-62 ; J.-L. Gazzaniga, Quand les avocats formaient les juristes et la doctrine, dans *Droits,* 20, 1994, p. 31-41.

474 LA PERSISTANCE D'UNE ADMINISTRATION JUDICIAIRE. — Le procureur général auprès de chaque Parlement se trouve à la tête d'une véritable administration judiciaire. Celle-ci comprend d'abord l'équipe qui entoure le chef du parquet et travaille directement sous ses ordres. Ce sont les bureaux du procureur général, composés de plusieurs substituts aidés de quelques secrétaires et commis. Les agents locaux de cette administration judiciaire sont les procureurs du roi des bailliages et sénéchaussées ainsi que les procureurs fiscaux des justices seigneuriales du ressort. Ils sont les substituts en province du procureur général, qui exige d'eux une réponse ponctuelle à ses lettres et une stricte obéissance à ses ordres. C'est là une administration importante et active, qui traite les matières demeurées de la compétence des Parlements, ou à eux attribuées par un texte récent. En particulier, c'est cette administration judiciaire dirigée par le procureur général qui a mis en œuvre la politique de déplacement des cimetières insalubres ordonnée par la déclaration royale du 10 mars 1776 (J. Thibaut-Payen, *Les morts, l'Église et l'État dans le ressort du Parlement de Paris aux XVIIe et XVIIIe siècles,* Paris, 1977).

475 LES FINANCES. — Pour une présentation d'ensemble : R. Besnier, *Les institutions financières de la France de l'Ancien Régime,* cours de doctorat, Paris, 1952, polyc. ; J. Meyer, *Le poids de l'État, op. cit.,* à la lumière duquel il faut très largement repenser le vieil ouvrage de M. Marion, *Histoire financière de la France,* t. 1 : *1715-1789,* Paris, 1914.

Sur la politique financière et le budget : A. Guerry, Les finances de la monarchie française sous l'Ancien Régime, *AESC,* 1978, p. 216-239 ; M. Morineau, Budgets de l'État et gestion des finances royales en France au XVIIIe siècle, *RH,* t. CCLIV, p. 289-336 ; D. Buisseret, Sully..., *op. cit.* (sur le redressement financier de Sully) ; R. Villers, Colbert et les finances publiques..., in *Un nouveau Colbert, op. cit.,* p. 177-187 , G. Antonetti, Colbert et le crédit public, *ibid.,* p. 189-210 ; J. Villain, Colbert et la Chambre des comptes de Paris, dans *RHD,* 1987, p. 205-235 ; E. Faure, *La banqueroute de Law,* Paris, 1977 ; F. Braesch, *Finances et monnaie révolutionnaires (recherches, études et documents). Les recettes et les dépenses du Trésor pendant l'année 1789. Le compte rendu au roi. Le dernier budget de l'Ancien Régime,* Paris, 1936.

En ce qui concerne les financiers et les banquiers : J. Bouvier et H. Germain-Martin, *Finances et financiers de l'Ancien Régime,* Paris, 1964 ; D. Dessert, *Argent, pouvoir et société..., op. cit.* (pour le XVIIe siècle) ; A. Chauleur, Le rôle des traitants dans l'administration financière de la France (1643-1652), *XVIIe siècle,* 65, 1964, p. 16-49 ; Y. Durand, *Les fermiers généraux au XVIIIe siècle,* Paris, 1971 ; G. Chaussinand-Nogaret, *Gens de finance au XVIIIe siècle,* Paris, 1972 ; du même, *Les financiers de Languedoc au XVIIIe siècle,* Paris, 1970 ; H. Legohérel, *Les trésoriers généraux de la marine (1517-1788),* Paris, 1965 ; J. Bouchary, *Les manieurs d'argent à Paris à la fin du XVIIIe siècle,* Paris, 1939-1943 ; H. Luthy, *La banque protestante en France de la révocation de l'édit de Nantes à la Révolution,* Paris, 1959-1961 ; G. Antonetti, *Une maison de banque à Paris au XVIIIe siècle : Greffuhle, Montz et Cie,* Paris, 1963.

Relativement à la fiscalité : F. Hincker, *Les Français devant l'impôt sous l'Ancien Régime,* Paris, 1971 ; Y. Thomas, *Essai sur le consentement à l'impôt aux derniers siècles de l'Ancien Régime (XVe-XVIIIe siècle),* thèse droit, Paris, 1974, polygr. ; M. Marion, *Les impôts directs sous l'Ancien Régime, principalement au XVIIIe siècle,* Paris, 1910 ; J. Villain,

Le recouvrement des impôts directs sous l'Ancien Régime, Paris, 1952 ; S. Mitard, *La crise financière en France à la fin du XVIIe siècle. La première capitation (1695-1698),* Rennes, 1934 ; M. Touzery, *L'invention de l'impôt sur le revenu. La taille tarifée (1715-1789),* Paris, 1994 ; E.-P. Beaulieu, *Les gabelles sous Louis XIV,* réimpr., Genève, 1974 ; J. Pasquier, *L'impôt des gabelles en France aux XVIIe et XVIIIe siècles,* 1905 ; G. Matthews, *The General Farms in XVIIIth Century France,* New York, 1958 ; P. Roux, *Les fermes d'impôt sous l'Ancien Régime,* 1916 ; A. Logette, La Régie générale au temps de Necker et de ses successeurs, *RHD,* 1982, p. 415-445 (sur les progrès de la régie à la fin de l'Ancien Régime) ; P. C. Hartmann, *Das Steursystem der europaïschen Staaten am Ende des Ancien Régime,* Munich, 1979, t. I (comparaison des systèmes fiscaux européens, d'après l'enquête de Moreau de Beaumont).

476 L'ARMÉE ET LA MARINE. — On partira des deux premiers tomes de *l'Histoire militaire de la France,* dir. A. Corvisier, Paris, 1992.

Sur l'armée : L. André, *Michel Le Tellier et l'organisation de l'armée monarchique,* Paris, 1906 ; du même, *Michel Le Tellier et Louvois,* Paris, 1943 ; A. Corvisier, *L'armée française de la fin du XVIIe siècle au ministère de Choiseul. Le soldat,* Paris, 1964 ; du même, *Les hommes, la guerre et la mort,* Paris, 1985 ; G. Girard, *Racolage et milice,* Paris, 1922 ; « Les armées françaises aux XVIIe et XVIIIe siècles », numéro de la *RHA,* 1986, 1. À propos des officiers : A. Corvisier, Les généraux de Louis XIV et leur origine sociale, *XVIIe siècle,* 1959, p. 23-53 ; E.-G. Léonard, *L'armée et ses problèmes au XVIIIe siècle,* Paris, 1958 (met en évidence le conflit entre la noblesse d'épée pauvre ou de fortune médiocre et la noblesse de cour ainsi que la noblesse « financière » récente et riche) ; D. Bien, La réaction aristocratique avant 1789 : l'exemple de l'armée, *AESC,* 1974, p. 23-48 et 505-534 (la politique de fermeture de l'armée à la partie récente de la noblesse).

La fin de l'Ancien Régime est marquée par des efforts de réorganisation administrative de l'armée : réformes du comte de Saint-Germain (1775-1776) ; réformes de 1787-1788, qui traduisent les idées d'un théoricien militaire renommé, le comte de Guibert. Sous son impulsion est notamment créé, en octobre 1787, un Conseil de la guerre, chargé de préparer la réorganisation de l'armée. Au cours de ces réformes souffle un vent d'économies qui provoque la disparition d'une bonne partie des corps d'élite de la Maison du roi. En 1775, les mousquetaires sont imprudemment supprimés. En 1788, c'est au tour du plus ancien corps de cavalerie de la monarchie, les huit compagnies de gendarmes d'ordonnance (J.-C. Devos et P. Waksman, Les compagnies d'ordonnance de la guerre de Sept Ans à leur dissolution (1788), *RHMC,* 1973, p. 37-53).

Pour la marine : P. Masson, *Histoire de la marine,* t. 1, Paris, 1981. En ce qui concerne les officiers : M. Vergé-Franceschi, Les officiers de la marine royale au XVIIIe siècle, *BSHM,* 1979 ; V. Barol, Rouges et bleus dans la marine de l'Ancien Régime, *IH,* 1953 ; J. Aman, *Les officiers bleus dans la marine française au XVIIIe siècle,* Genève, 1976. Ce dernier ouvrage éclaire d'une manière qui semble définitive la question des officiers bleus. Formant le petit corps, ils doivent être distingués des officiers de la marine royale, qui constituent le grand corps, et dont les épaulettes sont rouges. Exerçant des fonctions précaires et temporaires, les officiers bleus ne sont pas nommés par brevet royal, mais par le commandant du port d'armement du navire. Ils servent essentiellement sur des bateaux légers. Généralement, ils appartiennent à des familles bourgeoises ou à la noblesse peu fortunée. En cas de services satisfaisants, ils peuvent être intégrés dans le corps de la marine royale. À partir de 1778, la notion d'officier bleu fait place à celle d'officier auxiliaire. Et, en 1786, les volontaires se voient reconnaître, au bout de six ans de navigation, l'accès au grade de sous-lieutenant de vaisseau, créé à leur intention. La politique suivie par la royauté visait donc à un élargissement du recrutement du corps des officiers.

Financés directement par le gouvernement, les hôpitaux militaires – ils sont soixante-dix en 1784 – représentent l'institution hospitalière de loin la plus moderne de l'Ancien Régime. Admettant exclusivement des militaires blessés ou malades, soignés par un personnel compétent et attentif aux conditions d'hygiène, pratiquant une spécialisation des salles selon les différentes formes de maladies, les hôpitaux de l'armée comme de la marine constituent une préfiguration de nos hôpitaux contemporains. Lorsque leur capacité d'accueil se trouve dépassée, les malades ou blessés en surnombre sont dirigés vers les hôpitaux civils, qui perçoivent alors une somme forfaitaire pour chaque jour de militaire hospitalisé : c'est la première apparition du « prix de journée ». J. Imbert, art. cit., dans *La protection sociale sous la Révolution française,* p. 35-37 ; et du même auteur : *Le droit hospitalier de l'Ancien Régime, op. cit.,* p. 163-168.

477 L'ÉTAT MONARCHIQUE, L'ÉGLISE ET LES QUESTIONS RELIGIEUSES. — Quant aux finances du clergé et à sa participation fiscale : A. Cans, *L'organisation financière du clergé de France à l'époque de Louis XIV,* Paris, 1909 ; P. Blet, *Le clergé de France et la monarchie : Étude sur les assemblées du clergé de 1615 à 1666,* Rome, 1959 ; du même, *Les assemblées du clergé et Louis XIV de 1670 à 1693,* Rome, 1972 ; G. Lepointe, *L'organisation et la politique financière du clergé de France sous le règne de Louis XV,* Paris, 1924 ; M. Claverie, *Le rapport des agents généraux du clergé de France à l'assemblée de 1765,* Paris, 1976 ; E. Besnier, *Les agents généraux du clergé de France, spécialement de 1780 à 1789,* Paris, 1939 ; C. Michaud, *L'Église et l'argent sous l'Ancien Régime. Les receveurs généraux du clergé,* Paris, 1991 ; et, du même : La participation du clergé de France aux dépenses de la monarchie à la fin de l'Ancien Régime, dans *État, finances et économie pendant la Révolution française,* Paris, 1991, p. 3 et s. Sur les suppressions d'ordres et de maisons religieuses provoquées par la Commission des réguliers : S. Lemaire, *La Commission des réguliers, op. cit.* ; P. Chevallier, *Loménie de Brienne et l'ordre monastique (1766-1789),* Paris, 1959-1960. Concernant le clergé paroissial : G. Le Bras, *L'Église et le village,* Paris, 1976 ; M. Vernus, *Le presbytère et la chaumière. Curés et villageois dans l'ancienne France (XVIIe-XVIIIe),* Rioz, 1986 ; R. Simon-Sandras, *Les curés à la fin de l'Ancien Régime,* Paris, 1988. Et, sur le rôle des curés en matière d'état civil, voir aussi : C. Dugas de La Boissonny, *L'état civil,* Paris, 1987. Pour la question des réparations des églises et des presbytères : J.-C. Bardet, *Le contentieux de la réparation des églises d'après les dossiers du contrôle général des finances... (1770-1790),* thèse droit, Paris, 1982 (polygr.). Sur la qualité du clergé : P. Broutin, *La réforme pastorale en France au XVIIe siècle,* Paris, 1956. À propos des conflits politiques suscités par le gallicanisme et le jansénisme : V. Martin, *Le gallicanisme et le clergé de France,* Paris, 1928 ; A.-G. Martimort, *Le gallicanisme,* Paris, 1973 ; R. Taveneaux, *Jansénisme et politique,* Paris, 1968 ; G. Hardy, *Le cardinal de Fleury et le mouvement janséniste,* Paris, 1925 ; L. Coignet, *Le jansénisme,* Paris, 1991 (6e éd.). Le rôle du jansénisme dans la marche à la Révolution a été remarquablement mis en évidence par C. Maire, *De la cause de Dieu à la cause de la Nation. Le jansénisme au XVIIIe siècle,* Paris, 1998.

Sur la réforme, envisagée dans les divers pays d'Europe : P. Chaunu (dir.), *L'aventure de la Réforme,* Paris, 1986. En ce qui concerne la France : E.-G. Léonard, *Histoire générale du protestantisme ;* B. Faurey, *La monarchie française et le protestantisme,* Paris, 1923 ; C. Bost, *Histoire des protestants de France,* Paris, 1971. Pour l'application de l'édit de Nantes au début du XVIIe siècle : F. Garrisson, *Essai sur les commissions d'application de l'édit de Nantes (règne de Henri IV),* Montpellier, 1954. Relativement à la montée de l'intolérance et à la révocation : J. Garrisson, *L'édit de Nantes et sa révocation, op. cit. ;* E. Labrousse, *La révocation de l'édit de Nantes,* Paris, 1985. Du même auteur, sur les réactions protestantes : *L'avertissement aux protestants des provinces (1684),* Paris, 1986. Et pour la révolte de 1702 : P. Joutard, *Les Camisards,* Paris, 1976.

Relativement au protestantisme durant le XVIIIe siècle, voir *Dix-huitième siècle,* 1985, n° 17 (« Le protestantisme français en France ») ; J. Dedieu, *Histoire politique des protestants français (1715-1794),* Paris, 1925 ; C. Bergeral, *Protestantisme et tolérance en France au XVIIIe siècle,* Paris, 1988. Pour une synthèse sur la persécution et la tolérance croissante au XVIIIe siècle, sur le rôle de Malesherbes et l'édit de 1787, J.-L. Harouel, L'édit de tolérance (1787), dans *Malesherbes. Actes du colloque,* C. Goyard (dir.), Paris, 1995, p. 109-141. Voir aussi, sur la situation des réformés : J. Imbert, L'hospitalisation des protestants sous l'Ancien Régime, *BSHPF,* avril-mai-juin 1985, t. CXXXI-2, p. 173-187.

En ce qui concerne les juifs : *Histoire des juifs en France,* Toulouse, 1972 ; R. Anchel, *Les Juifs de France,* Paris, 1946 ; M. Roblin, *Les Juifs de Paris,* Paris, 1952 ; R. Moulinas, *Les Juifs du pape en France. Les communautés d'Avignon et du comtat Venaissin aux XVIIe et XVIIIe siècles,* Toulouse, 1981. Sur la juridiction de la communauté juive messine à l'égard de ses membres, garantie par la royauté mais combattue par le Parlement durant une grande partie du XVIIIe siècle : F. Malino, Competition and confrontation : The Jews and the Parlement of Metz, dans *Les juifs au regard de l'histoire (Mélanges en l'honneur de Bernhard Blumenkranz),* Paris, 1985, p. 327-341. Sur l'activité économique de la communauté juive bayonnaise et son intégration à travers ses investissements (ainsi dans la grande aventure bayonnaise de la pêche à la morue) et ses relations commerciales (qui s'étendent à travers la France) : A. Zink, L'activité des juifs de Bayonne dans la seconde moitié du XVIIe siècle, dans *L'exode des juifs d'Espagne vers Bayonne* (Actes du colloque de 1992), Bayonne, 1993, p. 85-107. Cette communauté est l'objet, au XVIIIe siècle, de certaines tracasseries de la part des pouvoirs et groupes locaux, mais qui sont efficacement mises en échec par la protection de l'administration royale (ministres, intendants, subdélégués) : P. Hourmat, Les difficultés de vivre ensemble des juifs de Saint-Esprit-lès-Bayonne au XVIIIe siècle, *ibid.,* p. 109-132. Concernant les juifs toulousains durant la seconde moitié du XVIIe siècle, et le mythe d'un autodafé de huit « marchands portugais » brûlés vifs à Toulouse en 1685, voir : R.-B. Escoupérié, Les marchands portugais à Toulouse dans la deuxième moitié du XVIIe siècle, dans *Cercles généalogiques de Languedoc,* n° 60, 3e trimestre 1993 ; Les marchands portugais à Toulouse à la fin du XVIIe siècle : drame ou mélodrame ?, dans *AUTA,* juin 1991. Pour une synthèse sur la situation des Juifs à la fin de l'Ancien Régime et la mission confiée par Louis XVI à Malesherbes à leur sujet, R. Badinter, Malesherbes et les Juifs, dans *Malesherbes. Actes du colloque,* p. 143-155.

Chapitre 4

De l'Ancien Régime à la Révolution

478 UNE RÉVOLUTION PARADOXALE. — Étrangement, la Révolution française, faite au nom de la liberté et de l'égalité, frappe celui parmi les grands pays d'Europe continentale qui était le plus égal et le plus libre. De même, invoquant le nouveau contre l'ancien, elle éclate, curieusement, dans un pays moderne et en plein essor.

Le règne de Louis XVI est marqué par de très importantes réformes libérales (abolition de la question, état civil des protestants, décentralisation...), qui ont accru la liberté des Français. Sous l'Ancien Régime, la paysannerie est libre dans son immense majorité[1]. Et elle comporte au surplus une proportion considérable de propriétaires. Par ailleurs, grâce notamment aux efforts d'instruction de l'Église, le peuple de France est largement alphabétisé : en 1788, la moitié des hommes et près du tiers des femmes sont capables de signer leur acte de mariage. La France de la seconde moitié du XVIIIe siècle est un pays qui progresse rapidement dans tous les domaines (transports...), qui a fondé ses premières grandes

1. Louis XVI a affranchi gratuitement les rares serfs qui existaient encore sur les terres faisant partie du domaine royal (1779). Un servage seigneurial demeure toutefois dans certaines régions (Franche-Comté, Bourgogne...). La qualité juridique de serf n'y est cependant pas incompatible avec la richesse et l'appartenance sociale à la bourgeoisie. On peut au surplus se libérer du servage en désavouant son seigneur et en quittant la seigneurie (après 1779, le simple départ suffit). Mais cela oblige à abandonner les biens que l'on y possède, et donc à choisir entre la liberté et la terre. Néanmoins, à l'échelle du royaume, ce servage n'est qu'un phénomène résiduel, qu'il eût été aisé à une royauté plus forte et plus libre de ses mouvements de faire disparaître rapidement.

écoles, qui développe des techniques de pointe (Le Creusot est la plus belle entreprise d'Europe, dont l'Angleterre elle-même n'a pas l'équivalent). Le royaume de Louis XVI est la seconde puissance industrielle d'Europe. Venant immédiatement après l'Angleterre, il travaille activement à la rattraper. La France d'avant la Révolution est un « pays pilote » (F. Bluche).

La Révolution n'a pas éclaté en France à cause de la tyrannie mais au contraire de la faiblesse royale. Elle ne résulte pas d'inégalités sociales d'une ampleur exceptionnelle, mais du fait que la France était déjà par ses mœurs « la nation la plus véritablement démocratique de l'Europe » (Tocqueville).

479 UNE RÉVOLUTION ÉVITABLE. — La Révolution n'avait rien de fatal. Avec un peu de chance, la France aurait sans doute pu en faire l'économie. Une multitude de facteurs ont contribué à son déclenchement, dont le moins déterminant ne fut pas le caractère de Louis XVI. Excellent homme mais pauvre roi, il a été bien injustement qualifié de tyran par ses sujets révoltés, car son règne fut en réalité celui de la bienveillance alliée à la faiblesse. Ont également joué le traité de libre-échange de 1786, fauteur de chômage dans le textile, ainsi que la récolte catastrophique de 1788 (due au climat), qui a fait flamber les prix des grains et du pain au printemps et au début de l'été de 1789.

Mais, par-delà ces éléments conjoncturels, la Révolution découle également de facteurs structurels. Ainsi, la France de la seconde moitié du XVIIIe siècle est soumise à une extrême pression démographique. Celle-ci contribue à aviver les tensions d'une société en voie de désintégration. Elles sont également accrues par le climat intellectuel des Lumières, qui constitue assurément la cause majeure de la Révolution. Elle s'est faite dans les esprits avant de se faire dans la rue. Peut-être la monarchie eût-elle été capable de réagir victorieusement et de s'adapter, si elle n'avait été rongée par le mortel cancer de l'opposition insensée des cours souveraines. Aussi bien, tel ne fut pas le cas. Frappée d'une maladie de la volonté, la royauté va de réforme abandonnée en réforme avortée, et perd de plus en plus le contrôle du royaume : l'Ancien Régime agonise.

Section I
Un pays en état d'extrême pression démographique

480 LA FLAGELLATION DU NOMBRE. — Cette formule de Fernand Braudel résume bien la situation démographique de l'Ancien Régime. La France est dans l'ensemble surpeuplée, eu égard aux possibilités de production alimentaire résultant de l'état des techniques agricoles et de la superficie des terres cultivables. D'où une grande faiblesse des niveaux de vie populaires, le chiffre de la population déterminant les rations alimentaires. La démographie se heurte donc au plafond des subsistances. Et, quand s'y ajoute une épidémie, on assiste à l'élimination brutale des êtres en surnombre. La plupart des grandes mortalités de l'Ancien Régime apparaissent comme l'effet d'une poussée de surpopulation caractérisée[1]. Ainsi les deux terribles mortalités de 1693 et 1709, qui firent chacune disparaître près du dixième de la population[2].

481 LA FIN DES GRANDES MORTALITÉS ET L'ENGORGEMENT DÉMOGRAPHIQUE DE LA SECONDE MOITIÉ DU XVIIIe SIÈCLE. — Après la grande famine de 1709, la croissance démographique avait repris, et la population française atteignait 24,6 millions d'habitants lorsque intervint, en 1740, la dernière grande mortalité de l'Ancien Régime. Puis le mouvement ascendant recommença, sans être brisé

1. Il importe toutefois de ne pas oublier le rôle de la peste, fléau redoutable, qui fit 2 millions de victimes lors de la grande épidémie de 1628-1632. Plusieurs autres poussées se succédèrent jusqu'en 1670, où la peste disparut définitivement de France (hormis un épisodique retour en Provence en 1720). La cause principale de cette élimination est la technique de la ligne (*i.e.* des cordons sanitaires). Introduite en France par Colbert, elle consiste à utiliser l'armée pour isoler les zones touchées par la peste et empêcher sa diffusion. Cette éradication de la peste fut une « grande victoire de l'Europe classique » (P. Chaunu).
2. Partie de 18 ou 20 millions d'habitants au début du XVIIe siècle, la population de la France (calculée dans le cadre des frontières actuelles) parvient vers 1690, après plusieurs poussées brisées par des mortalités, au chiffre jamais atteint de 21,5 millions d'habitants. Or le moment est peu favorable. Le règne de Louis XIV coïncide avec une période très froide, que l'on a qualifiée de véritable petit âge glaciaire. Les capacités de production agricole s'en ressentent. Des récoltes céréalières particulièrement catastrophiques provoquent en 1693-1694 une grande mortalité, au cours de laquelle périssent 2 millions de victimes. Mais la croissance démographique reprend aussitôt. La France compte 22 millions d'habitants en 1708. Et, sous l'effet du terrible hiver de 1709, la surpopulation tourne à nouveau à la catastrophe (1,4 million de morts).

cette fois par aucune catastrophe démographique, pour arriver au chiffre de 28 millions d'habitants en 1789. La France commence donc à échapper aux cruels déterminismes démographiques de l'humanité traditionnelle. Les possibilités alimentaires se trouvent un peu améliorées grâce à un réchauffement du climat et à certains progrès agricoles. Si bien que la mort amorce un recul, du moins sous sa forme de cataclysme démographique. Mais le résultat est que la tension démographique va se trouver encore plus forte. Car des millions d'êtres, qui un demi-siècle plus tôt eussent été fauchés par une grande mortalité, demeurent en vie, sans que pour autant les capacités d'absorption de l'économie et de la société soient réellement accrues. De sorte que la masse immense des jeunes gens se heurte au fait que toutes les places sont occupées par des aînés qui, eux aussi, ont mieux résisté à la mort. La présence de cette jeunesse pléthorique n'ayant accès ni au patrimoine ni aux places provoque de nombreux effets pervers : montée du célibat, explosion des naissances illégitimes, esprit d'indiscipline, remontée de la criminalité, multiplication du nombre des mendiants et des vagabonds... À tous les niveaux de la société, la jeunesse a du mal à se faire une place. C'est vrai aussi bien dans les campagnes ou chez les artisans que dans les bureaux ministériels, dans le monde judiciaire ou dans la littérature. Il en résulte une ambiance propice à une explosion révolutionnaire. Et on peut se demander si celle-ci n'a pas constitué le substitut d'une grande mortalité, en faisant brusquement tomber la pression démographique française. Car, outre les victimes civiles, les guerres de la Révolution ont fait un demi-million de morts, et celles de l'Empire le double. Soit une saignée humaine d'une ampleur comparable à celle de 1709.

Section II
Le climat social des décennies prérévolutionnaires

482 LES TENSIONS DE LA SOCIÉTÉ. — Dans la seconde moitié du XVIIIe siècle, elles sont fortes à tous les niveaux, et traversent les différentes catégories sociales au moins autant qu'elles ne les opposent.

1) *La paysannerie.* — Du fait de la meilleure sécurité intérieure due aux efforts de la royauté, les paysans ne voient plus dans le seigneur un protecteur. En conséquence, ils contestent l'impôt seigneurial. Et leur hostilité s'étend à l'ensemble des droits exigibles par le seigneur. Globalement qualifiés de « droits féodaux », ils sont ressentis comme intolérables. Ce qui est paradoxal, car, à cette époque, le poids de la « féodalité » était surtout moral. La cause profonde du mécontentement paysan semble avoir été un « embourgeoisement de la seigneurie » (A. Cobban), doublé de la montée d'un capitalisme agricole. Élite de la paysannerie, des familles de bourgeois ruraux prennent à ferme l'exploitation des terres du seigneur et le recouvrement de ses revenus, en s'efforçant d'en tirer un maximum de profit. D'où des tensions au sein d'un monde paysan très hiérarchisé. Mais la rancœur va surtout vers le seigneur et le clergé, qui ont joué le rôle de bouc émissaire. Représentant localement l'autorité, ils focalisent sur eux la colère provoquée par l'amorce d'une transformation économique des campagnes, dans un contexte d'extrême surpeuplement.

2) *Le petit peuple urbain.* — Lui aussi est profondément divers et fortement hiérarchisé. Son importance numérique augmente considérablement au XVIIIe siècle, du fait de la croissance des villes. De 1725 à 1789, la population urbaine augmente de 42 %, passant de 3,7 à 5,3 millions d'habitants (contre + 15 % pour la population rurale). Ce phénomène s'explique essentiellement par une importante immigration en provenance des campagnes, qui ont déversé sur les villes une bonne partie de leur surcroît humain. Beaucoup de ces immigrants sont devenus domestiques. Un bon nombre d'autres ont bénéficié de la croissance de la production artisanale et industrielle, qui leur a procuré des emplois de compagnon ou d'ouvrier. Mais d'autres n'ont pas réussi à trouver d'emploi stable, voire n'en ont pas cherché. Vivant de la mendicité et/ou du vol, ils sont venus grossir les « classes dangereuses » urbaines.

Le petit peuple urbain, et surtout ses catégories les plus humbles, particulièrement lorsqu'il s'agit d'immigrés, est caractérisé par une surdélinquance : vol, violence... S'y ajoutent bien des désordres collectifs troublant gravement l'ordre public : classiques émeutes provoquées par la cherté des grains, fêtes dégénérant en frondes contre l'autorité, émotions populaires suscitées par des déplacements de cimetières, grèves et parfois émeutes ouvrières (notamment à Lyon en 1786, et à Paris en avril 1789, avec la mise à sac de la fabrique Réveillon). L'anticapitalisme du peuple urbain rejoignait donc celui des ruraux. Au total, la présence dans les villes de masses pauvres beaucoup plus nombreuses, et gagnées par « une mentalité contestataire et insolente » (N. Castan), a constitué une circonstance favorable au déclenchement de la Révolution.

3) *La bourgeoisie.* — Composée de nombreuses strates, elle est profondément intégrée à l'Ancien Régime et n'a aucune raison de le remettre en cause. D'ailleurs, l'accès à la noblesse des couches supérieures du tiers état reste parfaitement ouvert (anoblissements par lettres royaux, par l'acquisition de certains offices, voire agrégation à la noblesse par longue patience, ou même par usurpation). À travers le XVIIIe siècle, selon G. Chaussinand-Nogaret, 6 500 familles seraient entrées dans le second ordre grâce à un anoblissement par charge ou par lettres (soit le quart des familles nobles présentes en 1789). Cependant, dans les dernières décennies de l'Ancien Régime, le rythme des accessions à la noblesse semble avoir été ressenti comme trop lent « eu égard au rythme de croissance des fortunes et des ambitions bourgeoises », d'autant que « la demande est stimulée aussi par l'arrivée à l'âge d'homme de l'énorme génération 1750-1770 » (F. Furet). D'où une frustration de la bourgeoisie « à talents », qui se percevra comme l'aristocratie du tiers état et sera tentée de se poser en rivale de la noblesse. D'ailleurs, les deux aristocraties coexistent au sein de la société des Lumières, cette société de l'élite cultivée que rassemblent la vie mondaine et les sociétés de pensée. Dans les salons, les grands écrivains roturiers sont adulés par la plus haute noblesse, et dans les académies de province ou dans les loges maçonniques, nobles et membres de l'élite bourgeoise se côtoient sur un pied d'égalité. Cette situation débouchera, à la veille de la Révolution, sur une revendication égalitaire pure et simple lancée à la noblesse par la bourgeoisie au nom de l'ensemble du tiers état. Il s'est donc produit « dans le sein de l'aristocratie une sorte de guerre civile dont la démocratie seule devait profiter » (Tocqueville).

4) *La noblesse.* — Jamais elle n'a été aussi brillante qu'au XVIIIe siècle. Elle demeure maîtresse d'un très important patrimoine foncier, où se met en place une agriculture progressive. Pratique-

ment tous les cadres de l'État sont nobles, ainsi qu'une bonne partie des grands écrivains des Lumières. Enfin la noblesse, y compris la plus ancienne, joue un rôle capital dans les grandes affaires commerciales (et notamment les entreprises maritimes) ainsi que dans le spectaculaire démarrage industriel de la fin de l'Ancien Régime. Et, pourtant, la noblesse souffre d'une profonde crise d'identité.

Il n'y a pas une mais des noblesses. Derrière l'unité officielle du second ordre, se dissimulent des réalités très variées. Pour appartenir à la noblesse appelée de race, il faut quatre degrés de noblesse (environ un siècle). Quant à la noblesse antérieure à 1400, ou noblesse d'ancienne extraction, elle seule bénéficie en principe des honneurs de la cour (qui consistent à être présenté au roi, à monter dans ses carrosses, et, pour les hommes seulement, à le suivre au moins une fois à la chasse). Cependant, si l'ancienneté de la noblesse constitue une écrasante supériorité, cela n'empêche pas de nombreuses familles de vieille noblesse de végéter dans de modestes manoirs, sans parler de la noblesse pauvre, qui vit comme les paysans, et même de la noblesse indigente. En effet, l'Antiquité de la race ne suffit pas à assurer la prééminence sociale. D'autres critères entrent en jeu, et en particulier la richesse, la culture, l'accès à la faveur royale. La possession de ces avantages permet à des nobles parfois très récents d'avoir les honneurs de la cour (avec dispense de preuves) et d'accéder aux plus hautes fonctions civiles et militaires.

On ne doit pas oublier que la noblesse de 1789 n'est pas, dans sa majorité, issue de la noblesse médiévale. Elle « est constituée majoritairement par les élites sécrétées par le tiers état au cours des XVIIe et XVIIIe siècles » (G. Chaussinand-Nogaret). Car le pouvoir royal ne s'est pas contenté de mettre au pas la noblesse, brisant le rôle politique des seigneurs et leur arrachant presque toutes leurs prérogatives de gouvernement local. Amplifiant brusquement un processus séculaire, l'État monarchique a constitué massivement une nouvelle noblesse en conférant la qualité de noble à l'élite de ses serviteurs roturiers. D'où un système d'élites concurrentes, dans lequel la noblesse récente s'est trouvée avantagée par sa richesse, qui lui permettait de donner à ses enfants éducation et culture. Tandis qu'une grande partie de la noblesse ancienne, insuffisamment riche pour pouvoir le faire, ne parvenait pas à s'imposer socialement. La noblesse de cour, qui monopolise les plus hauts grades, les charges de cour, les gouvernements, les évêchés, est au XVIIIe siècle extrêmement disparate. On y trouve, à côté des plus grands noms de l'armorial et de la haute noblesse militaire, une vieille noblesse de robe qui se considère comme l'égale de la noblesse d'épée, et puis une noblesse beaucoup plus récente, pouvant aller jusqu'à l'anobli (secrétaires d'État et leur descendance, conseillers d'État, intendants, parlementaires, financiers...). Il y a donc, en schématisant, deux noblesses. La première est une véritable classe dirigeante, qui rassemble les deux extrêmes du monde nobiliaire : le duc et pair, et l'anobli. La seconde est une petite et moyenne noblesse provinciale, généralement ancienne et souvent appauvrie, qui se trouve, tout comme la masse du tiers état, exclue de la société des élites, à laquelle appartient au contraire la bourgeoisie cultivée.

Aussi le grand conflit du XVIIIe siècle n'oppose-t-il pas le tiers état à la noblesse, mais bien celle-ci à elle-même. Noblesse contre noblesse ! Sentant son identité menacée par la montée des nouveaux nobles, et percevant la difficulté de justifier ses privilèges une fois quasiment disparu le pouvoir local des seigneurs, la noblesse plus ancienne se raidit et se cherche une définition protectrice. Elle croit la trouver dans le mythe d'une origine raciale particulière. Selon cette thèse, développée au début du XVIIIe siècle par Boulainvilliers, les nobles descendraient des conquérants francs, et le tiers état des Gallo-romains vaincus. Cette théorie implique une totale dévalorisation de l'anoblissement, incapable de créer de vrais nobles. Et elle justifie la revendication par la petite et moyenne noblesse d'épée d'un droit à la carrière d'officier, incluant l'accès aux plus hauts grades, qu'elle s'indigne de voir monopoliser par la noblesse de cour. Du fait de leur origine commune, tous les gentilshommes se valent, et le roi lui-même n'est que le premier des barons. Dans sa partie ancienne et relativement ancienne, la noblesse est donc paradoxalement porteuse d'une idéologie égalitaire qui se réclame de la tradition. À quoi la noblesse récente oppose une autre revendication égalitaire, en réclamant l'égalité avec le reste du second ordre au nom de l'individualisme et de la notion de mérite personnel. Et cette logique égalitaire sera reprise à son compte par le tiers état. À la veille de la Révolution, il va refuser l'existence même de la noblesse.

Par ailleurs, la noblesse a joué un rôle majeur dans l'affaiblissement du pouvoir royal. La Révolution est dans une large mesure son œuvre. Dès le règne de Louis XIV, s'amorce un mouvement nobiliaire de contestation de la monarchie absolue. Il émane d'un petit groupe de grands seigneurs proches du jeune duc de Bourgogne, et dont les principaux sont Fénelon et Saint-Simon. Presque au même moment, Boulainvilliers, renouant avec l'argumentation pseudo-historique des théoriciens monarchomaques, invoque un prétendu droit historique de la noblesse venant selon lui de l'antique constitution franque, à tempérer la royauté. Puis Montesquieu, admirateur lui aussi de l'époque franque, théorise la limitation de l'autorité royale par des contre-pouvoirs : contrôle des Parlements, privilèges et honneur de la noblesse... Enfin l'abbé de Mably, qui voit curieusement en Charlemagne une sorte de démocrate, croit pouvoir tirer des institutions franques une justification historique de la souveraineté nationale.

5) *Le clergé.* — Une grave fracture se dessine au sein du premier ordre. La cause ne doit pas en être recherchée dans le recrutement nobiliaire du haut clergé, qui est une constante, mais dans le fait que la part des nobles et de la bourgeoisie riche s'amenuise au XVIIIe siècle dans le clergé diocésain. Il se recrute alors majoritairement dans la moyenne et petite bourgeoisie et dans les couches aisées et moyennes de la paysannerie. D'un excellent niveau intellectuel et d'une haute qualité pastorale, ce clergé se montre en même temps fort contestataire envers ses évêques, et même remuant politiquement. Il reste en effet de sensibilité gallicane et plus qu'à demi janséniste. Et, surtout, il est influencé par une idéologie presbytérienne : le richérisme. Si bien que, dans les dernières décennies de l'Ancien Régime, se sont constituées de nombreuses assemblées de curés, qui se comportaient en véritables syndicats. Cette action collective du clergé paroissial va prendre, à la veille de la Révolution, une tournure résolument politique, en faveur des thèses du tiers état. À tel point que l'on a pu parler d'une « insurrection des curés ». De plus, lors des élections aux États généraux, bien des curés n'hésitèrent pas à se présenter contre des évêques, et les battirent. Enfin, en juin 1789, ce sont des curés qui, en rejoignant les députés du tiers, leur permirent de lancer la mécanique révolutionnaire. Cependant, la politique ecclésiastique de la Révolution, puis sa persécution du catholicisme étaient destinées à ressouder l'union du haut et du bas clergé. Ainsi, d'ailleurs, qu'à provoquer le rejet par l'Église de France de ses traditions gallicanes.

483 La désintégration de la société d'ordres. — Nous savons que la construction de l'État moderne par la monarchie s'est combinée avec le maintien des principes d'organisation sociale hérités des temps médiévaux. De sorte que la société d'Ancien Régime reste officiellement une société d'ordres et de corps. Et le pouvoir royal veille avec soin au respect des distinctions sociales traditionnelles. En particulier, il pourchasse les faux nobles – pour des motifs fiscaux il est vrai, et quitte à accorder moyennant finance leur réintégration dans l'ordre.

Cependant, dès la fin du XVIIe siècle, comme en témoigne le tarif de la capitation de 1695, cette organisation en ordres et en corps ne représente plus la véritable hiérarchie sociale de la France. Ce n'est plus qu'une hiérarchie mythique. La vraie hiérarchie sociale n'épouse pas les stratifications de la société d'ordres, mais traverse ceux-ci verticalement. En conséquence, l'on trouve des nobles à tous les niveaux de la société, depuis les princes du sang et les ducs et pairs, jusqu'aux gentilshommes servant comme simples soldats, qui figurent en vingt-deuxième classe du tarif, tout comme les manœuvres, palfreniers, servantes... En fait, la « véritable hiérarchie sociale de l'ancienne France » classe les individus en fonction de quatre critères qui sont, en ordre décroissant : « la *dignité* (par quoi un duc domine un petit noble, ou par quoi le maréchal de Catinat pourtant petit-fils d'anobli domine le plus noble des vieux lieutenants-colonels), le *pouvoir* (ce qui a engagé les rédacteurs du tarif à placer provisoirement les fermiers généraux avant les pairs de France), la *fortune* (ce qui met le trésorier général de la marine avant les vice-amiraux) et la *considération* » (F. Bluche). Le décalage entre la hiérarchie sociale théorique et une hiérarchie sociale si réelle qu'elle est reconnue explicitement, encore que de manière incidente par le pouvoir royal, vient de ce que celui-ci, tout en conservant les anciens principes d'organisation sociale, n'a pas cessé de les subvenir. Par sa politique centralisatrice, la monarchie a brisé les pouvoirs locaux : seigneuriaux, municipaux, provinciaux. La noblesse est à vendre : chacun peut devenir noble, à condition d'y mettre le prix. De plus, la noblesse est largement dépouillée de son privilège fiscal. Et le clergé lui-même, tout en refusant le principe de l'impôt, est contraint de payer. Bref, « la monarchie a mis les rangs et les corps à l'encan, en les asservissant au fisc » (F. Furet). Tout en les conservant et en les honorant ostensiblement, la royauté a donc travaillé à vider les ordres et les corps de leur substance. Jusqu'au moment où, sous l'impulsion de Turgot, elle s'attaque au principe même des corps en supprimant les corporations de métier.

En œuvrant à éliminer tout pouvoir ou recours intermédiaire et à tout égaliser dans une commune petitesse face à l'État, « l'Ancien Régime a inventé la *forme* d'autorité : pouvoir central arbitraire / individu isolé, dans laquelle se couleront les institutions révolutionnaires » (F. Furet). La monarchie administrative a fortement contribué à détruire l'ancienne société « holiste » (L. Dumont), que charpentaient l'autorité traditionnelle ainsi que la solidarité des corps et des communautés. Il en est résulté un éclatement du social en individus se percevant de plus en plus comme autonomes. Et cette atomisation de la société s'est doublée d'un progrès spectaculaire de l'égalité. C'est sensible pour les conditions sociales, la France du XVIIIe siècle étant l'un des pays les moins inégalitaires du temps, mais infiniment plus au niveau des mentalités, qui sont largement investies par l'idéologie égalitaire. La centralisation monarchique y a bien contribué, en démocratisant les esprits d'une société par ailleurs fidèle à ses structures aristocratiques de plus en plus formelles. Il n'en résulte pas encore un conflit social entre noblesse et tiers état, qui n'interviendra que très tardivement (1788), mais un « conflit de valeurs enfoui dans les profondeurs de la société globale, et notamment à l'intérieur de chaque individu "éclairé", entre l'individualisme démocratique et l'esprit de caste nobiliaire » (F. Furet). En conséquence, comme l'avait admirablement démontré Tocqueville, la monarchie d'Ancien Régime, par son action de désintégration sociale, a frayé la voie à l'idéologie des Lumières.

Section III
La contestation idéologique de l'Ancien Régime

484 LES IDÉES POLITIQUES DU XVIIIe SIÈCLE. — Elles ne forment absolument pas un corps de doctrine cohérent. La querelle est constante entre les auteurs et les courants de pensée. Au surplus, bien des « philosophes » expriment souvent des idées fluctuantes ou contradictoires. Mais, malgré cela, ou peut-être à cause de cela, le siècle des Lumières a été le temps d'un vaste bouillonnement d'idées. Toutes ne sont d'ailleurs pas si neuves que cela. On y trouve notamment l'apport du XVIe siècle et des auteurs monarchomaques, celui de l'école rhénane du droit naturel, celui, aussi, des auteurs qui engendrèrent ce que Paul Hazard a appelé la « crise de la conscience européenne » des années 1680-1715 : Spinoza, Locke, Leibniz, Bayle... Finalement, la plupart des idées qui triomphent au XVIIIe siècle ne sont nouvelles que par leur vulgarisation. En schématisant, trois grands courants peuvent être distingués :

1) *Le traditionalisme aristocratique.* — Il a déjà été signalé que les premiers à dénoncer la monarchie absolue furent des penseurs aristocratiques se réclamant d'un Moyen Âge idéalisé. Les plus importants sont Fénelon, Vauban, Saint-Simon (qui inspira au régent l'expérience de la Polysynodie), Boulainvilliers. Tous opposent à ce qu'ils considèrent comme une usurpation royale l'idée d'un droit historique de la noblesse authentique (*i.e.* ancienne) de jouer un rôle politique prééminent. Tous ces auteurs sont fondamentalement attachés au système traditionnel des ordres et des corps intermédiaires, dont les pouvoirs et les privilèges constituent la garantie de libertés véritables. Et Montesquieu, qui adhère résolument à ces conceptions, en les combinant cependant avec le constitutionnalisme anglais et l'idée d'une division du pouvoir empruntée à Locke, appartient lui aussi au courant du traditionalisme aristocratique.

2) *Les vulgarisateurs du droit naturel laïque.* — Il ne s'agit plus là du droit naturel chrétien des théologiens du Moyen Âge et de la Renaissance, mais d'un droit naturel laïcisé par les penseurs de l'école rhénane (Grotius, Pufendorf...) puis mis par Locke au service exclusif de la liberté individuelle. Dans la France du XVIIIe siècle, ces théories seront largement diffusées dans le public « éclairé » par des vulgarisateurs de talent : Voltaire, ainsi que les principaux rédacteurs de l'*Encyclopédie,* au premier rang desquels Diderot. Généralement, ces auteurs ne sont d'ailleurs pas ennemis de la monarchie. Leur hostilité va à la religion, au clergé, à la conception traditionnelle de la société, fondée sur les ordres, les corps, les privilèges. Voltaire, en particulier, prend fermement position pour la royauté, contre les privilèges et les corps intermédiaires. Ainsi, sa *Lettre sur*

l'impôt du vingtième (1749) est une remarquable réfutation des arguments que les Parlements, déchaînés, opposent dans leurs remontrances à la tentative royale d'instaurer l'égalité fiscale. Voltaire appelle de ses vœux un pouvoir fort, afin qu'il instaure l'égalité civile et organise la protection des libertés individuelles. En attendant, il part en guerre contre les manifestations judiciaires de l'intolérance religieuse (affaires Calas, Sirven...).

3) *La théorie de la démocratie.* — Elle est faite par Rousseau dans *Le contrat social* (1762). Le philosophe de Genève, qui emprunte beaucoup d'éléments à ses devanciers, notamment à Pufendorf, à Hobbes et à Locke, reprend l'idée d'un état de nature dont les hommes seraient sortis pour vivre en société. Il voit là une évolution funeste, car il est persuadé que l'état de nature était un paradis, tandis que la société existante lui semble un enfer. Aussi affirme-t-il la nécessité de redéfinir le pacte social, en sorte de rendre à l'individu, dans le cadre de la vie en société, sa liberté de l'état de nature. Il voit la solution de ce problème dans l'aliénation par chacun de tous ses droits au profit de la collectivité, l'individu se plaçant « sous la suprême direction de la volonté générale ». Or, celle-ci est exprimée par le peuple en corps, selon un système de démocratie directe, comme dans certaines cités antiques et dans les cantons suisses. Si bien que chacun, en obéissant à la volonté générale, ne fera qu'obéir à soi-même. En effet, chaque citoyen est censé vouloir le bien commun. Et Rousseau, qui pose ainsi le postulat de la mystique démocratique, déclare que la volonté générale sera nécessairement conforme au bien public.

Du fait de la participation de tous à la souveraineté du corps social, Rousseau ne voit pas de danger à une très forte autorité de l'État. Il ne construit pas contre lui de liberté de l'individu ni de défense de son patrimoine. L'État fixe les dogmes philosophiques devant régner dans la cité, et se trouve maître des consciences, des corps et des biens des citoyens. Il travaillera notamment à réduire les inégalités de fortune. La théorie absolutiste se trouve donc transférée de la monarchie à la démocratie, et poussée jusqu'au despotisme.

485 LE REJET DE LA TRADITION. — Les idées nouvelles viennent saper dangereusement les fondements intellectuels de l'Ancien Régime. Celui-ci vénère le passé, et repose sur la coutume et la tradition. Ayant fait l'objet au cours des siècles d'une lente et empirique élaboration, les institutions politiques et sociales présentent un caractère disparate et souvent complexe : multiplicité des instances, variété de leurs appellations et parfois de leurs pouvoirs, fréquentes rivalités de compétence, non-harmonisation des circonscriptions administratives, judiciaires, militaires, fiscales, ecclésiastiques... Cependant, jusque vers le milieu du XVIIIe siècle, cette diversité ne choque pas, car on y est habitué, et elle constitue un legs de l'histoire. Or, à la mystique de la tradition, les philosophes opposent la mystique de la raison critique et de la nouveauté à tout prix. Ce qui est ancien, par définition, ne peut être bon. Et cela s'applique aux institutions, que l'on discrédite systématiquement en dénonçant leur caractère « gothique », insupportable pour des esprits éclairés. On affirma que la France n'avait pas de constitution, dès lors que « ses règles constitutionnelles étaient restées coutumières » (Fr. Olivier-Martin). Et on en persuada l'opinion, au point que l'un des grands thèmes des cahiers de 1789 fut la nécessité de donner une constitution à la France. Alors qu'il s'agissait en réalité de jeter bas l'ancienne constitution pour lui en substituer une nouvelle.

486 LE REFUS DE LA HIÉRARCHIE SOCIALE TRADITIONNELLE. — La société d'Ancien Régime demeure officiellement une société d'ordres et de corps, disposés hiérarchiquement, et au-dessus desquels se trouve le roi, arbitre suprême de leurs différends. Or les Lumières tendent à faire triompher l'idée d'une égalité civile entre tous les hommes. Il en résulte un changement dans la conception que l'on se fait de la liberté. La vieille notion aristocratique de la liberté, fondée à tous les niveaux de la société sur l'affirmation et la défense de ses privilèges, fait place à une version démocratique et neuve de la liberté, reposant sur l'idée de droit commun. Corrélativement, les termes « privilège » et « privilégié », qui étaient jusqu'alors valorisants et concernaient la grande majorité des Français – rare est celui qui, sous l'Ancien Régime, n'a pas de privilège, petit ou grand –, seront désormais appliqués aux seuls membres de la noblesse et du clergé, et prendront une signification revendicative, voire haineuse. On assiste à une rapide disparition dans les esprits du principe aristocratique. Les mentalités deviennent dans une large mesure démocratiques, du moins dans les milieux « éclairés ».

487 LA DÉCHRISTIANISATION DES ÉLITES. — La cible privilégiée des philosophes fut l'Église catholique. Mais les Lumières ne touchèrent pas la masse des Français, qui demeura profondément religieuse, croyante et pratiquante. En revanche, la haute société et la bourgeoisie cultivée furent largement atteintes par la propagande antireligieuse de Voltaire ou de Diderot, voire par l'athéisme pur et simple de La Mettrie, de Helvétius ou du baron d'Holbach. Dans la seconde moitié du XVIIIe siècle, une partie non négligeable des élites est, soit déiste comme Voltaire, soit franchement athée.

Or, sans le christianisme, la monarchie traditionnelle devenait incompréhensible. Pour un lecteur de l'*Encyclopédie,* athée ou vaguement déiste, quelle valeur pouvait avoir l'explication du pouvoir royal par une délégation de l'autorité divine ? Et quelle garantie contre l'arbitraire pouvait-il trouver dans le fait que cette délégation était assortie d'une obligation pour le monarque de rechercher le bien commun et de respecter la morale chrétienne ? En l'absence de la religion, les esprits « éclairés » ne voient plus de raison de respecter l'autorité royale et ne perçoivent plus les limites auxquelles celle-ci se soumet volontairement. D'où le paradoxe de ces gens bafouant le pouvoir à peu près impunément, tout en criant au despotisme. Et cette incompréhension n'épargne pas le personnel gouvernemental, ni la haute administration. Bien des hommes d'État et des grands administrateurs furent « appelés à utiliser ou à défendre une autorité dont les fondements et les limites reposaient sur des croyances qu'ils ne partageaient plus ou qu'ils partageaient à peine » (M. Antoine). Et les croyants eux-mêmes, tel un d'Aguesseau, n'osent plus invoquer la théorie du droit divin.

488 LE MYTHE DE LA BONTÉ NATURELLE DE L'HOMME. — L'homme est naturellement bon, et c'est la société qui le pervertit. Ce postulat optimiste, prenant le contre-pied d'un certain pessimisme judéo-chrétien, n'est pas propre à Rousseau. Il sous-tend toute la pensée du XVIIIe siècle, qui se berce du rêve du « bon sauvage », sensible et doux, vivant dans la paix, la vertu, l'abondance, au sein d'une nature généreuse qui fournit à l'homme, sans nul travail, ce dont il a besoin. Pour les philosophes et leurs lecteurs, la nature est bonne par essence, et l'individu n'a qu'à se fier à son instinct naturel pour trouver le chemin de la vertu et du bonheur. Cette idéologie facile et séduisante conduisait tout droit à la contestation radicale des institutions politiques, sociales et ecclésiastiques, à la remise en cause de tout ce qui fonde la civilisation : autorité, tradition, droit, religion, morale, culture. Tout cela est condamné en bloc, pour avoir submergé la bienheureuse et pure nature, et perverti la naturelle bonté de l'être humain. Cette utopie naturaliste était donc profondément subversive.

Et quand un roi de France, au surplus de caractère faible et timoré comme Louis XVI, prend au sérieux, sous l'influence du conformisme ambiant, ce mythe de la bonté naturelle de l'homme, il ne songe plus à être obéi, mais avant tout aimé, et devient incapable de gouverner.

489 LA ROYAUTÉ DE L'ÉCRIVAIN D'OPPOSITION. — Déifié par l'élite cultivée, investi d'une royauté sur l'opinion, il est, face au roi prêtre de la monarchie traditionnelle chrétienne, le roi-pontife laïque du droit naturel et des idées nouvelles. À l'exercice effectif du pouvoir, il oppose un discours sur le pouvoir. À la politique, il substitue l'illusion de la politique. À la réalité, l'utopie. L'homme de lettres exerce le magistère d'opinion, ce qui lui confère sur les esprits « éclairés » un pouvoir arbitraire et illimité, infiniment plus absolu que le pouvoir du roi sur ses sujets. L'écrivain des Lumières est le maître des esprits, le tyran de l'opinion.

490 LES PHILOSOPHES ET LE DESPOTISME ÉCLAIRÉ. — À leur grande sévérité pour la monarchie française s'oppose leur extrême bienveillance pour les autres grandes royautés européennes. Frédéric II, Catherine II, Joseph II sont leurs dieux, sans oublier les astres secondaires. Le fait que ces gouvernements soient en général d'un intense autoritarisme ne gêne en rien les philosophes. Ce despotisme est pour eux justifié, car mis au service d'une fin supérieure : la transformation des institutions et de la société des pays concernés conformément aux principes de la philosophie des Lumières. Et ils blâment la royauté française de ne pas s'engager dans la voie du despotisme éclairé.

Or tout cela repose sur une gigantesque équivoque. Certes, les despotes éclairés se passionnent souvent pour les idées à la mode. Ils se réclament des Lumières et veillent à se concilier les philosophes par des flatteries ou de l'argent, afin que ces écrivains soient leurs propagandistes et chantent leurs louanges. Mais, dans la pratique, ces souverains n'ont qu'un seul objectif : le renforcement de la puissance de l'État, à n'importe quel prix (y compris le maintien ou l'aggravation du servage). Ils règnent sur des pays retardataires et s'efforcent de rattraper ce retard en instaurant une monarchie imitée de celle de Louis XIV, mais bien plus puissante et autoritaire encore, parce que débarrassée de la tutelle du divin. Bref, Louis XIV est l'idole des despotes éclairés. Et les philosophes qui, Voltaire mis à part, sont pleins de réprobation pour le Grand Roi, encensent ceux qui se réclament de lui.

491 LA COMPLAISANCE DES AUTORITÉS ENVERS LES PHILOSOPHES. — Certes, Louis XV a eu le tort de ne pas les flatter. Mais, contrairement à une légende répandue, ils ne furent nullement persécutés, et bien au contraire, par le pouvoir royal. Dans la seconde moitié du XVIIIe siècle, l'efficacité de la censure est réduite à peu de chose, car l'esprit des Lumières a gagné les hauts responsables chargés de l'exercer, et en particulier Malesherbes, directeur de la librairie de 1750 à 1763. Tout acquis aux philosophes, il les protège autant qu'il le peut, et réserve ses foudres à ceux qui, au nom de la tradition monarchique et religieuse, osent, comme Fréron, s'attaquer à eux dans leurs écrits. Parallèlement, l'Académie française est massivement investie par le parti philosophique. Et le triomphe de celui-ci se marque définitivement par l'arrivée aux affaires de ministres théoriciens : Turgot (1774), Necker (1778).

492 LE SNOBISME DES IDÉES SUBVERSIVES. — Dans la seconde moitié du XVIIIe siècle, il affecte fort la bonne société, qui se retrouve dans les salons, au spectacle, dans les cafés, dans les académies et autres sociétés de pensée, et où se côtoient nobles, ecclésiastiques et bourgeois, unis par le double privilège de la richesse et de la culture. Cependant, la bourgeoisie moderne et « capitaliste » des villes industrielles et commerçantes restait à l'écart des idées nouvelles et ne lisait guère les philosophes. La bourgeoisie touchée par les Lumières était celle qui vivait de la rente d'État, des offices et des revenus de la terre. Si on y ajoute les ecclésiastiques bénéficiers ainsi que la noblesse de robe, de finance et d'épée, on constate que ce sont les milieux les plus liés à l'État monarchique, et davantage rattachés au passé qu'à l'avenir, qui accueillirent et propagèrent avec enthousiasme les idées qui détruisirent l'Ancien Régime. Le rôle de la noblesse des salons fut prédominant dans la préparation intellectuelle de la Révolution. De passage dans la capitale en 1765, Horace Walpole s'étonne de trouver la haute société parisienne principalement occupée, dans ses propos, à jeter à terre Dieu et le roi.

493 LES SOCIÉTÉS DE PENSÉE OU L'ÉCOLE DE LA DÉMOCRATIE. — Les livres ne furent pas le seul véhicule des idées à la mode. Un autre vecteur essentiel a été constitué par les sociétés de pensée académies, sociétés littéraires, chambres de lecture, sociétés d'agriculture, loges maçonniques... Puis, dans les années précédant immédiatement la Révolution, clubs aux visées politiques ouvertes. Contrairement à une vieille légende, il n'y a pas eu de complot des sociétés de pensée, et notamment des loges maçonniques, contre la monarchie d'Ancien Régime. Et, pourtant, les sociétés de pensée ont largement contribué à la Révolution, en produisant un nouveau type d'homme, habitué aux mœurs d'une démocratie directe, dissertant sur toute chose dans le cadre d'un débat égalitaire entre les membres du groupe, et accoutumé à voter en toute occasion. Cependant, la démocratie en question est dans une large mesure fictive, comme l'a montré Cochin. En effet, dans la pratique, les sociétés philosophiques sont discrètement manipulées par des minorités agissantes : quelques individus actifs et convaincus, qui « tirent les ficelles ». C'est cette minorité d'initiés, gardienne de la pureté doctrinale, qui préside à l'élaboration du consensus et provoque les exclusions nécessaires à son maintien. Et ces épurations, inhérentes à la démocratie directe, vont constituer le principe même du mécanisme révolutionnaire. La première aura lieu à l'automne 1788, et la victime en sera la noblesse. Elle a pourtant joué un rôle essentiel dans le succès des sociétés philosophiques, et vient de livrer combat à la royauté. Mais la noblesse se trouve condamnée par l'idéologie égalitaire qu'elle a jusqu'ici tant contribué à véhiculer. Elle est le contraire de l'égalité, donc elle doit disparaître. D'où une scission dans le parti philosophique, au détriment de sa composante nobiliaire, qui souhaite préserver l'identité de la noblesse et refuse le programme du courant patriote (doublement du tiers aux États généraux, vote par tête...). Manipulant les sociétés de pensée, et à travers elles l'opinion publique, le réseau des activistes du parti patriote va exclure la noblesse du peuple souverain, et la désigner comme une force sociale rétrograde, ennemie du bien de la nation. Telle est la première épuration révolutionnaire. Elle sera suivie de bien d'autres.

494 LA ROYAUTÉ VICTIME DE LA « DÉSINFORMATION ». — Jusqu'à la Révolution, et même pendant la Révolution, le prestige du roi reste immense. Dans son ensemble, le peuple a en lui une foi inébranlable, de nature religieuse. Mais la propagande philosophique, ainsi que les remontrances continuelles des Parlements et que toute une « sous-littérature politico-érotique » (J. Meyer) de chansons, de pamphlets, de libelles calomnieux et parfois infâmes, souvent lancés par des salons aristocratiques frondeurs, va entamer la foi monarchique du public « éclairé », et même mordre sur certaines fractions du peuple, notamment dans la capitale. La monarchie d'Ancien Régime a été victime d'une foule d'idées reçues, considérées par l'opinion « éclairée » comme autant d'articles de foi, et qui n'étaient pourtant que d'énormes contre-vérités. Ainsi, l'affirmation que la France est écrasée d'impôts, alors qu'elle est, à la fin du XVIIIe siècle, un pays moyennement imposé. Ou bien la dénonciation des inégalités sociales, qui sont, en dépit de leur ampleur objective à nos yeux, parmi les plus faibles de l'Europe du temps. Ou aussi la critique relative aux folles dépenses du roi en matière de bâtiments, inintelligente car elle méconnaît le rôle positif du mécénat royal, et au surplus inexacte pour le XVIIIe siècle.

Plus gravement encore, la désinformation vise à donner aux Français l'idée qu'ils vivent dans un régime tyrannique, d'un autoritarisme exceptionnel. Tandis que, comme l'a bien vu l'abbé de Véri, la France du XVIIIe siècle est l'un des États européens où le gouvernement est le plus modéré. Et, Louis XVI régnant, on peut même parler d'un pouvoir faible. D'ailleurs, le roi n'a que très peu de moyens de se faire obéir. Hormis des officiers, qui n'obéissent pas, il n'existe pratiquement pas de corps administratif au-dessous de l'intendant et de ses subdélégués. Et, en ce qui concerne l'ordre public dans Paris, où la police est très insuffisante, la royauté a commis l'immense erreur de supprimer pour raison d'économie les meilleures troupes de la Maison du roi, et notamment les mousquetaires (1775). Par cette mesure suicidaire, Louis XVI a placé son pouvoir à la merci d'une émeute.

495 LA ROYAUTÉ EÛT PU DOMESTIQUER LA PENSÉE DES LUMIÈRES, EN LA METTANT AU SERVICE DE LA CONSTRUCTION DE L'ÉTAT. — C'est ce que firent les despotes éclairés, qui se réclamèrent des philosophes et utilisèrent systématiquement les concepts et le vocabulaire des Lumières pour fonder et justifier leur entreprise de renforcement de l'État. C'était d'ailleurs logique, car une large part de la pensée du XVIIIe siècle – Voltaire, bien sûr, mais aussi Rousseau, et même Montesquieu – pouvait aisément servir à cautionner l'affermissement d'un pouvoir monarchique. La royauté française eût pu, elle aussi, en tirer parti. Sans renier sa nature de monarchie chrétienne, il lui suffisait de continuer à parler fermement au nom de l'État pour ranger dans son camp l'essentiel du parti philosophique. Politique qu'elle adopta, et avec succès, sous l'impulsion de Maupeou. Mais, à l'avènement de Louis XVI, la logique des privilèges, dans ce qu'elle avait de plus dangereux politiquement (le système de la patrimonialité des offices), l'emporta radicalement sur la logique de l'État. Il en résulta l'abandon de la réforme de Maupeou, et par ricochet la Révolution.

Section IV
La royauté malade de ses Parlements

496 LA RECHUTE DE 1715. — On sait qu'à la demande du régent, le Parlement lui a reconnu, dès le lendemain de la mort de Louis XIV, la plénitude de pouvoir dont son oncle avait voulu le priver (2 septembre 1715). Ce service reçut rapidement sa récompense. Le 15 septembre, une déclaration royale rétablit en faveur des cours souveraines les remontrances préalables à l'enregistrement. Ainsi, les Parlements retrouvent les prérogatives qui leur avaient permis, dans la première moitié du XVIIe siècle, d'usurper un rôle politique de premier plan, harcelant systématiquement le pouvoir et entravant son action. C'était là une mesure fort imprudente. Tout à son avidité de puissance, Philippe d'Orléans compromettait gravement l'avenir de la monarchie.

497 L'OPPOSITION PARLEMENTAIRE, CANCER DE LA MONARCHIE. — Jusque vers le milieu du XVIIIe siècle, les conflits interviennent surtout en matière religieuse. D'un gallicanisme outrancier, les Parlements sont très favorables aux jansénistes. Ils se prononcent systématiquement en leur faveur, saisissant toutes les occasions de faire échec à la politique religieuse du gouvernement. Puis le combat se déplace sur le terrain fiscal, à la suite de la création par Machault du vingtième sur tous les revenus. Les Parlements se déchaînent contre une égalité fiscale qui lèse leurs intérêts et heurte leur orgueil

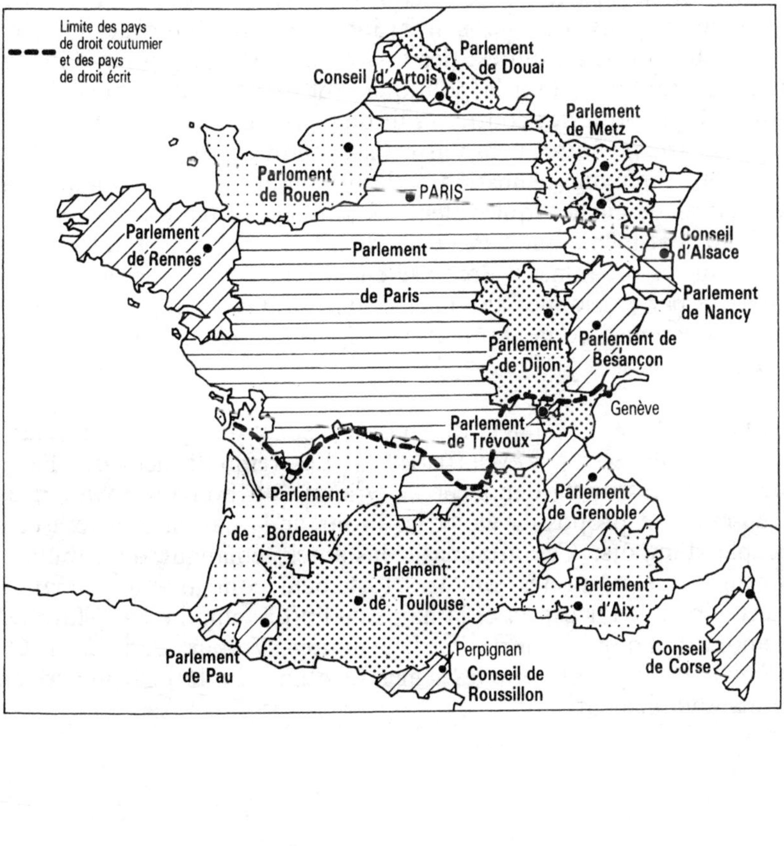

nobiliaire. Cependant, ils dissimulent leurs motivations égoïstes derrière le pathos de grands principes. Ils affirment qu'il leur appartient de remplacer les États généraux, tombés en désuétude, et de consentir l'impôt. Et ils s'en autorisent pour refuser systématiquement l'enregistrement des édits fiscaux et multiplier les remontrances. En droit, ce n'est pas un obstacle au pouvoir législatif du roi. Il maintient son texte et, par des lettres de jussion, ordonne son enregistrement par la cour. Mais celle-ci poursuit bien souvent son action de blocage en refusant à nouveau l'enregistrement et en présentant d'itératives remontrances. De sorte que, pour mettre fin à ce détournement de pouvoir, le roi est fréquemment contraint de tenir un lit de justice, qui a lieu soit à Paris, soit à Versailles. Et, pour les Parlements de province, il se fait représenter par le gouverneur ou le commandant en chef. La présence du roi (ou de son représentant, porteur de ses ordres) suspend la délégation dont les parlementaires tirent leurs pouvoirs. Sur son ordre, le greffier procède à l'enregistrement du texte, qui est dès lors exécutoire. Cela ne met cependant pas toujours fin à la politique d'obstruction des cours souveraines. Pour protester contre un lit de justice et tenter d'intimider le roi, les parlementaires vont parfois suspendre le service de la justice, voire présenter une démission collective. À quoi le roi réplique par des lettres de cachet, qui exilent les parlementaires les plus excités. Et il advient même que l'ensemble de la cour soit exilé dans une des villes du ressort (ainsi à Pontoise en 1753). Mais le monarque finit toujours par pardonner aux magistrats révoltés. Ils reprennent alors leurs fonctions, et ne tardent pas à recommencer leur politique d'opposition.

498 LE HARCÈLEMENT DES COURS SOUVERAINES : UNE PÉDAGOGIE DE LA RÉVOLUTION. — Les remontrances des Parlements ne cessent de dénoncer la tyrannie du pouvoir royal. Il est accusé à tout propos de violer les droits de la nation et d'écraser le peuple d'impôts. Ces attaques constantes, émanant de tribunaux prestigieux et respectés, ont très fortement contribué à « répandre dans le peuple l'irrespect et la haine de l'ordre établi » (A. Mathiez). Témoin de l'opposition des parlementaires, Voltaire écrit, en 1764 : « Tout ce que je vois jette les semences d'une révolution qui arrivera immanquablement. »

499 LA RÉSURGENCE DE LA THÉORIE DES CLASSES. — Datant du temps de la Fronde, cette théorie réapparaît dans les années 1750. Elle sera très souvent invoquée à l'occasion de l'affaire de Bretagne (ou affaire La Chalotais). Le duc d'Aiguillon, commandant en chef dans la province, s'était brouillé avec le procureur général La Chalotais pour avoir vainement tenté de l'empêcher d'assurer sa survivance à son fils, un incapable. Puis, en 1764, le Parlement de Rennes, qu'irritaient le dynamisme du commandant en chef, sa volonté d'agir dans la province, et en particulier sa politique de grands travaux routiers, critiqua ceux-ci dans des remontrances. Là-dessus se greffa un conflit fiscal, qui conduisit le Parlement, pour faire pression sur la royauté, à démissionner collectivement. Il fut alors reconstitué avec de nouveaux juges, ce qui provoqua un mouvement de solidarité de la part des autres Parlements, et notamment de celui de Paris.

Pour justifier leur intervention dans l'affaire bretonne, ils invoquèrent la vieille théorie pseudo-historique des classes. Il s'agit d'une thèse selon laquelle les Parlements seraient tous issus, par fractionnements successifs, d'une même matrice primitive : les plaids généraux des rois francs et à leur suite la *Curia regis* des premiers Capétiens. En conséquence, tous les Parlements du royaume ne seraient que les diverses sections, les « classes », d'une institution unique : le grand « Parlement de France ». D'où le nom de théorie des classes. Au surplus, en raison de leur origine prétendue, les Parlements s'affirment les dépositaires, face au pouvoir royal, des droits de la nation. Ils assurent en particulier que la vérification avant enregistrement des lettres patentes n'est pas une tâche qui leur a été confiée par la royauté, mais une prérogative intangible, leur appartenant de manière autonome et ne pouvant leur être retirée. Si bien que, dans cette théorie, l'enregistrement des lettres patentes par les Parlements français (simples cours de justice) se trouve assimilé au vote des lois par le Parlement anglais (assemblée politique). Quelques milliers d'officiers de justice, propriétaires de leurs charges, ne prétendaient rien moins qu'à usurper le pouvoir législatif du roi. Il n'eût gardé qu'un simple pouvoir de proposer les lois, nécessairement votées par les Parlements. La combinaison de la théorie des classes et de la revendication du droit de vérifier « librement » les lettres patentes était radicalement révolutionnaire. Il s'agissait en effet de transformer la monarchie en une oligarchie, dans laquelle le roi n'eût conservé qu'un rôle résiduel. Bien évidemment, tout cela ne reposait sur aucune base historique ni juridique sérieuse. Ce n'était qu'un mythe forgé par les parlementaires pour servir de point d'appui à leurs prétentions abusives.

500 LES RAPPELS À L'ORDRE DE LOUIS XV. — Durant de nombreuses années, la royauté avait fait preuve de patience, et même de timidité, à l'égard de l'opposition parlementaire. Mais l'impudence toujours plus grande des cours souveraines et leur emploi de la subversive théorie des classes finirent par provoquer une vigoureuse réaction de Louis XV. Le 3 mars 1766, il se rend inopinément au Parlement de Paris. Cette séance royale porte le nom de séance de la Flagellation, en raison de la sévérité des propos du souverain. Le roi dit en effet leurs vérités aux magistrats contestataires. Il souligne que la théorie des classes n'est qu'une imposture. Les Parlements ne sont pas les éléments d'un même corps mais des organismes distincts. Les magistrats ne sont nullement les successeurs des barons et des prélats de l'antique *Curia regis,* mais de simples officiers, nommés dans leurs offices par des lettres patentes du roi, et chargés par lui de rendre la justice en son nom. Bref, des agents du pouvoir royal, dont les prérogatives résultent d'une délégation du monarque. Après avoir ainsi dissipé la fantasmagorie des prétentions parlementaires, Louis XV rappelle les grands principes du droit public d'Ancien Régime : « En ma personne seule réside la puissance souveraine, de moi seul mes cours tiennent leur existence et leur autorité, à moi seul appartient le pouvoir législatif, sans dépendance et sans partage... ; l'ordre public tout entier émane de moi, et les droits et les intérêts de la nation, dont on ose faire un corps séparé du monarque, sont nécessairement unis dans mes mains, et ne reposent qu'en mes mains. »

Ce solennel avertissement ne fut pas entendu. L'agitation parlementaire se poursuivit tant et si bien que, le 7 décembre 1770, Louis XV se vit contraint de faire enregistrer en lit de justice un édit prohibant toute référence à la théorie des classes et interdisant aux Parlements de cesser leurs fonctions ou de présenter des démissions collectives, sous peine de forfaiture et de confiscation des offices. À cette ultime mise en garde, la réponse du Parlement de Paris fut une nouvelle suspension de la justice. Sans doute les parlementaires pensaient-ils que le scénario classique allait se reproduire une fois de plus : exil dans une ville du ressort, négociations avec la royauté, rappel du Parlement et rentrée triomphale au Palais. Mais il n'en fut rien. Le chancelier Maupeou, nommé en 1768, avait en effet préparé un plan destiné à débarrasser la monarchie une fois pour toutes de l'opposition parlementaire.

501 LA RÉFORME DE MAUPEOU. — Avec l'accord et l'appui de Louis XV, son chancelier va réaliser une réforme décisive, qui délivre l'État monarchique du mal dont il était rongé – et dont il finira par mourir.

1) *L'éviction des magistrats rebelles.* — Le chancelier place les parlementaires en face de leurs responsabilités. Sommés de s'engager par écrit à reprendre leur service, ils s'y refusent. En conséquence, un arrêt du Conseil du 20 janvier 1771 exile les magistrats du Parlement de Paris et prononce la confiscation de leurs charges. Moins sévère, un édit d'avril 1771 décide leur rachat par le roi, avec paiement d'un intérêt de 5 % jusqu'au plein remboursement des offices supprimés. Un peu plus tard, devant l'agitation persistante des parlementaires provinciaux, Maupeou leur ôta leurs charges dans les mêmes conditions. Cette mesure sans précédent allait lui permettre d'améliorer notablement le système judiciaire.

2) *La réorganisation judiciaire.* — Elle concerne principalement l'échelon supérieur de la justice, et consiste pour l'essentiel en un démantèlement de l'immense ressort du Parlement de Paris. Le 23 février 1771, un édit le divise en six circonscriptions. Dans cinq d'entre elles est institué un Conseil supérieur, juridiction souveraine qui, tout comme un parlement, juge en dernier ressort toutes les matières civiles et criminelles. Sont ainsi créés les Conseils supérieurs de Blois, Châlons, Clermont, Lyon et Poitiers. De plus, le Conseil souverain d'Arras, dont les décisions étaient, au civil et au-delà de 2 000 livres, susceptibles d'appel au Parlement de Paris, devient un Conseil supérieur. Quant à la sixième circonscription, sise autour de Paris, elle constitue le ressort, ramené à une dimension raisonnable, d'une juridiction souveraine qui conserve le titre de Parlement de Paris. Celui-ci garde en outre sa fonction

d'enregistrement des lettres patentes, avec le droit de présenter des remontrances. Par comparaison, les ressorts des Parlements provinciaux sont très peu touchés, et plus tardivement, leur étendue n'ayant généralement rien d'excessif. La création des Conseils supérieurs de Nîmes et de Bayeux ampute toutefois les ressorts des Parlements de Toulouse et de Rouen. Ce dernier était d'ailleurs, à titre de sanction, transformé en Conseil supérieur, de même que le Parlement de Douai.

3) *L'instauration d'un statut moderne pour la haute magistrature.* — L'édit de février 1771 abolit la vénalité des offices pour le nouveau Parlement de Paris et les six Conseils supérieurs dont il se trouve flanqué. Le texte dispose que les offices en seront gratuits. Désignés librement par le pouvoir royal, les nouveaux magistrats sont inamovibles. Mais ils ne sont pas pour autant propriétaires de leur charge, qu'ils ne peuvent ni vendre, ni transmettre. En outre, ils ne perçoivent que les traitements versés par l'État. Pour eux, le système des épices est supprimé. Maupeou veut instituer « une justice prompte, pure et gratuite ». Il compte également, et à juste titre, sur le nouveau statut des magistrats pour ramener la fonction de vérification des lettres patentes, et éventuellement de remontrance, dans les limites d'un rôle de conseil du roi législateur, exercé dans le souci de l'intérêt public. Ce nouveau statut de la haute magistrature fut progressivement étendu, dans le courant de l'année 1771, à l'ensemble du royaume.

502 LE SUCCÈS DE LA RÉFORME. — Elle a certes des adversaires acharnés : l'ancienne magistrature, et une bonne partie de la noblesse, qui prend fait et cause pour les parlementaires évincés. Les princes du sang sont à la tête de la contestation : Orléans, Condé, Conti. Ennemis de la réforme, aussi, le duc de Choiseul et ses partisans : car Choiseul, favorable aux parlementaires, a été disgracié peu de temps avant eux (24 décembre 1770). Enfin, jansénistes et gallicans sont de cœur avec les magistrats renvoyés, qui partagent leurs opinions. D'où une opposition virulente, qui se manifeste par une intense campagne de libelles et de pamphlets. Mais Maupeou a pour lui le roi, qui lui sera indéfectiblement fidèle. Il dispose également du soutien de bien des philosophes, et en particulier de Voltaire. Cette réforme qui rationnalise l'exercice de la justice et la rend plus accessible aux justiciables ne peut que leur plaire. Et, au surplus, ils détestent les Parlements. Voltaire voit en eux les « bourreaux » de Calas et du chevalier de La Barre. Et il ne pardonne pas à celui de Paris d'avoir fait brûler le *Dictionnaire philosophique*. Estimant rétrograde l'opposition des anciens Parlements, il tourne en ridicule leur flot de remontrances et applaudit avec enthousiasme à la réforme de Maupeou. Curieusement, les philosophes se trouvent dans cette affaire les alliés de l'épiscopat. Celui-ci prend vigoureusement parti pour le chancelier, ravi d'être débarrassé des anciens magistrats, auxquels il reproche leur gallicanisme, leurs sympathies jansénistes et leur persécution des Jésuites. La réforme a donc pour elle de puissants défenseurs. D'ailleurs, partout les nouvelles cours ont été installées. La justice fonctionne bien. Les avocats, d'abord solidaires des magistrats congédiés, n'ont pas tardé à rouvrir leur cabinet. Le remboursement des offices supprimés s'effectue selon le calendrier prévu. En un mot, la partie semble gagnée, quand la mort de Louis XV vient brusquement tout remettre en cause.

503 Louis XVI et l'abandon de la réforme de Maupeou. — Sensible et d'une timidité presque maladive, le jeune roi semble avoir pris au sérieux les idées de Fénelon et sa critique de la monarchie absolue. Il considère le pouvoir comme un fardeau, qu'il se sent incapable de porter seul. Aussi se laisse-t-il diriger par un mentor, le vieux comte de Maurepas, courtisan aimable mais léger, qu'il a nommé ministre d'État[1]. Or Maurepas désirait le rappel des anciens Parlements. Et il sut persuader le roi que le maintien de la réforme de Maupeou lui ferait perdre l'amour de ses sujets. Dans ce

1. Secrétaire d'État de la Maison du roi et de la Marine, en charge depuis 1718, Jean-Frédéric Phelypeaux, comte de Maurepas, avait été disgracié le 24 avril 1749. Choisi comme mentor par Louis XVI (souvenir du *Télémaque*, qu'on lui avait donné pour modèle), Maurepas pousse le jeune roi à l'abandon de la réforme de Maupeou, mais aussi à des choix judicieux : Turgot aux Finances, Vergennes aux Affaires étrangères. Cependant, imbu de l'esprit de l'aristocratie de cour, Maurepas s'effraye, comme les princes et la reine, de la hardiesse et de la vigueur réformatrices de Turgot. Ayant fortement contribué à son renvoi, Maurepas se fait nommer chef du Conseil royal des Finances, et conseille le choix de Necker. Mais, celui-ci ayant fini par se heurter à lui, Maurepas travailla à sa disgrâce, qui intervint quelques mois avant sa mort (septembre 1781). Louis XVI le remplaça dans son rôle de mentor par Vergennes, secrétaire d'État des Affaires étrangères, puis en 1787 par Brienne. Ils succédèrent à Maurepas dans la charge de chef du Conseil royal des Finances, qui caractérise sous Louis XVI le principal ministre de fait. Aussi bien Brienne deviendra-t-il officiellement principal ministre le 26 août 1787.

contexte changé, les partisans de l'ancienne magistrature relevèrent la tête, à commencer par les princes du sang, et tout particulièrement le duc d'Orléans. Finalement, le 24 août 1774, Louis XVI disgracie Maupeou, qui est remplacé par le garde des Sceaux Hue de Miromesnil (qui, premier président du Parlement de Rouen, s'était dressé contre Maupeou). Puis il rappela les anciens magistrats et rétablit les cours souveraines dans leur état d'avant la réforme de Maupeou, qui se trouva anéantie (octobre-novembre 1774).

On prête à Maupeou ces paroles désabusées et prophétiques : « J'avais fait gagner au roi un procès qui dure depuis trois cents ans. Il veut le reperdre, il en est le maître. » Et encore : « Le roi veut perdre sa couronne, il en est bien le maître. » Effectivement, renoncer à la réforme de Maupeou équivalait à un suicide pour la monarchie. Les anciens Parlements avaient prouvé de reste que, par leur obstruction systématique, ils rendaient impossible tout gouvernement, et *a fortiori* toute possibilité de réforme. Tandis que la réforme de Maupeou était la réforme clé, qui rendait possibles les autres réformes nécessaires en cette fin du XVIIIe siècle.

Section V
L'agonie de l'Ancien Régime : une maladie de la volonté

I | TURGOT, OU LA DERNIÈRE CHANCE MANQUÉE DE LA MONARCHIE

504 UN ÉCONOMISTE RÉFORMATEUR. — Théoricien de l'économie, Turgot a aussi une expérience d'administrateur. Intendant du Limousin pendant dix-sept ans, il s'est rendu célèbre en appliquant dans sa généralité les principes de liberté économique chers à l'école physiocratique. Devenu contrôleur général en juillet 1774, il va tenter de les étendre à l'ensemble du royaume. Son plan de réformes vise à enrichir la nation par le jeu de la liberté économique. Et il obtient de Louis XVI une série de mesures importantes dans ce sens. Ami des philosophes, et en particulier de Voltaire, Turgot jouit du soutien de l'opinion « éclairée ».

505 LA LIBÉRATION DU COMMERCE DES GRAINS. — Les céréales formant l'essentiel de l'alimentation populaire, leur commerce faisait l'objet d'une stricte réglementation et d'une étroite surveillance par l'administration. C'était la police des grains, qui visait à en éviter la pénurie sur les marchés, ainsi qu'à empêcher les hausses de prix. Mais les entraves au commerce et les tracasseries administratives auxquelles elle donnait lieu présentaient l'inconvénient de décourager l'activité économique. D'où une première expérience de déréglementation, inspirée par la doctrine physiocratique, et due aux contrôleurs généraux Bertin et L'Averdy. Elle dura de 1763 à 1769, après quoi le nouveau contrôleur général, l'abbé Terray, influencé par les hausses de prix occasionnées par de mauvaises récoltes, décida de rétablir la police des grains. Dès son arrivée aux affaires, Turgot, par un arrêt du Conseil du 13 septembre 1774, instaure la liberté du commerce des céréales. Il estime nécessaire de s'en remettre à la vérité des prix, quitte à aider le peuple par la création d'ateliers de charité lui fournissant des salaires. Et il est persuadé que, sur longue période, la déréglementation se traduira par une augmentation de la production moyenne. Cependant, dans le court terme, la politique de Turgot allait déboucher sur un grave mouvement populaire : la guerre des Farines. En effet, la récolte de 1774 avait été mauvaise. Si bien qu'au printemps de 1775, dans la période de « soudure » précédant la nouvelle récolte, intervint une inévitable flambée du prix des céréales et du pain. Mais l'opinion populaire, hantée par la crainte de la disette et privée des interventions psychologiquement sécurisantes de l'autorité publique, rend responsable la liberté du commerce. Le peuple ne voit qu'une explication à la hausse des prix : les agissements de spéculateurs et d'accapareurs. Aussi envahit-il les fermes, les entrepôts, les boulangeries. Une série d'émeutes assorties de pillage a lieu, principalement en Île-de-France, en avril et mai 1775, dont une à Paris. Toutefois, après une ferme répression, le calme se rétablit, et l'expérience de déréglementation se poursuit de manière satisfaisante.

506 LES AUTRES RÉFORMES DE TURGOT. — Elles résultent de six édits de février 1776, enregistrés en lit de justice le 12 mars. L'un d'eux étend au vin et aux autres boissons le principe de la liberté commerciale. Un autre abolit la corvée des routes, impôt en nature accessoire de la taille, mais qui ne pesait en fait que sur les ruraux demeurant assez près des grandes routes. Elle est remplacée par une contribution additionnelle aux vingtièmes, et donc payable par tous les propriétaires fonciers qui y étaient soumis. Enfin, un troisième édit, pour s'en tenir aux plus importants, supprime les corporations[1]. Avec une injuste méconnaissance des mérites passés (et parfois présents) des communautés de métier, le préambule du texte déclare que leurs statuts sont « des codes obscurs rédigés par l'avidité, adoptés sans examen en des temps d'ignorance ». Après quoi l'édit institue la liberté pour quiconque d'exercer un commerce ou un art manuel. Et, corrélativement, il prononce la suppression des corporations et des confréries, ainsi que la prohibition de toute association entre membres d'un même métier.

Les édits de Turgot, et particulièrement ceux concernant la corvée et les corporations, suscitèrent une vive opposition du Parlement de Paris. Dans ses remontrances du 4 mars, il affirme que le fait d'assujettir les nobles à l'impôt qui se substitue à la corvée abolie revient à « les décider corvéables comme les roturiers ». Aussi les édits durent-ils être enregistrés en lit de justice. Au cours de celui-ci, l'avocat général Séguier prononça, à propos de chaque texte, un discours s'opposant à son enregistrement. Il souligna notamment que la suppression des corporations allait à l'encontre des principes de la monarchie traditionnelle en s'attaquant aux notions mêmes de privilèges et de corps. Il rappela que les sujets du roi étaient « divisés en autant de corps différents qu'il y a d'états différents dans le royaume ». Et il ajouta que ces corps « formaient comme les anneaux d'une chaîne » dont le maillon suprême se trou-

1. Elles étaient en déclin depuis le XVIe siècle, pour des raisons économiques et sociales. Mal adaptés à la production moderne réalisée dans de grands ateliers et dans des manufactures, qui échappent à l'étroit cadre corporatif, les métiers sont au surplus passés sous le contrôle d'oligarchies d'autant plus restreintes qu'elles pratiquent une forte endogamie. Les compagnons sont exclus de l'assemblée générale du métier, et les maîtrises, dont le nombre est arbitrairement limité, vont en pratique aux fils de maîtres. De plus, au XVIIIe siècle, les corporations paraissent avoir souvent constitué un obstacle au progrès technique. Elles sont sévèrement critiquées par les physiocrates. qui réclament leur disparition au nom de la liberté économique.

vait entre les mains du roi, arbitre des intérêts contradictoires des différents corps. Cette thèse est conforme à la conception traditionnelle d'une organisation corporative de la société. Mais la respecter intégralement équivaut pour le roi à s'interdire toute transformation de ce qui est. Par la voix du Parlement, la logique des privilèges a la prétention de bloquer totalement la logique de l'État.

Bien qu'ayant fait enregistrer les édits, Louis XVI fut ébranlé par l'argumentation de Séguier. Mais au lieu de freiner Turgot, de nuancer ce que son réformisme pouvait avoir de doctrinal et de systématique, le roi, très influencé aussi par son entourage (ses frères, la reine, Maurepas...), renvoie son ministre (mai 1776). Après quoi les réformes de Turgot, œuvre d'une monarchie encore vigoureuse, maîtresse des événements et non point ballottée par eux, sont abandonnées. L'occasion d'une modernisation générale du royaume, conduite d'une main ferme par un pouvoir sûr de lui, se trouve perdue. Quelques jours avant sa disgrâce, Turgot écrivait au roi une lettre prémonitoire, dans laquelle, après lui avoir rappelé que « ce qu'il y a de plus nécessaire pour tout gouvernement, c'est la force de caractère », il ajoutait : « N'oubliez jamais, Sire, que c'est la faiblesse qui a mis la tête de Charles Ier sur un billot. »

II | Necker, ou Monsieur Déficit

507 Une gestion financière absurde. — Genevois d'origine prussienne, Necker a été banquier à Paris. Après fortune faite, il s'est retiré en 1772, et est devenu ministre résident de la République de Genève près du roi de France. Dès octobre 1776, Louis XVI le place comme adjoint auprès du contrôleur général Taboureau des Réaux (sous le titre de directeur général du Trésor royal). Puis, en juin 1777, Necker est nommé à la tête de l'administration financière. Étranger et protestant, il ne porte pas le titre de contrôleur général, mais celui, spécialement créé pour lui, de directeur général des finances. Tout n'est certes pas négatif dans la politique suivie par Necker. En particulier, doit être mis à son actif un effort pour réduire le nombre des caisses indépendantes entre lesquelles se trouvaient éparpillées les dépenses comme les recettes de la royauté. Il y voyait une étape vers la création, vivement souhaitée par lui, d'une trésorerie générale, caisse royale unique. Il n'empêche que Necker fut dans l'ensemble un détestable ministre des Finances. Il connaissait mal les institutions françaises et semble avoir été surtout guidé par son hostilité envers les financiers, dans lesquels ce banquier était habitué à voir des rivaux. Il fit tout son possible pour les éliminer et pour tenter de prouver que la royauté pouvait emprunter sans passer par eux l'argent dont elle avait besoin. Effectivement, il trouva facilement des sommes immenses en lançant des emprunts qu'il plaçait pour une bonne part grâce à ses accointances avec les milieux de la grande banque européenne. Malheureusement, ces emprunts étaient réalisés dans des conditions extrêmement désavantageuses pour les finances royales, et surtout Necker empruntait infiniment trop. En effet, mû par un immense amour-propre et soucieux de popularité à tout prix, le ministre se refuse à augmenter les impôts. Et, même lorsque la France entre en guerre contre l'Angleterre, il se refuse à accroître la pression fiscale. Allant plus loin encore, il supprime les vingtièmes sur les revenus commerciaux et industriels, et il fait prendre au roi, en février 1780, un édit par lequel il s'interdit d'augmenter le montant de la taille autrement que par un édit dûment enregistré par les Parlements (tandis que, jusqu'ici, le roi en fixait le chiffre par un brevet, non soumis à enregistrement). Si bien que la taille, qui auparavant avait toujours augmenté, demeura fixe jusqu'à la Révolution. Bref, Necker trahit purement et simplement les intérêts de la royauté. Il est très largement responsable de cette situation paradoxale : l'État ruiné dans un pays prospère. Alors qu'il faut de toute évidence augmenter les impôts et emprunter le moins possible, par une démagogie irresponsable, il bloque délibérément les ressources de l'État et pratique une folle politique d'emprunts. Il se pose en grand ministre des Finances, en nouveau Sully, en nouveau Colbert, et tout le monde l'admire bouche bée. Seuls quelques esprits clairvoyants, tel le marquis de Mirabeau, dénoncent son « charlatanisme ».

Necker a précipité la France dans un redoutable cercle vicieux. Il faut sans cesse emprunter davantage. Le nouvel emprunt sert à payer les intérêts du précédent. Et, pour pouvoir continuer à emprunter, il faut au surplus donner l'illusion que les finances publiques sont saines. Pour ce faire, le ministre imagina une spectaculaire opération de publicité : il fit paraître, en février 1781, son célèbre *Compte rendu au roi pour l'année 1781*[1]. C'est un document fallacieux, qui présente un tableau très inexact de la situation financière. Mais Necker, qui voulait faire l'apologie de sa gestion, ne pouvait certes pas avouer l'état désastreux des finances publiques, dû à l'immense endettement dont il était pour une grande part responsable.

508 UN ESSAI DE DÉCENTRALISATION ADMINISTRATIVE. — Partiellement inspirée d'un projet de Turgot, cette réforme de Necker s'inscrit dans un courant de pensée très à la mode vers la fin de l'Ancien Régime.

1) *L'idée décentralisatrice au XVIIIe siècle.* — Ce thème est cher aussi bien à la pensée archaïsante qu'aux idéologues novateurs. Parmi les auteurs appartenant au premier courant, on trouve notamment Fénelon. Le Cygne de Cambrai préconisait la mise en place d'un système d'assemblées représentatives superposées, composées de députés des trois ordres : assemblées de diocèse ; puis, au-dessus, assemblées provinciales ; enfin, au sommet, États généraux. Ce plan sera repris, à peu de chose près, par le marquis de Mirabeau dans son *Mémoire sur les états provinciaux* (1750). Mais cet auteur va bientôt se convertir à la physiocratie. En conséquence, dans *L'ami des hommes* (1757), Mirabeau répudie ses conceptions traditionalistes et imagine la décentralisation sur des bases nouvelles, qui ne laissent plus de place aux particularismes locaux ni à la division en trois ordres. Aussi bien le projet le plus important du courant novateur est-il le *Mémoire sur les municipalités* (1775). Présentant les idées de Turgot, ce texte a été rédigé à sa demande, lorsqu'il était contrôleur général, par son ami le physiocrate Dupont de Nemours. Il s'agit d'un travail préparatoire, en vue d'une réforme

1. Dans cet ouvrage de plus de 100 pages, Necker chante complaisamment ses propres louanges et annonce, pour l'année en cours, 264 millions de recettes contre 254 millions de dépenses. Ce texte eut un immense succès (plus de 6 000 exemplaires vendus le premier jour, et 100 000 en peu de temps, chiffres énormes pour l'époque). En effet, pour la première fois en France, se trouvait dévoilé au public le secret des finances de l'État. Cependant, le *Compte rendu* est un document truqué. Sous prétexte de présenter à ses lecteurs les résultats attendus de « l'année ordinaire », Necker a purement et simplement laissé de côté les dépenses occasionnées par la guerre. Ce qui fait apparaître, au lieu d'un excédent de 10 millions, un déficit de l'ordre de 90 millions. Et si l'on y ajoute divers remboursements, il en résulte, sur une dépense totale de 655 millions, un manque de quelque 220 millions, couvert par un recours à l'emprunt.

de l'administration locale. Ce projet comporte quatre degrés superposés d'assemblées représentatives, qui portent le nom de municipalités. Leur recrutement n'est pas conçu sur la base d'une distinction des ordres, mais selon un critère de revenu. Au niveau inférieur, sont prévues les municipalités de village ou de ville. Les propriétaires ayant au moins 600 livres de revenu foncier y siègent de plein droit, les autres devant se grouper pour y nommer des députés. Ces municipalités désignent, à l'échelon d'au-dessus, les municipalités d'arrondissement. Celles-ci élisent, au-dessus encore, les municipalités provinciales. Enfin, chacune de ces dernières envoie un député à la municipalité générale du royaume. Ces diverses assemblées ont un rôle consultatif : elles font connaître au roi les sentiments de l'opinion. Mais elles sont en outre chargées de l'administration locale et de la répartition des impôts. Il s'agit là d'un système d'économiste, dans lequel la division de la société en ordres cesse d'être prise en compte, le droit de participer aux affaires publiques se trouvant fondé sur des considérations de revenus. C'est une préfiguration du régime censitaire que mettra en place la Révolution. La disgrâce de Turgot intervient avant qu'il ait essayé de réaliser son projet. Cependant, l'idée d'une réforme de l'administration locale sera reprise, encore que sur des bases plus modestes, par Necker.

2) *La réforme expérimentale de Necker.* — Il est partisan d'une décentralisation modérée, et présente à Louis XVI, en février 1778, un *Mémoire au roi sur la création des assemblées provinciales.* Dans ce document, non destiné à être divulgué, le directeur général fait le procès de l'administration royale, critiquant de manière excessive et injuste la gestion des intendants. Il propose au roi d'instituer, dans les régions ayant perdu leurs États, des assemblées provinciales, chargées de diverses tâches administratives, telles que la répartition et la levée des impôts, l'entretien et la construction des chemins, l'encouragement de la vie économique, des responsabilités d'assistance et la gestion des ateliers de charité... Le texte emporta l'adhésion du souverain, qui autorisa Necker à procéder à l'expérimentation de sa réforme. En 1778, une assemblée provinciale est établie dans le Berry, où les États ont disparu depuis trois siècles. Puis, en 1779, deux autres assemblées sont créées : l'une dans la généralité de Montauban, qui regroupe le Quercy et le Rouergue, et que

l'on rebaptise province de Haute-Guyenne, l'autre en Dauphiné. L'organisation de ces assemblées traduisait un compromis entre les conceptions traditionalistes et physiocratiques. Ainsi, l'assemblée provinciale de Haute-Guyenne, qui compte 52 membres, est composée de 10 membres appartenant au clergé (dont les 4 évêques de la province) ; 16 gentilshommes propriétaires ; 26 membres du tiers état, dont 13 propriétaires représentant les villes et 13 autres les campagnes. Les députés sont nommés par le roi pour six ans, le renouvellement devant avoir lieu par tiers tous les deux ans, par cooptation. Dans l'intervalle des sessions, les tâches administratives de l'assemblée sont exercées par un bureau de 8 membres (dont 4 du tiers), la commission intermédiaire, qui est assistée de 2 procureurs syndics. Donc, les ordres sont maintenus, mais le vote a lieu par tête, et le tiers a autant de voix que le clergé et la noblesse réunis (comme aux États de Languedoc). De plus, on insiste dans un esprit très physiocratique sur la qualité de propriétaires des membres de la noblesse et du tiers.

Sauf en Dauphiné, qui réclama le rétablissement de ses États, les assemblées furent mises en place sans difficulté et fonctionnèrent de manière satisfaisante. Necker voulut en créer une quatrième en Bourbonnais. Mais le Parlement, qui venait d'avoir connaissance du texte de son *Mémoire,* dans lequel il conseillait de réduire le rôle des cours à la seule magistrature, se dressa contre le ministre et refusa l'enregistrement. Necker se raidit et demanda au roi la généralisation des assemblées provinciales, ainsi qu'une position de fait de premier ministre, faute de quoi il donnait sa démission. Louis XVI l'accepta, au grand désespoir de l'opinion, qui adorait Necker, sans se rendre compte qu'il avait ruiné les finances publiques (mai 1781).

III | La tentative de Calonne

509 Une succession empoisonnée. — Le nouveau responsable des finances, Joly de Fleury, prit la sage et courageuse décision d'augmenter les impôts[1]. Le public cria à l'incompétence.

1. Il élève les taxes de consommation et les droits sur le tabac. Puis il crée un troisième vingtième. Mais, devant la mauvaise volonté des Parlements à l'enregistrer, il tente de se les concilier en suspendant la vérification des rôles des vingtièmes. Mesure déplorable qui compromet tous les efforts accomplis précédemment pour améliorer le rendement de cet impôt.

D'autant qu'il fallait aussi emprunter, en raison de la lourdeur de la dette. C'est en vain que le ministre, pour se justifier, remit au roi un compte rendu, véridique cette fois, qui montrait l'existence d'un déficit de 80 millions, sans compter les arriérés de dépenses. On refusa de le croire, tant la foi en Necker restait grande. Et Louis XVI renvoya l'honnête Joly de Fleury (mars 1783). En novembre, il fit appel à Calonne, alors intendant de Lille.

510 Calonne et la poursuite des emprunts. — Soutenu par les financiers, qui ont provoqué sa nomination, le nouveau contrôleur général a des idées audacieuses, mais d'une réalisation hasardeuse. Il veut lancer la France, à la suite de l'Angleterre, dans la course au progrès économique, la jeter dans l'aventure de la révolution industrielle, en espérant qu'elle rattrapera bientôt sa rivale. Pour cela, il désire rétablir la confiance, en donnant, lui aussi, l'impression que l'État est riche, et en n'augmentant pas une pression fiscale qu'il souhaiterait cependant répartir plus également entre les contribuables. Mais, du fait de l'endettement existant, cela le contraint à continuer la politique d'emprunts. Il empruntait pour que l'État parût riche, espérant qu'il en résulterait un enrichissement réel du pays. Mais il y avait un vice dans son calcul : l'accumulation de nouveaux emprunts, sans accroissement des ressources fiscales, ne pouvait qu'alourdir encore davantage l'endettement de l'État[1]. Calonne va finir par en prendre conscience. Il abandonne

1. En revanche, la politique industrielle de Calonne est remarquable. Il a vivement poussé son équipe de grands financiers (receveurs généraux, trésoriers généraux de la marine, de la guerre...) à se lancer hardiment dans les entreprises industrielles et commerciales les plus audacieuses. Ils ont largement contribué à la spectaculaire modernisation de l'économie française qui caractérise la décennie précédant la Révolution.

Cet effort demandé aux grands officiers de finances présente toutefois un inconvénient. On sait que la monarchie compte sur eux pour lui avancer l'argent à court terme dont elle a besoin pour ses paiements, qui sont d'ailleurs en pratique effectués par eux dans leurs caisses respectives. Et, de leur côté, les financiers empruntent dans le public les sommes qui leur sont nécessaires. Or, en immobilisant une bonne part de leurs capitaux dans des entreprises, ils risquent de ne pouvoir en disposer assez rapidement pour faire face à leurs engagements. D'où la crise de 1787, partie d'une mauvaise récolte suivie d'une mauvaise rentrée de l'impôt. La confiance est ébranlée. Les financiers ne trouvent plus à emprunter. Ne pouvant faire face à leurs obligations, cinq grands comptables de la monarchie sont acculés à la faillite et doivent abandonner leurs caisses, provoquant la faillite de comptables de moindre importance. Le mécanisme du crédit à court terme permettant à la royauté d'effectuer ses paiements traverse une crise brutale. Du fait de la défaillance de ses comptables et prêteurs, l'État se trouve en difficulté. Tel est le contexte de la chute de Calonne.

alors sa politique de facilité, et se résout à augmenter fortement la pression fiscale. Mesure qu'il intègre, pour tenter de mieux la faire accepter, à un vaste plan de réformes.

511 LE PROJET DE CALONNE. — Approuvé par le roi en décembre 1786, il prévoit un système général d'assemblées provinciales, étroitement inspiré de Turgot : assemblées de paroisse, où siègent les propriétaires ayant 600 livres de revenu ; assemblées de district et, enfin, assemblées de province. De plus, la corvée sera supprimée. Mais surtout, Calonne veut créer un nouvel impôt, en remplacement des vingtièmes : la subvention territoriale, impôt en nature sur tous les revenus fonciers, sans aucune exception. C'est l'égalité fiscale.

512 L'ASSEMBLÉE DES NOTABLES. — Le contrôleur général sait bien que son plan de réformes provoquera une opposition irréductible des Parlements, ennemis acharnés de l'égalité fiscale. Il redoute l'affrontement qui ne manquera pas de se produire s'il envoie sur-le-champ des édits à l'enregistrement. Et il pense faire preuve d'habileté en obtenant du roi la convocation d'une Assemblée de notables, à laquelle il demandera d'approuver ses réformes. En réalité, il s'agit d'une décision catastrophique pour la royauté. Elle fait revivre une institution archaïque, tombée en désuétude depuis cent soixante ans. Elle sollicite son appui, alors qu'elle l'avait éliminée, au temps de sa vigueur. Tandis que Louis XIV et Louis XV n'avaient pas hésité à créer de nouveaux impôts sous leur seule autorité, le gouvernement de Louis XVI n'ose plus parler au nom de l'État. Paralysée par une opposition parlementaire qu'elle a stupidement ressuscitée, la royauté éprouve le besoin de s'abriter sous une autorité extérieure à la sienne. C'est une abdication de l'État monarchique.

Les notables désignés par le roi (princes du sang, prélats, ducs, maréchaux, gentilshommes titrés, conseillers d'État, magistrats, députés des pays d'États, maires de grandes villes) se réunissent en février 1787. Après bien des critiques, ils finissent par donner leur adhésion aux réformes, sauf à la création du nouvel impôt, qui était le point essentiel. Ils affirment que la fiscalité n'est pas de leur compétence, mais de celle des Parlements et des États généraux. Et ils demandent la réunion de ceux-ci. Le gouvernement est dans une impasse complète. En avril, Louis XVI disgracie Calonne. En mai, il renvoie les notables.

IV | Le ministère de Brienne

513 Un réformateur aristocratique. — Désemparé, Louis XVI se laisse imposer par la reine et par ses ministres l'un de ceux qui ont dirigé l'opposition des notables, l'archevêque de Toulouse (puis de Sens), Loménie de Brienne. Nommé chef du Conseil royal des Finances et coiffant un contrôleur général nominal, il exerce la réalité du pouvoir. Bientôt, il devient principal ministre. C'est donc un représentant de la contestation aristocratique de la monarchie absolue qui va gouverner le royaume. Mais, en accédant au pouvoir, Brienne se trouve confronté à des réalités qu'il pouvait se permettre d'ignorer tant qu'il se trouvait dans l'opposition.

514 Une réforme décentralisatrice d'ensemble. — Instituée par un édit de juin 1787, elle s'applique dans 23 généralités ou intendances. En revanche, elle ne concerne pas les provinces où une décentralisation existe déjà : pays d'États, Berry, Haute-Guyenne.

La réforme comporte la création de trois degrés d'assemblées. À la base, les paroisses rurales, qui ne possèdent pas de municipalité établie – à la différence des villes, pour lesquelles rien n'est changé –, se trouvent dotées d'une assemblée municipale. Elle est composée du seigneur, du curé, ainsi que, selon l'importance de la communauté, de 3, 6 ou 9 membres élus par les habitants payant au moins 10 livres d'impôt. Il faut en payer au moins 30 pour être éligible. Chaque assemblée municipale comporte un syndic élu, chargé de l'exécution des décisions. À l'échelon intermédiaire, sont créées des assemblées au nom variable (de district, d'élection ou de département). Élues dans leur sein par des assemblées d'arrondissement (composées de délégués des municipalités), ces assemblées comprennent de 16 à 24 membres, représentant également villes et campagnes, et parmi lesquels la moitié appartient au tiers état. Enfin, ces assemblées du degré moyen désignent ceux de leurs membres qui iront siéger à l'assemblée provinciale, laquelle compte de 28 à 50 membres, dont la moitié du tiers[1].

La réforme de Brienne, avec son régime censitaire, comportait une concession aux thèses physiocratiques. Cependant, sa finalité essentielle était de rendre à la noblesse provinciale et au haut clergé un rôle important dans l'administration régionale et locale. Les principales compétences de ces assemblées étaient la répartition de la taille et de la capitation, le vote et la répartition des impôts destinés aux dépenses de la circonscription, la responsabilité des travaux publics ainsi que des tâches de charité et d'assistance. Certes, les assemblées étaient soumises, selon qu'il s'agissait d'une collaboration à l'administration générale ou de la gestion d'intérêts locaux, à l'autorité hiérarchique ou à la tutelle du pouvoir royal, exercée par l'intendant et le Conseil du roi. Il n'empêche que le rôle des commissaires départis se trouvait sérieusement amoindri. À l'échelon provincial, les assemblées ne se sont réunies qu'une fois, en novembre 1787 – et même pas partout, en raison de l'opposition de plusieurs Parlements (notamment celui de Bordeaux). Et, l'année suivante, le royaume était entré dans les convulsions de la pré-Révolution.

515 L'ÉCHEC DE LA RÉFORME FISCALE. — Dès son arrivée au pouvoir, Brienne prend conscience de la nécessité d'un accroissement des ressources fiscales de l'État. Lui aussi veut substituer aux vingtièmes une subvention territoriale : impôt de répartition, elle sera payée en argent et perçue sur tous les propriétaires. S'y ajoute une généralisation de l'emploi du papier timbré, qui se trouve étendu aux quittances, registres, lettres de change, affiches... Mais le Parlement de Paris (siégeant en cour des pairs, du fait de la présence des princes

1. Tant à l'échelon moyen que provincial, on retrouve les mêmes caractéristiques : président nommé par le roi et appartenant à l'un des deux premiers ordres, désignation par l'assemblée d'une commission intermédiaire, ainsi que de deux procureurs syndics (dont un du tiers) chargés de représenter en justice ou auprès du roi les intérêts de la circonscription. De plus, pour ces deux degrés d'assemblées, le système électif ne devait entrer en vigueur que progressivement. Pour la première fois, le roi désignerait la moitié des membres de chaque assemblée provinciale, avec mission de coopter l'autre moitié. Et le même système se retrouve à l'échelon intermédiaire, sauf que la nomination de la moitié cooptant l'autre appartient à l'assemblée provinciale. Ce n'est qu'à partir de 1790 que serait procédé chaque année à un renouvellement par quart au moyen d'une élection.

du sang et d'un certain nombre de ducs et pairs) refuse d'enregistrer les textes créant ces deux impôts. Il affirme que seule la nation, représentée par les États généraux, est compétente pour accorder au roi des subsides. Sa passion de résistance à la royauté et sa soif de popularité à tout prix conduisent donc le Parlement à l'abandon de sa prétention à remplacer les États généraux. C'est « une manière de suicide politique » (R. Mousnier).

Finalement, l'enregistrement a lieu en lit de justice (6 août 1787). Et comme le Parlement en dénonce l'illégalité et poursuit son opposition, il est exilé à Troyes. Mais Brienne va bientôt chercher à conclure un arrangement avec lui. Les bases en sont les suivantes : renonciation du gouvernement aux nouveaux impôts, engagement de convoquer les États généraux pour 1792, rappel du Parlement ; et, en contrepartie, enregistrement par celui-ci d'une prorogation des vingtièmes (qui seraient perçus de façon stricte, « sans aucune distinction ni exception »), ainsi que d'un très gros emprunt. Par ce moyen, l'archevêque de Toulouse espère, en un lustre, opérer le redressement des finances publiques.

II n'empêche que Brienne consent à une reculade du gouvernement monarchique devant le détournement de pouvoir du Parlement. Celui-ci dicte à la royauté sa politique financière et fiscale. De plus, l'enregistrement du grand emprunt de consolidation, lors de la séance royale du 19 novembre 1787, va donner lieu à une nouvelle crise. Louis XVI est présent, mais il ne s'agit pas d'un lit de justice. Le Parlement (ou plutôt ce jour-là la cour des pairs) forme une sorte de conseil élargi, et le roi autorise chacun à opiner à voix haute. Or deux conseillers se montrent insolents. Un autre, d'Eprémesnil, réclame avec une éloquence impérieuse les États généraux pour 1789. Enfin et surtout, lorsque, après plus de huit heures de séance, tous les avis étant entendus, le roi ordonne l'enregistrement de l'édit, le duc d'Orléans, cousin du roi, premier prince du sang, se lève et bégaie une protestation, affirmant que l'enregistrement est illégal[1]. Aussitôt Louis XVI parti, le Parlement

1. La protestation du duc d'Orléans vient de ce que le roi a ordonné l'enregistrement sans que le décompte des voix ait été fait, comme c'est le cas dans une séance ordinaire, hors de la présence du souverain. Mais la chose était prévue, et d'ailleurs conforme à la tradition historique ainsi qu'aux règles du droit public. Le contraire eût été la négation du pouvoir législatif du roi, un retour en arrière de cinq siècles.

décide l'inscription sur les registres de la protestation du duc et rend un arrêté dénonçant l'illégalité de l'enregistrement. Dès le lendemain, le roi exile le duc d'Orléans en son château de Villers-Cotterêts et fait emprisonner les conseillers Fréteau et Sabatier. Le Parlement réplique en déclarant les lettres de cachet « illégales, contraires au droit public et au droit naturel ».

516 NOUVEL AFFRONTEMENT DES PARLEMENTS ET DE LA ROYAUTÉ. — L'opposition du Parlement de Paris n'est pas isolée. Les cours provinciales sont irréductiblement ennemies de l'égalité fiscale qui résulterait d'une perception exacte des vingtièmes, sans nulle faveur pour personne. D'où leur refus opiniâtre d'enregistrer l'édit de prorogation, ce qui pousse le Parlement de Paris à revenir sur son enregistrement. Une fois encore, la politique fiscale réformatrice de la royauté est sabotée par les Parlements. Ils asphyxient l'État monarchique, en l'empêchant de se procurer le supplément de ressources dont il a impérativement besoin pour rétablir ses finances et assurer sa survie. Plus que jamais, la monarchie est malade de ses Parlements. Leur opposition est aussi virulente et intraitable qu'à la veille de la réforme de Maupeou. L'abandon de celle-ci prend, avec le recul du temps, toute sa signification : ce fut une immense faute politique, une monstrueuse aberration. Il ne reste plus, dix-sept ans après, et dans un contexte politique bien plus difficile, qu'à tenter de réparer cette erreur au moyen d'une nouvelle réforme, inspirée de celle de Maupeou. C'est à quoi va s'employer le garde des Sceaux Lamoignon.

517 LA RÉFORME DE LAMOIGNON. — Elle est organisée par six édits, que Louis XVI fait enregistrer en lit de justice, à Versailles, le 8 mai 1788, tandis que des commissaires du roi en assurent l'enregistrement dans les cours provinciales.

1) *Une remarquable réforme judiciaire.* — Elle comporte une humanisation de la procédure criminelle, avec notamment l'abolition de la question préalable et l'instauration d'un délai d'un mois entre une sentence capitale et son exécution. De plus, le système judiciaire est considérablement simplifié et rationalisé. Un grand nombre de juridictions spécialisées sont supprimées (Bureaux des finances...). Et surtout, sont créés 47 tribunaux d'appel, les grands

bailliages, afin de restreindre les attributions des Parlements et de rapprocher la justice des justiciables. En effet, les grands bailliages jugent en dernier ressort toutes les affaires civiles jusqu'à 20 000 livres, ainsi que toutes les affaires criminelles sauf celles des clercs et des gentilshommes : c'est-à-dire la très grande majorité des causes.

2) *La création de la Cour plénière.* — Cet organe est présenté comme une résurrection de l'ancienne *Curia regis,* ce qui constitue une réponse à la mythologie historico-politique des Parlements. La Cour plénière est chargée de l'enregistrement des lois générales, applicables dans tout le royaume, les Parlements ne conservant que l'enregistrement des textes particuliers concernant le ressort de l'un d'eux. Présidée par le roi, la Cour plénière comprend la grand-chambre du Parlement de Paris, les princes du sang et les pairs, des grands officiers, des membres de l'épiscopat, des maréchaux et des gouverneurs, des membres du Conseil du roi, de la Chambre des comptes et de la Cour des aides de Paris, ainsi que des divers Parlements provinciaux. La royauté escompte que cette instance exercera la fonction d'enregistrement et de remontrance de manière plus responsable et soucieuse du bien public que les Parlements. Aussi bien la Cour plénière n'aura-t-elle pas l'occasion de faire la preuve de ses qualités. Cette institution mort-née fut abandonnée, comme l'ensemble de la réforme, à la suite de l'épreuve de force déclenchée par les Parlements.

518 LA RÉVOLTE ARISTOCRATIQUE DE 1788. — Atteints dans leurs intérêts par la création des grands bailliages et dans leur puissance par celle de la Cour plénière, les parlementaires lèvent l'étendard de la révolte. Ils sont suivis par un grand nombre de gens de loi, mus par une véritable solidarité, ou plus souvent par la crainte de représailles en cas de victoire des cours souveraines. De plus, les parlementaires, grands propriétaires et seigneurs ruraux, ameutent à coup de faux bruits leurs fermiers et métayers contre le gouvernement. Et ils appellent à la sédition l'ensemble de la population, au nom de la défense des libertés des provinces, prétendument violées par le despotisme ministériel. Dans plusieurs régions, le Parlement est soutenu par l'ensemble de la noblesse. En mai et juin, de graves émeutes ont lieu à Pau, Rennes, Grenoble (Journée des tuiles). Certains des responsables militaires chargés du maintien de l'ordre, se sentant solidaires de la révolte nobiliaire, ne réagissent qu'avec mollesse. Au surplus, le mouvement a les sympathies du haut clergé. L'Assemblée extraordinaire du clergé de mai-juin 1788 réclame le rétablissement des Parlements dans leurs pouvoirs antérieurs et refuse le supplément de don gratuit demandé par Brienne (8 millions en deux annuités, ce qui représente une contribution équitable au redressement financier de l'État, en attendant une imposition plus exacte des biens ecclésiastiques). Ainsi, « les plus grands coups portés à l'antique constitution de l'État le furent par des gentilshommes. Les patriciens commencèrent la Révolution, les plébéiens l'achevèrent » (Chateaubriand). En juillet 1788, Lamoignon prophétise : « Les Parlements, la Noblesse et le Clergé ont osé résister au Roi ; avant deux années, il n'y aura plus ni Parlements, ni Noblesse, ni Clergé. »

Cependant, la réforme de Lamoignon aurait parfaitement pu réussir. Bruyantes mais superficielles, manifestations et émeutes sont localisées à quelques villes. D'ailleurs, malgré quelques défaillances du commandement, l'armée reste fidèle. La troupe obéit, et il a suffi d'envoyer des officiers énergiques pour que l'ordre soit partout rétabli sans difficulté. De plus, la majorité des grands bailliages ont été installés et fonctionnent parfaitement. Il suffisait au gouvernement de tenir bon quelques mois pour remporter la victoire. Mais, dès le début de juin, Brienne faiblit et cherche à négocier, ce qui ne fait que durcir l'opposition. Puis, au début de juillet, dans le dessein de brouiller la noblesse et le tiers, il annonce une très prochaine réunion des États généraux et invite tous les Français à faire connaître leurs vœux quant à leur mode d'élection et à leur organisation. Cela provoque une intense agitation des esprits, qui, faisant suite à la révolte de mai et de juin, suscite l'inquiétude des possesseurs de capitaux. D'où une crise du crédit de l'État. Le gouvernement ne trouve pas à emprunter auprès de ses banquiers et faiseurs de services. C'est en vain que, le 8 août, Brienne, pour tenter de restaurer le crédit public, suspend la Cour plénière et fixe la réunion des États généraux au 1er mai 1789. À partir du 16 août, une grande partie des paiements de l'État se fait au moyen de billets du trésor royal, portant intérêt à 5 %. Brienne veut faire appel à Necker, dont le prestige est immense auprès du public. Mais le Genevois exige le départ du principal ministre. Le 25 août, Brienne offre sa démission au roi. Elle est acceptée. Puis, en septembre, Louis XVI demande sa démission à Lamoignon, dont la réforme est anéantie. La royauté capitule devant les Parlements. Exilés en punition de leur révolte, ils « se réinstallent partout en triomphateurs » (Fr. Olivier-Martin).

V | Les derniers mois de la monarchie

519 Fallait-il réunir les États généraux ? — Le roi n'y tenait guère, et la reine non plus. Mais, sous la pression de Brienne, Louis XVI avait par trois fois annoncé leur réunion. Psychologiquement, il était difficile de revenir en arrière. Cependant, il était possible de faire traîner les choses assez longtemps pour permettre à la monarchie de se ressaisir. Telle était bien l'intention de l'archevêque de Sens, s'il était resté aux affaires. Débarrassée de la tyrannie parlementaire, la royauté aurait pu rétablir la situation financière. Alors, ayant retrouvé une position de force, elle pourrait sans danger convoquer les États. Ou bien même oublier de les réunir (comme après la Fronde) et réaliser seule les indispensables réformes.

Un autre parti fut proposé à Louis XVI par Malesherbes, alors ministre d'État. Il s'agissait de prendre hardiment l'initiative du changement institutionnel en donnant lui-même une constitution démocratique à la France et en la faisant approuver par le peuple avant de convoquer non pas les États mais une Assemblée nationale : « Concevez la constitution de votre siècle ; prenez-y votre place et ne craignez pas de la fonder sur les droits du peuple... C'est ainsi que vous maîtriserez un grand événement en l'accomplissant vous-même... »

Mais Necker, qui n'a rien compris à la situation, pousse Louis XVI à adopter la pire des solutions : abandonner la réforme de Lamoignon, réunir rapidement les États généraux et s'en remettre à eux pour tout réformer dans le royaume. Bref, subir les événements au lieu d'essayer de les conduire. Ce qui est un comportement suicidaire.

520 L'ENTRÉE EN SCÈNE DU PARTI NATIONAL. — La révolte nobiliaire avait reçu l'appui d'un courant politique qui ne partageait en rien les idéaux aristocratiques et archaïsants des parlementaires et de leurs amis. C'est le parti dit « national » ou « patriote ». Bien que comptant dans ses rangs de nombreux nobles libéraux, il est le porte-parole des ambitions politiques de l'élite du tiers. Ce parti a provisoirement fait cause commune avec les Parlements, profitant de leur action profondément destructrice et révolutionnaire. Mais, sitôt la victoire remportée sur la royauté, il se retourne contre ses alliés d'hier. Dès que le Parlement de Paris se prononce, le 25 septembre 1788, pour des États « suivant la forme observée en 1614 » (chaque ordre ayant le même nombre de députés et possédant une voix), il perd brusquement sa spectaculaire et fragile popularité. Les « pères du peuple » deviennent d'odieux « aristocrates ». Le parti national réclame le doublement du tiers, ainsi que la délibération en commun avec vote par tête. Le gouvernement lui accorde le premier point. Mais, par scrupule envers les privilèges du clergé et de la noblesse, il ne remet pas en cause la traditionnelle structure d'ordres en instaurant la délibération des députés en une assemblée unique. Désormais, le combat politique va opposer essentiellement le parti patriote aux deux premiers ordres. Dans sa brochure intitulée *Qu'est-ce que le tiers état ?,* publiée en janvier 1789, Sieyès affirme que le tiers est « une nation complète » et refuse l'idée même de noblesse. Retournant les arguments « racistes » de Boulainvilliers, il proclame la noblesse étrangère à la nation et ennemie de celle-ci. Ce n'est que par la disparition des ordres que le noble et l'ecclésiastique pourront appartenir à la nation.

Le parti national n'est qu'une minorité agissante, mais il agit de manière très efficace, grâce à ses clubs, ses sociétés de pensée, ses comités locaux, qui échangent sans cesse informations, brochures et mots d'ordre. Le parti patriote prétend définir la volonté du peuple. Et il travaille à diriger en sous-main les élections. Celles-ci ont lieu au suffrage quasi universel, direct pour les deux premiers ordres, à deux ou trois degrés pour le tiers. La propagande du parti national contribue à la désignation par le clergé d'un bon nombre de curés acquis à ses idées. Mais, surtout, ce parti prépare et manœuvre les assemblées électorales du tiers, afin de faire élire une écrasante majorité de gens à lui.

521 LES ÉTATS GÉNÉRAUX À L'ASSAUT DE LA SOUVERAINETÉ ROYALE. — Dès le 5 mai 1789, jour d'ouverture de la session, les députés du tiers (des juristes pour plus de la moitié, et notamment des avocats), conformément aux thèses du parti national, réclament la vérification en commun des pouvoirs, ce qui constitue la négation même de la structure d'ordres. Cependant, pendant plus d'un mois, les ordres vont délibérer séparément. Finalement, le 12 juin, sur la proposition de Sieyès, les députés du tiers invitent ceux des autres ordres à une vérification commune des pouvoirs de « tous les représentants de la nation », avec, en cas de refus, la menace d'être déclaré absent. Ce chantage porte ses fruits. Le 13, trois curés, imités les jours suivants par quelques autres, se joignent au tiers. Ainsi grossi, il se proclame « Assemblée nationale » (17 juin). Devant cet acte révolutionnaire, le gouvernement annonce une séance royale pour le 23 juin. En attendant, la grande salle d'apparat, dont le tiers s'était emparé, est fermée. Le 20 juin, trouvant porte close, le tiers et ses ecclésiastiques se rassemblent dans la salle du Jeu de paume et y prononcent le serment de ne pas se séparer « jusqu'à ce que la Constitution du royaume soit établie et affermie » (ce qui revient à nier la constitution existante). Le 22, le tiers, pour ne pas être dispersé par la troupe, s'installe dans l'église Saint-Louis, où il est rejoint par 150 membres du clergé. Le lendemain, lors de la séance royale, Louis XVI déclare « nulles, illégales et inconstitutionnelles » les délibérations du tiers. Et il invite les ordres à demeurer séparés. Mais, dès le 24 juin, bafouant l'autorité du roi, le tiers et une bonne partie du clergé siègent ensemble. Le 25, ils reçoivent l'appoint de 47 députés de la noblesse (dont le duc d'Orléans). Et, pour finir, le roi cède. Le 27 juin, il enjoint à la noblesse et au clergé de se réunir au tiers état. Ce faisant, il entérine le coup d'audace de celui-ci et abdique implicitement sa souveraineté. En effet, à partir du 27 juin, les États ne sont plus une assemblée divisée en ordres et consultée par un monarque seul souverain. Ils deviennent, par la grâce de la faiblesse royale, une Assemblée nationale, bien résolue à changer la constitution de la France. De ce jour, on peut dire que « la révolution, juridiquement, est accomplie » (Fr. Olivier-Martin).

Trois semaines après, la Bastille était prise, et de grands serviteurs de l'État (Flesselles, Berner, Foulon) massacrés dans des conditions atroces. Deux mois après, le roi et sa famille entraient à Paris en prisonniers de l'émeute. Trois ans et demi plus tard, le roi montait à l'échafaud, suivi de peu par la reine.

En se laissant paralyser par le respect des privilèges et en cessant de parler fermement au nom de l'État, la monarchie a créé un vide du pouvoir dans lequel s'est engouffrée la Révolution. Et celle-ci va être le creuset d'un État autrement absolu que celui de l'Ancien Régime. La royauté est morte de n'avoir pas poursuivi la construction de l'État. Elle eût ainsi, sans doute, permis à la France d'accomplir progressivement et sans heurt trop violent son processus de modernisation, en évitant le terrible traumatisme révolutionnaire.

Pour aller plus loin

522 L'EXPLICATION DES CAUSES DE LA RÉVOLUTION. — Ont longtemps été dominantes en France des explications de type marxiste ou néo-jacobin. En témoignent notamment les ouvrages de A. Mathiez, *La Révolution française,* Paris, 1960 (rééd.) ; G. Lefebvre, *La Révolution française,* 3e éd., Paris, 1963 ; A. Soboul, *La civilisation et la Révolution française,* t. 1 : *La crise de l'Ancien Régime,* Paris, 1970 ; du même, *La Révolution française,* Paris, 1982 (rééd.) ; M. Vovelle, *La chute de la monarchie,* Paris, 1982 (rééd.). Dans la première moitié de notre siècle, le seul grand livre proposant d'autres explications fut celui de P. Gaxotte, *La Révolution française,* nouv. éd. en 1975 (avec la collaboration de J. Tulard pour la bibliographie et la mise au point des principales questions). Puis vint l'historien anglais A. Cobban. À son tour il remet en cause, de manière très percutante, tous les dogmes de l'historiographie traditionnelle, et notamment le mythe d'une Révolution provoquée par la bourgeoisie pour détruire le féodalisme et lui substituer le capitalisme : *The myth of the French Revolution, an inaugural lecture,* Londres, 1955 ; *The social interpretation of the French Revolution,* 1962, traduit en français sous le titre *Le sens de la Révolution française,* Paris, 1984. Une réelle liberté intellectuelle se retrouve dans F. Furet et D. Richet, *La Révolution française,* Paris, 1973 (rééd.) ; F. Furet, *Penser la Révolution française,* Paris, 1978. Un autre ouvrage essentiel est J. Godechot, *Les Révolutions (1770-1799),* Paris, 1970 (rééd.). Cependant, la thèse selon laquelle la Révolution française ne serait qu'une simple séquence d'une vaste révolution atlantique doit être, pour le moins, très fortement nuancée. Dans *Les origines de la Révolution française* (paru en 1980 et publié en traduction française en 1988), W. Doyle présente un riche exposé de l'évolution historiographique sur cette question, suivi d'une intéressante analyse de l'état de la France à la fin de l'Ancien Régime et de la manière dont il a conduit à la Révolution. On observera toutefois que l'a. sous-estime par trop la puissance de blocage politique et institutionnel des parlements, et en particulier méconnaît le fait qu'ils ont asphyxié financièrement l'État.

Une très commode présentation d'ensemble des causes de la Révolution et des différentes explications avancées à ce propos se trouve chez J.-P. Bertaud, *Les origines de la Révolu-*

tion française, Paris, 1971, puis *Les causes de la Révolution française,* Paris, 1992. On se reportera également avec profit à la précieuse mise au point thématique et bibliographique de G. Antonetti, *Histoire contemporaine politique et sociale,* Paris, 1986, p. 56-71. On trouvera une intéressante évocation du climat social, mental et politique des années précédant 1789 chez F. Bluche, *La vie quotidienne au temps de Louis XVI,* Paris, 1980.

523 LA DÉMOGRAPHIE AUX XVIIe et XVIIIe SIÈCLES. — Dans le contexte d'une économie traditionnelle, le surpeuplement est générateur de bas niveaux de vie, et périodiquement de terribles « sacrifices humains ». Cependant, leur disparition assortie du maintien d'une forte natalité va engendrer, dans la seconde moitié du XVIIIe siècle, un extrême engorgement démographique de la société. D'où, les années de mauvaise récolte, de graves difficultés alimentaires. Sur ces questions : J. Dupâquier, *La population française aux XVIIe et XVIIIe siècles,* Paris, 1979 ; *Histoire de la population française* (sous la direction de J. Dupâquier), t. 2 : *De la Renaissance à 1789,* Paris, 1988 ; M. Morineau, Révolution agricole, révolution alimentaire, révolution démographique, dans *Pour une histoire économique vraie,* Lille, 1985, p. 241-275 ; E.-C. Labrousse, *Esquisse du mouvement des prix et des revenus en France au XVIIIe siècle,* Paris, 1933 ; du même, *La crise de l'économie française à la fin de l'Ancien Régime et au début de la Révolution,* Paris, 1944 ; J. Fourastié, *Machinisme et bien-être,* Paris, 1962 ; du même, *Pouvoir d'achat, prix et salaires,* Paris, 1977 ; du même, *Prix de vente et prix de revient,* Paris, 1951-1964 ; J.-L. Harouel, *Essai sur l'inégalité,* Paris, 1984, p. 19-37.

Sur les conséquences sociales de la surtension démographique des dernières décennies de l'Ancien Régime : V. Boucheron, La montée du flot des errants de 1760 à 1789 dans la généralité d'Alençon, *AN,* 1971, p. 55-86 ; J.-P. Gutton, *La société et les pauvres en Europe (XVIe-XVIIIe siècles),* Paris, 1974 ; B. Schnapper, La répression du vagabondage..., art. cit., *RHD,* 1985 ; N. Castan, *Les criminels de Languedoc. Les exigences d'ordre et les voies du ressentiment dans une société prérévolutionnaire (1750-1790),* Toulouse, 1980 ; du même auteur, *Justice et répression en Languedoc à l'époque des Lumières,* Paris, 1980 ; N. et Y. Castan, *Vivre ensemble. Ordre et désordre en Languedoc (XVIIe-XVIIIe siècles),* Paris, 1981 ; Y. Blayo, La proportion des naissances illégitimes en France de 1740 à 1789, *Population,* 1975, p. 65-70.

524 LA SOCIÉTÉ À LA FIN DE L'ANCIEN RÉGIME. — Sur le monde rural et l'importance très variable du prélèvement seigneurial : M. Garaud, *La Révolution et la propriété foncière,* Paris, 1959 ; du même, Le régime féodal en France à la veille de son abolition, in *L'abolition de la féodalité dans le monde occidental,* Paris, 1971, p. 109-114 ; G. Lefebvre, *Les paysans du Nord pendant la Révolution française,* 1924 ; du même, *Études orléanaises,* Paris, 1962-1963 ; M. Vovelle, *Ville et campagne au XVIIIe siècle (Chartres et la Beauce),* Paris, 1980 ; P. Bois, *Paysans de l'Ouest,* Paris - La Haye, 1960 ; A. Poitrineau, *La vie rurale en Basse-Auvergne au XVIIIe siècle,* Paris, 1965 ; G. Frêche, *Toulouse et la région Midi-Pyrénées au siècle des Lumières...,* Paris, 1974 ; J. Bastier, *La féodalité au siècle des Lumières dans la région de Toulouse (1730-1790),* Paris, 1975 ; E. Le Roy Ladurie, *Paysans du Languedoc,* Paris, 1966 ; P. de Saint-Jacob, *Les paysans de Bourgogne du Nord au dernier siècle de l'Ancien Régime,* Paris, 1960 (rééd. 1995).

À propos des rémanences du servage en Bourgogne et en Franche-Comté : J. Bart, *La liberté ou la terre. La mainmorte en Bourgogne au siècle des Lumières,* Paris, 1984 ; J.-M. Augustin, La mainmorte dans la terre de Mouthe de la fin du XVIe siècle à la Révolution, *Mémoires de la société d'émulation du Doubs,* 1981, p. 45-91.

Pour le peuple urbain, outre les monographies sociales consacrées à diverses villes : D. Roche, *Le peuple de Paris,* Paris, 1981 ; A. Farge, *Vivre dans la rue à Paris au XVIIIe siècle,* Paris, 1979.

Concernant les résistances populaires aux déplacements de cimetières : J. Thibaut-Payen, *Les morts, l'Église et l'État dans le ressort du Parlement de Paris aux XVIIe et XVIIIe siècles,* Paris, 1977.

Quant à la bourgeoisie, on consultera notamment : R. Robin, *La société française en 1789, Semur-en-Auxois,* Paris, 1970 ; G. Lefebvre, *Études orléanaises, op. cit.,* t. I ; M. Vovelle, *Ville et campagne au XVIIIe siècle..., op. cit.* ; J. Garnier, *Bourgeoisie et propriété immobilière en Forez aux XVIIe et XVIIIe siècles,* Saint-Étienne, 1982.

Sur la noblesse : G. Chaussinand-Nogaret, *La noblesse au XVIIIe siècle. De la féodalité aux Lumières,* Paris, 1976 ; J. Meyer, *La noblesse bretonne au XVIIIe siècle,* Paris, 1972 ; du même, *Noblesses et pouvoirs dans l'Europe d'Ancien Régime,* Paris, 1973 ; et aussi *La noblesse française à l'époque moderne (XVIe-XVIIIe siècle),* Paris, 1991 ; F. Bluche et P. Durye, *L'anoblissement par charges avant 1789,* Paris, 1962 ; F. L. Ford, *Robe and sword, the regrouping of the French Aristocraty after Louis XIV,* Cambridge, 1954 ; G. Richard, *Noblesse d'affaires au XVIIIe siècle,* Paris, 1974 ; J. Meyer, Noblesse et racisme, dans *Ni Juif, ni Grec* ; J.-P. Brancourt, *Le duc de Saint-Simon et la monarchie,* Paris, 1971.

Sur le dépassement de la société d'ordres, et la formation d'une société des élites de la richesse et de la culture, de laquelle se trouve exclue une bonne partie de la noblesse : F. Bluche, *La véritable hiérarchie sociale de l'ancienne France. Le tarif de la première capitation (1695),* Genève, 1983 ; M. Reinhard, Élite et noblesse dans la deuxième moitié du XVIIIe siècle, *RHMC,* 1956, p. 5-37 ; ainsi que les travaux de F. Furet et D. Richet.

En ce qui concerne le clergé : N. Ravitch, *Sword and Mitre,* Paris - La Haye, 1966 (sur le recrutement social du haut clergé) ; M. Cuillieron, Des « syndicalistes » avant l'heure ? Les membres du bas clergé à la fin du XVIIIe siècle, *RHD,* 1985, p. 159-175 ; pour la contribution du clergé à la Révolution, et le choc en retour, on consultera : G. Sicard, De la Révolution française à la Première Guerre mondiale, in *Le droit et les institutions de l'Église catholique latine de la fin du XVIIIe siècle à 1978,* Paris, 1984, p. 63 et s. (utile bibliographie).

525 LES IDÉES NOUVELLES. — On se reportera notamment à P. Hazard, *La crise de la conscience européenne, 1680-1715,* Paris, 1935 ; du même, *La pensée européenne au XVIIIe siècle de Montesquieu à Lessing,* Paris, 1963 ; F. Rouvillois, *L'invention du progrès. Aux origines de la pensée totalitaire (1680-1730),* Paris, 1996 ; D. Mornet, *Les origines intellectuelles de la Révolution française (1715-1787),* Paris, 1954 ; R. Chartier, *Les origines culturelles de la Révolution française,* Paris, 1990 ; E. Cassirer, *La philosophie des Lumières,* Paris, 1966 (concerne principalement l'Europe germanique) ; L. Réau, *L'Europe française au siècle des Lumières,* Paris, 1951 ; un peu vieilli, cet ouvrage doit être revu à l'aide de R. Pomeau, *L'Europe des Lumières,* Paris, 1966 ; du même, *La religion de Voltaire,* Paris, 1969 (sur le déisme) ; P. Chaunu, *La civilisation de l'Europe des Lumières, op. cit.* ; J. Orieux, *Voltaire ou la royauté de l'esprit,* Paris, 1966 ; R. Mauzi, *L'idée du bonheur au XVIIIe siècle,* Paris, 1960 (à propos de l'idée d'un homme naturellement bon et vertueux) ; G. Weulersse, *Le mouvement physiocratique en France de 1756 à 1770,* Paris, 1910. Le terme de « république », qui avait pour l'essentiel conservé au XVIIe siècle le sens d'État que lui donnait Bodin, prend au XVIIIe siècle une dimension politiquement contestatrice : É. Gojosso, *Le concept de république en France (XVIe-XVIIIe siècle),* Aix, 1998.

526 LE DESPOTISME ÉCLAIRÉ. — Voir en particulier : F. Bluche, *Le despotisme éclairé,* Paris, 1985 (rééd.) ; du même, Sémantique du despotisme éclairé, *RHD,* 1978, p. 79-87 ; J. Meyer, *Le despotisme éclairé,* Paris, 1991 ; E. Préclin et V. Tapié, *Le XVIIIe siècle,* Paris, 1952 ; P. Vaucher, *Le despotisme éclairé (1740-1789),* Paris, 1949 ;

L. Gershoy, *L'Europe des princes éclairés (1763-1789),* Paris, 1966 ; A. Jobert, Les Lumières et les problèmes du servage, in *Utopie et institutions au XVIIIe siècle. Le pragmatisme des Lumières,* Paris, 1963.

527 LA DIFFUSION DES IDÉES NOUVELLES. — À propos des sociétés de pensée : D. Roche, *Le siècle des Lumières en province : académies et académiciens provinciaux (1680-1789),* Paris - La Haye, 1978. Sur les sociétés de pensée comme « matrice d'un nouveau rapport politique », voir F. Furet, *Penser la Révolution française, op. cit.,* dans les passages qu'il consacre à la pensée de Cochin. *Ibid.* en ce qui concerne l' « épuration » de 1788, rejet de la noblesse par les sociétés de pensée. On se reportera pour ces deux points à A. Cochin, *Les sociétés de pensée et la démocratie,* Paris, 1921 ; et, du même, *Les sociétés de pensée et la Révolution en Bretagne (1788-1790),* Paris, 1925.

En ce qui concerne la franc-maçonnerie : P. Chevallier, *Histoire de la franc-maçonnerie française,* Paris, 1974, t. I ; D. Ligou, *La franc-maçonnerie,* Paris, 1977 ; R. Halévi, *Les loges maçonniques dans la France d'Ancien Régime. Aux origines de la sociabilité démocratique,* Paris, 1984.

Sur les livres, la censure et la diffusion des ouvrages interdits : N. Hermann-Mascard, *La censure des livres à Paris à la fin de l'Ancien Régime (1750-1789),* Paris, 1968 ; P. Grosclaude, *Malesherbes, témoin et interprète de son temps,* Paris, 1961 ; H.-J. Martin, Malesherbes et la librairie, dans *Malesherbes. Actes du colloque,* p. 43-74 ; R. Estivals, *Le dépôt légal sous l'Ancien Régime,* Paris, 1961 ; J. Proust, *L'Encyclopédie,* Paris, 1965 ; R. Darnton, *L'aventure de l'Encyclopédie,* Paris, 1982 ; du même, The high enlightenment and the low-life litterature in prerevolutionary France, *Past and Present,* 1971 (à propos des écrivains des Lumières, dont l'élite est socialement consacrée, tandis que le reste végète) ; J.-P. Belin, *Le commerce des livres prohibés à Paris de 1750 à 1789,* New York, s.d. (reprod. de l'édition de 1915).

528 L'OPPOSITION DES COURS SOUVERAINES ET LES RÉACTIONS DE LA MONARCHIE. — On consultera J.-P. Royer, *La société judiciaire depuis le XVIIIe siècle,* Paris, 1979, p. 17-164 (toute la première partie, intitulée « La prérévolution : une nostalgie séditieuse », constitue une remarquable mise au point sur la haute magistrature, son idéologie et son affrontement avec la royauté) ; J. Egret, *Louis XV et l'opposition parlementaire,* Paris, 1970, également fondamental ; L. Cahen, *Les querelles religieuses et parlementaires sous Louis XV,* Paris, 1913 ; W. Doyle, *The Parlement of Bordeaux and the End of the Old Regime,* New York, 1974 ; A. Le Moy, *Le Parlement de Bretagne et le pouvoir royal au XVIIIe siècle,* Rennes, 1909 ; M. Cuillieron, *Contribution à l'étude de la rébellion des cours souveraines sous le règne de Louis XV. Le cas de la Cour des aides et finances de Montauban,* Paris, 1983 ; M.-T. Allemand-Gay, Les grandes remontrances de la Cour des aides et la réforme de l'État, dans *Bulletin d'histoire économique et sociale de la Révolution française,* 1976, p. 37-103. La continuité politique et idéologique de l'opposition parlementaire durant les XVIIe et XVIIIe siècles se trouve mise en évidence par M. Antoine, Nostalgie de la Fronde et opposition parlementaire sous Louis XV, dans *Recueil d'études en hommage à Lucien Musset, Cahiers des Annales de Normandie,* n° 23, Caen, 1990, p. 481-491.

Sur les réformes de Maupeou et de Lamoignon : J. Flammermont, *Le chancelier Maupeou et les Parlements,* Paris, 1896 ; R. Villers, *L'organisation du Parlement de Paris et des Conseils supérieurs d'après la réforme de Maupeou,* Paris, 1937 ; L. Laugier, *Un ministère réformateur sous Louis XV : le Triumvirat (1770-1774),* Paris, 1975 (sur l'action de Maupeou, de Terray et du duc d'Aiguillon) ; M. Marion, *Le garde des Sceaux Lamoignon et la réforme judiciaire de 1788,* Paris, 1905 ; E. Joannid, *La Cour plénière,* Paris, 1933 ; M. Bottin, *La réforme constitutionnelle de mai 1788 (l'édit « portant rétablissement de la Cour plénière »),* 1982 ; J.-A. Carey, *Judicial Reform in France before the Révolution of 1789,* Cambridge et Londres, 1981 (intéressant sur les projets de réforme judiciaire de l'Ancien Régime, mais décevant sur les réformes de 1771 et 1788) ; H. Carré, *La fin des Parlements (1788-1790),* Paris, 1912.

529 LA FIN DE L'ANCIEN RÉGIME. — En ce qui concerne la personnalité de Louis XVI, celle de la reine, et l'histoire politique des quinze ans menant de l'Ancien Régime à la Révolution, on lira avec profit les belles biographies de E. Lever : *Louis XVI,* Paris, 1985 ; *Marie-Antoinette,* Paris, 1991 ; *Louis XVIII,* Paris, 1988 ; *Philippe-Égalité,* 1996.

Relativement à la politique des derniers contrôleurs généraux et à la crise du crédit à court terme que les officiers de finances consentaient à la royauté en effectuant une partie des paiements au moyen de leurs propres fonds : J. F. Bosher, *French-finances 1770-1795. From business to bureaucracy,* Cambridge, 1970.

Sur les réformes de Turgot, on lira E. Faure, *La disgrâce de Turgot,* Paris, 1961 ; W.-S. Ljublinski, *La guerre des farines,* Grenoble, 1979. La rumeur non fondée selon laquelle le roi aurait spéculé sur les grains a été étudiée par S. L. Kaplan, *Le complot de famine : histoire d'une rumeur au XVIIIe siècle,* Paris, 1982.

À propos de Necker, on se reportera à E. Chapuisat, *Necker (1732-1804),* Paris, 1938 ; J. Egret, *Necker, ministre de Louis XVI,* Paris, 1975. Un jugement très favorable a été porté par J. F. Bosher sur les efforts de Necker pour mettre en place une administration des finances unifiée. Pour la réforme décentralisatrice de Necker, voir G. Boscary, *L'assemblée provinciale de Haute-Guyenne (1779-1790),* Paris, 1932.

Sur l'échec de Calonne et le ministère de Brienne : J. Egret, *La pré-Révolution française (1787-1788),* Paris, 1962. L'ouvrage classique sur la réforme de 1787 reste P. Renouvin, *Les assemblées provinciales de 1787...,* Paris, 1921. On y ajoutera J. Lelièvre, Le rôle financier des assemblées provinciales, in *Études sur l'histoire des assemblées d'États,* Paris, 1966, p. 105-115.

Pour les dernières années de l'Ancien Régime, demeure intéressant le vieil ouvrage de A. Chérest, *La chute de l'Ancien Régime (1787-1789),* Paris, 1884-1886. Sur la dénonciation par Siéyès des privilèges et des privilégiés – identifiés aux deux premiers ordres, alors que les privilèges concernaient en réalité la grande majorité des Français –, on se reportera à : Y. Durand, Les privilèges selon Siéyès ou le triomphe de la désinformation, dans *HES,* 1992, n° 2, p. 295-323. Sur le noyautage et les manipulations du parti patriote lors de l'élection des États généraux : F. Furet, *Penser la Révolution française, op. cit.* (dans les pages relatives à Cochin). En ce qui concerne l'analyse des événements en Bourgogne et en Bretagne, voir les livres précités de A. Cochin, *Les sociétés de pensée et la démocratie,* et *Les sociétés de pensée et la Révolution en Bretagne.*

L'extrême faiblesse des forces de l'ordre à Paris à la fin de l'Ancien Régime, qui explique le succès des émeutes de juillet 1789, a été mise en évidence par J. Chagniot, *Paris et l'armée au XVIIIe siècle,* Paris, 1985.

Index rerum[1]

1. Le présent index renvoie aux numéros de paragraphes.

Index nominum[1] (Personnes et lieux)

1. Le présent index renvoie aux numéros de paragraphes.

Table des matières*

* Les quatre parties de cet ouvrage ont respectivement été rédigées par :
Jacqueline Thibaut-Payen : première partie, p. 15 à 104.
Éric Bournazel : deuxième partie, p. 105 à 267.
Jean Barbey : troisième partie, p. 268 à 414.
Jean-Louis Harouel : quatrième partie, p. 415 à 592.

Ouvrages parus au 1er mai 2001

Droit politique et théorique

E. Agostini	Droit comparé
G. Antonetti	Histoire contemporaine politique et sociale (8ᵉ éd.)
C. Autexier	Introduction au droit public allemand
P. Avril	La Vᵉ République. Histoire politique et constitutionnelle (2ᵉ éd.)
J.-M. Carbasse	Introduction historique au droit (2ᵉ éd.)
J.-L. Chabot	Introduction à la politique
J.-L. Chabot et N. Macarez	Méthodes des sciences sociales
J.-M. Denquin	Science politique (5ᵉ éd.)
P.-L. Frier	Droit du patrimoine culturel
S. Goyard-Fabre	Philosophie politique (XVIᵉ-XXᵉ s.)
J.-L. Halpérin	Histoire du droit privé français depuis 1804
J.-L. Harouel, J. Barbey, E. Bournazel et J. Thibaut-Payen	Histoire des institutions, de l'époque franque à la Révolution (9ᵉ éd.)
F. Julien-Laferrière	Droits des étrangers
Ph. Lauvaux	Les grandes démocraties contemporaines (2ᵉ éd.)
J.-C. Masclet	Droit électoral
A.-S. Mescheriakoff, M. Frangi, M. Kdhir	Droit des associations
J.-P. Massias	Droit constitutionnel des États d'Europe de l'Est
A.-H. Mesnard	Droit et politique de la culture
J. Morange	Droits de l'homme et libertés publiques (5ᵉ éd.)
H. Pac	Droit et politiques nucléaires
N. Rouland	Introduction historique au droit
N. Rouland	Anthropologie juridique
N. Rouland, S. Pierré-Caps et J. Poumarède	Droit des minorités et des peuples autochtones
J.-P. Royer	Histoire de la justice en France (2ᵉ éd.)
A. Sériaux	Droit canonique
J.-L. Sourioux	Introduction au droit (2ᵉ éd.)
Y. Tanguy	La recherche documentaire en droit
D. Turpin	Contentieux constitutionnel (2ᵉ éd.)
E. Zoller	Droit constitutionnel (2ᵉ éd.)
E. Zoller	Grands arrêts de la Cour suprême des États-Unis

Droit civil

C. Atias	Les personnes. Les incapacités
B. Beignier	Droit du contrat d'assurance
C. Colombet	La famille (6ᵉ éd.)
P.-Y. Gautier	Propriété littéraire et artistique (3ᵉ éd.)

Ouvrages parus au 1er mai 2001

J.-L. Gazzaniza	Introduction historique au droit des obligations
A. Lefebvre-Teillard	Introduction historique au droit des personnes et de la famille.
A.-M. Patault	Introduction historique au droit des biens
A. Sériaux	Les successions. Les libéralités (2e éd.)
A. Sériaux	Droit des obligations (2e éd.)
Ph. Théry	Sûretés et publicités foncières (2e éd.)
F. Zénati, T. Revet	Les biens (2e éd.)

Droit administratif

J.-F. Auby	Droit des collectivités périphériques françaises
J. Dufau	Droit des travaux publics
J.-M. de Forges	Droit de la fonction publique (2e éd.)
J.-M. de Forges	Les institutions administratives françaises (2e éd.)
C. Lavialle	Droit administratif des biens
J.-P. Lebreton	Droit de l'urbanisme
A.-S. Mescheriakoff	Droit des services publics (2e éd.)
A.-S. Mescheriakoff	Droit public économique (2e éd.)
J.-L. Mestre	Introduction historique au droit administratif français
J. Moreau	Droit administratif

Droit commercial

Y. Chaput	Droit des sociétés
Y. Chaput	Droit des entreprises en difficulté et faillite personnelle (3e éd.)
Y. Chaput, M.-D. Schödermeier	Effets de commerce, chèques et instruments de paiement (2e éd.)
J. Hilaire	Introduction historique au droit commercial
A. Vialard	Droit maritime
A. Viandier et J. Vallansan	Actes de commerce, commerçants, activité commerciale (2e éd.)

Droit pénal

J.-M. Carbasse	Histoire du droit pénal et de la justice criminelle
M.-L. Rassat	Droit pénal général (2e éd.)
M.-L. Rassat	Procédure pénale (3e éd.)

Droit international et communautaire

D. Alland	Droit internationnal public
J. Bouveresse	Droit et politiques du développement et de la coopération

Ouvrages parus au 1er mai 2001

G. Druesne	Droit et politiques de la Communauté et de l'Union européennes (5e éd.)
D. Simon	Le système juridique communautaire (2e éd.)
F. Sudre	Droit international et européen des droits de l'homme (4e éd.)
E. Zoller	Droit des relations extérieures

Droit financier

D. Berlin	Droit fiscal communautaire
J.-J. Bienvenu, T. Lambert	Droit fiscal (2e éd.)
P. di Malta	Finances publiques. Le budget
P. di Malta	Droit fiscal européen comparé
L.-V. Fernandez-Maublanc, J.-P. Maublanc	Droit fiscal immobilier
J.-B. Geffroy	Grands problèmes fiscaux contemporains
G. Gest et G. Tixier	Droit fiscal international (2e éd.)
M. Gizard	Droit et fiscalité forestiers
T. Lambert	Contrôle fiscal - Droit et pratique (2e éd.)
A. Paysant	Finances locales

Droit social

G. Aubin, J. Bouveresse	Introduction historique au droit du travail
G. Couturier	Droit du travail (t. 1, 3e éd. ; t. 2, 3e éd.)

Droit juridictionnel

M.-C. Bergerès	Contentieux communautaire (3e éd.)
H. Croze et C. Morel	Procédure civile
G. Giudicelli-Delage	Institutions juridictionnelles (2e éd.)
B. Pacteau	Contentieux administratif (5e éd.)

Imprimé en France
Imprimerie des Presses Universitaires de France
73, avenue Ronsard, 41100 Vendôme
Mars 2001 — N° 47 940